应用型人才培养规划教材 · 经济管理系列

U0592223

人力资源管理

原理、技术与方法

刘永安　王芳◎编著

清华大学出版社

北京

内容简介

人力资源管理是人力资源管理学科的核心课程。本书是基于“学习产出”（OBE）理念，以人力资源管理者应知应会的知识和技能为主线，遵循人力资源管理的每项职能“是什么”“做什么”“怎么做”的内在逻辑关系进行编撰，系统和详细地介绍了人力资源管理的原理、技术与方法，具有结构新、理论精、实操强、案例多、自学易等特点。

本书包括人力资源管理概述、工作分析与工作设计、人力资源规划、招聘管理、培训管理、职业生涯管理、绩效管理、薪酬管理、员工关系管理等内容。

本书可用作高等院校经济、管理类专业本科生、研究生、MBA学生的教材，也可供企事业单位管理人员培训及从事人力资源管理工作的相关人员使用。

本书封面贴有清华大学出版社防伪标签，无标签者不得销售。
版权所有，侵权必究。侵权举报电话：010-62782989　13701121933

图书在版编目（CIP）数据

人力资源管理：原理、技术与方法/刘永安，王芳编著．—北京：清华大学出版社，2016
应用型人才培养规划教材·经济管理系列
ISBN 978-7-302-45085-6

I. ①人…　II. ①刘…　②王…　III. ①人力资源管理-高等学校-教材　IV. ①F243

中国版本图书馆CIP数据核字（2016）第225976号

责任编辑：杜春杰
封面设计：刘　超
版式设计：魏　远
责任校对：王　云
责任印制：刘海龙

出版发行：清华大学出版社
网　址：http://www.tup.com.cn，http://www.wqbook.com
地　址：北京清华大学学研大厦A座　邮　编：100084
社总机：010-62770175　邮　购：010-62786544
投稿与读者服务：010-62776969，c-service@tup.tsinghua.edu.cn
质量反馈：010-62772015，zhiliang@tup.tsinghua.edu.cn
印装者：北京国马印刷厂
经　销：全国新华书店
开　本：185mm×260mm　印　张：27　字　数：705千字
版　次：2016年9月第1版　印　次：2016年9月第1次印刷
印　数：1～3000
定　价：49.80元

产品编号：068789-01

序

在当下中国，人力资源管理越来越受到政府、社会、企事业单位等的高度重视，人力资源管理工作日新月异，与 1991 年我在美国完成博士后回国将西方人力资源管理理论引进到国内，并将西方人力资源理论与中国实践相结合的时期相比不可同日而语。随着我国经济社会的发展，人力资源管理的重要作用将会得到进一步凸显。人力资源是企业争夺的第一资源。企业能否通过人力资源创造价值、获取持续竞争优势，人力资源管理水平至关重要。高校作为我国人力资源管理从业人员的重要培养基地，肩负着为社会培养所需的合格人力资源和优秀人才的重任。

当前，我国高校对人力资源和优秀人才的培养存在重理论、轻实践的现象。人力资源管理是一门实践性很强的课程，大部分学习者都希望不仅能够了解和掌握人力资源管理的基本理论知识，而且能够熟练运用人力资源管理的技术与方法解决现实问题。

刘永安与王芳编著的这本教材基于"学习产出"（OBE）理念，结合未来市场对人力资源管理者任职资格的知识和技能要求，系统和详细地介绍了人力资源管理的原理、技术与方法，较好地满足了学习者的需求。通读整本教材具有如下显著特点。

一、结构新

本书结构编排新颖，凸显学习规律。本书以人力资源管理者应知应会的知识和技能为主线，遵循人力资源管理的每项职能"是什么"（概述与原理）、"做什么"（流程与内容）、"怎么做"（技术与方法）的内在逻辑关系进行编撰。目的是不仅仅要求学习者了解与掌握人力资源管理的理论知识和原理，更希望学习者能够熟练地运用所学理论知识和原理，解决人力资源管理的实际问题。

本书的每一章内容都包括引导案例、学习目标、导学图、内容、小结、案例分析、讨论题、复习思考题、外延学习目录等，环环相扣，符合学习规律。

本书各章节理论性知识与应用性知识比例结构合理，较好地解决了此类书籍中常见的理论部分所占比例较多而如何运用理论解决实际问题的应用性知识所占比例相对较少的问题。

二、理论精

没有理论知识支撑的实操很可能会变成"实抄"。本书从专业的角度对人力资源管理的基本理论进行了精辟介绍。书中对人力资源管理的相关概念和理论的阐述都比较精练，且具有典型性和代表性。所介绍的概念、理论都能较好地在人力资源管理的流程、技术和方法中加以体现，理论知识与知识运用结合比较紧密。

三、实操强

强调实操性是本书最突出的特点。本书十分注重人力资源管理的程序、技术和方法的系统性和整体性。本书系统性介绍的工作分析与工作设计，人力资源规划，招聘管理，培训管理，职业生涯管理，绩效管理，薪酬管理，员工关系管理的流程、技术与方法都具有很强的可操作性，读者可通过学习，了解和掌握并加以熟练运用，达到举一反三的效果。

四、案例多

本书重视案例，每一章都包括引导案例和分析讨论案例。本书大部分案例都来源于作者多年来深入企业进行调研的成果。通过对本土案例的学习，可以使读者了解我国人力资源管理的实际状况，发现人力资源管理中存在的问题。

五、自学易

本书遵照确定学习目标、激发学习兴趣、学习知识和技能、运用所学知识和技能、评估学习效果、扩大知识面的学习脉络安排每一章的内容，有助于激发学习者的学习兴趣，帮助学习者掌握理论知识和技能，提升实际操作能力，扩大专业视野。本书也是一本自学人力资源管理知识和技能的好教材。

刘永安教授是我已毕业的博士生，长期致力于人力资源管理的教学、科研和咨询工作，取得了较好的成绩。他和王芳经过几年时间编著的《人力资源管理：原理、技术与方法》一书，系统、全面、精练地讲述了人力资源管理的基本原理、技术与方法，是一本质量颇高的教科书。

南京大学商学院名誉院长、特聘教授、博士生导师

赵曙明　博士

2016 年 5 月 8 日

于南京大学商学院

目录

第一章

人力资源管理概述

引导案例

飞虹机械有限公司是一家专业生产机械的厂家，于 1997 年投资 4 000 万元人民币兴建，是一家专业生产印后加工包装、自动化礼盒机械设备的企业，占地面积 15 000 平方米。公司成立之初，虽是以台资参股形式注册为飞虹机械有限责任公司，但在实际运行中实行的却是家族式管理模式，主要是由控股人及其近亲属进行管理。尤其是行政部总经理，他一人身兼数职，其中人力资源管理也是他的工作内容之一。

公司初创期，并没有设立人力资源部。主要原因有二：一是人力资源管理对企业的巨大作用才刚刚被业内具有较强整体实力的大企业所认知；二是受公司本身的资金、技术、生产规模与市场份额所限制，到目前为止，企业的人力资源管理基本是由总经理一人“亲力亲为”，导致人力资源管理存在许多问题。

问题一：在员工招聘方面，虽然能招聘到有技术专长的制造人员，但是刚性的工资制度与比较艰苦的初期创业环境常常留不住这些“制造人员”的心，工程技术部门与基层车间一线工作人员跳槽率居高不下，家族型企业“任人唯亲”的问题突出。

问题二：公司对员工的技能培训力度跟不上公司发展对新技术新工艺的要求，职能部门之间的工作协调性差。例如，采购部的物料采购与工程部的产品设计不对路；财务部与人力资源部在制定薪酬制度上的相互沟通不足，无法制定出能够激发员工生产积极性的适应本公司的工资制度；生产服务部与售后服务部的信息沟通不畅等。以上原因导致企业问题重重：公司内部重复生产、业务分工职责不明等导致产品设计与工艺流程周期过长，产品的推陈出新速度慢；企业与同业者相比，其核心竞争力较弱；核心产品的市场占有率低下等。

问题三：刚性的薪酬制度与日常生产活动安排不能调动员工的工作积极性，“磨洋工”“做一天和尚敲一天钟”的现象时有出现，致使零部件废品率偏高，导致企业整体生产效率低。

作为家族式的私营企业，随着公司业务不断发展，公司员工队伍不断壮大，公司的发展与外部市场竞争压力逐年增加。为适应市场竞争和公司发展的需求，面对挑战，公司人力资源管理应该怎么办？

资料来源：刘永安. 企业人力资源管理经典案例[M]. 北京：清华大学出版社，2007.

【本章学习目标】

1. 了解和熟练掌握人力资源的概念和特点；
2. 了解和熟练掌握人力资源管理的概念及其内容；
3. 了解人力资源管理与传统人事管理的区别；
4. 了解人力资源管理的学科基础；
5. 了解和掌握人力资源管理的发展历史；
6. 了解和掌握人力资源管理的科学管理阶段的主要代表人物及其思想；
7. 了解和掌握人力资源管理的人事管理阶段的主要代表人物及其思想；
8. 了解和掌握人力资源管理者的角色；
9. 了解和掌握人力资源管理者的素质。

【本章导学图】

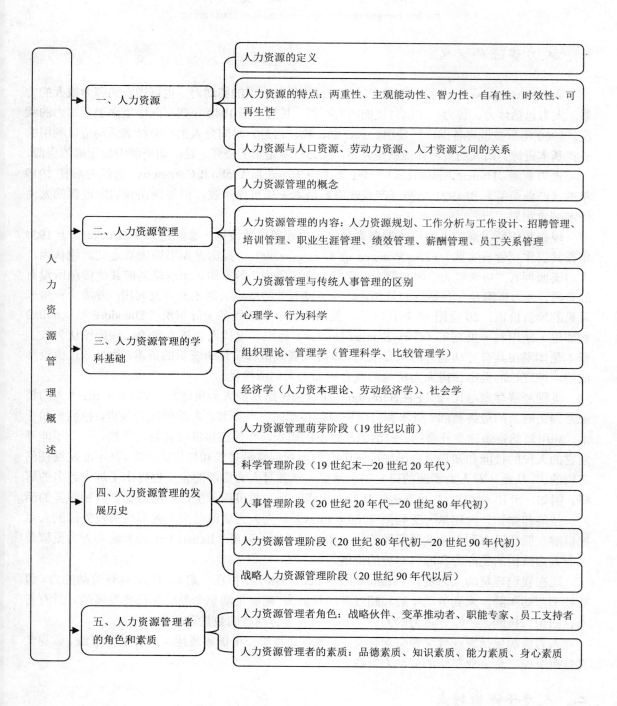

- 人力资源管理概述
  - 一、人力资源
    - 人力资源的定义
    - 人力资源的特点：两重性、主观能动性、智力性、自有性、时效性、可再生性
    - 人力资源与人口资源、劳动力资源、人才资源之间的关系
  - 二、人力资源管理
    - 人力资源管理的概念
    - 人力资源管理的内容：人力资源规划、工作分析与工作设计、招聘管理、培训管理、职业生涯管理、绩效管理、薪酬管理、员工关系管理
    - 人力资源管理与传统人事管理的区别
  - 三、人力资源管理的学科基础
    - 心理学、行为科学
    - 组织理论、管理学（管理科学、比较管理学）
    - 经济学（人力资本理论、劳动经济学）、社会学
  - 四、人力资源管理的发展历史
    - 人力资源管理萌芽阶段（19 世纪以前）
    - 科学管理阶段（19 世纪末—20 世纪 20 年代）
    - 人事管理阶段（20 世纪 20 年代—20 世纪 80 年代初）
    - 人力资源管理阶段（20 世纪 80 年代初—20 世纪 90 年代初）
    - 战略人力资源管理阶段（20 世纪 90 年代以后）
  - 五、人力资源管理者的角色和素质
    - 人力资源管理者角色：战略伙伴、变革推动者、职能专家、员工支持者
    - 人力资源管理者的素质：品德素质、知识素质、能力素质、身心素质

第一节 人力资源

一、人力资源的定义

人力（Manpower）是指一个国家、社会或组织可利用的劳动力，也可指人的劳力或人的力量。人力包括体力、智力、知识与技能四大要素。其最早于 1940 年在军队中用来表示军力的状况，1960 年后被世界各国广泛使用。人、财、物、信息、时间是人类社会经济活动可以利用的五类基本资源，而人的资源体现就是人力。人力资源是第一资源，是一切资源中最宝贵的资源。

人力资源（Human Resources）一词，约翰·R.康芒斯（John R.Commons）曾经先后在 1919 年的《产业荣誉》和 1921 年的《产业政府》两本著作里使用过，但与现在我们所理解的人力资源概念相差很远。

现在我们所了解的人力资源的概念最早是由管理大师彼得·德鲁克（P.F.Drucker）于 1954 年在其著作《管理实践》（*The Practice of Management*）中提出并加以明确界定的。他认为，人力资源拥有"协调能力、融合能力、判断力和想象力"等素质，而这是当前其他资源所没有的素质；人力资源是一种特殊的资源，必须经过有效的激励机制才能开发利用，并给企业带来可见的经济价值。20 世纪 60 年代以后，美国经济学家西奥多·舒尔茨（Theodore W.Schultz）和加里·斯坦利·贝克尔（Gary Stanley Becker）提出了现代人力资本理论，该理论认为人力资本是体现在具有劳动能力的人身上的、以劳动者数量和质量所表示的资本，他是通过投资形成的。该理论的提出使得人力资源的概念更加为人们所接受。

英国经济学家哈比森（F.H.Harbison）在《国民财富的人力资源》（1973）中说："人力资源是国民财富的最终基础。资本和自然资源是被动的生产要素，人是积极的因素，他们积累资本，利用自然资源建立社会的、政治的和经济的组织，并使经济继续发展。显然，一个不能开发它的人民的技能和知识并在国民经济中有效地利用这种技能和知识的国家，是不能发展任何事物的。"从此，对人力资源的研究越来越多，学者对人力资源的含义也提出了越来越多的解释。例如，伊凡·伯格（Ivan Berg）认为人力资源是人类可用于生产产品或提供各种服务的活力、技能和知识。内比尔·艾利斯（Nabil Elias）认为人力资源是企业内部成员及外部的人可提供潜在服务及有利于企业预期经营的总和。雷希斯·列可（Rensis Lakere）认为人力资源是企业人力结构的生产力和顾客商誉的价值。

现在我们理解的人力资源（Human Resources，HR）是指在一定范围内，具有劳动能力（包括处于劳动年龄、未到劳动年龄和超过劳动年龄），能够推动整个经济和社会发展的，具有智力、知识、技能、经验、体力的人口总和。它包含劳动者的数量和质量。

人力资源包括宏观含义和微观含义。宏观含义是指一个国家或地区的劳动力资源。微观含义是指组织、企事业单位的劳动力资源。

二、人力资源的特点

与自然资源和物质资源相比，人力资源具有如下特点。

（一）两重性

人力资源既具有自然（生物）属性，又具有社会属性。所谓自然（生物）属性指人的肉体存在及其特性。人力资源存在于人体之中，是一种“活”的资源，与人的生命特征、基因遗传等紧密相关，如进食、消化、排泄、求偶、生育、繁衍。所谓社会属性是指在实践活动的基础上人与人之间发生的各种关系。人力资源总是与一定的社会环境相联系，每个人都受所生存的环境包括政治、经济、文化、法律、风俗习惯、历史等影响，其个人的价值观、行为习惯也不相同，因此，在人际交往和管理等社会活动中可能会发生冲突。因此，在人力资源管理过程中需要注重人与人、人与群体、人与社会的关系及利益的协调与整合。

（二）主观能动性

主观能动性亦称“自觉能动性”，是指人的主观意识和实践活动对于客观世界的反作用或能动作用。人和其他动物的最大区别在于人能够有意识、有目的、有计划、能动地认识世界和改造世界。从人力资源管理的角度看，人是自我开发、自我管理的主体。劳动者个人的主观能动性对于人力资源管理开发的效果具有重要的影响。个人因素对人力资源能动性的影响，主要表现在自我强化、选择专业和职业、劳动态度和敬业精神等三个方面。由于人具有主观能动性，因此，人力资源管理要重点研究如何调动人的积极性。

（三）智力性

人的智力性主要表现在人具有记忆力、推理能力和语言能力。人可以通过观察力、注意力、记忆力、思维力、想象力、分析判断力、应变能力等来认识客观事物并解决实际问题。人可以通过智力活动不断学习、不断创新、不断提升自己的水平。由于人具有智力性，因此，组织应该加强对人进行培训开发。

（四）自有性

人力资源所有权属于个体自身所有，具有不可剥夺性。人力资源的所有权和使用权可以分离。在雇佣劳动过程中，劳动者交换了人力资源的使用权，雇主会阶段性地拥有人力资源的使用权，但劳动者仍拥有其终极所有权，这也是人力资源区别于其他任何资源的根本特征。

（五）时效性

人力资源的形成、开发、使用均与人的生命周期有关，受到时间的限制。第一，每个人的生命周期是有限的，都要经历婴儿期、少年期、青年期、壮年期、老年期。第二，人力资源的开发和利用只占用人的一生中的一些阶段，个体参加工作的时间长短不一，具有一定的时效性。第三，个体在劳动过程中发挥自己最佳能力，取得最佳绩效的年龄段不同。第四，人力资源只有在开发和使用中才能发挥其作用，如果不能及时得到有针对性的开发和使用，不仅会造成浪费，还可能贬值。因此，我们要及时、合理地开发和使用人力资源，使人在不同阶段的潜能得到最大限度的发挥。第五，每个组织开发和使用人力资源也具有一定的时效性。

（六）可再生性

人力资源的可再生性可以从两个方面理解：一是人力资源的数量再生。从生物学角度来看，就是人口的不断繁殖。对于个体而言，人力资源是不可再生的。对于一个国家或地区，由于人类的种族繁衍，其人力资源是可再生的。二是人力资源的质量再生。从个体的开发角度而言，人力资源还是可连续开发的资源，通过不断地开发与利用，提升人力资源的素质，提高人力资源的绩效水平，使人力资源不断增值。

三、人力资源与人口资源、劳动力资源、人才资源之间的关系

人力资源与人口资源、劳动力资源、人才资源之间存在密切的关系，分析它们之间的相互关系有助于我们更好地理解和掌握人力资源管理的内涵。所谓人口资源是指一个国家或地区具有一定数量、质量与结构的人口总和，是人力资源、劳动力资源、人才资源的自然基础。人口资源既受生物与生态环境等自然因素的影响，又受人类社会所特有的政治、经济、文化等诸多因素的影响。

劳动力资源是指一个国家或地区，在一定时期内，拥有劳动能力并在法定劳动年龄范围内的人力资源总和，是人口资源中具有劳动能力并且符合法定劳动年龄的那部分人力资源。其主要受人口总量，人口的出生率、死亡率、自然增长率，人口年龄及其变动，以及人口迁移等因素的影响。

人才资源是指一个国家或地区具有较强专业知识、专业技能、研发能力、管理能力、创新能力或其他特殊才能，具有较高素质的人口总称。其着重强调人口的质量，强调人口资源中比较杰出的、优秀的那部分人口。人才资源反映一个国家或地区的人口质量，也是一个国家或地区的核心竞争力所在。

从图 1-1 和图 1-2 可知，在一个国家或地区，人口资源是社会和经济发展的基础，也是人力资源、劳动力资源、人才资源的基础。一般而言，在一个国家或地区之内人口资源>人力资源>劳动力资源>人才资源，但不同国家或地区相比，并不是人口资源丰富的国家或地区的人力资源、劳动力资源和人才资源就一定多，这取决于一个国家或地区人力资源管理的水平。

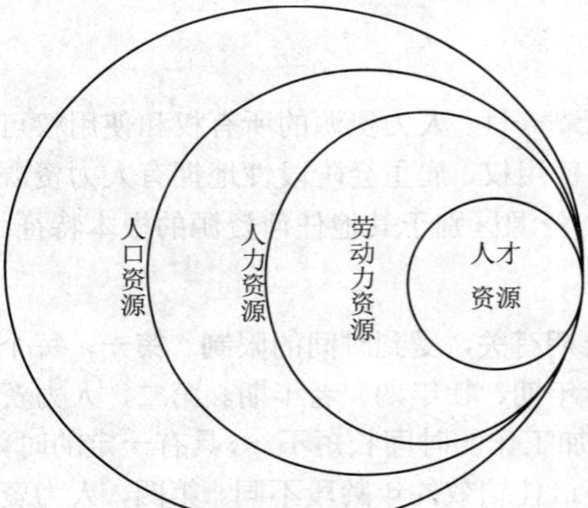

图 1-1　人力资源与其他概念的关系

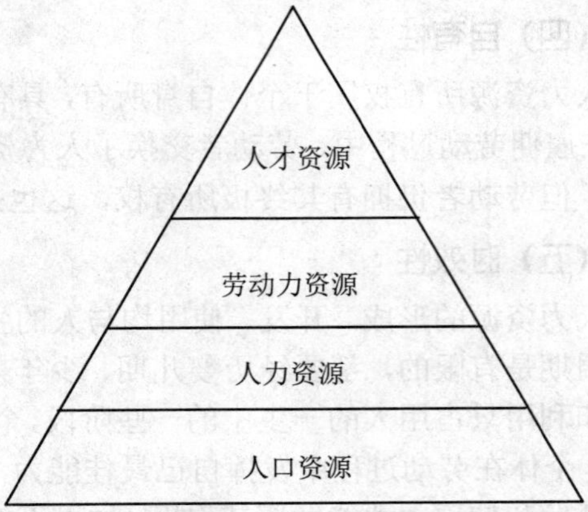

图 1-2　人力资源与其他概念的数量关系

第二节　人力资源管理

一、人力资源管理的概念

人力资源管理（Human Resource Management），最早在英国称为 Labor Management，二次

世界大战后美国称之为Personnel Management。随后专家学者们给以不同的称号，如人力管理（Manpower Management）、人事管理（Personnel Administration 或 Personnel Management）、劳务管理（Labor Management）、雇佣关系管理（Employment Relation Management）、工业关系管理（Industrial Relation Management）和劳资关系管理（Labor Relation Management）。

何谓人力资源管理？不同的学者有不同的理解。工业关系和社会学家怀特·巴克（E. Wight Bakke）最早提出将人力资源管理作为企业的一种职能性管理活动，其在1958年发表的《人力资源功能》一书中首次将人力资源作为管理的普通职能来加以讨论。巴克主要从七个方面说明为什么人力资源管理职能超出了人事或工业关系经理的工作范围。其主要观点为：① 人力资源管理职能必须适应一定的标准，即“理解、保持、开发、雇佣或有效地利用以及使这些资源成为整个工作的一个整体”；② 人力资源管理必须在任何组织活动的开始就要加以实施；③ 人力资源管理职能的目标是使企业所有员工有效地工作和取得最大的发展机会，并利用他们所有的与工作相关的技能使工作达到更高的效率；④ 人力资源管理职能不仅包括和人事劳动相关的薪酬和福利，还包括企业中人们之间的工作关系；⑤ 人力资源管理职能和组织中各个层次的人员都息息相关，甚至包括CEO；⑥ 人力资源管理职能必须通过组织中负责监督他人的每一个成员来实现；⑦ 直线管理在期望、控制和协调等其他活动方面承担着基本的人力资源职能；⑧ 所有人力资源管理的结果所关注的一定是企业和员工根本利益的同时实现。

其后众多国内外学者从人力资源管理的目的、过程、主体等方面阐释了人力资源管理的概念，如舒勒（Schuler，1992）认为，人力资源管理是采用一系列管理活动来保证对人力资源进行有效的管理，其目的是实现个人、社会和企业的利益。美国学者雷蒙德·A.诺伊（Raymond A.Noe）、约翰·霍伦拜克（John R.Hollenbeck，2001）等人认为，人力资源管理是指影响雇员的行为、态度以及绩效的各种政策、管理实践和制度。人力资源管理实践主要包括：确定人力资源需要（人力资源规划）、吸引潜在雇员（招募）、挑选新雇员（甄选）、教导雇员如何完成自己的工作及为将来做好准备（培训和开发）、向雇员提供报酬（薪酬）、对雇员的工作进行评价（绩效管理）、创造一种积极的工作环境（员工关系）等。加里·德斯勒（Gary Dessler，2001）就认为人力资源管理即人事管理，是指为了完成管理工作中涉及人或人事方面的任务需要掌握的各种政策和实践，不仅要完成获取、培训、评价员工和为员工提供薪酬等工作，并且要处理劳资关系、雇员的健康和安全问题，以及与公平有关的其他问题。

我国著名人力资源管理学家赵曙明教授（2001）认为，人力资源管理就是对人力这一资源进行有效开发、合理利用和科学管理。

我国台湾学者黄英忠（2007）认为，人力资源管理是将组织内之所有人力资源（Human Resources）做最恰当之确保（Acquisition）、开发（Development）、维持（Maintenance）与活用（Utilization），为此所规划、执行与统制的过程。

本书认为，人力资源管理就是组织为了实现人、组织、社会共赢的目标，运用人力资源理论、技术、方法而对组织所需要的人力资源进行获取、整合、保持、评估、发展的一系列活动。

人力资源管理具有如下五种基本功能。

（1）获取。根据组织目标确定的所需员工资格条件，通过计划、组织、调配、招聘等方式，保证一定数量和质量的劳动力和专业人才，满足组织发展的需要。

（2）整合。通过组织文化和管理，使组织内部的个体、群众的目标、行为、态度与组织的目标和要求相一致，培养团队精神，形成1+1>2的效果。

（3）保持。通过薪酬、考核、晋升、和谐员工关系等一系列管理活动，保持员工工作的积极性、主动性、创造性，增进员工满意感，留住员工。

（4）评估。对员工的工作业绩、工作态度、工作能力、工作技能及其他方面进行全面考核、鉴定和评价，为员工奖惩、升降、去留等决策提供依据。

（5）发展。通过员工职业生涯规划、培训、工作丰富化，提升员工素质，增加员工价值，使员工在组织中得到更好的发展。

对于人力资源管理的目标，不同的学者也有不同的理解。美国 Ordway Tead（1957）在《管理的艺术》（*The Art of Administration*）中介绍 Thomas G. Spate 的观点认为，人力资源管理的目标"使人们竭尽其最大能力，得其最大利益，当然也使每一个人都得到最大程度满足"。我国台湾地区学者黄英忠（2007）认为，人力资源管理基本目标包括：生产性目标与维持性目标的均衡；年功主义与能力主义的调和；员工工作生活品质的提高；产业社会人力素质的提升。

二、人力资源管理的内容及其相互关系

（一）人力资源管理的内容

人力资源管理的内容也就是人力资源管理的主要活动或人力资源管理的各项职能，是指组织中人力资源职能管理人员所从事的具体工作内容与环节。不同规模的组织所涉及的活动略有区别。一般而言，人力资源管理的主要内容包括以下几个方面。

1．工作分析与工作设计

工作分析就是一种组织采用科学的手段和方法收集与工作岗位相关的信息，通过对信息分析确定组织中的岗位职能、工作职责和权限、任职资格条件等岗位基本状况的技术和方法。工作设计也称为岗位设计，其是为了提高组织和员工的工作效率，而对组织内的每一个岗位的任务、责任、权力以及在组织中工作的关系进行设计的过程。

2．人力资源规划

人力资源规划是指为实现企业的经营发展战略目标，依据企业未来的生存发展环境变化，运用科学的方法对企业未来人力资源的需求和供给进行分析及预测，并制定应对的措施以达到企业人力资源需求与供给平衡的过程。

3．招聘管理

招聘管理是组织通过各种科学技术与方法，寻找、吸引和挑选能够胜任岗位工作的合适人选填补组织中空缺岗位的过程。

4．培训管理

培训管理是通过培训者设计的一整套活动方案（规则、要求和操作步骤）来激发学员的学习热情，归纳其经验，开发其潜能，从而提升学员的工作与生活能力，最终改变其行为的训练过程。

5．职业生涯管理

职业生涯管理是为了更好地实现个人目标，使个人在整个职业历程中的工作更富有成效，从而对整个职业历程进行计划、实施、评估，并根据外部环境和自身因素以及实施的效果进行调整的过程。

6．绩效管理

绩效管理是指组织为了有效地达到组织目标，由专门的绩效管理人员运用人力资源管理的理论、技术和方法与员工共同制订绩效计划，通过绩效辅导沟通实施绩效计划，依据绩效评估来检测绩效计划实施的效果，根据绩效评估结果提出绩效改进计划，以使个人、部门和组织的绩效不断提升和改善的持续循环过程。

7．薪酬管理

薪酬管理是指根据组织发展战略与目标，组织针对员工所付出的劳动和服务而提供回报的动态过程，也即对组织薪酬战略、岗位评价与薪酬等级、薪酬调查、薪酬计划、薪酬水平、薪酬结构、薪酬构成、薪酬制度、人工成本测算等进行确定和调整的过程。

8．员工关系管理

员工关系管理是指在企业人力资源体系中，各级管理人员和人力资源职能管理人员，通过拟订和实施各项人力资源政策和管理行为，以及其他的管理沟通手段，调节企业和员工、员工与员工之间的相互联系和影响，从而实现组织的目标并确保为员工、社会增值。员工关系管理主要包括劳动关系管理、员工纪律管理、员工人际关系管理、沟通管理、员工情况管理、员工绩效管理、企业文化建设、服务与支持、员工关系管理培训等内容。

（二）人力资源管理内容之间的相互关系

人力资源管理是由人力资源规划、工作分析与工作设计、招聘管理、培训管理、职业生涯管理、绩效管理、薪酬管理、员工关系管理等活动组成的一个相互联系、相互影响、相互制约的有机系统。

1．双基础：以工作分析与工作设计、人力资源规划为基础

工作分析与工作设计是人力资源管理的基石，是其他人力资源管理活动的前提条件。人力资源规划中，预测组织所需的人力资源数量和质量时，基本的依据就是工作说明书；员工招聘时，发布的招聘信息离不开工作说明书，而录用甄选的标准也主要根据工作说明书中的任职资格要求；绩效管理中，员工的绩效考核指标也是根据岗位的工作职责和要求来确定的；在培训过程中，培训需求的确定也要以工作说明书对业务知识、工作能力和工作态度的要求为依据；薪酬管理中，岗位重要性的大小、岗位工资等级的确定和绩效工资的计算，依据的信息主要也是工作说明书的内容。工作分析与绩效管理和薪酬管理的关系更加直接。工作说明书也是员工关系管理的基础文件，组织与员工之间的责、权、利一般情况下已经在工作说明书中体现。

人力资源规划是蓝图，是组织人力资源管理的一项基础性、先行性工作，是人力资源管理的出发点也是终结点，是人力资源管理的依据和指导。组织的招聘管理、培训与开发管理、绩效管理、薪酬管理、职业生涯管理、员工关系管理等活动都需要根据人力资源规划进行，其规定了这些活动的方向、内容和标准。

2．双核心：以职业生涯管理和绩效管理为核心

组织人力资源管理的最终目的就是组织和员工的双赢：① 通过员工绩效水平的提升实现组织的目标；② 员工在组织中得到更好的发展。从图 1-3 可以看出，招聘管理、培训管理、薪酬管理、职业生涯管理、员工关系管理、人力资源规划、工作分析与设计等活动的直接目标就是员工的绩效，员工的绩效好坏影响到组织目标的完成。绩效管理与其他人力资源管理活动

有密切的关系。组织人力资源规划中的内部人力资源供给要根据员工绩效考核结果加以计算；组织员工招聘的依据是通过绩效考核了解员工的绩效水平后决定的员工增加的数量和质量；员工培训的目的是使员工能够更好地适应组织、岗位工作，提升员工的绩效水平，而组织培训需求分析要以绩效考核结果为基础。组织的薪酬支付与员工的绩效水平息息相关，一般而言组织在设计薪酬体系时，都将员工的工资分为固定工资和浮动工资两部分，前者主要依据工资等级来支付，而后者则体现员工的绩效水平。通过员工关系管理，建立起一种融洽的氛围，有助于员工更加努力地工作，实现绩效水平的提升。招聘管理、培训管理、绩效管理、薪酬管理、员工关系管理、人力资源规划、工作分析与设计都要考虑到员工职业生涯的管理，员工在组织中有发展，组织也就有发展的基础。

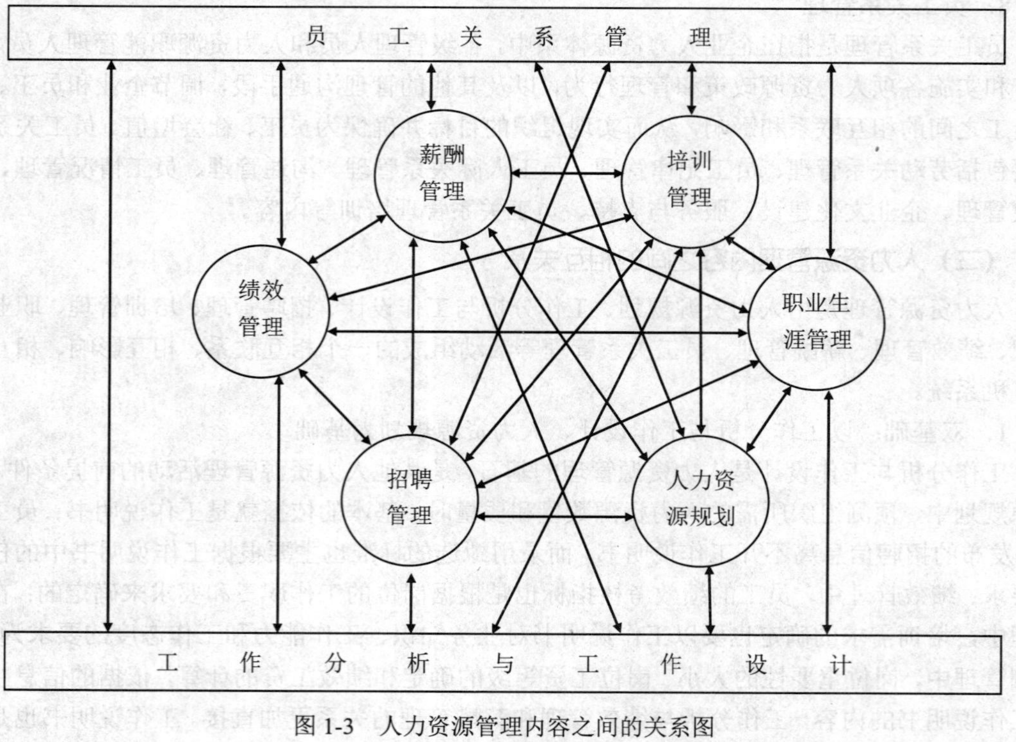

图 1-3　人力资源管理内容之间的关系图

3．四个基本点：招聘管理、培训管理、薪酬管理、员工关系管理

招聘管理、培训管理、薪酬管理、员工关系管理是实现组织目标和员工发展的关键性工作，是支撑点。它们之间也相互影响和相互联系，每一个活动与其他人力资源管理活动也是息息相关，相互影响、相互关联的。

三、人力资源管理与传统人事管理的区别

传统的人事管理是对人以及有关人的事方面进行计划、组织、指挥、协调和控制等一系列管理活动的总称，也就是通过人事管理理论与方法调整人与人、人与事、人与组织的关系，充分调动员工的积极性。其与人力资源管理存在本质的区别，如表 1-1 所示。

表 1-1　人力资源管理与传统人事管理的区别

比 较 项 目	人力资源管理	传统人事管理
管理视角	视员工为第一资源、资产	视员工为负担、成本
管理目的	组织和员工利益的共同实现	组织短期目标的实现
管理导向	过程	成果
管理主体	组织中所有管理者	单纯的从事人事管理工作者
管理对象	劳资双方	员工
管理地位	战略层	执行层
部门性质	生产效益部门	单纯的成本中心
管理重点	重视培训开发、员工发展	重使用、轻开发，重视绩效考核
管理内容	非常丰富，以员工开发和协调合作为目标	简单的行政、事务性管理，强调事物性操作
管理模式	以人为本、以人为中心	以事为中心、强调制度控制
管理方式	强调民主、参与	命令式、控制式
管理性质	战略性、整体性	战术性、分散性
员工关系	平等、和谐	从属、对立
管理活动	动态	静态

第三节　人力资源管理的学科基础

任何一门学科的发展都会受到社会需求和其他相关学科发展的影响。人力资源管理从工业革命开始，在一百多年的发展进程中，不断引进、吸收和运用其他学科的理论知识和技术，从而形成了一门比较系统的学科。人力资源管理的主要学科基础有心理学、行为科学、组织理论、管理学、经济学、社会学等。

一、心理学

心理学是研究心理活动的形式及其规律的科学，其包括基础心理学和应用心理学，其中应用心理学对人力资源管理学科影响最大。心理学是人力资源管理研究与实践的重要理论基础。人力资源管理的对象是人，为了更好地了解人，高效率地管理人，就必须重视心理学的研究。现代心理学包括行为论、精神分析论、人本论、认知论、生物科学观等五大理论，主要研究心理的生理基础、感觉与知觉、学习心理、身心发展、个别差异、动机与情绪、社会心理、异常行为与心理治疗等问题。

心理学有一个漫长的过去，但只有短暂的历史。早期的心理学存在于哲学之中，19 世纪生理学和物理学的发展，为科学心理学的诞生准备了必要条件。1879 年，德国生理心理学家冯特（1832—1920 年）在德国的莱比锡大学创立了世界上第一个心理学实验室，用实验的手段来研究心理现象，标志着心理学从哲学中真正分离出来而成为一门独立的学科。

心理学的研究对象包括心理过程和个性心理。心理过程（Mental Process）是指一个人心理现象的动态过程。它包括认识过程、情感过程和意志过程，反映正常个体心理现象的共同性一面。认识过程即认知过程，是个体在实践活动中对认知信息的接受、编码、储存、提取和适用的心理过程。它主要包括注意、感觉、知觉、思维、记忆和想象等。情感过程是个体在实践活动中对事物的态度的体验。意志过程是个体自觉地确定目标，并根据目的调节支配自身的行动，克服困难，以实现预定目标的心理过程。个性心理（Individual Mind）是一个人在社会生活实践中形成的相对稳定的各种心理现象的总和，它包括个性倾向、个性特征和个性调控等方面，反映人的心理现象的个别性一面。个性倾向是推动人进行活动的动力系统。它反映了人对周围世界的趋向和追求，主要包括需要、动机、兴趣、理想、信念、价值观和世界观等。个性特征是个人身上经常表现出来的本质的、稳定的心理特征。它主要包括气质、性格和能力。个性调控主要是指个体对自己的需要、动机、兴趣、理想、信念、价值观和世界观等进行自我调节和控制的过程。

二、行为科学

行为科学是主要研究人类的行为规律的科学。一般而言，人类具有如下行为规律：① 在特定的环境之中，具有特定个性的人，有特定的行为表现；② 在相似的环境之中，具有相似个性的人或相似共性的群体，有相似的行为表现；③ 任何一种行为都会相应产生一种以上的后果。因此，任何一种控制行为的行为，也都会相应产生一种以上的后果。而任何一种行为的后果，都有其自身固有的演化规律，与行为者和实施控制行为者的主观愿望无关。与人力资源管理密切相关的是组织行为学。组织行为学是研究组织中人的心理和行为表现及其客观规律的科学，其以成员个人、群体、整个组织及其外部环境的相互作用所形成的行为作为研究对象，目的是提高管理人员预测、引导和控制人的行为的能力，以实现组织既定目标。组织行为包括个体行为、群体行为、组织整体行为三个方面。

（一）个体行为

认识个体是了解组织行为的基础。对个体行为的研究主要包括对人性的认识，对个体知觉、价值观、个性和态度的认识，对人的需要和激励的研究。员工的行为评估与知觉是选拔和考核员工的基本方式。行为的变化和学习是员工培训开发的理论基础。报酬与晋升是满足员工需求、激励员工的重要手段。

（二）群体行为

群体是组织的基层单位，群体行为是组织内成员之间的相互作用或相互接触所形成的行为关系。在组织中存在同质的群体行为（个体具有很相似的需求、动机与人格），也存在异质的群体行为。群体中还存在压力与冲突。管理者应该根据群体动力学的原理，运用规范、学习、领导与发展的方法，来促进人际关系和员工关系的和谐。

（三）组织整体行为

为了增进组织的整体效能，人力资源管理必须与组织内的其他管理如生产、销售、财务、研发相互结合，同时还需考虑采取适当的手段和措施促使组织内部的人员、工作、技术、文化等因素与外部环境的变化相适应，促进组织的发展。

三、组织理论

组织是由两个以上的人组成的，为实现共同目标，以一定形式加以编制的集合体。组织理论主要研究和探讨组织的基本特征及组织与人员的相互关系问题。从 20 世纪初开始，组织理论经历了传统组织理论、行为科学组织理论、系统管理理论三个阶段。

传统组织理论重点研究组织的结构和组织管理的一般原则，研究内容主要涉及组织的目标、分工、协调、权力关系、责任、授权、组织效率、管理层次和幅度、集权和分权等。主要代表人物和理论有韦伯（Max Weber）的官僚制度理论，法约尔（H.Fayol）的一般管理理论和泰勒（F.W.Taylor）的科学管理理论。

行为科学组织理论重点研究人和组织的活动过程，如群体和个体行为，人和组织的关系、沟通、参与、激励、领导艺术等。主要代表人物和理论有美国学者梅奥（E.Mayo）等的霍桑实验，巴纳德（C.I.Barnard）的均衡理论，西蒙（H.A.Simon）的行政决策理论，马斯洛（A.H.Maslow）的需要层次理论，麦克格雷戈（D.MeGregor）的 X 理论、Y 理论，以及赫茨伯格（F.Herzberg）的双因素理论等。

系统管理理论是用系统观点来分析组织的一种理论，主要是把组织看成一个系统，从系统的互相作用和系统同环境的互相作用中考察组织的生存和发展。主要代表人物和理论有：美国行政学家巴纳德（C.I.Barnard）用封闭系统的观点来考虑组织；T.帕森斯、F.卡斯特、J.罗森茨韦克把组织看成一个开放系统；英国的 J.伍德沃德，美国的 P.劳伦斯、J.洛奇和 F.菲德勒等主张相机行事的权变理论。

组织理论运用到人力资源管理中，其主要包括组织结构的决定、组织设计、组织变革与冲突、组织环境及文化管理。

四、管理学

管理学是一门研究人类社会管理活动中各种现象、规律和一般方法的学科。管理是社会组织中，为实现预期的目标，以人为中心进行的协调活动，也就是指在特定的环境条件下，管理者通过执行计划、组织、领导、控制等职能，合理组织和配置人、财、物等各项资源，从而实现组织既定目标的活动过程。德鲁克认为“管理是一种实践，其本质不在于‘知’而在于‘行’；其验证不在于逻辑，而在于成果；其唯一权威就是成就。”

管理科学和比较管理学对人力资源管理学的影响巨大。管理科学（Management Science）可称为计量管理学或作业研究。管理科学是以系统论、信息论、控制论为其理论基础，应用数学模型和电子计算机手段来研究与解决各种管理问题的科学。它的主要内容包括运筹学、统计学、信息科学、系统科学、控制论、行为科学等。管理科学广泛运用于人力资源管理，其有助于人力资源管理决策、制度制定、资料处理，还可运用于薪酬、人力资源成本、人力资源规划、员工绩效考核、员工测评与筛选、劳动量确定、劳动时间计算等各方面。

比较管理学是一门采取科学的比较分析方法，研究不同国家或地区之间“管理现象”的异同点、模式及其效果，并且研究这些管理现象与文化地域环境因素的关系，进而探讨管理经验和管理模式的可移植性的科学。比较管理学主要从跨文化、跨国度、跨时空多种角度来对管理进行综合比较研究。不同国家或地区之间由于政治制度、经济体制、文化、教育、法律、历史、风俗习惯等方面的差异可能会造成管理的不同。环境论者认为教育、社会、文化、法律、政治及经济等环境因素是决定经营理念和管理实务最重要的因素。比较管理学已由开始时过于重视纯理论的探讨，很少注重管理实务的比较研究，转变为重视管理实践的比较。参与比较研究的国家也由美国逐步扩大到日本、德国、韩国和新加坡等国。目前，学者们掀起了比较研究日本及东方国家企业管理的热潮。比较管理学的研究对跨国公司的人力资源管理意义重大。

五、经济学

经济学是研究个人和团体从事生产、流通、分配、消费的规律的科学，其研究如何最佳使用有限资源满足人们无限需求，以最小的投入达到最大的产出。西方经济学对人力资源管理影响深远，尤其是微观经济学。西方经济学是以一般均衡理论、配置经济学、价格经济学为基础理论，以理性人都是自私的"经济人"假设为理论出发点，运用线性非对称思维方式和还原论思维方法，研究以私有制为经济基础，以价格机制为市场的核心机制，以竞争为经济发展的根本动力，以博弈为经济主体的行为方式的经济活动，以达到微观经济的最终目标——利润最大化，宏观经济的最终目标——GDP 经济规模最大化。

（一）人力资本理论

经济学中的人力资本理论是人力资源管理的核心理论之一。人力资本是一种非物质资本，它是体现在劳动者身上的、并能为其带来永久（持久）收入的能力，在一定时期内主要表现为劳动者所拥有的知识、技能、劳动熟练程度和健康状况。人力资本理论来源于西方教育经济理论，是逐渐发展起来的。最早的人力资本思想可以追溯到古希腊思想家柏拉图（Plato）的著作《理想国》，其在书中阐述了教育和训练的经济价值。亚里士多德（Aristotle）也认识到教育的经济作用以及一个国家维持教育以确保公共福利的重要性。弗朗斯瓦·魁奈（Francois Quesnay）是最早研究人的素质的经济学家，他认为"构成国家财富的是人"，指出人是构成财富的第一因素。1644 年，古典经济学代表人物威廉·佩第（William Petty）就提出，可以从劳动所得推算作为财富价值及其相对应关系的"居民价值"。第一个将人力视为资本的经济学家是亚当·斯密（Adam Smith），其明确提出了劳动技巧的熟练程度和判断能力的强弱必然要制约人的劳动能力与水平，而劳动技巧的熟练水平要经过教育培训才能提高，教育培训则是需要花费时间和付出学费的。美国经济学家、1979 年"诺贝尔经济学奖"得主西奥多·威廉·舒尔茨（Theodore W. Schultz）在 1960 年美国经济学年会上的演说中系统地阐述了人力资本理论，舒尔茨也因此被称为"人力资本之父"。加里·贝克尔（Gary S.Becker）弥补了舒尔茨只分析教育对经济增长的宏观作用的缺陷，系统地进行了微观分析，研究了人力资本与个人收入分配的关系。舒尔茨认为资本具有物质资本和人力资本两种形式，物质资本体现在物质产品上，主要包括厂房、机器、设备、原材料、土地、货币和其他有价证券等。人力资本体现在劳动者身上，即对劳动者进行的普通教育、职业培训等支出和其接受教育的机会成本等价值在劳动者身上的凝结，表现为蕴含于人身中的各种生产知识、劳动与管理技能和健康素质的存量总和，其是通过劳动者的质量或技术知识、工作能力表现出来的。

人力资本理论的主要内容包括以下几个方面。

（1）人力资源是一切资源中最主要的资源，人力资本理论是经济学的核心问题。舒尔茨一直强调要把人力资本理论作为经济学的核心问题进行研究。舒尔茨认为，"投入与产出之间增长之差，一部分是由于规模收益，另一部分是人力资本带来的技术进步的结果。"人力资本可以使单位劳动、土地和资本的耗费产生比以前高得多的产出和效益。与其他投资相比，人力资本投资是收益率最高的投资。

（2）在经济增长中，人力资本的作用大于物质资本的作用。人力资本投资与国民收入成正比，比物质资源增长速度快。舒尔茨认为“空间、能源和耕地并不能决定人类的前途。人类的前途将由人类的才智的进化来决定。”对于人类通过降低人口数量来提高人口质量的趋势，他认为“质量和数量是可以相互替代的，降低对数量的要求就是赞成少生育和优育儿童，这种要求提高质量的运动有利于解决人口问题。”舒尔茨认为，现代化生产条件下，劳动生产率的提高，正是人力资本大幅度增加的结果。舒尔茨认为，“没有对人的大量投资，就不能享受现代化农业的硕果，也不能拥有现代化工业的富裕，我们经济中最突出的特征是人力资本的形成问题。”

（3）人力资本的核心是提高人口质量，教育投资是人力投资的主要部分。舒尔茨认为人力资本包括人口数量和质量，而提高人口质量更重要。不应当把人力资本的再生产仅仅视为一种消费，而应视同为一种投资，这种投资的经济效益远大于物质投资的经济效益。教育是提高人力资本最基本的手段，所以也可以把人力投资视为教育投资问题。国外对人力资本的研究表明各个国家和地区的经济发展与其教育投资成正比。西方研究表明在影响经济发展的资本、人力、土地三大要素中，资本是由物质资本和人力资本组成的。生产力三要素之一的人力资源还可以进一步分解为具有不同技术知识程度的人力资源。高技术知识程度的人力带来的产出明显高于技术知识程度低的人力。

（4）教育投资应以市场供求关系为依据，以人力价格的浮动为衡量符号。舒尔茨认为，面对复杂多变的动态世界，国家希望通过制定一个一劳永逸的人才规划，然后加以实施，这是不现实的。有需要就有供应，我们需要根据市场的需求来调节对各类学校的教育投资。舒尔茨创立了人力投资收益的计算方法。所谓人力投资收益就是人力投资在国民收入增长额中所占的比率。社会教育资本积累总额Σ（各级教育的毕业生的每人教育评价费用×社会上各级学历的就业人数）

$$\text{某级教育投资年收益率}=\frac{\text{某级毕业生平均年收入}-\text{前一级毕业生平均年收入}}{\text{某级教育人均费用}}$$

舒尔茨认为人力资本投资主要包括用于教育上的支出、用于保健上的支出、用于劳动力国内流动的支出、用于移民入境的支出等方面。

（二）劳动经济学

劳动经济学是研究劳动关系及其发展规律的科学，其核心是如何以最少的劳动投入费用取得最大的经济效益，其主要研究劳动力再生产、劳动力的供给与需求、劳动就业、劳动力管理、工资、劳动保险、劳动效率等问题。劳动经济学的理论主要包括劳动和劳动生产率理论、劳动计划理论、劳动组织理论、劳动力管理理论、劳动报酬和劳动福利理论等。劳动经济学与人力资源规划中的外部劳动力的供给预测、招聘中劳动就业状况的分析、薪酬管理和员工关系管理密切相关。

六、社会学

社会学是从社会哲学演化出来的现代学科，起源于19世纪三四十年代，“社会学”一词是由孔德（Auguste Comte）首创的。社会学是研究社会行为及其后果的科学，主要研究对象为社会行为、社会结构、社会问题、人性、社会学心理等。

美国社会学家A. 英克尔斯（Alex Inkeles）在研究后提出社会学的理论框架主要为以下三个维度。

（1）第一个维度是社会生活的基本单位。主要包括：① 社会行为和社会关系；② 个人的人格；③ 人群（包括民族和阶级）；④ 社区，即城市的和农村的；⑤ 社团和组织；⑥ 人口；⑦ 社会。

（2）第二个维度为社会基本制度。主要包括：① 家庭和亲属制度；② 经济制度；③ 政治和法律制度；④ 宗教制度；⑤ 教育和科学制度；⑥ 娱乐和福利制度；⑦ 美学和表现制度。

（3）第三个维度是基本的社会过程。主要包括：① 分化和分层；② 合作、调解、同化；③ 社会冲突（包括革命和战争）；④ 联络（包括意见的形成、表达和变化）；⑤ 社会化和教育；⑥ 社会评价（价值的研究）；⑦ 社会控制；⑧ 社会过失（犯罪、自杀等）；⑨ 社会整合；⑩ 社会变迁。

人的本质不是单个人所固有的抽象物，在其现实性上，他是一切社会关系的总和。组织是社会的一部分，社会学研究人的社会行为及其后果，对全面了解人有重要的作用。社会学理论对员工招聘、绩效考核、薪酬管理、员工关系管理等有重要影响。

第四节　人力资源管理的发展历史

对于人力资源管理发展历史的进程，不同的学者有不同的理解，如表 1-2 所示。

表 1-2　人力资源管理发展阶段的划分

观　点	代表人物	主要内容
六阶段论	弗论齐（French，1998） 美国	第一阶段：科学管理运动 第二阶段：工人福利运动 第三阶段：早期工业心理学 第四阶段：人际关系阶段 第五阶段：劳工运动 第六阶段：行为科学与组织理论时代
	黄忠英（2007） 中国台湾	第一阶段：产业革命时代 第二阶段：科学的管理时代 第三阶段：人际关系时代 第四阶段：行为科学时代 第五阶段：情景理论时代 第六阶段：策略管理时代
五阶段论	罗兰和费李斯（Rowland&Ferris，1982） 美国	第一阶段：工业革命时代 第二阶段：科学管理时代 第三阶段：工业心理学时代 第四阶段：人际关系时代 第五阶段：工作生活质量时代
四阶段论	韦恩·卡肖 （Wayne Cascio，1995） 美国	第一阶段：档案保管阶段 第二阶段：政府职责阶段 第三阶段：组织职责阶段 第四阶段：战略伙伴阶段
	赵曙明（2009） 中国	第一阶段：起源——福利人事与科学管理 第二阶段：演进——人事管理 第三阶段：蜕变——从人事管理到人力资源管理 第四阶段：趋向——战略人力资源管理

不管如何划分，内容基本相同，区别在于年代的划分。本书认为人力资源管理发展经历了人力资源管理萌芽阶段、科学管理阶段、人事管理阶段、人力资源管理阶段、战略人力资源管理阶段。

一、人力资源管理萌芽阶段（19 世纪末以前）

19 世纪末以前，由于工业生产还是以手工作坊、家庭手工业为主，大规模机械化生产还比较少，雇佣工人比较少，基本是企业所有者、生产者、经营者合为一体，因此，此阶段一切以工作为中心，忽视员工的存在，没有专职的人力资源管理者，管理者基本上是依据经验进行管理。

二、科学管理阶段（19 世纪末—20 世纪 20 年代）

泰勒（F.W.Taylor）被称为“科学管理之父”，其在 1911 年出版的《科学管理原理》一书标志着管理进入到科学管理阶段。这一阶段的主要代表人物有泰勒、甘特、吉尔布雷斯夫妇。

（一）泰勒的科学管理

泰勒在《科学管理原理》一书中提出的主要观点有以下几个方面。

1．制定科学的作业方法

（1）从执行同一种工作的工人中，挑选出身体最强壮、技术最熟练的一个人，把他的工作过程分解为许多个动作，用秒表测量并记录完成每一个动作所消耗的时间。

（2）除去动作中多余的和不合理的部分，最后把最经济的、效率最高的动作集中起来，确定标准的作业方法。

（3）实行作业所需的各种工具和作业环境的标准化。

（4）根据标准的操作方法和每个动作的标准时间，确定工人一天必须完成的标准的工作量。

2．科学地选择和培训工人

对经过科学选择的工人用提炼的科学作业方法进行训练，使他们按照作业标准进行工作，以改变过去凭个人经验进行作业的方法，提高生产效率。

3．实行有差别的计件工作制

按照作业标准和时间定额，规定不同的工资率。对完成或超额完成工作定额的员工，以较高的工资率计件支付工资；对完不成工资定额的员工，则以较低的工资率支付工资，以调动员工的工作积极性。

4．将计划职能与操作职能分开

为了提高劳动生产率，泰勒主张把计划职能与操作职能分开。泰勒的计划职能实质上就是管理职能，操作职能就是指工人的劳动职能。

5．实行职能工长制

实行职能工长制即将整个管理工作划分为许多较小的管理职能，使所有的管理人员（如工长）尽量分担较少的管理职能；如有可能，一个工长只承担一项管理职能。这为今后建立职能部门和管理专业化奠定了理论基础。

6．在管理上实行例外原则

泰勒提出，规模较大的企业不能只依据职能原则来组织管理，还需要运用例外原则，即企业的高级管理人员把处理一般事物的权限下放给下级管理人员，自己只保留对例外管理的决策权和监督权。

（二）甘特的管理思想

亨利·劳伦斯·甘特（Henry Laurence Gantt）是泰勒创立和推广科学管理制度的亲密的合作者，他是科学管理运动的先驱者之一，也是人际关系理论的先驱者之一。甘特的主要管理思想表现为以下几点。

1．提出了“任务加奖金制”（task work with bonus）

甘特在他的《劳动、工资和利润》中，论述了他的“任务加奖金制”设想。按照任务加奖金制的设想，工人在规定时间内完成规定定额，可以拿到规定报酬，另加一定奖金。如果工人在规定时间内不能完成定额，则不能拿到奖金；如果工人少于规定时间完成定额，则按时间比例另加奖金。每一个工人达到定额标准，其工长可以拿到一定比例的奖金；一名工长领导下的工人完成定额的人数越多，工长的奖金比例就越高。甘特的办法第一次把管理者培训工人的职责和他的利益结合了起来。

工人完成定额后给工长发奖金，使工长由原来的监工变成了工人的老师和帮助者，把关心生产转变成关心工人。甘特的这一设想成为人类行为早期研究的一个标志。按照甘特自己的说法，工长奖金的目的就是“使能力差的工人达到标准，并使工长把精力放在最需要的地方和人身上”。

2．强调对工人进行教育的重要性

甘特非常重视工业生产中人的因素。甘特强调，工业教育要形成一种“工业的习惯”，这种习惯的内容就是勤劳与合作。甘特认为，建立工业的习惯能使雇主与工人同时受益，不仅雇主的利润提高，工人的工资增加，而且还对工人的健康有益，能提高工人的工作兴趣。甘特说：“我们做任何事情都必须符合人性。我们不能强迫人们干活；我们必须指导他们的发展。”甘特认为，任何企业取得成功的首要条件是采取一种被领导者愿意接受的领导方式。

3．制定了甘特图——生产计划进度图

甘特在20世纪早期引用了生产计划进度图，是管理思想上的一次革命。在图上，项目的每一步在被执行的时间段中用线条标出，完成以后即可以时间顺序显示所要进行的活动，以及那些可以同时进行的活动。

1910年，福特开始在高地公园新厂进行工厂自动化实验。利用甘特图表进行计划控制，创建了世界第一条福特汽车流水生产线，实现了机械化的大工业，大幅度提高了劳动生产率，形成了高效率、低成本、高工资和高利润的局面。

（三）吉尔布雷斯夫妇的管理思想

弗兰克·吉尔布雷斯（Frank Bunker Gilbreth）和莉莲·吉尔布雷思（Lillian Moller Gilbreth）夫妇是动作研究的先驱。弗兰克·吉尔布雷斯被公认为“动作研究之父”。吉尔布雷斯夫妇认为，要取得作业的高效率，以实现高工资与低劳动成本相结合的目的，就必须做到以下几点。

1．规定明确的高标准的作业量

对企业所有员工，不论职位高低，都必须规定其任务，而且任务必须是明确的、详细的且非轻而易举就能完成的。他们主张，在一个组织完备的企业里，作业任务的难度应当达到非第一流工人不能完成的地步。作业量需要通过时间研究才能确定。

2．建立标准的作业条件

要为每个工人从操作方法到材料、工具、设备等提供标准的作业条件，以保证他能够完成标准的作业量。通过动作研究可达到这一目的。

3．完成任务者付给高工资

如果工人完成了给他规定的标准作业量，就应付给他高工资。吉尔布雷斯夫妇认为，应该采用差别计件工资制，也就是对同一种工作设有两个不同的工资率，对用最短的时间完成工作且质量高的工人，就按较高的工资率计算；相反，对用时长、质量差的工人，则按较低的工资率计算。

4．完不成任务者要承担损失

如果工人不能完成给他规定的标准作业量，他就必须承担由此造成的损失。

科学管理阶段为人力资源管理今后的发展从思想、理论、方法奠定了坚实的基础。科学管理提出要把管理职能从执行职能中分开，为成立专门的管理人力资源部门提供了依据。动作研究和时间研究是工作（岗位）分析与评价的基础，计件工作制也为科学管理薪酬奠定了基础。

三、人事管理阶段（20 世纪 20 年代—80 年代初）

人事管理的思想最早公开发表在《年报》（*The Annual*）和《工业管理杂志》（*Engineering Magazine*）杂志上，1916 年《年报》出版了讨论“工业管理中的人事和雇佣问题”专刊。1920 年，美国出版了第一本以“人事管理”为书名的教科书，主要介绍了雇佣、报酬、纪律及人事管理其他领域的一些做法。人事管理作为一个独立的职能部门的标志是 1910 年普利茅斯出版社成立了人事部并任命简·威廉为第一任人事部经理。这一阶段的主要代表人物有梅奥（E.Mayo）和马斯洛（A.H.Maslow）。

（一）梅奥的人际关系学说

20 世纪 30 年代，美国学者梅奥进行了著名的霍桑实验，为人事管理开拓了新的领域。梅奥在霍桑实验的基础上提出了人际关系学说。

1．霍桑实验

梅奥在 1924—1932 年期间，在美国西方电气公司的霍桑工厂进行了霍桑实验（Hawthorne Experiment），整个实验前后经过了四个阶段。

第一阶段：照明实验

车间照明实验是为了弄明白照明的强度对生产效率所产生的影响。这项实验前后共进行了两年半的时间。然而，照明实验进行得并不成功，其结果令人感到迷惑不解，因此有许多人都退出了实验。

第二阶段：福利实验

福利实验也称继电器装配实验。福利实验的目的是找到更有效地控制影响职工积极性的因素。梅奥对实验结果进行归纳，在排除了四个假设后得出了“改变监督与控制的方法能改善人际关系，能改进工人的工作态度，促进产量的提高”的结论。这四个假设是：① 在实验中改进物质条件和工作方法，可导致产量增加；② 安排工间休息和缩短工作日，可以解除或减轻疲劳；③ 工间休息可减少工作的单调性；④ 个人计件工资能促进产量的增加。

第三阶段：访谈实验

大规模的访谈实验是在实验表明管理方式与职工的士气和劳动生产率有密切关系的情况下进行的，目的是了解职工对现有管理方式的意见，为改进管理方式提供依据。此实验在1928年9月到1930年5月期间进行，研究人员总共访谈了工厂中的两万名左右的职工。

研究人员通过对在与工人的交谈中了解到的怨言进行分析，发现引起他们不满的事实与他们所埋怨的事实并不是一回事，即工人表述的自己的不满与隐藏在心理深层的不满情绪并不一致。根据这些分析，研究人员认识到，工人会因为关心自己个人问题而影响到工作的效率。

第四阶段：群体实验

继电器绕线组的工作室实验是一项关于工人群体的实验。在以上的实验中，研究人员觉得在工人当中存在着一种非正式的组织，而且这种非正式的组织对工人的态度有着极其重要的影响。进行继电器绕线组的工作室实验就是为了证实这一点。

实验者为了系统地观察在实验群体中工人之间的相互影响，在车间中挑选了14名男职工，其中有9名绕线工、3名焊接工和2名检验工，让他们在一个单独的房间内工作。实验开始时，研究人员向工人说明，他们可以尽力地工作，因为在这里实行的是计件工资制。研究人员原以为，实行这一套办法会使得职工更为努力地工作，然而结果却是出乎意料的。事实上，工人实际完成的产量只是保持在中等水平上，而且每个工人的日产量都是差不多的。这是什么原因呢？研究者通过观察，了解到工人们自动限制产量的理由是：如果他们过分努力地工作，就可能造成其他同伴的失业，或者公司会制定出更高的生产定额来。

研究者为了了解他们之间能力的差别，还对实验组的每个人进行了灵敏度和智力测验，发现3名生产最慢的绕线工在灵敏度的测验中得分是最高的。测验的结果和实际产量之间的这种关系使研究者联想到群体对这些工人的重要性。一名工人可以因为提高自己的产量而得到小组工资总额中较大的份额，而且减少失业的可能性，但这些物质上的报酬却会带来群体非难的惩罚，因此每天只要完成群体认可的工作量就可以相安无事了。

研究者认为，这种自然形成的非正式组织（群体），对内可以控制其成员的行为，对外则为了保护其成员，使之不受来自管理阶层的干预。这种非正式的组织一般都存在着自然形成的领袖人物。

2．人际关系学说

1933年，梅奥将霍桑实验的结果在《工业文明中的人的问题》一书中正式发表，这标志着人际关系学说的建立。霍桑实验的研究结果否定了传统管理理论对于人的假设，表明了工人不是被动的、孤立的个体，影响员工生产效率的最重要的因素也不是待遇和工作条件，而是员工的社会和心理因素，即工作中的人际关系。

梅奥提出的人际关系学说的主要观点有以下几个。

（1）人是“社会人”而不是“经济人”。梅奥认为，人们的行为并不单纯出自追求金钱的动机，还有社会方面的、心理方面的需要，即追求人与人之间的友情、安全感、归属感和受人尊敬等，而后者更为重要。每一个人都有自己的特点，个体的观点和个性都会影响个人对上级命令的反应和工作的表现。因此，应该把职工当成不同的个体来看待，当成社会人来对待，而不应将其视作无差别的机器或机器的一部分。

（2）企业中存在着非正式组织。企业中除了存在着为了实现企业目标而明确规定各成员相互关系和职责范围的正式组织之外，还存在着非正式组织。这种非正式组织的作用在于维护其成员的共同利益，使之免受其内部个别成员的疏忽或外部人员的干涉所造成的损失。因此，非正式组织中有自己的核心人物和领袖，有大家共同遵循的观念、价值标准、行为准则和道德规范等。

梅奥认为任何一个机构里，在正式的法定关系掩盖下都存在着大量非正式群体构成的更为复杂的社会关系体系。非正式组织对于生产效率、工作满意度都具有强大的影响。无论正式的还是非正式的组织系统，对于一个团体的活动都是不可或缺的。霍桑实验使管理学研究者和实践者更关注人的因素，促进了人事管理的发展。

（二）马斯洛的需要层次理论

马斯洛（A.H.Maslow）是人本主义心理学创始人，其在1943年发表的《人类动机的理论》（*A Theory of Human Motivation Psychological Review*）一书中提出了需要层次理论（Hierarchy of Needs Theory）。一般而言，我们了解的马斯洛需要层次理论的五个层次为生理需要、安全需要、爱与归属的需要、尊重的需要、自我实现的需要。其实马斯洛最早提出的是人具有七种不同层次的需要，按照重要性和层次性排序为：生理需要、安全需要、社交需要、尊重需要、认知需要、审美需要、自我实现。后来马斯洛把其中的认知需要和审美需要的主要精神归纳到其他需要之中，形成了需要的五个层次。

马斯洛认为七个层次需要按照次序实现，由低层次一层一层向高层次递进。只有先满足低层次的需要才能轮到去满足高层次的。

1．生理需要（Physiological Needs）

生理上的需要是最原始、最基本的需要，这是任何动物都具有的，只是不同动物表现形式不同而已。例如，吃饭、穿衣、住宅、医疗等对人而言是基本需要。若不满足，则有生命危险，它是推动人们行动的强大动力。当一个人为生理需要所控制时，其他一切需要均退居次要地位。

2．安全需要（Security Needs）

保护自己免受身体、工作、生活等方面的伤害，如劳动安全、职业安全、生活稳定、避免灾害、未来有保障等。安全需要包括现在的安全需要和未来的安全需要。安全需要比生理需要较高一级，当生理需要得到满足以后就要保障这种需要。

3．社交需要（Love and Belonging Needs）

人人都希望得到相互的关心和照顾。社交的需要也叫归属与爱的需要，是指个人渴望得到家庭、团体、朋友、同事的关怀、爱护与理解，是对友情、信任、温暖、爱情的需要。社交需要比生理和安全需要更细微、更难捉摸。它与生理特性、性格、经历、教育、生活区域、民族、生活习惯、宗教信仰等都有关系。

4．尊重需要（Respect & Esteem Needs）

尊重的需要可分为自尊、他尊和权力欲三类。尊重的需要又可分为内部尊重（自我尊重）和外部尊重。自我尊重是指一个人希望在各种不同情境中有实力、能胜任、充满信心、能独立自主。外部尊重是指一个人希望有地位、有威信，受到别人的尊重、信赖和高度评价。马斯洛认为，尊重需要得到满足，能使人对自己充满信心，对社会满腔热情，体验到自己的价值。尊重的需要很少能够得到完全的满足，但基本上的满足就可产生推动力。

5．认知需要（Cognitive Needs）

认知需要（认知与理解的需要），是指个人对自身和周围世界的探索、理解及解决疑难问题的需要。马斯洛将其看成克服阻碍的工具，当认知需要受挫时，其他需要能否得到满足也会受到威胁。

6. 审美需要（Aesthetic Needs）

“爱美之心，人皆有之”，每个人都会追求和欣赏周围的美好事物。

7. 自我实现（Self-actualization Needs）

自我实现的需要是最高等级的需要，有自我实现需要的人，往往会竭尽所能，追求真、善、美，使自己的人格趋于完美，实现自己的理想和目标，获得成就感。马斯洛认为，在自我实现的创造过程中，人们会产生出一种所谓的“高峰体验”的情感，这个时候的人处于最高、最完美、最和谐的状态，具有一种欣喜若狂、如醉如痴的感觉。

管理学家麦格雷戈根据马斯洛的需要五层次理论，将管理理论区分为X理论和Y理论。X理论是专制主义的管理理论，这种理论假设人们工作是受生理和安全需要的驱使，工作只是满足低层次需要的手段，人在本性上是厌恶工作的，因此管理者对工人必须采取指导、控制、逼迫，甚至惩罚的方式。麦格雷戈反对这种理论，提出了他的Y理论，作为Y理论基础的是马斯洛需要层次中的归属与爱的需要、尊重的需要和自我实现的需要。

20世纪五六十年代，为了解决劳资冲突，西方对人事和工作场所的立法快速增加，立法的焦点也从工会与管理层转向员工关系。为了避免司法纠纷、规范一线经理的行为，大量的律师进入人事部，处理相关的司法问题已成为人事管理的新任务。

20世纪80年代，随着组织变革的加快，人事管理从关注员工道德、工作满意转变为关注组织的有效性。高级的人事主管开始参与企业战略目标讨论与决策，工作生活质量、工作团队组织、组织文化等逐渐成为人事管理的主要内容。

总之，人事管理阶段是一系列对人的管理活动的集合。人事管理主要关注建立一种对员工进行规范和监管的机制，以保证企业经营活动能低成本地有效运行。人事管理的发展过程是一个没有形成完整和严密的理论体系来应对各种挑战和问题的过程，但在这一过程中丰富了人事管理的职能，提升了人事管理的地位，人事经理也开始跻身于高级管理人员队伍。

四、人力资源管理阶段（20世纪80年代初—90年代初）

20世纪80年代以来，人力资源管理理论不断成熟，并在实践中得到进一步发展，为企业所广泛接受。1984年，哈佛大学麦克尔·比尔教授等人出版的《管理人力资本》一书，标志着人事管理向人力资源管理转变。麦克尔·比尔等人认为，传统的人事管理定义狭窄，人事管理活动是针对各自特定的问题和需要，而不是针对一个统一、明确的目标做出反应，以至于人事管理职能之间及人事管理职能和其他管理职能之间相互独立、互不关联。

麦克尔·比尔等人认为人力资源管理应该包括影响企业与员工之间关系的所有管理决策与行为，具体包括利益相关者的利益、具体情况要素、人力资源管理政策选择、人力资源产出以及长期效果等架构。

人力资源管理阶段把员工看成能够创造价值的最重要的企业资源，关注于建立一种能把人的问题和企业经营问题综合考虑的机制。例如，将人视为一种资本来进行管理。人作为资本参与到生产经营活动中，其表现为：① 人力资本可以产生利润；② 可以自然升值；③ 对人力资本的投资，可以产生利润；④ 人作为一种资本，参与到利润分配中。

以人为本的管理方式是人力资源管理的典型方式，它将人视为经营活动中最重要的、优先考虑的因素。在企业中，客户的“上帝地位”被员工取代。以人为本的管理理念是，当企业满足了员工的各种需求的时候（如工作环境、薪酬、福利、社交、尊重等），员工的工作效率、创造力将会极大地提高，其对企业的贡献也会增加。

五、战略人力资源管理阶段（20 世纪 90 年代以后）

进入 20 世纪 90 年代，随着以信息技术为主导的高新技术的发展，人类进入知识经济时代，人们更多地探讨人力资源管理如何为企业的战略服务，人力资源部门的角色如何向企业管理的战略合作伙伴关系转变。战略人力资源管理理论的提出和发展，标志着人力资源管理进入战略人力资源管理阶段。

传统的企业管理理论认为，企业竞争优势来源于资金、技术、土地等资源，随着企业竞争的加剧，越来越多的学者认为这些资源为企业创造价值的能力有限。知识在造就组织竞争优势方面的决定性作用日渐显现，而人力资源由于具有价值性、稀缺性、不可模仿性、不可替代性等特点而成为企业竞争优势的重要来源。人力资源管理研究领域的一个重要变化就是把人力资源看成是组织战略的贡献者，依靠核心人力资源建立竞争优势和依靠员工实现战略目标成为战略人力资源管理的基本特征。人力资源在企业竞争优势的形成过程中的作用越来越重要，其已从传统的支援角色转变为战略合作伙伴角色。为了使人力资源成为企业的竞争优势，在员工管理方面，企业关注员工个人职业生涯发展的规划、个性化的工作设计、员工个人物质激励的规划、员工个人核心能力的培养；在组织管理方面，关注外在环境的变化、组织结构与环境的匹配、组织愿景与目标的结合、组织经营战略的配合。

战略人力资源管理是把人力资源管理视为一项战略职能，以整合和适应为特征，探索人力资源管理与组织层次行为结构的关系。

战略人力资源管理强调：① 人力资源管理应完成整合企业的战略；② 人力资源管理政策在不同的政策领域与管理层次间应该具有一致性；③ 人力资源管理实践应该作为日常工作的一部分被直线经理与员工所接受、调整和运用。

雷蒙德·A. 诺伊等人认为可以通过以下几个问题来判断人力资源管理在企业中是否处于战略地位：

（1）在向企业内部顾客提供增值性服务方面，人力资源部门做了些什么工作？

（2）人力资源部门能够为企业的利润增长做些什么？

（3）你是如何衡量人力资源的有效性的？

（4）我们如何才能在雇员身上进行再投资？

（5）为了使企业从 A 点移动到 B 点，企业应该采取何种人力资源战略？

（6）哪些因素使员工愿意留在本企业？

（7）我们将如何对人力资源进行投资，以使我们拥有一个比竞争对手更好的人力资源部门？

（8）从人力资源的角度来看，为了改善企业的市场地位，我们应该做些什么？

（9）为了为未来做好准备，我们能够进行哪些最优的变革？

第五节 人力资源管理者的角色和素质

随着时间的发展，越来越多的企业认识到人力资源管理实践是一种能够通过强化和支持企业经营管理活动而对企业的盈利、质量改善和其他经营管理目标作出贡献的重要手段。雷蒙德·A. 诺伊等人认为人力资源部门需要承担如表 1-3 所示的主要职能活动。

表 1-3 人力资源部门所承担的主要职能活动

职能活动名称	职能活动内容
雇佣与招募	面试、招募、测试、临时性人员调配
培训与开发	上岗培训、绩效管理性技能培训、生产率强化
报酬	工资与薪金管理、工作描述、高级管理人员报酬、激励工资、工作评价
福利	保险、休假管理、退休计划、利润分享、股票计划
雇员服务	雇员援助计划、雇员重新安置、被解雇雇员的新职介绍
员工关系与社区关系	员工态度调查、劳工关系、公司出版物、遵守劳工法、惩戒
人事记录	人力资源信息系统、记录
健康与安全	安全检查、毒品测试、健康、修炼
战略规划	国际人力资源、预测、规划、并购

以上这些职能活动在企业中的地位随着时间的变化也发生了一些变化。雷蒙德·A. 诺伊等人的研究表明，在 20 世纪末的最后 5～7 年时间里，人力资源部门所履行的行政职能如保持人事记录、审核控制、提供服务等方面所花费的时间比重已越来越小，而人力资源产品开发和战略经营伙伴的职能正日益上升，如表 1-4 所示。

表 1-4 人力资源管理部门的角色变化

人力资源管理部门的角色	现在的时间比重	5～7 年前的时间比重
保持人事记录	15%	22%
审核控制	12%	19%
人力资源服务提供者	31%	35%
产品开发	19%	14%
战略经营伙伴	22%	11%

一、人力资源管理者的角色

随着时代的发展，人力资源管理部门的职责发生了变化，人力资源管理者的职责也发生了变化。加里·德斯勒（Gary Dessler，2001）在其著作《人力资源管理》中指出，人力资源管理者必须肩负十个方面的责任：① 把合适的人配置到适当的工作岗位上；② 引导新雇员进入组织（熟悉环境）；③ 培训新雇员适应新的工作岗位；④ 提高每位新雇员的工作绩效；⑤ 争取实现创造性的合作，建立和谐的工作关系；⑥ 解释公司政策和工作程序；⑦ 控制劳动力成本；⑧ 开发每位雇员的工作技能；⑨ 创造并维持部门内雇员的士气；⑩ 保护雇员的健康以及改善工作的物质环境。

人力资源管理者在组织人力资源管理活动中承担的职责任务越来越多，那么人力资源管理者在组织中的角色是什么呢？不同的学者提出了不同的观点。

（一）戴维·尤里奇（Dave Ulrich）提出的人力资源管理者的角色

密歇根大学的戴维·尤里奇（Dave Ulrich）1996 年提出人力资源管理者扮演四种角色，分别为战略伙伴、变革推动者、职能专家、员工支持者，如图 1-4 所示。各种角色的职能活动和有效产出也不同，具体如表 1-5 所示。

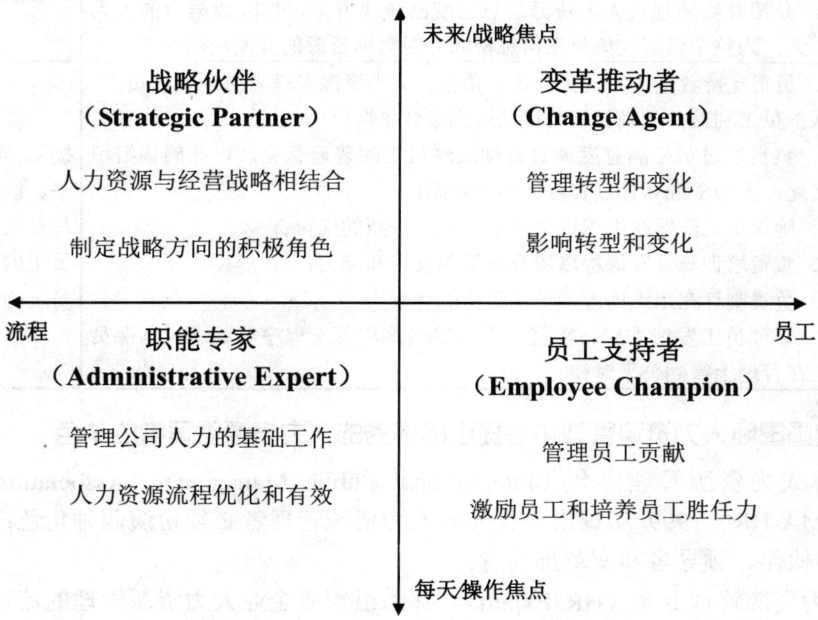

图 1-4　人力资源管理者的角色

表 1-5　人力资源管理者的角色、主要职能活动、有效产出

角　色	主要职能活动	有 效 产 出
战略伙伴	1．要成为战略伙伴人力资源管理者应该首先具有精通经营、精通人力、诚实守信等核心能力； 2．通过使用不同的技术为经营团队促进战略发展服务； 3．为整个组织制定和促进战略发展； 4．使组织战略和经营战略相结合并确保实施； 5．为支持战略重新设计组织	实施战略，将人力资源纳入企业的战略与经营管理活动当中，使人力资源与企业战略相结合
变革推动者	1．变革推动者是人力资源第二个战略角色； 2．变革管理团队的参与者，负责变革的内部沟通并获得员工的信赖，主动引导员工为适应新组织作准备； 3．制订内部沟通和干预计划并且计划能被员工有效地完成和理解； 4．制订员工培训计划，以使员工获得组织变革所需要的新技术和新能力，更新工作分析，为员工提供变革咨询，帮助员工改变工作习惯； 5．持续收集来自员工的反馈信息，并提供给团队，要求项目团队向员工说明组织变革和调整对员工的正面影响； 6．支持组织中的变革，直接领导使变革对员工而言变得容易	创建新的组织，提高员工对组织变革的适应能力，妥善处理组织变革过程中的各种人力资源问题，推动组织变革进程

续表

角色	主要职能活动	有效产出
职能专家	1．职能专家是一个人力资源事务性的角色，要行使这一战略角色需要人力资源管理者是一个可信任的专家； 2．人力资源管理者需要展示深厚的劳动法律等知识，具备工会谈判、帮助困难员工解决问题及精确保存员工个人数据等能力； 3．应对法律、规章制度、工作和安全规定等改变提出的所有新要求； 4．介绍并实施现代人力资源信息系统的解决方案，排除数据中的人为因素，为整个组织收集员工信息资源并对数据资源的开发利用负责	建立有效机制、结构、规章制度，提高组织人力资源开发与管理的有效性
员工支持者	1．员工支持者是人力资源的核心角色。人力资源管理者必须代表员工，保护员工利益并且确保战略行动达到最佳平衡； 2．负责通过员工满意度调查持续反映员工的普遍意见，以此确认组织文化、人力资源和管理实践之间的差距； 3．确保员工能够在组织内公平申请到一个新的岗位； 4．负责培训与开发课程以提升员工的技术和能力； 5．负责制订在组织内改善员工经验的计划； 6．管理员工发泄委屈、牢骚、不满等情绪和诉讼程序等通道，确保员工在管理上得到公平对待	提高员工的技术水平、能力，平衡组织与员工的利益，提高员工的满意度，增强员工的忠诚度

（二）美国国际人力资源管理协会提出的优秀的人力资源管理者的角色

美国国际人力资源管理协会（International Public Management Association for Human Resource，IPMA-HR）1999 年提出，优秀的人力资源管理者必须扮演四种角色：人力资源管理专家、业务伙伴、领导者和变革推动者。

（1）人力资源管理专家（HR Expert）。熟悉组织或企业人力资源管理的流程与方法，了解政府有关人事法规政策。

（2）业务伙伴（Business Partner）。熟悉业务，参与制订业务计划，并参与处理问题，保证业务计划得到有效的执行。

（3）领导者（Leader）。发挥影响力，协调平衡组织或企业对员工职责和贡献的要求与员工对于工薪福利需求的关系。

（4）变革推动者（Change Agent）。协助组织或企业管理层有效地计划和应对变革，并在人员集训和专业配备上为变革提供有力的协助。

二、人力资源管理者的素质

随着时代的发展，人力资源管理者的角色越来越重要，为了更好地履行角色所赋予的各项任务和职责，胜任人力资源管理岗位的工作，人力资源管理者必须具备一些基本的素质。

密歇根商学院提出，要成为优秀的人力资源管理者必须具备以下几个方面的素质。

（1）战略贡献。成功的企业都拥有定位于业务战略层面的人力资源专业人员。这些人员的主要职责是：在企业中进行“文化管理”，推动公司的“快速变革”，参与公司的“战略决策”，并创造“市场驱动的连接”。

（2）个人可信度。人力资源专业人员必须被其人力资源同事和其所服务的企业直线经理所信任。人力资源专业人员需要与公司内外的关键人员保持有效的关系，并需要作出承诺，传递结果，建立一个可信赖的人际交往记录。

（3）人力资源管理实施。人力资源专业人员在人力资源规划、员工招聘、员工培训与开发、绩效管理、薪酬管理、员工关系管理、重建组织结构等方面实施可操作的人力资源活动。

（4）业务知识。为了成为组织中的关键成员，人力资源专业人员必须了解和熟悉企业所在行业和企业业务，如理解和掌握企业价值链及企业的价值主张。

（5）人力资源管理技术。技术日益成为工作场所的一部分并作为传递人力资源服务的载体。人力资源专业人员需要能够为人力资源实施提供技术，并采用 e-HR 来向他们的客户传递价值。

IPMA-HR 认为一位优秀的人力资源管理者不能仅仅满足于当一位“人事管理专家”，还要努力成为“业务伙伴”、“领导者”和“变革推动者”。人事经理必须与业务经理一起共同管理员工，并对机构或企业的业务绩效负责。要完成人力资源管理者的角色要求，人力资源管理者应该具备 22 种胜任能力（见表 1-6）：人力资源管理专家需要具备 1 种胜任能力；业务伙伴需要具备 12 种胜任能力；领导者需要具备 8 种胜任能力；变革推动者需要具备 15 种胜任能力。

表 1-6　人力资源管理者角色所需的胜任能力

角色				素质
业务伙伴	变革推动者	领导者	人事管理专家	胜任能力
○				了解所在组织的使命和经营战略
○	#			了解业务程序，能实施变革以提高效率和效果
○	#			了解客户和企业文化
○	#			了解公立组织的运作环境
○	#	◎		了解团队行为
○	#	◎		具有良好的沟通能力
○				具有创新能力，能创造可冒风险的环境
	#	◎		平衡相互竞争的价值
○				具有运用组织建设原理的能力
○	#			理解整体性业务系统思维
	#			在人力资源管理者中运用信息技术
○		◎		具有分析能力，可进行战略性和创造性思维
	#			有能力设计并贯彻变革进程
	#	◎		运用咨询和谈判技巧，有解决争端的能力
○	#			具有建立信任关系的能力
	#			具有营销及代表能力
	#	◎		具有建造共识和同盟的能力
			※	熟悉人力资源法规、政策及人事管理流程
○				将人力资源与组织的使命和服务效果相联系
	#			展示为顾客服务的趋向
		◎		理解、重视并促进员工的多元化
		◎		提倡正直品质，遵守符合职业道德的行为
12 种○	15 种#	8 种◎	1 种※	

随着人力资源管理者职业化和市场化的进程，本书认为人力资源管理者必须具备如下素质。

（一）品德素质

具有良好的思想品德、社会公德和管理人员的职业道德及社会责任，具有诚实可信、爱岗敬业、吃苦耐劳、遵纪守法的品质；具有高尚的科学人文素养和精神，养成自信、认真学习、勤于思考、勇于创新、敢于承担、善于实践、乐于助人的个性特征；具有爱心、热心、信心、恒心、感恩之心。

（二）知识素质

具备人文科学、自然科学、文学、艺术等方面的基本知识，具有广博的人文知识、良好的文化修养及经济管理、人力资源管理专业知识。

1．人文、社会科学基础知识

具有基本的人文社会科学基础理论知识和素养，具有必要的哲学及方法论、法律等知识，对文学、艺术、美术、历史、社会学、公共关系学等方面有一定的修习。

2．经济管理知识

掌握经济运行及技术经济分析的基本方法，了解企业营运的基本过程，了解企业管理、市场营销、投资理财等方面的基本知识。

3．工具性知识

掌握计算机的基础知识及具备一定的计算机能力，能熟练应用常用办公软件及相应的计算机技术，至少熟练掌握一门外语。

4．专业知识

美国人力资源管理协会（SHRM）负责人力资源管理职业资格证书考试工作。SHRM（2001年）在其下属的人力资源职业资格认证研究所研究的基础上提出从事人力资源管理职业所必须具备的知识结构有以下六项：① 企业战略管理的知识；② 人力资源规划和员工招聘的知识；③ 人力资源开发的知识；④ 工资管理和福利设计的知识；⑤ 处理员工关系和劳动关系的知识；⑥ 关于职业健康、工作安全和员工职业保障的知识。

围绕这六大知识领域，SHRM 确定了 18 个知识点进行人力资源职业资格的认证，具体为：① 理解人力资源计划之间如何相互关联；② 如何进行人力资源的需求评估和需求分析；③ 人际沟通的策略；④ 处理文件的方法；⑤ 理解成人学习的方式；⑥ 激励的原理及其应用；⑦ 员工培训的方法；⑧ 领导的原理及其应用；⑨ 项目管理的概念及其应用；⑩ 员工多样化的概念及其应用；⑪ 人际关系；⑫ 职业道德和专业准则；⑬ 技术与人力资源信息系统（HRIS）；⑭ 定性与定量分析方法；⑮ 企业变革管理；⑯ 负债与风险管理；⑰ 工作分析与工作说明的方法；⑱ 政府法规与政府政策。

本书认为人力资源管理者应该具备管理学、经济学、心理学、组织行为学、社会学等专业基础知识，熟练掌握人力资源管理的工作分析与设计、人力资源规划、招聘管理、培训与开发、员工职业生涯管理、绩效管理、薪酬管理、员工关系管理、人力资源管理的相关操作和技能、国家与地方法律法规及相关的劳动人事政策等方面的知识。

（三）能力素质

1．获取知识的能力

它主要包括：综合应用各种手段查阅文献或其他资料、获取信息、拓展知识领域、继续学习并提高业务水平的能力；自主学习专业新知识、新技术的能力。

2．应用知识的能力

它主要包括：设计组织人力资源管理系统的能力；工作分析与设计的能力；招聘、面试、测评的能力；熟练制订组织培训计划的能力；熟练制订员工绩效考核与管理方案的能力；设计薪酬管理方案的能力；具有员工关系管理的能力；应用计算机进行辅助人力资源管理的能力；较高的外语水平和外语应用能力，能够比较熟练地翻译与查阅本专业的外文资料。

3．创新能力

具有较强的创新意识，具有研究、开发新人力资源管理系统的创新能力。

4．组织协调能力

它主要包括：分解工作目标，制订切实可行的周密的工作计划，并严格按照质量要求，及时完成的能力；进行组织分工，落实各项具体任务，充分调动同事的工作积极性和创造性的能力；合理、有效地调配自己管辖范围内的人力、物力、财力等资源，使之发挥出最大效能的能力；准确、及时地进行信息沟通，消除群体内外的摩擦和“内耗”，达到团结共事、协同动作之目的的能力。

5．沟通能力和社会适应能力

它主要包括：应用语言、文字及网络等沟通手段进行有效沟通的能力；社会活动、人际交往和公关的能力；良好的团队协作精神和较强的社会适应能力；应对危机、竞争与突发事件的能力。

（四）身心素质

人力资源管理者应该身心健康，其应具备健康的体魄、充沛的精力、经久的耐力、良好的精神面貌。人力资源管理者应该做到：充分了解自己，并对自己的能力作出合适的评价；具有很强的适应力，生活目标切合实际，不脱离现实环境；具有健康的人格；善于从经验中学习；能保持良好的人际关系；具有良好的情绪控制能力和较强的自我管理能力，自律性较强。

本章小结

1．本书认为人力资源（Human Resources，HR）是指在一定范围内，具有劳动能力（包括处于劳动年龄、未到劳动年龄和超过劳动年龄），能够推动整个经济和社会发展的，具有智力、知识、技能、经验、体力的人口总和。它包含劳动者的数量和质量，具有两重性、主观能动性、智力性、自有性、时效性、可再生性等特点。人力资源与人口资源、劳动力资源、人才资源既有区别又有联系。不同的人力资源管理专家对人力资源管理概念的定义不同，本书认为人力资源管理就是组织为了通过人力资源实现人、组织、社会共赢的目标，运用人力资源理论、技术、方法而对组织所需要的人力资源进行获取、整合、保持、评估、发展的过程。

2．人力资源管理包括人力资源规划、工作分析与工作设计、招聘管理、培训管理、职业生涯管理、绩效管理、薪酬管理、员工关系管理等八大内容。人力资源管理是由这八大内容组成的一个相互联系、相互影响、相互制约的有机系统。人力资源管理与传统人事管理具有重大的区别。

3．心理学、行为科学、组织理论、管理学、经济学、社会学等是人力资源管理的主要学科基础。

4．对于人力资源管理发展历史的进程，不同的学者有不同的理解。不管如何划分，内容基本相同，区别在于年代的划分。本书认为人力资源管理发展经历了人力资源管理萌芽阶段、科学管理阶段、人事管理阶段、人力资源管理阶段、战略人力资源管理阶段。

5．戴维·尤里奇提出人力资源管理者具有四种角色，即战略伙伴、变革推动者、职能专家、员工支持者。美国国际人力资源管理协会提出优秀的人力资源管理者必须扮演四种角色即人力资源管理专家、业务伙伴、领导者和变革推动者。密歇根商学院提出，人力资源管理者要完成角色任务，必须具备战略贡献、个人可信度、人力资源管理实施、业务知识、人力资源管理技术等素质。IPMA-HR 认为一位优秀的人力资源管理者应该具备 22 种素质。本书认为人力资源管理者应该具备品德、知识、能力、身心等四个方面的素质。

案例分析

ZC 集团人力资源管理

ZC 集团有限公司是科工贸一体化的“国家火炬计划重点高新技术企业”，总部机关和科研、生产基地坐落在毗邻深圳的东莞市塘厦镇田心工业区，占地 12 万平方米，自有资产逾 2 亿元。

始创于 1992 年的 ZC 集团有限公司以国内多所著名高校为技术依托，致力于从事不间断电源（UPS）和新型阀控型全密封免维护铅酸蓄电池两大高新技术产品的研发、生产和销售，产品广泛应用于高层建筑和经济基础的各个领域，覆盖国内和 40 多个国家与地区的市场，是广东省 20 家装备制造业重点企业之一。公司相继荣获“中国优秀民营科技企业”和“广东省百强民营企业”“广东省装备制造业重点企业”和“东莞市 50 强民营企业”“东莞市工业龙头企业”等称号。

该集团公司设有 3 个研发机构、4 个生产厂、30 多个驻外分公司及办事处，有员工 1 500 多名，其中各类专业人才 570 多名，并拥有自营进出口资格和 20 多项专利及软件著作权。作为一家民营企业，ZC 之所以能从一家“三来一补”的小工厂发展成为今天的规模，与企业对人才的重视是分不开的。该集团公司一向奉行“以人为本”的理念，认为“员工是企业发展的第一要素”，在制定企业各种政策措施时，“人本”是企业考虑的重要因素。“人性化管理，以感情留人，以事业留人”是 ZC 人力资源管理的原则。

一、ZC 人力资源的发展史

ZC 的创办可追溯到 1992 年，当初由现任董事长周志文个人出资 28 万元设立。随着企业的发展，2000 年 3 月由周志文、韩妹平二人共同以货币出资 1 000 万元将企业注册为“ZC 电子实业有限公司”。经过不足 3 年的发展，周志文又以 4 000 万元的实物出资将企业的注册资本增加到 5 000 万元，成立“ZC 集团有限公司”，并作为母公司组建了“ZC 集团”。

在 ZC 集团有限公司的整个发展历程中，人力资源管理的理念也随着企业的发展而不断变化。1992 年，周志文以廉价租赁村办小学一间废弃的教室作为生产场地，招收了十几个原在其兄厂里打工后被分流出来的员工，给港方企业搞来料加工。刚开始，ZC 电子厂仅能组装 0.5kW 的微型后备式 UPS，供个人计算机用户使用，技术要求比较低。当时市场发展迅速，公司的效益倒是不错。“1995 年以前卖一台 UPS 能赚 20%，加工一个产品能赚 3 毛多港元，每年营业额达两三千万元。”周志文说。然而好景不长，1995 年前后中国 UPS 市场格局开始出现一些重大的变化。按照周志文的说法，“加工一个产品，只能赚几分钱，工厂快到了没饭吃的地步。”

在这样一个我们习惯称之为“洗牌”的关键时刻，大多数像 ZC 这样毫无技术积累的加工厂都被清洗出局了。但是，周志文选择了逆流而上。“那一年，我们开始下决心走自己研发和生产的路子，再不做打工仔了。”公司的人才观也在这时候发生第一次改变——引进专业人才，自主创新。公司第一次高薪从国内相关的电子研究所挖来了 3 位专业从事 UPS 研发的顶尖人才，并承诺给予他们 45%的产品销售利润为回报。之后，在 1995—2000 年的几年内，ZC 以不惜重金引进企业能够直接驾驭的人才作为技术创新的第一需求，先后引进了 10 多名高级专业技术人才，其中有几名在国内同行业中卓有建树，并在企业的技术创新中发挥了中坚作用，使企业在那几年里每年都有三、五个新产品投放市场，取得了良好的经济效益。

然而，在这条路上 ZC 也遇到了一些值得深思的问题：有的专业人才对企业的周边环境和内部条件难以适应，留不住；有的专业人才知识老化，用不上；能留得住、用得上的专业人才，又因随着技术创新项目档次的顺势提高，势单力薄，全方位、全过程搞一个技术创新项目需要的时间长，跟不上市场变化的步伐。由此，引发了 ZC 人才观的第二次改变——从战略的高度上考虑一个深层次的问题，就是技术创新不能搞横向性的低水平重复，而应该是纵向性的高水平研发，向本技术领域的关键技术、核心技术和前沿技术进军，同时做到所有员工的有机配合，形成技术创新的氛围，而不是只靠一个或几个高级专业人才。只有这样，才能不断地把技术创新深化，逐步形成企业的核心专长，在市场竞争中占领制高点，立于不败之地。在这个时候，也只有在这个时候，ZC 开始意识到有必要对引进人才的思路作出调整，认为引进人才不应该拘泥于单个地引进，而应该成批地引进。在成批地引进基础上，又应该讲究高级、中级、初级三个层次，并在数量的结构上形成金字塔形，能够带动整个员工队伍技术素质的提高。因此，从 1998 年开始，公司先后从山东信息工程学校、湖北职业技术学院、广西成人电子中专学校等 4 所学校引进了五百多名专业对口的应届中专、大专毕业生来企业工作，享受相应的待遇。这些大中专毕业生到企业后，不仅优化了员工队伍的素质结构，而且充实了中层的管理和技术骨干队伍，成了技术创新的得力助手，有的还能独当一面。

与学校合作的成功实践，不仅使企业消除了与大专院校、科研院所难打交道的偏见，而且带来了 ZC 人才观的第三次改变——萌发了“产学研”合作的愿望。公司认为大专院校、科研院所的科技人才济济，研发的设施和条件又好，企业借助他们的研发优势不失为一条技术创新的捷径，同时也是一种间接地成批引进高中级人才的好形式。就在 2001 年初，ZC 通过东莞市科技局牵线搭桥，与国家重点高校华中科技大学开展产学研合作，共同组建了华中科技大学 ZC 电源研究院，拉开了产学研合作的序幕。2004 年，ZC 为了向跨技术领域发展，瞄准国际国内市场的网络多媒体技术产品需求，以自有的嵌入式软件开发能力为基础，又向国家多媒体软件工程技术研究中心的依托单位武汉大学寻求产学研合作，共同组建了“多媒体技术联合实验室”。建立的这两个平台，为ZC开展实质性的产学研合作打下了基础。

二、产学研紧密合作，高质量自主创新

产学研合作就是指企业与高校合作，优势互补，高校是技术创新平台，企业则实现技术向产品的演变。企业对市场的敏感触觉与学校在技术上的深厚积淀在一个共同的平台上迸发出令它们自己都感到惊讶的巨大能量，实现产学研合作的ZC平均每年有3~4件新产品投放到市场，公司的营业额每年以50%的速度增长，到2004年已经达到3.12亿元。到2005年前后，高端的新产品贡献了公司一半的销售额和80%的利润。由此可见，新产品的毛利率数倍于传统产品。ZC的副总裁欧阳秋桂这样总结，“我们大部分的新产品都是填补国内空白的项目，是很多国内同行做不了的东西，而国际企业的同类产品又要贵很多，所以价格战对我们来讲已经是很遥远的事情了。”

ZC认为要实现产学研合作的第一步是找准合作的高校，如果合作的对象找不准，那只会是浪费双方的时间和资金。ZC选择的第一家合作的高校是华中科技大学。ZC之所以想要攀华中科技大学这个“亲家”，其原因还颇有些传奇色彩。UPS行业的人大都知道这样一件事：1972年，美国总统尼克松访华的时候送给中国领导人的礼品之一就是一台美国爱克赛公司（Powerware）的UPS。这也是中国人第一次接触到所谓的不间断电源。后来，中央政府将这台UPS转给了当时的华中工学院（华中科技大学的前身），请该校的电源专家负责研究。从此，华中科技大学顺理成章地成为中国UPS研究领域的权威。

虽然知道武汉有自己要找的专家，但是当时的周志文还不知道人家愿不愿意跟自己这个名不见经传的公司合作。于是他们找到了东莞市科技局的领导，央请他们从中牵线，没想到学校方面非常感兴趣。见面之后，学校和企业都发现对方身上正好有自己所需要的东西，于是一拍即合，从2001年3月起，正式开始合办“华中科技大学ZC电源研究院”。

在与华中科技大学共同商讨如何组建电源研究院的过程中，ZC又进一步从认识上转变了观念，让华中科技大学看到企业的诚心、诚意和诚信，吃下了定心丸，从而奠定了好基础。概括起来，双方的合作有“三个转变”：一是从被动合作向主动合作转变，ZC每次接洽合作都是董事长亲自出马，登门造访，在现场拍板；二是从松散合作向紧密合作转变，ZC以电源研究院为载体，设有领导小组和领导小组领导下的管理委员会，双方派人参与组织机构，工作有计划，任务有目标，无论在华中科技大学搞前期研发，还是在公司搞试制、生产，双方的项目成员都全程参加；三是从短期合作向长期合作转变，ZC不是为了搞一两个项目而短期合作，而是为了深入持久地开展自主技术创新而长期合作，因而在第一轮合作期限三年快满之前，又续签了第二轮三年的合作协议。ZC为了表示自己的诚意，每年向华中科技大学提供30万元作为电源研究院的运行经费，对合作项目所需的经费另行提供，令华中科技大学非常满意。

除此之外，ZC认为产学研合作的主导方是企业，而不是大专院校、科研院所。企业方在产学研合作中所采取的举措力度大小，决定着产学研合作的成功与否。从这一认识出发，ZC从三个方面加大举措上的力度，确保产学研合作的顺利实施。

第一，把加大感情投入的力度作为产学研合作的软件举措。大专院校、科研院所与企业，由于单位的性质不同，平时交往甚少，无形中存在着感情上的隔膜。开展产学研合作，首先必须化解这层隔膜，变两条心为一条心，这样才能产生共同语言，从心灵里迸发出合作的火花，从而在工作上能够一拍即合，产生共鸣。在这方面，ZC 处处从尊重知识、尊重人才的高度，自觉地把加大感情投入的力度作为产学研合作的软件举措来做。就在 ZC 第一次去华中科技大学洽谈产学研合作时，董事长周志文先生以真诚、慷慨的大度和气质，对华中科大提出的合作构想未提出半点异议，真正做到了“只要能合作，一切好定夺”，使整个洽谈不到两个小时就圆满结束了，大大出乎华中科技大学的预料。他们感慨地说，来华中科技大学寻求合作的单位不少，像这样一次谈成属史无前例。到中午吃饭时，细心的董事长看到一位博导、教授骑着一辆单车来到用餐地点，马上联想到改善交通工具的问题，当场就打电话要公司迅速划拨 30 万元到武汉分公司购置一辆帕萨特轿车，作为今后在华中科技大学从事产学研合作的博导、教授和博士生、硕士生的专用车，并由武汉分公司配备司机，做到随叫随到，使华中科技大学在场的领导和博导、教授很受感动。自那之后，ZC 又多次上门拜访，加强沟通，联络感情，同时对来公司搞考察和搞试制的老师和学生免费提供食宿和往返的交通费用，并高规格接待。随着时间的推移，感情日益加深，终于到了水乳交融、难舍难分的地步，无论是华中科大派到 ZC 工作的人员，还是 ZC 派到华中科大工作的员工，都成了一家人。

第二，把加大资金投入的力度作为产学研合作的硬件举措。ZC 从侧面和言谈之中了解到，大专院校、科研院所与企业搞产学研合作，最担心的是企业的资金承受能力，往往由于资金问题，导致产学研项目难以预期进行，甚至弄得半途而废、不欢而散。针对这个问题，ZC 特地把华中科大请到公司考察，向华中科大展示公司的经济实力。华中科大看到企业在既不向银行贷款，又不拖欠供应商货款和员工工资，资产负债率不到 30%的情况下发展得非常快，从而消除了资金上的疑虑。在此基础上，公司董事长又当面向华中科大郑重承诺，凡是被敲定的产学研合作项目，决不会因资金问题停止，使华中科大放心搞研发，不担心项目流产。ZC 之所以能做到这一步，是因为他们充分认识到技术创新是企业长足发展的百年大计，好钢要用在刀刃上，花钱要花在点子上，舍不得投入，抱不出金娃娃。ZC 不仅在产学研合作的项目上舍得花大钱，而且建造了一座 3 600 平方米的现代化科研、生产大楼和一栋五层的公寓式宿舍大楼，还兴建了一个面积达 2 万平方米的新厂区，并将原有的办公、生产、生活用房全部“穿衣戴帽”，为更好地开展产学研合作提供了良好的硬环境。可以说，近几年公司为了开展产学研合作，每年投入的资金不下 2 000 万元。其产生的效应是华中科技大学研发的力度也相应加大了，由当年 2 名教授、博导带领 10 多名博士和硕士研究生，增加到 10 多名教授、博导带领 70 多名博士和硕士研究生从事 ZC 的相关技术研究，把研发工作的重心转移到 ZC 上。

第三，把加大人力资源投入的力度作为产学研合作的辅助举措。产学研合作开展起来后，由于项目的技术含量高，较之过去 ZC 人力资源不足的矛盾又开始显露出来。华中科技大学到 ZC 实施项目的博士和硕士研究生，看到 ZC 的工程技术人员一个个忙得不可开交，只好自己动手做一些工作，干着一些大材小用的事情。ZC 察觉到这个问题后，赶紧把加大人力资源投入的力度作为产学研合作的辅助举措来抓。一方面，调剂好 ZC 内部的技术力量，优先保证产学研项目实施的需要，不让博士和硕士研究生干一般的技术活；另一方面，主动征求华中科大的意见，到社会上招聘了一些关键性的专业技术人才，并请华中科大面试后确定录用与否。同时，考虑到项目投产后生产第一线的技术岗位人手不足的问题，先后三次到广西成人电子中专学校引进了五十多名应届中专毕业生，充实到安装、调试等技术岗位，使产学研项目能够顺利投产。ZC的这一举措使华中科技大学到公司实施项目的博士和硕士研究生不再因人力资源不足而困惑，把时间和精力用在了关键的地方。

产学研合作，“等于说我们通过电源研究所这样一个平台，把华中科大的硬件技术、武大的软件技术和企业的市场信息充分结合起来。”欧阳秋桂说。这使得ZC在“以市场为导向，以科技为龙头，变‘制造’为‘创造’，靠自有核心技术提升竞争力”的发展道路上，步伐越迈越快，越迈越大。

三、青睐应届毕业生，招聘培训同步进行

ZC认识到要真正自行研发、生产、销售不间断电源和新型阀控型全密封免维护铅酸蓄电池两大分别隶属电子信息、光机电一体化和新能源与高效节能高新技术领域的产品，人才是第一道难关，所以人才的招聘与培训对于ZC来说至关重要。但是，ZC却不在人才市场寻找和招聘员工。以前，ZC也曾尝试在人才市场招聘员工，但是对于所招聘到的人才，ZC并不了解其社会背景及相关情况，用得不放心，而且有一部分人并不打算在公司长期工作，只把公司当作是一个暂时停留的地方，工作很短的一段时间后就离开了。这样，公司花费了不少的资金和时间培训这些员工，而且公司还有可能由于这些员工的突然离开而导致生产不能正常进行，给公司造成无法弥补的损失。而且现在的人才市场上，假文凭、假简历泛滥，人才的可信度不高。由于以上种种原因，ZC另辟了别样的招聘途径。ZC有三个主要的招聘途径，相对应地有三种不同的培训方式。

第一，直接从大、中专院校招聘应届毕业生。从1998年开始，ZC采用新的思路和举措引进人才，直接与中专、大专学校挂钩定向培养、引进需要的初级专业技术人才。第一所合作的学校是山东信息工程学校，它原系部属重点中专学校。ZC通过考察发现，学校的校风和教学质量均堪称一流，于是提供产品供学生做实验，并适当提供资金作教学经费，在学校开设选修课供有志于毕业后到ZC工作的学生学习ZC的产品及相关知识。ZC每年从电子专业的应届毕业生中择优选拔一二十名学生来公司工作。实践证明，经过定向培养，学生了解企业，企业了解学生，双方双向选择，企业能招聘到满意的员工，学生也可以到自己理想的企业工作。而且这样的中专生在企业中最好使用，既可安排到生产线上的技术岗位，又可安排到技术部门从事研发工作，慢慢作为既懂技术又懂管理的复合型人才培养。为了防止籍贯带来的弊端，ZC又相继与武汉职业技术学院、广西成人电子中专学校、湖南衡阳技术学院建立定向培养关系，先后引进应届中专毕业生五百多名。ZC每年轮换从这些大、中专院校择优成批引进应届毕业生，逐步实现了员工队伍的知识化和专业化。

第二，通过产学研合作引进、培养中高级技术人才。产学研合作可以解决企业三大问题：项目问题、技术问题和人才问题。在人才培训方面，作为中小型民营企业，ZC不可能设立专门从事高端研发的机构和团队，因此，只有通过产学研合作，与高校攀亲结缘，借助高校的高端研发机构和团队，让企业的生产和市场优势与高校的研发优势实行对接，才能使合作双方扬长避短，资源共享，优势互补，形成互利互惠的良性循环。正是在这样的过程中，ZC有了另一个重大的收获，就是培养了人才。ZC有一大批经过几年实践后动手能力较强的中专毕业生和大专毕业生，通过每合作一个项目选派几个或者十几个大中专毕业生全程参与，让他们的技术在半年到一年的时间内就能达到刚从学校出来的本科毕业生的水平。有了这样一支技术力量的融合，近年来ZC的产品技术不断得到充实和完善，而且独立开发出了单相和三相高频数字化UPS、消防应急电源（EPS）和多制式绿色模块UPS、太阳能逆变电源等系列产品，增强了独立创新能力。另外，通过产学研合作，ZC引进了中、高级技术人才。经过合作，现已有1名博士生和3名硕士生通过参与产学研合作，加深了对ZC的了解，进而对公司产生了感情，毕业后自愿加盟到ZC工作。而ZC为了解决他们的后顾之忧，又想出了新的措施：对需要在武汉安家的，公司为其代付购房首期付款；对打算攻读博士的硕士，公司在其不影响项目研发的前提下无偿提供报考费和学费，使他们更受感动。

第三，经中间人介绍进入ZC工作。对于普通员工和需要工作经验的员工（如高级技工）的招聘，ZC一般采用"熟人介绍"这个途径。ZC的普工大部分来自四川、陕西等省份。在节假日时，部分员工回家探亲，在他们回家探亲之前，公司会把需要招聘的普工的大概人数告诉他们，让他们向自己的同乡好友介绍ZC的各种情况，将有兴趣加入ZC工作而且符合公司要求的人员带回公司，公司经过面试以后录用。如果介绍来的新员工在公司工作超过三个月，介绍人就可以报销所有的路费；如果新员工在公司工作超过半年，介绍人就可以得到150元的奖金。采用这种招聘方式后，有的是一个家族几十口人都在ZC工作，而且由于企业管理有效，这些员工不但没有发生结党闹事等不良事件，反而全家安心地在ZC工作。该措施提高了员工的稳定性。对于这一部分新招聘的员工实行的是"以老带新"的培训方法，即让老员工带领新员工学习工作知识和技术技巧，这种方式还可以增进员工之间的感情。

除此之外，ZC还提供员工自学成才的条件，通过在企业内部定期或不定期举办各种类型的技术业务培训班，以及有的放矢地派出管理、技术人员参加社会上举办的相关培训、讲座、论坛，梯式推进员工科学文化素质、管理者素质的提高。通过种种措施，ZC已经形成了高级、中级、初级专业技术人员呈金字塔形的良性架构，这成了ZC发展壮大最宝贵的第一资源。

四、绩效评估与薪酬福利挂钩

员工是生产力第一要素。但如何使企业的员工发挥其最大作用呢？ZC把对员工的业绩评价与考核制度作为制定分配制度的依据，通过搭建让员工实现自身价值的平台，突出员工在企业中的主体地位，激发员工立业、敬业、创业的热情。

在人员管理方面，该企业将员工划分为管理人员、专业技术人员、普通员工三大块，实施业绩评价和分配制度挂钩。对管理人员，高层管理人员由董事长直接选拔任命，中层和基层管理人员实行在竞选或民主推荐的基础上进行组织考察后产生。报酬由董事长制定最低年薪，然后根据各人全年的工作业绩及工龄长短、日常表现，综合确定全年的报酬，年终剔除月薪和个人所得税，一次性兑现。对专业技术人员，参照人事部门有关专业技术职称评定的办法，适度降低门槛，实行每年年末通过理论考试和实践考核评定企业内部认可的技术职称，享受相应的待遇。其中，对"员"级职称设一级、二级、三级，使工作满一年的中专和技校毕业生有机会踏入"员"的门槛，三级技术员以后就是助理工程师、工程师职称。对普通员工，参照劳动部门的八级工资制，根据平时表现（占30%）和实践考核（占70%），也在每年年末评定一次级别，达到哪一级就拿哪一级的工资，如八级工可对应享受到中级技术职称和中层正职管理人员的待遇。属计件的工种，则按件计酬，工资不封顶。每个员工的最终年薪为月工资加年终奖金，其中月工资公开，年终奖金保密。月工资按上述评定，年终奖金的考核，各种员工不同：管理人员，看绩效，但没有具体的标准，实行“目标责任制”，具体体现在任务的完成情况、对工作的负责态度；生产人员，根据生产的产量、质量和安全情况；技术人员，则是根据研发的成果、完成任务的情况以及技术难关的解决情况。这种公平、公开、公正的管理方式从制度上保证了这家企业的员工队伍十分稳定，尤其是管理人员和专业技术人员极少流失。

ZC 实行的这种“职能工资制”，使各类人员的工资待遇与其责任、能力和贡献挂钩，避免将所有员工都挤向“官位”一条道上。员工自主选择，可以走“升职”这条道，也可以走“升级”这条道。工程师待遇相当于部长待遇，助理工程师待遇相当于副部长待遇，三级技术员待遇相当于线长待遇，二级技术员待遇相当于组长待遇，一级技术员待遇比普通工人待遇高 200 元。这样的制度给每个员工创造实现自身价值的机会，使每个员工有想头、有学头、有干头、有奔头。

另外，在同行相对具有竞争力的薪酬体系之下，企业每年还设立了多个奖项奖励为企业做出突出成绩的员工。公司每年设有“技术能手”奖，第一名奖励 5 000 元，第二名奖励 4 000 元，第三名奖励 2 000 元；设公司“十佳员工”奖，得奖员工各奖励 3 000 元；“优秀员工”15 人，各奖 2 000 元；“员工优秀奖”若干名，各奖励 1 000 元等。对获奖员工，披红戴花，给予精神和物质奖励，并设立宣传橱窗，宣传他们的先进事迹。同时，结合“十佳员工”的评选，设立“爱岗敬业”“优秀营销服务”等专项奖，对连续工作 5 年、8 年、10 年的员工和优秀营销服务人员，在总结表彰大会上分别颁发“爱岗敬业”和“优秀营销服务”奖金和荣誉证书。还有各种文艺奖项，如在文艺晚会表演的节目获得特等奖的员工可得到 1 万元的奖金，而且每一位参与的员工每月工资可以提高 50 元。用 ZC 副总裁欧阳秋桂的话说“每一位员工的小聪明、小智慧在 ZC 都能得到发挥和认同”。

五、“以人为本”的企业文化，留住优秀员工

以人为本，建设和谐企业文化被 ZC 列入发展的战略目标。ZC 就像一个大家庭，该企业党支部、工会、团支部的设立，开了东莞当地民营企业之先河，使党员、团员、青年乃至所有员工都能找到“家”的感觉。在公司，所有员工在进入企业之后，首先要对企业的管理理念有一个较深的认同感，从而培养员工的企业归属感。公司董事长周志文一直强调要求全体员工一定要学会“先做人后做事，做人要诚实、踏实、敬业”，让每个员工真真正正体会到企业的精神内涵和企业文化。

作为 ZC 掌门人的周志文，自从企业创办的那一天起，就把在部队 17 年养成的战备观念用到了企业上，居安思危，坚持自力更生，艰苦奋斗。由于他在部队调防时有过营房建筑的经验，所以最初兴建的三层厂房和宿舍楼都是他带领员工建造起来的。这在那时一分钱掰成两半花的情况下还说得过去。可在之后资金一年比一年雄厚的日子里，凡是平房，尤其是长 60 米、宽 40 米的大厂房，都没让建筑单位承建。另外，凡是能自己制造的生产设备和检测设备，他也坚持不向外采购。正是这种艰苦奋斗的精神，帮助 ZC 取得了不仅从未向银行贷款和向社会融资、应付款不超过 1 个月、员工工资按时足额发放的成绩，而且还年年盈利。这种 ZC 特有的精神深深地影响着企业中的每一位员工，使企业形成了一种无形的向心力。

此外，企业一直坚持科技投入和文化投入一起抓，先后耗资一百多万元兴建了图书室、俱乐部、篮球场，组建了管乐队、篮球队，购置了音响、灯光和文体器材，为丰富员工的业余生活创造了条件。每年年终的总结表彰会、自编自演的文艺晚会、卡拉OK比赛等活动，让员工尽情分享胜利的喜悦。而到了春节假期，公司总是提前免费为返家的员工准备好火车票、飞机票，并安排车由领导护送到车站机场。对因公患病负伤的员工，实行医疗费、住院费、护理费全包，并亲自或由工会派员慰问和探视；对非因公患病负伤和家庭有特殊困难的员工，董事长带头捐款10万元，倡导成立了“职工互助基金会”，员工每个月自愿交两三块钱，领导定额交100～200元，使非因公患病负伤的员工可得到6～8成的医药费报销，而家庭有特殊困难的员工可得到500元以上不等的补助。据公司员工说，公司就曾为一个生病的员工花了三十多万元的医药费。公司双职工在公司结婚的，公司不仅提供夫妻房，而且为员工免费在五星级酒店举办婚宴以示庆贺。在ZC，对所有员工从未收过一分钱的押金，所有员工的食宿基本上不需自己掏钱，伙食标准坚持普通员工三菜一汤、管理和技术人员四菜一汤，主食不限量，而且周末的晚餐加菜、节日会餐是这家企业的惯例。对工作一年以上的员工，经本人申请给予办理社会保险；员工的工资每月按时足额发放，从不拖发欠发；安全生产和消防常抓不懈，从未有过因安全事故导致员工伤亡的事……ZC已经形成了一套完整的员工保障机制，使员工打心眼里有一种“家”的感觉。

资料来源：刘永安. 企业人力资源管理经典案例[M]. 北京：清华大学出版社，2007.

思考题：

1．ZC的人力资源管理的发展历史对你有何启示？

2．你对ZC的月工资公开、年终奖金保密的做法有何评价？

3．ZC的招聘有何特点？你认为员工推荐自己的家人、朋友进入公司的做法是否值得推广？

4．你认为ZC在留住员工方面有哪些有效的措施？

讨　论　题

1．什么是人力资源？人力资源具有什么特点？

2．人力资源管理的内容有哪些？人力资源管理的内容之间具有何种相互关系？

3．人力资源管理的发展经历了哪几个阶段？

复习思考题

1．你认为哪些学科是人力资源管理的基础学科？它们对学习人力资源管理知识具有何种作用？

2．你认为人力资源管理者在组织人力资源管理中承担哪些角色？

3．你认为要成为一个合格的人力资源管理者应该具备哪些素质？为什么？

外延学习目录

一、书籍

1．[美]雷蒙德·A.诺伊，约翰·霍伦拜克，拜雷·格哈特，帕特雷克·莱特．人力资源管理：获取竞争优势[M]．刘昕，译．北京：中国人民大学出版社，2001.

2．赵曙明，张正堂，程德俊．人力资源管理与开发[M]．北京：高等教育出版社，2009.

3．[美]斯蒂芬·P.罗宾斯，玛丽·库尔特．管理学[M]．第11版．李原，等，译．北京：中国人民大学出版社，2012.

4．周三多，陈传明，贾良定．管理学——原理与方法[M]．第6版．上海：复旦大学出版社，2014.

5．[美]斯蒂芬·P.罗宾斯，蒂莫西·A.贾奇．组织行为学精要[M]．原书第12版．郑晓明，译．北京：机械工业出版社，2014.

6．[美]萨缪尔森．经济学[M]．第18版．萧琛，译．北京：人民邮电出版社，2008.

7．曼昆．经济学原理（上下册）[M]．北京：机械工业出版社，2003.

8．[美]理查德．心理学教材[M]．北京：北京大学出版社，2005.

9．彭聃龄．普通心理学（修订版）[M]．北京：北京师范大学出版社，2004.

10．戴维·波普诺．社会学[M]．第11版．李强，译．北京：中国人民大学出版社，2007.

11．郑杭生．社会学概论新修[M]．第4版．北京：中国人民大学出版社，2013.

二、杂志

1.《管理世界》，中华人民共和国国务院发展研究中心，北京

2.《企业管理》，中国企业联合会、中国企业家协会，北京

3.《经济学动态》，中国社会科学院经济研究所，北京

4.《中国软科学》，中国软科学研究会，北京

5.《中国劳动》，劳动科学研究所和中国劳动学会，北京

6.《中国人力资源开发》，中国人力资源开发研究会，北京

7.《中国人才》，中国人事报刊社，中央人才工作协调小组办公室，北京

8.《人才开发》，上海人才研究会，上海

9.《人事管理》，江苏省人事厅，南京

10.《中外管理》，中国科协管理科学研究中心，北京

11.《人力资源开发与管理》，中国人民大学书报资料中心，北京

12.《应用心理学》，浙江省心理学会、浙江大学，杭州

三、参考网站目录

1．中国人力资源开发网：http://www.chinahrd.net

2．世界经理人网：http://www.ceconline.com

3．中国人力资源管理网：http://www.rlzygl.com/

4．中国人力资源网：http://www.hr.com.cn/

5．中训网：http://www.trainingmag.com.cn/
6．中国人力资源培训网：http://www.rlzyglpx.com
7．中国劳动咨询网：http://www.51labour.com/
8．商业评论网：http://www.ebusinessreview.cn/
9．中国人力资源与社会保障部网站：http://www.mohrss.gov.cn/index.html
10．中华英才网：http://www.chinahr.com
11．猎聘网：http://www.liepin.com
12．前程无忧网：http://www.51job.com
13．智联招聘网：http://www.zhaopin.com
14．58 同城：http://www.58.com
15．人资网：http://www.hrdb.com
16．美国劳工部：http://www.dol.gov
17．美国健康与公共事业部：http://www.hhs.gov
18．国家人力资源注册认证网：http://www.chinachr.com
19．中国人才热线：http://www.cjol.com
20．人力资源管理世界：http://www.hroot.com

本章主要参考文献

1．赵曙明，张正堂，程德俊．人力资源管理与开发[M]．北京：高等教育出版社，2009．

2．[美]雷蒙德·A.诺伊，约翰·霍伦拜克，拜雷·格哈特，帕特雷克·莱特．人力资源管理：获取竞争优势[M]．刘昕，译．北京：中国人民大学出版社，2001．

3．黄英忠．人力资源管理概论[M]．高雄：翁燕月出版，2007．

4．[美]加里·德斯勒，[新]陈水华．人力资源管理（亚洲版）[M]．第 2 版．赵曙明，高素英，译．北京：机械工业出版社，2013．

5．刘永安．企业人力资源管理经典案例[M]．北京：清华大学出版社，2007．

6．李长江．人力资源管理：理论、实务与艺术[M]．北京：北京大学出版社，2011．

7．赵继新，郑强国．人力资源管理：基本理论·操作实务·精选案例[M]．北京：清华大学出版社，北京交通大学出版社，2011．

8．中国就业培训技术指导中心．企业人力资源管理师（三级、二级）[M]．北京：中国劳动社会保障出版社，2014．

第二章

工作分析与工作设计

引导案例

李强到底需要什么样的叉车司机

“李强，我一直想象不出你究竟需要什么样的叉车司机，”某电子公司人力资源部招聘专员邓彬说，“我已经给你提供了6个面试人选，他们都满足工作说明书中规定的要求，但你一个也没有录用。”

本次用人部门物流部的仓库管理主管李强回答：“什么工作说明书中的要求？我所需要的是找到一个能胜任那项工作的人。我还想把他培养成未来的仓库领班呢，但是你给我提供的人都无法胜任，而且我也没有见过什么工作说明书。”

邓彬递给李强一份工作说明书，并逐条解释给他听。他们发现，要么是工作说明书中要求的职责、知识、技能与实际工作中的要求不相符，要么是规定与实际工作差异大。例如，工作说明书中写明需要叉车的使用经验，但未明确是什么叉车，而实际中所使用的是一种新型自动式叉车，这与老式叉车区别较大，要有效地使用这种新叉车，工人们必须掌握更多的设备类知识。

同时邓彬也发现，李强本次招的是叉车司机，但其描述的需求又不仅仅是只会开叉车这么简单。听了李强对叉车司机必须具备的条件及应当履行职责的描述后，邓彬说：“我想应该开展工作分析了，根据实际情况对工作说明书进行修订，只有根据新的工作说明书我们才能尽快找到适合这项工作的人，否则我永远不知道你到底需要什么样的人。”

【本章学习目标】

1. 理解和掌握工作分析和工作设计的概念；
2. 了解和掌握工作分析的一些常用方法；
3. 熟练掌握访谈法、问卷调查法和职位分析问卷法；
4. 了解和掌握工作说明书的内容；
5. 比较熟练地运用工作分析的方法制定工作说明书；
6. 了解和掌握工作设计的方法；
7. 熟练掌握激励型工作设计方法；
8. 比较熟练地运用工作设计的方法。

【本章导学图】

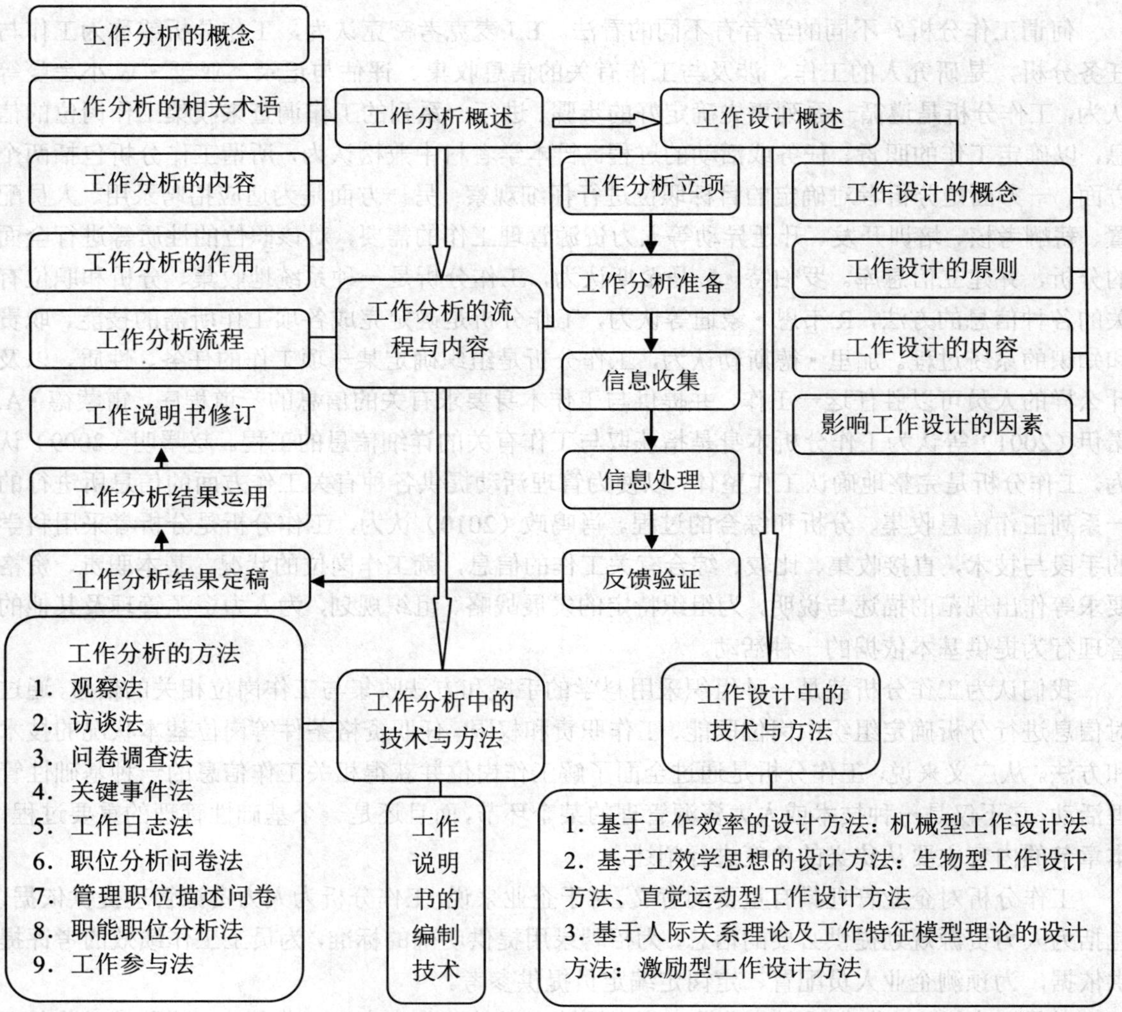
工作分析的概念
工作分析的相关术语
工作分析的内容
工作分析的作用
工作分析流程
工作说明书修订
工作分析结果运用
工作分析结果定稿
工作分析概述
工作分析的流程与内容
工作设计概述
工作分析立项
工作分析准备
信息收集
信息处理
反馈验证
工作设计的概念
工作设计的原则
工作设计的内容
影响工作设计的因素
工作分析的方法
1. 观察法
2. 访谈法
3. 问卷调查法
4. 关键事件法
5. 工作日志法
6. 职位分析问卷法
7. 管理职位描述问卷
8. 职能职位分析法
9. 工作参与法
工作分析中的技术与方法
工作说明书的编制技术
工作设计中的技术与方法
1. 基于工作效率的设计方法：机械型工作设计法
2. 基于工效学思想的设计方法：生物型工作设计方法、直觉运动型工作设计方法
3. 基于人际关系理论及工作特征模型理论的设计方法：激励型工作设计方法

第一节　工作分析与工作设计概述

一、工作分析概述

（一）工作分析的概念

何谓工作分析？不同的学者有不同的看法。E.J.麦克考密克认为，工作分析或称为工作与任务分析，是研究人的工作，涉及与工作有关的信息收集、评估与记录。亚瑟·W.小舍曼等认为，工作分析是遵循一系列事先确定好的步骤、进行一系列的工作调查来收集工作岗位的信息，以确定工作的职责、任务或活动的过程。日本学者村中兼松认为，所谓工作分析包括两个方面，一方面是分析者对确定的目标职位进行仔细观察；另一方面是为适应招聘录用、人员配置、薪酬考核、培训开发、升迁异动等人力资源管理工作的需要，对该职位的性质等进行全面的分析，并建立信息库。罗伯特·L.马希斯认为，工作分析是一种系统地收集、分析和职位有关的各种信息的方法，R.韦恩·蒙迪等认为，工作分析是确定完成各项工作所需的技能、职责和知识的系统过程。加里·德斯勒认为，工作分析是组织确定某一项工作的任务、性质，以及什么样的人员可以胜任这一工作，并提供与工作本身要求有关的信息的一道程序。雷蒙德·A.诺伊（2001）等认为工作分析本身是指获取与工作有关的详细信息的工程。赵曙明（2009）认为，工作分析是完整地确认工作整体，以便为管理活动提供各种有关工作方面的信息所进行的一系列工作信息收集、分析和综合的过程。肖鸣政（2010）认为，工作分析是分析者采用科学的手段与技术，直接收集、比较、综合有关工作的信息，就工作岗位的状况、基本职责、资格要求等作出规范的描述与说明，为组织特定的发展战略、组织规划，为人力资源管理及其他的管理行为提供基本依据的一种活动。

我们认为工作分析就是一种组织采用科学的手段和方法收集与工作岗位相关的信息，通过对信息进行分析确定组织中岗位职能、工作职责和权限、任职资格条件等岗位基本状况的技术和方法。从广义来说，工作分析是通过全面了解工作岗位并获得相关工作信息的一种基础性管理活动，它不仅是一种技术或人力资源管理的某个环节，而且还是一个基础性管理的重要过程。本章节的内容主要从狭义的角度进行阐述。

工作分析对企业管理具有重要的意义。对于企业来说，工作分析为人力资源管理提供依据，包括为人力资源规划提供必要的信息，为招聘录用提供明确的标准，为员工工作绩效的考评提供依据，为预测企业人员配置、定岗定编定员提供参考。

对员工来说，工作分析有助于员工本人厘清自己的工作内容和工作行为，帮助员工改善工作流程，提升工作效率。对于被分析岗位的管理者，借助于工作分析可以充分了解所辖工作岗位上的人员的工作状态和效率，厘清工作职责和内容交叉与不清楚的情况，有利于对流程优化、工作内容整合等进行调整，从而有助于提高部门的人工效率。

（二）工作分析的相关术语

在工作分析中常用的相关术语如表 2-1 所示。

表 2-1 在工作分析中常用的相关术语

术 语	含 义
工作要素	两个或两个以上的微动作的集合形成一个要素，是一个整体。其是工作活动中不能再继续分解的最小单位。要素是形成职责的基本单位和分析的基础，往往不直接体现在工作说明书上，如拾起、运送一个对象，接听电话等
任务	工作活动中达到某一工作目的的一组工作要素的集合。任务是为了达到某个目的而结合在一起的工作要素集合，是工作分析的基本单位，如售后服务人员回答客户的电话咨询
责任	为取得关键成果而完成的一项或多项相关联的任务集合，如维护公司与客户的良好关系
职责细分	既可以作为工作分析中完成职责的主要步骤而成为职责描述的基础，也可以以履行程序或“小职责”的身份出现在职位说明书当中，如处理客户的电话咨询与投诉
职位	指承担一系列工作职责的某一任职者所对应的组织位置，它是组织的基本构成单位，职位与任职者是一一对应的。如果存在职位空缺，那么职位数量将多于任职者人数
职务	指组织中承担相同或相似职责或工作内容的若干职位的总和，如销售部副经理
职业	指不同时间、不同组织中，工作要求相似或职责平行（相近、相当）的职位集合，如销售人员、研发人员
职业生涯	指一个人在其生命中经历的一系列职位、职务或职业的总称
职系	又称职种，是指职责轻重、难易、任职资格不同，但工作性质相似的所有职位集合，如企业人力资源管理、政府人力资源管理等
职组	又称职群，指若干工作性质相近的所有职系的集合
职门	指若干工作性质大致相近的所有职组的集合，如人事行政、社会行政、财务行政可并入同一行政职门
职级	指同一职系中职责的轻重、难易、任职资格很相似的所有职位集合。如中学一级英语教师和小学高级英语教师同属一级，大学管理学教授和化学教授同属一级
职等	是指不同职系中，职责的轻重、难易、任职资格很相似的所有职位集合。如大学讲师与研究单位的工程师是同一职等
权限	指为了保证职责的有效履行，任职者必须具备的对某事项进行决策的范围和程度。它常常用“具有批准……事项的权限”来进行表达。例如，具有批准预算外 5 000 元以内的礼品费支出的权限
任职资格	指为了保证工作目标的实现，任职者必须具备的知识、技能与能力要求。它常常用胜任职位所需要的学历、专业、工作经验、工作技能、能力（素质）等来加以表达
业绩标准	指与职位的工作职责相对应的对职责完成的质量与效果进行评价的客观标准。例如，人力资源经理的业绩标准常包括员工满意度、空岗率、培训计划的完成率等

（三）工作分析的内容

工作分析是指对工作进行整体分析，以便确定每一项工作的 6W1H：用谁做（Who）、做什么（What）、何时做（When）、在哪里做（Where）、如何做（How）、为什么做（Why）、为谁做（Whom）。分析直接成果是岗位说明书。工作分析的具体内容包括以下几个方面。

1．工作存在的原因

（1）工作为什么存在，即证明工作是否有存在的价值？如果工作岗位有存在的价值则有必要进行工作分析，否则没有必要。因此，回答此问题也可为组织决策工作岗位的调整和撤销提供依据。

（2）该项工作的使命是什么？

2．工作岗位职责

工作岗位职责包括管理责任和非管理责任。管理责任主要表现为影响其他人工作的方式，主要包括指导监督责任、协调责任、沟通责任、决策责任、人事管理责任、成本控制责任、风险控制责任、法律责任、培养下属的责任等。非管理责任就是管理责任以外的责任，主要包括制造产品的责任、保护机器设备的责任、原材料保管的责任、与他人合作的责任、保护他人安全的责任等。

3．工作内容

该工作岗位具体做什么事情？承担哪些工作任务？主要包括所要完成的工作任务、工作责任、使用的原材料和机器设备、工作流程、与其他人的正式工作关系、接受监督以及进行监督的性质和内容。

4．任职资格条件

任职资格条件要求说明从事某项工作岗位的入职人员必须具备的生理要求和心理要求。主要包括以下几个方面。

（1）一般要求，主要包括年龄、性别、学历、工作经验、培训经历等。

（2）生理要求，主要包括健康状况、力量和体力、运动的灵活性、感觉器官的灵敏度等。

（3）心理要求，主要包括观察能力、注意力集中能力、记忆能力、理解能力、学习能力、解决问题的能力、创造性、数学计算能力、语言表达能力、决策能力、特殊能力、性格、气质、兴趣爱好、态度、事业心、合作性、领导能力等。

（4）特殊要求，胜任岗位工作的一些特殊要求。

5．工作环境和危险性

（1）工作环境。工作环境包括两个大的方面：① 工作条件和物理环境，包括工作地点的温度、光线、湿度、噪声、安全条件、地理位置、室内或室外等；② 社会环境，包括工作群体中的人数、完成工作所要求的人际交往的数量和程度、各部门之间的关系、工作地点内外的文化设施、社会习俗等。

（2）危险性。危险性主要指工作环境和工作活动对工作人员可能造成的危害，包括职业病、身体和精神损伤。

6．其他相关信息

其他相关信息主要包括以下几个方面。

（1）职位名称。指组织对从事的工作活动所规定的职位名称或职位代号，以便对各种工作进行识别、登记、分类以及确定组织内外的各种工作关系。

（2）工作分析基本情况。主要包括工作分析的主题、工作分析实施的日期、工作分析的名称、工作人数及性别分类、工作分析主体的别名等。

（3）聘用条件。包括工时数、工资结构、支付工资的方法、福利待遇、该工作岗位在组织中的正式位置、晋升的机会、工作的季节性、进修的机会等。

（四）工作分析的作用

工作分析是人力资源管理工作的基础，其分析质量对其他人力资源管理模块具有举足轻重的影响，如图 2-1 所示。

工作分析使人力资源管理人员和部门可以直接获得被分析岗位相关的工时、工作量、工作性质、工作分配、工作流程等信息，可以为管理决策提供参考，也是人力资源管理中非常基础且核心的内容。工作分析的质量决定了工作分析结果的准确性。工作分析可以广泛运用于人力资源规划、组织结构设计、工作设计、工作流程优化、招聘、甄选、录用、培训与开发、绩效考核、薪酬设计与管理、职业生涯规划与管理、员工关系管理等方面。

工作分析的结果广泛运用于人力资源管理实践中（见图 2-2）。

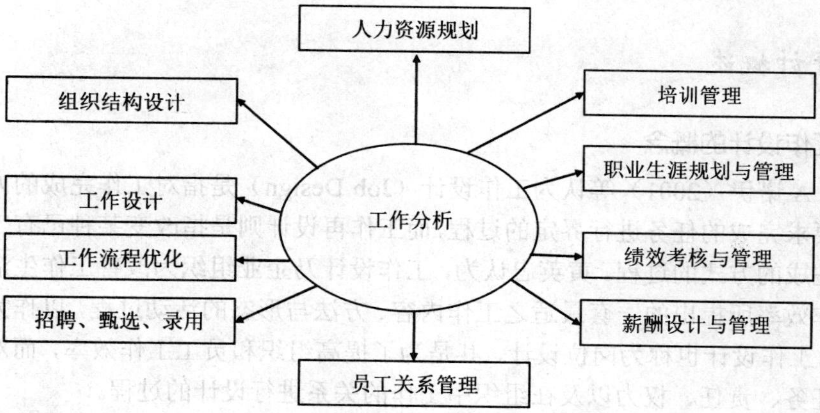

图 2-1　工作分析在人力资源管理中的位置

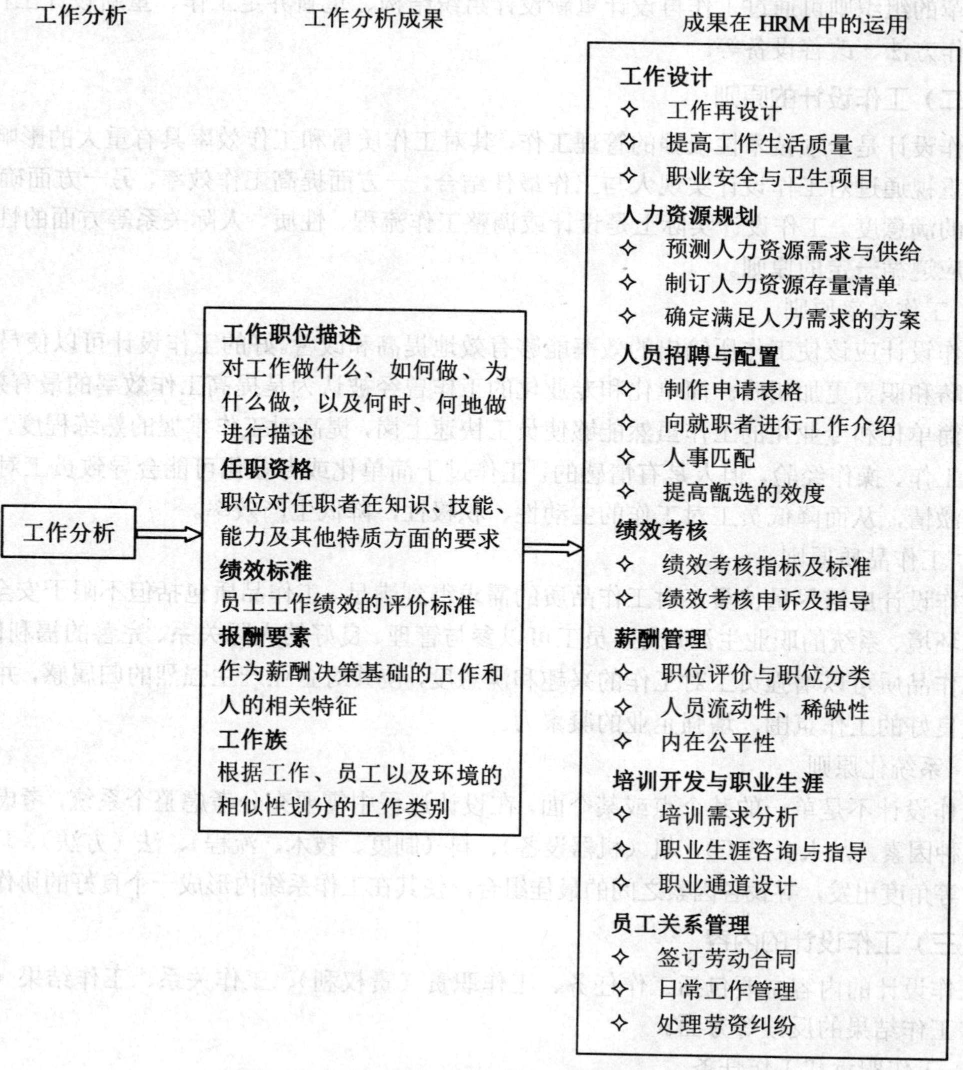

图 2-2　工作分析在人力资源管理中的应用

二、工作设计概述

（一）工作设计的概念

雷蒙德·A.诺伊（2001）等认为工作设计（Job Design）是指对工作完成的方式以及某种特定工作所要求完成的任务进行界定的过程，而工作再设计则是指改变某种已有工作中的任务或改变工作完成的方式的过程。黄英忠认为，工作设计乃企业组织为改善工作生活品质及提高生产力与工作效率所提出的一套最适之工作内容、方法与形态的活动过程，以作为工作评价及任用的依据。工作设计也称为岗位设计，其是为了提高组织和员工工作效率，而对组织内的每一个岗位的任务、责任、权力以及在组织中工作的关系进行设计的过程。

新成立的组织运用工作设计规划工作流程、工作方法、工作所需要的工具、原材料等。对于想变革的组织则可通过工作再设计重新设计组织结构、重新界定工作、重新设计工作流程、改进工作方法、改善设备等。

（二）工作设计的原则

工作设计是一项技术性很强的管理工作，其对工作质量和工作效率具有重大的影响。工作设计很重视通过对工作设计实现人与工作最佳结合，一方面提高工作效率，另一方面确保员工对工作的满意度。工作设计实际上是设计或调整工作流程、性质、人际关系等方面的性质。工作设计应遵循一定的原则。

1．工作效率原则

工作设计应该使工作所输出的效率能够有效地提高和改善。好的工作设计可以使员工对工作的范畴和职责更加明确。简单化和专业化的工作曾经被认为是提高工作效率的最有效手段，事实上简单化和专业化的工作虽然能够使员工快速上岗，提高对工作掌握的熟练程度，可以快速累积工作、操作经验，但人是有情感的，工作过于简单化或专业化可能会导致员工对工作本身丧失激情，从而降低员工对工作的主动性、积极性，降低生产效率。

2．工作品质原则

工作设计应该尽量使员工对工作品质的需求得到满足。工作品质包括但不限于安全、舒适的工作环境、系统的职业生涯规划、员工可以参与管理、良好的人际关系、完善的福利保障等。好的工作品质可以增强员工对工作的兴趣和满意度，使其对企业产生强烈的归属感，并可以促进形成良好的工作氛围，增强企业的凝聚力。

3．系统化原则

工作设计不是单一的某个点或某个面，在设计过程中需要充分考虑整个系统，考虑影响工作的各种因素，从人（员工）、机（机器设备）、料（制度、技术、流程）、法（方法）、环（工作环境）等角度出发，寻找各因素之间的最佳组合，使其在工作系统内形成一个良好的协作关系。

（三）工作设计的内容

工作设计的内容主要包括工作任务、工作职责（责权利）、工作关系、工作结果（业绩输出）和工作结果的反馈等方面。

1．工作职责和工作任务

工作职责和工作任务的设计是岗位设计的重点，一般包括工作的具体任务内容、工作的自主性和完整性等方面。

（1）工作的具体任务内容。确定工作的一般性质，工作是简单重复的还是复杂多样的，工作要求的自主性程度怎样，以及工作的整体性如何。工作的具体任务内容应避免设计得过于单一，避免让员工感到过于单调、枯燥和乏味，因此设计具体工作内容时，应尽量在工作质量和效率能保障的前提下使工作多样化，以保持员工对工作职责和工作任务的兴趣。

（2）设计具体的职责和工作任务时，应有主次、难易之分，不同难度的工作对员工的知识、技能、素质和经验等要求是不同的，这样可以增加工作的挑战性，激发员工的工作动力。

（3）工作职责和任务的完整性。完整的工作职责和任务有利于确保员工有成就感，因此全过程参与是非常重要的，可以使员工较为直观地看到自己的工作成果。

（4）自主的工作可以增加员工的责任，提高工作热情，因此应该在适当的可控的范围内提供自主性的工作，并建立起沟通反馈的多种渠道。工作的沟通应涵盖工作相关的方方面面，如工作态度、技能、质量、出错、数量、效率、成效等。工作的沟通反馈应是上下级之间双向的。管理者帮助和正确引导员工，员工清晰自己工作的相关情况。

任何工作设计中，对工作涉及的责权利的设计都是核心部分。工作责任主要包括以下三部分内容。

（1）工作责任。工作责任设计是员工在工作中应承担的职责界定。工作压力和工作饱和度过低，员工的工作效率低下；工作压力和工作饱和度过高，将造成员工的不满、抱怨、负面情绪，工作敬业度降低，严重的情况下会导致员工的主动离职。

（2）工作权力。权力与责任是相匹配的，赋予多大的责任就应该给予多大的职权，两者应该保持平衡，否则无法行使职责或造成权力过大。

（3）工作利益。职责、权力的范围界定清晰后，应对工作应获取的利益进行明确，这有利于激发员工的工作热情。

2．工作关系

工作关系指个人在工作中所发生的人与人之间的联系，包括与他人交往的关系。工作关系要确定上级、下级关系，以及岗位工作人员与哪些人进行信息沟通等。在工作设计过程中，应对其上下级管辖管理进行明确设计，清晰明确的管辖关系、管辖范围有利于工作职责和内容的实现。其他内容如工作方法、沟通协作方式的设计等，均是工作设计中应考虑的内容。通过上述工作设计，可以更好地为人力资源管理、配置的优化等提供依据，促进员工更好地发挥能力，提高工作效率。

3．工作结果

工作结果是指工作应输出的结果和价值，也称为业绩输出，主要包括工作绩效和工作者的反应。工作绩效是指工作完成所达到的数量、质量和效率等具体指标。工作者的反应是指工作者的工作满意度、出勤率、离职率、对工作结果奖惩的态度等。工作结果是衡量和评估岗位价值的重要依据，业绩与价值应与工作内容和工作职责相匹配。

4．工作结果的反馈

工作结果的反馈主要指工作本身的直接反馈（如能否在工作中体验到自己的工作成果）和来自别人对所做工作的间接反馈（如能否及时得到同级、上级、下属人员的反馈意见）。

（四）影响工作设计的因素

一个成功有效的工作设计，必须综合考虑各种因素，既需要对工作进行周密的有目的的计划安排，并考虑到员工的具体素质、能力及各个方面的因素，也要考虑到本组织的管理方式、劳动条件、工作环境、政策机制等因素。组织在进行工作设计时必须考虑以下因素。

1．组织因素

组织因素主要包括专业化、工作流程及工作习惯。

工作设计最基本的目的是提高组织效率，增加产出。工作设计离不开组织对工作的要求，具体进行设计时，应注意：① 全部职务的集合通过工作设计应能顺利地完成组织的总任务；② 全部职务所构成的责任体系应能保证组织总目标的实现；③ 职务分工应有助于发挥人的能力、提高组织效率；④ 每个职务规定的任务、责任应由当时的资源条件决定适当人选。

2．环境因素

环境因素主要包括人力资源和社会期望。工作设计必须考虑人力资源供给问题和员工欲望满足问题。人力资源问题主要考虑能否提供足够的工作岗位所需要的人力资源。社会期望是指员工希望通过工作得到的满足。员工需求的变化是工作设计不断更新的一个重要因素。工作设计的一个主要内容就是使员工在工作中得到最大的满足。工业化初期，许多人可以接受工作时间长、体力消耗大、工作环境差的工作岗位，随着社会的发展，单纯从工作效率、工作流程等方面考虑工作设计从而提高组织绩效的方法已不被接受，员工越来越希望工作与生活平衡，因此工作设计中要以人为本。

3．行为因素

工作设计不仅要考虑效率因素，而且还要考虑满足工作人员的个人需求。主要体现在自主权、多样性、任务一体化、任务意义、反馈等方面。

（1）自主权。自主权是指员工对所负责的工作环境有权作出自己的反映。组织给以员工决策权，可增强员工受重视的感觉，而缺乏自主权可导致员工低效率。

（2）多样性。工作设计过程中考虑工作的多样性，能减少员工因疲劳引起的失误。自主权和多样性是提升员工满意度的主要原因。

（3）任务一体化。如果任务缺乏一体化，员工就无法参与某些完整的工作，导致员工缺乏责任感、完成工作后的自豪感和成就感。如果任务一体化，则能提高员工的工作满意度。

（4）任务意义。任务意义就是员工知道该工作对组织中或外部其他人的重要性。任务意义越重要，对员工的激励越大，工作积极性也越高。

（5）反馈。提供反馈可以使员工了解自己的工作状况，发现自己的工作中存在的问题，明确自己今后努力的方向，从而提高工作积极性。如果工作岗位不能提供及时的工作反馈，对员工就会缺乏引导和激励。

第二节　工作分析的流程与内容

工作分析的流程如图 2-3 所示。

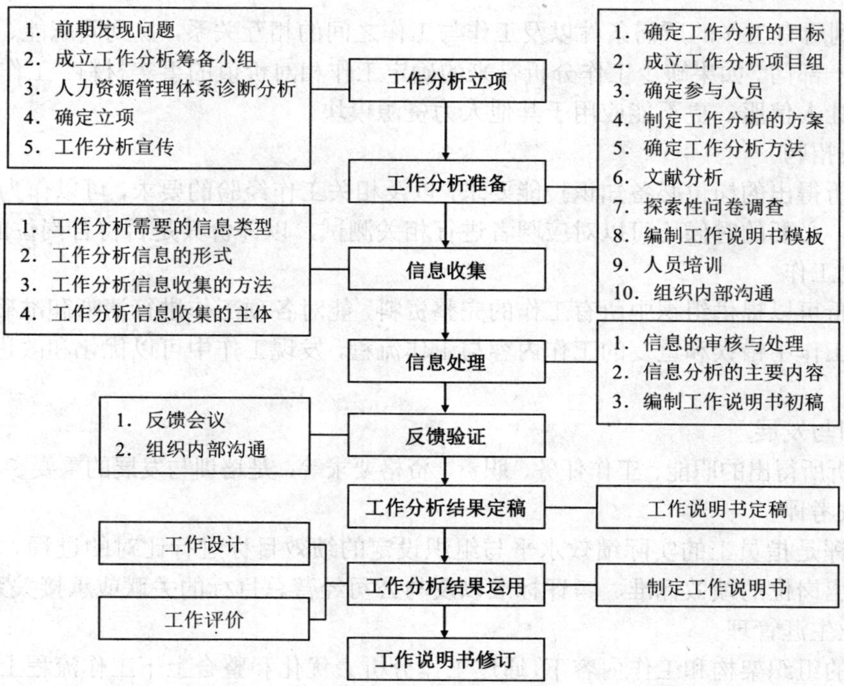

图 2-3 工作分析流程

一、工作分析立项

工作分析立项主要包括：① 前期发现问题；② 成立工作分析筹备小组；③ 人力资源管理体系诊断分析；④ 确定立项；⑤ 工作分析宣传等工作。

二、工作分析准备

工作分析的前期准备包括确定工作分析的目标、成立工作分析项目组、确定参与人员、制定工作分析方案、确定工作分析方法、文献分析、探索性问卷调查、编制工作说明书模板、人员培训、组织内部沟通等工作。

（一）确定工作分析的目标

进行工作分析之前需要确定工作分析的目标。企业对工作进行分析总是为了满足某种需要，例如当企业要制定培训政策或制定薪金政策时，需要了解各工作的特点，这就需要工作分析的结果。企业应该明确工作分析要达到的目标。一般工作分析的目的大致包括如下几个方面。

1. 人力资源规划

人力资源规划者要及时、准确地分析企业的人力资源需求，必须要获得广泛的信息。工作分析可以为获取人力资源相关需求提供详细的资料，这些资料也可以作为薪酬分配的重要依据之一。另外在企业的不断发展中，工作分析还可以预测工作的发展和变化，并且提示该岗位上的员工或其上级预先进行准备以适应未来工作的需求和要求。

2. 工作评价

工作分析是工作评价的基础，为准确进行工作评价提供了充足和必要的材料。通过工作分析，可以找到所有工作的所需条件以及工作与工作之间的相互关系，找到同职能、同性质的工作并归入某一部门。如果缺少工作分析带来的确定工作相对价值的事实材料，工作评价得出的结论则无法让人信服，更不能应用于其他人力资源模块。

3．人员招聘

工作分析得出的岗位必备知识技能要求，以及相关工作经验的要求，可以作为招聘新员工的评价标准，必要的时候还可以对应聘者进行相关测试，以评价其是否符合岗位的相关要求。

4．优化工作

工作分析可以提供组织中所有工作的完整资料，能对各项工作进行清晰和准确的描述，进而可以发现工作中错误和重复的工作内容与工作流程，发现工作中可以优化和改进之处，提高工作效率。

5．培训与发展

工作分析所得出的职能、工作任务、职责、资格要求等，是培训与发展的重要参考依据之一。

6．绩效考评

绩效考评是指员工的实际绩效水平与组织设定的绩效目标进行比对的过程。通过工作分析，可以得出岗位的绩效标准、考评标准以及与公司经营总目标的关联或承接关系。

7．职业生涯管理

在既定的组织架构和工作内容下，通过工作分析去优化和整合上下工作流程上的工作可以达到“工作丰富化”的目的；而在既定的组织架构和工作内容下，通过工作分析去优化和整合相关度较高的不同工作可以达到“工作多样化”的目的。把“工作丰富化”和“工作多样化”作为培训和发展的需求和方向，可以为员工提供职业发展的相关培训和训练，帮助员工进行职业生涯规划和职业发展。

8．其他

进行详细的工作分析之后，还有很多其他的作用，如有助于工作权责范围的划定，以及避免员工因工作界定不明确而产生争议和工作缝隙。此外，工作分析也有助于工作环境优化、人事管理费用支出、转岗和晋升等工作的有效开展。

（二）成立工作分析小组

工作分析小组的成员一般由三类人员组成：一是企业的高层领导；二是工作分析人员，主要由人力资源管理专业的人员和熟悉本部门情况的人员组成；三是外部的专家和顾问，其具有工作分析方面的丰富经验和专门技术，可以防止在工作分析的过程中出现偏差，有利于工作分析结果的客观性和科学性。

工作分析小组是工作分析的指导者和实施者，其工作环境的好坏直接关系到工作分析的进程和结果。工作分析是为企业人力资源管理服务的，它不是一个孤立的工作点，不是单一人力资源管理部门能承担的，还需获得企业高层及各级管理人员的认可和支持，这样才能真正有效地开展和实施。因此，在开展工作分析的过程中，除了专职的工作分析人员外，一般企业高层领导要担任工作分析小组组长，关键部门的部门负责人要成为小组成员，这样工作分析在企业内才能获得最大限度的支持，工作分析的成果也才能与企业的实际情况吻合。

工作分析小组的工作职责主要包括两个方面：一方面在基本步骤中制订更为详细的工作计划，它涉及计划方案的组织与细化，这主要由工作分析专家和人力资源部专员来负责；另一方面，审查与监督计划方案的实施，其中也会涉及工作分析的实施情况，需要各部门主管的参与，并由组织的高层管理者进行审查。明确工作分析小组成员的工作职责，有助于避免相互推诿责任的现象产生，从而保证工作分析的效率和质量。

工作分析小组人员的责任与分工如表 2-2 所示。

表 2-2 工作分析小组人员的责任与分工

小组成员	责任	分工
专业顾问	提供工作分析的技术支持和指导	1．指导和参与工作分析实施方案制定； 2．指导和参与工作分析方法的选择和设计； 3．参与工作分析的调研、访谈； 4．指导工作说明书的撰写与修改； 5．提供相关的培训和辅导
人力资源部人员	工作分析总体策划和实施的主导者，并把控工作分析目标的达成	1．收集整理各种工作分析资料； 2．分发回收调查问卷； 3．安排其他人员配合专家组工作，收集公司员工和管理人员对项目实施过程中的反馈意见，并把意见反馈给专家组和公司领导； 4．协调安排工作所需的场所、材料、设备等； 5．安排专家在公司工作期间的食宿、接待
公司领导	把握项目的总体方向和原则，验收工作结果	1．对专家组的总体方案和计划提出意见； 2．对公司员工进行动员； 3．对项目进程进行检查和监督； 4．听取阶段性汇报； 5．验收最终结果

（三）制定工作分析的方案

实施一个完整的工作分析，往往需要大量的资源，耗费一定的时间和费用，还要得到各个层面人员的配合。因此，在实施之前需要制订一个整体的方案，在具体实施时还需要形成一个具体的操作计划，以便工作分析工作能有条不紊地进行。

一份完整的工作分析整体方案通常应该包含以下内容：① 工作分析的目的和意义；② 工作分析所需收集的信息内容；③ 工作分析项目的组织形式和参与人员；④ 工作分析实施的过程或步骤；⑤ 工作分析实施的时间和活动安排；⑥ 工作分析方法的选择；⑦ 界定待分析的工作样本或范围；⑧ 所需的背景资料和配合工作；⑨ 工作分析所提供的结果；⑩ 工作分析的费用预算。

（四）确定工作分析方法

工作分析方法的选择需要在进行具体工作分析时根据工作分析的目的、工作分析的对象，并权衡不同工作分析方法利弊后进行。工作分析的方法非常多，一般主要有观察法、访谈法、问卷调查法、关键事件法、工作日志法、职位分析问卷法、管理职位描述问卷、职能职位分析法和工作参与法等。

三、信息收集

（一）工作分析需要的信息类型

一般而言，工作分析所需信息的类型和范围取决于工作分析的目的和用途。但是，工作分析既要对工作本身进行研究，又要对从事工作的人员资格进行分析，因此一些基本信息资料是必需的。工作分析所需要获得的有关资料包括工作活动资料、人类行为资料、工作器具资料、绩效标准、相关工作条件、任职资格条件等。具体包括以下三个方面。

1．工作内容信息

与工作内容相关的信息如表 2-3 所示。

表 2-3　与工作内容相关的信息

工作内容/工作情景因素	工 作 特 征
1．工作职责； 2．工作任务； 3．工作过程和程序； 4．工作活动； 5．绩效标准； 6．关键事件； 7．沟通网络； 8．工作成果（如报告、产品等）	1．职位对企业的贡献与过失损害； 2．管理幅度； 3．所需承担的风险； 4．工作的独立性； 5．工作的创新性； 6．工作中的矛盾与冲突； 7．人际互动的难度与频繁性； 8．薪酬和福利

2．工作环境信息

与工作环境相关的信息包括的内容如表 2-4 所示。

表 2-4　与工作环境相关的信息

内 部 信 息	外 部 信 息
1．组织的愿景、目标与战略； 2．组织的年度经营计划与预算； 3．组织的经营管理模式； 4．组织结构、业务流程/管理流程； 5．人力资源管理、财务、营销管理等； 6．组织所提供的产品/服务； 7．组织采用的主要技术； 8．有关组织的研发、采购、生产、销售、客户服务等信息； 9．组织文化的类型与特点； 10．工作条件和工作环境	1．行业标杆职位的状况（以行业中的领先企业与主要竞争对手为主）； 2．客户（经销商）信息（包括客户档案、客户经营管理模式、客户投诉记录等）； 3．顾客（最终用户）信息（包括顾客的内在需求特点、顾客调查、顾客投诉等）； 4．外部供应商的信息； 5．主要合作者与战略联盟的信息； 6．主要竞争对手的信息

3．任职资格的信息

任职资格的信息包括：① 一般教育程度；② 专业知识；③ 工作经验（一般经验、专业经验、管理经验）；④ 各种技能、各种能力倾向；⑤ 各种胜任素质要求（包括个性特征与职业倾向、动机、内驱力等）；⑥ 内部人际关系（与直接上司、其他上级、下属、其他下级、同事之间的关系）；⑦ 外部人际关系（与供应商、客户、政府机构、行业组织、社区之间的关系）；⑧ 其他生理和心理要求。

（二）工作分析信息的形式

工作分析信息的形式可以根据定量和定性加以区分，有时这些信息的形式是在定量与定性之间的某个点上。典型的定性形式的特点是用词语表示结果，如描述工作内容、工作条件、社会关系和个性要求等内容。定量信息是使用数量单位表示测量的结果，如工作中的氧气消耗量、单位时间内的产量、单位时间内的差错次数、工作小组的规模、能力测量的标准相对工作的评定分等。在此准备中，企业要制订工作分析材料，明确采用工作分析的格式，编制指导书等。在工作分析格式和指导书中应当规定收集信息的类型、信息所用的格式。

（三）工作分析信息收集的方法

收集信息的方法有许多，一般有观察法、与从事工作的人员谈话的个人访谈法、与几个工作承担者谈话的小组访谈法、与专家进行的技术会议、结构问卷和开放式问卷、工作日志法、关键事件记录、设备设计信息、工作活动记录等。

（四）工作分析信息收集的主体

由谁来收集信息是要解决的最后一个问题。收集信息可以由组织内部或外部的咨询员、工作分析专家、管理者和工作的承担者完成，而当组织规模很大且不同的区域有独立的报酬管理时，则由这些部门的分析人员完成。收集信息也可以由仪器设备完成，可以是照相机、生理记录仪等。企业要选择有分析能力、写作技巧、善于沟通和熟悉业务的人员担任分析员的工作，并对他们做工作分析的培训。

四、信息处理

（一）信息的审核与处理

1．信息处理的目的

通过对大量原始信息的整理和分析，筛选出真实的和有效的信息，将之归类，从而对公司现有的组织结构和关键岗位进行评估，并进一步编制工作说明书。

2．信息处理的原则

（1）真实性。因为收集到的信息都是从他人表现中提炼的或直接由他人提供的，角度不同，理解层次不同，大家提供的信息或多或少带有一定的主观判断，进而可能引起信息的失真。因此，在对信息和资料进行处理时需要对信息的真实性作出分析和判断。

（2）有效性。为了保证收集到足够的信息，一般在信息收集的时候会尽量采用开放式问题，由此收集的信息量非常大，所以在处理信息和资料时需要剔除与本次工作分析相关性不大的内容。

3．信息处理过程中的要点

（1）区分例行工作和阶段性工作。工作分析一般是对例行或常规性工作进行描述和说明。很多岗位都有许多临时性和阶段性的工作，在进行工作分析时需要加以区分。

（2）明确工作的必要条件和充分条件。工作分析只需要对必要的工作条件加以描述，对于非必要的工作条件需要进行区分和归纳。

（3）区分岗位固有权力和上级临时授权。在工作说明书中需要对岗位的权责进行描述和说明，对于上级临时授权需要加以区分，不能写入工作说明书。

（二）信息分析的主要内容

1．工作名称分析

工作名称分析的主要目的是使工作名称标准化，以达到通过名称就能了解工作的性质和内容的效果。

2．工作规范分析

工作规范分析的目的就是全面认识工作的整体性，其包括工作任务分析、工作责任分析、工作关系分析、劳动强度分析等。

3．工作环境分析

工作环境主要包括工作的物理环境、安全环境、社会环境。工作的物理环境指员工周围的设施、建筑物等物质系统，也包括工作人员周围的温度、湿度、照明度、震动、噪声、异味粉尘、空间、油渍以及工作人员每天与这些因素接触的时间。安全环境是指员工所处的环境存在的各种安全因素，主要包括工作危险性、可能发生的事故、过去事故发生率和劳动安全条件。社会环境是指员工周围互相作用的人的集合，它包含了各种社会关系和社会因素，如与上级领导的关系、与同事的关系、工作氛围、工作场所生活的便利程度等。

4．任职资格分析

（1）必备知识分析。必备知识分析主要对学历、一般社会知识、管理知识、专业知识等进行分析。

（2）必备经验分析。经验是指从多次实践中得到的知识或技能。必备经验分析是指对岗位任职人员必须具备的操作能力和实际经验进行分析。

（3）必备技能分析。指对任职者必须掌握并运用岗位技术的能力进行分析。例如，管理者需要具备的技能主要有：① 技术技能，指对某一特殊活动（特别是包含方法、过程、程序或技术的活动）的理解和熟练程度，包括专门知识、在专业范围内的分析能力以及灵活地运用该专业的工具和技巧的能力；② 人事技能，是指管理者为完成组织目标应具备的领导、激励和沟通能力；③ 思想技能，指能够总揽全局，判断出重要因素并了解这些因素之间的关系的能力；④ 设计技能，是指以有利于组织利益的种种方式解决问题的能力。

（4）必备心理素质分析。心理素质是以生理素质为基础，在实践活动中通过主体与客体的相互作用，而逐步发展和形成的心理潜能、能量、特点、品质与行为的综合。心理素质包括情感、信心、意志力和韧性等。

马斯洛认为良好的心理素质表现在以下几个方面：① 具有充分的适应力；② 能充分地了解自己，并对自己的能力作出适度的评价；③ 生活的目标切合实际；④ 不脱离现实环境；⑤ 能保持人格的完整与和谐；⑥ 善于从经验中学习；⑦ 能保持良好的人际关系；⑧ 能适度地发泄情绪和控制情绪；⑨ 在不违背集体利益的前提下，能有限度地发挥个性；⑩ 在不违背社会规范的前提下，能恰当地满足个人的基本需求。

（三）编制工作说明书初稿

1．工作说明书的主要内容

工作说明书的主要内容如表 2-5 所示。

2．工作说明书的具体内容

（1）基本资料。基本资料包括：① 工作岗位名称；② 工作标识；③ 直接上级岗位；④ 所属部门；⑤ 工资等级；⑥ 工资水平；⑦ 所辖人员；⑧ 定员人数；⑨ 工作性质。其中的工作标识是关于职位的基本信息，是一个职位区别于其他职位的基本标志。通过工作标识，可以向职位描述的阅读者传递关于该职位的基本信息，使其能够获得对该职位的基本认识。

（2）工作描述。工作描述包括如下内容：① 工作概要，又称为工作目的，是指用非常简洁和明确的一句话来表述该职位存在的价值和理由；② 工作范围，是指该职位的任职者所能掌控的资源的数量和质量，以及该职位的活动范围，它代表了该职位能够在多大程度上对企业产生影响，可能在多大程度上给企业带来损失；③ 工作职责，主要指该职位通过一系列什么样的活动来实现组织的目标，并取得什么样的工作成果；④ 工作权限，是指根据该职位的工作目标与工作职责，组织赋予该职位的决策范围、层级与控制力度；⑤ 业绩标准，又称为“业绩变量”，是在明确界定工作职责的基础上，对如何衡量每项职责的完成情况的规定，它是提取职位层级的绩效考核指标的重要基础和依据，在以考核为导向的职位描述中，业绩标准是其所必须包含的关键部分；⑥ 工作关系，是指在工作中，上下级及同级别工作者之间的关系；⑦ 工作压力因素，主要指由于工作本身或工作环境的特点给任职者带来压力和不适的因素，主要包括工作时间的波动性、出差时间的百分比、工作负荷的大小三个方面。

表 2-5　工作说明书

<table>
<tr><th>分　类</th><th>项 目 内 容</th><th colspan="2">项 目 内 涵</th></tr>
<tr><td rowspan="4">核心内容</td><td>工作标识</td><td colspan="2">工作名称、所在部门、直接上级职位、薪点范围等</td></tr>
<tr><td>工作概要</td><td colspan="2">关于该职位的主要目标与工作内容的概要性陈述</td></tr>
<tr><td>工作职责</td><td colspan="2">该职位必须获得的工作成果和必须担负的责任</td></tr>
<tr><td>工作关系</td><td colspan="2">该职位在组织中的位置</td></tr>
<tr><td rowspan="8">选择性内容</td><td>项 目 内 容</td><td>项 目 内 涵</td><td>应　用</td></tr>
<tr><td>工作权限</td><td>该职位在人事、财务和业务上作出决策的范围和层级</td><td>组织优化、职位评价</td></tr>
<tr><td>履行程序</td><td>对各项工作职责的完成方式的详细分解与描述</td><td>绩效考核、上岗引导</td></tr>
<tr><td>工作范围</td><td>该职位能够直接控制的资源的数量和质量</td><td>管理人员的职位评价、上岗引导</td></tr>
<tr><td>职责的量化信息</td><td>职责的评价性和描述性量化信息</td><td>职位评价、绩效考核</td></tr>
<tr><td>工作条件</td><td>职位存在的物理环境</td><td>职位评价</td></tr>
<tr><td>工作负荷</td><td>职位对任职者造成的工作压力</td><td>职位评价</td></tr>
<tr><td>工作特点与领域</td><td></td><td>上岗引导、职位评价</td></tr>
</table>

其中，工作范围常常采用清单的方式来表达，主要包括人力资源、财务资源和活动范围三个部分的内容，具体如表 2-6 所示。

表 2-6　工作范围

项　目	内　容
人力资源	直接下级的人数与级别、间接下级的人数与级别等
财务资源	年度预算、项目成本、年度收入（营业额）、年度利润、销售回款等
活动范围	根据职位的不同存在着较大的差异，例如销售职位的“每星期接待客户的人数”，人事经理的“每星期进行内部沟通的次数”等

工作职责的分析与梳理，主要有两种方法：一种是基于战略的职责分解，其侧重于对具体职责内容的界定，主要回答的是“该职位需要通过完成什么样的职责，来为组织创造价值？”另一种是基于流程的职责分析，其侧重于对每项工作职责中的角色与权限进行理顺，主要回答的是“在每项工作职责中，该职位应该扮演什么样的角色？应该如何处理与流程上下游之间的关系？”

职位描述中所提到的工作关系主要包括两部分：一部分是该职位在组织中的位置，用组织结构图来进行反映，如图 2-4 所示；另一部分是该职位任职者在工作过程中与组织内部和外部各单位之间的工作联系，包括联系的对象、联系的方式、联系的内容和联系的频次等，如表 2-7 所示。

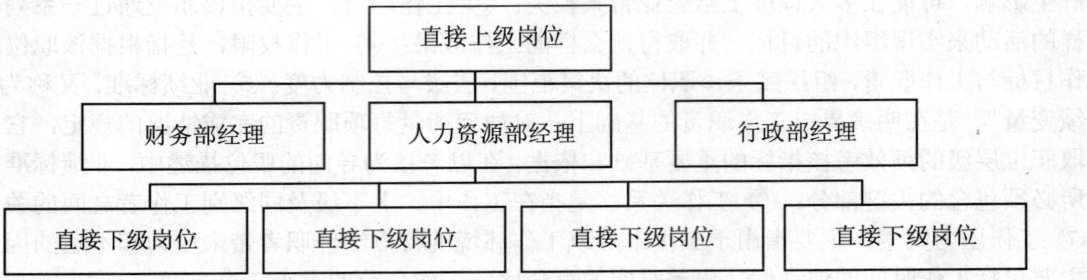

图 2-4　人力资源部经理工作关系

表 2-7　人力资源部经理工作关系

内　　外	联 系 对 象	联系的主要内容
与公司总部各部门的联系	财务部	薪酬预算、薪酬发放
	行政部	文件、档案管理
	总部各部门	人员招聘、培训、调动、考核
与公司子公司的联系	子公司人事部	业务指导
	子公司总经理	业务协调
与公司外部单位的联系	人才市场、高校、猎头	人员招聘
	外部培训机构	人员培训

（3）任职资格。任职资格指的是与工作绩效高度相关的一系列人员特征。要完成工作，并取得良好的工作绩效，任职者必须具备如下资格：① 知识；② 技能；③ 能力；④ 培训经历；⑤ 工作经历和年限；⑥ 兴趣爱好；⑦ 性别和年龄规定（不能违反法律规定）；⑧ 个性特征；⑨ 体能要求；⑩ 其他特殊要求（不能违反法律规定）等。工作分析中的任职资格，又叫作工作规范，仅仅包含上述变量的一部分，并且表现为不同的形式。工作分析中的任职资格主要包括：① 显性任职资格，如正式教育程度、工作经验或职业培训、工作技能、培训要求；② 隐性任职资格，主要是指承担工作所需的内在的能力、素质要求等。

构建职位的任职资格主要有以下四种途径：以工作为导向的推导方法、以人员为导向的推导方法、基于定量化工作分析方法的任职资格推断、基于企业实证数据的任职资格体系。

（4）工作环境。工作环境条件主要针对操作工人的职位描述，其目标是界定工作的物理环境在多大程度上会对工人造成身体上的不适或者影响其身体健康。工作环境包括：① 工作场所，指室内、室外或其他特殊场所；② 工作环境危害性说明，具体包括危害存在的概率、对人员可能造成伤害的程度等；③ 职业病，即从事本工作患职业病的概率、职业病的性质及轻重程度；④ 工作时间要求，即正常工作时间、加班工作时间等；⑤ 工作均衡状况，即工作是否存在闲忙不均的状况及发生的概率；⑥ 工作环境的舒适程度。

五、反馈验证

（一）反馈会议

通过召开工作分析会议，可以交流工作分析的情况，听取各种不同意见，集思广益。为了发挥反馈会议的作用，组织会议的人员应该做到以下事项。

（1）会前：确定会议主题与议题→确定会议名称→确定会议规模与规格→明确会议组织机构→明确会议所需设备和工具→确定会议时间与会期→确定与会者名单→选择会议地点→安排会议议程和日程→制发会议通知→安排食、住、行→准备会议文件材料→制作会议证件→制订会议经费预算方案→布置会场→会场检查。

（2）会中：报到及接待工作→组织签到→做好会议记录→编写会议简报或快报→做好会议值班保卫工作→做好会议保密工作→做好后勤保障工作。

（3）会后：撰写会议纪要→会议的宣传报道→会议文书的归档→催办与反馈工作→会议总结。

（二）组织内部沟通

组织内部沟通的主要形式包括会议、报告、培训、面谈、书面交流。会议可采用专项讨论会、定期沟通会等形式。报告可根据工作分析时间的长短采用包括年、季、月、周的工作计划与总结、各项工作报表（年、季、月、周、天的业绩结果工作报表）、各项工作记录（用于工作分析或知识积累）等。培训可对参加工作分析的人员进行工作分析技能和方法培训；面谈即管理者与员工进行一对一、一对多或多对多的面谈沟通，有效地征求员工意见；书面交流，即工作分析小组可通过邮件系统、内部网络、刊物、展板、BBS、纸质文件批复、小纸条、内部共享服务器等多种形式，促进工作分析信息的内部共享。

六、定稿、运用、修订

（一）工作分析结果定稿

工作说明书初稿经过反馈验证后修改完善，由组织正式确定工作说明书并正式使用工作说明书。

（二）工作分析结果运用

工作分析的结果主要运用于制定工作说明书、进行工作评价、实施工作设计等方面。至于如何运用，后面的相关内容将会详细介绍。

（三）工作说明书修订

工作说明书在实施一段时间后，组织应根据实施过程中存在的问题，考虑现实环境的变化，对工作说明书进行修订，以使工作说明书更好地满足组织和员工的需要，提升组织人力资源管理水平，调动员工的工作积极性。

第三节　工作分析与工作设计中的技术与方法

一、工作分析的方法

（一）访谈法

访谈法又称为面谈法，是指通过面对面交谈来了解被分析对象的基本分析方法。访谈法在企业实际工作中应用较为广泛。根据分析的目的和分析对象的不同，可分为不同的访谈形式。访谈法常见的两种形式是结构性访谈和非结构性访谈。工作分析中的面谈法，指工作分析人员针对被分析对象，提前设计结构性问题，面对面访谈被分析工作岗位的从业人员及其上级主管、部门管理者、相关联业务的人员等对被分析对象的意见和看法。在工作分析时，可以先查阅和整理有关工作职责的现有资料，在大致了解岗位情况的基础上，访问从事该岗位工作的人员，一起探讨工作的特点和要求；同时，也可以访谈有关的领导。由于被访问的对象是那些最熟悉这项工作的人，因此，访谈可以获得很详细的工作分析资料。访谈时应及时完整地记录访谈的内容，整理完毕后作为工作分析素材。

访谈法的优缺点如表 2-8 所示。

表 2-8　访谈法的优缺点

优　点	缺　点
1．可以对工作者的工作态度与工作动机等较深层次的内容有比较详细的了解； 2．运用面广，能够简单而迅速地收集多方面的工作分析资料； 3．由任职者亲口讲出工作内容，具体而准确； 4．使工作分析人员了解到短期内直接观察法不容易发现的情况，有助于管理者发现问题； 5．为任职者解释工作分析的必要性及功能； 6．有助于与员工的沟通，缓解其工作压力	1．访谈法有专门的技巧，需要由受过专门训练的工作分析专业人员进行； 2．比较费精力、费时间，工作成本较高； 3．收集到的信息往往已经扭曲和失真； 4．访谈法易被员工认为是其工作业绩考核或薪酬调整的依据，所以他们会故意夸大或弱化某些职责

表 2-9 所示是结构化访谈提纲及记录表范例。

表 2-9　结构化访谈提纲及记录表

第一部分：岗位的基本信息

问题：

1．请你简单介绍自己及所在部门、岗位信息。

2．你的直线上级是谁？你的下级又有哪些人？

3．与你同一个岗位的同事有多少人？

4．你是否承担管理他人的工作？如果有，主要是什么岗位上的人？有多少人？

记录表：

职位名称		所属部门	
直接上级职位		同岗位人数	
直接下级职位		下级人员数	
面谈对象			

第二部分：岗位描述

问题：

1．你所在岗位的工作结果要求是什么？请用简单的一段话描述。

2．在你看来，设置这个岗位的原因和目的是什么？

3．完成岗位目标对完成部门目标和公司目标有什么具体的贡献？

记录表：

续表

岗位描述：

第三部分：岗位对内外的沟通关系

问题：

1．请问你完成工作时，一般需要从公司内哪些部门、哪些岗位获得所需信息、服务、产品、资料等？沟通协调的具体内容是什么？

2．请问你完成工作时，一般需要向公司内哪些岗位提供信息、服务、产品、信息、资料等？沟通协调的内容是什么？

3．请问你在完成工作时，一般需要和公司外的哪些机构、客户、单位发生联系？沟通协调的内容是什么？

记录表：

内外沟通	关联岗位	沟通协调内容	频次/难度
对内的工作关系			
对外的工作关系			

第四部分：关于岗位职责和任务

问题：

1．请问你日常的岗位职责和工作任务是什么？你如何完成这些工作的？你认为这些工作做得好坏的衡量标准是什么？是否每项工作都有明确的制度或文件规定？

2．请将你日常的岗位职责和工作任务按重要性进行排序，并初步评估一下完成每一项职责的时间占比。

3．除了日常工作外，其他临时性、阶段性的工作都有哪些？

4．你的岗位职责与其他岗位的工作职责是否存在交叉或重合的现象？请具体描述。

记录表：

工作职责或任务	衡量标准	制度规定	比重	其他

第五部分：关于工作时间和工作环境

1．工作是否存在忙闲不均（是　否）　　最大工作量时间段：　　最小工作量时间段：

2．工作日和节假日工作是否有差异（是　否）　差异点：

3．白中夜不同班次的工作是否有差异（是　否）　差异点：

4．每周平均加班时间约为（　　）小时

5．出差（包括外地）（是　否）　出差时间约占总工作时间的比重（　　）

6．工作饱和程度　（1．完全饱和　2．饱和　3．基本饱和　4．不饱和）

7．室外或高温作业（是　否）　时间段：

8．噪声环境（是　否）　噪声分贝及持续时间：

……

（二）问卷调查法

问卷调查法是用书面形式通过向被调查者发出简明扼要的问卷，填写对有关问题的意见和建议来间接获得材料和信息的一种方法。问卷调查法是工作分析中比较常用的一种方法。采用问卷调查法的程序一般为：由有关人员事先设计出一套职务分析的问卷，再由工作的员工来填写此份问卷，也可由工作分析人员填写，最后再归纳分析问卷，做好详细的记录，并根据问卷内容写出工作职务描述。问卷调查一般有开放型、封闭型、混合型三种形式。问卷法的优缺点如表 2-10 所示。

表 2-10　问卷法的优缺点

优　点	缺　点
1．比较规范化； 2．批量化、调查成本低、调查速度快； 3．借助企业内部电子化的工作平台、电子手段的问卷调查，节省时间，不影响工作，调查范围广，可用于多种目的	1．调查问卷设计难； 2．调查结果广而不深； 3．问卷调查经常采用由用户自己填答问卷的方式，所以其调查结果的质量常常得不到保证； 4．问卷调查的回收率难以保证

表 2-11 所示是工作分析调查表范例。

表 2-11　工作分析调查表

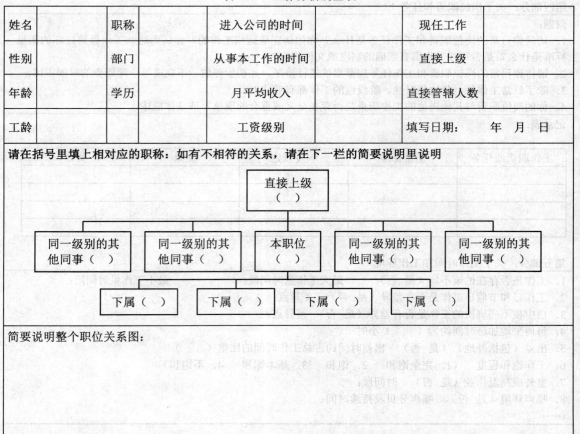

姓名		职称		进入公司的时间		现任工作	
性别		部门		从事本工作的时间		直接上级	
年龄		学历		月平均收入		直接管辖人数	
工龄				工资级别		填写日期：　　年　月　日	

请在括号里填上相对应的职称：如有不相符的关系，请在下一栏的简要说明里说明

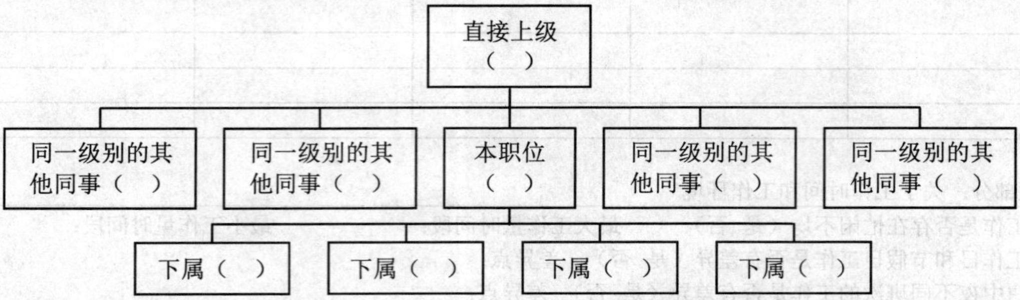

简要说明整个职位关系图：

续表

<table>
<tr><td>工作概要</td><td colspan="3">请用简练的语言描述一下您所从事的工作（包括职责与主要的工作内容）：</td></tr>
<tr><td>工作目标</td><td>主要目标：
1.
2.
3.</td><td colspan="2">次要目标：
1.
2.
3.</td></tr>
<tr><td>工作的时间和地点要求</td><td colspan="3">1．正常的工作时间由每天的（　　）时开始至（　　）时结束。
2．每日午休时间为（　　）小时，（　　）小时可以保证。
3．每周平均加班时间为（　　）小时。
4．实际上下班时间是否随业务情况经常变化：□总是 □有时是 □偶尔是 □否
5．所从事的工作是否忙闲不均：□是 □否
6．若工作时间忙闲不均，最忙时经常发生在哪段时间（　　）。
7．每周外出时间占工作时间的（　　）%。
8．外地出差情况每月平均几次（　　），每次平均需要（　　）天。
9．本地外出情况平均每周（　　）次，每次平均需要（　　）天。
10．外地出差时所使用的交通工具按使用频率排序为（　　）。
11．本地出差时所使用的交通工具按使用频率排序为（　　）。
12．正常的工作地点是（　　）。
13．实际的工作地点是否随业务经常变化：□总是 □有时是 □偶尔是 □否
14．其他需要补充的问题：</td></tr>
<tr><td>失误的影响</td><td colspan="2">若您的工作出现失误，会发生下列哪种情况？
1．不影响其他人工作的正常进行。
2．只影响本部门内少数人。
3．影响整个部门。
4．影响其他几个部门。
5．影响整个公司。</td><td>说明：如出现多种情况，请按影响程度由高到低依次把编号填写在下面括号中：
（　　）
1　2　3　4　5
轻　较轻　一般　较重　重</td></tr>
<tr><td>内部接触</td><td colspan="2">1．在工作中不与其他人接触。（　　）
2．只与本部门内几个同事接触。（　　）
3．需要与其他部门的人员接触。（　　）
4．需要与其他部门的部分领导接触。（　　）
5．需要同所有部门的领导接触。（　　）</td><td>将频繁程度等级填入左边括号中：
极小　偶尔　不太经常　经常　非常频繁
1　2　3　4　5</td></tr>
<tr><td>外部影响</td><td colspan="2">1．不与本公司以外的人员接触。（　　）
2．与其他公司的人员接触。（　　）
3．与其他公司的人员和政府机构接触。（　　）
4．与其他公司、政府机构、外商接触。（　　）</td><td>将频繁程度等级填入左边括号中：
极小　偶尔　不太经常　经常　非常频繁
1　2　3　4　5</td></tr>
</table>

续表

监督	1．直接和间接监督的人员数量。（　　） 2．被监督的管理人员数量。（　　） 3．直接监督人员的层次：一般职工、基层领导、中层领导、高层领导。（　　）	
职责	1．只对自己负责。 2．对职工有监督指导的责任。 3．对职工有分配工作、监督指导的责任。 4．对职工有分配工作、监督指导和考核的责任。	
工作的基本特征	1．不需对自己的工作结果负责。 2．仅对自己的工作结果负责。 3．对整个部门负责。 4．对自己的部门和相关的部门负责。 5．对整个公司负责。	
	1．在工作中时常作些小的决定，一般不影响其他人。 2．在工作中时常作一些决定，对有关人员有些影响。 3．在工作中时常作一些决定，对整个部门有影响，但一般不影响其他部门。 4．在工作中时常作一些大的决定，对自己部门和相关部门有影响。 5．在工作中时常作些重大决定，对整个公司有重大影响。	
	1．有关工作的程序和方法均由上级详细规定，遇到问题时可随时请示上级解决，工作结果须报上级审核。 2．分配工作时上级仅指示要点，工作中上级并不时常指导，但遇到困难时仍可直接或间接请示上级，工作结果仅由上级大概审核。 3．分配任务时上级只说明要达成的任务或目标，工作的方法和程序均由自己决定，工作结果仅受上级原则审核。	
	1．完成本职工作的方法和步骤完全相同。 2．完成本职工作的方法和步骤大部分相同。 3．完成本职工作的方法和步骤有一半相同。 4．完成本职工作的方法和步骤大部分不同。 5．完成本职工作的方法和步骤完全不同。	
	在工作中您所接触到的信息经常是： 1．原始的、未经加工处理的信息。 2．经过初步加工的信息。 3．经过高度综合的信息。	说明： 如出现多种情况，请按“经常”的程度由高到低依次填写在下面的括号中。 （　　　　　　　　）
	在您作决定时一般依据以下哪种资料： 1．事实资料。 2．事实资料和背景资料。 3．事实资料、背景资料和模糊的相关资料。 4．事实资料、背景资料、模糊的相关资料和难以确定是否相关的资料。	说明： 如出现多种情况，请按“依据”的程度由高到低依次填写在下面的括号中。 （　　　　　　　　）
	在工作中，您需要作计划的程度： 1．在工作中无须作计划。 2．在工作中需要作一些小的计划。 3．在工作中需要作部门计划。 4．在工作中需要作公司整体计划。	说明： 如出现多种情况，请按“作计划”的程度由高到低依次填写在下面的括号中。 （　　　　　　　　）

续表

<table>
<tr><td rowspan="2">工作的基本特征</td><td colspan="2">在您的工作中接触的资料的公开性程度：
1．在工作中所接触的资料属于公开性资料。
2．在工作中所接触的资料属于不可向外公开的资料。
3．在工作中所接触的资料属于机密资料，仅对中层以上领导公开。
4．在工作中所接触的资料属于公司高度机密，仅对少数高层领导公开。</td><td>说明：
如出现多种情况，请按“公开性”的程度由高到低依次填写在下面的括号中。
（ ）</td></tr>
<tr><td colspan="3">您在工作中所使用的资料属于哪几种，使用的比例约为多少？
1．语文的（ ）%
2．符号的（ ）%
3．文字的（ ）%
4．形象的（ ）%
5．行为的（ ）%</td></tr>
<tr><td rowspan="10">工作压力</td><td colspan="3">1．在每天的工作中是否经常要迅速作出决定？
□没有 □很少 □偶尔 □许多 □非常频繁</td></tr>
<tr><td colspan="3">2．您手头的工作是否经常被打断？
□没有 □很少 □偶尔 □许多 □非常频繁</td></tr>
<tr><td colspan="3">3．您的工作是否经常需要注意细节？
□没有 □很少 □偶尔 □许多 □非常频繁</td></tr>
<tr><td colspan="3">4．您所处理的各项任务彼此是否相关？
□完全不相关 □大部分不相关 □一半相关 □大部分相关 □完全相关</td></tr>
<tr><td colspan="3">5．您在工作中是否要求高度的精力集中，如果是，占工作总时间的比重大约是多少？
□20% □40% □60% □80% □100%</td></tr>
<tr><td colspan="3">6．在您的工作中是否需要运用不同方面的专业知识和技能？
□否 □很少 □有一些 □很多 □非常多</td></tr>
<tr><td colspan="3">7．在工作中是否存在一些令人不愉快、不舒服的感觉（非人为的）？
□没有 □有一点 □能明显感觉到 □较多 □非常多</td></tr>
<tr><td colspan="3">8．在工作中是否需要灵活地处理问题？
□不需要 □很少 □有时 □较多 □非常多</td></tr>
<tr><td colspan="3">9．您的工作是否需要创造性？
□不需要 □很少 □有时 □较多 □非常多</td></tr>
<tr><td colspan="3">10．您在履行工作职责时是否有与职工发生冲突的可能？
□否 □很可能</td></tr>
<tr><td rowspan="2">任职资格要求</td><td>1．您经常起草或撰写的文件资料有哪些？</td><td>等级</td><td>频率</td></tr>
<tr><td>（1）通知、便条、备忘录
（2）简报
（3）信函
（4）汇报文件或报告
（5）总结
（6）公司文件
（7）研究报告
（8）合同或法律文件
（9）其他</td><td></td><td>说明：
1 2 3 4 5
极少 偶尔 不太经常 经常 非常经常</td></tr>
</table>

续表

<table>
<tr><td rowspan="20">任职资格要求</td><td>2．您常用的数学知识</td><td>等级</td><td>频率</td></tr>
<tr><td>（1）整数加减
（2）四则运算
（3）乘方、开方、指数
（4）计算机程序语言
（5）其他</td><td></td><td>说明：
1 2 3 4 5
极少 偶尔 不太经常 经常 非常经常</td></tr>
<tr><td colspan="3">3．学历要求</td></tr>
<tr><td colspan="3">□初中 □高中 □职业高中 □大学专科 □大学本科 □硕士 □博士</td></tr>
<tr><td colspan="3">4．为顺利履行工作职责，应进行哪方面的培训？需要多少时间？</td></tr>
<tr><td>培训科目</td><td>培训内容</td><td>最低培训时间（月）</td></tr>
<tr><td></td><td></td><td></td></tr>
<tr><td colspan="3">5．一个刚刚开始的人，要多长时间才能基本胜任您所从事的工作？</td></tr>
<tr><td colspan="3"></td></tr>
<tr><td colspan="3">6．为了顺利履行您所从事工作的职责，需具备哪方面的工作经历？约为多少年？</td></tr>
<tr><td colspan="2">工作经历要求</td><td>最低时间要求</td></tr>
<tr><td colspan="2"></td><td></td></tr>
<tr><td colspan="3">7．在工作中您觉得最困难的事情是什么？您通常是怎样处理的？</td></tr>
<tr><td colspan="2">困难的事情：</td><td>最低时间要求：</td></tr>
<tr><td colspan="3">8．在您的工作岗位中，有何健康要求？</td></tr>
<tr><td colspan="3"></td></tr>
<tr><td colspan="3">9．您所从事的工作有何体力方面的要求？
说明： 1 2 3 4 5
轻 较轻 一般 较重 重</td></tr>
<tr><td>10．其他能力要求</td><td>等级</td><td>需求程度</td></tr>
<tr><td>（1）领导能力
（2）指导能力
（3）激励能力
（4）授权能力
（5）创新能力
（6）计划能力
（7）资源分配能力
（8）管理能力
（9）组织人事能力
（10）时间管理能力</td><td></td><td>说明：
1 2 3 4 5
低 较低 一般 较高 高</td></tr>
</table>

续表

<table>
<tr><td rowspan="16">任职资格要求</td><td colspan="2">（11）人际关系能力
（12）协调能力
（13）群体能力
（14）谈判能力
（15）冲突管理能力
（16）说服能力
（17）公关能力
（18）表达能力
（19）公文写作能力
（20）倾听敏感能力
（21）信息管理能力
（22）分析能力
（23）判断、决策能力
（24）实施能力
（25）其他能力</td><td colspan="2"></td><td colspan="2"></td></tr>
<tr><td colspan="6">11．请您详细填写从事工作所需的各种知识和要求程度</td></tr>
<tr><td colspan="2">知识内容</td><td colspan="2">等级</td><td colspan="2">需求程度</td></tr>
<tr><td colspan="2"></td><td colspan="2"></td><td colspan="2">说明：
1 2 3 4 5
低 较低 一般 较高 高</td></tr>
<tr><td rowspan="3">考核</td><td colspan="6">对于您所从事的工作，您认为应从哪些角度进行考核？基本标准是什么？</td></tr>
<tr><td colspan="3">考核角度</td><td colspan="3">考核基本标准</td></tr>
<tr><td colspan="3"></td><td colspan="3"></td></tr>
<tr><td rowspan="3">建议</td><td colspan="6">您认为您所从事的工作有哪些不合理的地方？应如何改善？</td></tr>
<tr><td colspan="3">不合理处</td><td colspan="3">改进建议</td></tr>
<tr><td colspan="3"></td><td colspan="3"></td></tr>
<tr><td rowspan="2">备注</td><td colspan="6">您还有哪些需要说明的问题？</td></tr>
<tr><td colspan="6">直接上级确认符合事实后，签字：
（如不符合，请说明并更正）</td></tr>
</table>

（三）观察法

观察法是指工作分析人员直接到被分析对象的工作场所，对其工作行为进行详细的观察、记录，来收集工作流程、工作内容、工作频次、工作耗时、工作环境、人员安排等一手现场信息。一般有直接观察法、阶段观察法、工作表演法三种形式。观察法操作简单，灵活方便，能较为直观、真实地感受被分析对象，但所获得的信息资料可能只是某个时点或某个时段，不一定具有代表性。因此，观察时机很重要，观察前需要了解清楚岗位的性质，如是否存在工作量较大与较小时段、不同班次之间的差异，上、中、下旬差异，工作日和节假日的差异等。另外，观察法也容易使被观察对象产生不信任、反感等情绪，容易影响员工的正常工作。

表 2-12 所示是观察法的优缺点。

表 2-12 观察法的优缺点

优　　点	缺　　点
1．获得的资料比较真实、生动； 2．具有及时性的优点，能捕捉到正在发生的现象； 3．能搜集到一些无法言表的材料	1．受时间和地点的限制； 2．受被观察对象限制，特定的人群和特定的研究很难用观察法实现； 3．对观察者的专业要求很高； 4．只能观察外表现象，不能直接观察到人的思想意识； 5．不适应于大面积调查

使用观察法时应注意以下原则。

（1）全方位原则。在运用观察法进行工作分析调查时，应尽量从多方面、多角度、不同层次进行观察，搜集资料。

（2）求实原则。观察者必须注意下列要求：① 密切注意各种细节，详细做好观察记录；② 确定范围，不遗漏偶然事件。③ 积极开动脑筋，加强与理论的联系。

（3）必须遵守法律和道德原则。

表 2-13 所示是现场观察表的范本。

表 2-13 某岗位的现场观察表

<table>
<tr><td>被观察者姓名</td><td></td><td>观察日期</td><td></td><td>观察时间</td><td></td></tr>
<tr><td>观察者姓名</td><td></td><td>岗位名称</td><td></td><td>所属部门</td><td></td></tr>
<tr><td colspan="6">一、观察内容</td></tr>
<tr><td colspan="6">1．工作地点：</td></tr>
<tr><td colspan="6">2．准备的内容：</td></tr>
<tr><td colspan="6">3．工作时间：</td></tr>
<tr><td colspan="6">4．工作的主要内容及时间安排：</td></tr>
<tr><td colspan="5">工作的主要内容</td><td>时　　间</td></tr>
<tr><td colspan="5">（1）</td><td></td></tr>
<tr><td colspan="5">（2）</td><td></td></tr>
<tr><td colspan="5">（3）</td><td></td></tr>
<tr><td colspan="5">（4）</td><td></td></tr>
<tr><td colspan="5">（5）</td><td></td></tr>
<tr><td colspan="5">（6）</td><td></td></tr>
<tr><td colspan="5">（7）</td><td></td></tr>
<tr><td colspan="5">（8）</td><td></td></tr>
</table>

续表

工作的主要环境	性　质
（1）温度：	
（2）湿度：	
（3）噪声：	
（4）高空：	
……	

（四）关键事件法

关键事件法，又称作特殊事件法，是记录工作中特别有效或无效的员工行为的一种方法。关键事件法在工作分析中的运用是分析者或管理人员或直接从事该岗位工作的人员找到并详细记录那些直接影响工作绩效的关键工作任务或工作行为，从而对岗位的关键特征进行分析研究的一种方法。

关键事件是指直接关乎工作成败的工作事件或工作行为。关键事件分为正向关键事件和负向关键事件。关键事件法能针对员工工作上特别有效或无效的行为，深入了解其工作动态，因员工行为可观察与衡量，因此记录的信息容易应用于工作分析。关键事件的记录需要花费大量时间，因此不适合大批量进行。关键事件法的优缺点如表 2-14 所示。

表 2-14　关键事件法的优缺点

优　点	缺　点
1．为向下属人员解释绩效评价结果提供了一些确切的事实证据； 2．确保在对下属人员的绩效进行考察时，所依据的是员工在整个年度中的表现（因为这些关键事件肯定是在一年中累积下来的），而不是员工在最近一段时间的表现； 3．保存一种动态的关键事件记录，还可以获得一份关于下属员工是通过何种途径消除不良绩效的具体实例	1．费时，需要花大量的时间去搜集那些关键事件，并加以概括和分类； 2. 关键事件的定义是显著的对工作绩效有效或无效的事件，但是这就遗漏了平均绩效水平。而对工作来说，最重要的一点就是要描述“平均”的职务绩效。利用关键事件法，就难以涉及中等绩效的员工，因而就不能完成全面的职务分析工作； 3. 不可单独作为考核工具，必须跟其他方法搭配使用，效果才会更好

表 2-15 所示是关键事件描述记录单范本。

表 2-15　关键事件描述记录单

被记录者		观察者	
被记录者岗位		观察者岗位	
地点		时间	
事件发生的背景			
被记录者的行为记录			
事件的结果			

（五）工作日志法

工作日志法，是由任职者按时间顺序，详细记录自己在一段时间内的工作内容与工作过程，经过归纳、分析，达到工作分析的目的的一种工作分析方法。在实施该法的过程中，分析人员要求员工按日详细记载所有的工作活动及所花费的时间，以便了解工作的实际情况。若能与工作者及其上司进行直接面谈，则分析效果更好。工作日志法能对工作进行充分了解，有利于主管对员工的面谈。如果每天或在工作活动结束后就记录下来，不仅可以避免遗漏，还可以收集到最详尽的数据进行分析。但如果员工存在夸大或隐藏某些活动的行为，会造成收集到的数据不准确。而且，该项工作费时费力且容易影响员工的正常工作。

工作日志法的主要特点有以下几个。

（1）详尽性。在完成工作以后逐日及时记录，具有详尽性的优点。

（2）可靠性。通过工作日志法所获得的工作信息可靠性很高，往往适用于确定有关工作职责、工作内容、工作关系、劳动强度方面的信息。

（3）失真性。工作日志法是由工作任职者自行填写的，信息失真的可能性较大，任职者可能更注重工作过程，而对工作结果的关心程度不够。另外，运用这种方法进行工作分析对任职者的要求较高，任职者必须完全了解工作的职务情况和要求，否则也会造成失真现象发生。

（4）繁琐性。这种方法的信息整理工作量大，归纳工作繁琐。

工作日志法的优缺点如表 2-16 所示。

表 2-16　工作日志法的优缺点

优　点	缺　点
1．信息可靠性强，适于确定有关工作职责、工作内容、工作关系、劳动强度等方面的信息； 2．所需费用较低； 3．对于高水平与复杂性工作的分析，比较经济有效	1．将注意力集中于活动过程，而不是结果； 2．使用这种方法要求从事这一工作的人必须对此项工作的情况与要求很清楚； 3．使用范围较小，只适用于工作循环周期较短、工作状态稳定无大起伏的职位； 4．信息整理的工作量大，归纳工作繁琐； 5．工作执行人员在填写时，会因为不认真而遗漏很多工作内容，从而影响分析结果，在一定程度上也会影响正常工作； 6．若由第三者进行填写，人力投入量就会很大，不适于处理大量工作任务的职务； 7．存在误差，需要对记录分析结果进行必要的检查

表 2-17 所示是工作日志表的范本。

表 2-17　工作日志表

<table>
<tr><td colspan="3">日志记录人</td><td colspan="3"></td><td colspan="2">日志记录周期</td><td></td></tr>
<tr><td colspan="3">日志记录人岗位</td><td colspan="3"></td><td colspan="2">上级确认</td><td></td></tr>
<tr><td colspan="9">记录说明：
1．可以选择以时间段（30 分钟为一段）为标准记录工作内容，也可以选择以工作内容为标准来记录，即一个工作内容记录一次。
2．时间段可以根据实际情况进行更改。
3．工作性质分为例行、临时。
4．重要程度分为非常重要、重要、一般。</td></tr>
<tr><td>序号</td><td>工作职责</td><td>具体任务</td><td>工作性质</td><td>工作活动结果</td><td>开始时间</td><td>结束时间</td><td>重要程度</td><td>备注</td></tr>
<tr><td></td><td></td><td></td><td></td><td></td><td></td><td></td><td></td><td></td></tr>
<tr><td></td><td></td><td></td><td></td><td></td><td></td><td></td><td></td><td></td></tr>
<tr><td></td><td></td><td></td><td></td><td></td><td></td><td></td><td></td><td></td></tr>
<tr><td></td><td></td><td></td><td></td><td></td><td></td><td></td><td></td><td></td></tr>
</table>

（六）职位分析问卷法

职位分析问卷法（Position Analysis Questionnaire，PAQ），相比普通的问卷调查法，是一种结构严谨的工作分析问卷，是当下最普遍和流行的人员导向职务分析系统，以统计分析为基础来建立某职位的能力模型，同时采用统计推理对职位进行相互比较，来确定相对报酬。表 2-18 所示是职位分析问卷范本。

表 2-18　职位分析问卷

一、基本信息			
姓名		岗位名称	
部门		工作地点	
直接上级		直接下级	
调查日期		填表人签名确认	
工作分析参与人			

二、工作时间
1．你的工作班次是：□正常班　□轮班　□倒班　□其他
2．你的工作时间周期是：（　　）至（　　）
3．你每周平均的加班情况：超时加班（　　）小时、假日加班（　　）小时
4．实际上下班时间是否随业务情况经常变化：□总是　□有时是　□否
5．所从事的工作是否忙闲不均：□否　□是，最大量工作的时间段（　　），最小量工作的时间段（　　）
6．每周外出时间：占正常工作的（　　）%
7．外地出差情况：每月平均（　　）次；每次平均需要（　　）小时
8．本地外出情况：平均每周（　　）次；每次平均（　　）小时

三、工作内容/工作权限		
请由主到次列出你的主要工作内容：		
主要工作内容	起草撰写的文字资料名称及频率	具有的权限
1.		
2.		
3.		
4.		
5.		
6.		

四、工作要求
1．你在每天的工作中是否经常要迅速作出自己的判断和决定？
□没有　□很少　□偶然　□许多　□非常频繁
2．你的工作是否经常被打断？□没有　□很少　□偶然　□许多　□非常频繁
3．你的工作是否经常需要细节并要求零出错？□没有　□很少　□偶然　□许多　□非常频繁
4．你所处理的各项工作之间彼此是否相关？
□完全不相关　□大部分不相关　□一半相关　□大部分相关　□完全相关
5．你在工作中是否要求精力高度集中，如果是，约占工作总时间的比重是多少？
□20%　□40%　□60%　□80%　□100%
6．在你的工作中是否需要运用不同方面的专业知识和技能？
□否　□很少　□有一些　□很多　□非常多

续表

7．在工作中是否需要超出制度灵活地处理问题？
□不需要　□很少　□有时　□较多　□非常多
8．你的工作是否需要改善和创新？
□不需要　□很少　□有时　□较需要　□很需要
9．你在履行工作职责时是否有与外部人员、其他员工发生冲突的可能？
□否　□很少可能　□有可能　□可能较大　□很可能
10．你认为胜任这个岗位需要什么样的文化程度？
□初中　□高中　□大专　□本科　□硕士及以上　□不好估计
11．你认为胜任这个岗位需要几年的相关工作经验？
□不需要　□1 年　□2 年　□3 年　□4 年　□5 年及以上　□不好估计
12．你认为一位没有相关工作经验的人员，需要多长时间的培训可以胜任这项工作？
□不需要培训　□3 天以内　□15 天以内　□1 个月以内 □3 个月以内　□半年以内　□半年以上　□不好估计
13．你认为什么样的性格、能力的人能更好地胜任该岗位？
14．你认为什么样的技能能更好地胜任该岗位？
15．你认为什么样的知识范围能够更好地胜任该岗位？
16．你所从事的工作有何体力方面的要求？
□轻　□较轻　□一般　□轻重　□重
五、工作监督
1．直接和间接监督的下属人数（　　）。
2．监督你的上司人数（　　）。
3．请简明地描述你的哪些工作是不被上级监督的：
六、工作沟通协调
□在工作中不需要与其他人沟通协调。
□只与本部门内几个同事沟通协调，具体是：
□需要与其他部门的人员沟通协调，具体是：
□需要与其他部门的中层管理人员沟通协调，具体是：
□需要同所有部门的中高层管理人员沟通协调，具体是：
□不需要与本公司以外的人员沟通协调。
□需要与公司外的人员沟通协调，具体是：
□需要与公司外的人员和政府机构沟通协调，具体是：
□需要与公司外的政府机构、供应商、客户等进行沟通协调，具体是：

续表

<table>
<tr><td colspan="4">七、工作影响</td></tr>
<tr><td colspan="4">若你的工作出现失误，将会给公司带来哪些损失？</td></tr>
<tr><td>工作职责</td><td>损失类型</td><td>等级</td><td>严重程度：
1 2 3 4 5
轻 较轻 一般 较重 重</td></tr>
<tr><td></td><td>经济类损失</td><td></td><td></td></tr>
<tr><td></td><td>公司形象名誉类的损害</td><td></td><td></td></tr>
<tr><td></td><td>公司经营管理、股东的损害</td><td></td><td></td></tr>
<tr><td></td><td>其他损害（请注明）</td><td></td><td></td></tr>
<tr><td colspan="4">若你的工作出现失误，影响的范围将是：
☐不影响其他人工作的正常进行
☐只影响本部门内的少数人
☐影响整个部门
☐影响其他几个部门
☐影响整个公司</td></tr>
<tr><td colspan="4">八、工作环境/办公用品</td></tr>
<tr><td colspan="4">1．请描述该岗位的工作环境，你认为什么样的工作环境更合适工作？</td></tr>
<tr><td colspan="4">2．请列举工作中需要用到的主要办公设备和用品：</td></tr>
<tr><td colspan="4">九、培训</td></tr>
<tr><td colspan="4">1．你认为该岗位需要哪些上岗培训？</td></tr>
<tr><td colspan="4">2．你认为胜任该岗位需要哪些在职培训？</td></tr>
<tr><td colspan="4">3．你有何职业发展目标？实现该目标，你需要哪些培训？</td></tr>
<tr><td colspan="4">十、晋升/轮岗</td></tr>
<tr><td colspan="4">1．你认为该岗位可晋升至哪些岗位？</td></tr>
<tr><td colspan="4">2．你认为哪些岗位可晋升至本岗位？</td></tr>
<tr><td colspan="4">3．你认为该岗位可轮换至哪些岗位？</td></tr>
<tr><td colspan="4">4．你认为哪些岗位可轮换至本岗位？</td></tr>
</table>

（七）管理职位描述问卷

管理职位描述问卷（Management Position Description Questionnaire，MPDQ）比较侧重对工作行为内容进行研究，其工作分析结果对评价管理工作起到重要作用。MPDQ 基于对管理者的工作进行定量化测试，收集并分析管理者所承担的责任、拥有的权限、管理工作特征和任职条件等内容。在 MPDQ 的各种版本中，有超过 1 500 多个描述工作行为的题目，分为 15 个部分，详实地提供分析依据。MPDQ 强调准确、全面地描述和评价管理者的工作内容，从多个层面对管理者的工作进行全方位的分析，还需要区分不同管理岗位的等级差异。MPDQ 的具体内容如表 2-19 所示。

表 2-19　MPDQ 的内容介绍

序　号	MPDQ 的内容	介　绍
1	一般信息	岗位名称、任职者的姓名、工作职能范围、人事、财务管理职责、预算权限以及管理下级的类型和人员数量等描述性信息
2	决策	主要包括决策活动和决策的复杂程度
3	计划与组织	主要描述战略计划的制订与执行情况
4	行政	主要评估管理者的文件处理、公文写作与管理以及记录等行政管理活动
5	控制	包括项目跟踪、质量控制、财务预算、产品生产、工作成效分析和其他商业活动等
6	督导	主要描述的是与监督、指导下属相关的活动和行为
7	咨询与创新	主要描述技术性专家的工作行为，一般是为某类或某项工作以及直接或间接的下属提供专业性和技术性工作咨询与指导
8	联系	主要包括内部联系和外部联系，收集的信息包括联系对象、联系目的和联系方式与方法等
9	协作	主要描述内部联系过程中的工作行为，通常表现为部门内部与部门之间的协作活动
10	表现力	通常表现为在营销活动、谈判活动和广告宣传活动中管理者的表达能力
11	监控商业指标	适用对象多是企业的高级经理人；商业指标包括财务指标、经济数据指标、市场类指标等
12	综合评定	根据上述部分将管理活动划分为 10 种职能，要求问卷填写者评估这 10 种职能分别占整个工作时间的比重以及它们的相对重要程度，从而进行的综合评定
13	知识、技能与能力	要求问卷填写者分析要高效地完成工作所需要的知识、技能和能力要求
14	组织层级结构图	收集这部分信息有助于确定岗位任职者在组织中的位置
15	评论	问卷的最后一部分要求问卷填写人员反馈对问卷的看法，有利于其他重要信息的收集，为 MPDQ 的发展与修订提供依据

（八）职能职位分析法

职能职位分析法（FJA）是用以分析非管理性工作最常使用的一种方法，既适用于对简单工作的分析，也适用于对复杂性工作的分析。这种方法的关键之处在于能为培训项目的设计提供充分的资源依据。它从工作活动单元的职能作用的角度，对工作进行分析。职能职位分析法的使用示例如表 2-20 所示。

表 2-20 职能职位分析法

项 目	结 果	需要达到的标准	需要的知识技能培训
行为/动作			
动作的目的			
信息来源			
指导的性质			
机器设备			
工作结果			

（九）工作参与法

工作参与法是工作分析人员亲自参加工作活动，体验工作的整个过程，从中获得工作分析资料的方法。亲自实践是对一个工作进行深刻了解的最好的方法。通过参与实际工作，可以完整地了解某个工作的实际工作内容、所需工作环境、上下环节的衔接关系等。

工作参与法获得的工作分析资料的质量优于其他方法，但它只适合短期内可以完全掌握的工作，不适合那种需要大量培训或有一定经验基础的工作，否则工作分析的投入成本会很大。

二、工作设计的方法

工作设计的方法包括三大类，即基于工作效率的设计方法、基于工效学思想的设计方法、基于人际关系理论及工作特征模型理论的设计方法等。

（一）基于工作效率的设计方法：机械型工作设计法

机械型工作设计法强调找到一种使效率最大化同时也是最简单的方式来对工作进行组合，通常包括降低工作的复杂程度，尽量让工作简单化。这种基于工作效率的设计方法使得工作安全、简单、可靠，也使得员工工作中的精神需要最小化。

1．机械型工作设计法对工作特征的描述

（1）工作专门化。从工作目的或者工作活动角度来说，工作是高度专门化的吗？

（2）工具和程序的专门化。就目的方面看，这种工作所使用的工具、程序、原材料等是高度专门化的吗？

（3）任务简单化。工作任务是比较简单、不太复杂的吗？

（4）单一性活动。工作要求任职者在同一时间内只从事一项任务吗？它是否不要求任职者同时或者紧接着完成多项活动？

（5）工作简单化。工作所要求的技能较少，同时所要求的培训时间也相对较短吗？

（6）重复性。工作要求在职者反复不断地执行相同的一种或多种活动吗？

（7）空闲时间。在工作的各种活动之间只有很少的空闲时间吗？

（8）自动化。工作中的许多活动都实现了自动化或者能够得到自动化设备辅助吗？

机械型工作设计法强调按照工作任务专门化、技能简单化以及重复性的基本思路来进行工作设计。按照这种方法来进行工作设计，组织就能够减少它所需要的能力水平较高的雇员数量，从而减少组织对单个工人的依赖。

2．工作专业化

工作专业化，也叫“充实工作内容”，是对工作内容和工作职责等进行改变，向员工提供更具挑战性的工作，它是对工作责任的垂直深化。它通过动作和时间研究，将工作分解为很多个简单单元化的、标准的、专业分工的步骤，来提升工作效率。同时专业化后由于对员工的技术要求低（非综合型多方面要求），也可以节省培养成本，快速复制人力使员工快速上岗或轮换。工作专业化还有利于生产控制，但不考虑员工对这种方法的反应和感受。因此，工作专业化所带来的高效率有可能被员工的不满和厌烦情绪所造成的旷工或辞职所抵消。如何有效避免呢？我们可以采用增加责任和提高难度的方式改变工作，可以考虑在一定可控的范围内让员工拥有对工作更多的支配权和工作自主权。

（二）基于工效学思想的设计方法：生物型工作设计方法和直觉运动型工作设计方法

1．生物型工作设计方法

生物型工作设计方法通常用于体力要求比较高的职位的工作设计，目的是降低某些特定的职位对于体力的需求，从而使得任何人都能够完成这些职位上的工作。该方法非常关注对机器和技术的设计。

生物型工作设计法对工作特征的描述如下。

（1）力量。工作只要求非常小的肌肉力量吗？

（2）抬举力。工作只要求相当小的抬举力以及（或）只要求任职者举起相当轻的物体吗？

（3）耐力。工作只要求相当弱的肌肉忍耐力吗？

（4）座位位置。工作中的座位安排恰如其分吗（有足够的机会坐下，有舒适的座椅以及良好的坐姿支持等）？

（5）体格差异。从间隙距离、伸手距离、眼的高度以及腿的放置空间等来看，工作场所能够容纳各种不同体格的人吗？

（6）手腕运动。工作允许人的手腕伸直而没有过多的运动吗？

（7）噪声。工作场所中没有过多的噪音吗？

（8）气候。从温度和湿度的角度看，工作场所的气候舒适吗？没有过多的灰尘和烟雾吗？

（9）工作间隔。根据工作的要求，任职者有充分的工作间隔时间吗？

（10）轮班工作。工作不要求任职者从事轮班工作或者过多的加班工作吗？

2．直觉运动型工作设计方法

直觉运动型工作设计方法关注人的心理能力和心理局限，通常通过降低工作对于信息加工的要求，来改善工作的可靠性和安全性。在进行工作设计的时候，工作设计者首先要看能力最差的工人所能够达到的能力水平，然后再按照使不具有这种能力水平的人也能够完成的方式来确定工作的要求。

直觉运动型工作设计方法对工作特征的描述如下。

（1）照明。工作场所的照明充分且不刺眼吗？

（2）显示。工作中使用的显示器、量具、仪表以及计算机化的设备容易阅读和理解吗？

（3）程序。工作中使用的计算机化设备中的应用程序容易学会和理解吗？

（4）其他设备。工作中使用的其他设备（各种类型的）都容易学会并使用吗？

（5）打印式工作材料。工作中所使用的打印出来的材料容易阅读和解释吗？

（6）工作场所布局。工作场所的布置能够使工作者在完成工作中很好地听到和看到吗？

（7）信息投入要求。完成工作时所需要的注意力非常少吗？

（8）信息产出要求。从思考问题和解决问题的角度来说，在工作中必须加工的信息数量非常少吗？

（9）记忆要求。在工作中必须记住的信息数量非常少吗？

（10）压力。工作中需要承受的压力相对较小吗？

（11）厌烦。对工作产生厌烦的可能性非常小吗？

直觉运动型工作设计法比较适合只有很低的技能要求，从而也只能获得相应的较低工资率的工作。

（三）基于人际关系理论及工作特征模型理论的设计方法：激励型工作设计方法

激励型工作设计方法强调的是可能会对工作承担者的心理反应以及激励潜力产生影响的那些工作特征，并且把态度变量（如满意度、内在激励、组织承诺、工作参与、出勤率、生产率等）看成工作设计的最重要结果。

1．激励型工作设计法对工作特征的描述

（1）自主性。这种工作允许承担者在工作时间、工作顺序、工作方法、工作程序、质量控制以及其他方面的决策上拥有自由、独立或者相机行事的权力吗？

（2）内在工作反馈。工作活动本身能够提供有关工作绩效有效性（用质量和数量来衡量）的直接而清晰的信息吗？

（3）外在工作反馈。组织中的其他人（管理人员和同事）提供有关工作绩效有效性（用质量和数量来衡量）方面的信息吗？

（4）社会互动。工作本身能够提供积极的社会互动（如团队工作或者同事协助）吗？

（5）任务/目标清晰度。工作的责任、要求和目标清晰而具体吗？

（6）任务多样性。工作的责任、任务和活动具有多样性吗？

（7）任务一致性。工作要求承担者完成一件具有整体性和具有可辨认性的工作吗？它是否给任职者提供一个从头到尾完成全部整件工作的机会？

（8）能力、技能水平要求。工作要求较高水平的知识、技能和能力吗？

（9）任务重要性。同组织中的其他工作相比，这种工作是否具有显著性和重要性的特点？

（10）成长/学习。工作是否提供学习以及在能力和熟练程度方面成长的机会？

2．激励型工作设计方法的内容

激励型工作设计方法通过工作扩大化、工作丰富化、工作轮换、自主性工作团队、工作生活质量和弹性工作制等方式来提高工作的激励性。

（1）工作扩大化。该方法是在横向水平上增加工作任务的数目或变化性，将原来狭窄的工作范围、频繁重复的情况加以改善，使工作多样化。主要包括延长工作周期、增加职位的工作内容和包干负责制三种方式。工作扩大化使员工有更多、更丰富的工作可做。这种工作设计具有高效率，没必要把产品从一个人手中传给另一个人，节约了大量时间。该方法通过增加某一工作的工作内容，让员工的工作内容增加，要求员工掌握更多的知识和技能，从而提高员工的工作兴趣。

工作扩大化增加了员工的工作满意度和提高了工作质量，降低了劳务成本，从而使得生产管理变得灵活便捷。

（2）工作丰富化。工作丰富化是以员工为中心的工作再设计（Employee-centered Work

Redesign），鼓励员工参与其中，并提出合理化建议，从而为工作再设计提供有力的参考依据。它与工作扩大化有本质区别，工作扩大化是扩大工作的范围，工作丰富化是改变工作内容。

工作丰富化的核心是体现激励因素的作用，在具备以下条件的情况下才能实现工作丰富化。

① 增强员工的责任感。增强员工的责任感的同时还需要让员工感受到自己有使命感去完成。当然，增强员工责任感也就相当于将管理控制程度降低了，因此需要注意风险管控。

② 增加员工工作的自主性。当增加自主性让员工感受到工作的成败与其个人职责息息相关时，员工会认为工作有意义，毕竟大多数员工选择工作时会考虑工作自主性。

③ 信息的沟通传递。管理人员及时与员工沟通工作绩效信息，让员工清楚自己的工作情况，看到自己的劳动成果，有利于提升员工对工作的责任感、成就感。当然，反馈不仅来自管理者，还来自上下游关联业务的同事、内外部客户等。

④ 其他。要对员工进行绩效考核，并将考核结果运用于工资报酬与奖励上，同时尽可能为员工提供学习的机会和发展平台或职业发展通道，以满足员工成长和发展的需要。

该方法的优点是：认识到员工在社会需要方面的重要性，可以提高员工的工作动力、满意度和生产率，降低缺勤率和离职率。其缺点是：成本和事故率都比较高，还必须依赖管理人员来控制。

（3）工作轮换。工作轮换是员工轮换工作到另一个水平相当、技术要求相近的工作职位上。所遵循的原则：不适合经常调动到过于敏感或有高度机密性的职位，而且需要明确哪些职位之间可以互相轮换。

优点是：使工作内容丰富化，减少了工作的枯燥单调感，提高了员工的工作积极性；扩展了员工的工作技能，提高了员工的环境适应能力，也为员工的职业生涯设计提供了参考。

缺点是：使员工的培训成本增加，在转换工作的初期效率较低；此外，变动一个员工的岗位就意味着其他相关联的岗位都会随之而变动，使管理人员的工作量和工作难度增加。

表 2-21 所示是轮岗审批表范本。

（4）自主性工作团队。自主性工作团队是工作丰富化在团体上的应用。自主性工作团队对工作有很高的自主管理权，包括集体控制工作速度、任务分派、休息时间、工作效果的检查方式等，甚至可以有人事挑选权，团队中成员之间相互评价绩效。它适合于扁平化和网络化的组织结构。

（5）工作生活质量。保证员工工作生活质量，表现在四个方面：① 满足员工参与管理的要求，企业领导者应当鼓励员工积极地参与企业的管理和决策活动；② 满足员工对工作内容更具挑战性、更富有意义的需求；③ 满足员工轮流进行工作和学习的要求，帮助员工学习新知识、掌握新技能；④ 满足员工个人享有更多非物质激励的需求，给员工提供更多的发展空间。

（6）弹性工作制。弹性工作制是指在完成规定的工作任务或固定的工作时间长度的前提下，员工可以灵活地、自主地选择工作的具体时间安排，以代替统一、固定的上下班时间的制度。弹性工作制的主要形式：① 建立自主型组织结构，让员工可以自主地决定工作时间，决定生产线的速度；② 工作分担方案，让两个或更多的员工来分担一个完整的全日制工作；③ 临时性工作分担方案，主要在企业经营困难时期采用，用临时削减员工工作时间的方法来避免临时解雇员工的情况；④ 弹性工作地点方案，指在员工能完成指定的工作任务的前提下，允许员工在家里或在离家很近的其他办公室中完成自己的工作；⑤ 选择弹性工作时间，指给予员工选择在下一年每个月愿意工作的时间，使员工有更灵活、更自由的时间去处理个人事务或进修学习；⑥ 核心时间与弹性时间结合，指一个工作日的工作时间由核心工作时间（通常为 5 个小时）和前后两头的弹性工作时间组成，其中，核心工作时间是每天某几个小时所有员工必须上班的时间，弹性时间是员工可以自由选定上下班的时间；⑦ 工作任务中心制，即企业对员工的劳动只考核其是否完成了工作任务，不规定具体时间，只要在所要求的期限内按质量完成任务就照付薪酬；⑧ 紧缩工作时间制，即员工可以将 1 个周期内的工作紧缩在较短时间内完成，剩余时间自己安排“充电”。

表 2-21　轮岗审批表

<table>
<tr><td>姓名</td><td></td><td>工号</td><td></td><td>性别</td><td></td><td>学历</td><td></td></tr>
<tr><td>现部门</td><td></td><td>现岗位</td><td></td><td>入公司时间</td><td></td><td>专业</td><td></td></tr>
<tr><td>轮入
岗位 1</td><td></td><td>轮岗
时间 1</td><td></td><td>轮入
岗位 2</td><td></td><td>轮岗
时间 2</td><td></td></tr>
<tr><td colspan="2">轮出部门推荐意见</td><td colspan="6">
签名　　　　日期</td></tr>
<tr><td colspan="2">轮出部门主管审核意见</td><td colspan="6">
签名　　　　日期</td></tr>
<tr><td colspan="2">轮入部门意见</td><td colspan="3">部门一
轮岗方式：
☐ 直接任职　☐ 对调　☐ 临岗
签名　　　　日期</td><td colspan="3">部门二
轮岗方式：
☐ 直接任职　☐ 对调　☐ 临岗
签名　　　　日期</td></tr>
<tr><td colspan="2">轮岗学习计划</td><td colspan="6"></td></tr>
<tr><td colspan="2">轮岗期间工作职责与权限</td><td colspan="6"></td></tr>
<tr><td colspan="2">轮入部门主管审核意见</td><td colspan="3">部门一
签名　　　　日期</td><td colspan="3">部门二
签名　　　　日期</td></tr>
<tr><td colspan="2">人力资源部审核</td><td colspan="6">
签名　　　　日期</td></tr>
<tr><td colspan="2">总经理审批</td><td colspan="6">
签名　　　　日期</td></tr>
</table>

弹性工作制比起传统的固定工作时间制度，有着很显著的优点，例如减少员工的缺勤率、迟到率和员工的流失情况，员工对工作时间有了一定的自主选择权后也可提升满意度。但弹性工作制存在较大的管理难度，也不利于管理监督和工作指导。过于弹性的工作制度，往往会造成企业内更多随性而为、自由、散漫等现象，因此，弹性工作制的推行必须充分考虑企业、管理者、员工、岗位性质等多方面的原因，不适合大多数企业。

（四）不同的工作设计方法的结果对比

不同的工作设计方法具有不同的积极的和消极的结果，具体情况如表 2-22 所示。

表 2-22 不同工作设计方法的结果对比

类　型	积极的结果	消极的结果
机械型工作设计法	1. 更少的培训时间； 2. 更高的效率； 3. 更低的差错率； 4. 精神负担和压力出现的可能性降低	1. 更低的工作满意度； 2. 更低的激励型； 3. 更高的缺勤率
生物型工作设计方法	1. 更少的体力付出； 2. 更低的身体疲劳度； 3. 更少的健康抱怨； 4. 更少的医疗事故； 5. 更低的缺勤率； 6. 更高的工作满意度	由于设备或工作环境的变化而带来更大的财务成本
直觉运动型工作设计方法	1. 出现差错的可能性降低； 2. 发生事故的可能性降低； 3. 精神负担和压力出现的可能性降低； 4. 更少的培训时间； 5. 更高的利用率	1. 较低的工作满意度； 2. 较低的激励性
激励型工作设计方法	1. 更高的工作满意度； 2. 更高的激励性； 3. 更高的工作参与度； 4. 更高的工作绩效； 5. 更低的缺勤率	1. 更多的培训时间； 2. 更低的利用率； 3. 更高的错误率； 4. 精神负担和压力出现的可能性大

三、工作说明书的编制技术

工作说明书是对工作性质、工作任务、环境、工作处理方法以及岗位工作人员的任职资格所作的书面记录，是工作分析输出的结果，应由该岗位的上级领导参与完成编写。工作说明书包含内容：职务名称、（所属）部门、薪酬等级、直接上级、直接下级、修订号、编写者、审批者、审批日期、工作描述、工作职责、主要责任、主要职权、管辖范围、入岗要求。

（一）工作描述

工作描述就是用一段简明的话对岗位的总体职责和性质进行简要说明，表明该岗位的特点和概况，是对岗位基本信息的确定和描述。

（二）工作职责

（1）每个岗位的工作职责应根据本岗位所在的部门或部室的职能分解来确定。部门经理/分厂长通常要对本部门的全部职能负责，而主管或下属的职员可能只对本部门的某几项职能负责。职责按负责程度和大小可分为全责、部分、支持/协助/配合。

（2）工作职责的描述格式：工作依据+工作行动+工作对象+工作目的。例如，销售部经理的工作职责为根据公司的销售战略，利用和调动销售资源，管理销售过程、销售组织、关系，开拓和维护市场，以促进公司经营目标和销售目标的实现。

（3）罗列主要工作职责时按各项职责的重要程度和所花费的时间/精力的多少来安排次序，注意条理清晰，原则上10～15项（最多不超过20项），职责可适当粗放，过细的职责不利于对员工进行管理。

（4）描述的用语用词要准确，避免使用笼统或含糊不清的句子，应清楚地说明该岗位的工作情况。

（5）管理人员的职责通用的有以下四项（包含但不限于，需根据实际的岗位调整）。

① 负责管理和监督部门体系、培训、持续改善、6S、固定资产、安全生产、计量等工作（可根据实际情况调整）。

② 制定部门管理架构和部门员工的岗位描述，界定其工作，向下级授权。

③ 定期向直接上级述职，提出合理化建议并给出各项工作报告，接受上级的考评。

④ 负责下属的管理、协调，制订部门培训计划，给予下属必要的培训和指导，并进行考评和激励。

（6）所有岗位最后一项工作职责统一描述为：及时完成上级交给的其他临时性工作任务。

（三）主要责任

主管级别以上的管理岗位需单独列明其对哪些方面负责，基层或管理层级较低的因责任有限可以不列。

（四）主要职权

主管级别以上的管理岗位需从人、权、财和物方面描述该岗位所拥有的职权。可与主要责任同步，即列明主要责任需明确相匹配的主要职权。

（五）管辖范围

主管级别以上的管理岗位需明确所管辖的范围，可与主要责任、主要职权同步，即列明主要责任、主要职权需明确相匹配的管辖范围。

（六）入岗要求

入岗要求含基本要求和综合素质要求。基本要求包括入职年龄、健康状况、学历、专业、知识经验、外语、计算机等（若有执业资格要求的岗位需列明；若不需要，可不列）。综合素质要求应包括岗位要求知识、能力和态度要求，有些岗位根据岗位工作职责增加心理素质或个性特质方面的要求，同时需要明确要求的程度，如能力和态度类的综合素质要求程度为“优秀”“良好”“一般”三个程度，知识类的明确为“精通”“掌握”“熟悉”“了解”四个程度。

通用的综合素质要求包括但不限于分析能力、判断能力、决策能力、执行能力、观察能力、理解能力、学习能力、解决问题能力、语言表达能力、逻辑思维能力、总结能力、团队合作能力、创新能力等多个方面。

（七）工作说明书编写时需注意的问题

（1）即使同一个岗位但职级不同，其承担的职责和要求也可能不同，因此工作说明书应分开编写，明确区分出不同职级人员所应承担的职责以及应具备的不同知识、技能和素质。

（2）工作说明书应根据公司的发展和岗位的要求适时修改和完善。

（3）注意岗位描述、职能的分解和衔接性。

（4）任职条件中的学历、经验等要求要掌握适度，不可根据目前在岗的人确定，也不可过于苛求。

（5）职责的划分要清晰，负责、协助、管理监督等界定要明确。

（6）工作职责写的是“应该做的”，而不是“现在做的”。

表 2-23 所示是工作岗位说明书范本。

表 2-23　总经理工作岗位说明书

<table>
<tr><td colspan="2">岗位名称</td><td>总经理</td><td>所在部门</td><td>董事会</td></tr>
<tr><td colspan="2">直接上级</td><td>董事会</td><td>直接下级</td><td>财务主管、生产厂长、行政厂长</td></tr>
<tr><td colspan="2">岗位人数</td><td>1 人</td><td>所辖人员数</td><td>2 000 人</td></tr>
<tr><td colspan="2">薪酬类型</td><td>月薪制</td><td>工资等级</td><td>中上级</td></tr>
<tr><td colspan="2">可直接晋升职位</td><td>董事长</td><td></td><td></td></tr>
<tr><td colspan="5">工作概要：宏观调控公司财务部门、行政部门和生产部门之间的运作关系，实施董事会决议，拟订公司的发展规划和经营目标，主持日常经营管理</td></tr>
<tr><td colspan="5">职责与工作任务：</td></tr>
<tr><td rowspan="3">职责一</td><td colspan="4">职责表述：主持和实施董事会决议，确保董事会有效运作</td></tr>
<tr><td rowspan="2">工作任务</td><td colspan="3">拟订董事会议事规则、决策程序，报董事长审批，提交董事会讨论通过</td></tr>
<tr><td colspan="3">拟订公司规章制度，报董事长审批，提交董事会讨论通过</td></tr>
<tr><td rowspan="5">职责二</td><td colspan="4">职责表述：主管财务部，控制公司的财政动向</td></tr>
<tr><td rowspan="4">工作任务</td><td colspan="3">定期对公司内部的财务状况进行检查和监督</td></tr>
<tr><td colspan="3">根据公司的业绩，决定各部门主管、员工的奖金分配情况</td></tr>
<tr><td colspan="3">对各职能部门的总体经费支出审批或否决，保证合理利用资源</td></tr>
<tr><td colspan="3">审查批准年度计划内的经营、投资、基础设施建设项目和流动资金贷款、使用、贷款担保的可行性报告</td></tr>
<tr><td rowspan="4">职责三</td><td colspan="4">职责表述：规划公司未来的发展蓝图，做好未来战略性准备</td></tr>
<tr><td rowspan="3">工作任务</td><td colspan="3">对公司进行目标规划，发展方针和经营策略作出决策，保证公司可持续发展</td></tr>
<tr><td colspan="3">留意市场变化新动态，做好应变的战略性措施</td></tr>
<tr><td colspan="3">吸收接纳一切对公司发展有利的建议和观点</td></tr>
<tr><td rowspan="3">职责四</td><td colspan="4">职责表述：健全和完善公司的组织体制和人事编制</td></tr>
<tr><td rowspan="2">工作任务</td><td colspan="3">决定组织体制和人事编制，决定各职能部门和其他高级职员的任免、报酬、奖惩</td></tr>
<tr><td colspan="3">组织建立公司统一、高效的组织体系和工作体系</td></tr>
<tr><td rowspan="4">职责五</td><td colspan="4">职责表述：激励士气，协调各部门间的利益关系</td></tr>
<tr><td rowspan="3">工作任务</td><td colspan="3">控制并激励雇员和下属，积极响应奖惩制度</td></tr>
<tr><td colspan="3">解决部门间的矛盾冲突</td></tr>
<tr><td colspan="3">策划休闲活动</td></tr>
<tr><td rowspan="2">职责六</td><td colspan="4">职责表述：加强员工队伍的建设</td></tr>
<tr><td>工作任务</td><td colspan="3">搞好员工的思想政治工作，加强员工队伍建设，建立一支作风优良、纪律严明、训练有素的员工队伍</td></tr>
<tr><td rowspan="2">职责七</td><td colspan="4">职责表述：加强企业文化建设，提高社会知名度</td></tr>
<tr><td>工作任务</td><td colspan="3">加强企业文化建设，搞好社会公共关系，树立公司良好的社会形象</td></tr>
</table>

续表

权限： 1．对总经理基金有支配权； 2．对直属下级有监督指导权； 3．对各职能部门的总体经费支出有审批权或否决权； 4．对所属一、二级部门领导、重要岗位人员有最终人事任免权和奖惩权； 5．有对所属一级部门领导的直接考核权； 6．下级之间工作争议的裁决权； 7．有对公司发展战略规划的建议权； 8．在授权范围内有权代表董事会行使有关权力	
工作协作关系：	
内部协调关系	董事会、各个厂长和部门主管
任职资格：	
教育水平	大学本科以上学历
个人要求	目标长远、勇于创新、具备一定的分析能力、决策果断
	善于制定企业发展的战略及具备把握企业发展全局的能力
	具有敏锐的商业触觉、优异的工作业绩
	良好的敬业精神和职业道德操守，有很强的感召力和凝聚力
	熟练使用办公软件
	乐观开朗、善于交际
	良好的中英文写作、口语、阅读能力
专业	企业管理、财务管理、行政管理等相关专业
经验	三年以上的工作经历，熟悉企业管理
必需能力	战略思维：能否站在企业决策者的高度，界定企业发展的目标并拿出达到目标的方案
	人际影响力：能不能说服和感染下属
	分析能力：能否透过纷繁复杂的现象抓住事物的本质
工作品性	工作热情高，有良好的职业道德
工作环境：	
工作环境	正常办公环境
	使用工具设备：计算机、汽车、一般办公设备（电话、传真、网络）
工作时间特征	正常工作时间，根据工作需要出差
	无明显的节假日
其他：	
危险性	基本无危险，无职业病危险
工作职责特征	影响公司运作机制，背负公司生产以及财务方面的主要责任
所需技能培训：	
培训科目	人力资源管理、财务管理、公共关系、管理心理学、国家薪资、福利政策、劳动政策、经济法等
考核指标	1．组织能力和综合协调能力 2．工作任务完成的质量和员工的支持度

本章小结

1. 何谓工作分析？不同的学者有不同的看法。工作分析就是一种组织采用科学的手段和方法收集与工作岗位相关的信息，通过对信息分析确定组织中岗位职能、工作职责和权限、任职资格条件等岗位基本状况的技术和方法。工作分析的相关术语有工作要素、任务、责任、职责细分、职位、职务、职业、职业生涯、职系、职组、职门、职级、职等、权限、任职资格、业绩标准等。工作分析的具体内容包括工作存在的原因、工作岗位职责、工作内容、任职资格条件、工作环境和危险性、其他相关信息等。工作分析可以广泛运用于人力资源规划、组织结构设计、工作设计、工作流程优化、招聘、甄选、录用、培训与开发、绩效考核、薪酬设计与管理、职业生涯规划与管理、员工关系管理等方面。

2. 工作设计也称为岗位设计，其是为了提高组织和员工工作效率，而对组织内的每一个岗位的任务、责任、权力以及在组织中工作的关系进行设计的过程。工作设计必须遵循工作效率、工作品质、系统化等原则。工作设计的主要内容包括工作任务、工作职责（责权利）、工作关系、工作结果（业绩输出）和工作结果的反馈等方面。工作设计必须考虑组织、环境、行为等因素。

3. 工作分析的流程包括工作分析立项、工作分析准备、信息收集、信息处理、反馈验证、工作分析结果定稿、工作分析结果运用、工作说明书修订等过程。工作分析立项主要包括前期发现问题、成立工作分析筹备小组、人力资源管理体系诊断分析、确定立项、工作分析宣传等工作；工作分析的前期准备包括确定工作分析的目标、成立工作分析项目组、制定工作分析的方案、确定工作分析方法、文献分析、探索性问卷调查、编制工作说明书模板、人员培训、组织内部沟通等工作。信息收集工作主要包括确定工作分析需要的信息类型与工作分析信息的形式，确定工作分析信息收集的方法和工作分析信息收集的主体等工作；信息处理包括信息的审核与处理、确定信息分析的主要内容、编制工作说明书初稿等工作；反馈验证主要包括反馈会议和组织内部沟通等形式。工作说明书初稿经过反馈验证后，经过修改完善，组织正式确定工作说明书并正式使用工作说明书。工作分析的结果主要运用于制定工作说明书、进行工作评价、实施工作设计等方面。工作说明书在实施一段时间后，组织应根据实施过程中存在的问题，考虑到现实环境的变化，对工作说明书进行修订。

4. 工作分析的方法主要有观察法、访谈法、问卷调查法、观察法、关键事件法、工作日志法、职位分析问卷法、管理职位描述问卷、职能职位分析法、工作参与法等。工作设计的方法包括三大类，即基于工作效率的设计方法（机械型工作设计法）、基于工效学思想的设计方法（生物型工作设计方法和直觉运动型工作设计方法）、基于人际关系理论及工作特征模型理论的设计方法（激励型工作设计方法）等。

案例分析

香港兔子唛国际服饰有限公司行政人事部总监助理工作分析

香港兔子唛国际服饰有限公司创办于1995年，建筑面积约5 000平方米，员工300多人，是一家集设计、生产、零售为一体的大型童装企业，拥有一批优秀的具备国际水准的设计师团队，企业在香港、广东建立了两个产品研发中心，并在巴黎设立了欧洲产品企划中心。公司核心生产基地——东莞市兔子唛服饰有限公司，年生产能力达500万件（套），在国内拥有比较完善的零售网络，并出口到美洲、欧洲和中亚等地。

1996年，为满足香港的OEM订单，国内企业初始机构永兴制衣厂成立，专业生产童装。但经验不足，面临新的困难，先后有四五位公司的业务骨干提出辞职，主要原因集中在岗位职责不清，工作缺乏挑战性等方面。另一方面，公司现有员工基本由集团公司人力资源部调配调剂形成，员工结构和素能现状不能满足公司运营和长期战略目标实现的需要。

在这种背景下，公司认为提高对童装供应链的控制的关键是提高内部管理水平和改进人力资源质量。公司决定聘请咨询公司进行人力资源管理诊断与设计，在工作分析的基础上，明确岗位责任，确定岗位的工作描述和工作规范，从而为关键岗位配备胜任的员工。

为了使公司的工作分析能够更好地进行，公司决定对组织结构进行调整（公司原有的组织结构如图2-5所示）。

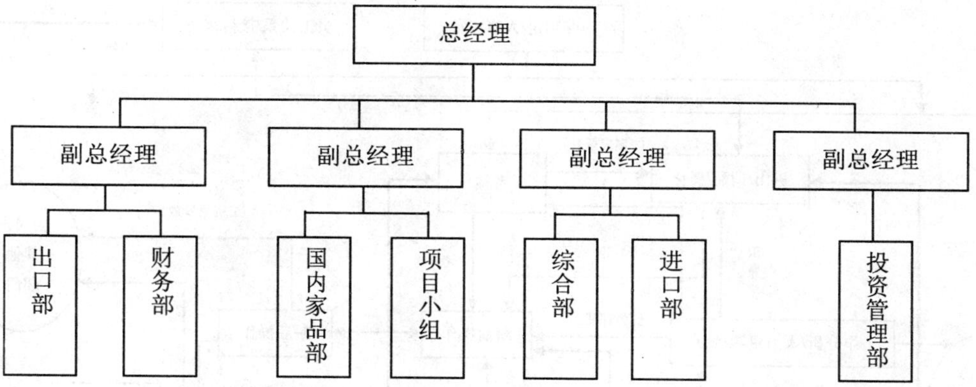

图2-5　原有组织结构

从图2-5可以看出，公司原有组织结构存在的主要问题在于：

第一，公司总部只有50人，但是却有5个管理层级（总经理—副总—部门经理—主管—助理），管理层次过多，跨度过小，导致每个层级的人都在做比自己职位层次低的工作，反应速度慢。

第二，有两个副总对业务部门和职能部门进行混合管理，由于业务部门的业绩更容易识别，不可避免会出现重业务轻管理、职能部门弱化的情况。

从强化内部管理，提高业务流程运作效率的角度来调整之后，公司的组织结构如图2-6所示。

近年来，香港兔子唛国际服饰有限公司在全国各地开设了许多连锁店，"兔子唛"特许加盟店每年以30%的速度递增，加盟店网络覆盖了全国二级以上城市。如此一来，原有的组织结构、岗位已不能满足公司发展的需求。在组织内（如人事部），工作混乱，员工负责项目不清晰，有交叉重复工作，又有岗位缺乏人手。为此，公司又进行了一次调整。例如，调整后的工作关系图如图2-7所示。

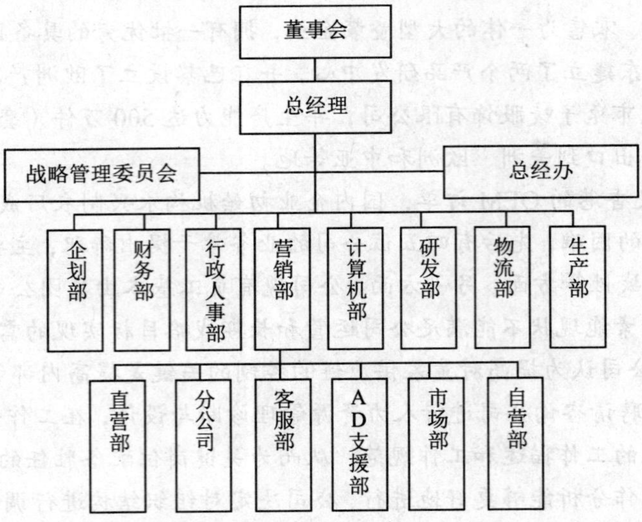

图 2-6　调整后的结构图

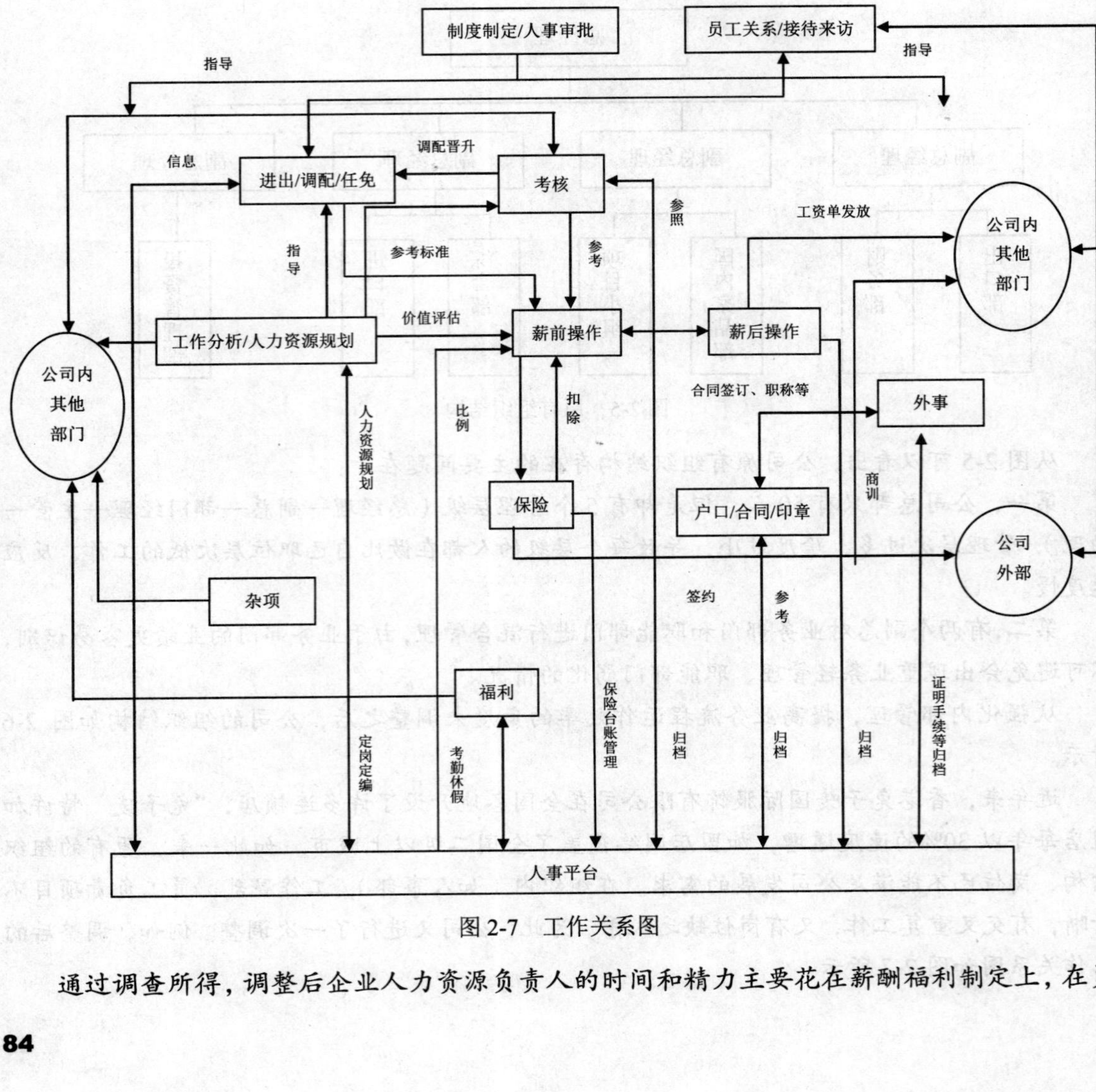

图 2-7　工作关系图

通过调查所得，调整后企业人力资源负责人的时间和精力主要花在薪酬福利制定上，在员工培训和绩效考评上也花了相当多的精力，如图 2-8 所示。

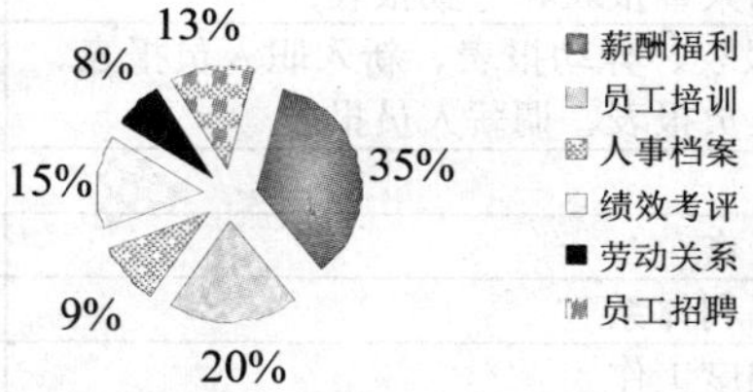

图 2-8　各职责花费精力比量

××咨询公司进入公司后，决定从工作分析开始，并在作工作分析前运用调查问卷对公司的人力资源管理状况进行了调查，而后他们运用访谈法、观察法、问卷法进行工作分析。表 2-24 所示是××咨询公司编制的行政人事部总监助理工作说明书。

表 2-24　行政人事部总监助理工作说明书

岗位名称	行政人事部总监助理	岗位编号	10
所在部门	行政人事部	岗位定员	2 人
直接上级	行政人事总监	工资等级	与同行相比偏高（具体不公开）
直接下级	文员	大致年度指标	协助行政经理顺利完成任务
所辖人员	11 人	绩效标准	每月 10 号之前提交报表
岗位分析日期		2006 年 11 月	

一、职责概述

协助行政经理完成公司行政事务性工作及部门内部日常事务工作

二、工作内容

1. 协助上级制订行政、总务及安全管理工作发展规划和计划；
2. 协助审核、修订行政管理规章制度，进行日常行政工作的组织与管理；
3. 协助高级管理人员进行财产、内务、安全管理，为其他部门提供及时、有效的行政服务；
4. 协助考核和指导行政部工作人员的工作并给予业务指导；
5. 协助承办公司相关法律事务；
6. 参与公司经营事务的管理和执行工作；
7. 会务安排；
8. 处理公司日常事务、人事事务、平常工作及招聘人才；
9. 完成各月的人事报表和考勤报表；
10. 薪酬统计工作；
11. 负责日常调度工作；
12. 负责信息的收集、整理、分析、传递工作；
13. 完成上级交办的其他任务

三、工作描述

	职责表述：负责招聘工作及公司日常工作	工作结果	分送单位
职责一	建立公司员工的招聘培训体系；负责实施人员招聘、甄选、评估工作；负责分析培训需求，拟订培训计划，组织实施培训，评估培训效果 实现劳动用工管理制度的条理化、正常化 负责人事档案的管理工作，建立、健全公司人事档案制度 参与组织实施公司的绩效考评工作；负责劳动合同的日常管理	完成人才招聘	行政人事部总监

续表

职责二	职责表述：完成各月的人事报表和考勤报表	工作结果	分送单位
	完成人事报表：晋升报表、异动报表、新入职人员报表、离职人员报表、转正人员报表、调薪人员报表	汇总表	行政人事部总监
	完成考勤报表		
职责三	职责表述：薪酬统计工作	工作结果	分送单位
	参与建立与调整薪酬福利体系	薪酬福利体系	行政人事部总监
职责四	职责表述：负责日常调度工作	工作结果	分送单位
	参加公司月度经营计划会议，按计划负责处理权限内日常调度问题，上报值班领导处理权限外日常调度问题	调度通知	下属生产企业
	跟踪调度指令的执行情况，向直接上级反馈执行结果	反馈信息	行政人事部总监
职责五	职责表述：负责信息的收集、整理、分析、传递工作	工作结果	分送单位
	整理归类日常运作问题，填写日调度问题汇总表	月调度信息分析报告	行政人事部总监
	分析处理信息，填写月调度信息分析报告		
	分析处理信息，建立调度信息文档	调度信息文档	本岗位留存
职责六	职责表述：完成上级交办的其他任务		
四、人事权			
对直接下属的奖惩，培训有提名、建议权，有推荐招聘单位权，有一定的考核和评价权			
五、任职资格			
教育背景	行政管理或相关专业大专以上学历		
培训经历	受过管理学、公共关系、文书写作、档案管理、财务会计基本知识等方面的培训		
经验	三年以上行政管理工作经验		
技能技巧	具有较强的时间管理能力		
	优秀的外联和公关能力，具备解决突发事件的能力		
	良好的中英文写作、口语、阅读能力		
	熟练使用办公软件		
	熟练使用操作办公自动化设备		
态度	工作细致认真，谨慎细心，责任心强		
	具有很强的人际沟通、协调能力，团队意识强		
年龄	26～32岁		
六、工作场所			
办公地点	办公室		
环境状况	舒适		
危险性	基本无危险，无职业病危险		
七、内外部联系			
联系范围	主要合作部门或人员范围	合作的主要内容	
内部联系	直接上级	下达任务及说明目标，对所有工作进行指导、监督和汇报	
	公司员工	为员工做好各项人事及福利社保工作	
	财务部	工资、奖金、税收	
外部联系	市内同行公司销售助理交流	业务联系	
	同行研发部	产品交流，学习	
	大客户	了解客户的需要和要求，保持联系	
八、其他事项			
岗位特点	事多、繁、杂，涉及面广、服务要求高		
岗位禁忌	责任心不强、缺乏服务意识、档案资料缺失		

资料来源：刘永安. 企业人力资源管理经典案例[M]. 北京：清华大学出版社，2007.

思考题：

1．你认为在进行工作分析之前，对公司的人力资源管理现状进行调查有无必要？为什么？
2．你认为组织结构调整与工作分析有何关系？为什么？
3．你对行政人事部总监助理工作说明书有何评价？请说明理由。

讨 论 题

1．何谓工作分析？工作分析包括哪些内容？
2．工作分析具有什么作用？工作分析与其他人力资源管理职能有何关系？
3．任职资格包括哪些内容？
4．何谓工作设计？工作任务设计包括哪些内容？
5．影响工作设计的内容有哪些？
6．如何确定工作分析的目标？
7．工作分析需要的信息分为哪几类？
8．信息分析的主要内容有哪些？
9．工作说明书包括哪些具体内容？
10．如何运用访谈法来进行工作分析？
11．如何使用职位分析问卷法？
12．工作设计的方法包括哪几类？请说明具体内容。

复习思考题

1．请运用问卷调查法制定一份人力资源部经理的工作说明书。
2．请运用职位分析问卷法制定一份大学生辅导员的工作说明书。
3．如何运用激励型工作设计方法？

外延学习目录

一、书籍

1．肖鸣政．工作分析的方法与技术[M]．北京：中国人民大学出版社，2010．
2．李文辉．工作分析与岗位设计[M]．北京：中国电力出版社，2014．
3．葛玉辉．工作分析与工作设计实务[M]．北京：清华大学出版社，2011．

二、杂志

1．《中国人力资源开发》，中国人力资源开发研究会，北京

2.《人力资源开发与管理》，中国人民大学书报资料中心，北京

3.《企业管理》，中国企业联合会、中国企业家协会，北京

三、参考网站

1. 中国人力资源开发网：http://www.chinahrd.net

2. 中国人力资源管理网：http://www.rlzygl.com/

3. 中国人力资源网：http://www.hr.com.cn/

本章主要参考文献

1. 赵曙明，张正堂，程德俊．人力资源管理与开发[M]．北京：高等教育出版社，2009.

2. [美]雷蒙德·A.诺伊，约翰·霍伦拜克，拜雷·格哈特，帕特雷克·莱特．人力资源管理：获取竞争优势[M]．刘昕，译．北京：中国人民大学出版社，2001.

3. 黄英忠．人力资源管理概论[M]．高雄：翁燕月出版，2007.

4. 刘永安．企业人力资源管理经典案例[M]．北京：清华大学出版社，2007.

5. 肖鸣政．工作分析的方法与技术[M]．北京：中国人民大学出版社，2010.

6. 吴巍．基于员工发展的工作设计方法研究[D]．长春：东北师范大学，2012.

7. 李婷．沈阳万豪酒店员工满意度实证研究[D]．沈阳：东北大学，2008.

8. 唐金燕．企业绩效管理研究[D]．天津：天津大学，2005.

第三章 人力资源规划

引导案例

刘先生该怎么办?

刘先生到企业已经有三年了。但面对桌上一大堆文件、报表，仍有点儿晕头转向。原来副总经理李勤直接委派他在 10 天内拟出一份本公司五年人力资源计划。其实，刘先生已经把这任务看了好几遍了。经过几天的整理和苦思，他觉得要编制好这计划，必须考虑下列关键因素：第一，本公司现状。公司共有生产和维修工人 825 人，行政和文秘性白领职员 143 人，基层与中层管理干部 79 人，工程技术人员 38 人，销售员 23 人。第二，据统计，近五年来职工的平均离职率为 4%，没有理由预计会有什么改变。不过，不同类的职工的离职率并不一样，生产工人的离职率高达 8%，而技术人员和管理干部的离职率只有 3%。第三，按照既定的扩产计划，白领职员和销售人员要新增 10%～15%，工程技术人员要新增 5%～6%，中、基层干部不增也不减，而生产与维修的蓝领工人要增加 5%。

另外，还有一点特殊情况要考虑：最近本地政府颁发一项政策，要求当地企业招收新职工时，要优先照顾妇女和下岗职工。该公司一直没有有意识地排斥妇女和下岗职工，只要他们来申请，就会按照同一标准进行选拔，并无歧视，但也未给予特殊照顾。如今的情况是几乎全部销售员都是男的，只有一位女销售员；中、基层管理干部除两人是妇女外，其余也都是男的；工程师里只有三个是妇女；蓝领工人中约有 11%是妇女或下岗职工，而且都集中在最底层的劳动岗位上。刘先生还有七天就得交出计划，计划要包括各类干部和职工的人数，要从外界招收的各类人员以及如何贯彻市政府关于照顾妇女和下岗人员的政策的计划。此外，绿色化工公司刚开发出几种有吸引力的新产品，预计公司销售额五年内会翻一番，所以刘先生还得提出一项应变计划以备应付这种快速增长。

资料改编自：绿色化工公司[EB/OL]. [2012-07-17]. http://www.docin.com/p-443289891.html.

【本章学习目标】

1. 理解和掌握人力资源规划的概念和目的；
2. 了解和熟悉人力资源的总体规划和人力资源的专项业务规划的目标、政策、步骤；
3. 理解人力资源规划与企业经营战略的关系；

4. 理解和熟练掌握人力资源规划的流程；
5. 了解和掌握人力资源规划准备阶段、预测阶段、实施阶段、反馈阶段的主要内容；
6. 掌握并能熟练运用人力资源规划环境分析的技术；
7. 掌握并熟练运用人力资源存量分析方法；
8. 掌握并熟练运用人力资源需求预测方法常用方法；
9. 掌握并熟练运用内部人力资源供给预测的方法；
10. 理解并掌握人力资源供给和需求预测平衡的方法。

【本章导学图】

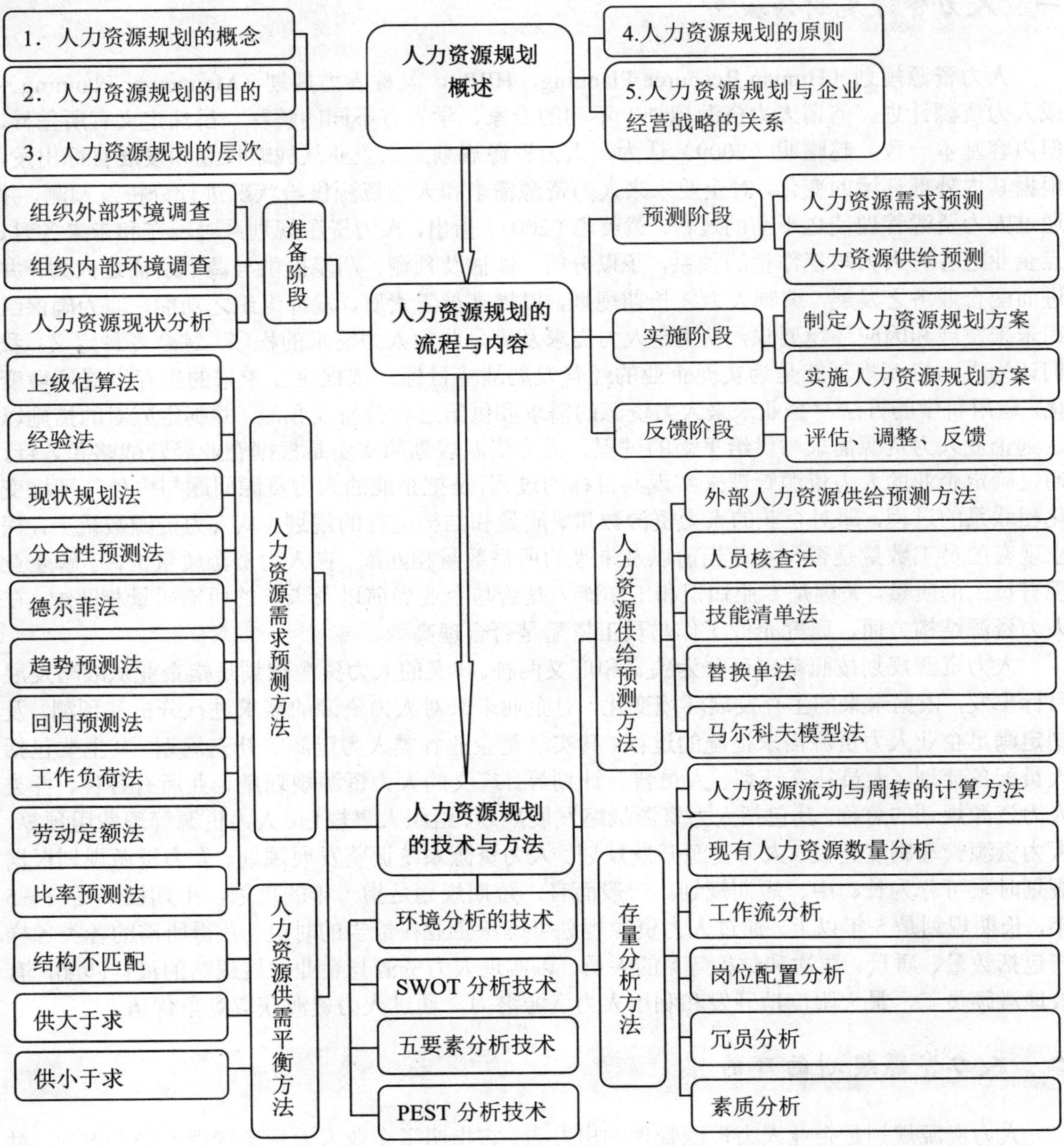

1．人力资源规划的概念
2．人力资源规划的目的
3．人力资源规划的层次
人力资源规划概述
4.人力资源规划的原则
5.人力资源规划与企业经营战略的关系
组织外部环境调查
组织内部环境调查
人力资源现状分析
准备阶段
人力资源规划的流程与内容
预测阶段
人力资源需求预测
人力资源供给预测
实施阶段
制定人力资源规划方案
实施人力资源规划方案
反馈阶段
评估、调整、反馈
上级估算法
经验法
现状规划法
分合性预测法
德尔菲法
趋势预测法
回归预测法
工作负荷法
劳动定额法
比率预测法
人力资源需求预测方法
结构不匹配
供大于求
供小于求
人力资源供需平衡方法
人力资源规划的技术与方法
环境分析的技术
SWOT 分析技术
五要素分析技术
PEST 分析技术
人力资源供给预测方法
外部人力资源供给预测方法
人员核查法
技能清单法
替换单法
马尔科夫模型法
存量分析方法
人力资源流动与周转的计算方法
现有人力资源数量分析
工作流分析
岗位配置分析
冗员分析
素质分析

第一节 人力资源规划概述

一、人力资源规划的概念

人力资源规划（Human Resource Planning，HRP），又称人力规划（Manpower Planning）或人力资源计划。何谓人力资源规划？不同的专家、学者有不同的解释。虽然定义有所差异，但内容基本一致。赵曙明（2009）认为，人力资源规划是指企业从战略规划和发展目标出发，根据其内外部环境的变化，对企业未来人力资源需求和人力资源供给状况进行分析及预测，并通过人力资源管理使之平衡的过程。黄英忠（2007）指出，人力资源规划系对现在和未来各时、点企业之各种人力与工作量的关系，予以分析、评估及预测，期能提供与调节所需之人力，并进而配合业务之发展，编制人力之长期规划，以提高员工素质，发挥组织之功能，即为确保组织未来发展和因应环境要求，以决定人力需求及满足此项人力需求的程序。综合各种定义，我们认为人力资源规划就是为实现企业的经营发展战略目标，依据企业未来的生存发展环境变化，运用科学的方法对企业未来人力资源的需求和供给进行分析及预测，并制定应对的措施以达到企业人力资源需求与供给平衡的过程。人力资源规划的实质是根据企业经营战略和方针，通过确定企业的人力资源管理来实现其目标的过程，是把企业的人力资源问题与内外部环境变化相联系的过程，即对企业的人力资源数量、质量和结构进行的规划。从人力资源数量上，探求现有的员工数量是否与企业当前以及未来的所需数量相匹配；在人力资源质量上，了解企业现有员工的质量，关键是专业知识和工作能力是否与企业当前以及未来的所需质量相匹配；在人力资源结构方面，研究企业工作与员工搭配是否合理高效。

人力资源规划按照范围可分为狭义和广义两种。狭义的人力资源规划是指企业从战略发展目标出发，依据未来的生存发展环境变化，对企业未来对人力资源的需求进行分析和预测，及制定满足企业人力资源需求措施的过程。其实质是企业各类人力资源的补充规划，其主要包括人员配备计划、人员补充计划、人员晋升计划等。广义的人力资源规划是企业所有各种、各类人力资源规划的总称，其包括人力资源战略发展规划、组织人事规划、人力资源管理费用预算、人力资源管理制度建设、人力资源开发规划、人力资源系统调整发展规划。人力资源规划根据规划时限可分为长、中、短期规划。一般而言，短期规划是指一年的规划，中期规划是 3～5 年，长期规划是 5 年以上。通过人力资源规划可确保企业在恰当的时机，获得所需的各类各样（包括数量、质量、层次和结构等）的人员，以实现人力资源与企业发展战略的最佳匹配，有效地激励员工，最大限度地开发和利用人力资源潜力，通过人力资源获取竞争优势。

二、人力资源规划的目的

人力资源规划是企业人力资源管理的出发点，它指明了企业人力资源管理的未来方向，对员工和企业都有重大影响，是企业生存和发展的重要保障。人力资源规划的目的表现为以下几个方面。

（一）规划人力资源发展

人力资源发展包括人力资源预测、人力资源增补及员工培训与开发，它们紧密联系，相互依存。企业人力资源规划是以企业发展战略为指导，以全面核查现有人力资源、分析企业内外部条件为基础，以预测组织对人员的未来供需为切入点，内容包括晋升规划、补充规划、培训开发规划、人员调配规划、工资规划等，通过对人力现状进行调查分析，以摸清企业人力资源存量。另一方面，通过预测来了解未来企业人力需求，再根据供给与需求状况制定企业人员增补和培训计划。

（二）降低人力资源使用成本

制定人力资源规划需要了解企业现有的人力资源状况，包括人力资源数量、质量、结构等方面，通过分析，企业可找出影响人力资源有效使用的因素，做到人尽其用，充分发挥每个员工的聪明才智，提升员工绩效水平，减少和杜绝人力资源浪费，从而降低企业人力资源使用成本。

（三）合理使用人力资源

通过人力资源规划可改善企业人力分配的不平衡状况，科学合理地配置人员，以使人力资源能与企业的发展需要相匹配。大部分企业都存在有些岗位和员工工作负荷过重，而另一些岗位和员工则工作过于轻松，这一方面反映了人岗能力不匹配，即有一些员工能力有限不能胜任工作，而另一些员工则感到能力有余，未能充分发挥作用；另一方面也反映了人岗数量不匹配，即有的岗位安排员工数量较少，员工满负荷工作，影响员工身体和绩效，而有些岗位安排员工较多，造成人浮于事。

（四）满足员工需求

员工可通过企业人力资源规划充分了解企业人力资源的未来发展状况，制定好自己在企业内的职业生涯规划。员工可根据企业未来空缺岗位的任职资格要求，制定自己的努力目标，并根据要求提升和完善自己，以满足组织对员工未来的需求。

（五）助推组织发展

人力资源规划就是为组织的未来发展及时提供适量、适质、所需的各类人力资源。人力资源规划包括人力资源培养、补充和配置等内容。通过人力资源规划提升各类员工的素质，进而促进企业可持续发展，达到员工成长与企业的发展相适应的目的。

三、人力资源规划的层次

根据企业人力资源规划所涵盖的内容，人力资源规划可划分为两个层次，即人力资源的总体规划和人力资源的专项业务规划。企业人力资源总体规划是对规划期内人力资源管理的总目标、总政策、实施步骤和总预算的安排。其内容主要包括论述在企业战略规划期内组织对各种人力资源的需求和各种人力资源配置的总框架；明确企业人力资源各方面（如员工招聘、升迁、培训、职业生涯发展、奖惩和工资福利等）的重要方针、政策和原则；确定人力资源投资的预算。企业人力资源总体规划与企业战略联系紧密，是实现企业战略目标的人力资源保障，也是制定各项人力资源业务计划的依据。

人力资源专项业务规划是对总体规划的展开、具体实施及人力资源管理具体业务的部署，通过人力资源专项业务规划的实施应能保证人力资源总体规划目标的实现。人力资源专项业务规划主要包括：人员补充计划、人员配备计划、人员使用计划、人员培训与开发计划、人员接替与提升计划、绩效考评计划、薪酬激励计划、员工关系计划、团队建设计划、退休解聘计划、员工职业生涯规划等。每一项人力资源专项业务规划都应由目标、政策、步骤及预算等部分组成。各项人力资源规划的主要类型如表 3-1 所示。

表 3-1 人力资源规划的层次

规划类别	目标	政策	步骤	预算
总体规划	总目标：人员的层次、素质与年龄结构；人员的总量及分类；绩效目标；战略性人才培养目标；员工满意度等	基本政策（扩大、收缩、稳定、改革政策；人力资源的管理方式与职责等）	总体步骤（按年安排）	总预算
人员补充计划	人员类型、数量，人力资源结构，绩效的改善	退休政策，冗员解聘，工作分析，新员工的招聘制度	拟定标准，广告宣传，测试，录用等	招聘、选拔费用
人员配备计划	由各部门确定人员结构优化目标，实现绩效改善或提高	人员配备政策，任职条件	按年进行，按照制定政策、实施政策、评估政策、完善政策的步骤进行	人员总体规模变化而引起的费用变化
人员使用计划	提高人力使用效率，部门定岗定员标准，人力资源结构优化，人岗匹配，后备人员数量保持，职务轮换幅度，提高绩效目标，组织内部人力资源流动	岗位轮换制度，岗位责任制度与资格制度，企业内部员工流动制度，人员晋升政策，任职条件、职位轮换范围和时间	同上	由于人员使用规模、类别及人员素质变化引起的工资、福利等支出的变化
人员培训与开发计划	人员素质及绩效的改善、培训类型与数量、提供新人员、转变员工的劳动态度及作风	培训时间与效果的保证，对培训获证资格的认定	同上	教育培训费用支出、脱产培训误工费用
人员接替与提升计划	保持后备人才数量，优化人才结构，提高绩效目标	选拔标准、资格，试用期，晋升时间、提升比例，未提升人员的安置	同上	职务变动引起的薪酬改变
绩效考评计划	增加员工参与，提升绩效，增强组织凝聚力，改善企业文化	绩效考评标准和方法，考评结果运用制度，沟通机制	同上	绩效考评引起的支出变化
薪酬激励计划	降低员工流失率，提高员工士气，调动员工积极性，提高绩效水平	薪酬政策与制度、激励政策与制度、福利制度	同上	薪酬福利的变动额，增加工资、奖金额
员工关系计划	减少投诉和不满、降低非期望离职率，改进管理者和员工关系，提高员工满意度	员工参与管理制度，合理化建议制度，员工沟通制度	同上	法律诉讼费和可能的赔偿费
退休解聘计划	降低劳动成本、提高劳动生产率	退休政策规定，解聘制度和程序，退休与解聘人选确定与工作实施制度	同上	人员安置费和重置费
员工职业生涯规划	招聘和留住优秀员工，助推员工职业生涯发展	员工职业发展计划，职业发展路径和渠道，岗位选拔制度	同上	员工职位变动费用，培训费用

四、人力资源规划的原则

（一）应对环境原则

人力资源规划应该充分考虑企业生存的内外部环境的变化，以变应变，才能适应需要，真正做到为企业发展目标服务。内部环境变化主要指企业发展战略的变化、企业文化的变化、企业技术的变化、企业员工数量和质量的变化、企业管理水平的提升等。外部环境的变化主要指社会经济、法律、价值观的变化，行业发展状况的变化，政府有关人力资源政策的变化，劳动力市场劳动者供给的变化，劳动者求职心理和行为的变化等。企业在制定人力资源规划过程中，要及时对环境的变化进行预测，并对可能出现的风险进行评估，制定出有效应对风险的策略。

（二）保障组织目标实现的原则

企业人力资源是实现企业战略目标的最重要的资源，因此，人力资源规划的核心问题就是保障企业的人力资源供给。人力资源规划通过对劳动力的流入预测、流出预测、员工的内部流动预测、社会人力资源供给状况分析、人员流动的损益分析等方法来有效地保证对企业人力资源的供给。企业人力资源规划的制定和实施应该与组织战略和发展目标相统一，只有这样才能确保组织各项资源的有效配置，使人力资源规划为实现企业战略服务。

（三）利益兼顾原则

企业人力资源规划不仅是面向企业的规划，也是面向员工的规划。企业人力资源规划既要考虑到企业的利益也要照顾到员工的利益，达到企业和员工共同发展的目的。企业的发展和员工的发展是互相依托、互相促进的关系。如果只考虑企业的发展需要，而忽视了员工的发展，则会不利于企业发展目标的实现。人力资源规划一定要兼顾企业和员工的长期利益，使企业和员工共同发展，实现双赢。

五、人力资源规划与企业经营战略的关系

人力资源规划是在组织战略目标和计划确立后开展的，人力资源规划是服从于企业战略并为其服务的，其是企业经营战略规划的一部分。明确而清晰的企业经营战略规划是制定人力资源规划的前提条件。企业在制定经营战略规划时，人力资源管理部门需要提供本部门的人力资源规划。人力资源规划与企业经营战略规划相互联系，具体如图 3-1 所示。

企业经营计划对人力资源规划有重要影响。企业经营的长期计划是企业在制定人力资源规划之前必须考虑的问题；企业的中期计划决定企业的人员需求的数量、质量和结构；企业的年度预算是制定人力资源规划行动方案的基础。企业经营计划过程与人力资源规划过程之间的关系如图 3-2 所示。

人力资源规划是为实现企业战略服务的。人力资源规划必须以企业战略为基础。人力资源规划只有和企业战略相匹配，才能发挥其应有的作用。不同的企业战略需要不同的人力资源规划与之相适应（见表 3-2）。

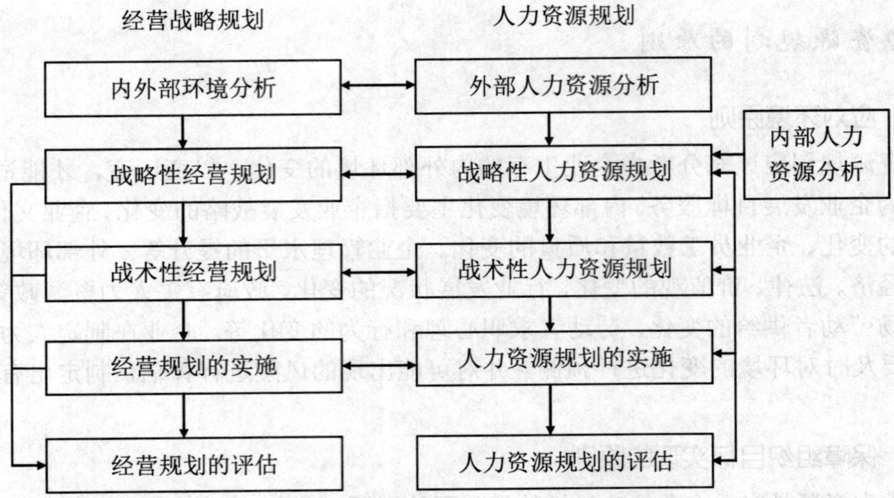

图 3-1 人力资源规划与企业经营战略规划

资料来源：黄英忠．人力资源管理概论[M]．高雄：翁燕月出版，2007：66．

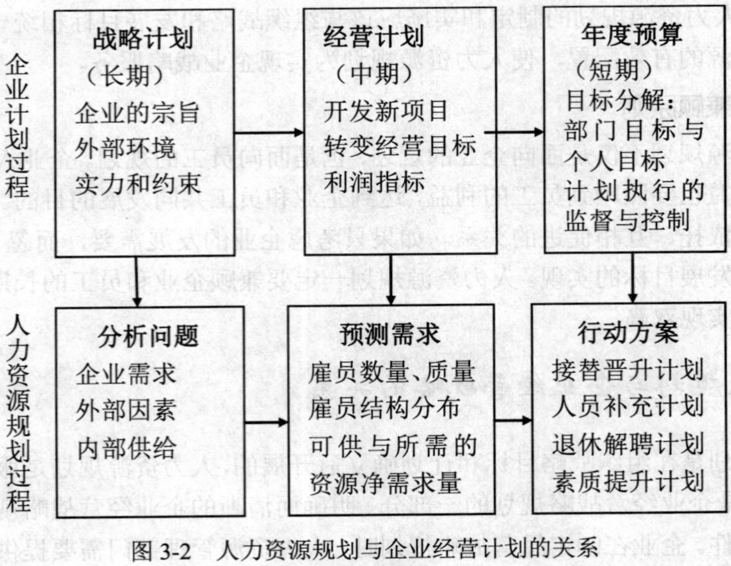

图 3-2 人力资源规划与企业经营计划的关系

表 3-2 人力资源规划与企业战略的关系

企业战略类型	组 织 特 点	人力资源规划重点
低成本战略	1．持续的资本投资； 2．严密监督员工； 3．经常、详细的成本控制； 4．低成本的配置系统； 5．结构化的组织和责任； 6．方便制造的产品设计	1．招聘录用：因岗定编，外部招聘多为基层职位，以岗位为核心，明确的工作说明书，详尽的工作规则，强调具有技术上的资格证明和技能； 2．薪酬：强调以工作为基础的薪资，低工资成本； 3．绩效评估：用绩效评估作为控制机制，鼓励节约与降低成本； 4．培训：强调与工作有关的培训，培训种类单一

续表

企业战略类型	组 织 特 点	人力资源规划重点
差异化战略	1．营销能力强； 2．重视产品的开发与设计； 3．基础研究能力强； 4．公司以品质或科技领导著称； 5．公司的环境可吸引高科技的员工、高素质的科技人才、科学家或具有创造力的人	1．招聘录用：外部招聘为主，松散的工作规划，工作范围广，工作边界模糊； 2．薪酬：强调以个人为基础的薪资； 3．绩效评估：用绩效评估作为员工发展的工具，鼓励创新和弹性； 4．培训：团队为基础的训练，培训种类多样化
集中化战略	综合了上述两种战略的组织特点	结合了上述两种战略的人力资源规划重点

第二节　人力资源规划的流程与内容

人力资源规划的流程可分为准备阶段、预测阶段、实施阶段、反馈阶段（见图3-3）。

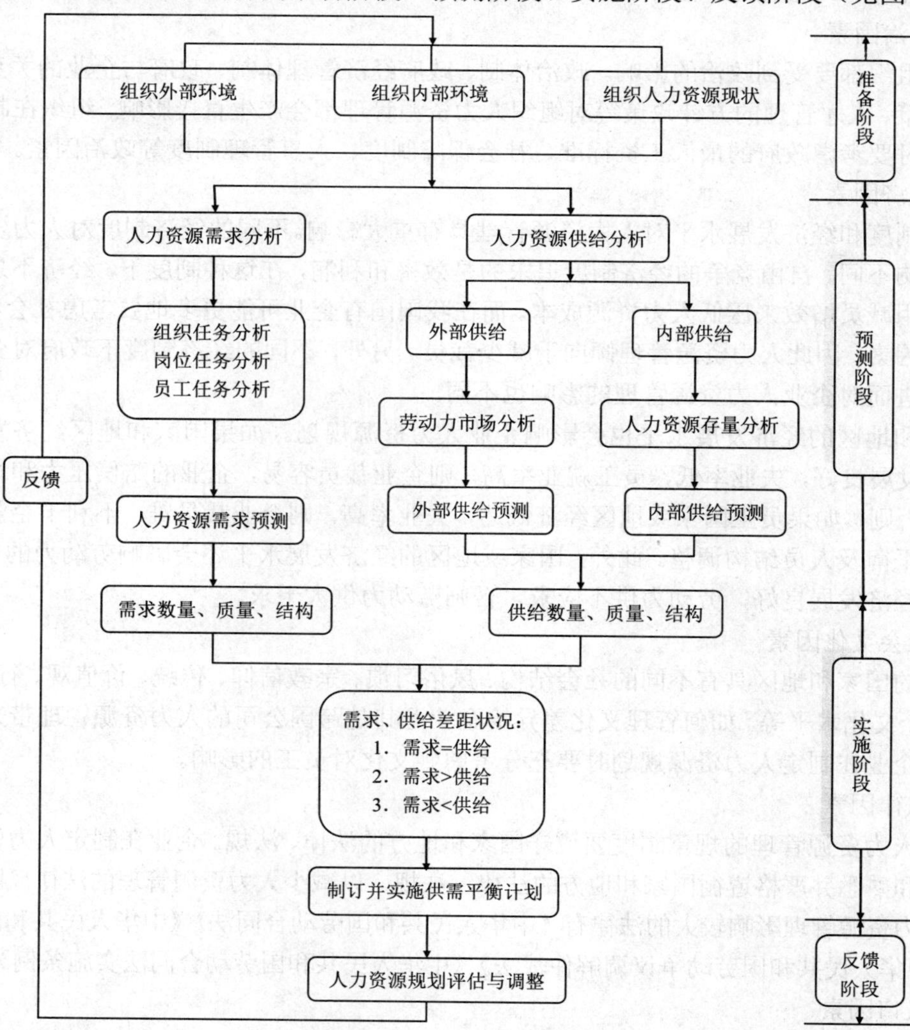

图3-3　人力资源规划流程

人力资源规划的准备阶段要对组织的外部环境、内部环境、人力资源现状进行了解。预测阶段是通过对组织任务分析、岗位任务分析、员工任务分析对人力资源需求进行分析，从内部供给和外部供给来进行人力资源供给分析，并在此基础上从员工数量、质量、结构上进行供给和需求预测。人力资源规划实施阶段是根据组织人力资源需求、供给差距状况，组织制订并实施供需平衡计划。反馈阶段是组织进行人力资源规划评估与调整，并将结果进行反馈，有利于下一次规划的进行。

一、人力资源规划的准备阶段

（一）组织外部环境调查

组织生存的外部环境的变化对组织人力资源管理影响较大，组织在制定人力资源规划时要适应外部环境的变化。外部环境是指组织活动所处的经济、法律、人口、社会等环境，主要包括政治、经济、社会文化、法律、人口、科技等因素。

1．政治因素

任何组织都要受到政治的影响。政治体制、政府经济管理体制、政府与企业的关系、政府的产业政策、人才管理的方针政策等对组织人力资源管理都会产生直接影响。组织在制定人力资源规划时要考虑政府的最低工资标准、社会保障制度、人事管理制度等政治因素。

2．经济因素

经济制度和经济发展水平对人力资源管理具有重大影响。不同的经济制度对人力资源管理带来的影响不同。自由竞争的经济制度追求的是效率和利润，在这种制度下，经济不景气时企业普遍采用减员增效来压低人力资源成本。而在我国国有企业可能更多地要考虑社会稳定、收入公平等因素，因此人力资源管理倾向于减少裁员。另外，不同的经济制度下政府对企业的管理不同，进而对企业人力资源管理的影响也不同。

国家和地区的经济发展水平也会影响企业人力资源规划。如果国家和地区经济发展水平高，经济发展良好，失业率低，员工就业率高，则企业裁员容易，企业的赔偿压力和社会压力都较低。否则，如果员工国家或地区经济低迷，失业率高，则企业裁员难，不利于企业人力资源的供需平衡及人员结构调整。此外，国家或地区的经济发展水平还会影响劳动力的供给，一般而言，经济发展良好，劳动力供不应求，否则劳动力供大于求。

3．社会文化因素

不同的国家和地区具有不同的社会结构、风俗习惯、宗教信仰、传统、价值观、行为规范、生活方式、文化水平等。如何管理文化差异给企业尤其是跨国公司的人力资源管理带来了巨大的挑战。企业在制定人力资源规划时要充分考虑到文化对员工的影响。

4．法律因素

企业人力资源管理的规章制度要遵守国家和地方的法律、法规。企业在制定人力资源规划时要了解和熟悉并严格遵循国家和地方的法律、法规，以减少人力资源管理的法律风险。我国对组织人力资源管理影响较大的法律有《中华人民共和国劳动合同法》《中华人民共和国就业促进法》《中华人民共和国劳动争议调解仲裁法》《中华人民共和国劳动合同法实施条例》等。

5．人口因素

人口因素对企业外部人力资源供给有重要影响，因此，在作人力资源规划时要重点关注。

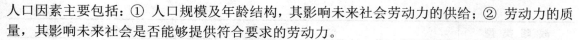

人口因素主要包括：① 人口规模及年龄结构，其影响未来社会劳动力的供给；② 劳动力的质量，其影响未来社会是否能够提供符合要求的劳动力。

6．科技因素

科技因素是指一个国家和地区的科学技术水平、技术政策、新产品研制与开发能力以及技术发展的新动向等。科学技术的应用水平会影响到企业人力资源规划。例如，生产自动化水平的高低影响到企业人力资源的需求，“机器换人”减少了企业对人力资源数量的需求。另外，科学技术尤其是电子信息技术运用到人力资源管理中，有助于管理者对劳动力队伍的结构和动态进行分析，帮助企业制定人力资源规划。

（二）组织内部环境调查

组织内部环境主要包括组织经营战略、组织结构、组织文化、组织资源等因素。

1．组织经营战略

人力资源规划是为组织战略服务的，不同的组织战略需要不同的人力资源规划与之相适应。美国管理学家弗雷德·R.戴维把企业战略分为四大类13种，即一体化战略（前向一体化、后向一体化、横向一体化）、加强型战略（市场渗透、市场开发、产品开发）、多元经营战略（集中化多元经营、混合式多元经营、横向多元经营）、防御型战略（合资经营、收缩、剥夺、清算）。企业各战略类型对应的人力资源规划的特点如表3-3所示。

表3-3 人力资源规划与企业战略的对应

战略类型		含义	人力资源规划关注点
一体化战略	前向一体化	指通过收购或兼并若干商业企业，或者拥有和控制其分销系统，实行产销一体化，其有效方式是特许经营	充分利用原有的有效网络，充分发挥原有网络节点的人力资源应有的作用
	后向一体化	通过收购或兼并若干原材料供应商，拥有和控制其供应系统，把原来属于外购的原材料或零件改为自行生产，实行供产一体化	围绕供应商企业所需要的人力资源体系展开，且保持企业现有人力资源体系的一致性，发挥整体功能
	横向一体化	又称“水平一体化”或“整合一体化”，是指企业收购或兼并同类产品生产企业以扩大经营规模的成长战略，其目的是扩大生产规模、降低成本、巩固企业的市场地位、提高企业竞争优势、增强企业实力	围绕更大的组织所需要的组织体系、人力资源体系进行
加强型战略	市场渗透	指实现市场逐步扩张，提高现有产品或服务的市场份额的拓展战略。其可利用现有产品开辟新市场实现渗透，也可向现有市场提供新产品实现渗透。其包括成本领先战略、差异化战略、集中化战略三种战略形式	人力资源规划中要突出招聘和培训更多的销售人员
	市场开发	指应用人口统计市场、地理市场等方法开发新的区隔市场，将现有产品或服务突破进入新市场	人力资源规划中要突出培训与开发有市场开拓能力的市场营销人才
	产品开发	指企业创造性研制新产品，或者改良原有产品，而增加市场份额	人力资源规划中要突出培养与建设一支具有很强的研究与开发能力的研发人才队伍

续表

战略类型		含义	人力资源规划关注点
多元经营战略	集中化多元经营	也称同心多角化经营战略，指企业利用原有的生产技术条件，制造与原产品用途不同的新产品，其具有原产品与新产品的基本用途不同，但它们之间有较强的技术关联性的特点	围绕培养和建设优秀的管理队伍展开
	混合式多元经营	也称整体多角化经营战略，指企业向与原产品、技术、市场无关的经营范围扩展，即增加与原业务不相联的产品和服务	企业要具备一套培训与开发高素质管理人才的人力资源规划
	横向多元经营	也称水平多角化经营战略，指企业生产新产品销售给原市场的顾客，以满足他们的新需求。其特点是原产品与新产品的基本用途不同，但它们之间有密切的销售关联性	保持现有人力资源体系的特点，实行相应人力资源规划，以保证与战略匹配
防御型战略	合资经营	指由两个人或两个以上不同国家的投资者共同投资、共同管理、共负盈亏，按照投资比例共同分取利润的股权式投资经营方式	根据企业文化的融合程度来制定人力资源规划
	收缩	指企业将其部分资产或股份进行分离、转移或重新进行有效配置，实行企业内部的资产重组和产权调整	如何保留具有竞争力的员工队伍，裁员
	剥夺	将企业的一部分售卖	如何保留具有竞争力的员工队伍，裁员
	清算	指企业为了终结现存的法律关系、处理其剩余财产、使之归于消灭而进行的一个程序，包括计算、核实等	如何安置员工、遣散员工

2．组织结构

组织结构是组织的全体成员为实现组织目标，在管理工作中进行分工协作，在职务范围、责任、权利方面所形成的结构体系。组织结构是组织在职、责、权方面的动态结构体系，其本质是为实现组织战略目标而采取的一种分工协作体系。组织结构必须随着组织的重大战略调整而调整。组织结构一般分为职能结构、层次结构、部门结构、职权结构四个方面。组织结构的制度形式主要包括直线制、职能制、直线职能制、事业部制、模拟分权制、矩阵制和多维立体制。不同的企业具有不同的组织结构，组织结构的不同组织内的职、责、权划分也不同，对人力资源的需求也不相同，因此，在制定企业人力资源规划时一定要充分考虑组织结构的类型。

3．组织文化

组织文化是组织在管理活动中所创造的具有该组织特色的价值观、信念、仪式、符号、行为习惯、处事方式等组成的其特有的文化现象，主要包括价值观、文化观、组织精神、组织制度、道德规范、行为准则、历史传统等，其中价值观是组织文化的核心。组织文化由物质文化、制度文化、精神文化三个层次构成。特伦斯·E.迪尔、艾伦·A.肯尼迪把企业文化整个理论系统概述为五个要素，即企业环境、价值观、英雄人物、文化仪式和文化网络等。在制定企业人力资源规划时一定要了解企业文化，以便人力资源规划与企业文化相吻合。

4．组织资源

企业资源包括人、财、物、技术、信息等。资源是企业经营管理活动的基础，拥有各种资源的数量和质量及其利用状况决定了企业经营管理活动的效率和规模。在制定企业人力资源规划时要对企业的资源进行深入细致的分析。人力资源分析主要包括对人力资源数量、素质和使用状况进行分析。物力资源分析就是要研究企业生产经营活动需要的物质条件的拥有情况以及利用程度。财力资源分析包括企业资金的拥有情况、构成情况、筹措渠道和利用情况，具体包括财务管理分析、财务比率分析、经济效益分析等。技术资源分析主要分析企业的技术现状，包括设备和各种工艺装备的水平、测试及计量仪器的水平、技术人员和技术工人的水平及其能级结构等。信息资源分析主要分析现有信息渠道是否合理、畅通，各种相关信息是否掌握充分，企业组织现状、企业组织及其管理存在的问题及原因等。

（三）组织人力资源现状分析

企业要对人力资源现状进行摸底清查，进行全面、深入的了解和认识，这样有助于制定具有针对性、特色鲜明的人力资源规划。企业人力资源现状分析主要包括数量分析、质量分析、类型分析、年龄结构分析、职位结构分析、离职率分析等。

1．人力资源数量分析

人力资源规划对人力资源数量分析的重点在于分析和了解现有人力资源数量是否与企业的业务量相匹配，即检查现有的人力资源配置是否符合行业内标杆企业一定业务量内的标准人力资源配置。为了更好地了解企业的人才配置是否合理，要对各方面人员构成进行分析，如人员的技术等级、学历层次、年龄、性别比例等。人力资源配置标准一般可采用动作研究、业务审查、工作抽样、相关与回归等方法核算。

2．人力资源质量分析

质量分析也就是对员工的素质进行分析，主要分析员工的工作知识、工作能力及受教育的程度和接受培训的状况。受教育程度的高低与接受培训状况在一定程度上可反映员工的知识和能力水平的高低。一般而言，高素质人才对企业贡献程度高，因此，企业都希望提高员工的素质。但是，企业不要盲目追求人才高消费，而应遵循适才适用的原则，达到员工素质与岗位工作要求相匹配的目的。提高人力资源素质的方法有工作轮换和教育培训。

3．人力资源类型分析

分析企业人力资源的类型有助于了解企业人力资源需求的方向，缩小对外部人力资源的挑选范围，也可确定企业业务的重心。人力资源类型分析可分为工作功能分析和工作性质分析。按照工作功能可把组织内的员工分为业务人员、技术人员、生产人员和管理人员四类。按工作性质的不同，企业可把员工分为直接人员和间接人员两类。通常直接参与生产的人员占较大的比重，约占60%，而间接人员约占40%，甚至更少。

4．人力资源年龄结构分析

通过年龄结构的分析可了解企业各个年龄阶段人员的比例及平均年龄。在个体方面，可按照员工的性质如职位、学历、工作性质等，分别分析年龄结构，以便人力资源规划使用。企业员工合理的年龄结构应该呈三角形金字塔结构（见图3-4），平均年龄应该在34～36岁。

企业通过对员工年龄结构的分析可了解：① 企业员工年轻化或老化程度；② 工作职位或职务的性质与年龄的匹配的要求。

5．职位结构分析

根据管理幅度的要求，管理者职位的数量与被管理下属的职位员工保持适当的比例。职位结构分析就是运用管理幅度原理来判断和评估企业内高层、中层、基层中管理职位与被管理下属职位之间的比例是否合理。

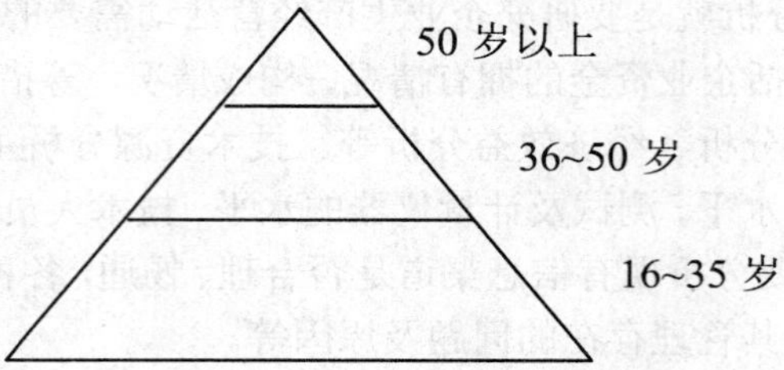

图 3-4 企业员工合理的年龄结构

6. 员工离职率分析

何谓员工离职率？英国人事与发展特许协会（Chartered Institute of Personnel and Development，CIPD）给出了员工离职率的统计定义，分子是“离职人数”，分母是“平均在职人数”，即离职率=(离职人数/平均在职人数)×100%。CIPD 的研究指出，离职率是负面工作态度、工作满意度不足、外部谋职能力等因素作用的综合结果。离职率偏高或者偏低，都不利于组织发展。组织必须识别最适合自己的员工离职率。员工离职会直接影响到人力资源存量。员工离职率表明了一个客观存在的人力资源总流出，通过人力资源需求与供给的分析，可以计算出组织所允许的人力资源净流出。组织除进行员工离职率分析外，通常还需对离职原因进行分析。除此以外，还可用存活率、对半折损率、员工稳定指数、服务年资指标来表示员工离职率情况。员工存活率是指具有某一种人资属性的员工群体经过一段时间之后，仍然在职的比例。一般而言，初期存在较高的离职率，这就要求相关部门必须在早期采取相应措施。员工存活率数据也可用来推算先前应该招聘或培养的人数。员工对半折损率是指某一种人资属性的员工群体的人数折损一半所需要的时间。员工稳定指数是指组织内部资深员工的比例。员工稳定指数=年资一年以上的人数/一年前总聘雇人数（分子为“年资一年以上的人数”，分母为“一年前总聘雇人数”）。组织可对此指标按照不同职能、不同部门作分析比较。服务年资的分布情况，可以用来辅助解释员工稳定指数。对于相对稳定或者相对不稳定的部门，可以通过服务年资的分析，取得更多的信息，来解释稳定或不稳定的可能原因。

员工离职指标可以比较准确地衡量出组织人力资源存量流出的情况。员工离职的常见原因有：更高的工资；发展性更好；更加有保障；磨练机会多；工作环境好；上级工作关系不良；同事工作关系不良；威胁或骚扰；个人生理或心理原因，如怀孕、生病和搬家。

二、人力资源规划的预测阶段

（一）人力资源需求预测

1. 组织任务分析

组织任务分析就是根据组织发展规划确定未来的发展目标，确定组织未来的工作任务的总量。要预测企业人力资源需求就必须确定企业未来的工作任务总量。企业发展规划所确定的发展目标是计算企业工作总量的基础。根据公式（工作总量=工作效率×工作时间×人数）或式 3-1，企业基本可以预测企业未来需要多少员工，需要什么类型的员工。除此以外，企业预测人力资源需求时需考虑现行的组织结构、生产率水平等因素，还要预见未来由于组织目标调整而导致的一系列变化，如组织结构的调整、产品结构的改变、生产工艺的改进、新技术的采用等而产生的人力资源需求在数量和技能两个方面的变化。

企业所需要的人数＝企业产品或服务的计划水平×生产率比率（生产每个产品的员工数）(3-1)

2．岗位任务分析

组织任务确定后，企业将总任务分解到部门、岗位。岗位任务分析就是要确定每一个岗位需要完成的工作总量。通过目标分解和岗位分析，企业可了解岗位任务总量，通过岗位工作量调查可以了解岗位工作饱满度，这是预测岗位人力资源需求的关键。岗位任务分析首先是从工作分析入手，明确岗位的具体工作职责，并将职责细化为日常的工作步骤，然后对这些工作步骤的完成时间进行统计，与预先设计好的岗位工作判定标准进行对比，结合岗位任职人员的能力素质，对各岗位的工作量进行评估判断，最后根据本单位实际情况和未来经营目标，对岗位设置的合理性进行评判，提出相关岗位职责调整方案以及岗位编制方案。

预测岗位人力资源需求最重要的是需要确定岗位工作量化判定标准。岗位工作量化判定标准是根据岗位工作量、岗位工作结构和岗位工作强度来确定相应标准，以此作为判断岗位设置是否充分以及岗位是否需要调整的依据。岗位工作量化判定标准可分为工作量标准和岗位工作结构标准。岗位工作量标准采用工作量百分比法，即工作量饱满度=（岗位有效工作时间/平均正常工作时间）×100%，统计工作时间一般以日、周、月或年为单位，一般而言，90%以上是很饱满，70%～90%是饱满，50%～70%是基本饱满，50%以下是不饱满。岗位工作结构标准是按照日常性、阶段性和临时性工作划分，而日常性工作是指依据现有组织目标和职能展开的工作。若日常性工作量占总工作量的 50%以上，说明岗位设置依据充分，一般日常性工作应占总工作量的 60%以上。

3．员工任务分析

通过员工任务分析可了解每一个员工的工作数量、工作质量、工作水平。企业可通过制定劳动定额来确定员工的工作量。劳动定额是在一定的生产技术、组织条件下为生产一定量的产品或完成一定的工作，所规定的劳动消耗量的标准。劳动定额有工时定额、产量定额、看管定额、服务定额等几种形式。工时定额就是规定生产单位合格产品或完成某项工作所必须消耗的时间；产量定额就是在单位时间内应完成合格产品的数量；看管定额就是在单位时间内一个工人或一组工人同时看管机器设备的台数；服务定额就是规定在单位时间内应完成服务项目的数量。

员工任务分析还应包括出勤率、出勤时间利用率、制度工时利用率、加班加点比重等分析，以分析员工劳动时间利用是否合理。

企业通过组织任务分析、岗位任务分析、员工任务分析可以预测未来对人力资源在数量、质量和结构上的需求。

（二）人力资源供给预测

组织人力资源供给来源于组织内部和组织外部两个渠道。对外部人力资源供给的预测需要对外部劳动力市场进行分析研究，对内部劳动力市场供给预测需要对组织现有人力资源进行分析。

1．外部人力资源供给预测

外部人力资源供给是组织发展壮大的主要人力资源来源。外部人力资源供给预测主要了解人力资源市场的供给状况及影响人力资源供给的因素。影响外部人力资源供给的因素主要有宏观经济状况、人口出生率、工会组织、法令法规、失业状况、各类相关学校符合劳动年龄的毕业生状况、企业所在地的环境、企业薪酬水平、劳动力的就业观念等。

2．内部人力资源供给预测

内部人力资源供给预测主要是预测组织内部可使用的有知识、有能力、有潜力的员工数量及何时可以使用。影响内部人力资源供给的因素主要有企业人力资源管理策略和政策、员工的年龄和技能结构、员工流动频率等。

通过对内外部人力资源供给预测，企业可了解未来外部劳动力市场和内部劳动力市场可供给企业人力资源的数量、质量和结构。

三、人力资源规划的实施阶段

人力资源规划的实施阶段包括制定人力资源规划方案和实施人力资源规划。

（一）制定人力资源规划方案

在企业人力资源需求与供给预测的基础上，企业要根据需求与供给存在的差距，制定一个人力资源综合平衡的规划。企业人力资源综合平衡包括人力资源需求与供给平衡、人力资源各内部专项业务规划之间的平衡、组织需要与员工个人需要的平衡。

1．人力资源需求与供给平衡

企业人力资源需求与供给平衡包括三种状况，即需求大于供给、需求小于供给、结构性不平衡。企业人力资源出现人力资源供不应求的状况主要是在企业经营规模扩张和开拓新的经营领域时期，企业经营状况不好、规模缩小时出现人力资源供大于求的现象。结构性失衡是指组织中某一类人供不应求而另一类人供大于求的现象。

2．人力资源各内部专项业务规划之间的平衡

人力资源专项业务规划主要包括人员补充计划、人员配备计划、人员使用计划、人员培训与开发计划、人员接替与提升计划、绩效考评计划、薪酬激励计划、员工关系计划、团队建设计划、退休解聘计划、员工职业生涯规划等，它们之间密切联系，在制定人力资源规划时必须充分注意它们之间的平衡与协调。

3．组织需要与员工个人需要的平衡

组织的需要和员工个人的需要存在差异，企业追求的是组织的利润和效率，员工则比较注重物质和精神上的需求。如何使组织需要与员工个人需要达到平衡是企业人力资源规划的目的。组织需要与员工个人的平衡如表 3-4 所示。

表 3-4　组织需要与员工个人的平衡

组 织 需 要	员 工 需 要	人力资源规划
专业化	工作丰富化	服务设计
人员精简	工作保障	培训计划
人员稳定	寻求发展	职业生涯计划
降低成本	、提高待遇	生产率计划
领导权威	受到尊重	考核计划
员工高效率	公平晋升机会	员工关系计划

（二）实施人力资源规划方案

人力资源规划的实施包括执行、检查、反馈、修正四个步骤。

（1）执行。人力资源规划方案确定以后，企业要制订执行人力资源规划的行动计划，并且严格按照计划执行。

（2）检查。通过检查提高执行的效果，检查最好有实施者的上级或无利害关系的第三方执行，避免实施者本人或下级实施。通过检查发现执行不力、执行不到位、执行出现偏差的现象，并及时纠正，以保障人力资源规划的有效实施。

（3）反馈。反馈的信息要真实、及时、全面，以利于人力资源规划的修正。反馈主要是通过实施者和检查者进行。

（4）修正。由于组织生存内外环境的变化，以及人力资源规划在实施中存在的问题，组织要根据检查反馈的信息对人力资源规划进行及时修正。

四、人力资源规划的反馈阶段

人力资源规划的反馈阶段就是要通过对人力资源规划进行评价找出人力资源规划实施的成果和事先确定的人力资源规划的预期目标之间的差距，发现造成差距的原因，提出完善、修正人力资源规划的意见、建议、方案。通过人力资源规划评估与修正可以保证组织制定的人力资源规划与实施过程中的环境相适应，确保人力资源规划执行取得理想的效果。

组织可以从两个方面对人力资源规划进行评估，一是评价人力资源规划的目标、内容、方法与人力资源规划工作的发展程度是否相适应；二是人力资源规划的实施结果与预期目标是否一致。主要从表 3-5 所示的方面进行比较。

表 3-5　人力资源规划实施结果与预期目标比较

比较内容	实际执行状况	预定目标	差距
员工招聘数量			
劳动生产率			
员工流动率			
人力资源规划的实施			
执行的行动方案			
实施成本			
人力资源规划的成本与收益相比			

人力资源规划的反馈阶段是人力资源规划的重要环节，其为下一阶段人力资源规划的发展做好了基础准备。

第三节　人力资源规划的技术与方法

一、环境分析的技术

（一）SWOT 分析技术

SWOT 是通过对组织内部资源的优势、劣势，外部环境的机会和威胁等加以综合评估与分析，清晰地确定组织的资源优势和劣势，了解所面临的机会和挑战，从而对战略与战术加以调整以保障达到组织所确定目标的一种战略分析的技术。SWOT 分别是 Strengths（优势、强项）、Weaknesses（劣势、弱项）、Opportunities（机会、机遇）、Threats（威胁、挑战）等单词的第一个英文字母。SW 主要是分析组织的内部环境，OT 主要是分析外部环境。

SWOT 分析矩阵如图 3-5 所示。

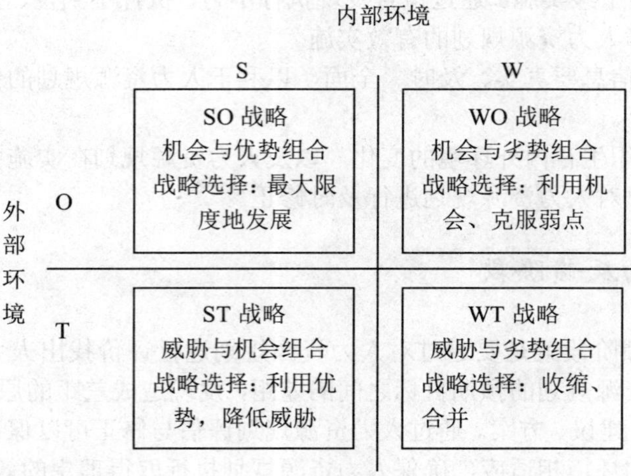

图 3-5　SWOT 分析矩阵

通过 SWOT 分析矩阵我们可以具体分析以下内容（见表 3-6）。

表 3-6　SWOT 分析的内容

内部环境 ＼ 外部环境	Strengths（优势） 具有竞争优势、资金充足、形象良好、员工素质好、工作积极性高、技术力量强、产品质量好、市场份额大、机器设备先进、成本低、广告效果好等	Weaknesses（劣势） 设备老化、管理混乱、缺少关键技术、员工素质较低、研发能力差、资金短缺、产品质量差、产品单一、成本高、销售渠道不畅、竞争力差等
opportunities（机会） 政策利好、经济发展迅速、新产品、新技术、新市场、新客户、新需求、外国市场壁垒解除、竞争对手失误等	机会—优势战略 利用优势、抓住机会 1．…… 2．…… 3．……	机会—劣势战略 优先抓住机会、克服劣势 1．…… 2．…… 3．……
Threats（威胁） 新的竞争对手、替代产品增多、市场紧缩、行业政策变化、经济衰退、顾客偏好改变、突发事件等	威胁—优势战略 利用优势、避免威胁 1．…… 2．…… 3．……	威胁—劣势战略 最小化劣势、避免威胁 1．…… 2．…… 3．……

（二）五要素分析技术

五要素分析技术由迈克尔·波特（Michael Porter）于 20 世纪 80 年代初提出。波特认为行业中存在着决定竞争规模和程度的五种力量，这五种力量综合起来影响着产业的吸引力以及现有企业的竞争战略决策。这五种力量分别为同行业内现有竞争者的竞争能力、潜在竞争者进入的能力、替代品的替代能力、供应商的讨价还价能力、购买者的讨价还价能力，它们之间的关系如图 3-6 所示。该方法的应用是建立在制定战略者了解整个行业的信息、同行业之间只有竞争关系而没有合作关系、行业的规模是固定的假设基础之上。

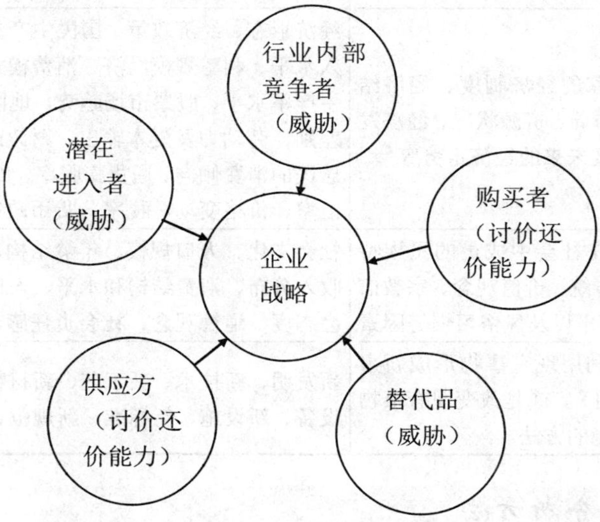

图 3-6 影响企业竞争战略决策的五种力量

当行业发展势头好时，就会有企业想进入这个行业。竞争者进入威胁的严重程度取决于进入新领域的障碍大小与预期现有企业对于进入者的反应情况。替代品的出现对企业而言就是一种威胁。替代品威胁程度的大小取决于价格、质量、用户转换意愿、用户转换成本，替代品价格越低、质量越好、用户转换成本越低，那么对企业的威胁就越大。购买者的讨价还价的能力主要表现为压价与要求提供较高的产品或服务质量，如果购买者提出的要求高于企业的承受能力，则会影响行业中现有企业的盈利。供应商的讨价还价能力也会影响企业的盈利能力，供应商主要通过提高投入要素价格与降低单位价值质量来影响行业中现有企业的盈利能力与产品竞争力。同行业内现有竞争者之间的竞争常常表现在价格、广告、产品介绍、售后服务等方面，其对行业内各企业的战略会有较大影响。

（三）PEST 分析技术

PEST 分析技术主要运用于分析企业所生存的宏观环境，P 是政治（Political），E 是经济（Economic），S 是社会（Social），T 是技术（Technological）。PEST 分析的扩展变形形式有 SLEPT 分析和 STEEPLE 分析。SLEPT 分析是指对影响企业经营管理的社会（Social）、法律（Legal）、经济（Economic）、政治（Political）和技术（Technological）等外部环境因素进行分析。STEEPLE 则是指对影响企业经营管理的社会/人口（Social/Demographic）、技术（Technological）、经济（Economic）、环境/自然（Environmental/Natural）、政治（Political）、法律（Legal）、道德（Ethical）等外部环境因素进行分析。

PEST 分析技术分析的主要内容如表 3-7 所示。

表 3-7 PEST 分析技术分析的主要内容

分析因素	含义	主要内容
政治因素	指对组织经营活动具有实际与潜在影响的政治力量和有关的法律、法规等因素	企业和政府之间的关系、政府管制、特种关税、环境保护法、产业政策、专利法及修改、税法及修改、劳动保护法及修改公司法和合同法及修改、财政与货币政策、政府财政支出、进出口限制、政府换届等
经济因素	指一个国家的经济制度、经济结构、产业布局、资源状况、经济发展水平以及未来的经济走势等	经济形态、经济政策、国民生产总值变化趋势、可支配收入水平、利率规模经济、消费模式、政府预算赤字、劳动生产率水平、股票市场趋势、地区之间的收入和消费习惯差别、劳动力及资本输出、财政政策、贷款的难易程度、居民的消费倾向、通货膨胀率、货币市场模式、就业状况、汇率、价格变动、税率、货币政策等
社会因素	指组织所在社会中成员的民族特征、文化传统、价值观念、宗教信仰、教育水平以及风俗习惯等因素	社会文化、人口规模、年龄结构、种族结构、学历结构、收入分布、消费结构和水平、人口流动性、生活方式、社会态度、道德观念、社会责任感、环保意识等
技术因素	是指人们利用现有事物形成新事物（新发明），或是改变现有事物功能、性能的方法	新发明、新技术、新工艺、新材料、新产品、新工具、新设备、新设施、新标准、新规范、新指标、新计量方法等

二、人力资源存量分析方法

（一）人力资源流动与周转的计算方法

人力资源的流动与周转是企业人力资源规划必须考虑的问题。人力资源流动率是组织一定时期内某种人力资源变动（离职或新进）与员工总数的比例，其是衡量组织员工队伍稳定性的重要指标。员工离职率、员工新进率、净人力资源流动率是三种衡量人力资源流动率的指标。

1．员工离职率

员工离职率是指某一单位时间的离职人数与平均在职人数的比率。其计算公式为

$$离职率=\frac{离职人数}{平均在职人数}\times 100\% \tag{3-2}$$

式中，离职人数包括辞职、免职、解职人数，可以年、月为单位（一般以月为单位）。

2．员工新进率

员工新进率是新进人员数与平均在职人数的比率。其计算公式为

$$员工新进率=\frac{新进人员数}{平均在职人数}\times 100\% \tag{3-3}$$

3．净人力资源流动率

净人力资源流动率是补充人数与平均在职人数的比率。组织可把净人力资源流动率与离职率和新进率进行比较。其计算公式为

$$净人力资源流动率=\frac{补充人数}{平均在职人数}\times 100\% \tag{3-4}$$

（二）现有人力资源数量分析

对现有人力资源数量分析目前主要采用工作分析法、动作与时间研究法、成果分析系统法和管理幅度法等。

1．工作分析法

工作分析法是以工作分析结果而制定的工作说明书和工作规范为基础，计算每一岗位工作时所需要的人力资源。在进行工作分析时应该针对各业务项目的发生频率、处理时间加以调查，在此基础上计算业务总量。

业务量的计算普遍以月为单位，发生频率以年、月、日加以记录，处理时间则以分计算。每个岗位所需要的人力资源数量用每月的总业务量所需要的时间总量除以每月的工作时间，应该扣除工作时间内的休息时间。

$$\text{所需人力资源}=\frac{\text{每月总业务量所需时间总量}}{(\text{每个人每日工作时间}-\text{休息时间})\times\text{每月工作日数}} \tag{3-5}$$

2．动作与时间研究法

动作与时间研究法是以设计最佳工作方法为目的对作业动作和时间进行测定和研究的方法。动作与时间研究是在工作地点测量工作人员从事某项工作或某一操作流程所需要的时间。动作研究通常是在现场直接观察并记录作业过程，然后再进行分析。其主要技术有过程图和流程图、活动图和人机图、作业图、微动作研究、灯光摄影记录和计时灯光示迹摄影记录。时间研究的主要技术有秒表计时研究、工作取样、预定时间系统、标准数据系统等时间研究等。动作与时间研究法比较适合制造业企业的生产岗位，也适合重复而单纯的工作。该法首先要测定标准时间，然后再计算所需人力资源数量。

标准时间是指生产一单位所需要的时间，其等于单纯时间乘以（1+休息比率），一天总时间等于标准时间乘以一天目标产量。

$$\text{所需人力资源}=\frac{\text{标准时间}\times\text{目标总产量（一天）}}{\text{每人每日工作时间}} \tag{3-6}$$

3．成果分析系统法

成果分析系统法是通过记录工作人员在一个月或两个月期间，每人每天的工作内容、工作时间、工作量，然后根据记录分析某一时间内员工可完成某项业务的那部分工作，最后依据每项业务处理时间的标准，计算所需要的人力资源。

$$\text{所需人力资源}=\frac{\text{每月工作量}\times\text{统计的标准}}{\text{每人每月（工作时间}-\text{平均缺席时间）}\times\text{开工率}} \tag{3-7}$$

使用此法的注意事项如下。

（1）应在完成工作时就制定员工个人业务记录表。记录表应该包括工作名称、工作量、工作时间。如果工作进度无法用数字表示，可用工作完成的百分比表示。

（2）开工率可用工作抽样法计算。

（3）统计员工个人的业务记录表，将实际需要的时间与标准工作时间进行比较，评估两者是否有显著差异，如果需要修改，应该与员工协商。

4．管理幅度法

管理幅度，又称管理宽度，是指在组织中一个管理人员所能直接管理或控制的下属数量。管理幅度并非越宽越好，每个管理人员管理下属的数量是有限的，当超过这个限度时，管理的效率就会随之下降。管理幅度受到管理者素质、管理方式与方法、计划制订的完善程度、工作任务的复杂程度、员工的素质水平、完成工作任务需要的协调程度、组织内信息沟通渠道的状况等因素影响。一般而言，计划越完善、工作越简单、员工素质越高、协调程度越低、信息沟通越通畅，管理幅度就越宽，否则就越小。管理幅度与管理层次相关，一般而言管理幅度越宽，管理层次越少。组织决定了合适的管理幅度，再决定管理层次，就能计算各层次管理人员数量。

（三）工作流分析

工作流分析主要是评估组织人力资源配置是否合理。组织的经营活动是个相互联系、相互依赖、前后相连的有机整体。每个部门的人力资源配置都应与部门承担的工作量相匹配。通常组织会出现有些部门无事可做、人浮于事，有些部门超负荷运转、人手不够等现象，这都是由人员配置不合理造成的。如图 3-7 所示，如果某项工作任务是由 A、B、C、D、E 五道工序完成，从图中可以看到，只有 A、D 两工序的人员是满负荷工作， B、C、E 三道工序的人员存在工作不满的现象，其阴影部分表示为人员有多余。

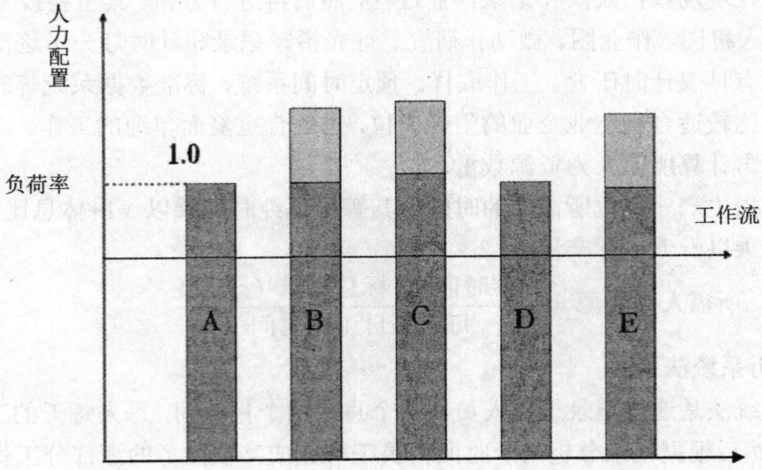

图 3-7　工作流分析

（四）岗位配置分析

优化岗位配置是人力资源规划的重要目标。岗位配置是组织为了实现组织战略目标，采用科学的方法，遵循岗得其人、人得其位、适才适所的原则，实现人力资源与其他物力、财力资源的有效结合而进行的一系列管理活动的总称。进行岗位配置分析就是对岗位及其人员进行分类，用矩阵表列出组织现有人力资源及其使用情况，从而了解人力资源实际使用状况，分析人力资源的使用效率。表 3-8 表明，该企业有 28 名熟练员工在做非熟练工的工作，8 名技工在做熟练工的工作，工程技术人员中有 2 人做熟练工工作，还有 8 名在做技工的工作，另外有 5 名专业管理人员和 3 名管理人员处于待分配状态，由此可知该企业存在较严重的人力资源浪费现象。

表 3-8 岗位配置分析

资源类别（人）		使用类别（人）							
		W1	W2	W3	C	T	S	M	待分配
		78	582	200	100	50	75	32	8
非熟练工（W1）	50	50	—	—	—	—	—	—	—
熟练工（W2）	600	28	572	—	—	—	—	—	—
技工（W3）	200	—	8	192	—	—	—	—	—
职员（C）	100	—	—	—	100	—	—	—	—
工程技术人员（T）	60	—	2	8	—	50	—	—	—
专业管理人员（S）	80	—	—	—	—	—	75	—	5
管理人员（M）	35	—	—	—	—	—	—	32	3

（五）冗员分析

所谓冗员，就是超出企业正常生产经营活动实际需要的人员，不包括正常的后备人员。企业的冗员=全部职工-实际需要-合理储备，冗员可以分为两类：① 素质与工作不相适应的人员，包括老弱病残人员、知识技能不足的人员；② 素质与工作适应但超过实际需要的富余人员，包括只愿干本职工作和希望调换工作的人员。冗员分析不但要分析冗员的数量，而且要分析冗员形成的原因。通过冗员分析组织可制定人力资源规划进行冗员管理。

（六）素质分析

员工素质是指组织员工所具有的对组织生产经营活动具有直接和间接影响并具有相对稳定的品格、知识、能力等方面的特征。员工素质分析可从以下几个方面进行。

1．员工的思想品质和职业道德

员工的思想品质和职业道德对员工的工作态度和工作积极性有巨大影响。思想品质良好的员工会积极主动地完成工作。员工的职业道德对员工工作行为产生重要影响。所谓职业道德是指社会道德原则和道德规范在职业行为和职业关系中的具体表现，它是从事一定职业的人们在工作或劳动中所应遵循的总则。员工职业道德主要包括以下内容：① 爱国守法，遵守公民行为道德规范和企业规章制度；② 热爱组织，忠诚于组织，维护组织形象、荣誉和利益；③ 具有职业理想与抱负，甘愿为组织奉献自己的智慧与力量；④ 具有团队精神；⑤ 诚实守信，具有社会责任感；⑥ 爱岗敬业、忠于职守、顾全大局、兢兢业业；⑦ 勤奋实干、努力钻研、好学上进；⑧ 维护国家、集体、社会、公众利益等。

2．员工的知识技能水平

员工的知识水平主要指员工的文化知识、专业知识和工作经验等。其可从文化教育水平和职业培训程度来分析。员工文化教育水平可分为博士、硕士、双学士、学士、大专、中专、技校、高中、初中、小学、文盲等。职业教育培训水平主要从培训的层次和培训的频率及培训的效果来评价。其可用全体员工中大、中专毕业生的比率、员工评价文化程度、员工培训率等指标表示。员工技能水平主要包括智能、操作技能、沟通技能、管理技能等。其可用员工获得专业技术职称的比例来表示。

3．群体的知识和技能结构

组织员工的知识及技能结构是衡量组织员工素质的重要指标。其可从专业技能结构和知识技能层次结构来具体分析。专业技能结构主要指组织中掌握不同知识技能的员工之间的比例关系。组织中掌握不同知识技能的员工应该具备一个合理的比例结构，能够互补，以发挥团队的作用。知识技能层次结构主要指组织中具有高、中、低职称的员工之间的比例关系。各组织高、中、低职称的员工各自的数量应该根据组织的任务性质、未来发展目标来确定并且形成一个合理的结果，否则就会出现人才短缺或人才浪费的现象。

4．员工的心理健康分析

员工心理健康是指组织员工有一种高效而满意的、持续的心理状态，主要表现为职业压力感、职业倦怠感、职业方向感、组织归属感、人际亲和感等。员工心理健康主要受到竞争压力、工作压力、工作环境、人际关系、职位变迁、薪酬差异、家庭的和谐等的影响。对员工心理健康进行分析，可及时了解员工的心理状态，制定有针对性的员工关系计划，为促进员工心理健康、降低组织管理成本、提升组织文化、提高组织绩效服务。

5．员工队伍的整体素质评价

人岗匹配是进行员工队伍的整体素质评价的基本原则。组织员工的素质必须适应其任职岗位的素质要求，适应岗位工作并能取得较好的绩效。适职率是评价组织员工整体素质高低的通用标准。适职率等于素质适应岗位任职要求的员工人数与组织全部员工总数之比。

三、人力资源需求预测方法

（一）上级估算法

上级估算法是指由管理人员凭借自己以往工作的经验和直觉，对未来所需要的人力资源进行估算，这是一种最为简单的预测方法。该方法在实际操作中，是先由各个部门的负责人根据本部门未来一定时期内工作量的情况来预测本部门的人力资源需求，然后再汇总到企业最高领导层那里进行平衡，以确定企业最终需求。该方法的优点是用于进行短期的预测，适用于那些规模较小或者经营环境稳定、人员流动不大、主管具有多年的工作经验且对企业有相当程度了解的企业。缺点主要表现为：① 准确率较低，管理人员必须具有丰富的经验，使用该方法进行预测才会比较准确；② 往往会出现“帕金森定率”，即各部门负责人在预测本部门的人力资源需求时一般都会扩大，要避免这个问题，就需要最高领导层的控制。

（二）经验法

此方法是建立在基本假设人力资源的需求与某些因素的变化存在一定的关系。如某企业销售额增加 10 000 元，就增加一名销售人员；一个月的生产车间的加班费增加 8 000 元，就增加一名生产工人等。这种方法适合短期预测，根据销售额或加班成本来推算员工的增加数量，一般情况下效果较好。此法对管理人员、研发人员、新部门所需人员、长期员工需求不太适合。

（三）现状规划法

现状规划法是假定企业保持原有的生产和生产技术不变，企业的人力资源也应处于相对稳定状态，即企业各种人员的配备比例和人员的总数将完全能适应预测规划期内人力资源的需要。其是一种最简单、较易操作的预测方法。在此预测方法中，人力资源规划要做的工作是测算出在规划期内有哪些岗位上的人员将得到晋升、降职、退休或调出本组织，再准备调动人员去弥补就行了。此法适合于短期人力资源需求预测。

（四）分合性预测法

分合性预测法采取先分后合的方式，首先是企业组织要求下属各个部门、单位根据各自的生产任务、技术设备等变化的情况对本单位将来对各种人员的需求进行综合预测，在此基础上，把下属各部门的预测数进行综合平衡，从中预测出整个组织将来某一时期内对各种人员的需求总数。使用这种方法时，人事部门或专职人力资源规划人员要对下属各级管理人员进行指导，以便充分发挥他们在人力资源规划中的作用。

这种方法比较简单、直观，主要作为一种辅助方法来使用。此法也具有较大的局限性，其预测的准确性要受到各层管理人员的阅历、知识、能力的影响，而且还要受到假设其他的一切因素都保持不变或者变化的幅度保持一致条件的影响，因此，它比较适合那些经营稳定的组织，而不适合经营环境变化比较大的组织，适合人力资源短、中期需求预测而不适合长期需求预测。

（五）德尔菲法

德尔菲法是指邀请在某一领域的专家或有经验的管理人员对某一问题进行反复预测并最终达成一致意见的结构化方法，也叫专家预测法。此方法具有如下特点：① 吸取众多专家的意见，避免了个人预测的片面性；② 采取匿名的、“背靠背”的方式进行，避免了从众的行为；③ 采取多轮预测的方式，准确性较高。

1．德尔菲法运用的步骤

（1）整理相关的背景资料并设计调查的问卷，明确列出需要专家们回答的问题。

（2）将背景资料和问卷发给专家，由专家对这些问题进行判断和预测，并说明自己的理由。

（3）由中间人回收问卷，统计汇总专家们预测的结果和意见，将这些结果和意见反馈给专家们，进行第二轮预测。

（4）再由中间人回收问卷，将第二轮预测的结果和意见进行统计汇总，接着进行下一轮预测。

（5）经过多轮预测之后，当专家们的意见基本一致时就可以结束调查，将预测的结果用文字或图形加以表述。

2．采用德尔菲法应注意的问题

（1）专家人数一般需要保证一定的数量，问卷的回收率应不低于 60%，以保证调查的权威性和广泛性。

（2）提高问卷质量，问题应该符合预测的目的并且表达明确，保证专家都从同一个角度去理解问题，避免造成误解和歧义。

（3）要给专家提供充分的资料和信息，使他们能够进行判断和预测；同时结果不要求十分精确，专家们只要给出粗略的数字即可。

（4）要取得参与专家们的支持，确保他们能够认真进行每一次预测，同时也要向公司高层说明预测的意义和作用，取得高层的支持。

3．运用德尔菲法的实例

某公司为了预测两年后公司人力资源需求状况，邀请了 9 名专家进行预测，专家经过 3 次预测后的综合反馈情况如表 3-9 所示。

表 3-9 某公司人力资源需求预测专家综合反馈表 单位：人

专家编号	第一次判断			第二次判断			第三次判断		
	最低需求	最可能需求	最高需求	最低需求	最可能需求	最高需求	最低需求	最可能需求	最高需求
1	100	150	180	120	150	180	110	150	180
2	40	90	120	60	100	130	80	100	130
3	80	120	160	100	140	160	100	140	160
4	150	180	300	120	150	300	100	120	250
5	20	40	70	40	80	100	60	100	120
6	60	100	150	60	100	150	60	120	150
7	50	60	80	50	80	100	80	100	120
8	50	60	100	70	80	120	70	80	120
9	80	100	190	100	110	200	60	80	120
平均	70	100	150	80	110	160	80	110	150

（1）计算最低需求、最可能需求和最高需求的算术平均值，得到人力资源需求量。首先计算第三次的最低需求、最可能需求和最高需求的专家预测的平均值，然后根据最低需求、最可能需求和最高需求平均值，计算三者的算术平均值，得到人力资源需求量。

人力资源需求量=(80+110+150)÷3=114（人）

（2）计算加权平均值，得到人力需求量。一般根据经验最低需求、最可能需求和最高需求所赋的权重分别是 0.2、0.5、0.3。根据第三次的最低需求、最可能需求和最高需求的专家预测的平均值计算。

人力资源需求量=80×0.2+110×0.5+150×0.3=116（人）

（3）用中位数计算人力资源需求量。将第三次判断的结果按预测值的大小由低到高排列（见表 3-10）。

表 3-10 第三次判断的预测值由低到高排列

	1	2	3	4	5	6	中位数（人）	权重
最低需求（人）	60	70	80	100	110		80	0.2
最可能需求（人）	80	100	120	140	150		120	0.5
最高需求（人）	120	130	150	160	180	250	155	0.3

人力资源需求量=80×0.2+120×0.5+155×0.3=123（人）

由以上三种计算结果可知该公司的人力需求量为 114～123 人。

（六）趋势预测法

趋势预测法是指预测者根据组织过去几年的员工数量的历史数据，分析它在未来的变动趋势，从而来预测企业在未来某一时期的人力资源需求量。趋势预测法的步骤：① 收集企业在过去几年内人员数量的数据；② 用这些数据作图；③ 用数学方法进行修正，使其成为一条平滑的曲线；④ 将这条曲线延长就可以看出未来的变化趋势。

曲线方程为

$$Y=a+bX$$

其中，Y代表人数变量；X代表年度；a和b为常数，n为数据个数或资料期数。

$$a=\frac{\sum y}{n}-b\frac{\sum x}{n};\quad b=\frac{n\left(\sum xy\right)}{n\sum x^2}-b\frac{\sum x\sum y}{\left(\sum x\right)^2}$$

例如，某企业前8年的人力资源需求状况如表3-11所示。

表3-11 某企业8年人力资源需求状况

年度	1	2	3	4	5	6	7	8
人数（人）	450	455	465	480	485	490	510	525

根据公式可以计算出：a=435.357，b=10.476

由此得出趋势线可以表示为：Y=435.357+10.476X

这样就可以预测出未来第二年和第四年的人力资源的需求总量：

Y=435.357+10.476×(8+2)=540.117≈541（人）

Y=435.357+10.476×(8+4)=561.069≈562（人）

所以，未来第二年的人力资源需求量为541人，第四年的为562人。

（七）回归预测法

回归预测法是表明两个或两个以上数据间的关系，即以一个或多个自变量，预测某一特定因变量的方法。运用此法预测未来人力资源需求量的关键就是要找出那些与人力资源需求高度相关的变量，这样建立起来的回归方程的预测效果才会比较好。实践中通常采用线性回归来进行预测。回归预测的基本思路是：① 找出那些与人力资源需求密切相关的因素；② 依据过去的相关资料确定出它们之间的数量关系；③ 建立回归方程；④ 根据历史数据，计算出方程系数，确定回归方程；⑤ 得到相关因素的数值，即可对人力资源的需求量作出预测。

例如，医院护士需求量与病床数量的增加息息相关，我们可根据病床数量变化来预测护士需求量。表3-12是某医院病床数量和护士数量的统计数据。

表3-12 某医院病床数量和护士数量的统计

病床数（个）	200	300	400	500	600	700
护士数（人）	180	270	345	460	550	620

假设医院准备明年将病床数增加到1 000个，请预测需要多少护士？

根据回归预测法，我们将病床数设为自变量X，护士数设为因变量或预测量Y，两者之间的线性关系可以表示为

Y=a+bX（a、b分别为回归系数）

根据：

$$a=\frac{\sum y}{n}-b\frac{\sum x}{n};\quad b=\frac{n\left(\sum xy\right)}{n\sum x^2}-b\frac{\sum x\sum y}{\left(\sum x\right)^2}\text{（}n\text{为实际数据点数目）}$$

经过计算得出a=2.321，b=0.891，回归方程就是Y=2.321+0.891X，也就表明每增加一个床位，就要增加0.891个护士。由于医院准备明年将病床数增加到1 000个，因此，需要的护士数就是：Y=2.321+0.891×1 000=893.321≈894（人）。

（八）工作负荷法

组织目标与完成目标所需要的人力资源数量存在一定的关系。工作负荷法又称比率分析法，其是指按照历史数据、工作分析的结果，先计算出某一特定工作每单位时间（如一天）的每人的工作负荷（如产量），然后再根据未来的生产量目标（或者劳务目标）计算出所需要完成的总工作量，然后依据前一标准折算出所需要的人力资源需求数量。该法可通过企业工作总量和完成工作所需要的人力资源数量之间的关系或每位员工的工作负荷和企业总体工作量之间的比率来预测企业人力资源需求总量。

计算公式如下：

$$\text{未来每年所需人力资源总量}=\frac{\text{未来每年工作总量}}{\text{每年每位员工所能完成的工作量}} \tag{3-8}$$

$$\text{未来每年所需人力资源总量}=\frac{\text{未来每年的总工作时数}}{\text{每年每位员工工作时数}} \tag{3-9}$$

工作负荷法的关键是要准确预测出企业总的工作量和员工的工作负荷。企业的工作总量可通过生产量或销售量来预测，员工负荷是指某一特定的工作时间每个人的工作量。当企业所处的环境、劳动生产率增长比较稳定的时候，这种预测方法就比较方便，预测效果也比较好。

（九）劳动定额法

劳动定额是对劳动者在单位时间内应完成的工作量的规定。劳动定额法运用的前提条件为企业的工作总量和员工的劳动定额已经确定。其计算公式为

$$N=\frac{W}{Q(1+R)} \tag{3-10}$$

式中：N 为人力资源需求总量；W 为计划期任务总量；Q 为组织现行劳动定额；R 为计划期内部门生产率变动系数。$R=R_1+R_2+R_3$，其中，R_1 为企业技术进步引起的劳动生产率提高系数；R_2 为由经验积累导致的劳动生产率提高系数；R_3 为由于员工年龄增大以及某些社会因素导致的劳动生产率下降系数。

（十）比率预测法

比率预测法是基于对员工个人生产效率的分析来进行的一种预测方法。进行预测时，首先要计算出人均的生产效率，然后再根据企业未来的业务量预测出人力资源的需求。其计算公式为

$$\text{所需的人力资源数量}=\frac{\text{未来的业务量}}{\text{人均的生产效率}} \tag{3-11}$$

例如，对于一个学校来说，目前一名老师能够承担 40 名学生的工作量，如果明年学校准备使在校生达到 4 000 人，就需要 100 名老师。

如果考虑到生产效率的变化，计算公式可以修改为

$$\text{所需的人力资源数量}=\frac{\text{未来的业务量}\div(1+\text{生产效率的变化率})}{\text{目前人均生产效率}} \tag{3-12}$$

使用这种方法进行预测时，需要对未来的业务量、人均生产效率及其变化作出准确的估计，这样对人力资源需求的预测才会比较符合实际，而这往往是比较难做到的。

四、人力资源供给预测方法

组织的人力资源的供给有内外两个来源，因此对供给预测也要从内外两个方面进行。相对于内部供给来说，企业对外部人力资源供给的可控性比较差，因此人力资源供给预测主要侧重于内部供给预测。

（一）外部人力资源供给预测方法

外部供给预测法主要是对影响供给的因素进行判断，从而对外部供给的有效性和变化趋势作出预测。影响外部供给的因素主要有以下三个。

（1）外部劳动力市场的状况。外部劳动力市场紧张，外部供给的数量就会减少；相反，外部劳动力市场宽松，供给的数量就会增多。

（2）劳动者的就业意识。如果企业所在的行业是求职者择业时的首选行业，那么人力资源的外部供给量自然就会多；反之就比较少。

（3）企业的吸引力。如果企业有吸引力，外部劳动力就愿意到企业工作，企业的外部人力资源供给量就会较多；反之，外部劳动力的供给量就会较少。

图 3-8 是外部人力资源预测模型。

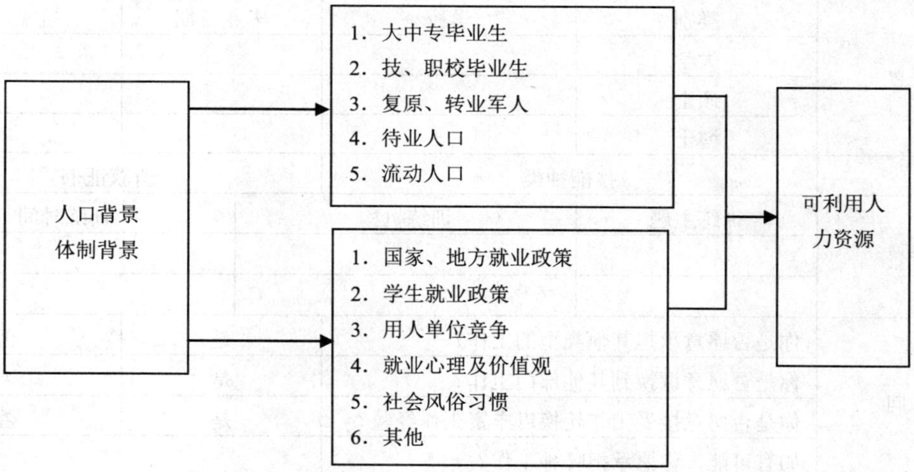

图 3-8　外部人力资源预测模型

（二）内部人力资源供给预测方法

企业内部人力资源供给预测的方法主要包括人员核查法、技能清单法、替换单法、马尔科夫模型法。

1．人员核查法

人员核查法是通过核查现有岗位人力资源的数量、质量、结构的状况，掌握企业可供调配选择的人力资源数量及利用潜力的方法。运用人员核查法首先要对组织的工作岗位进行分类并进一步划分级别，然后统计每一岗位每一级别的人数。例如，某企业把员工划分为管理类、技术类、操作类，每类岗位分别包括 3、4、5 个级别，具体情况如表 3-13 所示。

表 3-13　企业人力资源现状　　单位：人

级　别	岗位类别		
	管　理　类	技　术　类	操　作　类
1	4	8	23
2	9	10	35
3	13	13	58
4		20	120
5			230

人员核查法是一种静态的人力资源供给的方法，其无法反映未来人力资源供给的变化。

2．技能清单法

技能清单是一个用来反映员工工作能力特征的列表，这些特征包括培训背景、工作经历、持有的资格证书、工作能力的评价等内容。通过对技能清单的分析，能够了解员工的竞争力，可以用来帮助预测人力资源供给。技能清单主要服务于晋升人选的确定、职位调动的决策、对特殊项目的工作分配、培训和职业生涯规划等方面。表 3-14 是技能清单范例。

表 3-14　技能清单范例

姓名：	职位：		部门：	
出生年月：	婚姻状况：		到职日期：	
教育背景	类别	学校	毕业日期	主修科目
	大学			
	硕士			
	博士			
技能	技能种类		所获证书	
训练背景	训练主题	训练机构	训练时间	
个人意向	你是否愿意承担其他类型的工作？		是	否
	你是否愿意调换到其他部门工作？		是	否
	你是否愿意接受工作轮换以丰富工作经验？		是	否
	如有可能，你愿承担哪种工作？			
你认为目前最需要的培训是什么？	改善目前的技能和绩效：			
	晋升所需要的经验和能力：			
你认为自己可以接受哪种工作指派？				

3．替换单法

替换单法最早用于人力资源供给预测，后来应用于需求预测。该方法通常用于管理职位的供给预测。在替换单中需要给出职位名称、现任员工姓名、年龄、预计的提升时间以及可能的替换候选人及其提升时间预测。使用该方法的具体步骤为：① 确定人力资源规划所涉及的工作职能范围；② 确定每个关键职位上的接替人选；③ 评价接替人选的工作情况和是否达到提升的要求，作出判断，或马上借任或尚需进一步培训或问题较多；④ 了解接替人选的职业发展需要，并引导将其个人的职业目标与组织目标结合起来。

在现有员工分布状况、未来理想的人员分布及流失率已知的条件下，人力资源供给量就由晋升填补待补充岗位空缺的数量和人员补充量决定。

替换单法是以绩效为依据，当员工的绩效很好时，将被提升；当员工的绩效很差时，将被辞退或调离。除此以外，还需考虑预计提升的时间和员工的技能、知识、经验等。图 3-9 所示是一张人力资源替换单。

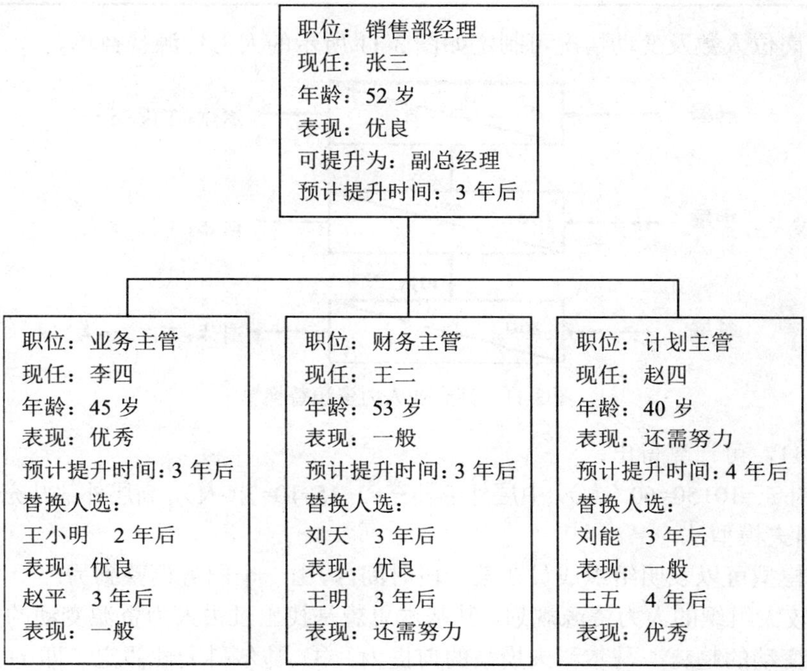

图 3-9　人力资源替换单

图 3-10 是员工替换单模型。

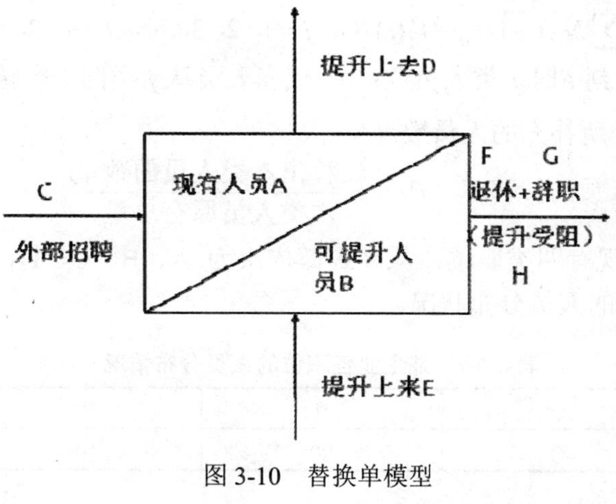

图 3-10　替换单模型

注：$B=D+H$；$A_2=A_1+C_1+E_1-D_1-F_1-G_1$；2——下一年度数据；1——上一年度数据。

例如，某企业现有岗位人数及变动情况如表3-15所示，问每一层级需要补充多少人？

表3-15　某企业现有岗位人数及变动情况　　单位：人

	现　有	退　休	下　岗	晋　升	可 提 升
高层	10	2	2		
中层	80	10	5	2	5
基层	200	30	20	10	20

根据现有岗位人数及变动情况可制定如图3-11所示的人力资源替换单。

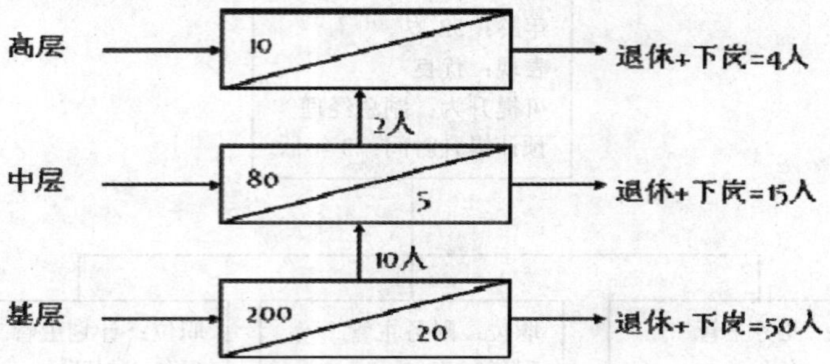

图3-11　某企业人力资源替换单

依据图3-11，可计算得出：

基层外部补充=10+50=60（人），中层外部补充=2+15−10=7（人），高层外部补充=4−2=2（人）。

4．马尔科夫模型法

马尔科夫模型可以表明组织成员在某一段时间内，由一个职务调整到另一个职务的变动概率，较适合于较大组织的人力资源规划。其基本思想是找出过去人力资源变动的规律，来推测未来人力资源变动的趋势。马尔科夫模型的前提为：① 马尔科夫性假定，即 t+1 时刻的员工状态只依赖于 t 时刻的状态，而与 t−1、t−2 时刻状态无关；② 转移概率稳定性假定，即不受任何外部因素的影响。

马尔科夫模型的基本表达式为

$$N_i(t)=\sum N_i(t-1)P_{ji}+V_i(t)\text{（}i,\ j=1,\ 2,\ 3,\ \cdots,\ t=1,\ 2,\ 3,\cdots\text{）}\qquad(3\text{-}13)$$

式中，$N_i(t)$ 代表时刻 t 时 i 类人员数；P_{ji} 代表人员从 j 类向 i 类转移的转移率；$V_i(t)$ 代表在时间（t−1,t）内 i 类所补充的人员数。

$$\text{某类人员的转移率（}P\text{）}=\frac{\text{转移出本类人员的数量}}{\text{本类人员原有总量}}\qquad(3\text{-}14)$$

例如，假设某企业现有四类职位，从高到低依次为 A、B、C、D，各职位的分布情况如表3-16所示，预测未来的人员分布状况。

表3-16　某企业各职位的人员分布情况

职位	A	B	C	D
人数（人）	40	80	100	150

已知该企业的人员转换率如表3-17所示。

表 3-17　某企业的人员转换率

	A	B	C	D	离职率合计
A	0.9				0.1
B	0.1	0.7			0.2
C		0.1	0.75	0.05	0.1
D			0.2	0.6	0.2

结合人员分布表和人员转换率来确定第二年的人员分布情况和预测人员供给，如表 3-18 所示。

表 3-18　某企业预测人员供给情况　　单位：人

	初期人数	A	B	C	D	离职率合计
A	40	36				4
B	80	8	56			16
C	100		10	75	5	10
D	150			30	90	30
预测的供给		44	66	105	95	60

五、人力资源供给与需求平衡方法

人力资源规划的最终目的是实现企业人力资源的供给和需求的平衡，因此在预测人力资源的供给和需求之后，就要对这两者进行比较，并根据比较的结果来采取相应的措施。

人力资源供给和需求预测的比较结果有四种：供给和需求在数量、质量及结构等方面基本相等；供给和需求在总量上平衡，但结构上不匹配；供给大于需求；供给小于需求。

对于企业来说，更多地会出现后三种情况。当然，即便是出现第一种情况也并不是说不需要采取任何措施了，因为这种平衡是在一定条件下出现的，一旦条件发生变化，供给和需求就会出现不平衡。

（一）解决供给和需求总量平衡、结构不匹配的方法

（1）进行人员内部的重新配置，包括晋升、调动、降职等，来弥补空缺职位。

（2）对人员进行有针对性的专门培训，使他们能够从事空缺职位的工作。

（3）进行人员的置换，裁减那些企业不需要的人员，补充需要的人员，以调整人员结构。

（二）解决人力资源供给大于需求的方法

（1）企业扩大经营规模，或者开拓新的增长点。

（2）永久性的裁员或是辞退员工。

（3）鼓励员工提前退休。

（4）冻结招聘。

（5）缩短员工的工作时间、实行工作分享或是降低员工工资。

（6）减少福利。

（7）临时性辞退员工。

（8）关闭或合并部分机构。

（9）对富余员工进行培训，转岗。

（三）解决人力资源供给小于需求的方法

（1）从外部聘用人员，包括全职人员、返聘退休人员和兼职人员。

（2）聘用临时全职人员。

（3）把内部富余岗位的员工安排到短缺岗位上。

（4）通过培训提高员工素质，使其胜任短缺、重要岗位的工作。

（5）提高现有员工的工作效率。

（6）延长工作时间，让员工加班加点。

（7）降低员工离职率，减少员工流失，进行内部调配。

（8）将企业的某些业务外包。

（9）购置新设备，实行机器换人。

（四）供给和需求平衡方法的比较

表 3-19 比较了在供给大于需求的情况下，各种达到平衡的方法的速度和员工受伤害的程度。表 3-20 比较了在供给小于需求的情况下，各种达到平衡的方法的速度和可以撤回的程度。

表 3-19　供给大于需求的平衡方法比较

方　法		速　度	员工受伤害的程度
供给大于需求	裁员	快	高
	减薪	快	高
	降级	快	高
	工作分享和工作轮换	快	中等
	退休	慢	低
	自然减员	慢	低
	再培训	慢	低

表 3-20　供给小于需求的平衡方法比较

方　法		速　度	可以撤回的程度
供给小于需求	加班	快	高
	临时雇用	快	高
	外包	快	高
	培训后换岗	慢	高
	减少流动数量	慢	中等
	外部雇用新人	慢	低
	技术创新	慢	低

本章小结

1．人力资源规划就是为实现企业的经营发展战略目标，依据企业未来的生存发展环境变化，运用科学的方法对企业未来人力资源的需求和供给进行分析及预测，并制定应对的措施以达到企业人力资源需求与供给平衡的过程。人力资源规划按照范围可分为狭义和广义两种，根据规划时限可分为长、中、短期规划。组织通过人力资源规划可达到规划人力资源发展、降低人力资源使用成本、合理使用人力资源、满足员工需求、助推组织发展等目的。根据企业人力资源规划所涵盖的内容，人力资源规划可划分为两个层次，即人力资源的总体规划和人力资源的专项业务规划。

2．企业在制定人力资源规划时必须遵守应对环境、保障组织目标实现、利益兼顾等原则。人力资源规划与企业经营战略存在密切的关系。人力资源规划是服从于企业战略并为其服务的，其是企业经营战略规划的一部分。明确而清晰的企业经营战略规划是制定人力资源规划的前提条件。企业在制定经营战略规划时，人力资源管理部门需要提供本部门的人力资源规划。企业经营计划对人力资源规划有重要影响。人力资源规划只有和企业战略相匹配，才能发挥其应有的作用。

3．人力资源规划的流程可分为准备阶段、预测阶段、实施阶段、反馈阶段。人力资源规划的准备阶段包括组织外部环境调查（主要包括政治、经济、社会文化、法律、人口、科技等因素）、组织内部环境调查（主要包括组织经营战略、组织结构、组织文化、组织资源等因素）、人力资源现状分析（主要包括数量分析、质量分析、类型分析、年龄结构分析、职位结构分析、离职率分析等）。人力资源规划的预测阶段包括人力资源需求预测（组织任务分析、岗位任务分析、员工任务分析）、人力资源供给预测（外部人力资源供给预测、内部人力资源供给预测）。人力资源规划的实施阶段包括制定人力资源规划方案、实施人力资源规划方案。人力资源规划的反馈阶段主要是通过人力资源规划评估与调整保证组织制定的人力资源规划与实施过程中的环境相适应，确保人力资源规划执行取得理想的效果。

4．人力资源规划环境分析的技术有 SWOT 分析技术、波特五要素分析技术、PEST 分析技术。人力资源存量分析方法主要包括人力资源流动与周转的计算方法、现有人力资源数量分析方法（工作分析法、动作与时间研究法、成果分析系统法和管理幅度法等）、工作流分析、岗位配置分析、冗员分析、素质分析等方法。人力资源需求预测的常用方法有上级估算法、经验法、现状规划法、分合性预测法、德尔菲法、趋势预测法、回归预测法、工作负荷法、劳动定额法、比率预测法等。相对于内部供给来说，企业对外部人力资源供给的可控性比较差，因此人力资源供给预测主要侧重于内部供给预测。企业内部人力资源供给预测的方法主要包括人员核查法、技能清单法、替换单法、马尔科夫模型法。人力资源供给和需求预测的比较结果有四种：供给和需求在数量、质量及结构等方面基本相等；供给和需求在总量上平衡，但结构上不匹配；供给大于需求；供给小于需求。对于企业来说，更多地会出现后三种情况。面对供给和需求总量平衡、结构不匹配，人力资源供给大于需求，人力资源供给小于需求等问题企业可采用不同的方法解决。

案例分析

手忙脚乱的人力资源经理

D 集团在短短 5 年之内由一家手工作坊发展成为国内著名的食品制造商。企业最初并不制订计划，缺人了，就临时去人才市场招聘。待企业日益正规后，开始每年年初制订计划，包括收入多少、利润多少、产量多少、员工定编人数多少等，人数少的可以招聘，人数超编的就要求减人，一般在年初招聘新员工。可是，因为一年中不时有人升职、有人平调、有人降职、有人辞职，年初又有编制限制不能多招，而且人力资源部也不知道应当多招多少人或者招什么样的人，所以人力资源经理一年到头往人才市场跑。近来由于3名高级技术工人退休、2名跳槽，生产线立即瘫痪，集团总经理召开紧急会议，命令人力资源经理3天之内招到合适的人员顶替空缺，恢复生产。人力资源经理两个晚上没睡觉，频繁奔走于人才市场和面试现场，最后勉强招到2名已经退休的高级技术工人，使生产线重新开始了运转。人力资源经理刚刚喘口气，地区经理又打电话给他说自己公司已经超编了，不能接收前几天分过去的5名大学生。人力资源经理不由怒气冲冲地说："是你自己说缺人，我才招来的，现在你又不要了！"地区经理说："是啊，我两个月前缺人，你现在才给我，现在早就不缺了。"人力资源经理分辩道："招人也是需要时间的，我又不是孙悟空，你一说缺人，我就变出一个给你？"

资源来源：手忙脚乱的人事经理[EB/OL]. [2010-10-12]. http://doc.mbalib.com/view/f32c1545a8f3bdcbb4ffb1664036fe97.html.

思考题：

1．D集团为什么会出现这样的问题？

2．如何解决D集团的问题？

讨论题

1．什么是人力资源规划？人力资源规划有何作用？

2．简述人力资源的总体规划和人力资源的专项业务规划的目标、政策、步骤。

3．制定人力资源规划需要遵循哪些原则？

4．如何理解人力资源规划与企业经营战略之间的关系？

5．人力资源规划的流程是什么？每一流程的主要内容包括哪些？

6．在人力资源规划中，如何运用SWOT分析技术、波特五要素分析技术、PEST分析技术来进行企业生存环境分析？

7．人力资源需求预测的常用方法有哪些？

8．内部人力资源供给预测的方法主要有哪些？

9．如何实现人力资源供给和需求平衡？

复习思考题

1．某企业的人力资源实际使用状况如表3-21所示，请分析该企业的人员岗位配置状况。

2．某企业为了预测5年后公司人力资源需求状况，邀请了10位专家进行预测，专家经过

3 次预测后的综合反馈情况如表 3-22 所示。

表 3-21　某企业的人力资源实际使用状况

资源类别（人）		使用类别（人）							
		W1	W2	W3	C	T	S	M	待分配
		180	688	245	180	68	100	42	48
非熟练工（W1）	80	80	—	—	—	—	—	—	—
熟练工（W2）	700	100	600	—	—	—	—	—	—
技工（W3）	300	—	70	230	—	—	—	—	—
职员（C）	200	—	—	—	180	—	—	—	20
工程技术人员（T）	100	—	18	15	—	68	—	—	—
专业管理人员（S）	120	—	—	—	—	—	100	—	20
管理人员（M）	50	—	—	—	—	—	—	42	8

表 3-22　某公司人力资源需求预测专家综合反馈表

单位：人

专家编号	第一次判断			第二次判断			第三次判断		
	最低需求	最可能需求	最高需求	最低需求	最可能需求	最高需求	最低需求	最可能需求	最高需求
1	100	160	200	150	200	200	160	180	200
2	50	100	140	90	150	160	130	140	170
3	60	130	180	130	170	180	120	150	180
4	160	180	320	150	180	310	110	160	230
5	30	50	100	70	110	200	90	150	180
6	70	110	180	90	120	180	80	130	170
7	60	90	90	80	100	150	100	120	130
8	80	60	130	90	100	130	80	100	160
9	80	100	180	100	130	200	90	90	170
10	90	80	190	120	100	160	90	110	190
平均									

假设该企业最低需求、最可能需求和最高需求的权重分别是 0.3、0.5、0.2。请预测该企业 5 年后的人力资源需求。

3．某企业现有岗位人数及变动情况如表 3-23 所示，问下一年每一层级需要补充多少人？

表 3-23　某企业现有岗位人数及变动情况

单位：人

	现　有	退　休	下　岗	晋　升	可提升
高层	20	4	5		
中层	100	15	5	5	3
基层	300	50	30	15	10

4．假设某企业现有五类职位，从高到低依次为 A、B、C、D、E，各职位的分布情况如

表 3-24 所示，已知该企业的人员转换率如表 3-25 所示。

表 3-24 某企业各职位的人员分布情况

职位	A	B	C	D	E
人数	50	100	150	180	200

表 3-25 某企业的人员转换率

	A	B	C	D	E	离职率合计
A	0.8					0.2
B	0.2	0.6				0.2
C		0.1	0.65	0.15		0.1
D			0.2	0.5		0.3
E		0.05	0.1	0.15	0.6	0.1

（1）预测未来的人员分布状况；

（2）请结合人员分布表和人员转换率预测该企业第二年的人员分布和人员供给情况。

外延学习目录

一、书籍

1．赵曙明．人力资源战略与规划[M]．北京：中国人民大学出版社，2012．

2．侯光明，等．人力资源战略与规划[M]．北京：科学出版社，2009．

3．[美]雷蒙德·A.诺伊，约翰·霍伦拜克，拜雷·格哈特，帕特雷克·莱特．人力资源管理：获取竞争优势[M]．刘昕，译．北京：中国人民大学出版社，2001．

二、杂志

1．《中国人力资源开发》，中国人力资源开发研究会，北京

2．《人力资源开发与管理》，中国人民大学书报资料中心，北京

3．《人力资源管理》，内蒙古日报社，北京

三、参考网站目录

1．中国人力资源开发网：http://www.chinahrd.net

2．中国人力资源管理网：http://www.rlzygl.com/

3．中国人力资源网：http://www.hr.com.cn/

本章主要参考文献

1．赵曙明，张正堂，程德俊．人力资源管理与开发[M]．北京：高等教育出版社，2009．

2．赵曙明．人力资源战略与规划[M]．北京：中国人民大学出版社，2012．

3．黄英忠．人力资源管理概论[M]．高雄：翁燕月出版，2007．

4．曹亚克，王博，白晓鸽．最新人力资源规划、招聘及测评实务[M]．北京：中国纺织出版社，2004．

5．侯光明，等．人力资源战略与规划[M]．北京：科学出版社，2009．

6．[美]雷蒙德・A.诺伊，约翰・霍伦拜克，拜雷・格哈特，帕特雷克・莱特．人力资源管理：获取竞争优势[M]．刘昕，译．北京：中国人民大学出版社，2001．

第四章 招聘管理

引导案例

索尼公司的选人用人之道

1946 年 5 月，第二次世界大战以后，两个从战火硝烟中退下来的日本青年井深大和盛田昭夫不甘虚处乱世，以 500 美元为资本，雇请了 20 个人做帮手，在一座百货公司的废墟上成立了一家公司。50 余载过去了，这家公司业已发展为日本著名的电子设备制造企业，在国际上也占有举足轻重的地位。它下设 72 个子公司，共有 3 000 多家工厂分布在 7 个国家，整个企业拥有 4 万多名职工，年销售额高达 50 亿美元，这就是日本的索尼公司。井深大和盛田昭夫携手创业，风雨同舟几十年，使索尼公司的规模不断壮大，事业蓬勃发展，这在很大程度上要归功于他们独到的管理艺术。日本索尼公司十分重视招聘人才的工作，因而在激烈的竞争中一直保持着领先的地位。该公司招聘人才不分国籍、年龄、学历、性别以及身体是否残疾，尤其欢迎在目前工作的公司不能发挥潜力的人。该公司对应聘人员的入选考试极其严格，每个应试人员都要经过 30 个经理以上干部的面试。而且由这 30 个面试官所作的评分表在 5 年内有效，也就是说，5 年前新进员工所获得评分，必须在 5 年的工作过程中一一应验，这当然也是对经理人员评估能力的考验。面试通过后，还要经过集训考试，考试长达三天三夜，内容包括第一天的笔试，第二天的市场调查习作，第三天的“20 年后的日本”的作文写作。此外，该公司不惜投入大笔的经费，作一次集训考试，以便真正了解每一个应试人的思考力、判断力等优秀与否。经过这种层层考试被选进来的员工素质都比较高，即使如此，公司对这些人仍不放松，继续实施彻底的在职训练。公司建立了索尼厚木工厂高工学校和索尼技术专科学校，另有工业讲座、英语班、海外留学制度等，由从业人员自由报名参加。为了进一步帮助在职人员求知，公司还设立了智能情报中心，有任何疑难问题只要拨通公司专用电话号码中的一个，就有专人解答。20 世纪 60 年代，盛田昭夫曾写过一部书，书名叫作《让学历见鬼去吧》。书中，他据事论理，斥责了日本流行的以名牌大学出身来评价人的观点和做法。他说，他宁愿将索尼公司的所有人事档案统统烧毁，以杜绝公司因学历问题而产生的任何歧视。盛田昭夫是这样说的，也真的这样做了，他的魄力和独到的见解在日本引起了极大的轰动，他也因此而博得了勇于打破传统框框的赞誉。

这样，索尼公司逐渐形成了配套的人员结构体系。当公司发展到 1.7 万多名雇员时，科技人员已达到 3 500 多人，占 22%；管理人员有 1 000 多人，约占 6%。总公司设有中央研究所和技术研究所，研究人员不仅负责开发研制新产品，还要在理论上加以探讨提高。索尼公司每年的科研费用占总销售额的 7%，而许多其他公司只占 3%～5%，难怪索尼公司开发新产品总是遥遥领先！

资料来源：索尼公司的选人用人之道[EB/OL]. [2011-02-14]. http://wenku.baidu.com/link?url=bKwwJQwrYPNQdDuFojl6Ty_fjoyGpGd6jd2c0VnB7c3i6AX9rcuWLlK11RlSmoi8AIFkZHwPnuVk8mZ70bplX2LioKtEzhqawxfkgg3fEGS.

【本章学习目标】

1. 了解和掌握招聘的概念和原则；
2. 了解和掌握招聘的发展趋势；
3. 了解和掌握招聘的流程；
4. 了解和掌握招聘计划的概念并熟练制订招聘计划；
5. 了解和掌握招聘简章的概念并能熟练制定招聘简章；
6. 了解和掌握招聘渠道和招聘方法；
7. 了解和掌握面试的技巧；
8. 了解和掌握评价中心；
9. 了解和掌握人才测评的技术与方法；
10. 了解和掌握人员录用与审批的技术和方法。

【本章导学图】

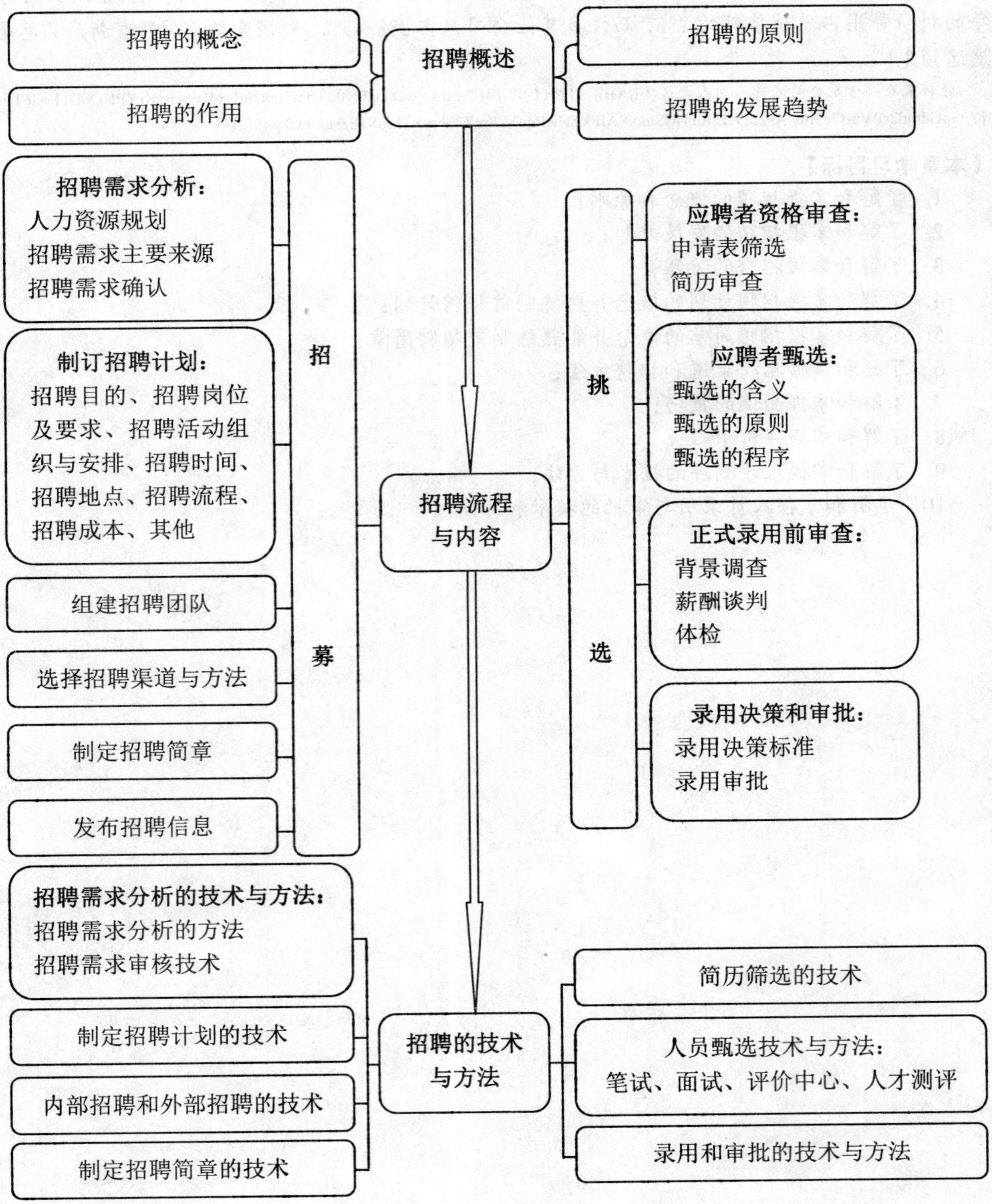
招聘的概念
招聘的作用
招聘概述
招聘的原则
招聘的发展趋势
招聘需求分析：
人力资源规划
招聘需求主要来源
招聘需求确认
制订招聘计划：
招聘目的、招聘岗位及要求、招聘活动组织与安排、招聘时间、招聘地点、招聘流程、招聘成本、其他
组建招聘团队
选择招聘渠道与方法
制定招聘简章
发布招聘信息
招
募
招聘流程与内容
挑
选
应聘者资格审查：
申请表筛选
简历审查
应聘者甄选：
甄选的含义
甄选的原则
甄选的程序
正式录用前审查：
背景调查
薪酬谈判
体检
录用决策和审批：
录用决策标准
录用审批
招聘需求分析的技术与方法：
招聘需求分析的方法
招聘需求审核技术
制定招聘计划的技术
内部招聘和外部招聘的技术
制定招聘简章的技术
招聘的技术与方法
简历筛选的技术
人员甄选技术与方法：
笔试、面试、评价中心、人才测评
录用和审批的技术与方法

第一节 招聘概述

一、招聘的概念

雷蒙德·A.诺伊（2001）等把招聘分为招募与甄选两个过程，招募就是企业以发现和吸引潜在雇员为目的而采取的任何做法与活动；甄选则是指企业决定哪些人将被允许加入企业而哪些人将不允许加入企业的过程。赵曙明（2009）认为招聘是指通过多种方法，把具有一定能力、技巧和其他特征的申请人吸引到企业组织空缺岗位上的过程。它由两个相对独立的过程组成：一是招募（Recruitment），以宣传来扩大影响，达到吸引人应征的目的；二是筛选（Selection），使用各种选择方法和技术挑选合格员工的过程。

综合各方面的观点，我们认为招聘就是组织通过各种科学技术与方法，寻找、吸引和挑选能够胜任岗位工作的合适人选填补组织中空缺岗位的过程。

招聘是获取人力资源的重要手段。如何分析、预测人员需求，如何通过合理有效的技术、工具招聘到合适的人员、实现人岗最佳匹配，这是企业招聘需要解决的重要问题。

员工招聘一般发生在新组织成立、现有岗位空缺、优化员工结构、组织业务范围扩大等情况下。

二、招聘的作用

员工招聘是人力资源管理中最基础的工作。招聘的作用具体表现在以下几个方面。

（一）人力资源获取的重要手段

通过招聘获取企业发展所需的人力资源是企业发展的保证。如果企业无法招聘到匹配企业发展需要的员工，企业难以永续发展。招聘与录用的目标就是保证企业人力资源得到充足的供应，使人力资源得到高效的配置。

（二）人力资源管理工作的基础

一方面，人员招聘与录用直接关系到企业人力资源的结构组成。另一方面，招聘与录用也是人力资源管理的基础。如果招聘的人员不能够胜任工作，或无法满足企业的需要，那么企业的绩效难以提高。

（三）人力资源投资的重要形式

从人力资源投资的角度看，招聘是企业人力资源投资的重要形式。人员的招聘与录用对企业产生成本，特别在人员招聘工作出现失误时，会对企业造成较大影响。因此，如果企业的招聘工作质量好，一方面能为企业减少由于人员录用不当而带来的损失；另一方面招聘到的优秀人员还能为企业持续创造价值。

（四）提高组织的形象与声誉

招聘工作需要严密、完整的策划。一次好的招聘策划与活动，既能吸引众多应聘者并为他们提供一个充分认识和展示自我的机会，也是企业打造雇主品牌、树立良好公众形象的机会。

（五）提高员工的积极性

由于人员流失或业务的拓展会产生岗位空缺，企业需要从外部渠道寻找合适的人员对岗位空缺进行填补，以使得企业的经营活动不因人员短缺而受到影响。招聘新员工对企业具有重要意义：① 引进“新”员工可以带来新思想、新思维，对原有人员队伍的思想进行冲击，带来新的活力；② “新”员工的加入会给“老”员工带来竞争的压力，使他们获得新的挑战，进而提高“老”员工的积极性。[①]

三、招聘的原则

（一）守法性原则

招聘过程中组织不能违背法律及社会公共利益的准则，招聘中应做到平等就业、公平竞争、不招录未成年人、照顾特殊群体、不歧视妇女、不违反法律法规而订立劳动合同。

（二）公开性原则

组织应该基于招聘需求和岗位特点，分析、选择合适的招聘渠道，将招聘岗位、数量、岗位要求、薪酬福利及应聘流程等信息通过多渠道向社会公开，以扩大招贤纳才的范围。多渠道的公开招聘可以：① 给予社会上的人以公平竞争的机会，达到广招人才的目的；② 接受社会监督，防止不正之风；③ 推广公司的形象。

（三）竞争性原则

竞争性原则是指根据测评和考核鉴别来确定人员的优劣及求职者的选择。为达到竞争目的，需要动员和吸引较多的应聘人员，严格考核程序和手段。

（四）平等性原则

平等性原则是指对所有应聘者一视同仁，不得有歧视性条款和不平等的限制及各种优先优惠政策，为所有应聘者提供平等竞争的机会。

（五）人岗匹配性原则

在选择岗位任职者时一定要注意应聘者与岗位的素质要求相匹配。任职人员的素质高于岗位要求，会造成人才高消费，浪费人才。任职人员的素质低于岗位要求，会强人所难，影响工作业绩。招聘的目的不一定是要招聘到最优秀的人才，而应量才录用、宁缺毋滥，做到人尽其才、用其所长、职得其人。

（六）择优性原则

企业需制定科学的考核程序和录用标准，并选择合适的评价工具、方法。根据不同的招聘岗位和要求，灵活运用各种招聘形式，用尽可能低的招聘成本录用高质量的员工，即在招聘的过程中应优先考虑企业的效率。一个岗位宁可暂时空缺，也不可让不合适的人员久居其位。

（七）全面性原则

全面性原则是指对应聘者从品德、知识、能力、智力、性格、个性特征、工作经验、工作

---

① 葛玉辉．招聘与录用管理实务[M]．北京：清华大学出版社，2011．

业绩等多方面进行全面评估。当然，在坚持全面评估的同时，对应聘者也不能求全责备。

（八）双向选择性原则

组织和应聘者应该在充分认知的基础上进行双向选择。在劳动力市场日渐完善的环境下，双向选择成为企业和应聘者的最佳选择。企业在人力市场上搜寻合适的应聘者，应聘者也在人力市场上寻找心仪的企业，双方在平等的法律地位面前、在充分认知的基础上作出选择。

（九）风险防范性原则

在招聘过程中，由于招聘者并不知道求职者的真实工作能力，求职者会采用各种手段提供虚假信息，影响组织的招聘决策，引发招聘的风险，给组织带来损失。组织可通过以下手段来规避风险。

（1）规范招聘流程，建立科学有效的招聘体系。为了防止招聘过程中的虚假现象，招聘者可通过制定包括确定招聘需求、发布招聘信息、告知聘用结果、对招聘工作本身的评估等在内的招聘流程和程序的招聘体系来层层设防。

（2）获取更多的求职者信息。招聘者应该主动收集求职者的信息，通过对求职者进行面试、心理测评等，以获取求职者的内隐信息，如个性、潜力、人格等。招聘者也可以通过前任雇主、求职者的毕业院校、猎头公司等各种渠道来核实求职者材料的真实性和能力评价。

（3）采用不同的招聘技术和方法。招聘者可以采取心理测验、专业技能测评、面试、情景模拟等技术和方法评估应聘者。

四、招聘的发展趋势

（一）通过雇主品牌建设来吸引求职者

随着经济发展进入新阶段，招聘的竞争日趋激烈。全球范围内的招聘人员均深信雇主品牌对吸引高素质人才有着巨大的影响。据 Edda Gultekin 在《雇主品牌价值何在》的调查中发现，强大的雇主品牌可将每次招聘成本降低 50%，使员工流动率降低 28%。

20 世纪 90 年代，英国资深管理专家赛蒙•巴洛（Simon Barrow）与伦敦商学院提姆•安博拉（Tim Ambler）教授提出雇主品牌概念。雇主品牌是以为核心雇员提供优质与特殊的服务和保障为基础，是雇主和雇员之间被广泛传播到其他的利益相关人、更大范围的社会群体以及潜在雇员的一种情感关系，通过各种方式表明企业是最值得期望和尊重的雇主。雇主品牌的主体是企业，载体是核心雇员，其理论以人力资本理论、心理契约理论和品牌资产理论为基础进行建立，并借助市场营销的方法，深入应用到企业的人力资源管理中。[①]

（二）网络技术影响越来越大

新技术的持续创新和发展，社交媒体、大数据、移动互联对招聘工作影响较大，新型招聘方式不断涌现。

1．社交移动招聘

以前，网络招聘因其信息量大、覆盖面广、平均招聘成本低、效率高及应聘者使用率高等优点而被大多数企业认可。但随着互联网向着移动端的扩展，移动社交越来越普及，社交型移动招聘也逐渐步入人们求职与招聘的过程中。社交型移动招聘的宗旨是“建立企业与应聘者、

---

① 黄颖秋．雇主品牌理念在企业招聘中的推广和运用[J]．福建师大福清分校学报，2013．

应聘者与应聘者间的在线交流社交平台”，通过这类平台建立其职业、行业小圈子，进而透过圈子让应聘者展示自我，也在一定程度上让企业透过应聘者的圈子作进一步的了解，帮助企业寻找及判断合适的人才。

2．微招聘

随着微信的出现和微信朋友圈的兴起，“微招聘”应运而生并获得大量的关注和运用。“微招聘”是指利用微信移动客户端进行招聘信息发布、传播和应聘者应聘意向收集等。一般来说，“微招聘”有两种应用方式：① 只通过微信传播招聘信息，传播方式包括图文信息发布、招聘海报发布、H5 微页面的宣传等，以风趣幽默的语言风格和与时俱进的网络流行语，迅速吸引年轻的应聘者；② 除了进行招聘信息宣传外，还开通了应聘者在线投递简历的功能，使得应聘者可直接在微信平台上填写个人信息、投递简历或通过单击跳转到简历投递网址，有效地把招聘宣传和简历管理两大功能结合起来。[①]

3．大数据的广泛运用

数据一直存在于人力资源管理领域。在人力资源管理过程中，会产生、涉及很多信息和数据，包括应聘者简历的个人信息、面试评价、测评分数等。当网络招聘越来越多地成为招聘领域主流手段时，互联网信息爆炸时代使得大数据对招聘环节的应用和结合越发重要。

企业根据招聘需求，通过定向挖掘、分析社交网络及数据库中的大数据，并将相应的结果运用到招聘中，实现精准、智能化及个性化的招聘信息推送、应聘者的推荐和筛选，帮助企业更高效地精准招聘。在具体实施中，企业可以通过大数据从应聘者的职业经历、专业影响力、业绩成果、性格匹配、职业倾向、工作期望值及行为模式等维度对应聘者进行考察评价，并能获得难以通过面试得到的兴趣特点、性格特点和社交圈等信息，协助企业对应聘者进行岗位匹配分析，为最终的招聘录用提供科学的指导依据。

（三）寻找被动型人才

根据职业社交公司 LinkedIn 发布的 2015 年报告，与全球其他国家的招聘行业相比，中国企业更倾向于招聘被动型人才。这表明企业在获得优秀人才的时候并不是由应聘者主动投递建立，更多的是需要企业主动去挖人才。同时据调查 79%的职场人士认为自己属于被动型，其中有 76%对目前工作满意，12%对当前的工作持“无所谓”态度。他们不会主动去查找招聘信息，更不会主动投递简历寻找工作，但如果企业招聘人员或猎头提供新的工作机会，83%的职场人士会表示“感兴趣”。因此，企业应更加主动地接触人才，而非被动地等人才投递简历，这也值得招聘人员加大精力投入。[②]

第二节　招聘的流程与内容

一、员工招聘的流程

员工招聘的流程包括分析招聘需求、制订招聘计划、组建招聘团队、选择招聘渠道与方法、

① 蔡伊琦．移动互联背景下人才招聘与员工培育新模式研究[J]．现代经济信息，2015（07）.

② LinkedIn．2015 年中国人才招聘趋势报告[R]，2015.

制定招聘简章、发布招聘信息、应聘者资格审查、应聘者甄选、正式录用前审查、聘用决策等程序。具体情况如图 4-1 所示。

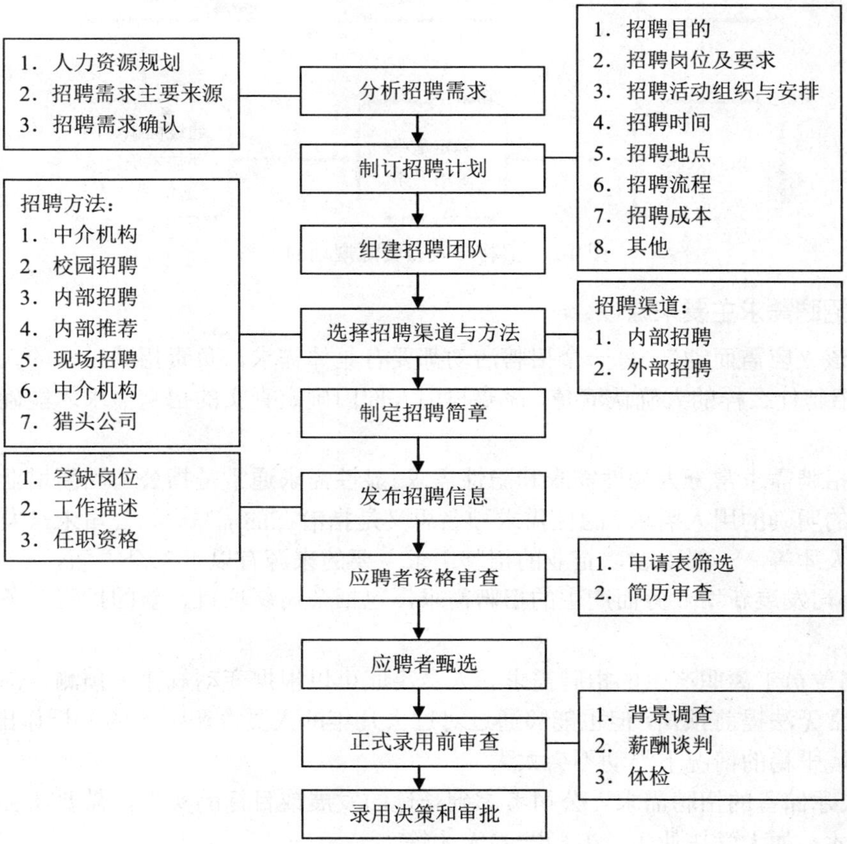

图 4-1 招聘流程图

二、招聘需求分析

(一) 人力资源规划

通过分析组织人力资源规划，使得组织能及时、准确地了解空缺的岗位、需补充的数量，并且确定所需员工能否从组织内部得到满足，如果不能，则应判断是否需要从组织外部进行招聘。人力资源规划是组织进行员工招聘的基础。招聘与人力资源规划的关系如图 4-2 所示。

人力资源规划作为招聘过程的第一步，整个过程可根据以下步骤进行。

（1）利用雇用规划和预测，确定招聘需求。

（2）通过招聘内外部的候选人建立一个候选人蓄水池。

（3）候选人填写申请表并进行面试。

（4）利用测评、背景调查等甄选方式确定合适的候选人。

（5）请用人部门及人力资源部确定最终录用名单。[①]

① [美]加里・德斯勒，[新]陈水华. 人力资源管理（亚洲版）[M]. 第 3 版. 赵曙明，高素英，译. 北京：机械工业出版社，2012.

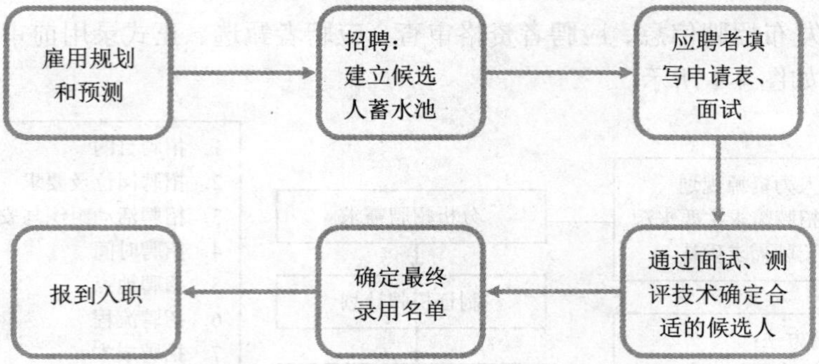

图 4-2　招聘与人力资源规划的关系

（二）招聘需求主要来源

招聘应该“应需而动”，每一个招聘活动都要有具体需求，负责招聘工作的人员需要把为什么招聘、招聘什么样的人确认清楚，需要与用人部门确定真实的招聘需求才能确定如何进行招聘。

企业的招聘需求常分为显性需求和隐性需求。显性需求通常是指公司因新增业务或员工离职直接产生的明确的用人需求。隐性需求顾名思义是指潜在的需求，如公司未来发展需要储备的某方面的人才等。一般而言，企业的招聘需求主要的来源有以下三个方面。

（1）公司发展新增业务而产生的招聘需求，包括公司新项目、新的扩张业务领域而提出的人员需求。

（2）岗位员工离职产生的招聘需求。人员离职可以根据变动规律来预测，部分离职而产生的空缺通常无法提前预知，但也能够通过对过去几年的人员离职情况的分析作出推算，通常公司经营环境平稳的情况下浮动不会太大。

（3）人才储备的招聘需求。公司考虑到长远的发展或目标的实现，需要储备一定数量的各类专门人才，如大学毕业生、专门技术人才等。

（三）招聘需求确认

在收到用人部门的招聘申请后，需要进行招聘需求的确认。根据用人部门提交的《招聘需求申请表》，明确招聘职位、任职要求、到岗时间等基本信息。如果是新设岗位，人力资源部需要进行工作分析，并制定工作说明书，明确工作职责任务和岗位任职要求后方可开始招聘工作。在用人部门提出招聘需求后，用人部门及人力资源部通常需要对需求进行审核和确认。一般分为两个步骤：① 用人部门对招聘需求进行自我审查与确认，确认提交的招聘需求是否符合公司制定的岗位编制和年度人力资源规划的要求；② 人力资源部、分管领导、总经理逐级进行审核，确定招聘需求的必要性、时间性以及相应的建议和要求。其中，人力资源部审核评估招聘需求的必要性及招聘时间进度的合理性，优先从内部优化配置资源，以符合组织发展规划及人力资源规划；分管领导和总经理从公司经营管理层面评估招聘需求的合理性和必要性，评估能否从优化流程和岗位的角度进行人力资源配置，更多关注战略性的人力资源及关键岗位的招聘需求。

三、制订招聘计划

在对公司人员需求进行分析预测的基础上，由人力资源管理部门负责制订招聘计划。招聘计划一般包括招聘目的、招聘岗位及要求、招聘活动组织与安排、招聘时间、招聘地点、招聘流程、招聘成本、其他等内容。

招聘计划是企业人力资源规划的补充或延续，它作为企业人力资源管理制度的重要组成部分，为招聘录用工作提供客观的依据、科学的规范和适用的方法，从而避免招聘录用过程中的盲目性和随意性。

（一）招聘目的

这部分主要是阐述招聘的目的与意义。企业招聘的目的一般有：① 填补岗位空缺，满足企业生产经营需要；② 获取高水平员工，提升企业竞争力；③ 优化员工结构，储备未来所需人才；④ 树立企业形象，建立雇主品牌等。

（二）招聘岗位及要求

企业通过多种途径确定招聘的需求后，人力资源部需要根据招聘的需求与用人部门明确招聘的岗位及岗位的相关要求。招聘岗位的要求一般结合岗位的任职要求和用人的其他要求补充，包括招聘数量、学历要求、经验要求、资格要求、工作内容、招录条件等。

（三）招聘活动组织与安排

根据招聘的岗位和要求，人力资源部的招聘负责人员需要进行招聘活动的组织与安排，也就是制订明确的招聘计划。有效的招聘计划离不开对招聘环境实施的分析，不仅包括对企业外部环境因素的分析，如对经济环境、劳动力市场及法律法规等规定，还包括对企业内部环境的分析，如企业的战略规划和发展计划、财务预算、组织文化、管理风格等。

招聘活动的组织与安排需要一定的策略，也就是为实现招聘计划而采取的具体策略。这些策略包括招聘地点策略、招聘时间策略、招聘渠道策略以及招聘中的组织宣传策略。

（四）招聘时间

组织应该确定招聘的开始与截止日期、招聘的有效期，以及招聘每一环节的时间安排。有些招聘是短期的，有期限的，超过时限就停止。有些招聘是长期的，无时间限制的。

（五）招聘地点

组织招聘的地点应该具体、明确且容易寻找。一般的招聘地点包括企业所在地、人才市场、应届大学生招聘会现场、各人才交流会现场等。

（六）招聘流程

与应聘者相关的招聘流程包括发布招聘信息、应聘者资格审查、甄选、正式录用前审查、聘用决策等程序，其中甄选中的面试是关键一环。下面重点介绍面试流程（见图 4-3）。

（1）面试导入阶段。这一阶段包括确定面试的目的、科学地设计面试问题、选择合适的面试类型、确定面试的时间和地点等。这一阶段一般由人力资源部的招聘工作人员与招聘组人员进行确认和安排。

（2）面试实施阶段。面试开始时应设计简短的拉近关系过程，面试官可以寒暄暖场，消除应聘者紧张的情绪，之后再过渡到面试评价环节。保持整个过程处于一种相对和谐、合适的面谈氛围，会更有利于面试官全面观察和了解应聘者的综合情况。

面试时通常采用灵活的提问和多样化的形式进一步观察和了解应聘者。可运用多种方法和技巧注意应聘者的行为与反应。所提问题可根据简历或应聘申请表中发现的疑点，先易后难逐一提出，尽量创造和谐自然的环境。

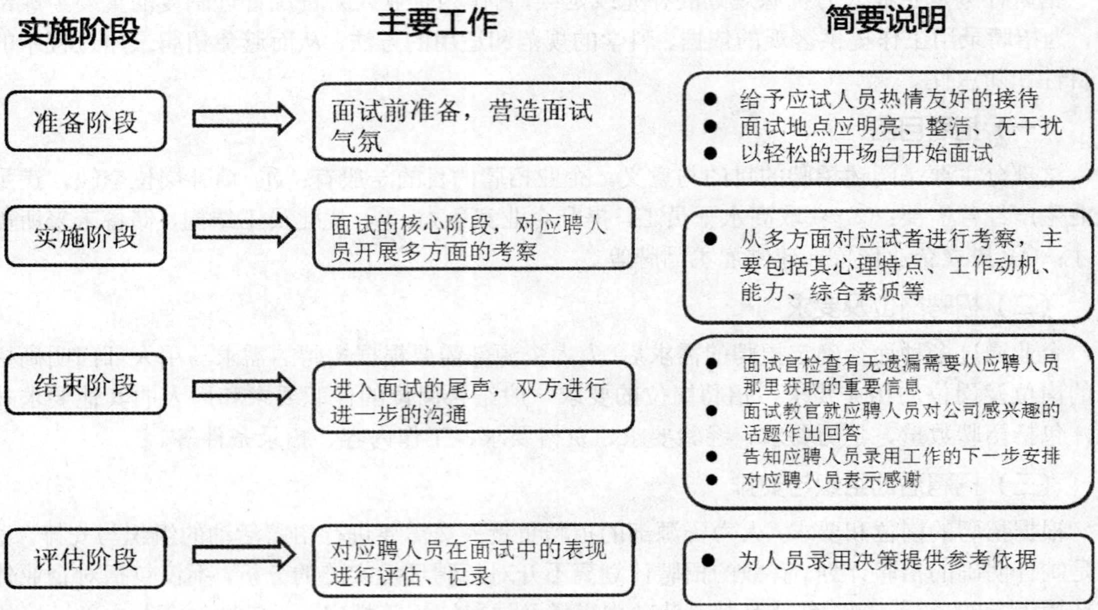

图 4-3　面试流程图[①]

（3）结束面试阶段。在面试结束之前，面试官应该给应聘者一个机会，询问应聘者想了解的问题。不管录用还是不录用，均应在友好的气氛中结束面试。如果对某一对象是否录用有分歧意见，不必急于下结论，还可安排第二次面试。最后，需及时整理好面试记录表。

（4）面试评估阶段。面试结束后，应根据面试记录表对应聘人员进行评估。评估可采用评语式评估或计分式评估。

（七）招聘成本

招聘成本可分为内部成本（Internal Costs）、直接成本（Direct Costs）和外部成本（External Costs）。内部成本包括企业内招聘专员的工资、福利、差旅费支出、新员工岗前培训费、新员工岗位技能培训费和其他管理费用。直接成本包括参加招聘会的成本、交通成本、面试成本、员工推荐人才奖励金、大学招聘费用、普通员工职业病体检费、员工身体健康体检费、员工信息调查核实费等。外部成本就是渠道成本、招聘广告成本、招聘外包成本、招聘代理和职业介绍机构成本、风险成本等。招聘成本的高低通常可用人均招聘成本表示。

$$人均招聘成本=\frac{内部成本+外部成本+直接成本}{招聘到岗人数}$$

（八）其他

主要是一些需要特别说明的问题及注意事项。

---

① 孙宗虎．人力资源部规范化管理工具箱[M]．第 3 版．北京：人民邮电出版社，2013．

四、组建招聘团队

（一）团队成员的挑选

一般而言，招聘团队应由企业高层管理人员、专业人力资源管理人员、用人部门经理、用人部门经验丰富的员工代表组成。招聘对象和招聘方法不同，招聘小组的成员构成也有所不同。例如，招聘中高层管理人员或公司所需的特殊人才时，招聘小组一般由人力资源部经理、总经理、外部聘请的专家组成。

招聘团队中，一个合格的面试官应满足如下条件：① 具有良好的个人品格和修养；② 掌握相关的专业知识；③ 熟练运用各种面试技巧，因为面试是技巧性很强的工作，面试官应该能利用各种面试技巧，准确、简捷地对应聘人员作出判断；④ 能够对应聘者作出客观、公正的评价，绝不能因某些非评价因素而影响了对应聘者的客观评价；⑤ 掌握相关人员测评技术，通过测评技术能评估和判断应聘者的素质和潜质；⑥ 了解公司状况及职位要求，因为对应聘职位和公司的状况有深入、全面的了解，有助于提升面试工作的质量，同时也可以帮助选拔出真正需要的人才。[①]在实际工作中，由于一些面试官是临时上阵，容易出现对岗位要求不熟悉而不能正确评价所选的人才的情况，也有可能在面试过程中暴露对工作的负面情绪等。

（二）确定团队成员的评价权重

确定了招聘团队的成员后，应确定各个招聘人员的评价权重。确定评价权重的方法有两种：① 为了确定各位招聘人员的评价权重，让他们对彼此进行评价，说出其他几名招聘人员的评价结果应该在总评价结果中占多大的比例；② 实施招聘测评，即根据招聘计划进行各种测评，如笔试、面试等，然后作出权重分配决策。

五、选择招聘渠道与方法

（一）招聘渠道

招聘渠道是实现招聘需求的基础。选择招聘渠道应该注意渠道的选择要达到招聘目的和要求，并在招聘到合适人员的情况下所花费的成本最小、现实且可操作。

内部招聘与外部招聘渠道的优缺点对比如表 4-1 所示。

表 4-1 内部招聘与外部招聘的对比

类　型	优　点	缺　点
内部招聘	1．组织对候选人的能力有清晰的认识，准确性高； 2．候选人了解工作要求和组织，可更快地适应工作； 3．奖励高绩效，有利于鼓舞员工士气； 4．组织培训投资得到回报； 5．招聘成本低	1．来源局限于企业内部，水平有限； 2．会导致“近亲繁殖”状态； 3．会导致追求提升的“政治性行为”； 4．需要有效的培训和评估系统； 5．可能会因操作不公或心理因素导致内部矛盾

① 孙宗虎．人力资源部规范化管理工具箱[M]．第 3 版．北京：人民邮电出版社，2013．

续表

类　型	优　点	缺　点
外部招聘	1．人员来源广，选择余地大，有利于招到一流人才； 2．新雇员能把新的技能和想法带入组织； 3．当内部有多人竞争而难以作出决策时，向外部招聘可在一定程度上平息或缓和内部竞争者之间的矛盾； 4．比培训内部员工成本低，节省培训投资； 5．降低徇私的可能性； 6．激励老员工保持竞争力，发展技能	1．对应聘者了解少，增加与招募和甄选相关的难度和风险； 2．新员工进入角色慢，需要更长的培训和适应阶段； 3．内部员工得不到机会，积极性可能受到影响； 4．新的候选人可能并不适合企业文化； 5．增加搜寻成本

（二）招聘方法

1．内部招聘

内部招聘是指公司在有职位空缺时面向企业内部的员工进行公开招聘，为内部员工提供更多的成长空间和竞争上岗的机会。内部招聘可增强员工的内部竞争和流动，激励员工，又能提高员工满意度，有利于公司内部人才的晋升、调动、轮岗，减少人员流失。该方法主要适合：① 高层次人才的选拔；② 对人员忠诚度要求比较高、重要且应熟悉企业情况的岗位。一些专业度较高的岗位不适合内部招聘。

2．内部推荐

内部推荐是指企业通过员工推荐其亲朋好友来应聘公司的职位而获得所需人才的方式。其最大的优点是企业和应聘者双方掌握的信息较为对称。应聘者可能通过介绍人更真实地了解招聘企业的情况及职位情况，加深员工对企业和岗位的了解；对企业而言，介绍人一般对所推荐的人员也比较了解，降低了企业的用人风险。许多企业都采取老员工推荐的方法来招聘新员工，部分企业为了鼓励员工推荐，还会出台一些奖励的措施。内部推荐就业具有招聘成本较小、成功率高、内部推荐人员会比较适合公司、针对性较好等优点，但也存在一定的风险，如老员工为了获取推荐金而随意推荐造成的用人风险，员工集中推荐同一地区、学校的人容易产生小利益团体等。内部推荐适合多数中小企业，比较适合一些专业度较高的岗位。在使用内部推荐方法时应该多接受工作业绩好的员工的推荐，并且适当给予推荐员工一些推荐奖金。

3．中介机构

中介机构一般是接受企业委托招聘业务，分别为企业和应聘者提供招聘与求职信息的平台。通常企业会通过中介机构发布招聘信息，中介机构负责组织、推荐应聘者到公司应聘，而应聘者选中合适的岗位后则向中介机构提交应聘申请。中介机构较多采取双向收费的形式，既向企业收费，也向应聘成功的应聘者收取一定的求职费用。中介机构发布的招聘信息多数为岗位低端、操作性质和批量招聘的岗位，较为适合大批量招聘的制造型企业或服务业。

4．网络招聘

网络招聘主要指企业在人才网站、公司网站等网络上发布招聘信息以及进行简历筛选和面试的一种方式。企业可以在本企业的网站上发布招聘信息，搭建招聘系统，也可以通过专业招聘网站等发布招聘信息，利用专业网站已有的系统进行相应的招聘活动。

网络招聘没有地域限制，受众人数大，覆盖面广，而且时效较长，可以在较短时间内获取大量的应聘者信息。通过网络求职的人员素质相对较好，较为适合中高端人才的招聘。但网络上的虚假信息和无用信息较多，因此网络招聘对简历筛选的要求会比较高。

5．现场招聘

现场招聘即是企业与应聘者通过第三方的场地，实现面对面投递简历和现场完成招聘面试的一种传统的招聘方式。现场招聘一般包括招聘会及人才市场两种方式。

（1）招聘会一般有相对特定的主题，由政府、学校、人才介绍机构组织和发起，如“制造业专场”、“百强企业专场”、“毕业生交流会”、“家具行业专场”、“研究生学历人才专场”或“IT 类人才专场”等。

专场的招聘会一般会根据学历层次、知识结构等区分，可使企业聚焦到特定的人群，有利于企业的初步筛选和节约时间成本。其局限性表现为如果企业需要同时招聘几种人才，就要参加多场不同的招聘会，从而提高了企业的招聘成本。

（2）人才市场一般是地区性的人才机构，会定期开设招聘会，时间、地点较为固定。企业根据需求到现场的展位进行招聘面试的工作。

现场招聘在投递简历时即能与应聘者进行面对面的交流，可直接筛选明显不合适的人员，减少企业简历筛选的时间。现场招聘也存在一定的局限性，如现场招聘并不适合高层次人才的招聘，同时应聘人员的地域性较强，应聘人员大多数为周边区域。

6．校园招聘

校园招聘是许多企业用于招聘管理及储备人员较为常用的一种招聘渠道。校园招聘的形式有定期海报宣传和校园网站的招聘信息发布、开招聘会、赞助校园文化活动、学术活动、设立奖学金、让学生到企业中实践、学校推荐等。还可采用校企合作的方式，企业与学校合办开设定向班，以定向培养、定向输送满足企业专业对口岗位的用人需求。校园招聘时企业应该注意如下事项：① 选派能力较强的招聘人员，大学生一般比较看重企业形象；② 对申请人的答复要及时；③ 公司各项政策能体现出公平、诚实和人性化。

7．猎头公司

猎头公司在招聘高端技术型人才和管理人才方面是目前企业的重要途径之一。猎头公司往往通过专业的人才搜寻手段和渠道搜寻高端人才，拥有优质、高端的人才库，实施专业管理并不断更新，所以较之传统的招聘渠道，猎头公司更能为企业招聘到所需的高端人才。但猎头公司向用人单位收取的服务费用较高，通常按所推荐人才年薪的20%～35%进行收费。由于招聘的周期较长，猎头公司不适用于招聘较紧急的岗位。

猎头公司招聘的流程大致如下：① 全面理解客户的需求；② 分析客户需求；③ 搜寻目标候选人；④ 对目标候选人进行接触和测评；⑤ 提交候选人的评价报告；⑥ 跟踪与替换。

世界著名的猎头公司有：① 光辉国际咨询顾问公司（Korn/Ferry International）；② 亿康先达国际咨询公司（Egon Zehnder International）；③ 史宾沙管理顾问咨询公司（Spencer Stuart Consultants）；④ 海德思哲国际有限公司（Heidrick & Struggles）；⑤ 海仕国际咨询有限公司（Hax International）；⑥ 科尼尔高级咨询公司（A.T. Kearney Executive Search）；⑦ 安立国际（Amrop AS）；⑧ 罗兰贝格尔国际有限公司（Roland Berger International）；⑨ 雷诺仕国际猎头（Russell Reynolds Associates）；⑩ 尼科尔森国际有限公司（Nicholson International）。

8．广告招聘

广告招聘是指组织通过电视、广播媒体、报纸、杂志、网络等媒体向求职者发布人才需求信息，以吸引符合组织要求的求职者的一种重要的外部招聘方法。

9．各种招聘方法比较

各种招聘方法的优势、劣势、整体分析及使用建议的对比如表 4-2 所示。

表 4-2 各种招聘方法的对比

<table>
<tr><th colspan="3">方法类别</th><th>优势</th><th>劣势</th><th>整体分析及使用建议</th></tr>
<tr><td rowspan="2">内部招聘</td><td colspan="2">内部招聘</td><td>1．花费很低；
2．内部人员对公司情况了解，工作上手快；
3．有利于公司内部人才的晋升、调动、轮岗，减少人员流失</td><td>1．增加培训成本；
2．易近亲繁殖，形成派系</td><td>1．主要适合提高人才的选拔；
2．通常这种方式用于那些对人员忠诚度要求比较高、重要且应熟悉企业情况的岗位；
3．一些专业度较高的岗位不适合内部招聘</td></tr>
<tr><td colspan="2">员工推荐</td><td>1．招聘成本较小；
2．成功率高；
3．内部推荐人员会比较适合公司的特点，针对性较好</td><td>1．受众面窄；
2．容易出现内部小帮派</td><td>1．适合多数中小企业
2．适合一些专业度较高的岗位；
3．多接受考核成绩好的员工的推荐，一般好员工推荐的人也比较优秀；
4．适当给予一些推荐奖金</td></tr>
<tr><td rowspan="2">网络招聘</td><td colspan="2">企业网站</td><td>花费最少</td><td>点击率是关键</td><td>点击率不高的情况下可以作为一种守株待兔的方式；点击率较高的情况下可行性就较高</td></tr>
<tr><td colspan="2">招聘网站</td><td>1．可随时发布招聘信息；
2．发布后管理方便；
3．受众面广、周期长、简历数量大</td><td>1．简历筛选量大；
2．应试率较低，岗位针对性不强</td><td>1．一般岗位可首选此渠道发布，如果刊登一周后发现效果不够理想，可考虑其他方式；
2．不太适合高级管理岗位</td></tr>
<tr><td rowspan="4">现场招聘</td><td rowspan="2">校园招聘</td><td>学校组织招聘会</td><td>花费少</td><td>竞争力比较大，知名企业、大企业更占优势</td><td>1．时刻保持与校方就业办联系，随时准备参加；
2．有时效性，一般是每年 11 月至次年 1 月</td></tr>
<tr><td>校企业联合专场</td><td>人数能得到极大的满足，也可提高企业知名度</td><td>花费相对较大，对知名企业、大企业批量招聘更适用</td><td>1．适合批量招聘
2．最好在校方准备招聘会前期举行；
3．需要做一些企业宣传的准备工作</td></tr>
<tr><td colspan="2">大型综合性招聘会</td><td rowspan="2">1．效率较高，可快速淘汰不合适的人选；
2．控制应聘者的数量和质量</td><td rowspan="2">1．花费较高，要投入一定的人力和场地；
2．有效周期短；
3．受展会主办方宣传推广力度影响，应聘者的数量和质量难以有效保证</td><td rowspan="2">1．适用于一般型人才的招聘；
2．如果没有大量的岗位需求和合适的大型招聘会（如每年春季的大型招聘会），建议不参加</td></tr>
<tr><td colspan="2">人才市场招聘会</td></tr>
<tr><td rowspan="3">广告招聘</td><td colspan="2">电视、广播媒体</td><td>覆盖面广，不易被求职者忽略，有利于提升企业的知名度</td><td>成本高，周期短，只能传递短信息，缺乏持久性</td><td>不适合中小企业操作</td></tr>
<tr><td colspan="2">报纸</td><td>传播范围广</td><td>花费较高；时效性短</td><td>1．普通企业招聘效果不够理想，不建议使用；
2．知名企业、大企业可以尝试</td></tr>
<tr><td colspan="2">杂志</td><td>1．专业杂志送达特定人群；
2．印刷质量较高；
3．时限较长</td><td>1．发行地域太广；
2．广告预约期较长</td><td>招聘专业人员，不受时间和地区的限制</td></tr>
</table>

续表

方法类别		优势	劣势	整体分析及使用建议
猎头招聘	猎头	1. 周期长、针对性强，可以保证招聘效果； 2. 利用猎头公司储备人才库、关系网络，在短期内快速、主动、定向地寻找企业所需要的人才	花费很高，通常为被猎成功人员年薪的20%～35%	1. 适用于中高层管理人才，以及难招的岗位和稀缺人才的招聘； 2. 要注意让猎头公司了解自己企业的用人特点和需求，建议长期使用一家猎头公司； 3. 注意避免猎头公司挖自己企业的人
网猎招聘	网络招聘与猎头结合	1. 网络招聘与猎头结合，网友向网站推荐人才，网站经过评估推荐给企业，相对于猎头公司招聘费用较低； 2. 轻松获得高质量简历	1. 信息真实度低，应用范围狭窄； 2. 技术和服务体系不完善； 3. 简历众多、筛选困难，无效信息量大，漏选合格候选人的可能性大	可留意一些网上咨询公司和招聘网站

六、制定招聘简章

招聘简章是企业组织招聘工作的依据，是企业的招聘工作的重要基础工作。招聘简章既是招聘的告示，也是招聘的宣传大纲。招聘简章的编写既要实事求是，又要热情洋溢、富有吸引力，以展现企业的文化、管理特点、优势和核心竞争力。

七、发布招聘信息

招聘信息发布是传递公司及岗位信息的主要方式，其可体现公司的形象，影响应聘者的求职意愿。招聘信息要规范、简洁、清晰，恰当地展示公司的实力和发展前景，吸引优秀的应聘者。另外，招聘信息要包括以下三个方面的内容。

（1）空缺岗位，即用人部门空缺的岗位名称、需求人数、岗位级别以及工作关系等。

（2）工作描述，即岗位工作职责、工作内容、工作要求、工作权限以及工作条件。

（3）任职资格，即学历要求、工作经验、专业知识、工作技能以及能力素质等。

招聘信息发布的渠道前文已详述，这里不再赘述。

八、应聘者资格审查

应聘者资格审查主要包括申请表筛选和简历审查。

（一）申请表筛选

申请表是指组织为收集申请人与应聘岗位有关的全部信息而专门设计的一种规范化的表格。通过分析申请者所填写的内容可使组织比较全面地了解申请者的历史资料。申请表按使用范围可划分为通用型和专用型；按是否作为选员依据可分为普通申请表和加权申请表。

1. 申请表筛选的作用

通过对申请表的筛查可以起到以下作用：① 对一些客观问题进行判断，如申请者的教育背景；② 对申请者过去的成长情况进行评价；③ 从申请者的工作经历中了解其工作的稳定性；④ 初步预测申请者是否适合某工作岗位。

2. 申请表筛选的注意事项

筛选申请表应注意如下事项：① 申请表是否填写完整；② 确定申请者是否看懂了且遵照申请表的指示填写；③ 确定自己是否看懂了申请者所提供的信息；④ 申请者提供的信息能不能起作用；⑤ 制定一张筛选申请表的调查表。

（二）简历审查

简历是申请者职业经历、教育背景、成就和知识技能的总结，既是个人一段生命历程的写照，也是个体的自我宣传广告。通常情况下，用人单位在发布招聘信息后，会收到大量的求职简历。对于一些比较受应聘者欢迎的用人单位来说，每年收到的简历可以用数以万计来计算。招聘人员面对大量简历，能否在较短的时间内挑选出合适的应聘者进入下一轮测评，对于有效的招聘来说有着决定性意义。

1. 简历的构成要素

应聘者的简历一般包括以下几个方面内容。

（1）基本信息：姓名、性别、年龄、学历、毕业院校、所学专业、个人身体特征。

（2）教育经历：上学经历和培训经历。

（3）工作经历：曾经从事过的工作。对于应届毕业生来说，则是个人从事的兼职和社会实践活动等。

（4）相关技能：掌握的相关技能以及获得的各种证书，如外语水平、计算机等级、操作资格证及荣誉证书等。

（5）自我评价：个人自身的特长、个性、兴趣爱好。

（6）求职意愿：意向职位、期望薪酬、期望工作地点及职业规划等。

2. 简历筛选的原则

简历筛选的原则是从岗位要求出发，挑选出匹配度最高的应聘者作进一步甄选。

（1）硬性条件判断去留。在简历筛选环节中，由岗位任职资格标准所规定必须要满足的基本条件是硬性条件。如应聘者的学历、专业、资格水平、性别、年龄、个人身体特征以及相关求职意愿等，这类条件由岗位本身的任职标准所决定，属硬性条件。如果应聘者自身条件与招聘岗位不符，一般情况下，求职者就无法通过简历筛选。简历筛选中的硬性条件可由企业根据岗位的特点及对岗位的要求等进行设定，在设定时可同时兼顾应聘人数及用人标准，以达到相对的平衡，如候选人少、岗位要求不高，可适当少设定；如候选人多、选人标准严，则可适当多设定一些条件。

（2）软性条件择优。软性条件主要指候选人过往的工作经历、绩效表现、过往成就及荣誉等信息。软性条件可作为简历筛选过程中的加分项，是进一步参考信息。同等硬性条件下，软性条件好的人会优先考虑。其本质是进一步筛选出与岗位要求最符合的候选人。

3. 简历审查应该注意的问题

简历审查时需注意如下问题：① 总体外观，是否整洁、规范以及是否有语法、文字错误；② 生涯结构，即时间上是否有连贯一致性；③ 经验，即过去做了什么；④ 教育培训，即教育水准如何，是否有专业证书，与工作有没有相关性；⑤ 参加组织；⑥ 证明人，即是否有推荐函或证明人。

九、应聘者甄选

（一）甄选的含义

应聘者甄选是指通过运用一定的工具和手段对应聘者进行鉴别和考察，区分他们的人格特点与知识技能水平，预测他们的未来工作绩效，从而最终挑选出企业所需要的、恰当的职位空缺填补者。[①]主要包括笔试、初步面试、诊断性面试和心理测评等内容。

应聘者甄选需要注意如下问题。

（1）人员甄选本质上包含两个方面的工作，一是准确对应聘者的知识、能力、个性特质及价值观进行评价；二是对应聘者未来进入企业后的工作绩效进行预测，以选择出最适合企业需要的人才。

（2）人员甄选的标准需要以岗位的任职资格标准作为依据，并严格作为人员录用的标准。

（3）人员甄选是由人力资源部和用人部门共同完成的，两者根据需要在整个甄选环节承担不同的角色和职责，但最终的录用决定应由用人部门作出。

（二）甄选的原则

1．适才适岗，人岗匹配

在招聘录用过程中，需要以岗位的特点及任职资格标准为基础，充分考虑每个应聘者的能力、性格、知识和技能水平，真正录用到与该岗位匹配度最高的人员，并且做到大贤大用，小贤小用，不贤不用，尽可能地将合适的人放在合适的岗位上，适才适岗。

2．公平公正，择优录用

对待应聘者，必须公平对待，一视同仁，同时招聘过程公开透明，评价结果客观公正，不得人为制造不平等的限制。考试、评价的程序必须要严格、科学，选择录用最适合于企业的应聘者。

3．合法合规，尊重他人

甄选的方式必须满足合法性的要求，不涉及应聘者的个人隐私问题，体现企业对每一个应聘者的充分尊重，避免产生不必要的法律纠纷。

（三）甄选的程序

在人员甄选环节，一般来说人员招聘工作按照如图 4-4 所示的程序进行。

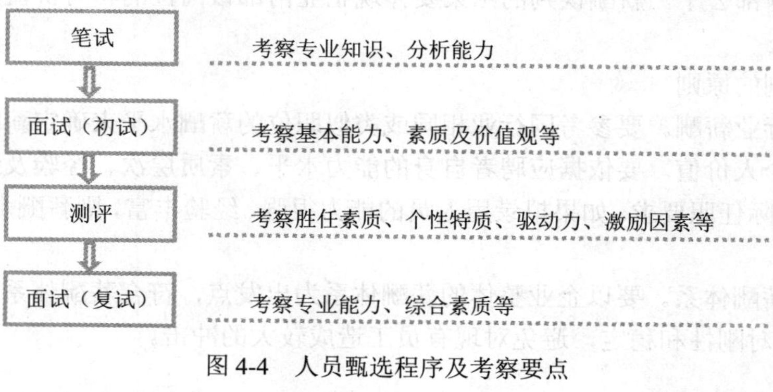

图 4-4　人员甄选程序及考察要点

[①] 董克用．人力资源管理概论[M]．北京：中国人民大学出版社，2011．

从图 4-4 可以看出，人员甄选的关键点为通过合理的甄选技术及程序，准确对应聘者的知识、技能、素质、个性及价值观等与胜任岗位相关的关键点进行评价。应聘者如果达不到相应要求，则会被及时淘汰，只有通过每一轮评价的应聘者才能进入下一环节的选拔。

在人员甄选过程的每一个环节都会有一定数量的应聘者因不符合要求而被淘汰，需要正确、妥善地处理好与落选者的关系。

十、正式录用前审查

（一）背景调查

对于应聘者过往工作经历，在面试过程中很难对其提供的材料的真伪进行判别，这就需要通过背景调查来核实应聘者提供的信息。背景调查是指通过从外部应聘者提供的证明人或以前工作的单位那里搜集资料，来核实应聘者的个人资料、个人品质、教育程度、工作经历、交往能力、工作能力、工作表现及就业限制条件的行为，是一种能直接证明应聘者信息真伪、工作状况及职业道德的有效方法。背景调查的资料来源有来自校方的推荐材料、有关原来工作情况的介绍材料、关于申请人财务状况的证明信、关于申请人所受法律强制方面的记录、来自推荐人的推荐材料等。

考虑到成本投入及岗位重要性程度，背景调查在实际运用过程中一般多用于核心、关键岗位如财务、技术、研发及中高层管理类岗位的人才招聘中；调查可以用人单位自己进行，也可委托外部机构进行。

同时，背景调查的过程中也需要遵循如下原则：① 调查需征得被调查人授权同意；② 尽量不涉及仍在职的公司；③ 仅调查了解工作相关的客观情况，不涉及个人隐私；④ 给予被调查人申辩的权利；⑤ 调查信息及结果保密。

（二）薪酬谈判

薪酬谈判是企业与拟录用人员就相关的薪酬福利进行沟通协商，一般包括工资、提成、加班费、奖金、分红、福利、社保、住房公积金、股权、期权等。

1．薪酬谈判的目标

（1）吸引与激励人才。薪酬谈判的结果要体现招聘岗位与人才的市场价值，达到岗位薪酬水平与人才能力之间的最优匹配。

（2）兼顾内部公平。薪酬谈判的结果要体现企业内部该岗位的相对价值定位与录用人员的相对价值水平。

2．薪酬谈判的原则

（1）参考行业薪酬。要参考同行业相同或类似职位的薪酬水平来确定薪酬。

（2）突出个人价值。要依据应聘者自身的能力水平、素质层次、经验及过往业绩情况，结合该岗位的实际任职要求。如果拟录用人员的能力很强、经验丰富，则薪酬水平可相应提高；反之则适当降低。

（3）符合薪酬体系。要以企业整体的薪酬体系为出发点，符合薪酬体系的相关要求，维护薪酬体系的相对刚性和稳定，避免对现有员工造成较大的冲击。

（三）体检

对拟录用人员，企业需要对其进行体格检查和评估，以评判拟录用人员的身体条件和健康水平是否符合企业要求。体检分为两个层次：① 一般的体格检查，无病即合格；② 对拟录用人员的机体能力、体质优劣、适应能力、反应能力进行检查，对于有些拟录用人员还需根据岗位和工种的特殊要求进行专门的体质检查。

十一、录用决策和审批

通过笔试、面试以及其他多种测评方法对应聘者进行甄选评价后，用人部门和人力资源部根据应聘者胜任该岗位的能力程度与匹配程度，作出录用决策。

（一）录用决策标准

录用决策是指对甄选评价过程中产生的信息进行综合评价与分析，确定每一个候选人的素质和能力特点，根据预先设计的人员录用标准进行挑选，选择出最合适的人员的过程。[①]

1．以岗位要求为标准

即以岗位要求为出发点，录用最符合岗位任职资格标准要求、匹配度最高的应聘者。这种方式在企业内部权责划分清晰，需要某类业务快速开展的情况下较为适用。让专业的人做专业的事。

其优点是招聘到的人员能够快速直接地胜任岗位工作，提高工作效率及质量，常常用于企业引进外部有经验人才；其缺点是外部人才进入公司后稳定性不高。

2．以人为标准

从人的角度出发，是否能够完全达到岗位任职要求并不是作为录用的唯一标准，还会兼顾应聘者的发展潜力，进入企业还需有针对性地进行培养。此种方式适合具备相对完善的岗位培训体系，以内部培养人才为主，实行内部多通道职业发展体系的企业。在实际中会多运用于企业内部人才及应届毕业生的甄选。

其优点是通过后期的培养及工作实践，能够较好地保证每个人都在自己最适合的岗位上工作，最大限度地发挥每个人的特长，适才适岗；缺点是需要企业一定的培养成本，对人力资源管理体系的规范性要求较高。

3．兼顾职业道德

职业道德是指人们在职业生活中应遵循的基本道德，即一般社会道德在职业生活中的具体体现，是职业品德、职业纪律、专业胜任能力及职业责任等的总称。例如，忠于职守、乐于奉献，实事求是、不弄虚作假，依法行事、严守秘密，公正透明、服务社会等，都属于员工的内在自律范围。职业道德是在人员录用决策时必须要考虑的要素，属于一票否决项，如职业道德较差，无论应聘者多优秀也不能录用。

4．认同企业文化

企业文化是连接公司各部门的纽带，也是公司全体员工共同的行为、价值观和共同的信仰。如果应聘者的价值观与公司企业文化一致，则应聘者今后对自己所从事的工作认同度会更高；反之，便会与企业产生对抗，进而影响到企业的持续发展。认同企业文化与职业道德一样，是在作出录用决策时必须要考虑的。

---

① 曾建权．人力资源管理理论和实务研究[D]．天津：天津大学，2003．

(二) 录用审批

对于通过背景调查的拟录用人员，在经过薪酬谈判达成一致之后，需公司内部各相关部门、管理人员进行审批并同意后，该应聘者正式转变为拟录用人员，并可到公司报到。录用审批属于招聘流程中的最后一个步骤，由于不同公司的管理要求、岗位性质不同，因此在企业内部岗位之间的录用审批的流程并不完全一致，如一线的操作员工仅需要用人部门和人力资源部同意后即可录用，而本科及以上的岗位除用人部门及人力资源部同意之外，还需公司总经理审批同意才能录用。

1．录用审批注意事项

（1）对应聘者的胜任能力进行系统的评估与比较。公司需要对应聘者的胜任能力进行系统的评估与比较，对候选人的胜任力各项指标按层级进行分类或打分，并列举其主要的优势和劣势，再进行横向比较后作出决策。在制定面试标准时，对相关的评价指标设定权重是十分有效的方法，这样可保证最终录用的员工是综合评估后胜任该岗位最适合的人，而不是某一方面特别强或综合能力平平的人。

（2）录用的标准设定要适合。录用的标准设定过高，期望招聘到最优秀的人才；录用的标准设定过低，达不到岗位的基本要求，这两种情况均不是合适的。这是因为虽然最优秀的人员或许不止达到甚至远远超出了职位要求，但公司提供的薪酬及发展未必能够满足其要求，而达不到岗位基本要求或关键素质项的人员，即使后天再努力，可能也无法完全胜任。

（3）录用决策务必及时。应聘者在找工作时往往会投递多份简历，越是优秀的人才其选择的机会也越多，如果录用决策迟迟无法作出，那么很可能会被其他企业所雇佣。尽快作出决策也并非意味着草率决策，而是要根据用人标准作出准确的录用决策。

（4）适当准备备选人员。如条件允许，录用时可适当准备备选人员。因为在后续的背景调查、薪酬谈判、入职体检等环节，极可能出现录用人员因故无法入职的问题，此时如果有备选人员的话，可直接安排补录填补岗位空缺，提高招聘效率的同时尽可能地减少对用人部门业务开展的影响。

2．录用通知

在正式确定录用人员之后，人力资源部负责向录用人员发送录用通知。录用通知的形式可以分为书面通知、邮件通知、电话通知等。在实际的实施过程中，较好的做法是采用先电话通知，再用书面或邮件通知。通过电话沟通可拉近应聘者与企业间的关系，让其感受到企业的重视；而书面或邮件的形式发送正式的“录用 offer”，可显示企业管理的规范性。

第三节 招聘的技术与方法

一、员工招聘需求分析的技术与方法

(一) 招聘需求分析的方法

1．搜集岗位信息

岗位信息包括现有的岗位说明书、组织架构、以往任职者的履职情况等主要资料。可以通过任职者访谈、绩优者分析等方式搜集岗位任职要素。

2．整理岗位信息

所有与岗位相关的信息可以被整合成四个主要方面。

（1）职责要求。根据岗位所在业务流程的环节，承担业务流程的相应职责，包括职责的内容、职责范围和影响程度。

（2）工作关系。岗位在组织中所处的关系以及所处的工作条件及环境。

（3）任职要求。岗位任职者具备什么样的知识、技能和素质，有哪些具体的绩效考核指标和要点。

（4）发展需要。岗位面临的变化，包括业务的调整、岗位职责和任务的变化。

3．汇总岗位任职要求

从知识、技能、经验、素质等维度，对上述信息加以汇总，形成岗位用人要求。

4．分析招聘渠道

招聘渠道可分为外部招聘和内部招聘。主要从与要达到招聘目的和要求的关系、招聘成本、现实且可操作等方面来对招聘渠道进行分析。

（二）招聘需求审核技术

1．招聘需求审核内容（见表 4-3）

表 4-3　招聘需求审核内容

审核对象	审核内容
需求部门自审	1．人员需求分析的依据是否充分？ 2．岗位设置依据是否合理？ 3．是否符合定岗定编计划？
人力资源部审核	1．是否符合定岗定编计划，编制外的是何原因？ 2．组织内部是否有人员调整、补充？ 3．有无替代方案，包括业务流程再造、岗位删减、合并等？ 4．招聘时间是否合理？
分管领导或总经理审批	1．招聘岗位是否为关键岗位或战略性的人力资源？ 2．评估产生招聘需求的真正原因？ 3．能否通过内部优化配置满足招聘需求？

2．招聘需求申请表（见表 4-4）

二、制订招聘计划的技术

（一）招聘岗位及要求

由各部门提交招聘需求后，人力资源部汇总招聘岗位和要求，制订出招聘计划表。相关的招聘岗位及招聘要求的注意事项如下。

（1）招聘岗位的名称对内、对外具有一致性。不少企业在对外招聘时，为了吸引应聘者，会将岗位的名称进行美化。这种行为特别容易造成人才录用后的信息不对称并引起不满。

（2）岗位的要求应以岗位的工作任职说明书为准。

表 4-4 招聘需求申请表

<table>
<tr><td colspan="2">申请部门</td><td></td><td>招聘范围</td><td>□公司内　□公司外</td></tr>
<tr><td colspan="2">招聘岗位</td><td></td><td>招聘数量</td><td></td></tr>
<tr><td colspan="2">招聘形式</td><td colspan="3"></td></tr>
<tr><td colspan="2">希望到岗时间</td><td colspan="3"></td></tr>
<tr><td colspan="2">招聘性质</td><td colspan="3">□岗位空缺　□人才储备　□其他</td></tr>
<tr><td colspan="5">职位描述（工作职责）</td></tr>
<tr><td rowspan="9">要求</td><td>性　别</td><td colspan="3"></td></tr>
<tr><td>学　历</td><td colspan="3"></td></tr>
<tr><td>专　业</td><td colspan="3"></td></tr>
<tr><td>外　语</td><td colspan="3"></td></tr>
<tr><td>计算机</td><td colspan="3"></td></tr>
<tr><td>经　验</td><td colspan="3"></td></tr>
<tr><td>年龄及婚姻</td><td colspan="3"></td></tr>
<tr><td>个性及素质</td><td colspan="3"></td></tr>
<tr><td>其他优先条件</td><td colspan="3"></td></tr>
<tr><td colspan="5">用人部门意见：
签名：</td></tr>
<tr><td colspan="5">人力资源部意见：
签名：</td></tr>
<tr><td colspan="5">总经理意见：
签名：</td></tr>
</table>

（3）岗位的招聘数量需要明确。

（4）工作时长、工作性质和薪酬待遇以及其他方面的要求也需要与用人部门进行明确。

（5）如果企业通过微信发布招聘信息，也需要注意在微信或其他互联网招聘渠道中发布的招聘岗位和要求与其他渠道的招聘简章信息一致。

（二）招聘活动组织与安排

（1）选定招聘渠道，采用相应的招聘方式对外发布招聘信息。

（2）人力资源部接收应聘材料，并根据各部门对招聘人员的素质和技能要求进行初步筛选。

（3）人力资源部向初选合格人员发送面试通知，并要求其面试时提供学历证书、身体证明等相关证件。

（4）初试由人力资源部和用人部门共同负责，主要是对应聘人员的智力、品德、经验、能力等进行综合考察和评价，并选拔出合格人员进入复试。

（5）复试人员由用人部门分管领导、人力资源部人员共同组成。

（三）面试流程

面试主要是测评应聘者是否适应职位要求的基本条件，包括职位要求的基础素质和实际工作能力，与职位相关的知识、经验、性格和价值观等。面试的方法包括以下三种。

（1）笔试。一般会安排在面试之前，包括一般的智力测验、专业知识技能测验、领导能力测评、综合能力测评、个性特征测评等。

（2）初试。主要对应聘者的基本素质、基本的知识和技能、价值取向等方面作出判断。

（3）复试。根据初试的情况而定，主要对初试通过者与岗位的契合度进行考察。

（四）招聘团队组建

高素质的招聘团队是一个分工专业、细致的招聘组织。例如，招聘团队中有以下人员，则更为专业和高效。

（1）参与岗位分析的相关人员。招聘团队中如果有参与招聘岗位工作分析的相关人员，则可以针对招聘岗位提出应聘者的素质要求，这样能避免空泛的提问和谈话，做到有据可循，能更好地帮助找到合适的人员。

（2）掌握职业兴趣分析的人员。一般来说，了解职业兴趣的人员是人力资源部招聘的专业人员，能针对应聘者的职业兴趣和爱好、志向，分析其是否适合招聘的岗位。

（3）专业技术人员。由于专业对口，能在面试中直接提供与岗位相应的专业知识和考核相关的专业技能，对应聘者的专业水平和能力提出专业的发展建议。

一支人员搭配合理的招聘团队，是招聘到最适合的人员的基本条件。在组织招聘团队时，尤其在面试前，人力资源部应该对面试官进行相应的培训。招聘的专业化训练的内容主要包括公司的介绍和职位介绍、面试技巧的培训、面试的礼仪、常见的应聘问题应对等，这些内容可以邀请部门负责人、人力资源管理人员进行专业的培训，以使招聘团队专业化。

（五）招聘计划范例

以下是招聘计划书的范例。

××公司招聘计划

一、招聘目的

随着公司规模不断扩大，人才需求日益增加，为了更好地满足公司对人才的需求，优化公司员工结构，提高公司员工素质，特制订本招聘计划。

二、招聘人员需求

本次招聘计划人数为____40____名，其中：

职务名称	人员数量	基本要求	备注 （每个职位应聘者要注意的问题）
销售代表	20	要求本科以上学历，35 岁以下	
软件工程师	10	要求本科以上学历，30 岁以下	
行政管理人员	8	要求大专以上学历，女性，30 岁以下	

三、招聘小组

组长：______，公司人力资源部部长，对招聘活动全面负责。

副组长：______，公司综合部部长，负责行政管理人员面试。

成员：

______，销售部副部长，负责销售代表面试。

______，（人力资源部招聘专员）具体负责招聘信息发布、面试、笔试安排。

______，（人力资源部薪酬专员）具体负责应聘人员接待、应聘资料整理。

四、招聘渠道和地点

1. 招聘渠道

（1）以网络招聘为主，兼顾报刊、猎头、内部推荐等。网络招聘渠道有前程无忧人才网、智联招聘、58 同城、赶集网、中华英才网、腾讯微博、搜狐微博、微信等（具体视情况另定）。

（2）现场招聘：××人才市场为主。

（3）其他方式（海报、传单）：在公司附近主要小区、公寓发放传单，张贴海报。

（4）补充招聘途径：社会上组织的一些免费招聘会、内部员工推荐和人才中介。

2. 招聘地点

华南地区，主要集中在珠三角地区；××大学。

五、信息发布时间和渠道

1. ××月××日，××日报

2. ××月××日，×××招聘网站

六、选拔方案及时间安排

1. 软件工程师

（1）资料筛选，截至××月××日，负责人：开发部经理。

（2）初试（面试），××月××日，负责人：开发部经理。

（3）复试（笔试），××月××日，负责人：开发部命题小组。

2. 销售代表

（1）资料筛选，截至××月××日，负责人：销售部经理。

（2）初试（面试），××月××日，负责人：销售部经理。

（3）复试（笔试），××月××日，负责人：销售部副总经理。

3. 行政管理人员

（1）资料筛选，截至××月××日，负责人：行政部经理。

（2）面试，××月××日，负责人：行政部经理。

（3）复试（笔试），××月××日，负责人：行政部副总经理。

七、新员工的上岗时间

预计在××月××日左右。

八、费用招聘预算

1. ××日报广告刊登费×××元

2. ×××招聘网站信息刊登费×××元

合计：×××元

九、招聘工作时间表

1. ××月××日：起草招聘广告

2. ××月××日—××月××日：进行招聘广告版面设计

3. ××月××日：与报社、网站进行联系

4. ××月××日：报社、网站刊登广告

5. ××月××日—××月××日：接待应聘者、整理应聘资料、对资料进行筛选

6. ××月××日：通知应聘者面试

7. ××月××日：进行面试

8. ××月××日：进行软件工程师笔试（复试）、销售代表面试（复试）、行政文员面试（复试）

9. ××月××日：向通过复试的人员通知录用

10. ××月××日：新员工上班

十、入职培训

1. 新员工入职必须证件齐全且有效。

2. 新人入职当天，人事行政部应告知基本日常管理规定。

3. 办理好入职手续后，即安排相关培训行程（通常由部门培训），培训计划要求应由各部提出并与人力资源部讨论确定。

4. 转正时，人事行政部应严格按培训计划进行审核把关，对培训效果不理想或不能胜任者，可以沟通后延迟转正。

十一、招聘效果统计分析

1. 人力资源部应及时进行全面的招聘效果统计分析。

2. 根据效果分析的结果，调整改进工作。

十二、其他注意事项

1. 做到宁缺毋滥，认真筛选，部门负责人不允许以尝试的态度对待招聘工作。

2. 对应聘者的心态要很好地把握，要求应聘者具备敬业精神和正确的金钱观。

3. 要注重应聘者在职业方面的技能，不要被头脑中的职位要求所限制。

4. 在面试前要做好充分的准备工作（有关面试问答、笔试等方面），并要求注意个人着装等整体形象。

5. 接待前来应聘人员时须热情、礼貌、言行得体大方，严禁与应聘人员发生争执。

6. 招聘过程中若有疑问，请向人事行政部经理咨询。

××公司

××××年××月××日

三、内部招聘和外部招聘的技术

人力资源部要根据职位级别和岗位要求的不同选择合适的招聘渠道。

（一）内部招聘

内部调动人员考评表（见表4-5）、招工推荐表（见表4-6）是企业进行内部招聘比较常用的两项工具。

表 4-5　公司内部调动人员考评表

招聘部门：　　　　　招聘岗位：

日期：　　　年　　月　　日

姓名		员工号		性别		年龄		学历	
部门		岗位				入职时间		电话	
毕业院校				所学专业					
现部门意见	签名：								
以下由用人部门经理或用人部门经理和该岗位直属上级主管进行考评：									

考评要素	权重分配 总分 100 分	考评等级 （根据每项权重分配和等级所占比例打出具体分数）				
		差 20%～30%	较差 30%～40%	一般 50%～60%	较好 70%～80%	好 90%～100%
总得分：						
考评人员签名：						
备注说明：						

用人部门意见	签名：________	人力资源部意见	签名：________	总经理意见	签名：________

表 4-6　公司招工推荐表

用人部门：

推荐日期：　　　年　　月　　日

姓名		性别		出生年月		身高	
学历		专业			毕业院校		
身份证号码				家庭住址			
推荐人部门		推荐人员工号		推荐人签名			
联系人		联系电话			推荐人部门确认签名		
部门面试录用意见： 用人部门负责人： 年　　月　　日							

（二）外部招聘

岗位申请表（见表 4-7）、应聘申请表（见表 4-8）是外部招聘常用的两种工具。

表 4-7 公司岗位申请表

- 感谢你应聘本公司，请如实填写下表，这将被视为你进入本公司诚信的一部分，并有助于我们进一步了解你。
- 如你有亲属在本公司（含子公司）就职，请务必清楚了解亲属的就职信息并填写至申请表指定位置。亲属包括配偶、未婚夫/妻，父母、子女等直系亲属和兄弟姐妹、叔姨侄等旁系亲属。
- 请将你的简历和成绩表，以及可证明你个人业绩或专业素质的资料，与申请表一并提交。
- 你申请的职位表明了你希望的发展方向，公司在录用后可能根据公司的培养方式和实际情况在相关领域内进行适当的调整，必要时将与你进行说明。

◆申请职位（申请职位优先顺序）：①____________ ②____________

☐应届毕业生 ☐往届毕业生

◆个人资料

姓　　名		性　　别	☐男 ☐女
毕业院校		民　　族	
最高学历		籍贯（省市）	
专　　业		政治面貌	
毕业时间		联系电话	

◆技能

外语	等级/程度/成绩	其他（计算机等）	等级/程度/成绩

◆参加过的主要学术、社会或专业方面的社团活动（从最重要开始）

社团活动	担任职务	起止时间	简要介绍

◆专业课成绩（应届生填写，列举主要专业课程成绩）

课程	成绩	课程	成绩	课程	成绩

总成绩班级/年级排名（top）	10%		25%		50%		后 50%
专业课成绩排名（top）	10%		25%		50%		后 50%

◆工作或实习经历 ☐无工作或实习经历

公司名称		聘用时间	年　月— 年　月
公司详细地址		联系电话	
担任职位		月收入	
离职原因			

◆有亲属供职于本公司（含子公司） ☐无亲属供职于本公司（含子公司）

姓名	公司名称	部门	职位	与本人关系

◆你应聘我司主要看重下列哪些因素（最多选三项）

☐企业规模性质 ☐薪酬福利 ☐晋升机会 ☐工作时间 ☐工作地点

☐工作内容 ☐工作环境 ☐企业文化 ☐培训与发展机会

☐其他（请注明）：____________________

续表

◆期望年收入			
工作第一年的收入		工作一年后的收入	
备　注			
◆声明 本人保证上述所填报材料真实无误，并愿意承担因材料不真实、不完整而造成的一切后果。 签名：　　　　　　日期：			

表 4-8　公司应聘申请表

◆应聘情况				
应聘职位				
◆个人资料				
姓　名		性　别	□男　□女	
学　历		民　族	汉　□______	
身份证号		籍　贯		
家庭地址		现居住地		
婚姻状况	□未婚 □已婚 □离异	既往病史	□无　□______	
联系电话		特长爱好		
◆家庭情况				
姓　名	与本人关系	工作/学习单位	职　务	联系电话
◆有亲属供职于本公司（含子公司）　□无亲属供职于本公司（含子公司）				
姓　名	公司名称	部　门	职　位	与本人关系
◆技能				
资格证书		常用办公软件	□熟练 □会用 □不会	
其他技能或特长				
◆教育经历（填写最高学历）				
学校名称	专业	学历	起止时间	
			年　月—　年　月	
◆工作经历　□无工作经历				
公司名称		工作时间	年　月—　年　月	
公司地址		联系电话		
担任职位		月收入		
离职原因				
◆其他				
期望月薪	期望福利	其他说明		
◆声明 本人保证以上各项资料均准确完整并真实无误，并同意公司有关人员查询验证，如有虚假或隐瞒，本人愿意接受公司任何处理。 申请人签名：　　　　　　申请日期：				

四、制定招聘简章的技术

（一）招聘简章的内容

招聘简章是将招聘信息清晰化。根据《就业报务与就业管理规定》第十一条的规定，招用人员简章应当包括以下内容：① 用人单位基本情况；② 招用人数；③ 工作内容；④ 招录条件；⑤ 劳动报酬；⑥ 福利待遇；⑦ 社会保险等内容；⑧ 法律、法规规定的其他内容。

除以上法律规定的内容外，还需增加报名时间、地点、证件、费用，测评内容、时间、地点和试用期等。

招聘简章中不得包含歧视性内容，歧视性的内容根据《中华人民共和国就业促进法》和《就业服务与就业管理规定》（劳动保障部28号令）的相关规定具体包括：① 劳动者的民族；② 劳动者的种族；③ 劳动者的性别；④ 劳动者的宗教信仰；⑤ 劳动者的户籍；⑥ 其他歧视性内容。

（二）招聘简章应达到的效果

（1）能引起求职者对招聘广告的注意。

（2）引起求职者对工作的兴趣。

（3）引起求职者申请工作的意愿。

（4）鼓励求职者积极采取行动。

（5）准确传达组织和职位信息，不误导求职者。

（6）帮助求职者形成合理的心理契约。

（三）招聘简章范例

FSK科技集团招聘简章

一、公司简介

FSK科技集团是HH精密工业股份有限公司1988年在深圳投资兴办的高科技企业。产品广泛涉足计算机、通信、消费性电子、汽车、通路、数字内容等6C产业的多个领域，成为全球最大的计算机连接器和计算机准系统生产厂商。与Intel、IBM、DELL、NOKIA、MOTOROLA、SONY、联想、海尔等全球顶尖领导厂商结成长期策略联盟。

集团现拥有员工60余万人，在深圳、昆山、太原、烟台、上海、北京等地设有近40家全资子公司，在苏格兰、爱尔兰、捷克、美国等地设立海外制造中心及遍布全球的60余个国际分支机构。

集团成为中国大陆出口首家突破百亿美元的龙头企业（集团旗下鸿富锦精密工业（深圳）有限公司已连续三年出口额全国第一）、全球第一大EMS厂，连续8年入选美国《商业周刊》发布的全球信息技术公司100大排行榜，2007年跃居美国《财富》杂志发布的世界500强企业第154名，也是全球华人企业500强第9位。

二、招聘标准

1. 学校资质

具备合法的办学许可资格证明。

2. 学员要求

（1）学籍：中专或高中以上。

（2）学制：≥2 年。

（3）年龄：16 周以上。

（4）身份证明：真实有效（必须与本人情况一致）。

（5）视力：裸眼视力≥0.3 以上。

（6）体检：无任何传染性疾病以及心脏病等其他足以影响集团员工团体健康的疾病。

（7）体能素质：灵活性、协调性、精神状态符合岗位作业要求，无纹身等。

（8）身高：男 163cm 以上，女 153cm 以上。

三、作息与薪酬

作息时间	每周五天（40h）工作制，每日加班时数≤2.5h，每周休息 1 天
月度收入情况	① 员工标准底薪为 1 550 元，加班按劳动法；年资 6 个月以上，经考核底薪 1 700～2 200 元； ② 标准薪资加上加班费等，月收入在 2 500～4 000 元
加班费	周一至周五按 1.5 倍，周六、周日按 2 倍，法定节假日按 3 倍支付
奖金	① 年终奖； ② 持续服务奖； 上述奖金视集团营运绩效及个人绩效核定
调薪	① 试用期满合格者转正，统一调薪； ② 每年度依据个人绩效调薪一次； ③ 绩优个人可申请专案调薪
浮动奖金	① 工作提案改善奖金； ② 集团内部刊物投稿，一经采纳将发放相应稿费； ③ 集团组织的各项文化比赛都设有奖金

四、食宿情况

集团为员工提供免费食宿	
伙食	① 员工伙食标准为 11 元/天 ② 早餐：自助（原则：不可浪费） 中餐：自助（原则：不可浪费） 晚餐：自助（原则：不可浪费）
住宿	① 集团宿舍皆配备有风扇、热水、自饮饮水机等设备供员工使用； ② 免费洗衣（由专业的洗衣公司为员工洗衣）； ③ 在园区外的宿舍，集团提供大巴车免费接送上下班

五、福利待遇

1. 保险办理

公司依当地政府相关法规为员工缴纳社会保险。

2. 假期

法定假 11 天。

3. 培训

公司有完善的训练体系，开设各类课程协助员工提升知识与技能，免费为员工提供职前、在职培训机会，并设各类学历教育。

4. 招调工

凡公司员工符合集团和当地政府招、调工资格条件，可通过招、调工将户口等迁往工作所在地。

5. 文娱活动

集团创办大型内部刊物《鸿桥》《技术与品质》，图书室藏书 90 000 余册，游泳池、田径场地、篮球场、娱乐室等体育设备一流，每年举办运动会、假日舞会、郊游等大型文娱活动，成立篮球、排球、舞蹈、棋类、书法等多个社团。

6. 摸彩晚会

每年举办一次摸彩晚会，最高奖金为 5 万元，中奖率≥20%。

7. 配套设施

园区内银行（各大银行都设置有自动取款机）、邮局、超市、医疗机构等齐全，为员工提供了极大的便利。

8. 入职准备资料

身份证原件、身份证复印件三张，相片三张，自带笔填入职表。

六、联系方式

网址：http://××××××.com

邮箱：×××@××××

联系电话：×××××××

五、简历筛选的技术

相对来讲，简历筛选的主观性较强，难以把握。由于应聘者撰写和制作的简历在内容上会出现大量的无关、过度美化甚至是虚假的信息，因此，在简历筛选过程中需要通过一定的技巧来识别这类信息。

（一）审核客观内容

简历的内容大体上可以分为两部分，即主观内容和客观内容。在筛选简历时，注意力要放在客观内容上。客观内容主要分为四个方面：① 个人信息，包括姓名、性别、民族、年龄、学历等；② 受教育经历，包括上学经历和培训经历等；③ 工作经历，包括工作单位、起止时间、工作内容、参与项目名称等；④ 个人成绩，包括学校、工作单位的各种奖励等。

主观内容主要包括应聘者对自己的描述，如“本人开朗乐观、勤学好问”等。

（二）审查逻辑性

在工作经历和个人成绩方面，要注意简历的描述是否有条理，是否符合逻辑，识别出不合理甚至是虚假的地方。在审查时可从信息模糊、不符合逻辑、匹配性三个方面进行。

1. 关注“模糊”信息

（1）水平模糊：描述模糊，难以量化，如“英语水平，具有较强的英语听说读写能力”。

（2）经历模糊：教育经历中的类型含糊，如本科学历也存在“自考”与“统招”的区别。

（3）时间模糊：部分经历中的起止时间模糊，如“2011—2015 ××大学 人力资源管理专业；2016 至今 ××公司人力资源部”。

2．警惕“逻辑合理性”

在筛选简历时，要关注简历中的关键信息的逻辑性，如简历中的描述是否符合逻辑、经历及职位是否真实、是否存在自相矛盾的内容等。例如，“之前任职高级职位，现在应聘普通职位”“应届大学生在兼职时负责某公司的销售工作”“应聘者自我评价细致耐心，但简历中存在多个错别字”等。

3．注重“匹配性”

应聘者的个人基本条件应该与所招聘岗位及公司的文化相匹配，这里的匹配包括应聘者的个人能力、性格、期望等方面，如岗位技能匹配、工作经验匹配、工作绩效成果匹配、工作地点匹配、期望薪酬匹配、职业规划及稳定性匹配等。

（三）整体印象

通过阅读简历，看看简历是否留下了好的印象。一般而言，有明确的职业定位的人都会限定在某个行业内，假如简历上的行业跨度大，不具有相关性，则可以看出此人的职业定位模糊。

六、笔试和面试的技术与方法

候选人的任职资格和对工作的胜任程度主要取决于他所掌握的与工作相关的知识、技能，个人的个性特点、行为特征和价值观取向等因素。人员甄选就是对候选者的以上几个方面进行测量和评价。常见的人员甄选工具主要有笔试、面试、评价中心及人才测评四类。

（一）笔试

笔试主要用于测量应聘者的基本知识、专业知识、管理知识以及综合分析能力、文字表达能力等方面的差异。其优点在于：① 可大批量同时测评，人数越多，其效率越高，同时成本越低；② 对应聘者的知识、经验考察的信效度均较高。因此，笔试一直是企业使用频率较高的人员甄选方法，并用于应聘人员的第一轮初筛。

笔试从使用范围来讲，可分为通用性测评和专业知识测评。通用性测评主要考察应聘者的基本认知能力和知识水平，而专业测评则考察应聘者是否具备应聘岗位所要求的基本知识。

（二）面试

面试是指在特定场景下，通过面对面地向应聘者进行提问、交谈，全面考察应聘者的知识、技能、个性特质等，并以其回答的情况来预测其将来的工作绩效的甄选方式。按照不同的标准，可以将面试划分为不同的类型（见表 4-9）。

表 4-9　面试的分类

划分标准	类　型	含　义
按照面试的结构化程度	结构化	又称标准化面试，是根据特定职位的胜任素质要求，遵循固定的程序，采用事先命好的题目、评价标准和评价方法，通过面试官与应聘者面对面的语言交流，评价应聘者胜任特征的人才甄选方法
	非结构化	根据实际情况随机进行提问的面试。面试问题并无既定的格式，面试官可询问他们感兴趣的问题，并可以深入追问
	半结构化	将结构化面试、非结构化面试两种面试方法结合起来进行的面试

续表

划分标准	类型	含义
按照面试的组织方式	一对一	一个面试官每次面试一名应聘者，是面试中最常见的一种形式。适用于应聘人数少的岗位，同时常常用于应聘者的初试筛选环节
	小组面试	一个面试官同时对多个应聘者进行面试，面试效率高，但容易出现面试不准确的情况。适用于应聘人数众多、需要快速筛选和比较的岗位
	陪审团式	多个面试官同时对一个应聘者进行面试，面试准确度较高，但效率较低。适用于岗位较为重要，招聘要求较高的岗位，常常用于对应聘者的复试录用环节
按照面试的侧重点	情景式	是指通过对岗位进行分析，确定工作情节，设计出一系列的问题，给出问题答案，在面试时让面试官对所有候选人询问同样的问题，然后按预定的答案对被试者的回答进行评价的一种特定的面试方法
	行为描述式	是一种采用专门设计的题目来了解求职者过去在特定情境下的行为表现的方法
	综合式	具有情景式和行为描述式面试的特点，且是结构化的。内容主要包括与工作岗位任职资格有关的知识、技能、性格、个性特征等方面
按照目的不同	压力型	是指将应聘者置于一种人为的紧张气氛中，面试官以挑衅性、刁难性甚至攻击性的问题进行提问，以考察应聘者的压力承受能力、情绪控制能力和紧急应变能力等
	鉴定型	主要是上级主管和同事对面试者的工作绩效所进行的评定

1．结构化面试

结构化面试是通过设计面试所涉及的内容、试题评分标准、评分方法、分数等并加以规范化和标准化的对面试者进行系统的面试。其可避免遗漏一些重要问题，同时还便于不同应聘者的横向比较，但缺乏灵活性，不利于对某一问题的深入了解。

（1）标准化面试测评要素。标准化面试测评要素一般包括以下三大类：① 一般能力，包括逻辑思维能力、语言表达能力；② 领导能力，包括计划能力、决策能力、组织协调能力、人际沟通能力、创新能力、应变能力、选拔职位需要的特殊能力等；③ 个性特征，包括个人的气质风度、情绪稳定性、自我认知等。

（2）结构化面试的要求包括五个方面：① 面试问题标准化，即面试问题要围绕职位要求的知识、技术和能力，以及应试者的工作经历、教育背景来拟订，让应试者就某一问题发表见解或阐述自己的观点；② 面试要素标准化，即根据面试要求，确定面试要素，对各要素分配相应的权重，并且给出该题的测评要素（或考查要点）和答题要点（或参考答案），供考官评分时参考；③ 评分标准标准化，“评分标准”是观察要点标准与水平刻度（面试测评要素的权重）的对应关系，是每个测评要素不同表现的量化评分指标。这一标准将具体体现在与面试试题相配套的面试评价表上；④ 面试程序及时间安排标准化，即面试应按照严格的程序进行，时间一般在 30 分钟，具体视面试题目的数量而定，同时对每一题目也应限制时间，一般每道题的问答时间在 5 分钟左右；⑤ 考官选择标准化，考官数量一般应为 5～9 名，依据用人岗位需要，根据专业、职务、年龄及性别按一定比例科学化配置，其中设主考官一名，具体负责向应试者提问并总体把握面试的进程。

（3）结构化面试的流程。结构化面试的流程如下所示。

第一步，作出准确的工作分析。从工作职责，所需知识、技能和能力，以及其他工作资格条件的角度撰写工作说明。

第二步，分析工作职责信息、评定工作职责。工作分析得到一系列工作职责。根据每一工作职责对工作成功的重要性及执行所需要的时间来评定每一工作职责。主要目的是界定岗位的主要职责。

第三步，设计相关的面试问题。问题必须在职位责任清单的基础上提出，而且应保证针对那些主要的责任来提出更多的问题。

第四步，对设计的面试问题设置参考答案，并罗列得分要点。为每一关键事件问题制定一个 5 分制答案评定量表，并规定最佳答案（5 分）、最低可接受的答案（3 分），以及最差的答案（1 分）。

第五步，组织面试小组进行面试。对于以小组形式进行的面试，需要指定一个面试小组。成员一般以 3～6 人为宜，面试时应选择在一个安静、舒适、没有压力的地方进行。

表 4-10 是结构化面试记录的范本。

表 4-10　结构化面试记录表[①]

应聘者姓名	应聘岗位		面试官		面试时间		
面试项目	面试问题参考	答题要点参考	优秀 9～10 分	良好 7～8 分	合格 5～6 分	不合格 0～4 分	备注
语言表达/形象谈吐	自我介绍（性格特征、兴趣爱好、优势劣势、成长或工作中难忘的经历等）	1. 语言流畅，条理清晰，认识深刻； 2. 走路坐姿端正，穿着整齐得体，沉着稳重大方，谈吐礼貌					
教育背景/专业技能/学习能力	介绍专业课程或培训经历（求学经历、英语和计算机水平、感兴趣的课程、技能特长等）	1. 专业与岗位的匹配度； 2. 考察专业知识的深度和广度； 3. 能否运用专业知识解决实际问题； 4. 是否有较强的学习能力					
工作经历/岗位认知	1. 之前的工作经历、离职原因、工作职责等； 2. 对应聘公司经营业务和应聘岗位的理解； 3. 个人的优势和不足等	1. 考察之前工作经历与应聘岗位的匹配度； 2. 对之前企业的忠诚度； 3. 面对成功、失败的态度和处理问题的能力					
职业规划/工作动机/求职愿景	1. 近两年的职业规划和从业方向； 2. 此前找了哪些工作并分析没有成功的原因； 3. 期望薪资和最低底线	1. 是否具有清晰明确的职业规划； 2. 了解求职意向、动机和稳定性； 3. 期望薪资待遇与个人能力和薪酬制度匹配度					

① 左右曹操．结构化面试记录表[OL]．百度文库，2012．

续表

面试项目	面试问题参考	答题要点参考	优秀 9～10分	良好 7～8分	合格 5～6分	不合格 0～4分	备注
家庭背景	1．谈谈家庭情况； 2．假如上级安排你出差一段时间且已事先告知，后来得知家中有事且与出差时间冲突，你会如何处理？	1．了解家庭背景对应聘者的塑造和影响； 2．事情得知以后及时与上级说明情况沟通与协调，征求上级意见，在不影响出差处理问题的基础上调整出差人选					
人际关系	假如你发现你的一个同事总在背后向你的上级说你的坏话，你会如何处理？	不与这位同事计较，利用各种机会多与上级沟通，使上级对自己有一个正确的认识和评价					
团队协作	谈谈你对以下两句话的理解:“一个篱笆三个桩”和“一根筷子轻轻被折断,十双筷子牢牢抱成团”	第一句话体现了人与人之间要懂得合作，第二句话体现了团队精神					
分析能力	许多民营企业，都经历了由盛到衰的过程，请分析其原因	分析问题严谨周密，具有较强的逻辑和分析能力，能够把握复杂事物的本质和内在联系					
其他追问							

评定结果							
综合评价							
总分	优秀 85～100分	良好 84～70分	合格 69～60分	不合格 59～0分	建议录用	建议复试	建议淘汰
使用说明	1．面试考官本着公平、公正、公开的原则，参照面试项目对应聘者设问，面试问题参考中的题目仅供参考； 2．面试考官根据应聘者对问题的回答情况和参考答题要点，在对应的等级栏中予以打分； 3．关于面试项目中的“其他追问”项，面试考官可根据应聘者的应聘岗位或自己感兴趣的问题予以设问，将问题和要点填在表中并打分； 4．面试项目共十项，每项满分为10分，总分为100分； 5. 面试结束后，面试考官根据应聘者的综合表现和整体情况在综合评价栏中予以评定，核算总分，根据总分在对应的等级中划“√”； 6．面试考官根据对应聘者的综合评价和总分，给出评定结果，在对应的建议栏中划“√”。						

2．半结构化面试

半结构化面试是结构化面试、非结构化面试两种面试方法结合起来进行的面试。相较于其余两种面试方法，半结构化面试兼具了两者的优点，面试的信效度相对较高，因此目前被绝大多数的企业所广泛采用。表4-11是半结构化面试记录范本。

表 4-11　半结构化面试记录表[①]

应聘者姓名		应聘岗位		面试官		面试时间			
测评要素	权重	问题	评分要点	记录	评分等级				得分
					9～10分优	6～8分良	3～5分中	0～2分差	
礼仪风度			1．仪容、衣着； 2．行为、举止； 3．敲门、走路、就坐、站立等的仪态						
言语表达能力		请用 2～3 分钟简单地描述一下你自己	1．言语的条理性、逻辑性与流畅性； 2．语气、语调、语速； 3．谈话时的姿态表情						
计划能力、组织协调能力		1．假如你们学院最近要举行一次大型的庆典活动，全权由你来负责，你会如何安排？ 2．工作中你发现自己的实施结果与事先计划出现较大的偏差，你将如何去行动？ 3．请描述一次由你组织的活动	1．考虑问题的全面性； 2．人力与财力的合理安排； 3．处理问题的条理性与计划能力						
责任心		当你所在的集体处于竞争劣势时，你有什么想法和行动？	1．态度主动积极； 2．对分配的任务能按质按量地完成； 3．表现为认真、审慎和坚忍的倾向						
灵活应变能力		你手头上有许多重要的工作，你的领导又交给你一件任务，而你没有多余的时间，你如何处理这件事情？	1．反应的速度； 2．能否抓住关键点； 3．对变化的适应性						
个性特质		你认为现在社会中一个人最重要的特质是什么？	1．应聘者的个性与招聘单位的企业文化、行为准则、岗位特点等之间的匹配程度； 2．回答问题的认真、诚实； 3．掩饰性						
专业知识、技能与经验		1．专业课程包括哪些？ 2．除了专业课以外，你还受过何种培训？ 3．你认为你所受的哪些教育或培训有助于你胜任你申请的工作？	专业知识、技能与岗位的匹配性						

① 504746532．半结构化面试题及评价表[OL]．百度文库，2013．

续表

测评要素	权重	问题	评分要点	记录	评分等级				
					9～10分优	6～8分良	3～5分中	0～2分差	得分
求职动机与职业规划		1．你对一份工作最看重的是什么？ 2．你未来三年内的职业目标是什么？如何实现？	1．求职动机与企业文化的匹配； 2．对自己的职业是否有很清楚的认识； 3. 是否有详细的职业规划						
总分									
评委综合评价	评委签名： 年 月 日								

3．行为描述式面试

行为描述式面试是通过要求面试对象描述其过去某个工作或者生活经历的具体情况来了解面试对象各方面素质特征的方法。行为描述式面试的基本假设是：从一个人过去的行为可以预测这个人将来的行为。行为描述式面试是通过一系列问题如“这件事情发生在什么时候？”“你当时是怎样思考的？”“为此你采取了什么措施来解决这个问题？”等，收集考生在代表性事件中的具体行为和心理活动的详细信息。基于求职者对以往工作事件的描述及面试人的提问和追问，运用素质模型来达到以下两个目的：① 根据求职者过去的工作经历，判断他选择本组织发展的原因，预测他未来在本组织中发展的行为模式；② 了解他对特定行为所采取的行为模式，并将其行为模式与空缺岗位所期望的行为模式进行比较分析，预测其是否能够胜任。

行为描述式面试有三个显著特征：① 面试问题设计以工作分析和职位胜任力为基础，内容都是与目标岗位有关的行为性问题；② 可以对所有面试者询问同样或相似的问题；③ 可以系统、量化处理面试者的回答。由于企业在面试前就已确定岗位的胜任素质权重和评价量表，所以能够在面试后对每个问题的回答进行量化评定。

例如，宝洁公司面试中提问的经典的行为描述式问题有以下几个。

（1）请你举一个具体的例子，说明你是如何设定一个目标然后达到它的。

（2）请举例说明你在一项团队活动中是如何采取主动性，并且起到领导者的作用，最终获得你所希望的结果。

（3）请你描述一种情形，在这种情形中你必须去寻找相关的信息，发现关键的问题并且自己决定依照一些步骤来获得期望的结果。

（4）请你举一个例子说明你是怎样通过事实来使他人达成一致的。

（5）请你举一个例子，说明在完成一项重要任务时，你是怎样和他人进行有效合作的。

（6）请你举一个例子，说明你的一个有创意的建议曾经对一项计划的成功起到了重要的作用。

（7）请你举一个具体的例子，说明你是怎样对你所处的环境进行一个评估，并且能将注意力集中于最重要的事情上以便获得你所期望的结果。

（8）请你举一个具体的例子，说明你是怎样学习一门技术并且将它用于实际工作中的。

（三）评价中心

评价中心是基于多种信息来源对个体行为进行标准化的评估的方法。它使用多种测评技术，通过多名经过训练的评价者对个体在特定的测评情境表现出的行为作出评价，评价者将各自的评价结果集中在一起进行讨论，以达成一致或用统计方法对评价结果进行汇总，得到对应聘者行为表现的综合评价，这些评价是按照预先设计好的维度或变量来进行的。

评价中心其实就是通过情景模拟的方法来对应聘者作出评价，通过用模拟的工作任务来进行测评。评价中心技术主要包括无领导小组讨论、文件筐测评、案例分析、模拟面谈、演讲、搜索事实、管理游戏等。[①]其中，最常用的是无领导小组讨论和文件筐测评。

1. 无领导小组讨论

无领导小组讨论就是把几个应聘者组成一个小组，给他们一个议题，让他们通过自由讨论的方式在规定的时间内给出一个决策，面试官通过观察应聘者在讨论过程中的言语、行为来对他们作出评价的一种测评形式。

无领导小组讨论从题目形式上来看，可分为开放式问题、资源争夺问题、两难问题、排序问题和操作性问题等类型。

（1）开放式问题。问题及答案的范围非常开放，主要考察应聘者的思路是否清晰、思考问题是否全面、是否有深度和针对性的见解。此类题目设计相对容易，但不容易对应聘者进行准确评价，因为此类问题不太容易引起应聘者之间的辩论，从而对面试官的要求也很高。例如：

你认为什么样的员工才是好员工？

（2）资源争夺问题。让应聘者对有限的资源进行分配，从而考察应聘者的语言表达能力、发言的主动性和反应的灵敏性等。此类问题可以引起应聘者间的充分讨论，利于面试官对应聘者的评价，但试题的设计要求较高。例如：

单位经费紧张，现只有20万元，要办的事情有下列几项：

1. 解决办公打电话难的问题。

2. 装修会议室大厅等以迎接上级单位委托承办的大型会议。

3. 支付职工的高额医疗费用。

4. “五一”节为单位职工发些福利。

很明显20万元无法将这四件事情都办圆满，如果你是这个单位的分管领导，将如何使用这笔钱？

（3）两难问题。让应聘者在两种各有利弊的答案中选择其中的一种，并阐述理由。主要考察应聘者的分析能力、语言表达能力及说服力等。此类问题相对易于应聘者解题，又能引起充分的辩论，因此使用的频率相对较高。但需注意的是，此类问题本身的两个答案都是各有利弊，因此评判的结果并不在答案本身，更多的是在讨论和辩论的过程。例如：

管理和技术是很多企业两种不同的发展晋升通道，但不少人员都希望走管理路线，认为快速、直接、有职务和成就感，走技术路线时间长、枯燥，甚至会默默无闻。请就这两种发展方向进行讨论，并说明你的观点和理由。

（4）排序问题。让应聘者在多种答案中选择其中的几种并对答案进行排序。主要考察应

[①] 董克用．人力资源管理概论[M]．北京：中国人民大学出版社，2011．

聘者的逻辑分析能力、对问题本质的把握能力等。需要注意的是，此类问题虽然看起来很容易引起充分的讨论，但如果时间控制不好会容易陷入唱票得出结论的境地。例如：

一艘在大海上航行的豪华游轮不慎触礁，有四名乘客搭乘一艘小型救生艇逃出。艇上有一罐汽油、一箱金子、指南针、一桶淡水和面包。四名乘客分别为：

1. 孕妇，身上带有巧克力；
2. 富商，带有重要文件；
3. 寡妇，带有稀世珍宝；
4. 儿童，带有地图。

问题一：由于救生艇承载力不够，只能承载 3 个人，富商与寡妇狼狈为奸，坚决不肯离开小艇。你认为孕妇和儿童谁最应放弃逃生机会?

问题二：若必须丢弃艇上的物品以减轻重量，请列出放弃的先后顺序，并简述你的理由。

（5）操作性问题。给出材料、工具和刀具，让被评价者利用所给的材料制造出一个特定的物体。主要考察应聘者的能动性、创新能力、合作能力等，对语言能力的考察则偏少。例如：

材料：三张硬纸板，分别为红色、蓝色和绿色。一张稿纸、两把剪刀、一瓶胶水、一把直尺和一支笔。

要求：请你们用所提供的这些用品，在 60 分钟之内设计完成一件适合 8～10 岁儿童的玩具，并演示及说明玩具的功能。每人先表达自己的设计想法，最后得出一致意见后再开始制作玩具。

无领导小组讨论的具体程序如下。

（1）讨论前事先分好组，一般每个讨论组 6～8 人为宜。

（2）考场按易于讨论的方式设置，一般采用圆桌会议式，面试考官席设在考场四边（或集中于一边，以利于观察为宜）。

（3）应试者落座后，面试考官为每个应试者发空白纸若干张，供草拟讨论提纲用。

（4）主考官向应试者讲解无领导小组讨论的要求（纪律），并宣读讨论题。

（5）给应试者 5～10 分钟准备时间（构思讨论发言提纲）。

（6）主考官宣布讨论开始，依考号顺序每人阐述观点（5 分钟），依次发言，发言结束后开始自由讨论。

（7）各面试考官只观察并依据评分标准为每位应试者打分，不准参与讨论或给予任何形式的诱导。

（8）无领导小组讨论一般以 40～60 分钟为宜，主考官依据讨论情况，宣布讨论结束后，收回应试者的讨论发言提纲，同时收集各考官评分成绩单，考生退场。

表 4-12 是无领导小组讨论评分表范例。

2．文件筐测评

文件筐测评，也称公文筐处理测评，应聘者在测评中假定要接替某个领导或管理人员的职位，模拟真实工作中的情景和想法，在比较紧迫而困难的条件下，对各类公文材料进行处理，写出一个公文处理报告并说明处理理由和原因。其主要从业务和技能两个角度对应聘人员进行测评。文件的类型和内容要根据招聘岗位在实际工作中经常遇到的工作状况来设计，一般有信函、报告、备忘录、电话记录、上级指示、下级请示、通报、微信内容等。文件的处理数量不低于 5 份，不多于 30 份，在规定时间内（总计时间为 115 分钟）完成所有文件的处理，以考察应聘者的时间规划能力、决策能力、分析判断能力等。公文筐测评题目示例如下：

表 4-12　无领导小组讨论评分表

评价者签字：				面试时间：			
核心素质	应聘者姓名						
素质评价（5 分制，1 表示表现最差，5 表示表现最好）							
沟通能力	有效表达自己的想法和意见，意见表达连贯且获得别人的理解和支持，同时用心倾听他人意见，并及时调整和回应						
说服力	说话者运用各种可能的技巧去说服受众的能力						
积极主动	主动承担任务（记录、计时、汇报等）、主动发言、主动沟通，记住团队成员						
团队合作意识	积极与团队成员分享自己的观点和想法，讨论不一致的观点，最终达成共识						
组织协调	控制和引导讨论的能力，协调不同意见的能力，容纳不同意见、综合提炼同类观点的能力等						
责任心	踊跃发言，充分参与讨论，主动记录别人的观点，促进任务的最终完成						
执行力	依照计划办事，按质、按量、及时完成任务，注意时间的控制和安排						
稳定性							
素质总分							
印象评价（5 分制，1 表示表现最差，5 表示表现最好）							
形象气质							
行为举止							
自我介绍							
印象总分							
总计（素质+印象总分）							
匹配度评价（1 不适合，2 勉强适合，3 基本适合，4 适合）							
匹配度							

假定您是某合资食品公司的总经理，下面的任务都要求您一个人单独完成。今天是 5 月 18 日，您到局里开了一天的会议刚回来，已经是下午 4:40。您的办公桌上有一堆文件，您最好在 5:00 前处理完毕，因为您将去北京参加全国食品卫生鉴定会，机票已经订好，司机小王 5:00 来接您去机场，您要 5 月 24 日才能回到您的办公室办公。您公司的主要产品是星星牌系列食品，产品市场需求量很大，正打算扩大生产规模。好，您现在可以开始工作了。

公文 1

关于加强职工教育培训工作的报告

刘总：

职工教育是开发、培养人才的重要途径，是企业持续发展的可靠保证。我公司 50%的职工没有达到大专程度，基础知识缺乏，业务方面实际操作水平低，多数管理人员业务水平低，且缺乏现代企业经营管理的知识。如果不改变这种状况，就很难掌握先进的技术和设备，就不能管好现代化的企业，就不能消除人力、物力、财力的巨大浪费，也就难以大幅度提高劳动生产率。

我公司虽然生产任务很重，但提高职工的素质也是势在必行的。所以有必要把干部、职工最大限度地组织起来，有计划地进行态度观念、文化、技术业务的培训，我们计划在 5 月 20 日下午 3:00—5:00 举行培训协调大会，到时将请您出席并为大会讲话，以引起有关人员的高度重视，完成我们的培训计划，从而为企业发展作出贡献。

培训部：田二平　5 月 17 日

公文 2

刘总：

工商银行的赵行长来电话约您商量有关 5 000 万元贷款到期后再延长转期 3 个月的有关问题。他约您于明天下午 3:00 在阳光酒店与您会谈，能否赴约请您通知赵行长。

财务部：张杰　5 月 18 日

公文 3

刘总：

接到江西联营厂刘厂长的长途电话：原定于本月 20 日举行的开工典礼，因遇到一些棘手问题尚未解决，决定延期举行。

助理：王平　5 月 18 日下午 3:00

公文 4

刘总：

从本年度财务报表来看，这个月底应收款为 500 万元，应付款为 250 万元，应归还银行贷款 200 万元，月底银行账面余额为 250 万元。从报表情况来看，本季度销售情况虽然比较好，但销货款回收不理想，上海食品二店的销货款至今还未汇来。应收款项只能收回 10%，因此本月的工资和奖金没有办法支付。而 5 月 25 日是工资和奖金发放的日期，如果到时职工领不到工资和奖金，将会产生不良的后果。如何解决这一问题，请您尽快作出决定。

财务部：张杰　5 月 18 日

公文 5

刘总：

暑期高温就要到了，一车间提出要解决他们车间里的降温设备问题。二车间和三车间都装有空调。由于一车间的空间太大，少量空调不起什么作用，而多装的话需要的资金太多，这个问题一直没有解决，为此一车间的职工意见很大，他们认为很不合理，对他们很不公平。他们提出今年如果不解决降温设备问题，他们将集体提出抗议，如果再不解决，他们将集体怠工。您看怎样解决这一问题？

生产部：陆唯文　5 月 18 日

公文 6

刘总：

今天下午，公司外方经理比尔琼斯在车间检查工作时发现操作工小王在打瞌睡，他极为恼火，操着生硬的中国话用粗鲁的语言训斥、谩骂小王，语言极为难听，并决定扣发小王的当月工资并罚款 100 元。这件事引起全车间工人的强烈反响。他们议论说："小王有错该批评，但不该训斥谩骂，经济惩罚也太重了。解放前，我们工人受尽洋人的欺凌，现在再也不能受洋人的气。"有的工人说："再发生这类事，我们要罢工。"请问该如何处理这件事？

人力资源部：李劲　5 月 18 日

文件筐测评的评价标准有三个：① 针对提供给求职者所需处理的公文是已有正确结论并已经处理完毕归入档案的材料，主要检验求职者处理得是否有效、恰当、合乎规范；② 如果求职者所需处理的公文条件已具备，主要评价求职者是否能够在综合分析的基础上作出决策；③ 如果求职者所需处理的公文尚缺少某些条件或信息，主要评估求职者是否能够发现问题和提出进一步获得信息的要求。

公文处理测评具体过程如下：① 根据具体情况选择适当的测评场地；② 准备好测评所用的各种材料；③ 安排进入考场，宣布测评中的注意事项；④ 开始测评，监督求职者测评；⑤ 测评结束回收答题纸。

（四）人才测评

1．能力测评

能力是指个人顺利完成某种活动所必备的心理特征，任何一种活动都要求从事者具备相应的能力。能力测评用于衡量应聘者是否具备完成职位职责所要求的能力。能力测评一般可分为身体能力测评、一般能力测评两种。

（1）身体能力测评。对于从事体力劳动或操作型劳动的职位需要对应聘者的身体能力进行测评，以确定应聘者是否能够达到基本的要求。常见的身体能力测评按领域可划分为如下几种类型：① 肌肉测评；② 心脏测评；③ 灵活性；④ 平衡能力；⑤ 协调能力；⑥ 肢体健全。

（2）一般能力测评。一般能力测评又叫智力测评，主要考察应聘者的逻辑推理、分析能力是否能够胜任岗位。

常见的智力测评有韦克斯勒智力量表和瑞文推理测验（见图 4-5）。

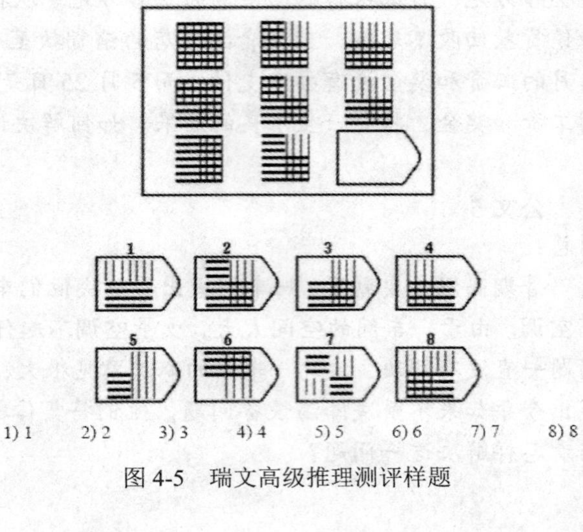

图 4-5　瑞文高级推理测评样题

2．人格测评

人格测评（Personality Test）目的是了解应聘者的人格特征是否胜任所应聘的岗位。人格由多种人格特质构成，大致包括体格与生理特质、气质、能力、动机、兴趣、价值观与社会态度等。人格测评主要有以下两类方法。

（1）自陈式测评。自陈式测评是指向应聘者提出一组有关个人行为、态度方面的问题，应聘者根据自己的实际行为习惯作答，测评人员将应聘者的回答与标准进行比较，从而判断他们的性格。常用的方法有：卡特尔16种人格因素问卷（16PF，见表4-13，测试结果示例见图4-6）、明尼苏达多项人格测验、九型人格测评等。

表4-13 卡特尔16种人格因素问卷部分（16PF）[①]

卡特尔16种人格因素问卷（16PF）

指导语：本测验共有187道题，都是有关个人的兴趣与态度方面的问题。每个人对这些问题是会有不同看法的，回答自然也是不同的，因而对问题如何回答，并没有“对”与“错”之分，只是表明您对这些问题的态度，所以请您尽量表达个人的意见，不要有所顾忌。

本测验每一测题都有三个供选择的答案[A]、[B]、[C]，请您将自己选择的答案答在答题卡中的相应位置。

回答时，请注意下列五点：

1．每一测题只能选择一个答案；

2．不可漏掉任何测题；

3．尽量不选择[B]答案；

4．有些题目你可能从未思考过，或者感到不太容易回答。对于这样的题目，同样要求你作出一种倾向性的选择。

5．请坦白表达您自己的兴趣与态度，对问题不要费时斟酌，也不要顾虑到主试者或其他人的意见和立场，而应当顺其自然，根据您个人的直觉反应进行选择。

1．我很明了本测评的说明：

（A）是的　（B）不一定　（C）不是的

2．我对本测评的每一个问题，都能做到诚实地回答：

（A）是的　（B）不一定　（C）不同意

3．如果我有机会的话，我愿意：

（A）到一个繁华的城市去旅行　（B）介于（A）、（C）之间　（C）浏览清静的山区

4．我有能力应付各种困难：

（A）是的　（B）不一定　（C）不是的

5．即使是关在铁笼里的猛兽，我见了也会感到惴惴不安：

（A）是的　（B）不一定　（C）不是的

6．我总是不敢大胆批评别人的言行：

（A）是的　（B）有时如此　（C）不是的

7．我的思想似乎：

（A）比较激进　（B）一般　（C）比较保守

8．我不擅长说笑话，讲有趣的事：

（A）是的　（B）介于（A）、（C）之间　（C）不是的

9．当我见到邻居或朋友争吵时，我总是：

（A）任其自己解决　（B）介于（A）、（C）之间　（C）予以劝解

10．在集会时，我：

（A）谈吐自如　（B）介于（A）、（C）之间　（C）保持沉默

……

① 刘爽．情绪启动对大学生心里旋转的影响[D]．石家庄：河北大学，2013．

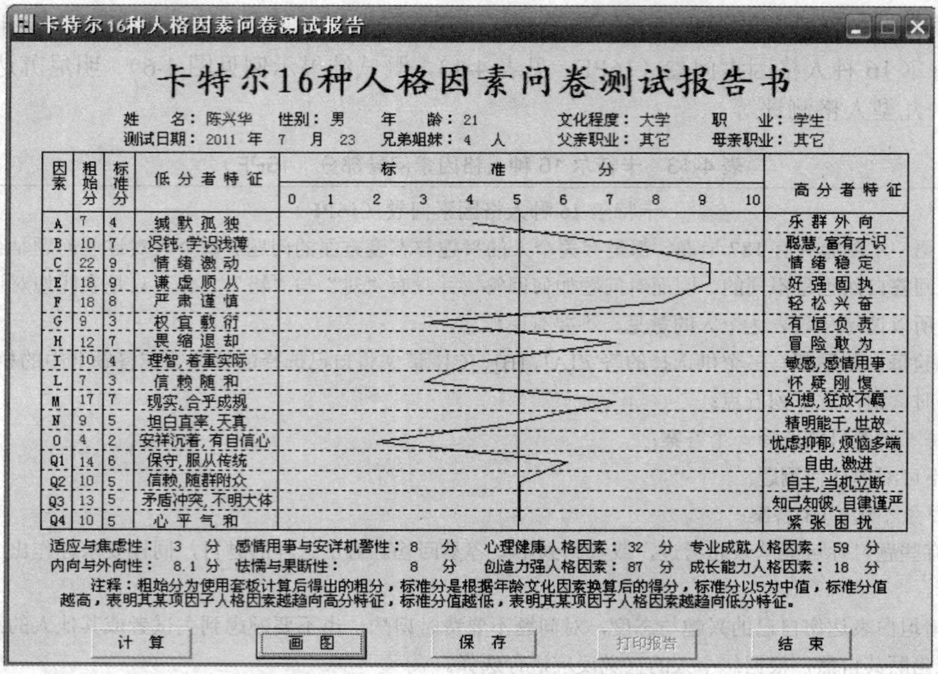

图 4-6　卡特尔 16 种人格测评报告示例

（2）投射式测评。投射式测评是指向应聘者提供一些刺激物或设置一些刺激场景，让他们在不受限制的条件下自由地做出反应，进而对这些反应进行分析来判断应聘者的性格。H.罗夏（H.Rorschach）墨迹测验、主题统觉测验（TAT）和画人测验是三种常用的投射式测评方法。

罗夏墨迹测验一般使用 10 张经过精心制作的墨迹图（见图 4-7），让他们以一定顺序排列，其中 5 张为黑白图片，墨迹深浅不一，2 张主要是黑白色，加了红色斑点，3 张为彩色图片。这 10 张图片都是对称图形，且毫无意义。受试者根据指导语，描述他们在墨迹中看到的东西。他们可以自由地根据墨迹的任何一个部分作出回答，而且可以对一张卡片作出几种反应。

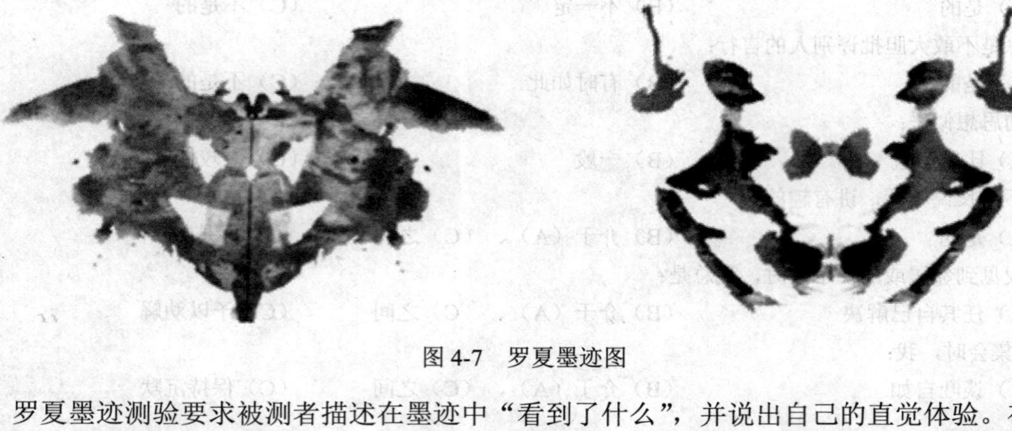

图 4-7　罗夏墨迹图

罗夏墨迹测验要求被测者描述在墨迹中“看到了什么”，并说出自己的直觉体验。在这些反应测评中，会诱导出被试者的生活经验、情感、个性倾向等心声。被测者会以自己本能的方式进行反应，并无意地、不知不觉地表现出真实的自己，甚至是某些意识不到的层面。

主题统觉测验是给出一系列模糊图片，让受试者根据情境讲故事——人物是谁，正在发生什么事情，什么原因导致了这种情境，结果将如何。全套测验有30张黑白图片和1张空白卡片。图片内容多为一个或多个人物处在模糊背景中，但意义隐晦。施测时根据被试的性别以及是儿童还是成人（以14岁为界），取统一规定的19张图片和一张空白卡片进行测评。

被试者看一张图片，然后根据图片讲个故事，故事的叙述应该包含四个基本维度：（1）图片描述了一个怎样的情境；（2）图片中的情境是怎样发生的；（3）图片中的人物在想什么；（4）结局会怎样。

3．画人测验，画人测验的模糊刺激是一张白纸和要求受试者画一幅图画供心理学家分析的指导语。在大多数情况下，仅仅要求受试者“画一个人”；但有时心理学家要求他们画房、树、人。精神分析师常把受试者画的人看作是自我的表征物。

图4-8是房、树、人测评范例。

冒浓烟：家庭冲突、内心紧张

线条直：按既定目标奋斗，情绪安定，不轻易改变想法

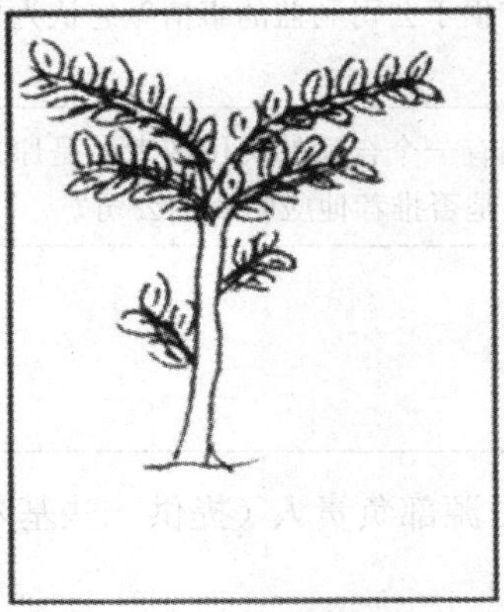

树叶精细：提示具有强迫性人格倾向

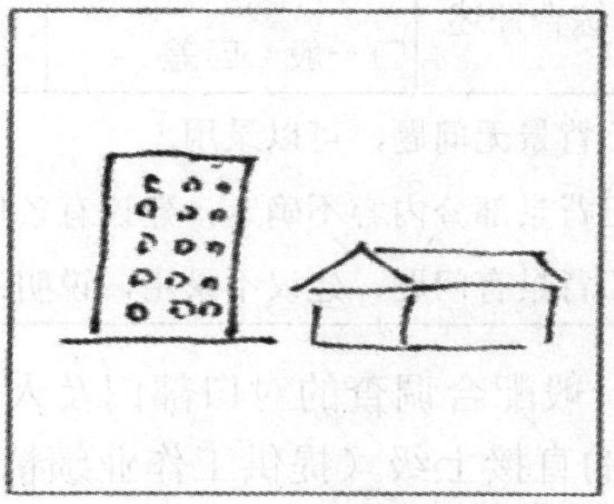

无门：与家人无精神交流，情感冷漠

图4-8　房、树、人测评

七、录用和审批的技术与方法

（一）背景调查的方法

背景调查主要考察候选人以往的经历，包括工作时间、岗位名称、工作职责，以及他人的评价等。进行背景调查通用的原则是：向合适的人问合适的问题，多问数字、少问感觉，多问

事例、少问评价，作判断时以封闭式提问去求证。记录要引用证明人的原话而非自己的总结。表 4-14 是背景调查表范本。

表 4-14　拟聘人员背景调查表

拟聘人员姓名：　　　　　　　　　　　　　　拟聘岗位：

<table>
<tr><td>调查人</td><td colspan="3"></td><td>调查时间</td><td>年　　月　　日</td></tr>
<tr><td>调查方式</td><td colspan="5">□电话询问　　□实地拜访　　□发放问卷</td></tr>
<tr><td rowspan="12">工作单位</td><td>单位名称</td><td colspan="2"></td><td>联系电话</td><td></td></tr>
<tr><td>受访人员</td><td colspan="2"></td><td>职务/岗位</td><td></td></tr>
<tr><td colspan="5">调查项目（与应聘材料是否符合）</td></tr>
<tr><td>单位情况</td><td colspan="2">□符合　□不符合　□部分符合</td><td>工作时间</td><td>□符合　□不符合　□部分符合</td></tr>
<tr><td>担任职务</td><td colspan="2">□符合　□不符合　□部分符合</td><td>离职手续</td><td>□办理　□未办理　□正在办理</td></tr>
<tr><td>奖惩情况</td><td colspan="4">□符合　□不符合　□部分符合　□补充说明：</td></tr>
<tr><td>离职原因</td><td colspan="4">□合同到期　　□公司解雇/辞退，原因：
□员工提出离职，原因：　　　　□其他：</td></tr>
<tr><td>同事关系</td><td>□优　□良　□好
□一般　□差</td><td colspan="3">他在公司的人际关系如何？有没有因与其他同事发生过严重的矛盾而影响了工作的正常开展？</td></tr>
<tr><td>工作表现</td><td>□优　□良　□好
□一般　□差</td><td colspan="3">他的整体工作表现如何？您如果去评价他，您会给他打多少分？没有打满的原因是什么？</td></tr>
<tr><td>职业道德</td><td>□优　□良　□好
□一般　□差</td><td colspan="3">他有没有做过有损于公司利益的事情？您认为他更适合做哪项工作？</td></tr>
<tr><td>综合评述</td><td>□优　□良　□好
□一般　□差</td><td colspan="3">如果您公司现在有一个合适的岗位或者还是原来岗位，您还会雇佣他吗？您是否推荐他应聘我们公司？</td></tr>
<tr><td colspan="5"></td></tr>
<tr><td>调查结论</td><td colspan="5">□背景无问题，可以录用。
□背景部分内容不确定，建议有条件录用，说明：
□背景有问题，建议不录用，说明：</td></tr>
</table>

说明：一般配合调查的对口部门及人员应是人力资源部负责人（提供一些基本信息）及应聘人员之前的直接上级（提供工作业绩情况）。

（二）薪酬谈判的技术

1．薪酬谈判的程序

薪酬谈判一般是由人力资源部负责主导实施，由用人部门依据在面试过程中对拟录用人员的能力水平的评估结果给出薪酬建议，由公司总经理对最终的薪酬谈判结果进行审批。

在谈判过程中，程序上共分为用人部门提供薪酬建议，人力资源部确认、沟通薪酬提议，总经理审批三个主要环节，具体分为以下步骤。

（1）部门在给出最终的录用决策后，需根据拟录用人员的能力水平一并提出相应的薪酬建议。

（2）人力资源部根据用人部门的薪酬建议，结合拟录用人员过往的工作经历、薪酬水平、外部行业薪酬情况、内部同类岗位员工薪酬及公司薪酬体系等，确定初步的薪酬定级。

（3）人力资源部将初步确定后的薪酬定级水平，分别与用人部门及拟录用人员进行沟通确认。如达成一致意见，则报总经理进行录用审批；如无法达成一致意见，同样报总经理进行审批，并以审批结果为准。

（4）人力资源部通知用人部门及拟录用人员相关的薪酬审批结果，如各方均能接受则进入录用审批环节。

2．薪酬谈判技术

（1）降低期望。在招聘前期即通过表格填写、面试等收集、了解应聘者目前的薪酬状况及期望薪酬，并且通过面试等环节适当地降低其期望值。同时，明确告知应聘者，录用后的薪酬定级必须遵循公司的薪酬体系，在考虑应聘者的技能水平、外部行业薪酬状况的同时，也会考虑内部薪酬平衡。强调与岗位的匹配性，可适当找一些应聘者自身条件与岗位任职资格中匹配度不高的地方。

（2）运用各种渠道和方法吸引求职者。招聘人员要提供给求职者多种企业信息，如公司品牌、工作平台、薪酬福利、工作环境等，增强其对企业的信心，提升整体的吸引力。通过实例告知求职者在本行业与本企业可获得的发展前景，如行业增长空间、职业发展通道、薪酬提升等，用良好的发展前景吸引求职者。另外，需要根据应聘者的心理状态，设身处地为求职者着想，用情感打动求职者。

（3）全面展示薪酬福利。企业可将相对有竞争力的数据展示给应聘者，如年薪或者月薪；同时突出企业薪酬体系中的优势，如除工资之外，还有年终奖金、分红、股权激励、住房公积金等；还可从工作生活平衡、工作生活成本等角度宣传企业薪酬的竞争力，如公司提供免费食宿等。

3．薪酬调查及审批表

表 4-15 是新员工薪酬调查及审批表的范本。

（三）录用审批的技术

1．录用审批程序

录用审批一般是由人力资源部和用人部门共同完成，其中人力资源部负责录用审批的实施，并在过程中为用人部门提供经过筛选的应聘者详细信息及各环节的评价结果，给予用人部门专业的录用建议，用人部门根据综合评估后作出最终决策。

在审批过程中，一般会经过面试官出具结果、部门录用决策、人力资源部审核及公司审批四个环节：① 面试官在面试后出具相应的评价结果；② 对于通过的应聘者再由用人部门根据各环节面试评价结果及人力资源部的建议决定是否录用；③ 由人力资源部审核拟录用人员的相关硬性条件是否达标并且进行背景调查及薪酬谈判；④ 根据招聘职位高低决定是否需报公司总经理做进一步审批录用。

2．录用通知

常见的录用通知应包含如下信息：① 工作情况，包括录用岗位、工作地点、试用期限；② 薪酬福利，包括月薪、奖金、福利项目及明细等；③ 报到事项，包括报到时间地点、乘车方式、携带物品要求、体检要求等；④ 注意事项及未尽事宜说明等。

表 4-15　新员工薪酬调查及审批表

• 感谢您应聘本公司，如后续正式录用，我们将根据您所填写的薪酬数据，并结合您与录用岗位间的匹配程度、公司的薪酬体系，综合确定一个准确、合理的薪酬水平。因此，为了更加准确地了解您目前的薪酬状况，请您将最近供职企业（含在职）的薪酬福利状况详细填写在此表格中。 • 您所填写的数据仅用于我们在确定您的录用薪酬时参考使用，绝不会透露给任何第三方。						
个人信息	姓　名		性　别		学　历	
	毕业学校		专　业		毕业时间	
薪酬基本状况	公司名称		现 岗 位		应聘岗位	
	工作年限		税后月薪		年综合收入	
月工资	底　薪	□固定工资，税前＿＿元/月；□提成＿＿				
	加 班 费	□无加班　□有加班：月平均＿＿小时，加班费＿＿元/月				
社保公积金	社会保险	□无　□有				
	商业保险	□无　□有：				
	公 积 金	□无　□有，购买比例＿＿%				
奖金	工龄奖金	□无　□有：＿＿元/月				
	年终双薪	□无　□有				
	季度奖金	□无　□有：平均＿＿元/季度				
	年终奖金	□无　□有：平均＿＿元/年				
	岗位津贴	□无　□有：平均＿＿元/月				
津贴补贴	伙食补贴	□无　□有：＿＿元/月				
	住宿补贴	□无　□有：＿＿元/月				
	交通补贴	□无　□有：＿＿元/月				
	话费补贴	□无　□有：＿＿元/月				
	高温补贴	□无　□有：＿＿元/月				
其　他		类型：＿＿　待遇：＿＿　类型：＿＿　待遇：＿＿				
期望薪酬		税前月薪：＿＿元/月，其他				
注：如下为用人部门或 HR 根据面试及薪酬沟通情况填写：						
过往经历与岗位匹配度						
薪酬建议		试用期		转正后		
人力资源部审批意见			总经理审批意见			

表 4-16 是录用通知书的范本。

表 4-16 录用通知书

录用通知书
致：×先生/女士， 我们很高兴通知您，根据____________________公司对您的面试及考核，最终决定录用您担任公司____________________一职。我们热忱欢迎您的加入，为了便于您后续的报到，现将相关的事宜告知如下： 一、报到安排 时间：______年______月______日 地点：______________（乘车方式：可于××车站乘坐××路车到××站下车即到） 二、携带资料 1．失业证或与原单位解除劳动合同的证明材料原件（附公章）； 2．身份证原件及复印件； 3．最高学历证书、技术职称或资历证书原件及复印件； 4．个人一寸免冠照片两张； 5．提供本人近期（三个月内）有效体检报告。 三、部分聘用条款 合同期：合同期____年，自________至________止，其中试用期____个月。 1．月薪：试用期工资人民币______元/月（税前），转正后工资人民币______元/月（税前）。 2．绩效奖金：具体数额视公司业绩和个人绩效、在职时间等而定； 3．其他福利：按照公司及国家相关政策执行； 4．工作时间：每周一至周五的 08:30—17:30； 5．其他本通知书未尽事项到时参照公司的相关管理制度； 6．若您对上述条款没有异议，请邮件回复确认接受此录用信。如有任何疑问请与人力资源部联系。 ××公司人力资源部 ××××年××月××日

本章小结

1．招聘就是组织通过各种科学的技术与方法，寻找、吸引和挑选能够胜任岗位工作的合适人选填补组织中空缺岗位的过程。招聘是人力资源获取的重要手段、人力资源管理工作的基础、人力资源投资的重要形式，通过招聘可提高组织的形象与声誉、提高员工的积极性。招聘应该遵循守法性、公开性、竞争性、平等性、人岗匹配、择优性、全面性、双向选择性、风险防范性等原则。招聘具有通过雇主品牌建设来吸引求职者、技术影响越来越大、大数据广泛运用、寻找被动型人才等发展趋势。

2．招聘流程包括分析招聘需求、制订招聘计划、组建招聘团队、选择招聘渠道与方法、制定招聘简章、发布招聘信息、应聘者资格审查、应聘者甄选、正式录用前审查、聘用决策等程序。

3．招聘需求分析主要根据人力资源规划和企业实际需要进行。在对公司人员需求进行分析预测的基础上，由人力资源管理部门负责制订招聘计划。招聘计划一般包括招聘目的、招聘岗位及要求、招聘组织、招聘时间、招聘地点、招聘流程及考核、招聘成本、其他等内容。招聘团队一般应由企业高层管理人员、专业人力资源管理人员、用人部门经理、用人部门经验丰富的员工代表组成。招聘渠道可分为内部招聘与外部招聘渠道。招聘方法主要有内部招聘、内部推荐、中介机构、网络招聘、现场招聘、校园招聘、猎头公司等。招聘简章是企业组织招聘工作的依据，是企业的招聘工作的重要基础工作。招聘信息发布一般使用电视、广播、报纸、杂志、求职网站、人才市场广告栏等渠道，还有微信、易企秀等手机端的软件。应聘者资格审查主要包括申请表筛选和简历审查。应聘者甄选主要包括笔试、初步面试、诊断性面试和心理测试等内容。正式录用前，企业要对求职者进行背景调查、薪酬谈判和体检等审查工作。通过笔试、面试以及其他多种测评方法对应聘者进行甄选评价后，根据应聘者胜任该岗位的能力程度与匹配程度，用人部门和人力资源部依据岗位匹配程度作出录用决策。

4．员工招聘需求分析的技术与方法包括招聘需求分析的方法和招聘需求审核技术；制订招聘计划的技术主要包括招聘活动组织与安排、面试流程、招聘团队组建等；内部招聘和外部招聘的技术包括内部调动人员考评表、招工推荐表、岗位申请表、应聘申请表等；制定招聘简章先要确定招聘简章的内容，还要达到招聘简章的效果；简历筛选要审核客观内容、审查逻辑性、整体印象等；人员甄选的常见甄选工具主要有笔试、面试、评价中心及人才测评四类。主要的面试方法有结构化面试、半结构化面试、行为描述式面试；评价中心技术主要包括无领导小组讨论、文件筐测试、案例分析、模拟面谈、演讲、搜索事实、管理游戏等，其中最常用的是无领导小组讨论和文件筐测试；人才测评能力测试包括身体能力测评和一般能力测评；人格测评的主要方法有自陈量法（如明尼苏达多项人格测验、九型人格、卡特尔16种人格因素测评等）和投射法。人员录用和审批的技术和方法包括背景调查的方法、薪酬谈判的技术、录用审批的技术等。

案例分析

丰田的全面招聘体系

丰田公司著名的“看板生产系统”和“全面质量管理”体系名扬天下，但是其行之有效的“全面招聘体系”却鲜为人知。正如许多日本公司一样，丰田公司花费大量的人力、物力寻求企业需要的人才，用精挑细选来形容一点也不过分。

丰田公司全面招聘体系的目的就是招聘最优秀的有责任感的员工，为此公司做出了极大的努力。丰田公司全面招聘体系大体上可以分成六大阶段，前五个阶段招聘大约要持续5～6天。

第一阶段，丰田公司通常会委托专业的职业招聘机构，进行初步的甄选。应聘人员一般会观看丰田公司的工作环境和工作内容的录像资料，同时了解丰田公司的全面招聘体系，随后填写工作申请表。1个小时的录像可以使应聘人员对丰田公司的具体工作情况有个概括的了解，初步感受工作岗位的要求，同时也是应聘人员自我评估和选择的过程，让许多应聘人员知难而退。专业招聘机构也会根据应聘人员的工作申请表和具体的能力与经验作初步筛选。

第二阶段，评估员工的技术知识和工作潜能。通常会要求员工进行基本能力和职业态度心理测评，评估员工解决问题的能力、学习能力和潜能以及职业兴趣爱好。如果是技术岗位工作的应聘人员，更加需要进行6个小时的现场实际机器和工具操作测评。通过1~2阶段的应聘者的有关资料转入丰田公司。

第三阶段，丰田公司接手有关的招聘工作。本阶段主要是评价员工的人际关系能力和决策能力。应聘人员在公司的评估中心参加一个4小时的小组讨论，讨论的过程由丰田公司的招聘专家即时观察评估。比较典型的小组讨论可能是应聘人员组成一个小组，讨论未来几年汽车的主要特征是什么。实地问题的解决可以考察应聘者的洞察力、灵活性和创造力。同样在第三阶段应聘者需要参加5个小时的实际汽车生产线的模拟操作。在模拟过程中，应聘人员需要组成项目小组，负担起计划和管理的职能，例如如何生产一种零配件，如何有效地运用人员分工、材料采购、资金运用、计划管理、生产过程等一系列生产因素。

第四阶段，应聘人员需要参加一个1小时的集体面试，分别向丰田的招聘专家谈论自己取得过的成就，这样可以使丰田的招聘专家更加全面地了解应聘人员的兴趣和爱好，他们以什么为荣，什么样的事业才能使应聘员工兴奋，更好地作出工作岗位安排和职业生涯计划。在此阶段也可以进一步了解员工的小组互动能力。

通过以上四个阶段，员工基本上会被丰田公司录用。但是员工还需要参加第五阶段，即一个25小时的全面身体检查，以了解员工的身体一般状况和特别的情况，如酗酒、药物滥用的问题。

最后在第六阶段，新员工需要接受6个月的工作表现和发展潜能评估，新员工会接受监控、观察、督导等方面的严密关注和培训。

资料来源：杨益. 丰田公司的“全面招聘体系”[J]. 中国人才，2003.

案例思考：

1．丰田的招聘体系有什么特点？
2．丰田的招聘体系是如何与企业文化相结合的？
3．请简述丰田招聘体系的优缺点。

讨　论　题

1．什么是招聘？招聘员工遵循哪些原则？
2．简述招聘的流程。
3．招聘渠道可分为哪几种？招聘方法有哪些？
4．应聘者甄选的主要技术和方法有哪些？
5．应聘者资格审查包括哪些内容？
6．正式录用前，企业要对求职者进行哪些审查？
7．什么是结构化面试？什么是半结构化面试？什么是行为描述式面试？
8．评价中心技术包括哪些内容？
9．人格测评的方法有哪些？

复习思考题

1. 请调查一家企业并为其制订一份年度招聘计划。
2. 请调查一家企业并为其制定一份招聘简章。
3. 如何运用行为描述式面试？
4. 如何运用无领导小组讨论技术？
5. 如何运用文件筐测试技术？

外延学习目录

一、书籍

1. 贺清军．招聘管理从入门到精通[M]．北京：清华大学出版社，2015．
2. 王丽娟．员工招聘与配置[M]．上海：复旦大学出版社，2012．
3. 廖泉文．招聘与录用[M]．北京：中国人民大学出版社，2010．
4. 吴志明．招聘与选拔实务手册[M]．北京：机械工业出版社，2006．
5. [英]迪迪·多克．元工招聘[M]．北京：世界图书出版公司北京公司，2011．
6. Diane Arthur. Recruiting, Interviewing, Selecting and Orienting New Employees[M]. AMACOM, 2012.
7. Mark Murphy. *Hiring for Attitude: A Revolutionary Appraoch to Recuiting and Selecting People with Both Tremendous Skills and Superb Attitude*[M]. New York: McGraw-Hill Education, 2011.

二、杂志

1.《中国人力资源开发》，中国人力资源开发研究会，北京
2.《中国人才》，中国人事报刊社，中央人才工作协调小组办公室，北京
3.《人才开发》，上海人才研究会，上海
4.《人事管理》，江苏省人事厅，南京
5.《人力资源开发与管理》，中国人民大学书报资料中心，北京

三、网站

1. 前程无忧网：http://www.51job.com
2. 中华英才网：http://www.chinahr.com
3. 中国招聘求职网：http://www.528.com.cn
4. 中国人才热线：http://www.jobsdb.com.cn
5. 智联招聘网：http://www.zhaopin.com

本章主要参考文献

1．赵曙明，张正堂，程德俊．人力资源管理与开发[M]．北京：高等教育出版社，2009.

2．[美]雷蒙德・A.诺伊，约翰・霍伦拜克，拜雷・格哈特，帕特雷克・莱特．人力资源管理：获取竞争优势[M]．刘昕，译．北京：中国人民大学出版社，2001.

3．魏泳涛．再论招聘含义和招聘原则[J]．现代管理，2006（4）.

4．葛玉辉．招聘与录用管理实务[M]．北京：清华大学出版社，2011.

5．杨卫平．人力资源管理[M]．北京：中国电力出版社，2008.

6．[美]加里・德斯勒．人力资源管理[M]．北京：机械工业出版社，2012.

7．LinkedIn．2015 年中国人才招聘趋势报告[R]，2015.

8．黄颖秋．雇主品牌理念在企业招聘中的推广和运用[J]．福建师大福清分校学报，2013.

9．郑悦．技术时代的招聘变革[J]．IT 经理世界・CEOCIO，2014（11）.

10．蔡伊琦．移动互联背景下人才招聘与员工培育新模式研究[J]．现代经济信息，2015（7）.

11．殷俊．大数据时代下关于企业招聘的思考[J]．商，2015（01）.

12．孙宗虎．人力资源部规范化管理工具箱[M]．第 3 版．北京：人民邮电出版社，2013.

13．董克用．人力资源管理概论[M]．北京：中国人民大学出版社，2011.

14．黄渊明．招聘谈薪要读心[J]．人力资源，2009.

15．杨益．丰田公司的“全面招聘体系”[J]．中国人才，2003.

第五章 培训管理

引导案例

东莞三星电机有限公司（以下简称“三星电机”）1994 年设立于东莞市寮步镇，占地面积 175 000 平方米，企业员工已超过 6 000 人，是全球最大的 F.D.D 生产基地，是世界上著名的电子产品核心部件供应商。公司主要生产用于计算机、影像及其他电子产品的核心部分，如 Computer、Mobile Phone、Multi Media、Optical Device 等 Digital 产品的核心部件。

“以人才和技术为先导”是三星的经营理念之一。三星的第一任会长李炳泽认为：“对招进来的员工主要是通过自己公司的培养使他们成为我们所需要的真正人才”；第二任会长李健熙认为：“三星已经发展到一定的程度，那就必然会出现复杂的三缘关系，即学缘、血缘和地缘，我们的关键就是要杜绝这‘三缘’关系，做到任人唯才，而不是任亲唯才”。三星电机“唯才是用，以德建业”，始终坚持“人才第一”的用人之道，通过完整而强大的培训体系挖掘和培养优秀人才。

三星电机根据现在和未来的业务需求，分析员工所需要具备的技能、知识和经验，了解员工现状和未来要求之间的差距，在此基础上形成多级培训体系，如图 5-1 所示。

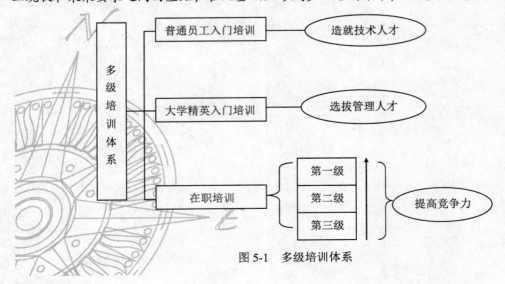

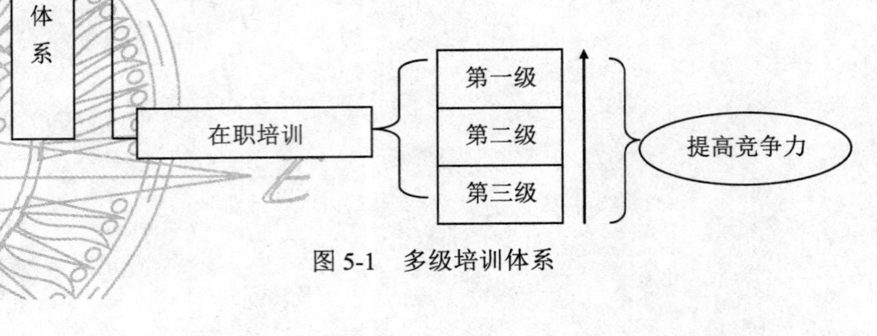

图 5-1 多级培训体系

新员工培训、大学精英入门培训到员工再培训，基本上涵盖了业务技能、交流能力和管理能力的培育，使得公司新员工在正式工作前就具有较高的业务能力，保证了大量的生产、技术和管理人才储备，而且使得员工的知识、技能、管理能力得到不断更新。培训使三星电机长年保持员工的高素质，这是其强大竞争力的来源之一。

三星电机的人力资源部分为四个 PART，一是人事管理 PART；二是人才开发 PART；三是组织文化 PART；四是总务 PART（负责后勤、绿化、食堂等）。三星电机有着完整的教育培训体制，它有自己的年计划、季度大计划、月计划、周计划，使得公司的教育培训井然有序。

一、普通员工入门培训：造就技术人才

普通员工像高层管理者们一样肩负着同样的重任：他们制造出产品，使设备保持运转，处理日常普通文件，与客户直接打交道。总而言之，如果没有他们的辛勤工作，企业就不可能兴旺发展。大多数新进普通员工非常渴望在工作中有所建树，并且希望其工作能有助于个人的未来发展。大家都希望通过工作来改善生活和发展事业，培训是实现员工愿望的最好途径。

为了使新员工能够更好地适应新岗位、合作伙伴和新组织，三星电机早在 1994 年就拨专款设立专门用于培训工人的“培训基金”。公司有计划地培训员工的管理知识、技术能力和提高员工对企业文化的认同度，为新员工进入企业扫除障碍。培训结束后，员工可以直接到生产一线工作。员工的入门培训保证了员工正式进入公司就具有较高的职业素养和对企业文化的认同度，从而为企业的长期发展奠定了坚实的基础。

二、大学生精英培训：选拔管理人才

三星电机每年都要从全国各地接收不少高校大学毕业生，为了利用这些宝贵的人才，公司针对这些特殊群体制订了特殊的大学精英培训计划（又叫入门培训）。

三星电机加强与大学生的沟通，增强对大学生的吸引力。公司同各高校建立了密切的关系，三星中国（总部）每年都会组织专人（由各地区分公司的专业人士和韩国总部的人员组成）到全国高校去巡回举办报告会，并为优秀学生提供毕业后求职的指导和帮助。

三星电机对大学生招聘十分严格。应聘者必须通过三星准备的重重“关卡”才能进入三星。每一份求职者的简历都是一份宝贵的资源，公司会为每一位求职者保密。

三星公司的招聘程序是人力资源部按照英语、计算机、学生干部等规定标准对简历进行初步筛选，再由三星中国总部和韩国总部对相关人员进行面试，只有两个总部的应聘官一致同意，参与者才能通过这一关，进入下一轮的测试，然后由韩国总部出题进行相关业务的考察及测试（试题完全机密），最后由韩国总部高层经理和人事招聘专员确定，如图 5-2 所示。为了使新进大学生能尽快适应公司的工作和生活，三星电机要对大学毕业生进行三个阶段的培训。

第一阶段：两个星期的理论学习。在这期间公司不会为他们安排学习以外的任何任务，学习内容包括专业知识、环境介绍（结合实际介绍东莞的工作环境和三星的企业文化），还包括实际工作能力和团队精神。通过两周的入门培训可以更好地完成对大学生从“校园人”向“社会人”的转变，提高他们对三星企业文化的认同度。公司还会对培训进行考核，由讲师根据他们的实际情况进行打分，而公司也会定时派人去课堂听课，学员在培训期间的成绩将在以后的晋升中占 5%的成绩，公司根据考核的结果安排适当的工作岗位。经过两周的理论学习后，新进大学生会真正体会到：三星对每个人都是公平的，既不作特殊的规定，也不设典型的职业模式。每个人都可以主宰自己的命运，适应快、能力强的人就能更快得到晋升的机会，“一切从零开始，脚踏实地”是三星人的共同特点。

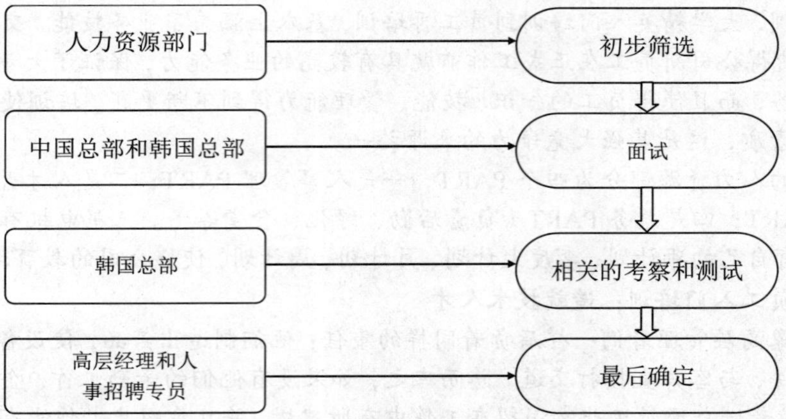

图 5-2　三星公司的招聘程序

第二阶段："流水线"生产实习。让新进大学生到"流水线"跟普通员工一起参加长达一个月的一线生产工作。通过在生产部门的工作，新进大学生能够全面了解本企业产品的生产流程，加强团队精神培养。

第三阶段：安排新进大学生做两个月的车间主任，承担具体的管理工作，培养其一定的责任感和管理能力，让其在实际工作中获取管理经验和知识技能。

三星电机还善于从大学生的离职情况中来发现员工培训存在的问题，提出改进的方案。2004 年，三星电机在某高校招进六名专科毕业生，后来有几个人在一年内就相继离开了三星。究竟是什么原因使这些大学生员工放弃自己的目标离开三星呢？三星电机针对这方面的原因进行了专门的研究调查，结果发现他们行为情绪化、缺乏自我控制、对工作的承诺较低、不能很好地界定自己的职责、对自己的职业生涯缺少规划。为了解决这一问题，三星加大对新进大学生进行企业文化和职业生涯规划的培训力度，从而达到了留住人才的目的。

三、员工在职培训：提高竞争力

三星电机也非常重视员工的在职培训，在公司每年投入的培训费中，有 60%用于在职培训。在职培训分别由周、月、季、年计划组成。三星员工的在职培训主要有两种形式——三星管理教程和在职员工再培训计划，其中管理教程培训尤为独特。

三星电机员工管理教程分为三个级别，各级培训分别以前一级别培训为基础，从第三级别到第一级别所获技能依次提高。

第三级别是针对具有管理潜能的员工。通过管理理论教程的培训提高参与者的自我管理能力和团队建设能力。培训内容有三星企业文化、自我管理能力、个人发展计划、项目管理、组织建设及满足客户需求的团队协调技能。

第二级别的培训对象是具有较高潜力的管理人员。培训目的是让参与者准备好进行更高级的管理工作。培训内容包括综合项目的完成、流程管理、组织建设及团队行为、有效的交流和网络化。

最高的第一级别就叫三星执行教程培训。培训对象也成了已经或者有可能担任重要职位的管理人员。培训目的就是提高他们的领导能力和加强对企业文化的认同度。培训内容也是根据参与者的情况特别安排。一般根据管理者的知识和三星的实际情况安排他们到韩国进行持续一年的脱产培训，去韩国了解韩国的各种文化和感受那里的语言环境。

资料来源：刘永安. 企业人力资源管理经典案例[M]. 北京：清华大学出版社，2007.

【本章学习目标】

1. 了解和掌握培训的概念和内涵；
2. 了解和掌握培训的主要理论、模式；
3. 了解和掌握培训的新思想；
4. 了解和掌握培训的流程；
5. 能够熟练制订培训计划；
6. 了解和掌握培训预算的制定方法；
7. 了解和掌握培训方法的设计；
8. 掌握和熟练运用培训场地布置的方法；
9. 能够熟练运用培训评估的方法；
10. 了解和掌握培训成果转化的方法。

【本章导学图】

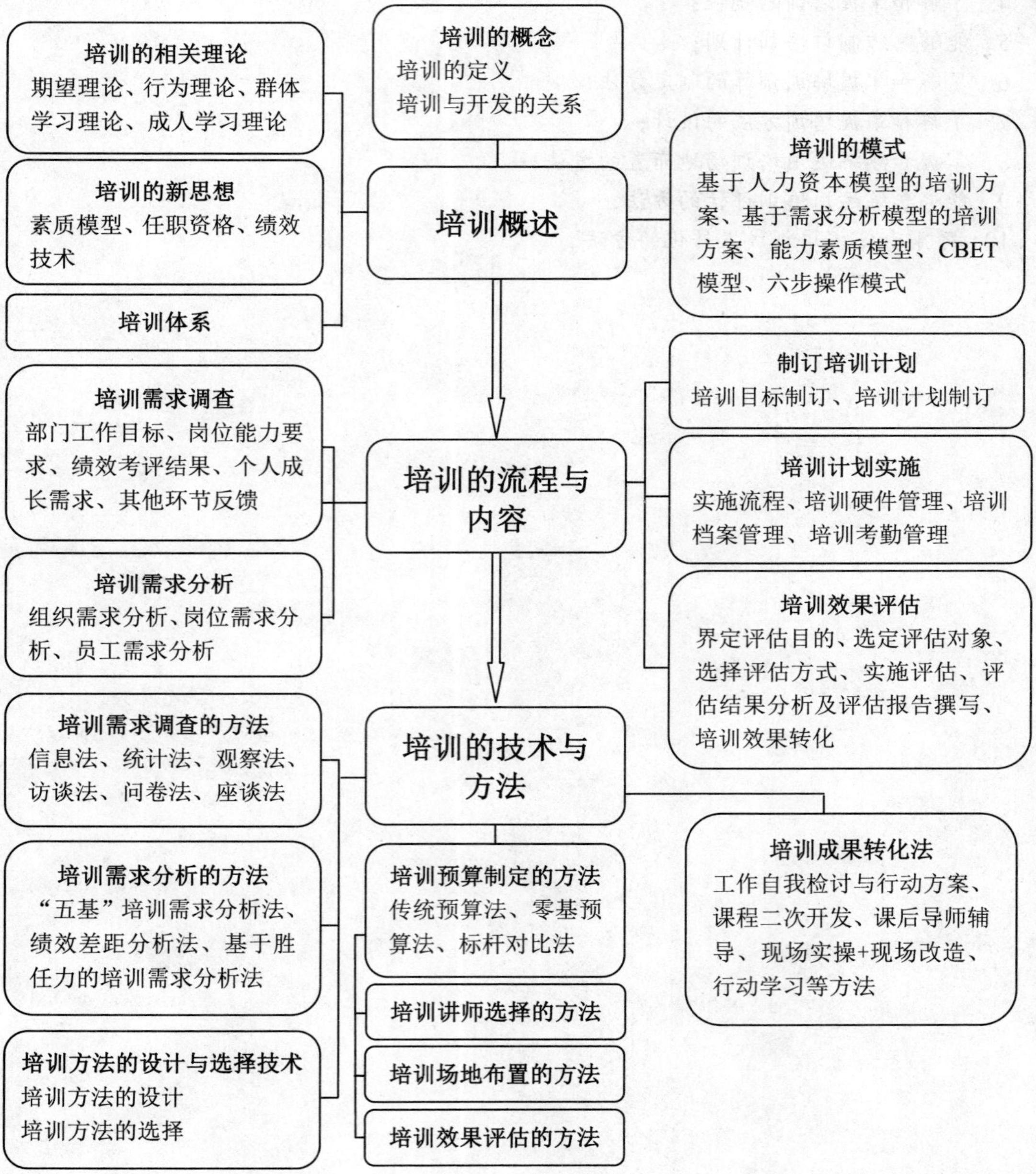
培训的相关理论
期望理论、行为理论、群体学习理论、成人学习理论
培训的新思想
素质模型、任职资格、绩效技术
培训体系
培训的概念
培训的定义
培训与开发的关系
培训概述
培训的模式
基于人力资本模型的培训方案、基于需求分析模型的培训方案、能力素质模型、CBET模型、六步操作模式
培训需求调查
部门工作目标、岗位能力要求、绩效考评结果、个人成长需求、其他环节反馈
培训需求分析
组织需求分析、岗位需求分析、员工需求分析
培训的流程与内容
制订培训计划
培训目标制订、培训计划制订
培训计划实施
实施流程、培训硬件管理、培训档案管理、培训考勤管理
培训效果评估
界定评估目的、选定评估对象、选择评估方式、实施评估、评估结果分析及评估报告撰写、培训效果转化
培训需求调查的方法
信息法、统计法、观察法、访谈法、问卷法、座谈法
培训需求分析的方法
“五基”培训需求分析法、绩效差距分析法、基于胜任力的培训需求分析法
培训方法的设计与选择技术
培训方法的设计
培训方法的选择
培训的技术与方法
培训预算制定的方法
传统预算法、零基预算法、标杆对比法
培训讲师选择的方法
培训场地布置的方法
培训效果评估的方法
培训成果转化法
工作自我检讨与行动方案、课程二次开发、课后导师辅导、现场实操+现场改造、行动学习等方法

第一节 培训概述

培训是人力资源管理的一项基本职能活动，其是人力资源实现增值的一条重要途径。随着人力资源对价值创造贡献的逐渐增加，人力资源的这种增值对企业的意义也日益重要，因此越来越多的企业开始重视培训与开发工作。据美国《培训》杂志报告，美国商业界每年对正式培训的投资超过520亿美元，每年有近5 000万人接受企业提供的正式培训，每人每年接受培训的平均时间超过30个小时。

一、培训的概念

（一）培训的定义

对于培训的定义，不同的专家有不同的理解。培训是指企业有计划地实施有助于员工学习与工作相关能力的活动，这些能力包括知识、技能或对工作绩效起关键作用的行为；企业培训是为了使企业员工获得从事本岗位所必需的以及不断提升的知识、技能和理念等，从而提高个人及企业的绩效，最终使企业和员工共同发展的一种成本与投资因素兼有的努力；培训是企业向员工提供工作所必需的知识和技能的过程。英国官方培训委员会为培训下的定义是：通过正式的、有计划的或优质的方式，而不是一般监督、工作革新或经验，获得与工作要求相关的知识和技能的过程。培训是一组系统的过程，被设计用来迎合与受训者的当前或未来工作相关的学习目标（Blanchard，2000）。培训是组织用来开发员工的知识、技能、行为或态度，从而帮助实现组织目标的任一系统的过程（Tay1or，1998）。

企业培训的最终目标是实现企业持续发展与员工发展的和谐统一，对此可以从四个方面理解。

（1）本质还是学习。通过培训，让员工的个体行为、思维或潜能在质量上发生相对比较持久的变化，不是满足于简单的记忆，也不是简单地传播知识和技术，而是学习。并不是所有的培训都能导致学习，但培训的本质还是学习。

（2）培训的直接目的是改进和弥补差距。企业由一系列岗位构成，员工与各个岗位相对应。岗位规范对上岗工作的员工的工作知识、工作经验、操作技能、工作态度等方面有特定要求，员工只有在满足岗位规范、取得岗位任职资格之后，才具备履行岗位职责的基础，才能够获得独立上岗的机会。培训的最直接目的就是消除员工与岗位规范之间的差距，使员工通过培训得到一定程度的改进和提高，最终胜任岗位。

（3）培训是一个有计划、连续的系统过程。日本资深经营咨询专家大潜研一先生认为：“任何片面对待培训，将本应该完整的培训系统肢解利用的做法都将使其丧失宝贵的价值，同时也是企业宝贵资源的浪费。”培训是一个封闭系统，是一个始于培训需求分析和评价，依据培训目标来研究、设计具体可行的培训方案，组织和实施培训，最后进行培训效果评估、反馈和持续改进的封闭系统。

（4）培训的最终目标是实现企业永续发展与员工进步的共赢。发展中的企业必然对员工不断提出新的、更高的要求，对员工进行高质量的培训，则能使员工的能力得到持续提升，适应企业的永续发展、使员工在胜任现有的岗位同时，一岗多能，承担更多、更大的工作责任，进而满足公司更高层次的需要；使员工与企业达到一种“同生共荣”的良性互动关系，相互之间都能实现可持续的发展。

综上所述，培训是通过培训者设计的一整套活动方案（规则、要求和操作步骤）来激发学员的学习热情，归纳其经验，开发其潜能，以提升学员的工作生活能力并最终改变其行为的一种训练过程。

员工的培训分类如表 5-1 所示。

表 5-1 员工培训分类

分类标准	主要类型	主要内容
按员工类型	新员工培训	职前教育培训（HR 组织）：主要内容有企业发展历史、文化、制度、业务范围及产品等
		岗前业务培训（直线部门组织）：主要是对上岗业务进行培训
	老员工培训	在职/岗中培训：履行职责所需的态度、知识、技能或个人提升培训
		转岗培训：因工作调整转岗的员工，进行转岗培训
按培训内容	知识培训	岗位专业知识培训：使员工具备完成本职工作所必需的知识，并不断学习和掌握所需的新知识
	技能培训	岗位职责、工艺流程及相应操作规范的培训：使员工具备完成本职工作所必需的技能
	态度培训	企业文化、行为规范、人际关系、价值观、职业道德等方面的培训：提高员工的工作积极性
按员工在岗状态	脱产培训	员工暂时离开岗位进行的企业内部培训
	半脱产培训	利用周末或集中一段时间学习的培训
	不脱产培训	在不影响岗位工作的情况下进行的培训

一般来说，针对以下几种情况企业需要进行培训：① 新员工入职；② 组织效率低下，急需改进组织绩效；③ 提升整个团队的能力素质及凝聚力，以适应需要；④ 员工晋级、晋升或岗位转换；⑤ 颁布了新制度或引进及使用了新技术、新系统、新流程；⑥ 新的职能与业务的拓展。

（二）培训与开发的关系

有不少专家和学者对培训与开发两者加以区分，赋予不同的含义。培训（training）和开发（development）是两个既有重叠又有区别的概念。重叠之处在于：两者的出发点是一样的，都是要通过提高员工的能力来提升员工的工作绩效，进而提高企业的整体绩效；实施的主体都是企业，而授受者都是企业的员工；两者使用的一些方法也相同。但是，两者之间也存在一定的不同。第一，关注点不同，培训关注现在，而开发关注未来。培训更多的是一种短期的行为，目的是使员工掌握当前所需的知识和技能，如教会一名新工人使用设备，教会生产计划和调度人员如何进行生产排产和调度等；而开发则更多的是一种长期目标的行为，目的是使员工掌握将来企业发展所需的知识、技能及工作要求。在实践中，培训更多的是一种滞后的弥补行为，而开发更多地与员工职业发展联系在一起。第二，培训的内容多与现在的工作内容相关，而开发则可能与现在的工作内容联系并不紧密。第三，培训的内容对现有的工作经验要求更多，而开发主要针对新的工作，对经验要求较少。第四，有些培训活动带有一定的强制性，而开发活动则更多地与员工的发展存在一定的联系，但是从实施过程的角度来看，两者并没有明显的差异。

二、培训的相关理论

（一）期望理论

期望理论是由美国心理学家维克托·弗鲁姆提出的，该理论认为人们只有在预期他们的行动会带来既定的成果，且该成果对其个人具有吸引力的时候，才能够被激励起来去完成某些任务。这个关系可以表示为

动机=效价×期望×工具

式中，效价指个体对所获得报酬的偏好程度；期望指员工对努力工作能够完成任务的信念强度；工具指员工对完成任务后获得报酬的信念。

根据以上理论我们可以得知激励力与目标效价和期望值成正比关系，目标效价是指人对实现目标会取得多大价值的一个主观判断。如果感觉价值高，则人的积极性也相应会高；反之，人的积极性就会低。期望值是指人对实现该目标的可能性大小的主观估计。目标实现的可能性越大，人们越会更加努力去争取实现，从而在较高程度上发挥了目标的激励作用。在企业培训领域中，员工参与培训的积极性主要取决于学员的预期，即学员认为自己能够完成培训的几率，以及完成培训后对个人有何好处，如能否带来绩效考核成绩的提高、能否提升加薪、能否获得同事的认同等。

（二）行为理论

行为理论的主要代表人物有桑代克、史金纳和巴甫洛夫。行为理论是以刺激和反应的联系来解释学习行为，并关注个体外显行为的改变。该理论认为，学习是在反复尝试错误的行为中来总结经验和教训，重复进行练习而达到学习的目的。行为理论在应用于企业培训中时，需注意以下方面的问题：一是培训项目重复练习的次数与稳定性是否足够；二是是否存在不允许任意犯错的情况，是否会对学员产生负面的因素，如使人产生多做多错、少做少错的想法等。

（三）群体学习理论

群体学习理论以强调行为和学习中人的主题因素为中心观点，认为学习的个体不应独立存在，处在群体中的个体会互相影响、相互学习，这种群体效应能极大地提高学习效率。同时，在群体学习中，学员还能掌握人际交往的技巧、创造性的思维能力。因此，群体学习理论在培养学员的人际沟通能力、团队合作精神等多个方面都具有非常重要的指导意义。

（四）成人学习理论

成人学习理论的代表人物是马尔科姆·诺尔斯，他认为：成人有进行自我学习的能力，有进行自我指导的需要；成人能够通过学习获得更多的知识和与工作相关的经验；成人在学习之前要清楚他们为什么要学习，其学习的目的和意义是什么；成人总是带着一定的问题去进行学习的。

成人学习会遵循这样的规律：第一阶段，激发起学员对过往经历的回忆，让学员回忆一下自己以前做过什么，是在哪些情况下运用何种方法做的；第二阶段，要启发学员反思、检讨以往的失败教训；第三阶段，要引导学员发现他们所缺少的获得成功必备的理论、方法和工具，即所谓的明确学习目标，明确自己应该学习什么；第四阶段，进行学习；第五阶段，将新学的

内容进行实践，主要包括实验、练习、撰写学习报告或论文等。实际学习的过程需经上述五个阶段的不断循环和提高方能实现。违背成人学习规律而开展的员工培训，是不能发挥学习者自身的学习主动性的，其往往达不到理想的培训效果。

三、培训的模式

国内外培训机构根据成人学习的特点，通过弹性教学、开发式课堂、互助式课堂等方式和手段，不断探寻适宜企业员工的培训模式。目前国内外比较有影响力的培训模式主要有下列几种。

（一）基于人力资本模型的培训方案

基于人力资本模型的培训方案，是以 20 世纪 60 年代美国经济学家西奥多·舒尔茨（T.W.Schultz）和加里·贝克尔（Garys Becker）创立的人力资本理论为指导的，该方案服务于企业人力资源发展战略，满足企业和员工个人对培训的需求，是适合现代企业发展的一套员工培训方案。在实践中，它又可以细分为员工培训需求分析和筛选，员工培训项目的设计和实施，培训效果评价和培训能力发挥机制构建四个模块。这四个模块又是互为基础、互相联系和互相促进的。

（二）基于需求分析模型的培训方案

基于需求分析模型的培训方案是对上述人力资本模型培训方案中“培训需求分析”部分的强化和深入。培训需求分析模型是 20 世纪 60 年代由麦克基西（McGehee）和索耶尔（Thayer）等人提出的，是一种通过系统评价确定培训目标、培训内容及其相互关系的方法。确定培训需求是指了解员工对培训的必要性及其培训程度，确定哪些员工需要培训以及需要参加何种培训的过程。需要主要包括两个方面：一是指组织需要；二是指员工本身需要，这两者应该紧密有效地结合。需求分析具有很强的指导性，它既是确定培训目标、设计培训方案的前提条件，也是进行培训质量效果评估的基础。其重要作用表现如下：确认差距、前瞻性分析、保证人力资源开发系统的有效性、提供多种解决问题的方法、分析培训的价值与成本、获取内部与外部的多方支持。

基于需求分析模型的培训方案在具体实践中又包括葛史丹（Goldstein）模型、培训需求差距分析模型、前瞻性培训需求分析模型等。

（三）能力素质模型

哈佛大学心理学系主任大卫·麦克里兰教授（Dr.David C.McClelland）于 1973 年提出了能力素质模型（Competency Model）概念。能力素质模型是培训需求评价的新趋势之一。现在，已经有许多跨国公司采用该模型来分析员工的培训与发展需求。能力素质是指能将某一工作、组织或文化中表现优异者与表现平平者区分开来的个人的表层特征与深层特征，主要包括知识、技能、社会角色、自我概念、特质和动机。能力素质模型则是指担任某一特定的任务角色所需要具备的胜任特征的总和。胜任特征分析不仅可以用来分析组织、任务或人员的某一个层面，同时也强调需求分析和培训结果应能提高受训者对未来职务的胜任特征。能力素质的表层特征包括技能、知识、社会角色、自我形象等；深层胜任特征则相对比较复杂，如动机等，它决定人们的行为表现等。

（四）CBET 模型

CBET 模型是英文 Competency Based Education and Training 的缩写，意为以能力为核心的教育和培训。CBET 模型广泛应用于加拿大、美国等北美国家的职业教育和培训。

该模型的特点是以职业能力分析的结果为基础，来确立权威性的国家能力标准体系，然后通过与这些标准相比较，再来具体确定学员的等级水平。

（五）六步操作模式

六步操作模式是中国石化集团公司在借鉴国内外各种培训模式的基础上，结合石化行业员工的实际情况，自行开发的一种适用于石化企业员工培训的系统化的培训模式，它具体包括需求分析、课程开发、教学设计、教学实施、考试与考核、监督与反馈六部分。

四、培训体系

（一）培训体系的定义

培训体系是以培训为基础，为确保企业培训工作的有序进行而建立的，以管理培训活动为目标，确保培训效果的一个系统机制。完整的企业培训体系既包括纵向的企业各层次员工培训（从总经理到一线岗位员工），也包括横向的各领域员工培训（各个职能部门的培训）；既应该在内容上进行通用的管理基础知识与专业技术知识培训、岗位操作技能培训、素质类培训、制度培训、企业文化培训、管理技能培训、员工职业规划培训；也应该在形式上采用灵活多样的培训方式和方法，如行业交流、出国考察、岗位轮换、外部拓展训练等；既应该建立完善的培训实施保障体系，也应该建立完善的培训需求分析、培训效果评估机制等重要环节。这样才能形成一个严密的培训体系，才能为企业培养出组织发展所需要的各种人才。

企业需要将培训作为一项系统工程，优化组合组织需要、工作需要和个人需要，采取系统的方法，按照组织的目标来制定培训规划、确定培训项目和培训方式，使员工培训活动的各个环节和各个方面构成一个有机的高效系统。

（二）有效培训体系的基本特征

建立有效的培训体系是充分发挥培训对于企业经营积极作用的前提条件。判断培训体系是否有效的标准，是看其培训体系是否能够增强企业的市场竞争力，是否有助于企业实现其战略目标。

1．以企业战略为导向

有效的企业员工培训体系应以企业战略为导向，融入企业的发展战略和人力资源战略体系之中，并根据企业的发展战略规划，紧密结合企业的人力资源发展战略，量身定制为实现企业战略目标服务的高效培训体系。

2．着眼于企业发展的需求

有效的培训体系应着眼于企业的未来发展，不能做成“头疼医头，脚疼医脚”的救火工程。有效的培训体系必须依据企业的核心需求，实现企业持续发展对于人力资本的需要。

3．多层次、全方位

企业培训是一种成人教育，因此，有效的培训体系要充分考虑员工（成人）教育的特殊性，开发课程、运用与成人教育特点相应的训练方法，采用多种多样的培训方式。在追求效益最大化的前提下，构建多层次、全方位的培训体系，提升员工的同时帮助员工实现职业发展，达到企业全员参与、共享培训成果的效果。

4．充分考虑员工自我发展的需要

按照马斯洛的需求层次理论，“人的需要是多方面的”，而“自我发展和自我实现”是人的最高需要。按照员工自身需要来参加和接受培训，是对员工自我发展需求的肯定和满足。为企业的战略服务是企业培训的最终目标，与此同时，企业培训与员工个人职业生涯的发展也是紧密相连的。有效的培训体系必然要将员工的个人发展纳入到企业发展的轨道，使员工在服务企业的同时，也能实现个体的发展，获取个人的成就。

（三）有效培训体系的基本原则

构建有效的企业培训体系是人力资源开发的一个重要手段。员工培训体系直接关系到企业人才的培养与开发，在很大程度上决定着企业的生存与发展，必须要认真规划和实施。有效的培训体系必须严格遵循以下几项基本原则。

1．服务于企业发展战略的原则

企业的发展战略是一切工作总的指导性纲领，员工培训体系作为人力资源管理活动的一部分，必须服务、服从于企业发展战略。首先，必须根据企业人才战略来确定培训需求、培训计划和实施方案；其次，培训体系是实现企业发展战略的有效途径和有力保证，有效培训体系既要满足企业当前的经营需要，还要着眼于企业的长远发展战略需要；再次，要把培训体系对实现企业发展战略目标所发挥的作用，作为评价员工培训质量和实施效果的标准。

2．坚持理论与实践相结合的原则

任何工作必须强调理论与实践相统一，员工培训更是如此，否则员工培训工作将失去现实意义。在企业员工培训体系建设中，要应用理论进行全面规划，做到学用一致、学用结合，需要多采用演示法、实践法和案例分析等多种培训方法。有效的培训体系既要强调以理论为指导，又要注重实践和应用。

3．与企业文化相统一的原则

“要做事，先做人”。为了有效地挖掘员工的工作潜能，在培训基础理论知识和专业技能的同时，更要注重职业道德、理想、信念、价值观和企业文化等方面的培训，不仅要使员工的技能、行为和态度符合企业经营发展的需要，而且要使员工的思想也与企业文化相融合，并达到高度一致。

4．全员培训的原则

有效的培训体系应覆盖企业全员，全员培训与重点培训要有效结合。培训体系首先要保证全员性，在提高全体员工素质、水平和能力的基础上，使培训向关键的职位或岗位进一步倾斜，加强重点人才、关键岗位的培训，提高员工的业务能力和水平的同时，提升其对企业的归属感，并且起到激励优秀员工以及鞭策后进员工的作用。

由此可见，企业建立有效的培训体系，不但可以增强企业的市场竞争力，还可以增强企业员工的凝聚力，而且有助于企业战略目标的实现，进而营造和谐的人力资源开发环境。

五、培训的新思想

（一）素质模型

1．素质模型简介

基于胜任素质模型的员工培训就是在胜任素质分析的基础上，发现企业培训需求，进行培训规划、课程设计、组织培训实施以及培训效果评估等工作，其理论基础是麦克里兰（McClelland）1973 年提出的“胜任素质”模型（也可称“胜任力”“素质”“能力素质”模型等）。麦克里兰是国际上公认的胜任素质方法的创始人。

素质模型，是为了胜任某项工作，达成某一绩效目标所要具备的一系列不同的能力素质要素的组合，它包括了不同的动机表现、个性与品质要求、自我形象与社会角色特征以及知识与技能水平。

麦克里兰在对管理人员进行工作绩效测评研究过程中提出了“冰山模型”（见图 5-3）。在这个模型中，他把人的素质描绘成一座冰山，这座冰山分为水面之上的和水面之下的两个部分。水上的部分是表象特征，指的是人的知识和技能，通常容易被感知和测量。水下的部分是潜在特征，主要指的是社会角色、自我概念、潜在特质、动机等，这部分特征越到下面越不容易被挖掘与感知。麦克里兰指出，预测业绩的最好因素不是诸如学历、技能等外在条件，而是人的深层素质，也就是水下的冰山部分，它揭示出影响个人绩效的最主要的素质并非是我们传统认为的那些东西。

1981 年，理查德·博亚齐斯（Richard Boyatzis）在麦克里兰研究的基础上，提出了与冰山模型类似的“洋葱模型”（见图 5-4）。博亚齐斯通过对经理人员的胜任素质的原始资料进行重新分析，归纳出一组可以辨别优秀经理人才的胜任素质因素。这些因素具有广泛的适用性，能够同时应用于差别很大的不同公司。所谓洋葱模型，是把胜任素质由内到外概括为层层包裹的结构，最核心的是动机与个性，然后向外依次展开为自我形象与价值观、社会角色、态度和知识、技能。越向外层，越易于培养和评价；越向内层，越难以评价和习得。大体上，“洋葱”最外层的知识和技能，相当于“冰山”的水上部分。“洋葱”最里层的动机和个性，相当于“冰山”水下最深的部分；“洋葱”中间的自我形象与角色等，则相当于“冰山”水下的浅层部分。“洋葱”模型同“冰山”模型相比，本质是一样的，都强调核心素质或基本素质。对核心素质的测评，可以预测一个人的长期绩效。相比而言，“洋葱”模型更突出潜在素质与显现素质的层次关系，比“冰山”模型更能说明素质之间的关系。

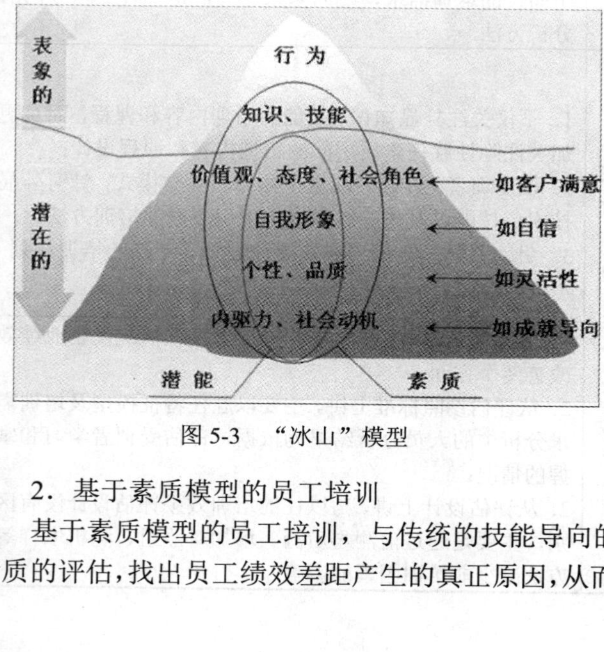

图 5-3 “冰山”模型

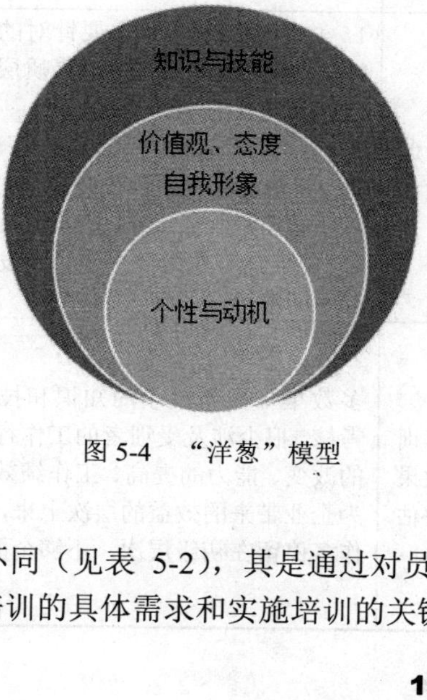

图 5-4 “洋葱”模型

2．基于素质模型的员工培训

基于素质模型的员工培训，与传统的技能导向的培训不同（见表 5-2），其是通过对员工素质的评估，找出员工绩效差距产生的真正原因，从而确定培训的具体需求和实施培训的关键，可以使培训工作的效果大幅度提高，并将在尽可能大的程度上确保受训者学到了技能，而且这些技能在实际工作中能够真正发挥作用。培训的目的与要求就是帮助员工弥补不足，从而达到岗位的要求。基于员工素质模型的分析，针对岗位要求并结合现有人员的素质状况，为员工量身定做培训计划，帮助员工弥补自身“短木板”的不足，突出培训的重点。

表 5-2　素质导向与传统技能导向培训的对比

传统技能导向	素质导向
销售技巧培训	认识销售特质和素质，改变自我行为
管理技能培训	领导力训练，认识领导力素质，自我改变
研究技能和方法培训	清晰、创新的思维方式和特质，改变自我认识和动机

与传统基于岗位的培训体系不同，基于胜任素质模型的员工培训体系是以培训对象和特定职位所需的关键胜任素质，即将高绩效者比普通绩效者表现突出的特征即胜任素质模型作为培训的重点内容，再将个体与胜任素质模型中差异较大的特征列为个体最具针对性的关键内容。基于胜任素质的人员培训的目的是增强员工取得高绩效的能力、适应未来环境的能力和胜任素质发展的潜能。基于胜任素质模型的培训与基于岗位的培训的主要区别如表 5-3 所示。

表 5-3　基于胜任素质模型的培训与基于岗位的培训的主要区别

	基于岗位的培训特点	基于素质模型的培训特点
培训需求分析	1. 以岗位分析为基础，范围比较窄，局限在知识、技能层面； 2. 没有将组织的产出和培训相联系，没有明确组织、岗位、个人之间培训需求的相互联系； 3. 没有将组织的战略关系放在分析的重要位置	1. 从分析优秀业绩者的特征出发，范围比较广，不仅包括知识、技能层面，而且包括自我认知、个性特质、动机等更深的层面； 2. 在培训需求分析时通过绩效考评来确定胜任力的差距，从而提出培训需求； 3. 在设定预期绩效的同时考虑组织和岗位的潜在需要，将培训与整个组织的产出和绩效改进相挂钩； 4. 通过组织环境、组织变量与优秀员工的关键特征来确定岗位的培训需求，趋向未来导向，是一种战略导向的分析方法
培训设计	1. 内容和课程设计主要针对的是技能和知识层面，欠缺隐性胜任素质层面的培训内容和课程的设计； 2. 培训方法多以传递外显知识的方法为重，无论是课堂教学还是会议讨论等，针对获得内隐胜任素质的培训方法较少； 3. 较难针对具体个人能力和发展计划制订不同的培训计划	1. 不仅关注外显知识、技能的培训内容和课程，而且更加关注隐性胜任素质层面的培训内容和课程设计； 2. 以受训者为中心，注重个体体验参与模式，针对外显技术、技能以及内隐胜任素质采用不同的培训方法； 3. 针对具体个人能力和发展计划制订不同的培训计划
培训效果评估	多数集中在所授予的知识和技能层面的考核，很少涉及受训者的工作行为及态度的改变、能力的提高、工作绩效的改善和为企业带来的效益的层次上来，即评估工作多停留在初级层次，不够全面	1. 从内容上讲，主要集中在受训者掌握情况及企业绩效改善两个方面； 2. 从评估参照标准上讲，主要以胜任特征模型及培训需求分析中的人员分析结果为依据，评估受训者学习和掌握的情况； 3. 从评估设计上讲，与以往的培训效果评估设计没有区别，主要是通过前测与后测、增加对照组、随机取样等方法减少非培训因素的影响

续表

	基于岗位的培训特点	基于素质模型的培训特点
受训者的参与	受训者参与度低，整个培训过程主要是培训主管部门来操作	受训者在培训需求分析、培训内容设计、培训实施、培训效果评估整个过程中，全员参与、共同分享培训成果的效果，使得培训方法和内容适合被培训者

（二）任职资格

1．任职资格简介

任职资格是指员工从事某一岗位工作必须具备的知识、经验、技能、素质与相应输出的总和。从广义上讲，任职资格是随着组织职能的不同而变化的客观存在的岗位标准，它与组织的战略紧密联系，并且根据职位角色层级的不同具有明显层次性和差异性。

任职资格体系起源于英国 NVQ（National Vocational Qualification）体系，即国家职业资格体系。当时英国政府为了给国内公务员管理制定一套行之有效的标准，开发了 NVQ 体系。NVQ 体系主要考评实际工作表现。英国的 NVQ 体系涵盖了 11 个职业领域，约 1 000 个职业。其中，每个 NVQ 分为 5 个难度等级，从工作性质方面划分为重复性的熟练科学研究岗位标准、企业管理岗位标准、技术管理岗位标准、技术操作岗位标准和操作岗位标准等。

任职资格管理体系强调了工作的输出（即绩效），而不是单一的看知识，引导管理者和员工正确看待输入（即知识、技能、素质和经验等）与输出的关系并正确对待。建立任职资格管理体系主要包括职业资格体系分类分层、任职资格标准和测评标准的开发、任职资格应用体系的开发三个主要的方面，即先分类别和层级，再定标准，最后将其与薪酬、培训、招聘、绩效等模块进行对接，以确保其动态运行。

任职资格与能力素质模型既有区别又有联系。一种观点认为二者是同一个事物，但层次不一样，即任职资格关注的是某个岗位的基本要求，而胜任力关注的是能胜任此岗位，强调的是高绩效。另外一种观点认为二者是包含关系，即任职资格体系包含了胜任力素质模型。因为任职资格除包括胜任力内容外，还包括经验、学历、特殊条件等内容。因此，胜任力模型属于任职资格体系中的一个部分。

任职资格标准和能力素质的结合能够将员工胜任岗位所需知识、技能和素质完整地涵盖，为培训标准的梳理和培训课程体系的建立提供完整的依据。

2．基于任职资格的员工培养

基于任职资格的员工培养是从员工的培训转变为员工的培养。任职资格管理的思路是根据企业的战略目标及业务策略结合企业内部员工成长需求，形成某类人员任职资格标准，包括对此类人员的知识经验、个人素质、专业技能及工作行为等各方面的标准，搭建企业内部培训机制，以此标准来规范与培养员工，改进员工的业务行为，促进员工工作行为的标准化，最终实现员工个人工作业绩及企业战略目标的有效结合。

以任职资格为中心，建立与任职资格发展通道和任职资格标准相映射的培训培养通道和体系，是提高培训针对性和有效性的重要影响因素。

基于任职资格的员工培训强调培训必须改变“散打”的状况，即不能完全基于培训需求来开展培训，业务部门提一个培训需求或员工提一个培训需求就开设一个培训课。培训应该由单一的培训项目向系统的培训进行转变，不能是缺什么就补什么，而应该从人才培养的角度进行规划和设计，从而提高培训的系统性、连贯性。

当任职资格建立后，培训课程的设置可以与任职资格对应（见图 5-5），从而使培训与员工的职业发展紧密衔接。员工想达到一级任职标准，则可以通过一级培训课程帮助他们更快地达到胜任标准。当达到一级任职标准后，他们也可以学习一级培训课程和二级培训课程，在巩固一级的知识和能力的同时逐渐具备冲击二级的能力。培训和培养是实现任职资格能力不断提高的重要方式。

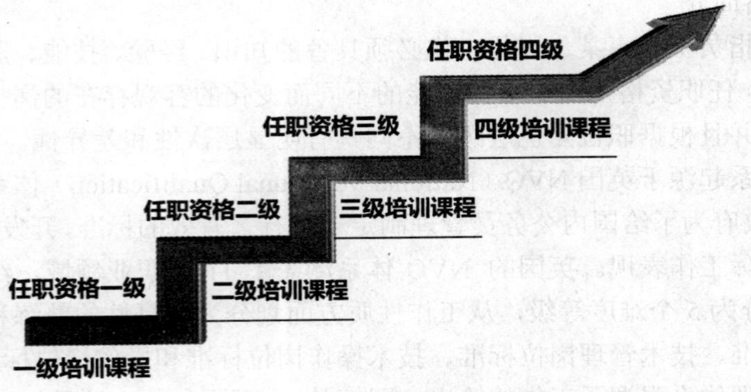

图 5-5　任职资格通道与培训通道的对应关系

每级培训课程的内容均来自任职资格标准，任职资格标准中的知识、技能、素质等都可以转化为相关课程。该层级的所有课程按学习的层递关系排列在一起即形成了该层级的课程体系。将每个层级的课程体系按层级顺序组合在一起，即该任职资格序列的学习地图，从而有效指引员工改善自己的知识、技能和素质，不断提升岗位的绩效水平。

3．学习地图的构建

学习地图，也叫学习路径图（Learning Road/Path Map），是以员工职业发展为核心而设计的具有连贯性、层递性和系统性的一系列学习活动，能够直接体现员工在组织内的学习成长过程。通过学习地图，组织的新成员可以找到自己从进入组织开始，直至成为组织内部该岗位序列最高层级的学习发展路径。

学习地图的绘制以企业职业发展通道为依托，根据专业类别的不同设立不同的学习地图，如管理人员学习地图、技术人员学习地图、销售人员学习地图等。员工可以只在一个专业的学习地图上发展，也可以同时应用多个学习地图。学习地图除了让员工看到清晰的职业发展路径，同时也能够通过职业晋升引导学员成长，作为学习成长的重要动力机制，保证培训动态化运作。

学习地图的绘制流程共包括四个步骤，即工作任务分析、学习任务分析、课程学习方案以及地图绘制。这四个步骤是紧密联系在一起的，每一个步骤都会对后面的步骤起到一定的铺垫作用。

首先，要对员工的岗位进行梳理和工作任务分析，划分岗位族，确定职业发展的各个层级并制定各层级的任职标准。通过岗位梳理和工作任务分析，建立任职标准，从而帮助我们明晰岗位族的结构和工作职责/任务，以及最终形成职业发展路径。

在任职标准建立后，就需要对该岗位族的知识、技能和素质进行识别和提炼，并根据职业发展层级对知识、技能和素质进行层级的划分，每个技能和素质级别要求有可观察的、全面的、清晰的行为描述，编写学习目标。

第三阶段是学习方案设计，这也是学习地图建立的核心阶段，主要针对每个层级所识别出来的知识、技能和素质要求，提供相应的学习培训内容。这就需要通过分析学习目标，确定学习主题和学习内容，评估合适的学习方式，制定合适的学习时长和效果评估方式，根据学习内容的差异选择合适的讲师资源（内部讲师还是外部讲师）。

最后，根据岗位族的职业发展路径要求将课程按照岗位层级进行排序，同一任职层级的课程按照工作职责/任务的先后顺序排序，最后整体上按照学习的难易程度进行排序，即可得到该岗位族的学习地图。通过将员工在企业中不断发展的学习路径以学习地图形式呈现，帮助员工不断明晰自己所处的位置和未来的发展方向，不断激发员工的学习积极性。

传统零散的培训和基于学习地图的培训有非常明显的差别，具体情况如表 5-4 所示。

表 5-4 传统零散培训与学习地图的对比

传统零散的培训情况	学习地图情况
围绕各部门需求确定培训方案	围绕岗位核心知识、技能和素质确定培训方案
培训内容较零碎，全盘引进流行课程	培训内容系统，课程设置合理
培训评估形式化较严重	关注员工行为的改变和能力的提高，最终达到提升个人和组织绩效的目的
员工被动接受培训，积极性不高	员工主动进行培训，积极性较高
较少关注员工的职业发展	员工有职业发展方向的选择

（三）绩效技术

1．绩效技术的概念

绩效技术（Performance Technology，PT），又称为人力绩效技术（Human Performance Technology，HPT）或绩效改进（Human Performance Improvement，HPI），是一种以组织总体的目标为导向，在分析绩效差距的基础上制订最佳成本—效益的综合性问题解决方案的一种整体性、系统化的问题解决的工具手段和程序方法。它要对组织的变革结果进行评价，以便最大限度地改进个体和组织的绩效。学习对于提高员工绩效是至关重要的，但学习不是全部，不是所有的绩效问题都能通过培训来解决的。于是，绩效技术的发展将企业培训推至了一个更具战略特点的新境界。绩效技术为企业的员工培训提供了科学的方法，它是一种对项目进行选择、分析、设计、开发、实施和评价的过程，它的目的在于以最经济的成本效益影响人类的行为和成就。[①]

绩效技术思想将会被企业广泛地理解和吸收，并运用于员工培训中。绩效技术工作者将与他人一起工作，使学习产品与服务知识的过程融入整个组织，因此绩效技术会对企业培训产生重要的影响。

2．基于绩效技术的员工培训

目前应用较为广泛的是国际绩效促进协会（简称 ISPI）于 1992 年发布的绩效技术解决问题的操作性过程模型。之后很多绩效技术专业人员对模型进行过修改和完善，形成了如图 5-6 所

[①] Shrock,S. A., G. L. Geis. Handbook of Human Performance Technology: Improving Individual and Organizational Performance Worldwide[J]. *Evaluation*, 1999.

示的模型。[①]

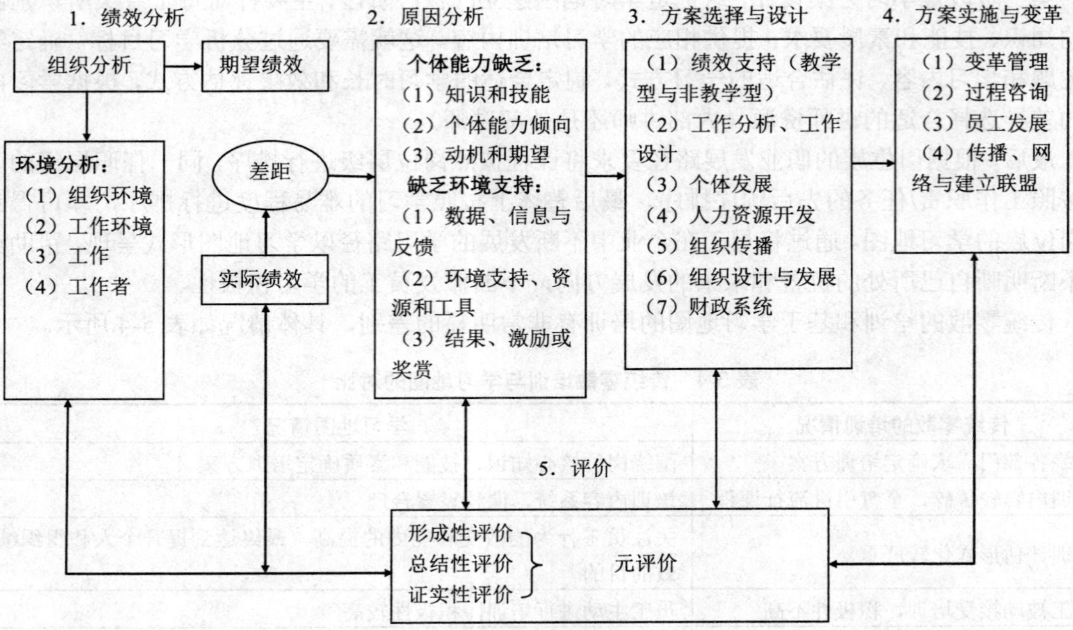

图 5-6　ISPI 绩效技术过程模型

ISPI 绩效技术过程模型将绩效技术解决问题的整个过程分为五个主要环节：绩效分析、原因分析、问题解决方案的选择和设计、问题解决方案的实施、变革以及评价。

（1）绩效分析。绩效改进的实施始于绩效分析——依据企业发展目标识别其绩效需求并将之与当前绩效水平及能力缺失进行比较的过程，主要目的是识别和测量期望绩效与实际绩效之间的差距。因此，绩效分析主要是进行期望绩效的识别、实际绩效的测量、绩效差距的对比三个方面。当绩效差距产生时，则解决实际绩效问题；当绩效差距不存在甚至高于期望绩效时，则应关注于寻求组织的发展机遇。在实际的工作中，组织的绩效差距往往不止一种，而是各种各样的，在明确各种绩效差距后还要依照满足组织目标的重要程度、困难和复杂程度、是否经常发生等因素进行分析与权衡。绩效改进的最终目的是以最合适的成本—效益比消除这种差距。

（2）原因分析。原因分析目的是寻找并确定引起绩效差距的真正或根本原因所在。很多时候解决绩效问题失败往往是由于只看到了组织表面的症状而忽略了深层次的原因分析。当我们找到并能从根源上去解决绩效问题，其解决的可能性就会显著提高。原因分析是连接绩效分析和问题解决方案选择之间的桥梁，是绩效改进强有力的支持。对于绩效差距的原因分析，许多绩效技术专业人员从各自的角度进行了归纳和总结，其中影响最大的是 Thomas F.Gilbert 在 1978 年提出的“行为工程模型”[②]，后经绩效技术专业人士不断改进、发展和完善，产生了多

① Darlene M. Van Tiem, James L. Moseley, Joan Conway Dessinger. Fundamentals of performance Technology :A Guide to Improving people, process, and performance[J]. *International Socialy for Performance Improvement*. Washington, D.C, 2000.

② Gilbert, T. F. *Human Competence: Engineering Worthy Performance*[M]. NewYork: McGraw-Hill, 1978: 88.

种用于绩效分析和原因分析的模型，如表 5-5 所示。

表 5-5 Thomas F.Gilbert 的“行为工程模型”

	信　　息	工具与设备	动　　机
环境支持	数据： 1．关于适当绩效的相关及经常性反馈； 2．对期望绩效的描述； 3．对适当绩效清晰而相关的指导	资源： 科学设计的、满足人类工效学要求的各类工具与资源	激励： 1．适当的经济激励； 2．非经济激励； 3．职业发展机遇
个体行为	知识： 1．满足榜样绩效要求的、系统设计的培训； 2．特定工作任务提出的要求	能力： 1．灵活性； 2．身体条件； 3．适应性； 4．选择	动机： 1．工作动机评估； 2．选择与工作性质相契合的人员

（3）问题解决方案的选择与设计。问题解决方案是一套基于绩效分析和原因分析而设计和开发的计划与方法，主要目的是减少或消除期望绩效与实际绩效之间的绩效差距。通常选择的方案是多种干预的综合，需要考虑企业内部的各个方面。问题解决方案一般符合以下四个特征：① 结果导向，是否可以缩小原有的绩效差距；② 关注成本—效益比及对于组织整体利益；③ 能够整体性地解决问题，而不是只关注于局部的问题或者问题的局部；④ 能够与整个系统有机地结合，系统性地解决问题。实践中问题的解决方案多种多样，因为任何因素都可能对绩效产生影响。不同的绩效技术专业人员对问题解决方案有不同的分类方式或者标准。

（4）问题解决方案的实施与变革。有了合适的问题解决方案，并不一定就能取得成功，关键还要看实施过程。在实施过程中，最重要的是对变革过程的管理。变革就意味着组织和个人的某些调整，而调整会遇到阻力。阻力或是来源于利益冲突，或是来源于旧的观念和行为习惯，或是来源于不安全感等。实施改进措施的过程是一种革新成果的推广过程，其中应涉及大量人的思想教育和沟通的工作。一般而言，领导的支持、充分的宣传与沟通、严密的步骤、循序渐进、建立持续维护机制等是保证变革成功的关键因素。

（5）评价。绩效改进评估的工作并非只在某个特定阶段才实施，而是贯穿于整个绩效改进的全过程。评价的目的不仅是有助于证实整个绩效改进项目所带来的价值，也为下一个周期的绩效改进工作奠定了基础。ISPI 提出的绩效技术过程模型将评价分为四类：形成性评价、总结性评价、证实性评价和元评价。形成性评价是诊断性、过程性的，一般应用在绩效分析、原因分析、问题解决方案的选择和设计等环节；总结性评价关注于解决方案的效果；证实性评价建立在形成性评价和总结性评价基础之上，用以解释和识别长期的、持续的效果，如对于个体或组织持续能力、持续效果、投资回报的研究等；元评价是对以上评价过程和结果的评价与反思，并对其中的经验与教训进行总结。[①]为了成功地开展评估，绩效改进专业人员需要持续跟踪各个层面的绩效状况，设计恰当的评估工具，收集真实有效的数据，并将评估结果有效地汇报给组织中的利益相关方。

① 罗志刚．绩效技术——教育技术发展的新领域[J]．甘肃联合大学学报：自然科学版，2005（04）：35-37，40.

第二节　培训流程与内容

培训流程可分为培训需求调查、培训需求分析、培训计划制订、培训计划实施和培训效果评估五大步骤。培训需求调查主要调查部门工作目标、岗位能力要求、绩效考评结果、个人成长需求、其他环节反馈等内容；培训需求分析包括组织需求分析、岗位需求分析、员工需求分析等。培训需求调查和培训需求分析是培训的基础环节。培训计划制订主要指根据培训需求，制订培训目标和培训计划；培训计划实施为培训的实践环节；培训效果评估就是在培训项目实施结束之后，根据相应的评估标准与评估方式，对培训效果进行评估和成果转化。具体如图 5-7 所示。

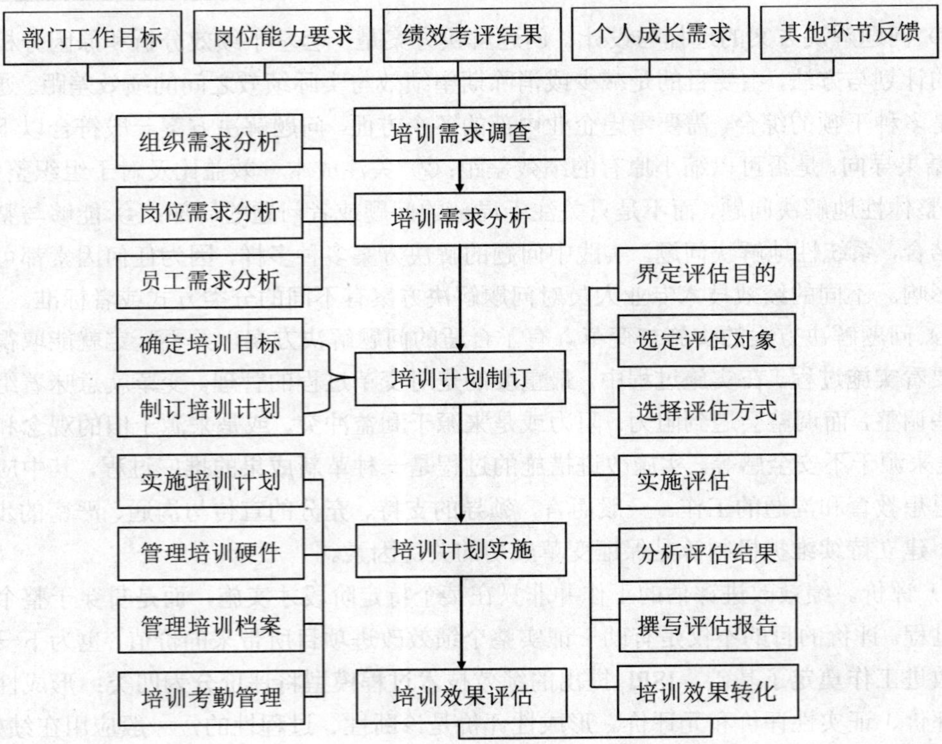

图 5-7　培训流程

一、培训需求调查

培训需求是培训工作开展的根基。培训工作是否能深入业务和解决业务需求，关键是在需求的把握是否准确和到位。每年年底，企业会着手准备来年的培训需求调查及计划制订工作。要想把握全方位的培训需求，必须以人力资源部组织统筹、各部门同步开展的方式进行。人力资源部会承担公司层面的需求调查工作，并统筹各部门的培训需求，从而制订全年的公司年度培训计划。

（一）开展培训需求调查的原则

（1）调查的开展应紧密结合岗位能力要求和组织职能需求。

（2）采用适当的方式进行，以尽可能体现需求调查的完整性和有效性。

（3）调查项目的设计应以调查目的为导向，利于后续培训需求的诊断。

（二）培训需求调查的信息来源

（1）部门工作目标。对部门工作目标进行分解。对新授予的工作任务或目标，员工需要学习相应的知识和技能，均可以考虑作为培训需求的来源。

（2）岗位能力要求。对员工进行岗位能力评定。若不能达到“合格”或相应要求的能力，则可以考虑通过培训来实现补充或提高。

（3）绩效考评结果。对员工进行年度绩效考评。分析未达到理想绩效的原因，如因知识或能力不足则可以考虑通过培训改变。

（4）个人成长需求。对员工需求进行具体调查。员工因部门工作或个人成长的考虑，提出对某些知识和技能方面的学习需求，在符合组织需求的基础上可考虑提供相应培训。

（5）其他环节反馈。对员工的相关工作部门进行调查。员工的日常工作与上下游工作部门有直接或间接的影响，因此可以通过对相关工作部门的调查，了解员工在知识、技能及态度方面的不足，从而确定可以考虑开展的培训。

（三）培训需求调查的方式

1．自上而下法

（1）由人力资源部对公司的战略和人力资源规划进行分析，提取与培训相关的信息，同时对公司高层管理人员进行访谈，了解公司来年的战略方向、业务重点和管理需求，从中识别组织层面的培训需求。

（2）各部门先对部门负责人访谈，并通过信息法调查汇总信息，然后在此基础上设计、实施问卷，最后用座谈法召集管理人员、培训师及核心员工代表讨论确定大致的培训需求、目标、对象及相关课题。

2．自下而上法

部门先使用问卷法和信息法调查、汇总信息，然后将汇总的信息与部门负责人进行访谈，最后一步同第一种思路。

二、培训需求分析

培训需求分析就是根据组织的发展战略和员工实际的工作绩效表现，运用科学的方法解决为什么需要培训，谁需要培训，培训什么等问题，其是由人力资源部门或培训部门组织展开的。一般而言，培训需求分析包括组织需求分析、岗位需求分析、员工需求分析，具体如表5-6所示。

（一）组织需求分析

组织需求分析是从整个组织层面的需求来分析，通过对组织的目标需求、组织效率与质量期望、资源、工作重点、业务流程、人事接续计划、职能定位、核心业务、核心能力及生存环境的分析，准确发现组织存在的问题及产生原因，以确定通过员工培训解决这些问题的方法。

表 5-6 培训需求分析内容

分析层次	分析关注点	对培训的意义
组织需求分析	员工知识技能水平及培训现状	对培训需求形成大致的判断，为培训经费的预算以及培训重点确定提供依据
	组织氛围（缺勤率、劳动生产率、满意度）	针对存在的问题帮助管理者确定需要改进的方向与环节
	机制变革与新技术的引进（人力资源、技术改进）	新理念、新技术、新方法的宣传与推广是培训工作的主要内容
岗位需求分析	职位说明书	职位说明书中对从事该工作/职位的人的任职资格条件的描述是培训目标确定的依据
	任职资格标准	通过培训提升知识、技能水平，改变行为方式与思维习惯，获得任职资格的晋升
	业务运营分析（质量问题、配送与交货问题）	除了各个工作之外，从流程的角度分析存在的问题及节点，通过培训进行修复或避免再次发生
员工需求分析	现场观察与实地访谈	培训需求的来源真实、贴切，培训计划的制订更符合实际工作的要求，易赢得学员的好感
	满意度问卷调查	了解员工关注的问题、动机与相关评价，为开发培训课程、选择培训方法提供依据
	关键/突发事件的处理	了解并总结员工处理关键/突发事件的经验与教训，通过培训的方式与全体员工共享

（二）岗位需求分析

岗位需求分析是根据岗位素质模型的要求或成功完成某项任务的要求来分析，分析如何通过培训让员工掌握岗位高绩效所需要的知识、技能和态度。岗位分析能够帮助员工了解某一岗位工作的最低素质要求是什么，只有满足最低素质要求才能上岗，否则就需要培训。岗位需求分析的目的在于了解与绩效问题有关的工作的详细内容、标准，以及达成工作所应具备的知识、技能和态度。岗位需求分析的结果是设计和编制相关培训内容的重要依据。

（三）员工需求分析

员工需求分析也称绩效分析法，其是通过分析现任岗位工作员工个体现有状况与应有理想状况之间的差距产生的原因，并结合员工个人职业生涯规划，来确定谁需要和应该接受培训，以及接受何种培训。员工需求分析的重点是评价员工的实际业绩和工作能力。员工需求分析可从基于员工的绩效考核和基于员工职位变动计划等两个方面来进行。所谓基于员工的绩效考核来分析培训需求就是通过评估员工个人的实际工作业绩，找出存在的问题及原因，以确定如何通过培训来提升员工业绩。所谓基于员工职位变动计划来分析培训需求就是根据员工的职位变动计划，比较员工现有的任职资格与未来职位任职资格要求的差距，以确定如何通过培训让员工达到未来职位的任职资格要求。

三、制订培训计划

（一）培训目标制订

一般培训目标可以分成三大类。

（1）提高员工的角色意识。可通过培训和学习，让新进员工和新晋升人员尽快熟悉企业对他们的要求并及时转变角色，对角色有更准确的认知。例如，新员工培训之心态类课程、新晋管理者课程，都会帮助新岗位员工及时融入岗位与角色，以良好的方式开始工作。

（2）使员工获得新知识和技能。通过培训，帮助员工掌握岗位工作所需要的知识和技能，确保岗位工作的正常开展。例如，公司的规章制度、行为规范等基础知识、专业知识和技能、领导与管理技能、人际沟通与交往技能等课程。

（3）使员工的态度、动机发生转变。通过培训，可提高员工对岗位工作的认识，更为充分地理解更高效地进行本职工作的意义，从而改变工作心态，形成良性的工作动机，提升企业认同感与归属感，推动绩效改进和能力提升。例如，心态素质类课程、价值观、企业文化、团队合作类课程。

（二）培训计划制订

1．培训计划制订的原则

（1）以培训需求为依据。培训计划的制订需要紧紧围绕培训需求展开，否则培训计划没有针对性，最终影响到培训效果。

（2）以公司的发展、业务方向为依据。培训计划的开展归根到底需要满足公司经营各环节的业务需求，所以应该能体现公司的战略和重点业务方向。

（3）以各部门的业务计划、业务重点为依据。对于部门的工作重点、从工作开展中识别出的不足点和需要进行的提升改善，部门应该在培训计划中清晰制订。

（4）以可以支配的资源为依据。可支配的资源是实施培训计划的基础和保证。可支配的资源包括资金、人员、物质、培训师等。

2．培训计划制订的流程

（1）部门需求确定与培训计划制订。由部门负责人与培训组织者结合培训需求调查的分析结果，确定年度内需要开展的培训项目，确定部门内的年度培训计划。

（2）人力资源部经过与公司各部门负责人、高层管理人员进行访谈及需求分析，汇总公司层面的发展需求、共性需求，制订符合公司发展需要的公司层面的培训计划。

（3）人力资源部汇总各部门的培训计划，对共性的需求进行适度的总结与提炼，编制年度培训计划书。

（4）提交公司进行审批，由总经理进行意见签署。

（5）正式的公司年度培训计划分派给各部门，开展实施。

3．培训计划的内容

一份完整的培训计划书，应该包括以下主要内容。

（1）导读、内容摘要。简要阐述年度培训计划的整体规划和重点方向、突破点等。

（2）培训需求调研过程和结果概述。

（3）详细的年度各类培训项目。① 确定培训单位，即该项培训由本部门还是其他部门负责，如果是外请机构或单位，需要如何进行联系和选择；② 确定培训目标，即初步设定该项培训将要达到的具体且有针对性的目标，依据目标实施培训过程；③ 确定培训对象，即根据培训目标的设计，选取最需要的——组织需要、岗位需要和个人需要结合的受训对象；④ 确定培训方式，即根据培训的需求、培训的目的和学员的特点选取合适的培训方式进行培训，促进学员学习行为的发生；⑤ 确定培训时间，即根据综合需求，选取企业、岗位和个人最需要的时间段内进行培训，取得最大培训效果。

（4）整体培训预算。

（5）培训效果保障措施。

四、培训计划实施

（一）培训计划实施流程

1．选择受训人员

培训是紧密结合公司或部门未来发展对人力资源的需求，结合个人实际岗位工作的需求培训，故受训人员应选择：① 符合公司/部门人力资源规划要求的员工；② 经需求分析确定的员工，包括培训内容与工作有直接关系的员工，回到工作岗位能马上应用所学知识、技能和态度的员工，以及能够基本完成培训目标的员工（达不到要求需要进行预培训或者实习培训）。

2．确定培训时间

根据公司或者部门的培训整体安排、培训员和学员的合适时间以及培训室要求条件等选择合理的培训时间进行培训。

3．确定培训讲师

需根据培训的目标和资源，确定主讲课程的培训师是外请还是由内部人员讲授。确定的培训师应该符合该课程方面的知识、技能、经验、培训技能技巧等要求。

4．确定培训教程

把该项培训分解成若干模块，按照培训内容编制逻辑进行，成为培训员的授课提纲。

5．安排培训场地

合适的培训场地是培训成功的重要因素之一，根据受训的人数、培训需要的环境选择大小合适的培训室和安排适合的座位排布。

6．准备培训器材

根据培训的内容和方式，选择好黑板和白板、幻灯机、活动挂图、投影、录像带、夹纸和其他教学案例游戏需要的工具等。

7．编制培训讲义

培训讲义分为讲师讲义和学员讲义两种。讲师讲义一般包含课程的整体教学的章节详细材料、教学过程中使用的案例素材、整体教学进度安排等；学员讲义一般为讲师讲义的简版，一般只有概括性的培训内容，并且考虑成人学员的特点和规律，里面包含部分与学员互动的内容，如适当的填空和思考题目，引导学员边学、边记、边思考，进行参与式学习。

8．试点培训

对重要的或者第一次进行的培训，最好预先在小范围内进行模拟培训，以检验培训效果，找出培训的缺陷或者可能发生的意外。

（二）培训硬件管理

培训项目的有效实施和培训工作的正常开展，需要一定的硬件支持。日常的培训硬件包括培训室、培训多媒体设备等。一般来说，为了规范培训管理和合理使用培训场地及相关设备，及时提供满足培训需求的良好条件和环境，达到培训预期效果和保证培训设施的可用、完整和安全，企业需要建立相应的培训的硬件管理制度，明确培训硬件设备设施的管理部门及使用规范、登记管理等。

（三）培训档案管理

1．培训档案的分类

培训档案作为培训过程的学习成果的有效依据，需要进行科学的管理，以沉淀企业有价值的知识。培训档案的形式有：书面资料、电子资料、声像资料。培训档案一般根据需要，将档案细分为二级分类：第一级以部门进行分类；第二级以年度和月份进行分类。

2．培训档案的内容

（1）培训课程。记录培训课程实施过程及评价的文档资料，相关资料可包括课前培训需求确认记录、培训讲义、评价统计分析表、内训评价统计分析表、培训项目现场跟踪记录、培训效果跟踪表。

（2）培训讲师。记录培训讲师个人信息的文档资料，相关资料包括讲师简历、备课认证和分析表、培训师推荐表、培训师资格现场评定表、内部聘用证书等。

（3）培训学员。记录培训学员培训过程的表现、成绩和培训效果总结，或填写的相关文档资料，相关资料包括员工培训评分量化、考核试卷、学习心得报告等。

（4）其他培训管理方面的资料。除以上类别之外的有关培训工作的文档资料，相关资料还包括外部机构简介、内/外训申请书、年度培训计划书、年度培训计划表月度版、月度培训计划变动记录、培训工作月度总结报告、培训工作年度总结报告、培训工作年度评优材料、培训用具/培训室使用情况登记表、培训需求调查表、培训需求调查总结报告。

针对以上的培训档案，人力资源部需要界定不同材料的交档及存档期限，做好归档管理和建立培训档案的检索目录，以便于内部查阅和借阅管理。

（四）培训考勤管理

为了规范培训管理，使参加培训的员工能够在规定的时间接受训练，企业均会对各类培训的参培学员进行学习考勤。除了传统的手动签到记录外，不少企业投资运用考勤管理系统，将培训考勤和学习记录维护进行关联管理，还有企业使用扫二维码签到的方式，及时记录学员参加培训的情况。

培训的考勤管理一般分为以下两种。

（1）人力资源“包办型”，即由人力资源部对公司各项培训统一开展、管理和保管，这种较为适合培训量较少的企业。

（2）由实施部门负责部门内的培训项目的考勤工作，包括日常的考勤维护、使用与考勤数据的保管；人力资源部负责公司层面培训项目的考勤工作，并对各部门的考勤进行监督和协调，这种较为适合培训量较大的企业。

五、培训效果评估

（一）界定评估目的

传统的理论普遍认为，如果不进行培训评估，就很难衡量培训为企业作出的贡献。培训效果评估就是为了检验培训的效果和培训的支出是否合理。目前培训效果评估较为普遍的方法是柯氏四级评估法，即反应评估、学习评估、行为评估和结果评估。一般而言，培训评估应该在培训前根据学员的情况和培训目的进行提前设计，其目的就是为了判断学员反应如何，学员学会多少，学员应用程度或者是成果与影响结果如何。

培训的最终目的就是为企业创造价值。由于培训的需求呈增长的趋势，因而实施培训的直接费用和间接费用也在持续攀升，因此不一定在所有的培训结束后都要进行评估。一般来说，会针对以下情况进行评估：① 新开发的课程（着重于培训需求、培训设计、应用效果等方面）；② 新培训员的课程（着重于教学方法、质量等综合能力方面）；③ 新的培训方式运用（着重于课程组织、教材、课程设计、应用效果等方面）；④ 外请机构进行的培训（着重于课程设计、成本核算、应用效果等方面）；⑤ 出现问题和投诉的培训（针对投诉问题的改善）。

（二）选定评估对象

根据培训目的，确认是全部参培学员都进行评估，还是根据培训项目对重点关注岗位的员工的特殊要求进行清晰界定。在此基础上，企业才可以有效地针对这些具体的评估对象开发和选择合适的评估方式。最后，根据以上目的和对象，确定评估的层级。

（三）选择评估方式

以评估目的为基础选择适合的评估方式。为了充分准确地评估培训项目，企业通常会运用多种方式进行评估，并运用多种评估指标来综合评估培训。具体的方式有问卷调查、知识/技能考核、学习报告等。

（四）实施评估

选择合适的评估方式后，培训项目的组织者需要与培训师进行评估实施的确认，即选择什么时候开展评估。一级评估一般在培训结束时进行，以及时检验学员对课程内容、讲师和培训组织的评价；二级评估可在培训结束当天或者培训结束两周内进行，以及时检验学员对知识/技能的掌握情况；三级评估由于需要检验学员的行为改变，一般在培训结束后1～3个月内进行评估和效果跟进。

实施评估时，还需要确定评估协助人员，如可选择培训讲师、学员或学员的上级管理人员协助评估开展。

（五）评估结果分析及评估报告撰写

人力资源部将各类评估资料整理并汇总为报告等形式上报。评估的报告应及时反馈给培训师和管理人员，以便知晓和掌握培训实施的效果情况。必要的重点培训，如有针对学员个人的评估结果，应反馈学员或集中进行评估说明。

为保证评估有效，必须具备以下四个条件：① 完整的评估结果或相关报告；② 按时上交和反馈评估结果；③ 对评估结果的反馈意见；④ 符合要求的数量和质量。

（六）培训效果转化

培训与开发的目的就是要改善员工的工作绩效并最终提高企业的整体绩效，因此员工在培训中所学到的内容必须要运用到实际的工作中去，这样培训才具有现实意义，否则培训的投资对企业来说就是一种浪费。培训转化就是将在培训中所学到的知识、技能和行为应用到实际工作中的过程。

关于培训转化，有三种主要的理论，如表 5-7 所示。

表 5-7 培训转化的主要理论

理 论	强 调 重 点	适 用 条 件
同因素理论	培训环境与工作环境完全相同	工作环境的特点可预测并且稳定，如设备使用培训
推广理论	一般原则运用于多种不同的工作环境	工作环境的特点不可预测并且变化剧烈，如谈判技能的培训
认知转化理论	有意义的材料可增强培训内容的存储和回忆	各种类型的培训内容和环境

资料来源：[美]雷蒙德・A.诺伊．雇员培训与开发[M]．第 3 版．北京：中国人民大学出版社，2007：42．

影响培训成果转化的因素较多，其中包括运用所学技能的机会、转化氛围、上级的支持和同事的支持等。

（1）运用所学技能的机会。运用所学技能的机会是说受训者在培训结束之后，有机会在实际工作中使用培训中所学到的新知识、技能和行为等。这一方面需要上级的支持，另一方面需要受训者自己有运用新技能的主观意愿。

（2）转化氛围。良好的内部和外部环境有助于员工进行培训转化。

（3）上级的支持。上级的支持是影响培训转化的最重要因素，一般来说，上级对培训的支持力度越大，培训成果就越有可能得到转化。如提供学以致用的环境，对受训者在工作中运用培训所学到的知识加以鼓励，要求受训者培训结束后的及时反馈等。

（4）同事的支持：同事的支持越大越有助于受训者在培训结束之后将培训中所学到的新知识、技能和行为等应用到实际工作中，并也会影响其他同事共同提高。

第三节 培训的技术与方法

一、培训需求调查的方法

培训需求调查的方法有很多种，包括行为观察法、绩效评估法、面谈法、问卷法等。针对不同的调查对象，可以针对性地选择合适的调查方法。当然，每种方法也有不同的优缺点。表 5-8 列出了几种常用的培训需求调查方法。

表 5-8 常用的培训需求调查方法

方 法	应 用	难 点
信息法	对部门年度工作总结及日常重要会议纪要、各类报告（部门例会、早会、体系审核、满意度调查、离职员工的意见等）、某主管平时的意见反馈等对培训需求有价值的资料与文档信息进行分析提炼	1．收集信息的渠道； 2．信息资料的保密性； 3．如何分析提炼
统计法	用数据说话，分析趋势，如统计员工绩效问题和培训需求，制作分析员工绩效曲线，统计出错或奖惩的范围与频次，统计能力评定情况，统计历年的培训计划项目实施情况等	1．信息的判断； 2．统计分析方法
观察法	通过日常的观察和了解，得到员工实际工作技能、行为表现、主要问题的方法	观察分析能力

续表

方　法	应　用	难　点
问卷法	这是最常用的方法，可获得大量信息，目的性强，除了可以了解员工对培训工作的评价和建议、对培训制度的了解之外，还可以对员工的行为意识、个人发展计划、培训形式的喜好等进行调查	问卷的设计
访谈法	通过管理者了解一些方向性信息的方法，如年度目标、工作重点、管理理念、新的业务/技术/流程/管理工具等推广计划	1. 访谈内容； 2. 提问、交谈技巧； 3. 信息的获取
座谈法	一般应用于最后的培训需求讨论商议环节，以大致明确并统一培训项目如何设置的意见	与会人员的选择

每种需求调查的方法都各有特点，在实际操作中，企业一般结合内、外部环境条件和各层级人员的特点，使用多种方式进行，从而确保需求来源的广度和有效性。

二、培训需求分析的方法

(一)“五基”培训需求分析法①

“五基”培训需求分析法是指分别从公司战略、业绩目标、业务流程和管理等环节进行整体性的需求分析。此类分析方法的层次较为清晰、全面，从上而下地进行需求信息的收集。具体方法如下。

（1）基于公司战略的培训需求分析法。通过全面了解公司决策者对年度培训的方向和重点的看法，让年度培训计划最终能够充分体现决策层的意志，主要是分析和确认哪些部门和层级的人需要培训。

（2）基于业绩目标的培训需求分析法。通过分析特定人员完成业绩目标的能力差距来确定需要培训的人员，主要是分析和确认具体是哪些人需要培训。

（3）基于业务流程薄弱环节的需求分析法。通过分析特定人员的工作流程中需要改善或加强的（薄弱）环节，并据此安排培训内容，主要是分析和确认需要进行什么内容的培训。

（4）基于胜任能力的需求分析法。通过分析特定岗位的员工实现现职所需要的全面能力，并分析和确认在本年度需要通过培训加强或提高的能力，主要是分析和确认特定岗位人员履行现职需要的培训。

（5）基于个人发展的需求分析法。通过分析特定岗位的后备人员胜任未来岗位所需要的能力，并分析和确认在本年需要对他们进行培训的内容，主要是分析和确认特定人员未来任职需要的培训。

(二) 绩效差距分析法②

绩效差距分析法，也称问题分析法。绩效差距分析方法可以让员工明确业务结果中哪些是重要的部分，如何被判断和测量工作成果，并了解标杆员工是如何能够一直产出卓越的工作绩效的。培训管理人员在调查过程中，一旦明确了绩效差距，就可以找出学习的差距（知识和技

① 张诗信，秦俐．成就卓越的培训经理[M]．北京：机械工业出版社，2011．
② 刘永中，金才兵．培训经理手册[M]．上海：南海出版公司，2004．

能），并通过培训或绩效支持缩小差距，同时确定实际工作中实现业绩最大化所需要的进一步措施。

绩效差距分析法的流程可分为发现问题阶段、预先分析阶段、资料收集阶段、需求分析阶段、需求分析结果。

（1）发现问题阶段。发现并确认问题是绩效分析法的起点。发现的问题包括生产力的问题、团队氛围和管理问题、产品技术问题、变革需要问题等。

（2）预先分析阶段：根据发现并确认的问题，初步分析产生绩效差距的原因。在这一阶段，需要做出如下决定：① 如果发现了系统的、复杂的问题，就要运用全面性分析方法；② 决定采用何种工作方法收集资料。

（3）资料收集阶段。针对所发现的问题进行信息和资料的收集。

（4）需求分析阶段。此阶段是关键的环节，目的在于通过分析找出差距，并识别出需求。传统上，这种分析考查实际个体绩效同职务说明之间的差距。然而，需求分析也考查未来组织需求和职务说明。

（5）需求分析结果。通过一个新的或修正的培训规划解决问题，是全部需求分析的目标所在。对结果进行分析，最终确定针对不同需求采取不同的培训及不同的培训内容。

托马斯·吉尔伯特提出，绩效分析的关键在于，首先需要重点审视人们在工作环境中产生了什么绩效，而不是他们做了什么；其次，观察标杆员工来确定员工的工作规范和行为，这样可以有利于调查者分析出绩效差距和为其他员工提出绩效改进的方法。

（三）基于胜任力的培训需求分析法[①]

胜任力最早由 McClelland 提出，是指在工作情景中员工的价值观、动机、个性或者态度、技能力和知识等关键特征，以及组织与市场相关联的独特的智力、过程和产品能力。它具有三个重要的特征：① 绩效关联，可以预测员工未来的工作绩效；② 动态特征，与任务情景相联系；③ 显著性，能够区分业绩优秀者与一般员工。

基于胜任力的培训需求分析应包括以下几个方面的过程。

第一步，确定组织培训需求，主要包括组织的核心技术能力、核心运作能力，以及组织的学习文化分析。

第二步，确定任务和群体培训需求。主要包括确定绩效标准、确定访谈样本、收集资料、确认工作任务特征和胜任力要求、验证胜任力模型等五个步骤。

第三步，进行员工个体分析。就是根据确定的胜任力模型，通过对员工个体进行培训需求调查和访谈，收集分析关键事件，通过对员工技能、知识和态度的了解来决定员工是否需要培训以及培训的具体内容。

第四步，培训方法需求分析。由于胜任力模型中，“内隐知识”依靠经验的积累而获得，因此，对培训的方法进行需求分析与确认胜任力结构同样重要。在正式进行培训时，应尽量采用师徒制、现场学习等仿真程度较高的方法进行培训。

为了能够达到“人员—职务—组织”的匹配，一方面要求企业在宏观上把握组织的核心要求和组织发展对培训所提出的新要求；另一方面必须在微观上了解岗位具体的胜任力要求，提高培训需求分析的适用性。

[①] 何斌，孙笑飞．基于胜任力的培训需求分析及其应用[J]．企业经济，2004（1）．

三、培训预算制订的方法

（一）传统预算法[①]

传统预算法是指承袭上年度的经费，再加上一定比例的变动的预算方法。这种预算法核算较为简单，核算成本低，国内的很多企业都采用这一方法。传统预算法的逻辑假设是上年度的每个支出项目均为必要，而且是必不可少的，因而在下一年度里都有延续的必要，只是需在其中的人工和项目等成本方面有所调整而已。这种预算方法的确为公司降低了预算工作本身的成本，但是它也存在如下缺点：① 该法往往不需要作任何的公司培训需求调查和公司员工能力诊断分析，因此实际上的培训并不能真正做到"对症下药"；② 随意性比较大。下级在制订预算时，往往会在上年实际支出的基础上再增加一笔金额，而且往往会有意把预算造得大大超过实际需要，以便新预算提交高层领导审批后，在经过大幅度删减后还能满足需要。

（二）零基预算法[②]

所谓零基预算是指在每个预算年度开始时，将所有还在进行的管理活动都看作重新开始，即以零为基础，根据组织目标，重新审查每项活动对实现组织目标的意义和效果，并在费用—效益分析的基础上，重新排出各项管理活动的优先次序。资金和其他资源的分配是以重新排出的优先次序为基础的，而不是采取过去那种外推的办法。而就编制培训预算而言，零基预算法要求在编制前回答以下一些问题。

（1）公司的关键 KPI 是什么？公司的关键 KPI 分解到员工个人，其 KPI 指标是什么？员工目前的知识、技能和素质与公司的相关要求有多大的差距？年度的培训需要达到怎样的目标？

各培训项目可以达到怎样的预期？投入及产出如何？这些培训项目是不是一定要开展？

（2）可供选择的培训方案有哪些？从成本和效率、效益角度考虑，是否有更优的培训方案？

（3）各培训项目的重要次序是什么？从实现培训目标的角度来看，需要投入多少成本？

从零基预算的步骤来看，由于它是从公司的战略、员工的发展等角度进行的培训需求分析，其预算会更具有科学性和针对性。

（三）标杆对比法

标杆对比法即参考同行业或优秀企业的培训预算，在此基础上结合公司的实际情况制定公司的培训预算。最通常的做法是参考同行业关于培训预算的数据，即企业与同行业中的企业就培训预算问题进行一次沟通，相互了解对方企业的情况，然后取平均值（由于各企业的规模不同，最好为人均培训预算）。

四、培训讲师选择的方法

培训讲师的选择关系到培训效果的好坏。讲师的来源主要有企业内部开发和企业外部聘请。内部开发和外部聘请的讲师各有优缺点（见表 5-9），一定要根据培训的内容选择最好的

---

① 苏志忠．企业年度预算的制定[J]．中国人力资源开发，2004（10）．

② 苏志忠．企业年度预算的制定[J]．中国人力资源开发，2004（10）．

讲师。

表 5-9 培训讲师的比较

讲师来源	优 点	缺 点
内部开发	1. 熟悉企业内部的情况，培训中交流顺畅； 2. 自身成长树立榜样； 3. 易于管理； 4. 成本低	1. 没有权威性； 2. 选择范围小，难出高手； 3. 近亲繁殖； 4. 受训者热情度不够
外部聘请	1. 选择范围大，可获取到高质量的讲师资源； 2. 可带来许多全新的理念； 3. 对学员有较大的吸引力，能获得良好的培训效果； 4. 可提高培训档次，引起企业各方面的重视	1. 缺乏了解，培训风险大； 2. 培训缺乏针对性，适用性低； 3. 难以形成系统； 4. 成本高

（一）内部讲师的来源

内部讲师的来源主要是专职培训人员+骨干员工+中高层领导。可采用“公布资格条件（或《讲师管理办法》）→员工申请（或主管推荐）→试讲→讲师培训→资格认证→评价→聘请（续聘）”的流程进行选拔。

（二）外部讲师的来源

外部讲师可以是高校教师、咨询公司专业讲师、行业标杆公司兼职讲师、本专业的专家和学者。在选择外部讲师时要注意：① 讲师的经验，如曾开发过的培训项目、课程体系的情况；② 提供服务的客户资料及口碑；③ 可说明其曾经提供的培训项目卓有成效的证据；④ 该讲师对行业、本企业发展状况的了解程度；⑤ 合同中提出的服务、材料和收费等事宜。

五、培训方法的设计及选择技术

（一）培训方法的设计

1．营造培训气氛的方法

培训前应该营造培训气氛，也就是一方面培训组织者需要进行大量的准备性工作和细节确认，另一方面培训师要运用调动学员情绪的手法，形成培训师与学员间的互动和共振，借此营造出一种培训所需要的气氛来。营造培训气氛需要培训组织者、培训师和参加培训的人员共同努力。

培训组织者需要提前一个星期甚至一个月进行培训的准备工作，包括：明确培训时间、地点、人员；通过邮件或公告栏发放或张贴王式的培训通知，并打电话给培训讲师和受训人员（人不多时）或部门负责人（人多时），确保将培训信息通知到相关人员；针对学员的特点和需求，灵活地调动文字、语言、图片、视频等手段进行宣传，制造一些与培训相关的话题；适当安排课前作业或调查问卷；场地布置和氛围营造。

培训师必须从培训的主题出发，结合公司的具体情况，针对学员的特点和需求，灵活地调动种种语言手段。为了营造出较好的培训气氛，培训师要做到以下几点：① 培训前能充分了解学员的情况，根据具体情况来确定培训的方式和风格；② 风格幽默，幽默是调动气氛最有力的武器。参加培训的人员要根据培训的要求做好预习工作，并且收集、整理相关案例和问题，带着问题和思考来参加培训。

2．课堂培训方法设计

课堂培训是员工培训的一种重要的方法。学员是否愿意听，不仅取决于课程内容的吸引力，还取决于用怎样的形式吸引学员的兴趣。除了常规的讲授法之外，以下是一些比较新颖的方法。

（1）“找茬”参与法。这种方法是“找茬”游戏在员工培训中的具体运用。如针对基层管理人员提升班前会组织技巧的课程，就可以将课前拍摄的真实的班前会现场在课堂中重现，让学员通过视频“找茬”的方式，直接找出各基层管理人员在开班前会时的问题和改善点，让学员感受到“痛”，从而推动课程后续的班前会规范设计。

（2）模拟秀。模拟秀是情景模拟+角色扮演的完美结合。例如，公司内部的“商务礼仪”课程，除了常规的讲师面授之外，还可以用“视频课程自学+分组案例模拟和角色扮演+各组学习小结+精英讲师点评”的模式，将各岗位学员可能涉及的礼仪知识点融入到各案例中，同时现场邀请相应领域的精英讲师现场给予点评和经验传授，“练中学，学中用”，让学员大胆秀出来的同时体验了商务礼仪的细节，达到体验式教学的良好效果。

（3）现场对话。在培训中，为了证明和支撑某个观点和切合主题，培训师一般会运用到相关的案例去支撑。如果仅凭培训师口述，有可能会因为培训师的表述平淡而吸引不了学员的兴趣。采用这种方式，一般要求选择一个真实案例，事先交代案例背景，然后提出多种不同的处理方法，组织学员讨论，经过学员亲自分析和选择后，由案例当事人重现案例。制造悬念式的案例分析和与案例当事人的现场对话，并融合增加小组讨论、换位思考等形式，既灵活地把业务知识点穿插进来，又能达到交流销售经验的目的，最重要的是大大提高了学员参与度。

（4）试验教学法。这种方法比较适合技术类的培训。一般情况下，技术类培训比较专业、枯燥、难消化。例如，培训设备的原理和日常使用，就可以把仪器或设备搬到培训现场，将课件制作得动态化并精心准备真实模拟的试验教学，强调边学边用、边试验，真正“授人以渔”，提供给学员学以致用的环境。

（二）培训方法的选择

不同的培训方法具有不同的优缺点，其培训效果也不相同。企业应该根据培训的内容、参加培训人员的水平状况以及企业的培训成本预算等因素，选择一种适合员工培训的方法。

1．直接传授型培训法

直接传授型培训法主要包括讲授法和专题讲座法。每种方法的优缺点如表 5-10 所示。

表 5-10　直接传授型培训法比较

培训方法	优　点	缺　点
讲授法	1．传授内容多，知识系统、全面，有利于大面积培养人才； 2．对培训环境要求不高； 3．有利于教师的发挥； 4．学员可现场互相沟通，也能向教师请教疑难问题	1．传授内容多，学员难以完全消化、吸收； 2．不利于教学双方互动； 3．不能满足学员的个性需求； 4．教师水平直接影响培训效果； 5．学过的知识不易被巩固
专题讲座法	1．培训不占用大量的时间，形式比较灵活； 2．可随时满足员工某一方面的培训需求； 3．讲授内容集中于某一专题，培训对象易于加深理解	讲座中传授的知识相对集中，内容可能不具备较好的系统性

2．实践参与型培训法

实践参与型培训法主要包括演示与模拟法、研讨法/头脑风暴法，每种方法的优缺点如表 5-11 所示。

表 5-11 实践参与型培训法比较

培训方法	优点	缺点
演示与模拟法	1．有助于激发受训者的学习兴趣； 2．可利用多种感官，做到看、听、想、问相结合； 3．观察模拟与实际操作的感受最直观，有利于获得感性知识，加深对所学内容的印象	1．适用范围有限，不是所有的学习内容都能演示与模拟； 2．设备或装置移动不方便，不利于培训场所的变更； 3．操作前需要一定的费用和精力做准备
研讨法/头脑风暴法	1．受训人员能够主动提出问题，表达个人的感受，有助于激发学习兴趣； 2．鼓励受训人员积极思考，有利于能力的开发，加深学员对知识的理解； 3．在讨论中取长补短，互相学习，体现了集体的智慧，有利于知识和经验的交流	1．如果不善于引导讨论，可能会使讨论漫无边际； 2．受训人员自身的水平也会影响培训的效果； 3．不利于受训人员系统地掌握知识和技能

3．态度型培训法

态度型培训法主要包括角色扮演法、拓展训练，每种方法的优缺点如表 5-12 所示。

表 5-12 态度型培训法比较

培训方法	优点	缺点
角色扮演法（情景模拟）	1．学员参与性强，学员与讲师之间的互动交流充分，可以提高学员培训的积极性； 2．角色扮演中特定的模拟环境和主题有利于增强培训效果； 3．在角色扮演过程中，学员可以互相学习，及时认识到自身存在的问题并进行改正，明白本身的不足，使各方面能力得到提高； 4．具有高度的灵活性，实施者可以根据需要改变受训者的角色，调整培训内容； 5．角色扮演对培训时间没有任何特定的限制，视要求而决定培训时间的长短	1．场景是人为设计的，如果设计者没有精湛的设计能力，设计出来的场景可能会过于简单，使受训者得不到真正的角色锻炼、能力提高的机会； 2．实际工作环境复杂多变，而模拟环境却是静态的，不变的； 3．扮演中的问题分析限于个人，不具有普遍性； 4．有时学员由于自身原因，参与意识不强，角色表现漫不经心，影响培训效果
拓展训练	1．以体验活动为先导，使短暂的训练充实而丰富； 2．学员一直是活动的重心，学员通过自己身体力行的活动来感受，并从中悟出道理； 3．实行分组活动，强调团队合作。面对共同的困难，每一名队员竭尽全力，从而既增强了团队合作的意识，同时又从团队中汲取了巨大的力量和信心； 4．都具有一定难度，是心理、体能、智能的极限挑战； 5．在克服困难、顺利完成课程要求以后，队员能够体会到发自内心的胜利感和自豪感，获得人生难得的高峰体验	1．会被看作是一种游戏形式或体育运动； 2．如果组织不好，很多人会心不在焉； 3．如果训练的项目不够新颖，或设计的活动流于形式，很难激发学员的热情； 4．如组织不好，会出现危险； 5．费用较贵

4．运用科技手段的培训方式

运用科技手段的培训方式主要包括网络培训、视听法、视频远程培训。每种方法的优缺点如表5-13所示。

表5-13　运用科技手段的培训方式比较

培训方法	优　点	缺　点
网络培训	1．无须将学员从各地召集到一起，大大节省了培训费用； 2．网络上的内容易修改，可及时、低成本地更新培训内容； 3．可充分利用网络上大量的声音、图片和影音文件等资源，增强课堂教学的趣味性，从而提高学员的学习效率； 4．进程安排比较灵活，学员可以充分利用空闲时间进行，而不用中断工作	1．要求企业建立良好的网络培训系统，这需要大量的培训资金，中小企业由于受资金限制，往往无法花费资金购买相关培训设备和技术； 2．某些培训内容不适用于网上培训方式，如关于人际交流的技能培训
视听法（视频讲座、电影）	1．比讲授或讨论给人更深的印象，且教材内容与现实情况较接近，不单单是靠理解，而是借助感觉去理解； 2．生动形象且给听讲者以新鲜感，所以也比较容易引起受训人员的关心和兴趣； 3．视听教材可反复使用	1．视听设备和教材的购置需要花费较多的费用和时间； 2．选择合适的视听教材不太容易； 3．受训人员受视听设备和视听场所的限制
视频远程培训	1．无须将学员从各地召集到一起，大大节省了培训费用； 2．比直接看录制视频或者网络培训材料更直观，可以互动	1．设备投资等费用较贵； 2．网络带宽会影响培训效果； 3．不如现场的互动交流充分

六、培训场地布置的方法

培训场地对培训学员的情绪和思维会有影响，也会影响培训的效果。

（一）培训场地布置相关的心理问题

1．迈耶的天花板效应

明尼苏达大学市场学教授迈耶说："当人们进入天花板较高的房间时，他们就会产生自由的念头。反之，人们会倾向于产生较拘泥狭隘的想法，这会影响人解决问题的技巧。"将这一心理学效应运用到培训场地的布置就是：不同规模的培训应该适当地选择合适的培训场地，培训室高度的设计需要讲究一定的科学性，天花板过低会造成学员的心理压抑，过高也容易使学员的思维过于发散，影响注意力。

2．沙姆的神秘气泡

心理学家沙姆在经过大量实验后，提出了个人空间的概念。他认为，每个人的周围都存在着一个空间范围，对这一范围的侵犯和干扰将会引起人的焦虑和不安。这个"神秘气泡"随身体移动，它并不是人们的共享空间，而是在心理上个人需要的最小空间范围。这个"神秘气泡"

的大小，受到个人特点、社会习惯、文化、环境等因素的影响。

因此，在布置教室的时候，就要考虑到这些因素，如每位学员之间的距离、教室内的桌椅数量的布置等。如果在一个能容纳一百人的教室里举行的培训只有30名学员参加，而且他们坐得稀稀拉拉，那么学员的心理交流就会产生距离，老师与学员之间的互动也会产生距离，这样就会影响到上课的氛围。

（二）常用的培训场地布置形式（见表5-14）

表5-14 常用的培训场地布置形式

<table>
<tr><th>场地布置形式</th><th>适 用 人 数</th><th>优 点</th><th>缺 点</th></tr>
<tr><td>传统排行（教室型）</td><td>40～200</td><td>适合大型、单一面授式/讲座式的培训</td><td>需要培训师加强对学员和授课过程中的控制</td></tr>
<tr><td>长排方型</td><td>30～50</td><td>适合中型组织为单位的培训</td><td>培训环境较为封闭</td></tr>
<tr><td>圆形</td><td>10～30</td><td>适合游戏等开放的培训方案</td><td rowspan="2">不利于培训师和学员沟通</td></tr>
<tr><td>单一矩形桌</td><td>10～20</td><td>适合研讨等半开放的培训方案</td></tr>
<tr><td>单一通道型</td><td>20～40</td><td>利于培训内容的传授</td><td rowspan="2">不利于培训内容的记忆</td></tr>
<tr><td>双通道型</td><td>30～80</td><td>利于培训内容的传授；适用于大型培训</td></tr>
<tr><td>开放的长方形</td><td>10～20</td><td>适合研讨、游戏等半开放的培训方案；利于培训师和学员沟通</td><td rowspan="2">学员人数过多时不适用</td></tr>
<tr><td>U型桌椅排列</td><td>10～20</td><td>适合研讨、游戏等开放的培训方案；利于培训师和学员沟通</td></tr>
<tr><td>U型椅子排列</td><td>10～20</td><td>适合研讨、游戏等开放的培训方案；利于培训师和学员沟通</td><td>不利于学员进行培训内容的记录</td></tr>
<tr><td>多圆桌型</td><td>40～60</td><td>适合以小型组织为单位的培训</td><td>需要培训师加强对学员和授课过程中的控制</td></tr>
</table>

七、培训效果评估的方法

（一）柯氏四级评估法

培训效果评估是培训工作的难点，目前运用比较广的是美国威斯康辛大学教授唐纳德·L.柯克帕特里克（Donald.L.Kirkpatrick）于1959年提出的柯氏四级培训评估模式（Kirkpatrick Model）。柯氏培训评估模式通过四个层次来评估培训效果，具体内容如表5-15所示。

第一层次，反应评估（Reaction）。评估受训者对培训项目的满意程度，包括对培训科目、培训组织、培训内容、培训方法、培训讲师、培训收获等的满意程度。

第二层次，学习评估（Learning）。测定受训者的学习获得程度，即学习效果，主要评估受训者通过培训学到了什么知识、技术、能力、态度。

第三层次，行为评估（Behavior）。考察受训者的知识运用程度，主要评估受训者有意识地将培训所学运用到实际工作，受训后受训者行为发生改变的程度。

第四层次，成果评估（Result）。评估培训创造的经济效益，衡量培训对组织产生的积极效果，主要包括事故率降低、产品质量提升、生产效率提高、员工士气提升、流失率下降、客户的投诉减少、成本下降、利润增加等。

表 5-15　柯氏四级评估法

评估层次	评估内容说明	优　点	缺　点
一级评估（反应评估）	主要评估受训者对培训科目、培训组织、培训内容、培训方法、培训讲师、培训收获等的满意程度。一般在培训结束后立刻进行	简单易行，多数的培训评估仅针对反应与学习层次进行	1. 无法评估培训是否达到了预期的要求； 2. 评估的客观性容易受到受训者主观因素的干扰
二级评估（学习评估）	主要评估受训者对培训内容（知识、技术、能力、态度的掌握程度。一般在培训结束后立刻进行		
三级评估（行为评估）	主要是针对受训者接受培训前后的工作表现进行评估，以确定培训是否真正对受训者的工作起到了推动作用。一般在培训前及培训结束一段时期后进行（如 3 个月、半年进行）	从行为转变的过程和结果两个层次进行评估，有利于全面衡量培训效果	对生产性工作进行行为方面的评估相对来说比较简单且直接，但知识性工作的行为评估则比较困难、复杂
四级评估（效果效益评估）	主要是衡量、评估培训对某一单位的产出的贡献，包括了量化指标和定性指标。一般在培训前及培训结束一段时期后进行，通常是 3 个月、半年或一年		1. 评估周期长； 2. 评估成本高； 3. 需要多个部门配合完成，占用资源多

（二）其他常用的评估方法（见表 5-16）

表 5-16　其他常用的评估方法

评估方法	优　点	缺　点	使用的基本原则
问卷调查法	便于全面评估问题，并给予填写者足够的时间表达自己对整体培训的意见和建议	如果设计不当或使用时机不合适，容易流于形式	1. 问卷的设计要符合培训班的目的，要充分考虑到各种不同的反应； 2. 应采用定性描述与等级打分制相结合的方法设计； 3. 问卷完成时间控制在 10～15 分钟内较为适宜，若时间过长则不利于相关信息的反馈； 4. 鼓励受训者真实填写
测试法	可以直接测试受训者对培训内容的掌握程度	1. 有可能会使部分受训者产生紧张情绪，不利于正常水平的发挥； 2. 测试的成功并不一定意味着在实践工作中的成功	1. 应针对培训内容与受训者的特点相应地设计测试内容； 2. 可以考虑使用试卷测试、模拟现场测试等多种方法； 3. 在培训结束后即刻进行，或者在培训结束后短期内进行
课堂回顾法	由讲师带领受训者对重点内容进行回顾，便于纠正受训者主观上的错误认识	不利于发现每个受训者对培训内容的掌握情况	通常在某一培训单元或当天的课程结束后使用
模拟训练法	包括角色扮演、模拟练习等多种方法，可以帮助受训者在“做”中熟悉培训内容	受制于培训内容、时间、场地、受训者接受程度等多种因素	在相关培训内容介绍完毕后使用

续表

评估方法	优点	缺点	使用的基本原则
业绩评估报告	有助于全面评估受训者的工作表现	1．周期长，成本高，涉及多个部门； 2．如果没有严格的制度保障和客观、公正的评估标准，则很容易流于形式； 3．数据收集的真实、及时和全面性会受影响； 4．经营的改善取决于多种因素，有时难以判断培训是否直接产生了效果	通常由财务部、人力资源部、受训者所在部门的负责人共同参与进行
访谈法	克服了其他评估方法无法进行双向式沟通的弊端，可以随时根据情况调整访谈的目的和方向，以全面获取所需要的信息	访谈的效果受制于访谈者的技巧与受训者是否愿意透漏真实想法等多种因素	1．要有明确的访谈目的； 2．掌握一定的访谈技巧

八、培训成果转化的技术

（一）培训成果转化步骤

培训成果转化步骤如图 5-8 所示。

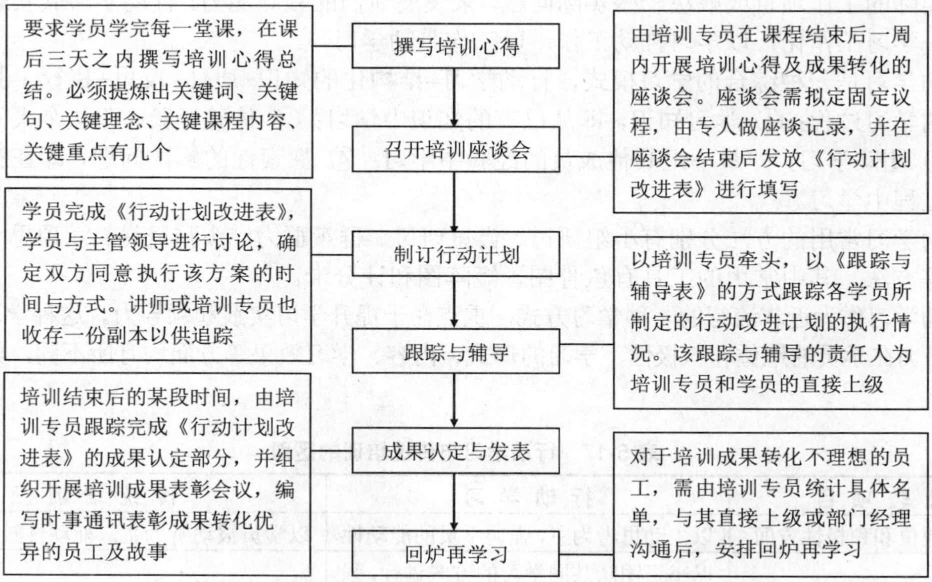

图 5-8 培训成果转化的步骤

（二）培训成果转化的方法

培训课程的结束并不表示培训本身已结束。培训课程只是一种传递信息的渠道或者途径，企业应该更多地关注培训的后续管理，也就是通过一些方法，让受训者巩固和转化培训效果，从而更全面、更深入地理解、掌握和运用培训知识，养成良好的工作行为，取得高水平的绩效成果。常用的方法有以下几种。

1．工作自我检讨与行动方案

学员培训前后的能力对比和绩效的提升，是培训最为直接关注的结果。对于管理技能类的培训，可以在课程结束后，要求学员对自身的管理工作作检讨并拟出行动方案；在培训结束半年后，学员和管理者共同确认改进情况，验证学员的管理行为和思维是否有进步。

2．课程二次开发

这种方法就是参加外部学习的员工在学习结束后，将外部学习知识进行内部的授课或者进行学习经验交流，从而进行内部培训效果的二次转换。此种方式多适用于外训知识内化，或者个别员工参加的培训普及化。

3．课后导师辅导

对于一些重点的培训项目，可以根据培训目标设置相应的课后课题。课题根据难易程度安排在此方面经验丰富的人员为导师，在学员完成课题的过程中给予辅导，既对培训中涉及的应用技巧进行巩固，也帮助学员对课题进行多角度的思考，提升培训效果。

4．现场实操+现场改造

针对操作技能类的培训课程，可以讲解完课堂知识后，进行课后的实操训练，并以分组的形式从培训的角度对作业指导书等进行修改，检验学员的学习理解和消化情况。根据实际情况，结合学习内容进行操作流程的完善或者现场操作的改造，从理论到实践，完成培训效果的转换。

5．行动学习

行动学习（Action Learning）又称“干中学”，就是通过行动来学习，即通过让参训者参与一些实际的工作项目或解决一些实际问题，来发展他们的领导能力。行动学习其实就是工作学习化，学习工作化，以学习推动工作，以工作带动学习。

行动学习是一种综合的学习模式，行动学习=结构化的知识+质疑+反思+执行，其包括四类重要的学习过程：① 学习知识，即从已有的知识中学习；② 体验经验，即从个人的经验中学习；③ 团队学习，即从小组其他成员的经验中学习；④ 探索性的解决问题，即在解决实际问题的过程中学习。

行动学习常用的方法分别有小组研讨、尝试研讨、群策群力、头脑风暴、六顶思考帽、团队列名等方法。其中常用的工具有鱼骨图、矩阵图和计分卡。

行动学习作为近年流行的一种学习方式，重点在于提升学习实践和领导力。这种学习方式与传统的培训在学员的地位和积极性、学习的形式、内容、学习效果等方面均有所不同，如表5-17所示。

表5-17　行动学习与传统培训的区别

比较项目	行动学习	传统培训
学员的地位和积极性方面	以主动思考为主，强调学员的能动性	以学员被动听为主，能动性较弱
学习的形式	以小组团队共同学习的方式进行，强调群策群力	以个人学习为主
学习的内容	以直接经验为主	以间接经验为主
学习的效果	强调学员的参与，学习后印象深刻	强调学员知识的掌握、技能的提升，被动式的传授，学习后容易淡忘

续表

比较项目	行动学习	传统培训
对业绩的影响	由于课题一般经公司管理层确认，所实践的课题均与公司的经营或管理相关，通常对业绩能产生直接的影响	除非运用三、四级评估，否则很难通过单纯的一节课而影响公司的业绩

本章小结

1．对于培训的定义，不同的专家有不同的理解。本书认为培训是通过培训者设计的一整套活动方案（规则、要求和操作步骤）来激发学员的学习热情，归纳其经验，开发其的潜能，以提升学员工作生活能力，最终改变其行为的一种训练过程。我们可以从四个方面来理解培训的内涵：培训的本质是学习；培训的直接目的是改进和弥补差距；培训是一个有计划、连续的系统过程；培训的最终目标是实现企业永续发展与员工进步的共赢。培训和开发既有联系又有区别。培训体系是以培训为基础，为确保企业培训工作的有序进行而建立的，以管理培训活动为目标，确保培训效果的一个系统机制。

2．主要的培训理论有：期望理论、行为理论、群体学习理论、成人学习理论。国内外比较有影响力的培训模式有：基于人力资本模型的员工培训方案、基于需求分析模型的培训方案、能力素质模型、CBET 模型、六步操作模式。现在存在素质模型、任职资格、绩效技术等几种培训的新思想。

3．培训流程分为培训需求调查、培训需求分析、培训计划制订、培训计划实施和培训效果评估五大步骤。培训需求调查主要调查部门工作目标、岗位能力要求、绩效考评结果、个人成长需求、其他环节反馈等内容。培训需求的分析包括对组织需求分析、岗位需求分析、员工需求分析等。培训需求调查和培训需求分析是培训的基础环节；培训计划制订主要根据培训需求调查和分析，制订培训目标和培训计划；培训计划实施为培训的实践环节，主要包括实施流程、培训硬件管理、培训档案管理、培训考勤管理等内容；培训效果评估，即在培训项目实施结束之后，根据相应的评估标准与评估方式，对培训效果进行评估和成果转化，此阶段检验着培训的输出，主要包括界定评估目的、选定评估对象、选择评估方式、实施评估及做好评估安排、评估结果分析及评估报告撰写、培训效果转化等内容。

4．培训需求调查方法主要包括行为观察法、绩效评估法、面谈法、问卷调查法等；培训需求分析方法包括五基培训需求分析法、绩效差距分析法、基于胜任力的培训需求分析法；培训预算制定方法有传统预算法、零基预算、标杆对比法；培训方法的设计主要包括营造培训气氛的方法和课堂培训方法设计；在布置培训场地的时候要考虑到迈耶的天花板效应和沙姆的神秘气泡等现象；培训效果的评估常用的方法是柯氏四级评估法，也可运用其他的方法；一般可通过工作自我检讨与行动方案、课程二次开发、课后导师辅导、现场实操+现场改造、行动学习等方法来转化培训成果。

案例分析

SY公司员工培训体系建设

SY 公司“办厂育人”“在实干中成才”的人才观，以及“具有不断学习和总结提高的能力”“能够适应变革”的用人标准，成为员工学习与发展、公司培训体系的方针政策：培训理想，通过工作能实施和把握自己人生目标；培训勇气，能以承担精神去克服困难和解决问题；培训技能，能以精湛的技能和合理的方法完成工作任务；培训合作，能在团队中获得大家的信赖和友爱。

一、多层次的员工教育与培训

（一）完善的培训体系

建立有效的培训体系并持续完善，是SY公司培训管理工作的核心任务。基于企业的长远发展，公司建立了培训中心，一方面从健全的培训管理制度、师资队伍的建设、阶梯式的课程设置和科学的员工能力评价等方面着手建立并完善培训体系；另一方面加强对后勤资源（如公司级管理的培训室六间、部门级管理的培训室数十间、电脑培训室一间、军训场地、E-learning平台、培训仪器设备、图书资料等）的组织管理，为课程和其他学习支持服务提供保障。SY公司的培训体系屋如图5-9所示。

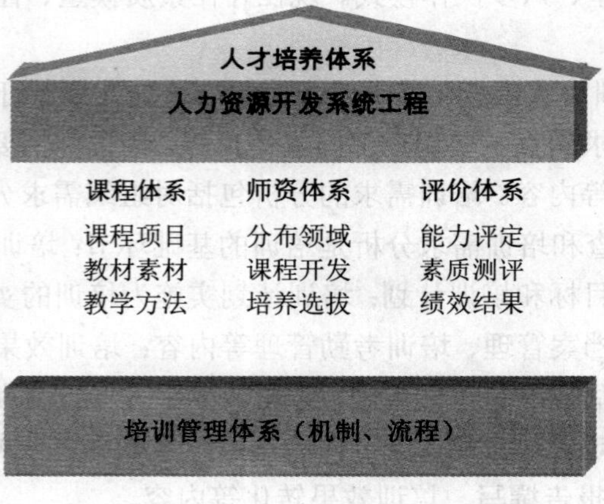

图5-9　SY公司培训体系屋

1. 建立规范、高效的培训管理体系

SY公司培训管理体系实行公司和部门两级管理模式，制定了包含25项培训制度的《培训管理手册》，从培训需求调查与分析、培训计划制订、培训实施与执行，直至培训效果评估与转化，加强各个环节的衔接，规范各环节的作业方法，以打造一个顺畅、有效的培训管理流程。公司现行的《培训积分管理规定》《OJT在职培训管理规定》《优秀培训部门暨优秀培训组长评选管理规定》《内部培训师管理规定》《个人进修管理规定》《岗位能力管理规定》《入职引导人管理规定》等是独具SY特色的培训管理制度，成为公司培训运行层面、人才培养系统工程和建立学习型组织的有力保障。

2. 打造领域多元、实践育人的培训师资体系

公司培训师资体系由内部和外部师资组成，内、外师资结构图如图 5-10 所示。

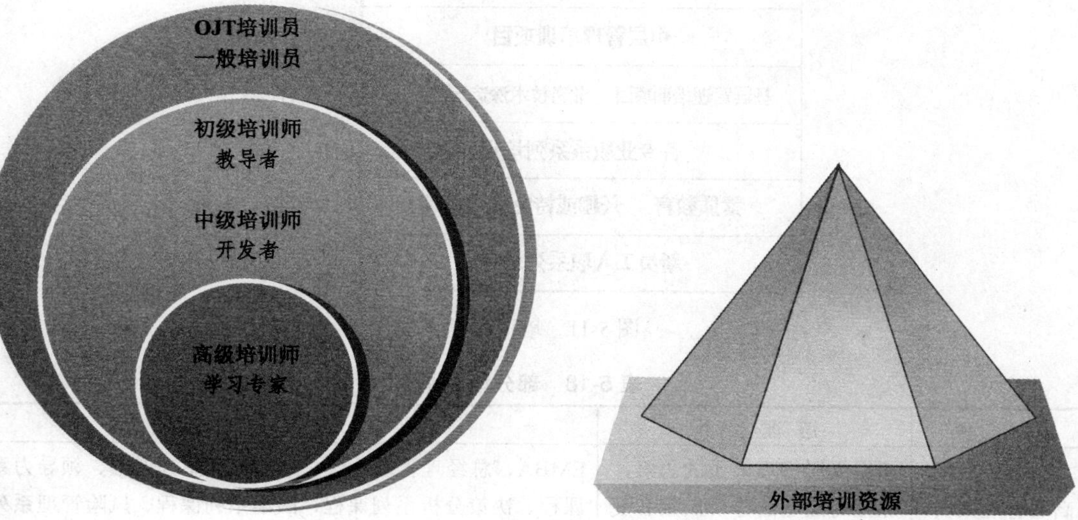

图 5-10 培训师资构成图

（1）内部培训师的选拔与管理。公司内部目前拥有 5 名高级培训师、12 名中级培训师和 57 名初级培训师，采取部门推荐原则，以员工自发参与为主导，按《内部培训师管理规定》授受资质鉴定与管理，各级培训师较好地发挥着“学习专家”、“开发者”和“教导者”的角色作用。除此以外，公司还培养了几百名 OJT 培训员和一般培训员。各类讲座、交流活动、优秀课程评选、OJT 优秀培训员的评选以及优胜劣汰机制，不仅使内部师资的素质和授课水平不断提升，还成为员工职业发展与晋升的重要渠道。

（2）外部培训资源的筛选、评估、采购与管理。公司为了提升核心竞争力，加快创新发展，每年投入大量的资金用于组织各类培训，先后引进北京大学光华管理学院、四川大学、中山大学、华南理工大学、暨南大学等国内知名高校和培训机构，储备了较充足的经营管理、生产品质、研发技术等外部资源，邀请其为公司设计培训方案，并与公司领导、管理层探讨经营与管理方向，以提升组织的能力。SY 公司外部培训资源按《外部培训资源管理办法》接受筛选、评估、采购与管理。

3. 建立基于企业发展需求与员工职业发展的培训课程体系

为了能给人力资源开发和员工职业生涯规划提供充足的课程资源，公司进行了大量的课程开发和实施，并设置了全方位的培训课程体系，合纵连横，满足了各个领域和不同层次员工的学习与发展需求。SY 公司培训课程体系如图 5-11 所示。

公司从短、中、长期组织对人力资源的发展需要，以提升岗位胜任能力和综合素质为出发点，重点规划各级管理人员在不同阶段的培训目标与课程项目（见表 5-18）。

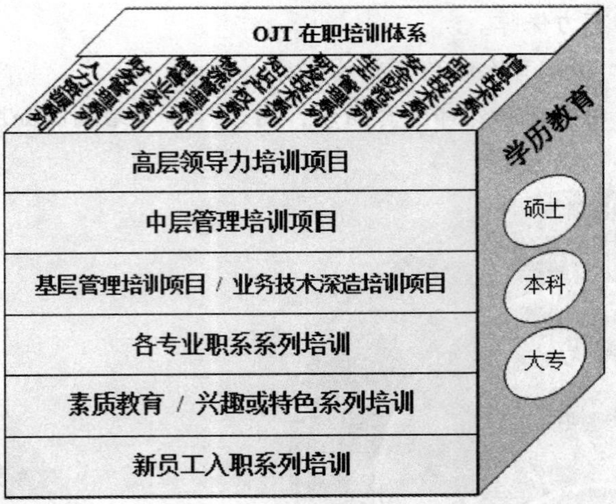

图 5-11　培训课程体系

表 5-18　部分培训课程

对　　象	培 训 目 标	培 训 课 程
高层管理人员	拓展高层管理人员的思维，加强对战略的分析决策和变革意识	EMBA、总经理管理论坛、战略管理系列课程、领导力系列课程、决策分析系列课程、国学系列课程、风险管理系列课程、专利战略系列课程、六西格玛系列课程、名师大讲坛等
中层管理人员	培养全面的管理意识和思维，不断提升其领导能力和执行力	MTP、MBA、中层管理案例研讨、非财系列课程、非人系列课程、法律风险防范系统课程、TRIZ 创新系列课程、专利战略系列课程、六西格玛系列课程、名师大讲坛等
基层管理人员	树立管理意识和思维，让技术、业务等中层主管更好地承担管理团队的责任	基层管理培训班、中阶主管管理技能学习班、人力资源管理系列课程等
各专业人士	培养既懂技术又懂业务的优秀复合型人才	市场工程师培训班、工程硕士班、外语培训班、项目管理系列课程、六西格玛绿带/黑带培训等
	培养各专业知识与技能，确保其快速胜任岗位能力要求	各专业职系系列课程、通用管理技能课程等
新进员工	加快对新人的培养，促进其融入公司氛围、培养职业心态，并快速上岗	新员工训练营、新大学生实习见习培养方案、团队拓展训练、职业化训练系列课程等
全员	拓展员工知识面，设置相关兴趣类课程以全面提高员工素质	学历教育、SY 大讲坛、点心制作兴趣班、计算机兴趣班等

4. 以胜任力模型为基础的能力评价体系

公司基于胜任素质与能力，建立了相应的评价体系，以使培训体系更为有的放矢。能力评价体系具体分为三个层次：中高层管理人员的领导力与管理能力素质模型、普通员工的岗位能力模型、基层操作员工的技能矩阵模型（见图 5-12）。

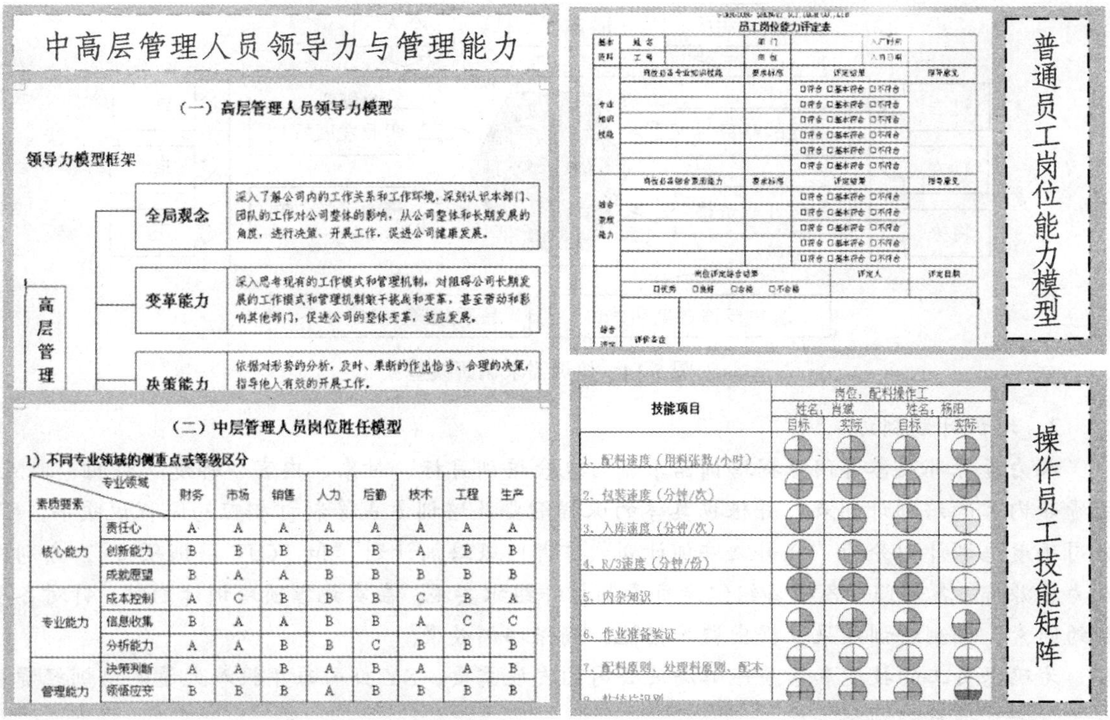

图 5-12　能力评价体系模型

（二）服务导向的培训运作流程

SY 公司员工教育与培训的运作层面，即培训四步曲为培训需求调研、培训计划制订、培训组织实施、培训效果评估。培训的开展将始终围绕这四步曲循环运作，并持续改进。培训开展运作图如图 5-13 所示。

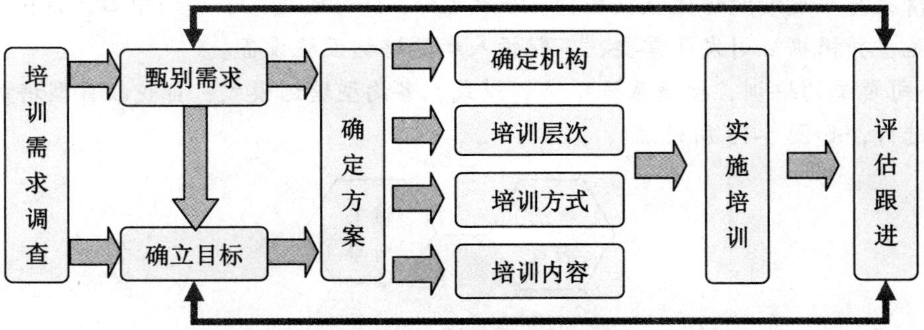

图 5-13　培训开展运作图

1. 培训需求调研

为满足人力资源规划需求，公司从组织、岗位和个人出发，充分考虑企业战略目标、岗位任职资格、职业发展规划和绩效考核结果的主要需求，并辅以客户反馈的意见和品质/安全/健康体系的要求，规划员工的长短期的目标与员工发展计划、培训与职业发展的需求。公司按年度和中长期培训需求不同，分别设置了针对部门和员工的《培训需求调查表》《访谈提纲》等。SY 公司培训需求调研的模型如图 5-14 所示。

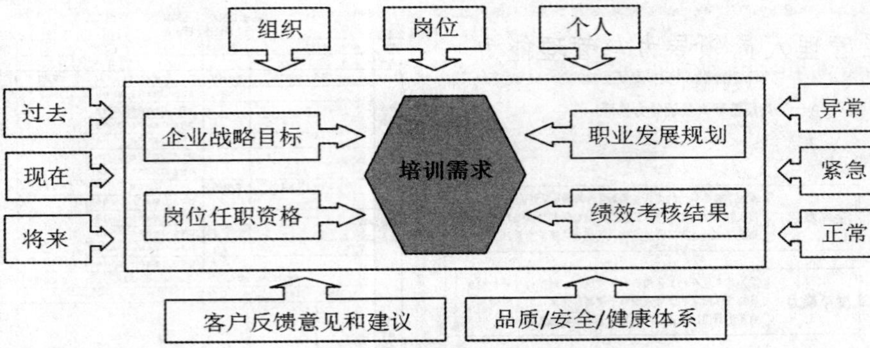

图 5-14 培训需求调研模型

2. 培训计划制订

人力资源部及各部门根据培训需求制订包含培训目标、对象、内容、师资、时间、地点、经费等内容的培训计划表，并根据具体的课程纲要及培训方式等制订相应的课程说明书。SY 公司年度培训计划分为“公司级培训计划”、“部门级培训计划”和“OJT 培训项目”，分别由人力资源部、各部门、各项目组织者负责制订并组织实施。在实施各项培训计划时，针对各项制约因素，预测培训效果，提出监控措施，确保培训效果。

为确保员工的技能和素质能够满足公司的发展需要，SY 公司每年投入大量的培训经费，以保障培训项目的顺利实施。

3. 培训组织实施

公司培训组织实施具体包括了课程开发、备课会、设备调试、座位设计、培训方法设计、教材制备、课前检查和课堂管理等方面。培训实行打卡考勤，并制定了相应的考勤管理规定，使得培训课堂的纪律性有了根本的保障。同时，公司对员工实行培训积分制管理，分必修、选修和授课积分三类，根据岗位类别与工种的不同设置不同的年度培训积分要求，员工年度培训积分达标情况与年度绩效评优直接挂钩。除此之外，公司已成立了培训中心，拥有一整套完善的培训设施，并根据公司发展需要，不断投入新的培训设施设备。

SY 公司员工的培训，按照系统型培训模式、咨询型培训模式、自我教育型培训模式相结合的方式进行，如图 5-15 所示。

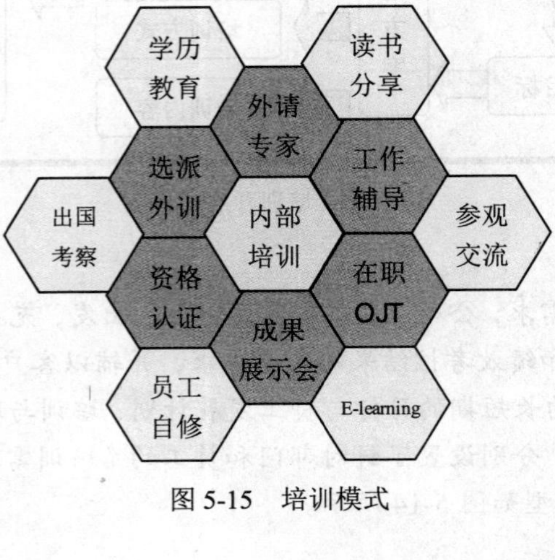

图 5-15 培训模式

4. 培训评估转化

公司为了保证培训实施后达到预期的目标，同时发现优缺点并及时调整培训方案，采用柯氏四级评估方式进行相应的培训效果评估，具体实施纲要如表5-19所示，结合多种形式，如项目课题制、学习捆绑制、成果汇报等将学习的成果转化到实际工作中，以达到学以致用的根本目的。

表5-19 培训评估实施纲要

名　称	评估内容	评估方法	改进策略
第一层面 学员反应层评估	培训课程的总体印象，对培训内容、讲师、教学方法、设施、场地、报名程序等的评价	问卷调查、访谈； 常运用四分法（非常满意、满意、一般、不满意）	强调评价的目的，学员配合；将课程评价与讲师评价分开；结合使用问卷、面谈、座谈等方式；学员、讲师自我评估
第二层面 学员学习层评估	学员掌握了多少知识和技能，例如学员吸收或者记住了多少课程内容	运用所学的知识答题及现场操作；专业性岗位课程要求学员提出改善方案并执行	针对不同的培训课程采用不同的评估方法
第三层面 学员行为层评估	培训后的跟进过程，对学员在培训后的工作行为和在职表现方面的变化进行评估	观察法、评价，由主管、同事、下属、客户对学员的评价及学员的自我评价，完成评估表	选择适合进行行为层评估的课程；选择合适的评估时间；充分利用专业讲师和专业机构的力量
第四层面 绩效效益层评估	对组织发展带来的可见的、积极的作用；培训是否对企业的经营结果产生了直接的影响	通过员工操作熟练程度、产品质量、安全事故的降低和员工工作效率的提升，反映出员工技能的明显提升，从而反映培训的有效性	分析哪些结果与被评估的课程相关，并分析相关性程度

除了对培训课程进行效果评估外，公司人力资源部也会评估学习和发展系统的整体有效性，如定期向管理层发布《培训工作总结报告》，从培训计划的完成情况、培训体系的完善情况进行汇报，结合员工、公司绩效以及培训满意度与各种培训效果，对培训方法与管理系统的有效性、适用性进行综合评价，并制定、实施改进措施，不断提高培训效果。

二、员工能力的提升与管理

SY公司于1993年就开始根据职务说明书的岗位职责全面识别各个岗位必备的能力要求，编制《岗位必备能力说明书》，定期根据岗位要求变化不断更新，以保证员工能满足岗位的最低要求。

1. 公司当前和未来员工能力需求与现有能力的比较分析

为满足公司的快速发展，创造卓越的工作绩效，公司根据需要随时分析现在及未来对各层次员工的素质能力要求，并与现有人员能力进行分析和比较，适时开办各类培训班以满足和提高员工能力，如表5-20所示。

表 5-20　员工能力比较分析与策略表

人　员	当前人员能力	未来人员能力需求	提 升 策 略
基层管理人员	具有很强的生产操作技能，熟悉生产运作流程和质量控制点；对团队管理、人员激励、下属培育意识不到位，人员管理比较粗放	能系统认识现场管理的各个方面，了解产品相关知识；具备较好的沟通协调和解决问题的能力；具有建立带领团队达成工作目标的意识，并掌握传授下属经验、教导下属工作及正确对待团队关系的基本方法	从 2006 年开始，公司连续开办了三期“基层管理培训班”，每期历时 1 年，共培养了近 200 名合格的基层管理人员
工程技术人员和业务人员	具有系统的专业知识，有一定的研发、创新能力；具有一定营销和相关业务知识，但对产品，特别是新产品了解不够	在懂得系统的专业知识基础上，了解一定的市场、技术服务和销售业务方面的知识；具备全面的营销知识和扎实系统的业务知识，拥有一定的解决客户基本技术问题的能力	从 2000 年开始，公司开展了 6 期“市场工程师培训班”和 1 期“市场工程师高级研修班”，训练工程技术人员懂市场和销售知识，训练销售业务人员懂产品知识，公司共培养了近 230 名“市场工程师”
研发技术人员	具有一定的专业技术知识，能模仿高性能的产品进行相应的试验和开发	具备高水平的研发创新能力，具备扎实的专业基础知识和理论水平，勇于创新和突破	公司和四川大学合作开办工程硕士班，两期培训班共为公司培养了 43 名国家认可的“工程硕士”，迅速提高了公司研发技术人员的知识结构和研发创新能力
中阶主管以上管理人员	具有全面的管理知识和管理经验，具有较强的创新意识和业务能力	具备全面、专业的管理知识，具有卓越的管理、创新能力	公司和北大商学网、暨南大学等高校合作开办 MBA 培训班，一共四期，为公司培养了近 100 名管理人员或储备管理人员。此外，经常组织高管经验分享、案例分析、小组讨论、实战演练等，针对性地提高相关人员的素质或能力

2. 培养和激发员工业余兴趣爱好，提升各方面的综合素质

在保证公司员工胜任岗位能力要求的基础上，公司开设较多兴趣类培训班，在陶冶员工情操、培养和激发员工业余兴趣爱好的同时，可以提高员工其他方面的综合素质，为员工增值。公司开设计算机软、硬件培训班、英语培训班、投资与理财、亲子教育、各类大讲坛或讲座等，丰富员工的业余学习生活，激发员工学习的热情。

3. 多维度检测员工技能、竞争力和人员配备水平

除按《岗位必备能力说明书》进行针对性评定外，公司提供各种岗位技能竞赛、兴趣爱好表演赛、英语短剧表演赛、演讲比赛、辩论赛、各类团队拓展活动和各种模拟演练等，激发和表扬优秀员工，鞭策和推动后进员工。同时各类活动给具有竞争力员工提供了一个展示自己的平台，公司也容易从中发现工作或公司发展需要的人才。

思考题：

1．SY 公司员工培训体系具有哪些特点？为什么？

2．你认为 SY 公司为各级管理人员在不同阶段重点规划的培训目标与课程项目是否合

理？为什么？

3．为了保证员工能力能够满足岗位需要的最低要求，SY 公司根据职务说明书的岗位职责全面识别各个岗位必备的能力要求，编制《岗位必备能力说明书》，你对此有何看法？

4．SY 公司员工培训体系建设对你有何启发？

讨论题

1．什么是培训？

2．培训的模式有哪几种？

3．培训的主要理论有哪几种？

4．素质模型对自己的职业生涯发展有何启示？

5．完整的企业培训体系包括哪些内容？有效的培训体系具有哪些特征？

6．为何要进行培训需求分析？如何进行培训需求分析？

7．培训场地布置形式有哪几种？

8．简述柯氏四级评估法。

复习思考题

1．培训流程是什么？请详细说明。

2．某五星级酒店因业务发展，录用了 20 名大学毕业生，请你为该公司设计一个新员工入职培训计划。

3．KL 公司的人力资源部在接到张某所在的车间准备送张某到上海培训的报告后，没有给予足够的重视，过了很久才向技术副总汇报。副总说，目前生产任务紧张，又需要一笔费用，况且公司的技术目前在本行业中还不算落后，不急着去上海培训，实在要培训就在本地高校的电子技术实践室跟班学习。于是，车间送张某培训的意愿就按副总的意见执行了。一个月后，张某经培训回到车间，车间主任因为培训计划的改变，不了解跟班学习的内容，不清楚如何为张某创造有利于培训成果转化的条件，也就难以为张某提供用新技术的工作机会。同时，张某也缺少同事的支持，个别员工甚至担心张某采用的新技术会威胁他们的工作安排，而经常劝张某使用原有的习惯性的行为和技能。加上与张某工作本身相关的一些因素，如时间紧迫、资金短缺、设备匮乏等，致使张某无法应用培训所学到的新技能。请分析如果你是 KL 公司人力资源管理人员，您会从哪些方面去营造张某培训成果的转化环境？（参考答案要点：① 培训的需求和对象应该与企业的目标相适应；② 培训环境与工作现场的一致性；③ 培训回来后，施行方式、标准、工艺、适应性，克服老习惯，采用新方法、新标准；④ 加强对培训成果的认同宣传；⑤ 提供必要的转化条件（场地、设备、经费）；⑥ 事先有培训报告，事后有培训成果转化报告，得到领导支持，得到真正的成果转化。）

外延学习目录

一、书籍

1．赵曙明，张正堂，程德俊．人力资源管理与开发[M]．北京：高等教育出版社，2009.

2．[美]雷蒙德·A.诺伊，约翰·霍伦拜克，拜雷·格哈特，帕特雷克·莱特．人力资源管理：获取竞争优势[M]．刘昕，译．北京：中国人民大学出版社，2001.

3．[美]史蒂芬·柯维，高效能人士的七个习惯（精华版）[M]．王亦兵，译．北京：中国青年出版社，2011.

4．韩斌．培训管理工作手册[M]．北京：人民邮电出版社，2013.

二、杂志

1．《人力资源开发与管理》，中国人民大学书报资料中心，北京

2．《企业管理》，中国企业联合会，中国企业家协会，北京

3．《中国人力资源开发（半月刊）》，中国人力资源开发出版社，北京

4．《中国培训（月刊）》，中国职工教育和职业培训协会，北京

5．《培训（月刊）》，新华日报报业集团，南京

三、网站

1．中国人力资源管理网：http://www.rlzygl.com

2．中训网：http://www.trainingmag.com.cn

3．中国人力资源开发网：http://www.chinahrd.net

4．中国员工培训网：http://www.ygpx.net

本章主要参考文献

1．赵曙明，张正堂，程德俊．人力资源管理与开发[M]．北京：高等教育出版社，2009.

2．[美]雷蒙德·A.诺伊．雇员培训与开发[M]．徐芳，译．北京：中国人民大学出版社，2001.

3．陈黎明．企业培训[M]．北京：中国人民大学出版社，2001.

4．彭剑锋．人力资源管理概论[M]．上海：复旦大学出版社，2008.

5．刘建荣．个人及组织因素对企业培训效果影响的理论与实证研究[D]．上海：华东师范大学，2005.

6．郭庆松．现代人力资源管理[M]．上海：文汇出版社，2002.

7．赵丽霞．兰州石化公司员工培训体系改进研究[D]．兰州：兰州大学，2009.

8．张文贤．人力资本——现代人力资源管理系列丛书[M]．成都：四川人民出版社，2008.

9．萧鸣政．人力资源开发的理论与方法[M]．北京：高等教育出版社，2004.

10．陈黎明．企业培训[M]．北京：煤炭工业出版社，2001．

11．赵丽霞．兰州石化公司员工培训体系改进研究[D]．兰州：兰州大学，2009．

12．董克用，朱勇国，刘昕．人力资源管理专业知识与实务[M]．北京：中国人事出版社，2008．

13．中国企业国际管理课题组．企业人力资源国际化管理[M]．北京：中国财政经济出版社，2002．

14．PhlliPs, J. Return On Investment-Beyond the Four Levels[R]. E.Holton.ED: Academy of HRD Conference Proceedings., 1995.

15．范金．任职资格与员工能力管理[M]．北京：人民邮电出版社，2011．

16．魏志峰，许伟波，冉斌．任职资格：体系设计与实施案例[M]．深圳：海天出版社，2009．

17．[美]吉姆·威廉姆斯，史蒂夫·罗森伯姆．学习路径图[M]．朱春雷，译．南京：南京大学出版社，2010．

18．Shrock,S. A., G. L. Geis. Handbook of Human Performance Technology: Improving Individual and Organizational Performance Worldwide[J]. Evaluation, 1999.

19．Darlene M. Van Tiem, James L. Moseley, Joan Conway Dessinger. Fundamentals of performance Technology: A Guide to Improving People, Process, and Performance, International Society for performance Improvement. Washington,D.C, 2000.

20．Gilbert,T..*Human Competence: Engineering Worthy Performance*[M]. NewYork: MCGraw-Hill, 1978.

21．罗志刚．绩效技术——教育技术发展的新领域[J].甘肃联合大学学报：自然科学版，2005．

22．秦俐．成就卓越的培训经理[M]．北京：机械工业出版社，2011．

23．刘永中，金才兵．培训经理手册[M]．海口：南海出版公司，2004．

24．苏志忠．企业年度培训预算的制定[J]．中国人力资源开发，2004（10）．

25．张祖忻．从教学设计到绩效技术[J]．中国电化教育，2000．

26．刘怡．企业培训理论对职业教育的启示与借鉴[J]．沙洋师范高等专科学校学报，2012（05）：28-30．

第六章 职业生涯管理

引导案例

某科技公司经过十余年的发展，在国内市场已经处于领先地位，公司员工由创业时的十几人发展到近千人。然而，其华南区分公司的业务却始终不尽如人意。在一年时间里，华南分公司已有数位高管相继离职。对此，总公司十分不解。在公司总部，人员规模一直在增加，公司员工队伍却十分稳定。总公司特意派人飞赴广州，在一番考察之后，却并未发现华南分公司在公司架构、工作流程与销售渠道上存在任何不妥。那么究竟是什么原因使该公司面临如此严重的人力资源危机呢？

原来，在这家公司创业初期，无论是技术人员还是市场销售人员，面对的都是一个全新的事物，但公司的骨干员工却是相关行业的精英人士，他们是在认同产品市场前景、对个人的职业发展有明确方向的情况下加入该公司的，而一般的员工由于面对一个全新的产品，无成熟案例可循，因此该公司十分注重对员工的培训发展规划，使员工在企业中有足够的职业发展空间。尽管当时该公司的薪水与相关行业相比处于中下水平，但由于员工职业规划与企业发展目标一致，员工对公司有强烈的归属感和认同感，这使员工一直保持创业初期的昂扬斗志。而该公司华南区情况就大不相同了。一方面同类产品已得到了市场的充分认可，产品市场已有多家企业进入；另一方面，新员工要么冲着该公司的名气和薪资而来，要么对这个行业缺乏了解。显然，他们中的大多数都不明白自己在该企业的发展方向，自然也不会有明确的职业目标，在经历了一些挫折后，部分员工选择了离开。

资料改编自：一个员工职业规划案例[EB/OL]. [2011-03-23]. http://wenku.baidu.com/link?url=mxB4oJBCoG2R3NDxW4aNFp3M96QulqeJgqbT2UEYJicqK1Ggww-78qIRECFRUqZtcGF5Ob5qK2fT8RfkPbLVKeN0RJOmiQiLUl0I7C862ei.

【本章学习目标】

1. 理解职业生涯、职业生涯规划与职业生涯管理的概念；
2. 了解职业生涯发展的新趋势；
3. 掌握职业生涯规划的流程；
4. 掌握组织职业生涯管理的内容；
5. 掌握职业发展阶梯；

6. 理解和掌握自我认识的方法，正确评估自己；
7. 熟练运用所学知识，科学制定自己的职业生涯规划；
8. 掌握和熟练运用评估自己职业生涯发展的方法；
9. 了解和掌握组织对员工进行职业生涯开发的角色与方法；
10. 了解和掌握组织职业生涯管理的技术与方法。

【本章导学图】

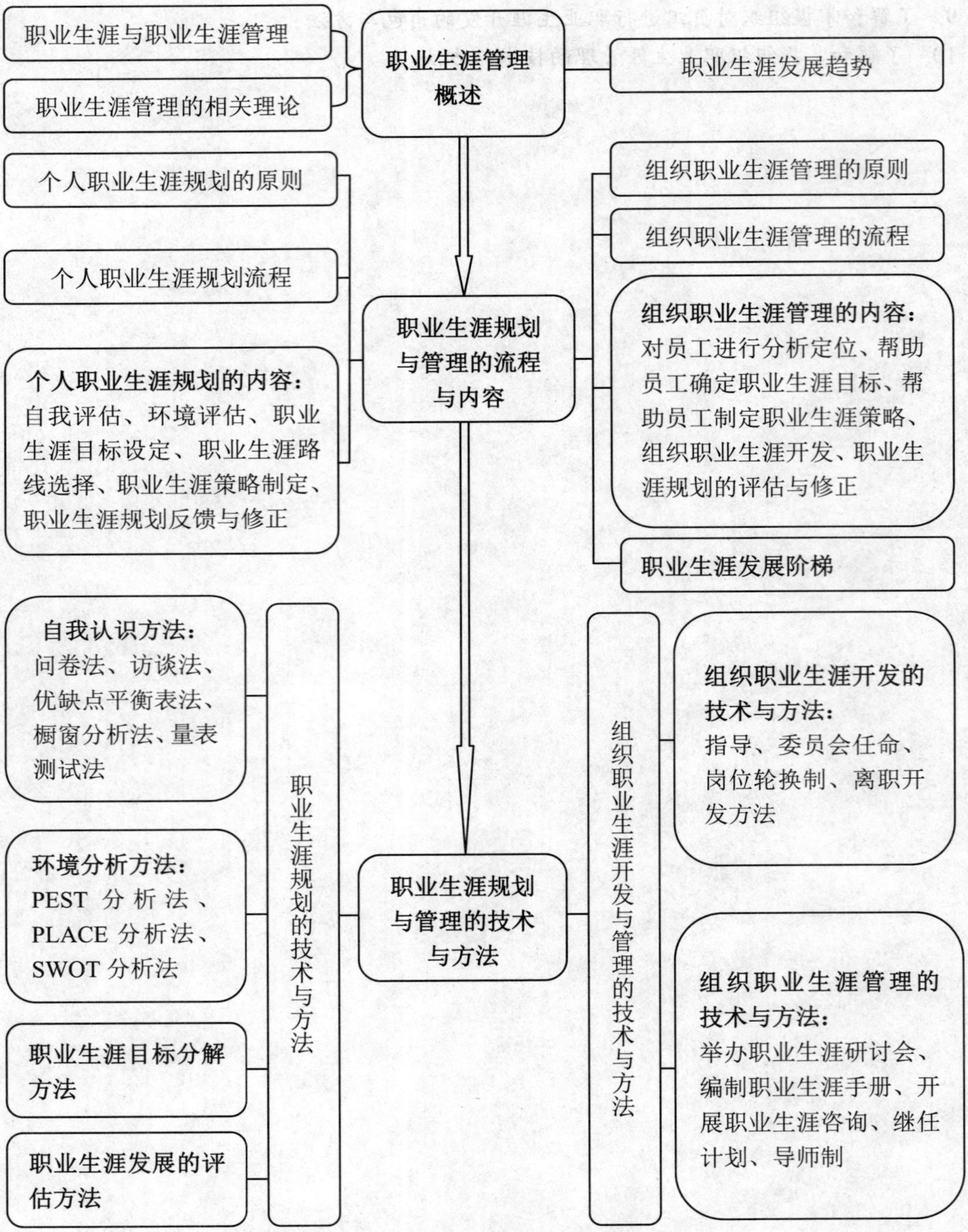
职业生涯与职业生涯管理
职业生涯管理的相关理论
职业生涯管理概述
职业生涯发展趋势
个人职业生涯规划的原则
个人职业生涯规划流程
个人职业生涯规划的内容：自我评估、环境评估、职业生涯目标设定、职业生涯路线选择、职业生涯策略制定、职业生涯规划反馈与修正
职业生涯规划与管理的流程与内容
组织职业生涯管理的原则
组织职业生涯管理的流程
组织职业生涯管理的内容：对员工进行分析定位、帮助员工确定职业生涯目标、帮助员工制定职业生涯策略、组织职业生涯开发、职业生涯规划的评估与修正
职业生涯发展阶梯
自我认识方法：问卷法、访谈法、优缺点平衡表法、橱窗分析法、量表测试法
环境分析方法：PEST 分析法、PLACE 分析法、SWOT 分析法
职业生涯目标分解方法
职业生涯发展的评估方法
职业生涯规划的技术与方法
职业生涯规划与管理的技术与方法
组织职业生涯开发与管理的技术与方法
组织职业生涯开发的技术与方法：指导、委员会任命、岗位轮换制、离职开发方法
组织职业生涯管理的技术与方法：举办职业生涯研讨会、编制职业生涯手册、开展职业生涯咨询、继任计划、导师制

第一节 职业生涯管理概述

传统的人力资源管理并没有职业生涯规划与管理这一内容，因为它不被员工和组织重视。但是，随着知识经济时代的到来，知识资源作为社会发展的基础而备受重视。为了更好地开发员工的潜力，调动雇员的积极性，培养雇员的献身精神，提升组织的绩效，越来越多的大型企业实施了职业生涯管理，并成效显著，如 IBM、LG 和 Disney 等。职业生涯规划与管理作为人力资源管理系统的一个子系统，其对员工和企业的作用越来越重要。

一、职业生涯与职业生涯管理

（一）职业生涯的相关概念

1．职业生涯

人类对职业生涯的认识与研究，由来已久。沙特列（Shartle）提出，职业生涯是指一个人在工作生活中所经历的职业或职位的总称。麦克法兰德指出，职业生涯是指一个人依据心中的长期目标，所形成的一系列工作选择，以及相关的教育或训练活动，是有计划的职业发展历程。

美国著名职业问题专家萨帕认为“职业生涯指一个人终生经历的所有职位的整体历程”，后来其又进一步指出：“职业生涯是生活中各种事件的演进方向和历程，是统合人一生中的各种职业和生活角色，由此表现出个人独特的自我发展组型；它也是人自青春期直至退休之后一连串有酬或无酬职位的综合，甚至包括了副业、家庭和公民的角色。”中国台湾学者林幸台指出，职业生涯包括个人一生中所从事的工作，以及其担任的职务、角色，同时也涉及其他非工作或非职业的活动，即个人生活中衣、食、住、行各方面的活动与经验。

美国国家生涯发展协会（National Career Development Association）提出职业生涯或者生涯（career）是指个人通过从事工作所创造出的一种有目的的、延续不断的生活模式。此定义是生涯领域中使用最为广泛的一个定义。该定义中包含了一些重要的观念，对于从事生涯规划的工作者来说具有重要的实践意义。

赵曙明（2009）认为职业生涯是指一个人从开始凭借自己的劳动取得合法收入到不再依靠劳动取得收入为止的人生历程。李宝元认为所谓“职业生涯”，其实也就是“工作人生”，即一个人生命历程中与工作有关的经历。

2．职业生涯规划

职业生涯规划（Career Planning）侧重于个体职业生涯的内在方面，是个体综合对自己的了解，以及外界的信息，进行职业选择和计划。具体而言，职业生涯规划是指一个人通过对自身情况和客观环境的分析，确立自己的职业目标，获取职业信息，选择能实现该目标的职业，并且为实现目标而制订的行动计划和行动方案。

3．职业生涯管理

赵曙明（2009）认为，职业生涯管理是为了更好地实现个人目标，使个人在整个职业历程中的工作更富有成效，对整个职业历程进行计划、实施、评估，并根据外部环境和自身因素以及实施的效果进行调整的过程，其是人力资源管理的重要内容之一。

职业生涯管理的目的是通过员工和组织的共同努力与合作，让每个员工的生涯目标与组织发展目标相一致，让员工的发展与组织的发展相吻合。职业生涯管理包括两种：① 自我职业生涯管理，指个人主动进行的职业生涯自我管理；② 组织职业生涯管理，指组织协助员工规划其职业生涯，并为员工提供必要的教育、训练等发展机会，促进员工职业生涯目标的实现。

4．组织职业生涯规划

组织职业生涯规划是指组织根据自身的发展目标，结合员工的发展需求，制定组织职业需求战略、职业变动规划与职业通道，并采取必要的措施使其实施，以实现组织目标与员工就业发展目标相统一的过程。[①]

5．职业锚

职业锚，又称职业系留点。锚，是使船只停泊定位用的铁制器具。职业锚，是指当一个人不得不作出选择的时候，他无论如何都不会放弃的职业中的那种至关重要的东西或价值观，实际就是人们选择和发展自己的职业时所围绕的中心。

6．职业生涯发展阶梯

职业生涯发展阶梯是组织内部员工职业晋升和职业发展的路径。组织必须要有完善的职业生涯发展阶梯方案，以便对组织的职业发展阶梯进行很好的管理。职业发展阶梯规划主要涉及职业生涯发展阶梯结构、职业生涯阶梯模式和职业生涯阶梯的设置等。

（二）职业生涯管理的意义

1．对员工个体的意义

对绝大多数人来说，职业是其生活中的重要组成部分。职业不仅仅是一种谋生手段，还是个人实现自我价值的舞台，为个人创造实现个人目标的机会和空间。对员工个体来说，职业生涯管理能够帮助员工更好地实现个人的职业目标，可以增强员工对职业环境的把握能力，帮助员工更好地控制职业生活，实现工作家庭的平衡，从整体促使员工的自我价值不断提升和超越。

2．对组织的意义

对组织来说，职业生涯管理能够帮助组织稳定员工队伍，减少人员流失带来的损失。组织关心员工职业发展，激发他们的士气，提高劳动生产率，使组织变得更加有效率，从而提高组织的整体绩效；同时，组织重视员工的职业生涯规划和职业生涯管理，有助于企业文化的建设和推进。

（三）职业生涯的发展模式

美国社会学家福姆与米勒对职业生涯模式作了比较全面的分析。他们把人的职业分为专门职业人员、业主与经理人员、白领人员阶层、熟练工人、半熟练工人、非熟练工人、家庭服务与个人服务人员等七种类型，并对每种类型从业者的生涯演变进行了研究。[②]

1．专门职业人员的职业生涯

专门职业人员最初可能从事各种阶层的职业，但他们通常很快就转入专门职业，实现向上流动。其试验期一般为 4 年，而后长期固定于某一专门职业，很少再做转换职业的尝试。专门职业人员相当于我国“专业技术系列”的各种人员，如教授、医生、律师等。

2．业主与经理人员的职业生涯

业主与经理人员是经济境况极好、能从事一定事业的阶层。该类型的人员也是起始于各个

---

① 杜映梅．职业生涯管理[M]．北京：中国发展出版社，2011．

② 姚裕群，曹大友．职业生涯管理[M]．大连：东北财经大学出版社，2012．

阶层的职业，许多人经过相当大程度的向上流动，其中抑或有人职业上有大起大落的变动，然后归于业主阶层，并相当长时间地维持该职业。以这种类型为归宿的人，其生涯变动比专门职业人员复杂。

3．白领人员的职业生涯

白领人员工作最初时期较短，一般仅 2 年。该类人员既有出身较低阶层而向上流动者，也有曾从事前两类职业而后向下流动者，但大多数人是有较长的白领工作经历或持续从事白领工作而完成其白领阶层归宿的。白领阶层人员还会出现在本阶层内部变换职业、调换工作的现象，甚至变换次数很多，但这不涉及职业阶层的变更，即向上、向下的纵向流动。

4．熟练工人的职业生涯

熟练工人即技术工人或者工匠。这是体力劳动阶层中的高等层次。领班或工头也属于此类。熟练工人类的人员主要来自半熟练工人或非熟练工人，其主要趋势是程度不大地向上流动。少数人起始于较高层次或最低的服务性人员层次。熟练工人在现代社会是人数众多的一大阶层，其工作比较安定。

二、职业生涯管理的相关理论

（一）职业匹配理论

人与职业相互关联，个人依据自己的价值观、职业期待、兴趣能力等，从社会现有的职业中进行挑选。个人要较好地完成职业选择，必须以两者相互匹配为前提。职业匹配理论告诉我们应依据什么对个人和职业进行匹配。比较有代表性的职业匹配理论有帕森斯的特质—因素理论、罗伊的人格发展理论和霍兰德的职业性向理论。

1．特质—因素理论

帕森斯的特质—因素理论，又称帕森斯的人职匹配理论，它是最早的职业辅导理论。1909 年，美国波士顿大学教授弗兰克·帕森斯（Frank Parsons）在其《选择一个职业》一书中提出了人与职业相匹配是职业选择的焦点的观点。他认为，个人都有自己独特的人格模式，每种人格模式的个人都有其相适应的职业类型。所谓“特质”，就是指个人的人格特征，包括能力倾向、兴趣、价值观和人格等，这些都可以通过心理测量工具来加以评量。所谓“因素”，则是指在工作上要取得成功所必须具备的条件或资格，这可以通过对工作的分析而了解。

（1）职业设计的三要素模式。帕森斯提出了职业设计的三要素模式：① 清楚地了解自己，包括性向、能力、兴趣、自身局限和其他特质等资料；② 了解各种职业必备的条件及所需的知识，在不同工作岗位上所占有的优势、不足和补偿、机会、前途；③ 上述两者的平衡。

（2）理论前提假设。特性—因素理论的核心是人与职业的匹配，其理论的前提假设是：① 每个人都有一系列独特的特性，并且可以客观而有效地进行测量；② 为了取得成功，不同职业需要配备不同特性的人员；③ 选择一种职业是一个相当易行的过程，而且人职匹配是可能的；④ 个人特性与工作要求之间配合得愈紧密，职业成功的可能性愈大。

（3）人职匹配的类型。人职匹配分为两种类型：① 因素匹配（活找人），例如需要有专门技术和专业知识的职业与掌握该种技能和专业知识的择业者相匹配，或脏、累、苦劳动条件很差的职业需要有吃苦耐劳、体格健壮的劳动者与之匹配；② 特性匹配（人找活），例如具有敏感、易动感情、不守常规、个性强、理想主义等人格特性的人，宜于从事审美性、自我情感表达的艺术创作类型的职业。

（4）个体选择职业的过程。第一步，评价求职者的生理和心理特点（特性）。通过心理测量及其他测评手段，获得有关求职者的身体状况、能力倾向、兴趣爱好、气质与性格等方面的个人资料，并通过会谈、调查等方法获得有关求职者的家庭背景、学业成绩、工作经历等情况，并对这些资料进行评价。

第二步，分析各种职业对人的要求，并向求职者提供有关的职业信息。有关的职业信息包括：① 职业的性质、工资待遇、工作条件以及晋升的可能性；② 求职的最低条件，诸如学历要求、所需的专业训练、身体要求、年龄、各种能力以及其他心理特点的要求；③ 为准备就业而设置的教育课程计划，以及提供这种训练的教育机构、学习年限、入学资格和费用等；④ 就业机会。

第三步，人—职匹配。指导人员在了解求职者的特性和职业的各项指标的基础上，帮助求职者进行比较分析，以便选择一种适合其个人特点又有可能得到并能在职业上取得成功的职业。

总体上看，特性—因素理论一方面为人们的职业设计提供了最基本的原则；另一方面由于该理论具有较强的可操作性，所以被人们广为采用。但我们也应该看到理论中的静态观点和现代社会的职业变动规律不相吻合，它也忽视了社会因素对职业设计的影响和制约作用。

2．人格发展理论

罗伊的人格发展理论试图说明遗传因素和儿童时期的经验对于未来职业行为的影响。罗伊认为，早年经验会增强或削弱个人高层次的需求，进而影响人的生涯发展。她特别强调早期经验对个体以后的择业行为的影响。

罗伊的理论假设每一个人天生就有一种扩展心理能量的倾向，这种内在的倾向配合着个体不同的儿童时期的经验，塑造出个人需求满足的不同方式。而每一种方式对于生涯选择的行为都有不同的意义。

罗伊认为，需求满足的发展与个人早期的家庭气氛及成年后的职业选择有着密切的关系。例如，在个体成长过程中，父母对他（她）是接纳的还是拒绝的，家中气氛是温暖的还是冷漠的，父母对他（她）的行为是自由放任的还是保守严厉的，这些都会反映在个人所作的职业选择上。亲子关系与职业选择的关系如图 6-1 所示。罗伊的职业世界分类系统如表 6-1 所示。

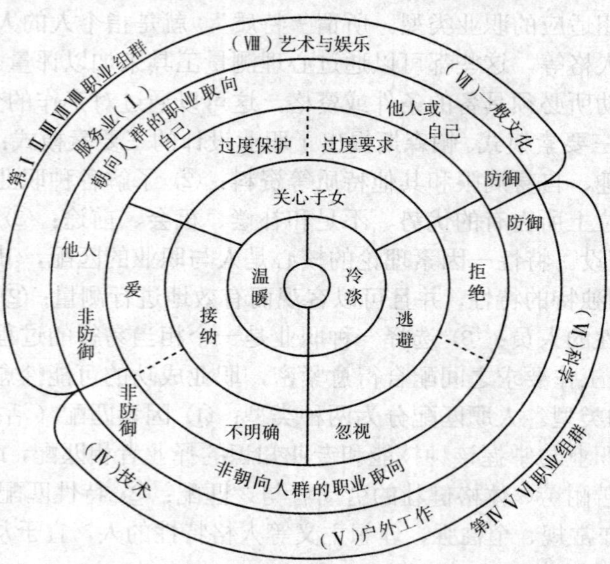

图 6-1　亲子关系与职业选择的关系（罗伊，1957）

表 6-1 罗伊的职业世界分类系统（1984）

层 次	组群 I 服务	II 商业交易	III 商业组织	IV 技术	V 户外	VI 科学	VII 文化	VIII 演艺
1. 专业及管理（高级）	社会科学家、心理治疗师、社会工作督导	公司业务主管	董事长、企业家	发明家、高级工程师	矿产研究员	医师、自然科学家	法官、教授	指挥家、艺术教授
2. 专业及管理（一般）	社会行政人员、社工人员	人事经理、营业部经理	银行家、证券商、技师	飞行员、工程师、厂长	动、植物专家、地质学家、石油工程师	药剂师、兽医	新闻编辑、教师	建筑师、艺术评论员
3. 半专业及管理	社会福利人员、护士	推销员、批发商、经销商	会计、秘书	制造商、飞机修理师	农场主、森林巡视员	医务室技术员、气象员、理疗师	记者、广播员	广告、艺术工作人员、室内装潢师、摄影师
4. 技术	技师、领班、警察	拍卖员、巡回推销员	资料编纂员、速记员	锁匠、木匠、水电工	矿工、油井钻探工	技术助理	一般职员	演艺人员、橱窗装潢员
5. 半技术	司机、厨师、消防员	小贩、售票员	出纳、邮递员、打字员	木匠（学徒）、起重机驾驶员、卡车司机	园丁、农民、矿工、助手		图书馆管理员	模特、广告绘制员
6. 非技术	清洁工人、门卫、侍者	送报员		助手、杂工	伐木工人、农场工人	非技术性助手	送稿件人员	舞台管理员

3. 职业性向理论

约翰·霍兰德于 1959 年提出了具有广泛社会影响的人业互择理论。这一理论首先根据劳动者的心理素质和择业倾向，将劳动者划分为六种基本类型，相应的职业也划分为六种类型：社会型（Social）、企业型（Enterprising）、实际型（Realistic）、传统型（Conventional）、研究型（Investigative）和艺术型（Artistic）。他认为，绝大多数人都可以被归于六种类型中的一种。霍兰德的职业选择理论的实质在于劳动者与职业的相互适应。霍兰德认为，同一类型的劳动与职业互相结合，便是达到适应状态，结果，劳动者找到适宜的职业岗位，其才能与积极性会得到很好的发挥。

然而，大多数人都并非只有一种性向（例如，一个人的性向中很可能同时包含着社会性向、实际性向和调研性向这三种）。霍兰德认为，这些性向越相似，相容性越强，则一个人在选择职业时所面临的内在冲突和犹豫就会越少。为了帮助描述这种情况，霍兰德建议将这六种性向分别放在一个正六边形的角上，标示出六大类型的关系（见图 6-2）。

（1）相邻关系，如 RI、IR、IA、AI、AS、SA、SE、ES、EC、CE、RC 及 CR。属于这种关系的两种类型的个体之间共同点较多，如实际型 R、研究型 I 的人就都不太偏好人际交往，这两种职业环境中与人接触的机会也都较少。

（2）相隔关系，如 RA、RE、IC、IS、AR、AE、SI、SC、EA、ER、CI 及 CS。属于这种关系的两种类型的个体之间共同点较相邻关系少。

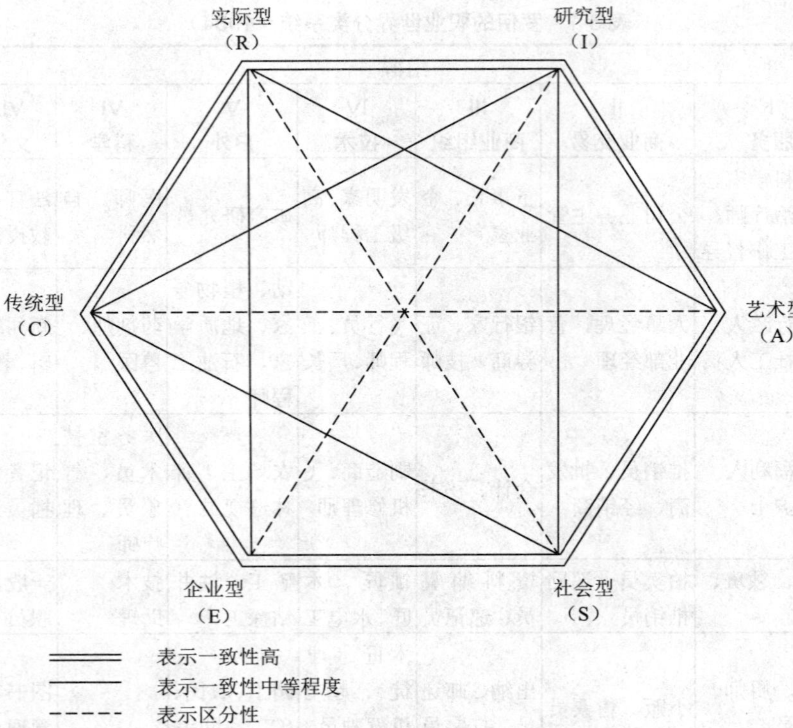

图 6-2　劳动者职业类型之间的关系

（3）相对关系。在六边形上处于对角位置的类型之间的关系即为相对关系，如 RS、IE、AC、SR、EI 及 CA。相对关系的人格类型共同点少，因此，一个人同时对处于相对关系的两种职业环境都兴趣很浓的情况较为少见。

人们通常倾向选择与自我兴趣类型匹配的职业环境，如具有实际型兴趣的人希望在实际型的职业环境中工作，可以最好地发挥个人的潜能。但职业选择中，个体并非一定要选择与自己兴趣完全对应的职业环境。主要原因是：① 个体本身常是多种兴趣类型的综合体，单一类型显著突出的情况不多，因此，评价个体的兴趣类型时也时常以其在六大类型中得分居前三位的类型组合而成，组合时根据分数的高低依次排列字母，构成其兴趣组型，如 RCA、AIS 等；② 影响职业选择的因素是多方面的，不完全依据兴趣类型，还要参照社会的职业需求及获得职业的现实可能性。

因此，职业选择时会不断妥协，寻求相邻职业环境甚至相隔职业环境，在这种环境中，个体需要逐渐适应工作环境。但如果个体寻找的是相对的职业环境，意味着所进入的是与自我兴趣完全不同的职业环境，则工作起来可能难以适应，或者难以做到工作时觉得很快乐，甚至可能会每天工作得很痛苦。

员工的工作满意度与流动倾向性取决于个体的人格特点与职业环境的匹配程度。当人格和职业相匹配时，会产生最高的满意度和最低的流动率。例如，社会型的个体应该从事社会型的工作，社会型的工作对实际型的人则可能不合适。

这一模型的关键在于：① 个体之间在人格方面存在着本质差异；② 个体具有不同的类型；③ 当工作环境与人格类型协调一致时，会产生更高的工作满意度和更低的离职可能性。

（二）职业发展阶段理论

1．萨帕的职业发展阶段理论

生涯发展理论大师萨帕（Super）集差异心理学、发展心理学、职业社会学及人格发展理论之大成，通过长期的研究，系统地提出了有关职业生涯发展的观点。1953 年，他根据自己“生涯发展型态研究”的结果，将人生职业生涯发展划分为成长、探索、建立、维持和衰退共五个阶段。

（1）成长阶段（0～14 岁）。成长阶段属于认知阶段。在这个阶段，孩童开始发展自我概念，学会以各种不同的方式来表达自己的需要，且经过对现实世界不断的尝试，修饰自己的角色。这个阶段发展的任务是发展自我形象，发展对工作世界的正确态度，并了解工作的意义。

成长阶段共包括三个时期：① 幻想期（4～10 岁），它以“需要”为主要考虑因素，在这个时期幻想中的角色扮演很重要；② 兴趣期（11～12 岁），它以“喜好”为主要考虑因素，喜好是个体抱负与活动的主要决定因素；③ 能力期（13～14 岁），它以“能力”为主要考虑因素，能力逐渐具有重要作用。

（2）探索阶段（14～25 岁）。探索阶段属于学习打基础的阶段。该阶段的青少年通过学校的活动、社团休闲活动、打零工等机会，对自我能力及角色、职业作了一番探索，因此选择职业时有较大的弹性。这个阶段发展的任务是使职业偏好逐渐具体化、特定化并实现职业偏好。

探索阶段也包括三个时期：① 试探期（15～17 岁），考虑需要、兴趣、能力及机会，作暂时的决定，并在幻想、讨论、课业及工作中加以尝试；② 过渡期（18～21 岁），进入就业市场或专业训练，更重视现实，并力图实现自我观念，将一般性的选择转为特定的选择；③ 试验承诺期（22～24 岁），生涯初步确定并试验其成为长期职业生活的可能性，若不适合则可能再经历上述各时期以确定方向。

（3）建立阶段（25～44 岁）。建立阶段属于选择、安置阶段。由于经过上一阶段的尝试，不合适者会谋求变迁或作其他探索，因此该阶段较能确定在整个职业生涯中属于自己的职位，并在 31～40 岁开始考虑如何保住该职位并固定下来。这个阶段发展的任务是统整、稳固并求上进。

建立阶段包括两个时期：① 尝试期（25～30 岁），个体寻求安定，也可能因生活或工作上的若干变动而尚未感到满意；② 稳定期（31～44 岁），个体致力于工作上的稳固，大部分人处于最具创意时期，由于资深往往业绩优良。

（4）维持阶段（45～65 岁）。维持阶段属于升迁和专精阶段。个体仍希望继续维持属于他的工作职位，同时会面对新的人员的挑战。这一阶段发展的任务是维持既有成就与地位。

（5）衰退阶段（65 岁以上）。衰退阶段属于退休阶段。由于生理及心理机能日渐衰退，个体不得不面对现实，从积极参与转为隐退。这一阶段往往注重发展新的角色，寻求不同方式以替代和满足需求。

2．施恩的职业发展阶段理论

美国的施恩教授立足于人生不同年龄段面临的问题和职业工作主要任务，将职业生涯分为九个阶段。

（1）成长、幻想、探索阶段。一般 0～21 岁处于这一职业发展阶段。主要任务是：① 发现和发展自己的需要与兴趣，发现和发展自己的能力与才干，为进行实际的职业选择打好基础；② 学习职业方面的知识，寻找现实的角色模式，获取丰富信息，发现和发展自己的价值观、动机和抱负，作出合理的受教育决策，将幼年的职业幻想变为可操作的现实；③ 接受教育和培训，开发工作世界中所需要的基本习惯和技能。在这一阶段所充当的角色是学生、职业工作的候选人、申请者。

（2）查看工作世界。16～25 岁的人步入该阶段。首先，查看劳动力市场，谋取可能成为一种职业基础的第一项工作；其次，个人和雇主之间达成正式可行的契约，个人成为一个组织或一种职业的成员。在这一阶段充当的角色是应聘者、新学员。

（3）基础培训。处于该阶段的年龄段为 16～25 岁。这一阶段要担当实习生、新手的角色。也就是说，已经迈进职业或组织的大门。此时的主要任务一是了解、熟悉组织，接受组织文化，融入工作群体，尽快取得组织成员资格，成为一名有效的成员；二是适应日常的操作程序，应付工作。

（4）早期职业的正式成员资格。此阶段的年龄为 17～30 岁，取得组织新的正式成员资格。面临的主要任务是：① 承担责任，成功地履行与第一次工作分配有关的任务；② 发展和展示自己的技能与专长，为提升或查看其他领域的横向职业成长打基础；③ 根据自身才干和价值观，根据组织中的机会和约束，重估当初追求的职业，决定是否留在这个组织或职业中，或者在自己的需要、组织约束和机会之间寻找一种更好的配合。

（5）职业中期。处于职业中期的正式成员，年龄一般在 25 岁以上。主要任务是：① 选定一项专业或管理部门；② 保持技术竞争力，在自己选择的专业或管理领域内继续学习，力争成为一名专家或职业能手；③ 承担较大的责任，夯实自己的地位；④ 开发个人的长期职业计划。

（6）职业中期危险阶段。处于这一阶段的是 35～45 岁的人。主要任务为：① 现实地估计自己的进步、职业抱负及个人前途；② 就接受现状或者争取看得见的前途作出具体选择；③ 建立与他人的良师关系。

（7）职业后期。从 40 岁以后直到退休，是处于职业后期阶段。此时的职业状况或任务为：① 成为一名良师，学会发挥影响，指导、指挥别人，对他人承担责任；② 扩大、发展、深化技能，或者提高才干，以担负更大范围、更重大的责任；③ 如果求安稳，就此停滞，则要接受和正视自己的影响力和挑战能力的下降。

（8）衰退和离职阶段。一般在 40 岁之后到退休期间，不同的人在不同的年龄会衰退或离职。此间主要的职业任务是：① 学会接受权力、责任、地位的下降；② 基于竞争力和进取心下降的现实，要学会接受和发展新的角色；③ 评估自己的职业生涯，着手退休。

（9）离开组织或职业——退休。在失去工作或组织角色之后，面临两大问题或任务：① 保持一种认同感，适应角色、生活方式和生活标准的急剧变化；② 保持一种自我价值观，运用自己积累的经验和智慧，以各种资源角色对他人进行传帮带。

需要指出的是，施恩虽然基本依照年龄增大顺序划分职业发展阶段，但并未囿于此，其阶段划分更多地还是根据职业状态、任务、职业行为的重要性。因为每个人经历某一职业阶段的年龄存在差别，所以他只给出了大致的年龄跨度，并在职业阶段所标示的年龄上有所交叉。

（三）职业锚理论

职业锚理论是由美国麻省理工大学斯隆商学院埃德加 · H. 施恩（Edgar H. Schein）教授领导的专门研究小组提出的。

施恩领导的研究小组通过对 44 名 MBA 的跟踪调查和对很多公司、个人及团队的调查中，提出了职业锚的概念，最后形成了职业锚（又称职业定位）理论。

职业锚是指当一个人不得不做出选择的时候，他无论如何都不会放弃的职业中的那种至关重要的东西或价值观。职业锚可通过自我意向的学习获得。职业锚以个体习得的工作经验为基础，产生于早期职业生涯。职业锚强调个人能力、动机和价值观等方面的相互作用与整合。职业锚是个体与工作环境相互影响的产物，个体的职业锚并非固定不变的，它会在实际工作中不断调整。

1978 年，美国 E.H.施恩教授提出的职业锚理论包括五种类型：自主型职业锚、创业型职业锚、管理能力型职业锚、技术/职能型职业锚、安全型职业锚。在 20 世纪 90 年代，又发现了三种类型的职业锚：生活型、服务型、挑战型。施恩将职业锚增加到八种类型，并推出了职业锚测试量表。

1．自主/独立型（Autonomy/Independence）

自主/独立型的人希望最大限度地摆脱组织约束，追求能施展个人职业能力的工作环境。以自主/独立为锚的人认为，组织生活太限制人，是非理性的，甚至侵犯个人私生活，他们追求随心所欲地安排自己的工作方式、工作习惯和生活方式。他们在工作中显得很愉快，享有自身的自由，有职业认同感，把工作成果与自己的努力相连接。他们宁愿放弃提升或工作扩展机会，也不愿意放弃自由与独立。

2．创业型（Entrepreneurial Creativity）

具有创业型锚的人追求创建完全属于自己的成就，他们的整个职业发展都围绕着某种创造性而努力。追求创业型的人要求有自主权、管理能力，能施展自己的才干。创造性是他们的主要动机和价值观。创业型锚的人具有强烈的创造需求和欲望并且意志坚定、敢于冒险，希望用自己的能力去创建属于自己的公司或创建完全属于自己的产品（或服务）。发明创造、奠基立业，是他们工作的强大驱动力，是他们决不会放弃的东西；他们力图以坚韧不拔、百折不回的精神和行动，赢得创造需要的实现。

3．管理型（General Managerial Competence）

具有管理型锚的个体的整个职业发展都围绕着某一组织的权力阶梯逐步攀升，直到达到一个担负全面管理责任的职位。他们一般同时具有分析能力、人际能力、感情能力等。管理型职业锚员工的追逐目标是担负单纯管理责任，且责任越大越好，具有强有力的升迁动机和价值观，以提升、等级和收入作为衡量成功的标准。抛锚于管理型的人在很大程度上具有对组织的依赖性。要依赖组织为他们提供工作职位，获得更大的责任，展示他们高水平的管理能力。管理锚的人所具有的认同感和成功感来自其所在组织，他们与组织命运紧紧相连。

具体的技术工作或职能工作仅仅被看作是通向更高、更全面管理层的必经之路；他们从事一个或几个技术职能区工作，只是为了更好地展现自己的能力，是获取专职管理权之必需。

4．技术/职能型（Technical/Functional Competence）

技术/职能型职业锚是个体的整个职业发展都是围绕着他所擅长的一套特别的技术能力或特定的职业工作而发展。他们对自己的认可来自他们的专业水平，他们喜欢面对来自专业领域的挑战。他们一般不喜欢从事一般的管理工作，因为这将意味着他们放弃在技术/职能领域的成就。以技术/职能为锚位的员工强调实际技术或某种职能业务工作，注重个人专业技能发展，拒绝全面管理工作，有特有的工作追求、需要和价值观。

5．安全/稳定型（Security/Stability）

安全/稳定型职业锚是个体倾向于根据组织对他们提出的要求行事，力图寻求一种稳定的职业、稳定可观的收入和稳定的事业前途，如工作的安全、体面的收入、有效的退休方案和津贴等。因此，他们比较容易接受组织对他们的工作安排，相信组织会根据他们的实际情况秉公办事。抛锚于安全/稳定型的人，倾向于根据雇主对他们提出的要求行事，以维持工作安全，一般不愿意离开所在组织，他们依赖组织，个人缺乏强的驱动力和主动性，很不利于自我职业开发与发展。其成功标准是，一种稳定、安全、整合良好合理的家庭和工作环境。

6．生活型（Lifestyle）

生活型的人喜欢允许他们平衡并结合个人的需要、家庭的需要和职业的需要的工作环境。他们希望将生活的各个主要方面整合为一个整体。正因为如此，他们需要一个能够提供足够的弹性让他们实现这一目标的职业环境，甚至可以牺牲他们职业的一些方面，如提升带来的职业转换，他们将成功定义得比职业成功更广泛。他们认为自己在如何去生活，在哪里居住，如何处理家庭问题，以及在组织中的发展道路等方面是与众不同的。

7．服务型（Service Dedication to a Cause）

服务型职业锚是指希望职业能够体现个人价值观 他们关注工作带来的价值而不在意是否能发挥自己的才能或能力。他们的职业决策通常一直追求他们认可的核心价值，如帮助他人，改善人们的安全或者通过新的产品消除疾病。服务型职业锚的人希望得到基于贡献的、公平的、方式简单的薪酬，钱并不是他们追求的根本，奖励来自于认可他们的贡献，而不在于钱，他们希望能给他们更多的权力和自由来体现自己的价值 他们需要得到来自同事以及上司的认可和支持，并与他们共享自己的核心价值。

8．挑战型（Pure Challenge）

挑战型的人喜欢解决看上去无法解决的问题，战胜强硬的对手，克服无法克服的困难与障碍等。对他们而言，参加工作或职业的原因是工作允许他们去战胜各种不可能。新奇、变化和困难是他们的终极目标。如果事情非常容易，便觉得非常厌烦。

三、职业生涯发展趋势

（一）无边界职业生涯

伴随着知识经济的发展和经济全球化，组织的外部生存环境正在发生巨大的变化。大型组织的竞争优势有所削弱，富有弹性的小型组织逐渐崛起，组织间的横向协作机会增多，组织日益扁平化，组织内的职业路径在消解。

基于对变化着的环境因素的重视，1994 年，Arthur 在《组织行为学报》（*Journal of Organizational Behavior*）无边界职业生涯特刊上发表的《无边界职业生涯：组织研究的新视角》一文中，首次提出了“无边界职业生涯”概念。Arthur 认为，已有的职业生涯研究都遵循了组织决定职业生涯结果的因果假设，而无边界职业生涯研究能超越这种值得怀疑的因果假设。无边界职业生涯研究强调职业生涯和组织之间的相互依存性，而不是组织决定论。

无边界职业生涯预示着个体不再是在一个组织中度过终生职业生涯，而是能够跨越组织边界，在不同的岗位、专业、职能、角色和组织之间流动，因此个体的职业胜任力显得极为重要。[①] 传统职业生涯与无边界职业生涯的比较具体如表 6-2 所示。

表 6-2　传统职业生涯与无边界职业生涯的比较

比 较 项 目	传统职业生涯	无边界职业生涯
雇佣关系	用工作安全性换取忠诚	用灵活性换取工作绩效
环境边界	一两个公司	多个公司

① 吕杰，徐延庆．无边界职业生涯研究演进探析与未来展望[D]．天津：南开大学，2010．

续表

比 较 项 目	传统职业生涯	无边界职业生涯
能力	由公司确定	可转移的
如何衡量成功	报酬、提升、地位	心理上有意义的工作
职业生涯管理的责任	组织	个人
培训	正式的培训计划	在岗的学习和培训
里程碑	与年龄相关	与学习相关

资料来源：[英]耶胡迪·巴鲁．职业生涯管理教程[M]．陈涛，孙涛，译．北京：经济管理出版社，2004.

（二）易变性职业生涯

在当前动荡多变的经济环境中，任何企业都无法保证长期雇佣关系的存在，所以易变性职业生涯的概念应运而生。易变性职业生涯指由于种种原因，员工经常性地改变自己的职业。根据这种变化，易变性职业生涯描述了这样的职业生涯态度：个人应对职业生涯负责；个人的核心价值驾驭职业生涯的决定；成功的主要标准是主观的。二十多年后 Hall 进一步综述了易变性职业生涯与传统职业生涯相比在职业成功标准、心理契约、职位移动、管理责任、形态、专业程度以及发展等方面的改变。

易变性职业生涯概念提出后引起了许多学者的关注，其研究主要包括理论研究和运用研究两大方面，研究内容涉及个体和组织如何适应这种变化、易变性职业生涯倾向的测量及其现状研究等。

Briscoe 和 Hall（1999）发现有两个职业“元能力”使个体更具有易变性：适应性能力和自我认知能力。Kuijpers 和 Scheerens（2006）指出在知识型经济需要可雇佣能力的背景下，职业生涯发展的重点应放在个人对职业发展的自我管理上。该研究在调查了 16 个荷兰公司的 1 579 名员工后，发现六种职业生涯的自我管理能力被证明是有助于职业生涯发展的，即职业生涯开发能力、思考能力、思考的动机、工作探索、职业生涯控制和建立网络的能力。

Hall（2004）提出组织可以在以下方面有所作为：给予挑战性的工作；发展人际网络（与上司、同事、职业导师的交谈）；正式的培训与教育；职业信息的沟通。Hall（2004）讨论和分析了学术职业生涯模型，并与过去和现在的企业职业契约相比较，同时还跟踪大学和企业这两种机构的员工的职业生涯模式的演变。他认为，企业的无边界职业模型及易变性职业模型向学术的自主的职业生涯靠近；反过来，当大学越来越以客户为中心，业务驱动时，学术界的职业生涯也更多地向企业方向靠近，暗示企业可以借鉴学术职业生涯的某些机制发展适合企业员工的职业生涯。传统职业生涯和易变性职业生涯的比较如表 6-3 所示。

表 6-3 传统职业生涯和易变性职业生涯的比较

比 较 项 目	传统职业生涯	易变性职业生涯
目标	晋升、加薪	心理成就感
心理契约	工作安全感	灵活的受聘能力
管理责任	公司承担	员工承担
变动	垂直变动	水平变动
模式	直线性、专家型	短暂性、螺旋型
发展	很大程度依赖于正式培训	更依赖于人际互动与工作经验
专业知识	知道怎么做	学习怎么做

资料来源：[美]雷蒙德·A.诺伊．雇员培训与开发[M]．第 3 版．徐芳，译．北京：中国人民大学出版社，2007.

第二节　职业生涯规划与管理的流程与内容

一、个人职业生涯规划的流程与内容

（一）个人职业生涯规划的原则

对于个人而言，制定有效的职业生涯规划，既要有利于个人职业成功，又要有利于个人的全面发展和家庭生活质量的提高。职业生涯规划作为员工对自己职业发展目标的一种预期和蓝图，在制定时必须要遵循一些原则。

（1）清晰性原则。规划一定要清晰明确，以使能够将其转化成为一个可以实行的行动。

（2）变动性原则。目标或措施要有弹性或柔性，能够根据环境变化需要作出适当调整。

（3）一致性原则。主要目标和分目标要一致，目标与实施措施要一致。

（4）发展性原则。进行职业生涯规划要充分考虑变化与发展性因素，如目标或措施是否能依环境及组织、个体的变化而作调整，调整的幅度及范围有多大，目标是否具有长远性等。

（5）具体性原则。职业生涯各个阶段的路线划分与安排必须具体可行。

（二）个人职业生涯规划的流程

个人职业生涯规划的流程包括自我评估、环境分析、职业生涯目标设定、职业生涯路径选择、职业目标实现策略的制定、职业生涯规划的反馈与修正等过程，具体流程如图 6-3 所示。

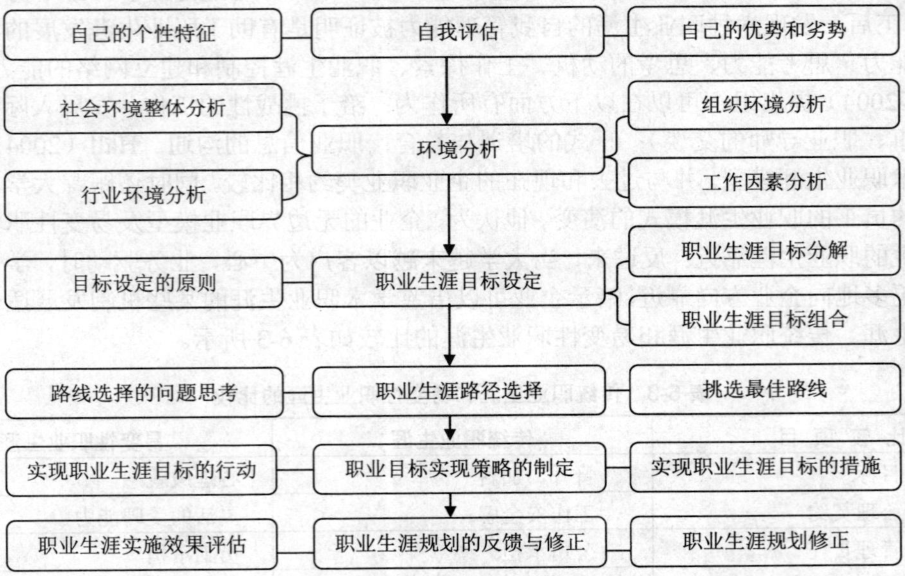

图 6-3　个人职业生涯规划流程

（三）个人职业生涯规划的内容

1．自我评估

自我评估包括两个方面的内容：一是自己的兴趣、价值观、爱好、特长、内在动机和需求等个性特征因素；二是自己的优势和劣势。只有综合两个方面的因素，才能使职业目标具有吸引力和可行性。通过这一过程，个人对自己能够有更深入的了解，从而为后面的职业定位和职业目标的设定打下基础。自我评估是对自身的一个全面分析，通过对自己的性格、兴趣、特长、需求等的全面分析和整体认识来了解自己，以便准确地为自己定位。性格是职业选择的前提；兴趣是工作的动力；分析特长主要是分析自己的能力与潜力；分析需求则主要是分析自己的职业价值观。自我评估的重点在于测评出管理能力、人际交往能力、知识水平、职业导向因素、价值观念和相对独立性等。

在个性、兴趣和能力测量的基础上，可以作出关于职业生涯"自我认知"的综合性评价，包括对自己职业价值观的全面审视，对自己职业兴趣倾向以及职业能力优势和劣势的系统了解，并能够在职业生涯的不同发展阶段不断根据自己的人生体验反省自悟、总结经验教训，认清自我、把握自己，争取人生的成功。

在自我评估的过程中，首先，要明确自己的职业价值观，知道自己最想从职业工作中获得什么，以及在职业生涯中最看重、任何时候也不愿放弃的是什么。其次，要正面、系统地思考自己的职业志向，知道自己究竟想干什么，对什么样的工作发自内心地充满热爱、激情和敬业精神。职业志向往往与职业兴趣、职业能力和职业需要三者耦合相关。因此，在思考自己的职业志向的时候不能将职业兴趣、职业能力和职业需要割裂开来去分析，应整合起来去认识。

2．环境分析

环境分析主要针对外界环境中存在的可能会影响自己职业选择、职业发展的因素所作的分析，主要包括对宏观的社会环境、行业环境、组织环境以及具体的工作因素等情况进行分析。通过对外部环境因素进行分析，特别是对行业、组织进行分析，可以更好地认识这些外部因素的现状，把握这些外部因素的发展趋势，意识到其中存在的机会，将个人的职业生涯发展计划与其相匹配，寻求结合点，促使个人职业生涯规划的成功实现。职业生涯环境分析主要包括以下方面。

（1）社会环境整体分析。对社会环境因素的了解主要包括以下几个方面。

① 社会政策。主要涉及国家的就业政策、人事政策和劳动政策等。国家的劳动用工政策、地区的吸引人才的政策以及发达地区和中心城市的进入控制政策、人才流动政策等都将对职业发展产生重要的制约或促进作用。

② 经济发展水平。在经济发展水平高的地区，由于企业相对比较集中，优秀企业较多，个人职业选择的机会也就比较多，因而比较有利于个人职业发展；反之，在经济落后地区，个人职业选择的机会相对较少，由此个人的职业生涯发展也会受到很大的限制。

③ 社会价值观。个人生活在社会环境中，必然会受到社会价值观念的影响。在现实生活中，大多数人的价值取向在很大程度上都是为社会价值取向所左右的。一个人的思想发展、成熟的过程，其实就是认可、接受社会主体价值观念的过程；而社会价值观念也正是通过影响个人价值观来影响个人的职业选择的。

④ 科学技术的发展。科技的发展会带来理论的更新、观念的转变、思维的变革、技能的补充等，而这些都是职业生涯规划中不可或缺的要素。

（2）行业环境分析。我们周围经常发生这样的事情，同样的行业，有的人觉得越干越有意思，而有的人天天在思索如何换行业。其实只有知道了什么行业适合自己，找到适合自己的环境和氛围，才会心情愉悦、充分发挥才能、高效地投入工作并取得成功。

职业生涯是在特定的行业、具体的企业中进行的。组织的行业环境将会直接影响到组织的发展状况，进而也就影响到个人职业生涯的发展。行业环境分析既包括目前所在行业的环境分析，也包括对将来想要从事的目标行业的环境分析。我们主要从以下几个角度进行行业环境分析：了解行业的发展状况，知道行业未来的发展趋势；分析和预测国际、国内的重大事件对行业的影响；关注行业的优势和存在的问题；对行业的发展前景进行展望和预测。例如，我们可以通过回答下述问题来厘清我们的思路：① 你所在地区的经济发展形势如何？② 你所在的行业是处于发展上升期，还是衰落期？③ 这个行业会为你提供哪些发展机会？机会有多大？④ 社会上将会出现哪些地方、哪些行业和哪些企业有更好的发展机会？⑤ 还有哪些重要的社会因素会影响到你的职业选择和职业发展？

（3）组织环境分析。组织环境一般包括单位类型、企业文化、发展前景、发展阶段、产品服务、领导人的素质和价值观、员工素质、工作氛围等。要确定自己适合什么样的企业文化、什么样的环境，从而找到真正适合自己要求的公司。个人可以对自己感兴趣的组织进行调查，特别需要关注企业的岗位设计、工作分析、晋升机制、管理水平等内部因素，了解该组织的职业管理状况。一个对员工的职业生涯发展计划积极参与、指导、鼓励和支持的组织更有利于员工的个人发展和职业目标的实现。例如，我们可以通过回答下述问题来了解组织环境：① 你所在的组织是什么性质的？事业单位、企业还是政府机构？② 你所在组织的发展战略是什么？在这种战略之下你有什么机会？③ 组织需要什么样的人才？组织会出现哪些新增岗位？④ 你的竞争对手有哪些？他们的特长是什么？⑤ 还有哪些组织因素会影响到你的职业选择？

（4）工作因素分析。对自己感兴趣的工作进行分析，考察这种工作是否符合自己的兴趣爱好，是否有利于发挥自己的才能，是否有利于自己的职业生涯发展。如果是，考察以后应该如何做才能更好地实现职业目标；如果不是，考察有没有进行更换或重新选择的可能。

3．职业生涯目标设定

生涯目标的设定是职业生涯规划的核心。一个人事业的成败很大程度上取决于有无正确适当的目标。只有树立了目标，才能明确奋斗的方向，犹如海洋中的灯塔，引导你避开险礁暗石，走向成功。

（1）职业生涯目标设定的原则。职业生涯目标的设定与绩效目标设定一样，要符合SMART原则，即要满足如下五个原则。

① 明确性（Specific）。所谓明确就是要用具体的语言清楚地说明要达成的行为标准。

② 衡量性（Measurable）。衡量性就是指目标应该是明确的，而不是模糊的。应该有一组明确的数据，作为衡量是否达成目标的依据。

③ 可实现性（Attainable）。目标要能够被执行人所接受，而且在付出努力的情况下可以实现，避免设立过高或过低的目标。

④ 相关性（Relevant）。目标的相关性是指实现此目标与其他目标的关联情况。如果实现了这个目标，但对其他的目标完全不相关或者相关度很低，那么这个目标即使达到了，意义也不是很大。

⑤ 时限性（Time-bound）。目标的时限性是指目标是有时间限制的。

（2）职业生涯目标分解。所谓职业生涯目标分解就是根据观念、知识、能力差距将职业生涯长期的远大目标分解为有时间规定的长、中、短期分目标，直至将目标分解为某一确定日期可以采取的具体步骤。目标分解是一个将目标清晰化、具体化的过程。[①]

职业生涯目标的确定包括人生目标、长期目标、中期目标与短期目标的确定，它们分别与人生规划、长期规划、中期规划和短期规划相对应。一般我们首先要根据个人的专业、性格、气质和价值观以及社会的发展趋势确定自己的人生目标和长期目标，然后再把人生目标和长期目标进行分化，根据个人的经历和所处的组织环境制定相应的中期目标和短期目标。

① 人生规划：整个职业生涯的规划，时间长至40年左右，设定整个人生的发展目标。例如，规划成为一个有数亿资产的公司董事。

② 长期规划：5～10年的规划主要设定较长远的目标。例如，规划30岁时成为一家中型公司的部门经理，规划40岁时成为一家大型公司副总经理等。

③ 中期规划：一般为2～5年内的目标与任务。例如，规划到不同业务部门做经理，规划从大型公司部门经理到小公司做总经理等。

④ 短期规划：2年以内的规划。例如，2年内掌握哪些业务知识等。

在确定以上各种类型的职业生涯目标后，就要制定相应的行动方案来实现它们，把目标转化成具体的方案和措施。这一过程中比较重要的行动方案有职业生涯发展路线的选择，职业的选择和相应的教育与培训计划的制订。

（3）职业生涯目标组合。目标组合是处理不同目标之间相互关系的一种有效措施。在对总目标进行分解后，为了更为有效地处理不同的子目标间的相互关系，还应对具有因果关系与互补性的目标积极地进行组合。关注目标的互补性，对各种各样的目标可以从时间、功能和全方位等不同角度进行组合。时间上的组合可以分为并进组合和连续组合两种，并进组合是指同时着手实现两个现行的工作目标；连续组合是指一个目标实现之后再去实现下一个，最终连续而有序地实现各个目标。功能上的组合可以产生因果关系和互补关系，在通常情况下，内职业生涯是原因，外职业生涯是结果；互补作用则是把存在互补关系的目标进行组合。而全方位的组合已经超出了职业范畴，涵盖了人生的全部活动，是指个人事务、职业生涯和家庭均衡发展，相互促进。

4．职业生涯路线选择

职业生涯路线是指一个人选定职业后选择从什么途径去实现自己的职业目标，是向专业技术方向发展，还是向行政管理方向发展。

发展方向不同，要求也不同，其实现目标的路径也不相同。个人确定了自己的职业目标后，实现目标的路径有很多条。职业生涯路线选择会影响到个人职业发展的绩效。路线选择正确，就易于进入职业发展的快车道，否则就会浪费资源、时间、精力，延缓职业目标的达成。因此，在职业确定之后，必须对职业生涯路线进行选择，以使今后的学习和工作沿着职业生涯路线和预定的方向发展。

（1）职业生涯路线选择的问题思考。通常职业生涯路线的选择须考虑以下三个问题。

① 我想往哪一路线发展？通过对自己的价值、理想、成就动机和兴趣分析，确定自己的目标取向。

② 我能往哪一路线发展？通过对自己的性格、特长、经历、学历以及专业的分析，确定自己的能力取向。

[①] 杜映梅．职业生涯管理[M]．北京：中国发展出版社，2011．

③ 我可以往哪一路线发展？通过对自己所处的社会、经济、政治、组织环境分析，确定自己的机会取向。

回答上述三个问题，是对“知己”“知彼”有关情况进行综合分析并加以利用的过程，以此确定自己的最佳职业生涯路线。

职业生涯路线选择通常需要考虑如下要素：自己的工作价值观、兴趣爱好、性格与职业的匹配、自己的职业锚、内外部环境与职业适应性等。

（2）挑选最佳路线。典型的职业生涯路线图是一个“V”型图。假如一个人 22 岁大学毕业参加工作，即 V 型图的起点是 22 岁。以起点向上发展，V 型图的左侧是行政管理路线，右侧是专业技术路线。将路线分成若干等分，每等分表示一个年龄段，并将专业技术的等级、行政职务的等级分别标在路线图上，作为自己的职业生涯目标。事业单位职业生涯路线如图 6-4 所示。

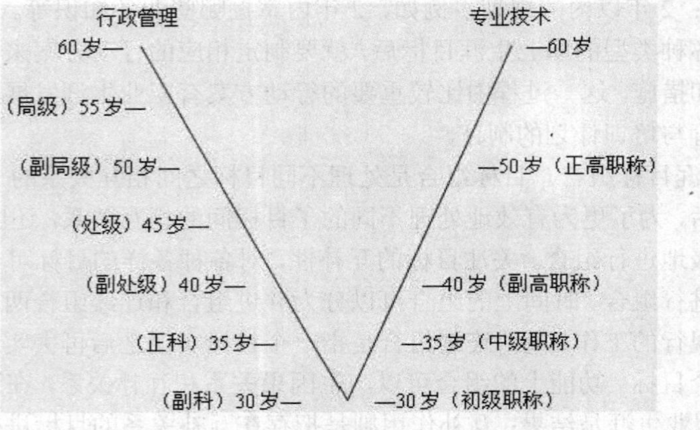

图 6-4　事业单位职业生涯路线图

5．职业生涯策略的制定

在明确了职业生涯目标后，要实现自己的职业生涯目标，还必须有相应的职业生涯策略作保证。职业生涯策略是指为争取职业生涯目标的实现所采取的各种行动和措施。

（1）在个人职业规划中必须明确预期自己在哪里、哪个岗位或者哪项工作上能为组织持续提供增值服务。

（2）请求担当责任更大的工作，并努力完成工作。这种做法可以增加自己对组织价值的贡献，也可以展示自己的实际能力，为实现个人职业目标创造条件。

（3）事先设计好以何种方式获得实现未来职业目标所需要的知识、技能。这是个人职业生涯规划成功的核心内容。个人职业生涯规划必须与培训开发活动相结合，通过不断调整知识结构、提高运用能力来拓展职业成功要素。例如，为了达到工作目标，你计划采取哪些措施提高效率；在业务素质方面，你计划采取哪些措施提高业务能力。

（4）培养、提高人际交往能力，搞好组织内工作场所的人际关系。人际关系反映了员工的一种工作环境，如果处理不好，就会成为个人职业成功的障碍。因此，个人应当努力加强人际交往，建立良好的人际关系，为个人职业目标的实现寻求支持与帮助，以便促进职业目标的顺利实现。

另外，参加公司的培训与轮岗，构建人际关系网，业余时间参加一些课程学习，掌握额外的知识与技能等都是实现职业目标的具体策略。

6. 职业生涯规划的反馈与修正

在制定职业生涯规划时，由于对自身及外界环境都不是十分了解，最初确定的职业生涯目标往往都是比较模糊或者抽象的，有时甚至是错误的。经过一段时间的工作以后，有意识地回顾自己在工作中的言行得失及绩效水平，可以检验自己的职业定位与职业方向是否合适。在实施职业生涯规划的过程中自觉地总结经验和教训，评估职业生涯规划可以修正个人对自我的认知，并可以通过反馈与修正，纠正分阶段职业目标与最终职业目标的偏差，保证职业生涯规划的行之有效。同时，通过评估与修正还可以极大地增强个人实现职业目标的信心。

二、组织职业生涯管理的流程与内容

（一）组织职业生涯管理的原则

1. 利益整合原则

利益整合是指员工利益与组织利益的整合。这种整合不是牺牲员工的利益，而是处理好员工个人发展和组织发展的关系，寻找个人发展与组织发展的结合点。

2. 公平、公开原则

在职业生涯规划方面，企业在提供有关职业发展的各种信息、教育培训机会、任职机会时，都应当公开其条件标准，保持高度的透明度。

3. 协作进行原则

协作进行即职业生涯规划的各项活动都要由组织与员工双方共同制定、共同实施、共同参与完成。

4. 动态目标原则

一般来说，组织是变动的，组织的职位是动态的，因此，组织对于员工的职业生涯规划也应当是动态的。在“未来职位”的供给方面，组织除了要用自身的良好成长加以保证外，还要注重员工在成长中所能开拓和创造的岗位。

5. 时间梯度原则

由于人生具有发展阶段和职业生涯周期发展的任务，职业生涯规划与管理的内容就必须分解为若干个阶段，并划分到不同的时间段内完成。每一时间阶段有“起点”和“终点”，即“开始执行”和“完成目标”两个时间坐标。

6. 发展创新原则

发挥员工的“创造性”，在确定职业生涯目标时就应得到体现。职业生涯规划和管理工作并不是指制定一套规章程序，让员工循规蹈矩、按部就班地完成，而是要让员工发挥自己的能力和潜能，达到自我实现、创造组织效益的目的。

7. 全程推动原则

在实施职业生涯规划的各个环节上，对员工进行全过程的观察、设计、实施和调整，以保证职业生涯规划与管理活动的持续性，使其效果得到保证。

8. 全面评价原则

为了对员工的职业生涯发展状况和组织的职业生涯规划与管理工作状况有正确的了解，要由组织、员工个人、上级管理者、家庭成员以及社会有关方面对职业生涯进行全面的评价。

（二）组织职业生涯管理的流程

组织职业生涯规划管理一般要经过以下流程，如图 6-5 所示。

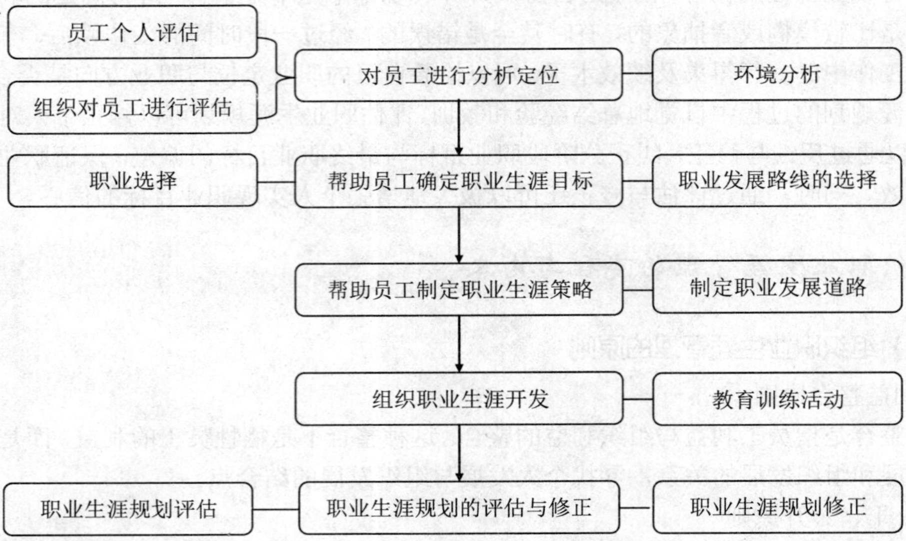

图 6-5　组织职业生涯管理流程

（三）组织职业生涯管理的内容

1．对员工进行分析定位

组织应当帮助员工进行比较准确的自我评价，同时还必须对员工所处的相关环境进行深层次的分析，并应根据员工自身的特点设计相应的职业发展方向和目标。这个阶段主要的工作就是开展员工个人评估、组织对员工进行评估和环境分析三项工作。

（1）员工个人评估。在组织职业生涯规划管理中，人力资源管理人员在员工的自我评估这一环节主要是为员工提供指导，如提供问卷、量表等，以便员工能够更容易对自己进行评价。

（2）组织对员工进行评估。与个人职业生涯规划不同的是，在组织职业生涯规划中，组织还需要对员工进行评估，其目的是确定员工的职业生涯目标是否现实。组织可以通过招聘筛选时获得的信息进行评估，还可以利用当前的工作形成的绩效评估结果、晋升记录以及培训的情况等进行评估。另外，为了评估员工的潜力，许多知名企业都设立评估中心直接测评员工将来从事某种职业的能力。评估中心的评估可以帮助组织确定员工可能的发展道路，同时也能够帮助员工知道自己的优势与劣势，以便于员工更加现实地设定自己的职业发展目标。

（3）环境分析。组织职业生涯规划的环境分析与个人职业生涯规划的内容相似。

2．帮助员工确定职业生涯目标

帮助员工确定职业生涯目标，主要包括职业选择以及职业生涯发展路线的选择两个方面。

值得注意的是，在组织职业生涯规划中，组织通过对生涯路线选择要素进行分析，帮助员工确定生涯路线，并画出职业生涯路线图（见图 6-6）。组织帮助员工设立的职业生涯目标可以是多层次、多阶段的，这样既可以使员工保持开放灵活的心境，又可以保持员工的相对稳定性，提高其工作效率。

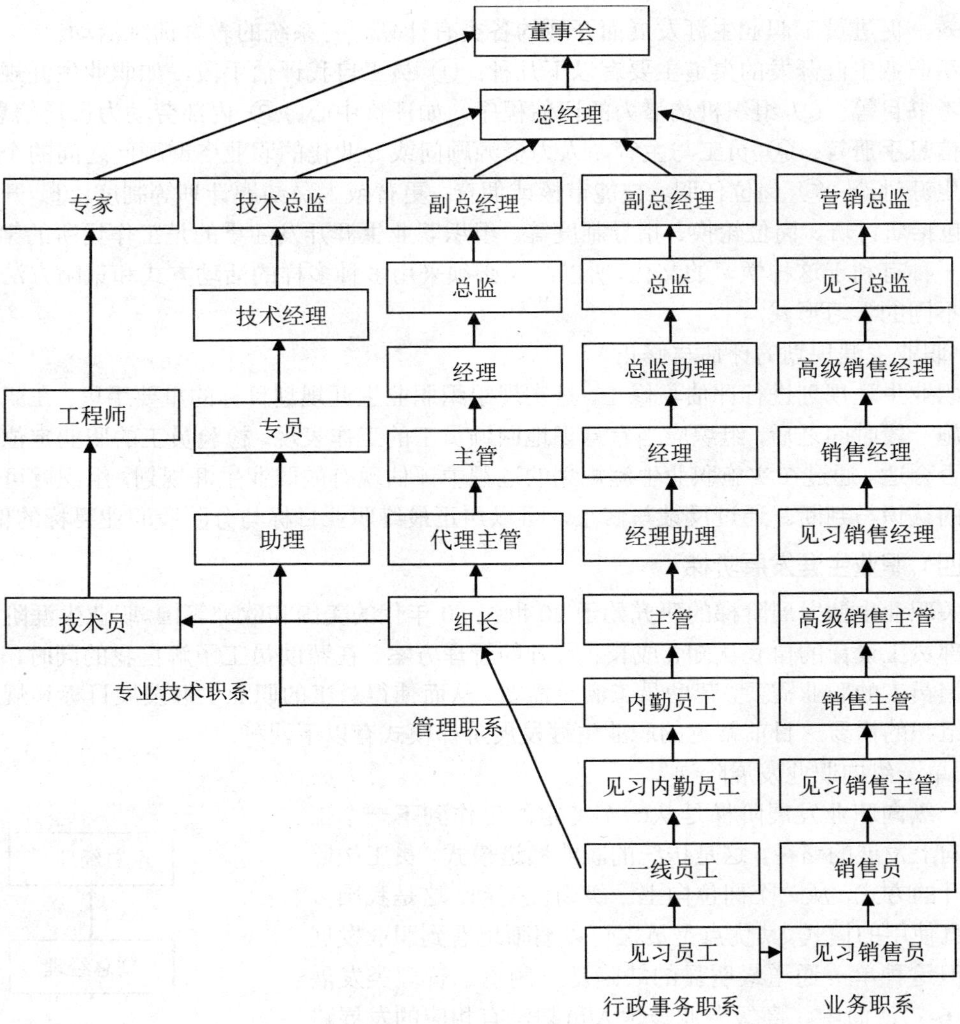

图 6-6 职业生涯路线图

组织内部的职业信息系统是为员工制定职业生涯目标时的重要参考。在员工确立实际的职业目标之前，他们往往还需要知道有关职业选择及其机会方面的情况，包括可能的职业方向、职业发展道路以及具体的工作空缺。组织应通过多种方式向员工传递有关职业发展方面的信息，如组织内部职位海报、工作手册、招聘材料等。

3．帮助员工制定职业生涯策略

组织应根据员工的不同情况，采取不同的职业生涯策略。一般来说，在人生的不同年龄阶段，员工的志趣、价值取向等都会有所转变。因此，组织应当对不同年龄段的员工采取不同的职业管理办法。例如，对年轻人来说，他们喜欢不断尝试和探索，寻找适合自己的职业发展道路，因此，组织应为年轻员工提供富有挑战性的工作，这将会对他们形成良好的工作态度产生深远的影响，使得他们能够在今后的职业生涯中持续保持旺盛的工作热情和竞争的能力。

4．组织职业生涯开发

组织职业生涯开发是指组织为了提高员工的职业知识、技能、态度和水平，进而提高员工工作绩效，促进员工职业生涯发展而开展的各类有计划、有系统的教育训练活动。[①]

组织职业生涯开发的渠道主要有以下几种：① 员工自我评估手段，如职业生涯规划讨论会、参考书目等；② 组织机构潜力的评估程序，如评价中心；③ 内部劳动力市场信息交换，如职业信息手册等；④ 员工与主管、人力资源顾问或专业化的职业咨询顾问之间的个人咨询和职业生涯讨论；⑤ 岗位任职、技能审核或调查、更替或人员结题计划等制度；⑥ 开发培训项目，包括研讨班、岗位轮换、指导制度等。组织职业生涯开发注重的是工作场所的学习，以及创造一种有利于这种学习的文化，所以组织必须采用多种多样的活动方式和策略方法来使员工适应不同的学习形式。

5．职业生涯规划的评估与修正

对职业生涯规划进行评估与修正，是实现组织职业生涯规划目标的重要手段。在职业生涯规划实施一段时间之后，组织应当有意识地回顾员工的工作表现，检验员工的职业定位与职业方向是否合适。通过在实施职业生涯规划的过程中评估现有的职业生涯规划，组织就可以修正对员工的认识与判断。通过反馈与修正，可以纠正最终职业目标与分阶段职业目标的偏差。

（四）职业生涯发展阶梯

有关职业生涯发展阶梯的研究始于 20 世纪 50 年代的美国和欧洲等国。职业生涯阶梯是组织为内部员工设计的自我认知、成长、晋升的管理方案，在帮助员工了解自我的同时，也能使组织掌握员工的职业需要，帮助员工满足需要，从而使得员工的职业生涯发展目标和规划有利于满足组织的需要。目前常见的职业生涯发展阶梯模式有以下四种。

1．单一纵向职业发展阶梯

单一纵向职业发展阶梯是从一个特定的工作到下一个工作纵向向上发展的路径，这是传统的职业通道模式。员工按照逐级上升的方式，从一个岗位向上一级岗位变动，这是我国多年来一直使用的模式。其优点是员工可以清晰地看到职业发展序列。但这种单一通道最明显的缺陷是只侧重于管理类发展（见图 6-7），而中、高级专业技术人员却没有相应的发展路径，这样高级专业技术人员就会因缺少发展路径而离开组织，发生人才流失，或者专业技术人员被提升到管理岗位，能力和岗位不适应造成人才浪费。

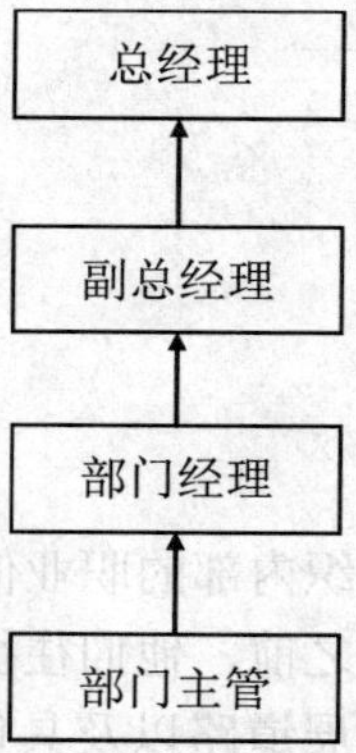

图 6-7　单一纵向职业发展阶梯

2．双重职业发展阶梯

双重职业发展阶梯除管理生涯阶梯外，还平行设置专业技术生涯阶梯，两个阶梯同一级的地位是平等的，呈现出双重职业发展通道，如图 6-8 所示。新进员工完成职业适应后，可以自由选择其中一个职业通道发展，其中还拓宽了专业技术人员的发展路径，一般技术人员可以在二者间选择最适合自己的兴趣与能力的发展通道。双通道设置，让专业技术人员能够与管理类员工获得同等的薪酬、地位和发展机会；能让有贡献的员工即便基本工资低于管理类人员时，也有机会靠项目奖金等方式提高收入；让有贡献的员工有选择职业发展道路的机会。

[①] 杜映梅．职业生涯管理[M]．北京：中国发展出版社，2011．

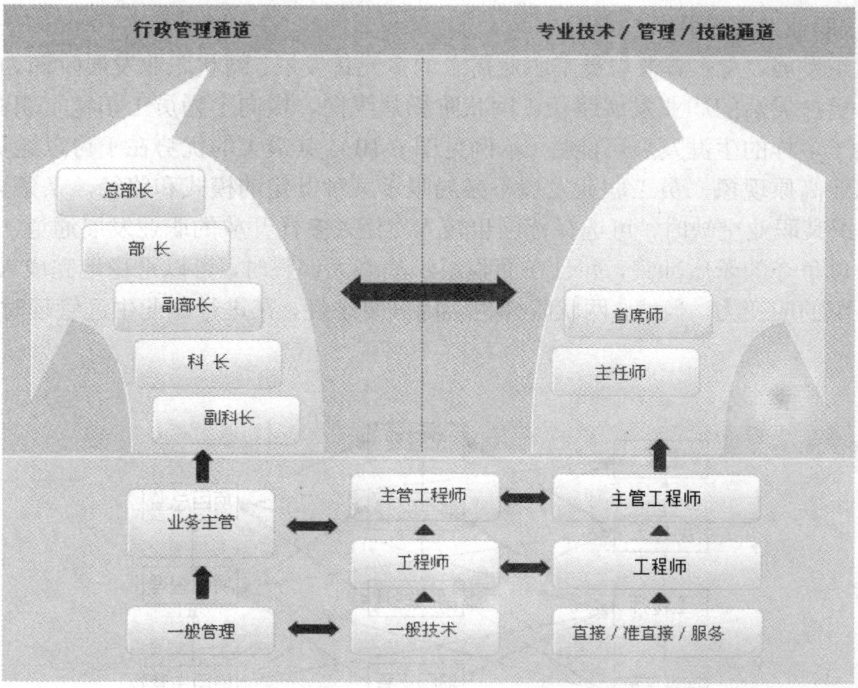

图 6-8 双重职业发展通道

3．横向职业发展阶梯

横向职业发展阶梯（见图 6-9）打破了传统纵向模式，有效拓宽了职业发展通道，满足了员工不同的职业需求。通过横向调动，积累员工职业经历、完备员工技能、开阔其职业发展视野，既激发了员工潜力，也焕发了组织活力。例如，工作扩大化、丰富工作内容及轮岗都属于这一模式。

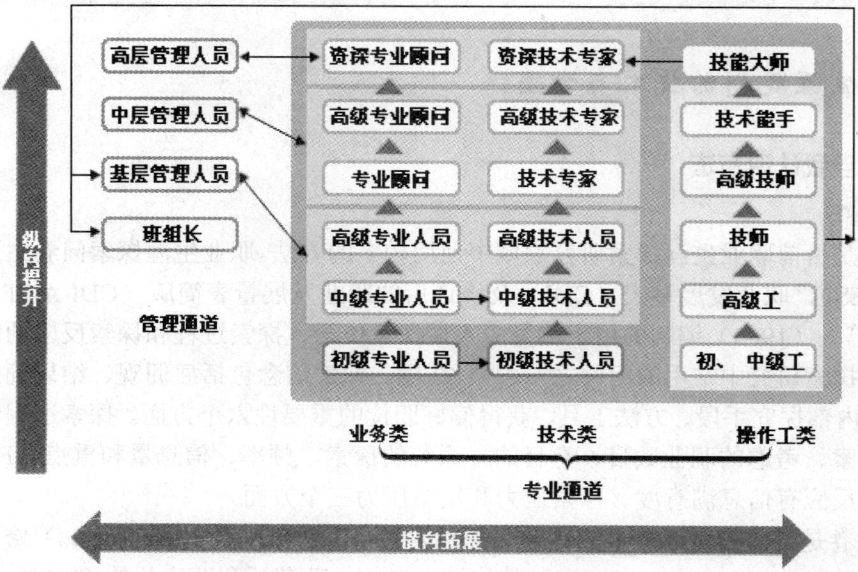

图 6-9 横向职业发展通道

4．网状职业发展阶梯

伴随组织发展、人才需求与员工职业需求的多元化发展，网状职业发展阶梯为复合型优秀人才提供了更加灵活的职业发展路径。网状阶梯从纵向、横向上为员工拓宽了职业发展通道，为员工提供了多样的生涯发展可能性（示例见图6-10）。其最大的优势在于可以避免通道堵塞，也缓解了职业高原现象，员工职业发展不必局限于某种既定的模式和路径，条条大路通罗马。同时，当组织某职业空缺时，可选择范围也较为宽泛。多样开放的职业发展通道，还能一定程度上化解岗位争夺的矛盾冲突，并且在面临组织战略大调整时，可以平稳地完成人员转岗，故而能提高组织的应变力。当然，网状阶梯也会因其复杂性，在进行职业生涯管理时具有一定的难度。

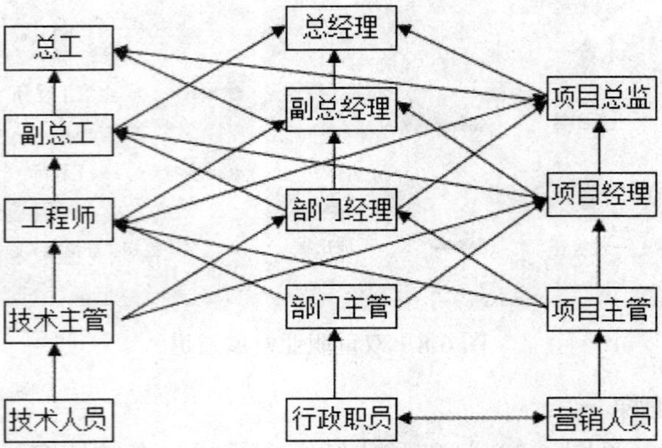

图6-10　网状职业发展通道

第三节　职业生涯规划与管理的技术与方法

一、职业生涯规划的技术与方法

（一）自我认识方法

1．问卷法

问卷法是目前职业生涯探索研究领域中使用较多的方法。职业生涯探索问卷主要有职业探索问卷（CES）、职业发展量表（CDI）及修订后的职业发展量表简版（CDI-A-SF）等。CES是Stumpf等人（1983）编制的用于测量成人期探索信念、探索过程和探索反应的问卷，是目前职业生涯探索研究中常用的问卷之一，共62项。探索信念包括雇佣观、结果确定性、外部探究手段、内部探究手段、方法工具、获得偏好职位的重要性六个方面。探索过程包括环境探索、自我探索、考虑的职业数目、有目的—系统的探索、频率、信息量和重点（Focus）几个方面。探索反应有信息满意度、探索压力和决策压力三个方面。

CES问卷是目前被修订最多的职业生涯探索问卷，最初被Blustein（1988）修订为青少年版，之后经Taveira和Moreno（2003）的修订，确定了葡萄牙和西班牙的CES版本。

为了探讨某些社会特殊群体的职业生涯探索特点，也有研究者把 CES 量表应用于其他人群中。Super、Thompson、Lindeman、Jordaan 和 Myers（1979）基于职业发展理论，编制了职业发展量表，用于测量人生各阶段的职业生涯任务。

根据其理论重点的变化，Super 等（1988）不断对 CDI 进行修订和发展，形成成人职业关注量表（ACCI）。ACCI 与 CDI 相似，用于了解成人期职业发展阶段的任务。职业生涯探索问卷是其中一个分量表，用于测量个体利用探索机会和资源的倾向与态度，共 20 项。

Patton、Spooner-Lane 和 Creed（2005）对 CDI 进行修订，编制了澳大利亚的 CDI 简版问卷，其中职业生涯探索问卷包括资源认知和资源使用两个方面，各 8 项。这一问卷主要针对的是职业生涯探索的态度方面的测量。

还有一些问卷是针对职业生涯探索某个方面而设计的，Betz 和 Voyten（1997）等人制定了职业生涯探索计划意图问卷，用于评价个体参与到职业决策相关行为中的规划和意图。龙立荣（2002）编制的职业生涯管理问卷包括职业生涯探索维度，测量个体工作后的生涯探索状况。这些问卷力图更为深入地了解职业生涯探索的某个过程和方面，为不同需求的职业咨询者提供理论支持。

2．访谈法

使用访谈法对职业生涯探索进行研究，能获得相对深入的结论。Phillip 和 Blustein（1994）设计了开放式访谈，使用质性研究方法了解有就业准备的高中生的职业生涯探索情况。

他们首先调查每个学生对自己所具有的内外部资源及障碍的认识、职业决策制定的方法、探索任务、感知到的自信程度和准备水平等，之后就一些问题对被试进行深入访谈，结果发现高中生的职业生涯探索过程使其对就业有所准备，促进了职业规划。这种准备分为客观准备和心理准备，前者指个体拥有现实的计划和进入工作的技能；后者主要反映了个体在克服生活困难上的复原力，以及对工作相关问题的乐观程度、对目标和计划的重视程度等。可见，定性方法可以有效地了解职业生涯探索的内部原因和机制，是量化研究很好的补充。

3．优缺点平衡表法

本杰明•富兰克林设计了一种帮助人们认识自身优点和缺点的自我评价工具——优缺点平衡表。人们利用优缺点平衡表可以分析自己的优点和缺点，以便在工作中发挥和加强自己的优点，同时注意改正自己的缺点。优缺点平衡表的优点是简单，容易操作，只需要将自己的优点和缺点用表格的形式分别列出（见表 6-4），即可自己进行综合分析和比对，必要的时候，可以请关系较好的朋友甚至师长帮你列示优缺点。因为个人评价自己常常会“当局者迷”。[①]

表 6-4　优缺点平衡表

优　　点	缺　　点
善于与人共事	与少数人非常亲密
乐于接受任务，并按自己的方式去完成	不喜欢连续不断的监视
受人称赞的好管理者	不容易跟作为我上级的人交朋友
勤劳的工人	极度紧张
示范领导	经常说一些没有意识到后果的话
人们尊敬我的公正无私	当无事可做时，不能保持一种看起来忙碌的状态

[①] 赵曙明．人力资源管理与开发[M]．北京：北京师范大学出版社，2007.

续表

优　点	缺　点
惊人的精力	不能坚持不活动，必须不停地走动
在现行环境中能很好地发挥作用	不能坚持一直坐在桌子旁
思想相当开放	仅仅是心里反对，但却把自己描述成一名真正的敌对者
与高级商人打交道时感到很舒畅	我的保守性使我保留一些自己感情上不想做的工作
喜欢玩弄政治手腕	有时在不熟悉的环境中会紧张
一旦工作确定下来，就干完它	真正的朋友很少
善于组织别人的时间，从为我工作的人身上得到的最多	兴趣层次忽高忽低

资料来源：[美]R·韦恩·蒙迪，罗伯特·M.诺埃．人力资源管理[M]．第6版．葛新权，郑兆红，王斌，等，译．北京：经济科学出版社，1998．

4．橱窗分析法

所谓橱窗分析法，是一种借助直角坐标的不同象限来表示人的不同部分的分析方法。它以别人知道或不知道为横坐标，以自己知道或不知道为纵坐标。橱窗分析法也是进行自我认知的一种常用方法。

认识自我，了解自我是非常不易之事，所以有做事难、做人难、了解自己就更难的说法。心理学家们就曾把对个人的了解比作橱窗一样。为便于理解，我们把橱窗放在直角坐标中加以分析。坐标的横轴正向表示别人知道，坐标横轴负向表示别人不知道；纵轴正向表示自己知道，负向表示自己不知道，如图6-11所示。

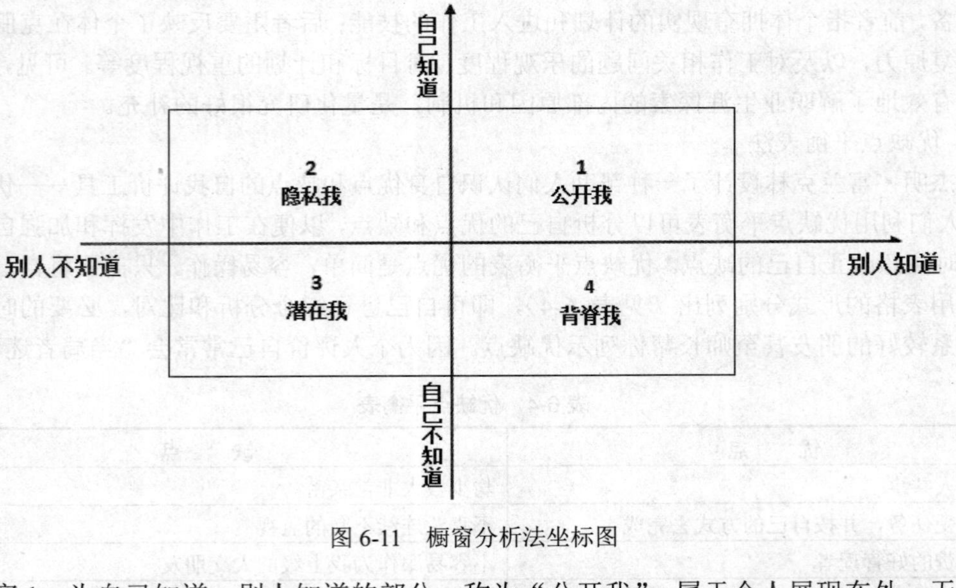

图6-11　橱窗分析法坐标图

橱窗1：为自己知道、别人知道的部分，称为“公开我”，属于个人展现在外，无所隐藏的部分。

橱窗2：为自己知道、别人不知道的部分，称为“隐私我”，属于个人内在的私有秘密部分。

橱窗3：为自己不知道、别人也不知道的部分，称为“潜在我”，是有待开发的部分。

橱窗4：为自己不知道、别人知道的部分，称为“背脊我”，犹如一个人的背部，自己看不到，别人却看得很清楚。

通过四个橱窗可知，须加强了解的是橱窗 3“潜在我”和橱窗 4“背脊我”。要了解“背脊我”部分，要求自己诚恳地真心实意地征询他人的意见和看法。个人可以采取同自己的家人、朋友、同事等交流的方式，也可以借助录音、录像设备，尽量开诚布公。个人需要开阔的胸怀，确实能够正确对待，有则改之，无则加勉，否则别人是不会说实话的。要了解“潜在我”部分，个人可以采取撰写自传或 24 小时日记的方式来了解自我。撰写自传，可以帮助我们了解自身成长的大致经历和自我计划情况等，而 24 小时日记对我们一个工作日和一个非工作日经历的对比，也可以了解一些侧面的信息。这种方法对职场新人了解自我比较适合。

5. 量表测试法

（1）人格（性格）方面的分析。MBTI 全名 Myers Briggs Type Indicator，是人类性格的外在状态模式。MBTI 是一种自我评核的性格问卷，已广泛地被人采用，能帮助你了解自己属于哪种性格类别。它分别为四大类：感觉（S）和直觉（N），思考（T）和情感（F），外向（E）和内向（I），判断（J）和知觉（P）。由这四大类再演变及配搭出 16 种外在状态模式，这 16 种模式包括了人类的所有行为。这 16 种类型包括：① ESTP（挑战者型），不间断地尝试新的挑战；② ISTP（冒险家型），平静地思考着，但间或的行为往往出人意料；③ ESFP（表演者型），有我在就有笑声；④ ISFP（艺术家型），用有形的作品展示丰富的内心世界；⑤ ESTJ（管家型），掌控当下，让各种事务有条不紊地进行；⑥ ISTJ（检查员型），细致、谨慎地执行好现有规则；⑦ ESFJ（主人型），热情主动地帮别人把事情做好；⑧ ISFJ（照顾者型），值得信赖和依靠；⑨ ENFJ（教导型），谆谆善诱地引导他人；⑩ INFJ（博爱型），基于博爱的理想，设身处地地关怀他人；⑪ ENFP（公关型），天下没有不可能的事；⑫ INFP（哲学家型），生活在自己的理想世界；⑬ ENTJ（统帅型），一切尽在掌握；⑭ INTJ（专家型），追求能力与独立；⑮ ENTP（智多星型），总有一些新点子；⑯ INTP（学者型），聪颖机智地解决问题。

（2）个人的人格（性格）的动力分析。我们还可通过动力方面的分析来了解个人的人格（性格）。测评选用与工作相关性最大的动力因素作为分类指标，包括影响愿望、成功愿望、挫折承受、人际交往等四种。相应地，追求成就类型分为：① 主宰型，即自我实现的意愿高，希望在人群中出人头地，并且发挥重要作用，既关注个人成就，也希望通过影响和带动他人达到组织目标；② 满足型，希望找到适合自己的领域并发挥自身价值，注重顺应环境而不是改变环境，难以适应压力过大的工作；③ 自强型，对自己有高的要求，将设立并达到高目标视为人生的意义，愿意为此不断奋斗，在与别人合作的过程中，愿意自己付出更多的努力，而不是影响和带动他人；④ 寄托型，希望影响和推动组织的发展，并得到他人的认可，将之视为实现自我价值的基础，个人成就更多地建立在影响和带动他人上，而不愿单打独斗；⑤ 开拓型，乐于接受挑战、承担风险，在困难和挫折面前不轻易后退，意志顽强；⑥ 安定型，尽量避免做没有把握的事情、避免造成无法控制的局面，寻求安全感，在遇到障碍时退而求其次；⑦ 坚守型，做事谨慎，不轻易作出决断，但是对正在进行中的事情很有责任心，努力克服困难达成目标；⑧ 尝试型，面临新问题、新环境时敢于尝试和冒险，敢于尝试新的方法，但遇到阻力时韧性不足，容易转换目标。

（3）个人的人格（性格）的自我评估。此外，可以使用自我询问法来进行自我评估。用一段休闲的时间，找一个安静的处所，认真地深刻地思考以下六个问题，想清楚，想透彻，然后写下来：① 我究竟有什么才干和天赋？什么东西我能做得最出色？与我所认识的人相比，我的长处、高人一筹的是什么？② 我的激情在哪一方面？有什么东西特别使我内心激动、向往，使我分外有冲劲去完成，而且干起来不仅不觉得累，反而感到其乐无穷？③ 我的经历有什么与众不同之处？能给我什么特别的洞察力、经验和能力？动用它我能作出什么与众不同的事？④ 我最明显的缺陷和劣势是什么？⑤ 我与什么杰出人物有往来？他们有哪些杰出的才干、天赋与激情？与之合作（或跟随他们），能找到什么样的机遇？⑥ 我有哪些具体的需求要得到满足？

（二）环境分析方法

1．PEST 分析法

PEST 分析是指宏观环境的分析，其中 P 是政治（Political），E 是经济（Economic），S 是社会（Social），T 是技术（Technological）。在分析一个企业集团所处的背景的时候，通常是通过以下四个因素来分析企业集团所面临的状况的。

（1）政治要素，是指在进行职业生涯规划过程中对个体的职业选择具有实际与潜在影响的政治力量和有关的法律、法规等因素。法律环境主要包括政府制定的对行业发展、企业经营以及就业等方面具有约束力的法律、法规。政治、法律环境实际上是和经济环境密不可分的一组因素。

（2）经济要素，是指一个国家的经济制度、经济结构、产业布局、资源状况、经济发展水平以及未来的经济走势等。构成经济环境的关键要素包括 GDP 的变化发展趋势、利率水平、通货膨胀程度及趋势、失业率、居民可支配收入水平、汇率水平、能源供给成本、市场机制的完善程度、市场需求状况等。这些因素对个人在行业的选择、行业前景的判断等方面具有较大的影响。

（3）社会要素，是指个人所在社会中成员的民族特征、文化传统、价值观念、宗教信仰、教育水平以及风俗习惯等因素。构成社会环境的要素包括人口规模、年龄结构、种族结构、收入分布、消费结构和水平、人口流动性等。其中，人口规模直接影响着一个国家或地区劳动力市场的容量；风俗习惯决定人们对各类职业声望和社会地位等方面的评价。

（4）技术要素。技术要素不仅仅包括那些引起革命性变化的发明，还包括与企业生产有关的新技术、新工艺、新材料的出现和发展趋势以及应用前景。技术的变化对行业的发展以及企业的竞争力影响深远。

2．PLACE 分析法

PLACE 分析法是企业或职业评估机构通过对员工的职业信息进行评估的测试手段和方法。这是由 Clarke Gcnarye 和 Cinda Field Welld 提出的用来收集与评估职业信息的综合系统。

这个系统要求求职者考虑关于每个职业的五个参数：① P（Position）职位或职务描述，包括经常性任务、一般责任、工作层次和有关单位等；② L（Location）工作地点，包括地理位置、环境状况、室内或户外、都市或乡村、工作地点安全性等；③ A（Advancement）晋升状况，包括升迁路径、升迁速度、稳定性、保障等；④ C（Condition）雇佣条件，包括薪水、奖金、工时、进修机会、休假情况和着装规范等特殊要求；⑤ E（Entry）雇佣要求，包括要求具备的教育和培训经历、专业认证、能力、人格特质、品德修养等。

对于这些参数，Cinda Field Welld 给予相同的权重，然后让求职者对每个职业的每个参数评分，分数有 0～5 分六个等级，依次表示该职业对你完全没有吸引力、该职业对你没有吸引力、该职业对你没有太大吸引力、该职业对你有点吸引力、该职业对你吸引力一般、该职业对你有绝对吸引力，最后把各个分数相加，即为该职业对你的总的吸引力有多大。把这个分数与你评价其他职业得到的分数相比较，就可以看出哪个职业的吸引力更大。

3．SWOT 分析法

所谓 SWOT 分析，是指基于内外部竞争环境和竞争条件下的态势分析，即将与研究对象密切相关的各种主要内部优势、劣势和外部的机会和威胁等通过调查列举出来，并依照矩阵形式排列，然后用系统分析的思想把各种因素相互匹配起来加以分析，从中得出一系列相应的结论，而结论通常带有一定的决策性。

S（Strengths）是优势、W（Weaknesses）是劣势、O（Opportunities）是机会、T（Threats）是威胁。从整体上看，SWOT 可以分为两部分：第一部分为 SW，主要用来分析内部条件；第二部分为 OT，主要用来分析外部条件。利用这种方法可以从中找出对自己有利的、值得发扬的因素，以及对自己不利的、要避开的东西，发现存在的问题，找出解决办法，并明确以后的发展方向。按照企业竞争战略的完整概念，战略应是一个企业“能够做的”（即组织的强项和弱项）和“可能做的”（即环境的机会和威胁）之间的有机组合。

（三）职业生涯目标分解方法

1．按性质分解

美国著名职业指导专家施恩将人的职业生涯划分为十个阶段，把人的职业生涯分为“外职业生涯和内职业生涯”。外职业生涯是指从事职业时的工作单位、工作地点、工作内容、工作职务、工作环境、工资待遇等因素的组合及其变化过程；内职业生涯是指从事一项职业时所具备的知识、观念、心理素质、能力、内心感受等因素的组合及其变化过程。根据他的这一划分，职业发展目标也可以相应分为外职业生涯目标和内职业生涯目标两个层次。

（1）外职业生涯目标。该目标主要侧重于职业过程的外在标记，它主要包括工作内容目标、工作环境目标、经济收入目标、工作地点和职务目标等。

（2）内职业生涯目标。这一目标侧重于职业生涯过程中知识与经验的积累、观念与能力的提高和内心感受。这些因素不是靠别人赐给你的，而是要通过自身努力去获得和掌握的。

外职业生涯目标和内职业生涯目标有着密切的联系：内职业生涯目标的发展可以带动外职业生涯目标的发展，而外职业生涯发展目标的实现可以促进内职业生涯目标的实现。

2．按时间分解

按时间分解就是给按性质分解的目标作出明确的时间规定。个人的职业目标按时间划分可以分为短期职业目标、中期职业目标、长期职业目标和人生职业目标。

（1）短期职业目标。短期职业目标通常是指时间在一至两年内的目标。中长期职业目标通常都会被换成一个个具体的短期职业目标。短期职业目标是一种将长期目标具体化、现实化、可操作化的特殊工具，它是结果和行动之间的桥梁。[①]

短期职业目标的特征：① 目标表述清晰、明确；② 目标对于本人具有意义，与自我价值观和中长期目标一致，有可能暂时不能完全满足自己的兴趣要求，但可“以迂为直”；③ 目标切合实际，并非幻想；④ 有明确的具体的完成时间；⑤ 有明确的努力方向，通过努力能达到适合环境需要的能力，实现起来完全有把握；⑥ 目标精练。

[①] 杜映梅．职业生涯管理[M]．北京：中国发展出版社，2011．

（2）中期职业目标。中期职业目标相对长期职业目标要具体一些，如参加一些旨在提高技术水平的培训并获得等级证书等。

中期职业目标的特征：① 目标是结合自己的志愿、组织的环境及要求制订的，与长期目标相一致；② 目标基本符合自己的兴趣、价值观，使人充满信心，且愿意公之于众；③ 目标切合实际，并且未来的发展有所创新，有一定的挑战性；④ 目标能用明确的语言定量与定性说明；⑤ 目标有比较明确的执行时间，根据外部环境变化可作适当的调整；⑥ 目标可以发挥自己的能动性，实现的可能性非常大。

（3）长期职业目标。长期职业目标的期限不可太长，也不可过短。时间为五年以上的目标比较粗放、不具体，可能会随着企业内外部形势的变化而变化。

长期职业目标的特征：① 目标是自己认真选择的，和组织、社会的发展需求相结合；② 目标很符合自己的兴趣、价值观，能为自己的选择感到骄傲；③ 目标能用明确的语言定性说明；④ 有实现的可能，并有更大的挑战性；⑤ 目标与志向相吻合，能够立志通过努力实现理想；⑥ 目标与人生目标相融为一，指导自己为创造美好未来坚持不懈。

（4）人生职业目标。人生职业目标是指整个人生的发展目标，时间可以长至40年左右。短期目标服从于中期目标，中期目标服从于长期目标，长期目标又服从于人生目标。在具体实施目标时，通常都是从具体的、短期的目标开始的。

（四）职业生涯发展的评估方法

1．职业生涯发展评估的价值标准

职业生涯发展状况评估可采用下列评估标准：① 财富标准；② 社会地位；③ 名誉；④ 工作成就感；⑤ 安全稳定；⑥ 社会福利；⑦ 权力大小。

2．个人评估方法

个人可根据以下要求制定表格，评估自己的职业生涯发展情况。

（1）在三个领域（职业、人际关系和个人满足）中各列举出你的五个目标。

（2）列出五个目标的重要顺序（1的重要性最低，5为最重要），看看哪个领域中的目标评估4和5的最多。

（3）将三表合并，对全部十五个目标的重要性排序。

（4）将你列出的最重要的目标放在第二部分表格之首，然后描述它，接着按如下次序讨论：① 个人优势和弱点；② 完成目标的障碍；③ 克服障碍的策略和方法；④ 目标是否实现（可以实现、可以测量）；⑤ 达到目标后的回报；⑥ 达到目标的步骤（所有目标均要列出）。

二、组织职业生涯开发与管理的技术和方法

（一）组织职业生涯开发的技术与方法

组织职业生涯开发方法有很多，具体的开发方法随职业种类和岗位的不同而不同。一般可以通过在职开发和离职开发来分析可能的开发方法。

1．在职开发

在职开发的方法主要有指导、委员会任命、岗位轮换制。

（1）指导。这种方法是由直接主管对员工进行日常培训并作出反馈。指导是一个持续的

在干中学的过程，要使指导能够取得理想的效果，就必须在员工和他们的主管间保持一种健康开放的关系。运用这种方法还需要注意对“教练”进行培训，提高其指导技能，并采取措施使得“教练”能够尽可能系统地开展员工指导工作。

（2）委员会任命。指派有前途的员工进入重要的委员会，能给他们增添一种广阔的经历，并能帮助他们理解品行、重大问题及管理组织的程序。例如，指派员工进入安全委员会，可能会使他们具备主管所需要的安全背景，而且他们也可能会经历涉及维持员工安全意识的问题。但是在这样做的同时，主管必须意识到，委员会的任命也可能会成为浪费时间的活动。

（3）岗位轮换制。员工通过岗位轮换规划职业生涯，正确定位自己的职业方向。员工通过轮岗亲身体验各个不同岗位的工作情况，为以后工作中的协作配合打好基础。经过这样的岗位轮换测试自己对不同岗位的适应能力，寻找最适合自己特长发挥的工作类型，找到自己适合的岗位。

岗位轮换有两种：① 员工自愿进行的岗位轮换。企业员工进行个人职业生涯规划时，在考虑自己的绩效提高的同时，通过多岗位的工作培训和提高自己综合的业务能力和管理能力是必不可少的个人职业生涯管理的组成部分。个人的职业生涯规划决定了员工常常会自己创造机会来进行岗位轮换。② 企业根据管理和发展的需要安排进行岗位轮换。一是企业根据内控制度的要求，防止职务犯罪等目的制定相关制度进行岗位轮换；二是企业从培养自身的人才队伍，防止人员变动对企业经营的影响角度来进行的岗位轮换，可以提高企业整体人力资源的团队协调、合作能力及个体人员间的弥补、替代能力，规避由于个人的变动影响整体的团队运作能力。

企业在进行岗位轮换时需要注意两个问题：① 岗位轮换时机的选择。通常岗位轮换最好选择在一个相对完整的业务周期末来进行。例如，生产方面的以生产周期来进行。② 岗位轮换的周期。根据不同岗位的工作技能掌握需要的时间确定每个岗位需要的工作周期。专业技术性强和工作内容敏感的岗位通常需要的周期长，而实践操作性强的岗位通常以其达到相对熟练的周期为合适。

企业在进行岗位轮换时，需要将员工岗位轮换、职业生涯规划与绩效评价合理地结合起来，通过岗位轮换促进员工职业生涯规划的实现，通过绩效提高来促进岗位轮换，使岗位轮换成为有效的提高企业人力资源价值的方法。

2．离职开发

离职能够给员工个人提供远离工作、专心致志地学习新东西的机会。离职开发方法通过与具有不同问题及来自其他组织中的他人会谈，也可能会为员工提供一个看待老问题的新视角。

（二）组织职业生涯管理的技术与方法

1．举办职业生涯研讨会

职业生涯研讨会是由人力资源管理部门组织的帮助员工通过有计划的学习和联系来制定职业生涯规划的活动。形式可以包括自我评估和环境评估，与成功人士交流和研讨，以及进行适当的练习等。在活动结束后，由人力资源工作人员与员工初步达成职业生涯规划表（见表 6-5），表的内容可以根据公司的实际情况自由决定。

2．编制职业生涯手册

为了更好地对员工提供职业发展方面的指导，企业可以组织编写职业生涯手册。职业生涯手册可以很好地体现出员工职业生涯所需要的信息支持，主要内容包括职业生涯管理理论介绍、组织结构图、职位说明书、评估方法与评估工具、组织环境信息、外部环境信息、职业生涯规划方法和工具以及案例分析和介绍。职业生涯手册应与公司内部的所有员工共享，并及时进行更新。

表 6-5 员工职业生涯规划表

填表日期：　　年　　月　　日　　　　　　　　　　　　　　　　　　填表人：

<table>
<tr><td>姓名：</td><td>年龄：</td><td colspan="2">部门：</td><td>岗位名称：</td></tr>
<tr><td rowspan="2">教育状况</td><td>最高学历：</td><td colspan="2">毕业时间：　　年　　月</td><td>毕业学校：</td></tr>
<tr><td colspan="4">已涉足的主要领域：</td></tr>
<tr><td rowspan="2">参加过的培训</td><td colspan="2">1.</td><td colspan="2">3.</td></tr>
<tr><td colspan="2">2.</td><td colspan="2">4.</td></tr>
<tr><td rowspan="2">目前具备的技能/能力</td><td colspan="2">技能/能力的类型</td><td colspan="2">证书/简要介绍此技能</td></tr>
<tr><td colspan="2"></td><td colspan="2"></td></tr>
<tr><td colspan="5">其他单位工作经历简介</td></tr>
<tr><td>单位</td><td>部门</td><td>职务</td><td>对此工作满意的地方</td><td>对此工作不满意的地方</td></tr>
<tr><td>1</td><td></td><td></td><td></td><td></td></tr>
<tr><td>2</td><td></td><td></td><td></td><td></td></tr>
<tr><td>3</td><td></td><td></td><td></td><td></td></tr>
<tr><td colspan="5">你认为自己最重要的三种需要是：（在下面的方框中打“√”）
□弹性的工作时间　□成为管理者　□报酬　□独立　□稳定　□休闲
□和家人在一起的时间　□挑战　□成为专家　□创造</td></tr>
<tr><td colspan="3">请详细介绍一下自己的专长</td><td colspan="2"></td></tr>
<tr><td colspan="5"></td></tr>
<tr><td colspan="4">结合自己的需要和专长，你对目前的工作是否感兴趣，请详细介绍一下原因</td><td></td></tr>
<tr><td colspan="5"></td></tr>
<tr><td colspan="4">请详细介绍自己希望选择哪条晋升通道（或组合）</td><td></td></tr>
<tr><td colspan="5"></td></tr>
<tr><td colspan="4">请详细介绍自己的短期、中期和长期职业规划设想</td><td></td></tr>
<tr><td colspan="5"></td></tr>
</table>

3．开展职业生涯咨询

组织有必要为在制定职业生涯规划过程中有困难的员工提供专家诊断和咨询。由专家定期或不定期听取员工在职业生涯规划上的问题，根据自己的经验提出忠告和建议，帮助员工解决遇到的问题。咨询结束后，需要将咨询的内容和结果进行记录，设立咨询档案，供下次咨询时参考。

4．继任计划

继任计划（Succession Planning）是公司确定关键岗位的后继人才，并对这些后继人才进行开发的整个过程。继任计划对于公司的持续发展有至关重要的意义，其关系到企业的永续发展。

继任计划不是某一时间段的事情，而是人才管理的持续过程。有效的继任计划的关键不仅是确认哪些人适合哪些职位，而且需要不断地识别和准备新的关键人才，让他们在未来的职位上获得成功。

价值驱动方法最适合继任计划的制订。通过从与业绩表现有关联的行为的角度来定义组织中的关键岗位，组织就能够创建一个在这些岗位上取得成功的技能或能力模型。通过将员工与这个模型对比分析，组织就可以确定员工个人和岗位匹配的程度。在确定了匹配程度之后，就能识别员工需要开发的技能或能力领域，并提供具体的可操作的建议。

继任计划的工作流程如下。

（1）相关文件审查和分析。包括对公司的战略和业务计划、目前的组织结构、最近相关的组织调整方案的审查。

（2）方案规划和启动会议。确定项目的范围、交付成果、时间限制、公司可以使用的资源和项目的成员。

（3）高层管理人员培训会。管理层对继任计划的支持和理解是继任计划设计的关键成功因素。培训会议上，需要介绍继任计划的方法和测评流程，通过会议了解高层管理人员的关注点和意见，有助于获得高层管理人员的支持。会议的时间一般是两个小时。

（4）确定价值驱动因素的行为描述。确定价值驱动因素行为描述库，通过该步骤将确定所有测评的基础。此步骤需要 3～4 个人参加，公司总经理必须参加，人力资源部门的负责人也必须参加。需要半天的时间。

（5）确定岗位价值驱动模型。不同的岗位会有不同的价值驱动模型，公司必须确定高层领导岗位的价值驱动模型。基于第四步确定的公司价值驱动因素行为描述库，就可以对这些高层领导岗位创建相应的价值驱动模型。模型创建的过程将基于价值分类方法论。分类的方式有很多，公司必须采取恰当的分类方式。基于岗位描述、业务计划、战略目标等相关文件，就可以对价值驱动模型进行全面的设计。

（6）证实和最终确定岗位价值驱动模型。可以采用焦点小组（Focus Group）形式，小组的成员由每个岗位族的管理者组成。

（7）开发测评工具。设计测评问卷。测评问卷将基于特定的岗位进行设计。

（8）进行高层领导测评。测评流程将分为两个并行的工作程序：① 对照公司关键领导岗位的价值驱动模型对现在的高层领导团队（他们被认为是合格的候选者）进行测评；② 选择公司的关键员工，对照相应的价值驱动模型对他们进行测评。两个工作程序都会采用设计好的价值驱动模型测评工具。最后，总结多个评估者的评估结果。

（9）生成高层领导测评报告。每个高层管理人员和关键员工将会收到自己的测评报告，测评报告的内容为：① 单项得分；② 个人的价值驱动因素评估描述；③ 个人的价值驱动因素评估描述与岗位的价值驱动模型之间的契合程度；④ 个人的优点和弱点。

（10）综合报告。基于以上的结果，撰写总结报告，包括以下内容：① 公司领导力的现状；② 公司领导力差距；③ 公司高层管理的人才连续性。

（11）高层管理员工开发方案设计。在识别了公司关键岗位后继人才之后，针对他们个人的测评结果、他们将要继任的关键岗位的价值驱动模型、他们个人与关键岗位的匹配程度，公司必须设计出对应的开发方案，并在实际开发过程中进行不断反馈和调整。

继任计划是一个连续的过程，每个高层管理人员的管理生涯都是有限的，公司必须在关键领导岗位在任者管理生涯结束之前的相当长一段时间内进行继任计划的工作，连续地准备后继领导人才，这样公司才能真正实现持续发展。

5．导师制

企业的员工希望管理者能成为可帮助其发展职业生涯的教练与导师。因此，企业的人力资源策略应该从对员工进行单一培训发展为目的帮助员工进行职业生涯规划与管理。企业导师制正是符合这一发展趋势的整体的人力资源综合性解决方案。

（1）导师制的发展。

① 新员工导师制。建立导师制的初衷是充分利用公司内部优秀员工的先进技能和经验，帮助新员工尽快提高业务技能，适应岗位工作的要求。现在，导师的辅导范围已经从专业技术扩展到管理技巧甚至一些个人问题。

② 骨干员工导师制。随着公司的不断发展，新员工的导师基本上已成为公司的骨干员工。在对骨干员工进行调查时发现，他们也希望在工作中有导师辅导他们。于是开始推行骨干员工导师制，由公司的中高层做骨干员工的导师。

③ 全员导师制。在新员工导师制和骨干员工导师制实施的过程中，导师制在职业生涯规划与发展中的作用越来越明显，作为被辅导者能够提升技能，而作为辅导者能够提升管理能力和领导力。因此，开始推行全员导师制，使得辅导成为员工日常工作不可缺少的一部分，上级对下级的工作辅导成为一种责任和义务，并且和绩效、培训等相结合形成职业生涯促进系统。

（2）导师制的各个系统。

① 导师选聘聘用系统。根据绩效考核和能力评估对每一名员工进行评价，只有评价结果优秀、认同并能宣导公司文化、愿意通过辅导工作来提升他人同时提升自己的员工才可以做新员工的导师。骨干员工导师更多的是直接上级。

② 导师管理评价系统。全员导师思想的引入，使得每个上级都成为其下级的导师。辅导下级是上级的工作职责，并且在个人目标计划中体现，即通过被辅导者能力的提升来评价其辅导效果，同时在绩效考核中作为一项绩效指标，在职位评估中作为衡量管理能力的依据，最后导师制的评价结果是和激励机制挂钩的。从这个意义上来讲，导师管理体系是和其他模块交叉并共同发挥作用的。

③ 导师辅导交流系统，包括对导师辅导技巧的培训、导师辅导工作指导手册、导师经验交流活动。在导师辅导技巧的培训方面，新员工导师通常以辅导技巧为主，而骨干员工导师通常以教练技术为主，同时对导师进行公司文化和策略的宣讲和培训，导师辅导工作指导手册是具体描述导师各个阶段应该做哪些工作并进行记录的工作手册。导师交流活动包括导师经验分享座谈会、导师问题研讨座谈会等。

（3）导师制实施需要注意的问题。

① 加强对导师的培养。很多企业实施导师制只是为了让新员工更快地提升技能，但在实施的过程中出现了很多问题，如导师的积极性不高、不知道如何进行辅导、因为工作忙没有时间进行辅导等。其原因有两个：一是导师没有进行辅导技巧的培训；二是导师没有从辅导工作中看到自己的领导力得到提升这一好处。

② 建立导师各个系统。导师制作为一项人力资源解决方案不可能单独发挥作用，必须和其他模块协同，并借助于各个子系统，才能发挥最大的效用。

本章小结

1．职业生涯是一个人与工作相关的历程。职业生涯规划是指个人通过自我评估和环境认识，确立自己的职业目标，选择实现目标的路径，制定行动方案并进行调整的过程。职业生涯管理是组织为了更好地实现员工的职业理想，将组织目标和个人目标最大限度地协调一致，而对员工的职业生涯规划进行的一系列的管理方式和手段。近年来，职业生涯出现了一些新的发展方向：无边界职业生涯和易变性职业生涯。

2．职业生涯管理的理论主要有职业匹配理论、生涯阶段理论和职业锚理论等，具体来说主要有帕森斯的特质—因素理论、罗伊的人格发展理论、霍兰德的职业性向理论、萨帕的生涯阶段理论以及施恩的职业锚理论等。

3．员工在制定个人职业生涯发展规划的时候应该遵循这样的流程：自我评估与环境分析——职业目标设定——职业路径选择——职业规划方案设定——实施与评估。组织进行职业生涯管理的时候应该考虑职业生涯发展阶梯的建立、分阶段的职业生涯管理等。

4．员工进行职业生涯规划的过程中需要掌握自我评估的方法，如问卷法、量表法、橱窗分析法等，在环境分析过程中需要使用 PEST 分析方法和 SWOT 分析框架，结合 SMART 原则设定切实可行的职业发展目标，另外还需要对自己的职业生涯发展状况进行评估。组织进行职业生涯开发过程中应注重在职开发和离职开发方法。组织职业生涯管理要通过举办职业生涯研讨会、编制职业生涯手册、开展职业生涯咨询、员工职业生涯手册的编制、继任计划和导师制等方法实施。

案例分析

从“职业生涯管理”走向成功之路

Job88 八方人才（www.job88.com）是由市值超过 160 亿港元的香港最大的针织制造商罗氏家族旗下晶苑集团投资成立的一家大型人才招聘网站。

Job88 八方人才成立于 2000 年 6 月，是一家为企业提供专业个性化服务的网上人力资源综合解决方案供应商。Job88 八方人才通过对公司的人力资源进行科学的管理，使得员工发挥出他们各自的优势，特别是在对员工的职业生涯进行规划后，公司在短期内最大限度地发掘了公司人力资本的潜在价值，提高了公司的绩效，从而使公司获得了迅猛发展，目前已经成为华南地区最优秀的人力资本提供商。其所提供的产品包括网络招聘服务、现场招聘会、猎头、HR 管理咨询、培训、职业生涯管理等，公司计划未来将提供传统媒体招聘与跨境人才交流服务。

Job88 八方人才公司的定位是：成为全国著名的综合性求职服务商，以优质专业的服务、创新进取的精神，提供高效、高质的最优的人才配置，发挥人才与企业的最大优势与潜能。同时，公司把“把快乐自豪的感受赋予我们企业每一位努力工作的员工”作为使命。作为提供专业个性化服务的网上人力资源综合解决方案供应商，公司本身的人力资源管理必定要有一个非常高的水平。Job88八方人才在员工职业生涯管理方面取得了卓越的成效，明显提高了公司的效益，保证了公司的健康、快速发展。

一、公司员工职业生涯管理的状况

在建立之初，公司面临着市场的激烈竞争，加之公司成立不久，员工人心不稳，流动性较高，对企业没有归属感，企业的发展与个人的发展前景不是非常明朗。公司对员工的职业生涯管理并不是很重视，无论是刚刚招进来的员工还是企业的原有职员都缺少一个完整的职业生涯规划，只是按照员工的专业给员工安排职位就了事。

经过一段时期后，公司管理层发现许多员工都对自己的工作有所不满：他们认为自己的职业生涯设计过于简单，对内部发展道路不清楚，不了解自己日后在公司的发展前景。结果，公司的很多员工开始产生许多不同埋怨：“要是我们公司有谁有谁，公司就可以发展得更好……”“要是公司让我做什么经理，我就不会让某人这样工作了……”“我善于而且愿意做某某工作，要是能调我过去，我就不会跳槽了……”如此等等。

针对这种情况，公司人力资源部吴副经理看在眼里，急在心里，于是向公司高层提出了为公司员工做员工职业生涯规划的建议。

公司高层从对当前的形势和这个行业的实际出发，以高瞻远瞩的目光，看到了现代企业中核心的竞争就是人才的竞争，决定把以人为本作为宗旨，把培养员工的发展作为公司人力资源管理的重要组成部分。秉承用才、育才、留才、引才的人力资源开发准则，很快决定由吴副经理负责，结合员工实际，帮助员工做好职业生涯规划，规划好员工的职业道路（Career Path），让员工的发展目标与公司的发展目标能保持一致。

接到公司的任务后，吴副经理十分明白公司对这一方案的重视程度。一方面因为公司是有着香港财团背景的高科技服务企业，公司管理高层拥有香港超前的管理理念和管理水平；另一方面，公司作为一家从事专业的网络招聘服务的公司，在员工职业规划方面要为其他公司做一个表率。另外，职业生涯规划也是公司的一项新的服务项目。因此，做好这份工作可谓意义重大。

因此，在高层重视之下，吴副经理精心策划制定了一整套关于员工职业规划的方案，并努力实施之。但事与愿违，在实施半年之后，他发现公司整体效益并未得到明显提高，员工的工作效率和工作热情也提升不多，甚至越来越降低，在同一时期的跳槽率也无明显减少。

为什么呢？

吴副经理感到从未有过的困惑，明明是一个很有利于企业发展的计划，但实施起来却没有明显的作用，甚至是负作用。

针对这种情况，吴副经理组织了相关人员，认真地对公司管理者和基层人员进行了大量的调查分析，发现以下几个方面做得不尽如人意。

（1）无暇顾及。职业生涯规划并不能产生立竿见影的效果，也没有即时的经济效益。当企业工作节奏加快或公司发生各种不同的变化时，直线管理者就会把职工的职业生涯管理和规划丢到一边或高高挂起。

（2）武大郎式的用人思想。有一幅漫画讲的是武大郎开店，雇佣的都是比他还要矮的人。

有些管理者认为，帮助下属做好职业生涯规划，就是捉老鼠下米缸——抢自己的饭碗，所以就敷衍了事，把职业生涯规划当作是一个形式。这种现象就好像以前的师傅教徒弟都会留一手一样，造成公司的人才浪费和流失。

（3）对职业生涯规划和管理模糊。毕竟职业生涯管理这个理念进入中国还不是很久，一些管理者以前根本没有接触过职业生涯这些东西，自己都没有做过，又叫他们如何帮助员工去做和管理好呢？

经过调查发现，虽然公司每个员工都有了一份自己的职业生涯的规划，但公司没有出台相应的配套制度，所以就如一份没用的报告一样形同虚设，有些人还把它比喻为"空中楼阁计划"，就是看起来很完美、很理想的东西。刚开始时，大家都充满激情地努力去做，但慢慢地发现一切都是白费，根本就没有得到应有的回报，高温效应也慢慢冷却下来了，甚至产生一种理想与现实的不对称，减少了员工的工作满意度。

吴副经理深切地感受到问题的严重性，决定一定要改。但是如何改呢？如何改才能发挥出员工职业规划的积极作用呢？

最后，吴副经理与公司高层商量后作出决定：针对以上的问题，做出反应措施。对于第一个问题，公司必须组织一个完善的监督管理机构，对职业生涯管理者进行监督和检查，保证职业生涯规划的有效实施。对于第二和第三个问题，要求人力资源部和监督部门作出努力，人力资源部门应该组织足够多的培训教学，让直线管理人员有机会学习更多的知识和技能，得到更多的提升空间，减少他们受到下属的威胁感，同时为以后的工作做准备；监督部门把对企业的绩效监管工作做到位，让能者上、平者让、庸者下。从公司的根本体制开始进行变革，建立一套完善的人才培养机制，真真正正地做好企业职业生涯管理，针对出现的实际问题而设计出有效的可操作方案来保证规划得以实施。

二、改革措施

（一）改革需要领导重视

吴副经理深知，在一个组织中，改革需要领导的重视，只有高层全力支持，改革才能得以顺利进行。因为虽然在公司中每个层面上的职员或多或少都想着私人利益，但最高层的目标都是整个公司的长远发展。而企业的发展和人才的发展是相互依赖、共同进退的，保证企业的发展也是大部分职工心中的愿望，所以企业与员工双方的发展是缺一不可的。因此，吴在得到公司高层支持的情况下，从上而下执行公司的决定，减少了中间出现的阻力。

（二）企业与员工一起制定、实施员工职业生涯管理

在调查之中，吴副经理发现员工职业生涯的管理问题主要也是出于这个环节，即把员工职业生涯的规划仅仅作为职工个人的发展，只当作是员工自己的事，却不知员工职业生涯规划需要企业与员工一起制定、实施，这样才能既实现员工自身价值，又能完成企业目标，达到双赢的结果。

（三）成立专门负责小组——"职工职业生涯规划项目组"

2003 年年初，公司组建了由吴副经理领导的特别行动小组——"职工职业生涯规划项目组"，专门负责员工的职业生涯规划相关问题。项目组是人力资源部门内一个独立的机构，专门从事职工职业生涯管理项目。项目组成立之后，就采取了一系列的改正或辅助的措施。

首先，在职业生涯管理方面做到职权到位。“职工职业生涯规划项目组”成员的绩效将主要考查其在职业生涯管理方面的内容，对于职能部门员工在职业生涯方面的管理可以不通过职员直属上司而进行直接的处理。“职工职业生涯规划项目组”将对职能部门的管理者进行监督，对于应该由直线上司处理而其没有按照制度进行的，项目组可以在其职业生涯规划的绩效考核方面给予扣分。

其次，项目小组将负责企业长期的职工职业生涯管理方面的内容和负责解决其进行中所出现的问题。现在无论在职业生涯方面出现什么问题，大家都知道应该去找谁来负责，如果有什么不满意的地方，也可以及时进行沟通与反馈。

最后，随着公司的规模扩大，“职工职业生涯规划项目组”还可以负责培训出更多的职业生涯管理的职员到其他分公司和子公司去辅助员工职业生涯管理，同时还将负责为其他有需要的企业做员工的职业生涯管理的业务。

（四）为职业生涯规划、管理和实施做出现实的行动

1. 设计员工职业发展通道，画好蓝图

当新的员工进入企业时，“职工职业生涯规划项目组”就开始为其进行量身打造的职业生涯规划。

（1）企业与新员工一起制定职业生涯规划

① 初定岗位。Job88 八方人才新员工的初定部门和岗位是公司 HR 部门根据各部门人才需求情况以及新员工的实际情况，让新员工自主选择的。

② 入职培训。报到后进行为期一个月的入职培训，使新员工了解公司和岗位的情况，了解自己与公司、岗位的适应程度，为他们设计自己的职业生涯规划提供帮助。新员工培训包括：一是职前培训，包括公司企业文化、战略规划、组织结构、基本产品知识、相关人事制度以及职业发展教育等方面的培训；二是部门培训，包括初定岗位、相关岗位业务知识和技能培训以及经验的交流。

③ 面谈交流。在员工试用期满后，“职工职业生涯规划项目组”让新员工每人都做好了自我评估（见附录1），把个人的意愿、兴趣、生涯期望，以及达到职业生涯期望所需具备的技术、能力、经验等交给部门经理；接着部门经理们就会单独与本部门的新员工进行面谈，认真倾听他们自己选定的职业生涯发展目标，并做好记录，同时列出他们在部门试用期供职的情况与职位。根据记录下来的这些信息，公司 HR 部门为员工制订一个职业生涯计划，绘制出员工在 Job88 八方人才发展升迁的路径图，标明每一升迁前应接受的培训或应增加的经历，同时亦为员工的职业生涯拟定一个时间进度表，让员工清楚地了解到自己日后在公司的发展前景。部门经理要监测他的部下在职业发展方面的进展，作为考绩活动的一部分，并需要对他们提供尽可能的帮助与支持。

（2）企业引导新员工对自己进行职业生涯规划

① “职工职业生涯规划项目组”组织员工对其自身的优势与劣势进行认识（通过自我 SWOT 分析）。

② 引导员工自己制订职业发展计划——确定职业发展目标（远、中、近），选择职业发展的拓展工具（岗位交换和多工种训练、兼职培养、现场指导、离职学习、晋升等），制订实施

计划与措施。

③ 引导员工制定有意义、实际可行的职业和生活目标。了解自己独特的工作风格和偏好，学会如何超越自己的职位，明晰完成未来工作所需的关键技能以及公司新的发展所需的新技能，对自己未来的工作安排和职业发展作出明智的决定。“职工职业生涯规划项目组”基于对员工的了解，确定员工的职业生涯规划，并建立生涯档案，对员工的职业生涯拟订推进计划、方法，以及反馈措施。

（3）公司给员工制定一个职业生涯规划（PPDF）的具体步骤：① 员工对其自身的优势与劣势进行科学分析；② 设定自己的职业锚——自我职业规划；③ 公司对内部和外部环境分析，让员工清楚地知道公司的具体情况与社会的职业情况；④ 制订公司对员工的职业规划；⑤ 尽量使公司对员工的规划与员工自己的规划达成一致，最后与员工一起确定设定的职业规划；⑥ 公司提供一切可能的条件让员工去实现职业生涯规划，并且加以鼓励；⑦ 与员工共同确定达成职业规划的途径、方法、措施；⑧ 不断与员工沟通——职业辅导计划；⑨ 对职业规划进行阶段性评估与反馈，以采取相关调整措施；⑩ 编制职业生涯指导手册，并制定相应的生涯管理制度（详见附录1）。

2. 严格管理绩效考核

绩效考核与职工的福利、升调等各种在职活动息息相关，如果员工付出了辛苦和劳作而得不到公平的对待，那么他们将会失去对企业的信任，而做出各种消极的行动，如工作不积极、故意捣乱、离职跳槽等，无论怎样，对企业都是一个不好的影响。因此，“职工职业生涯规划项目组”把职业生涯规划的各项指标进行绩效考核，借助绩效考核指标的引导可以达到督促直线管理者将职业生涯管理工作落到实处，把绩效指标作为调职的主要参数的目的。

3. 完善培训体系

一个完善的培训体系不仅是企业自身不断成长的重要条件，也是人才储备的重要保障，还是员工个人职业生涯发展过程中提升职业能力的重要渠道。现代社会是一个学习型的社会，只有不断地学习，才可以保持自我的更新。企业在重视员工工作的同时，应给员工安排合适的培训课程，提高员工的知识和技能，为公司创造更多的效益。

三、改革的效果

近几年，通过制定和实施员工的PPDF，每个新进入公司的员工都有了自己明确的目标，也有了自己奋斗的方向。在这个充满朝气和活力的组织里，员工心中都像有一团热情的火焰，不停地燃烧，提供着无穷的动力，企业的效益也蒸蒸日上，现在分公司开到了广州、东莞、北京、上海、香港等地，成为全国第四大的网络招聘公司。

四、未来改革趋势

面对日益激烈的人才竞争与市场竞争，Job88八方人才公司将继续不断深化和推进改革，不断完善相关的科学测评系统，如基本能力、个性、动力、兴趣测验、KENNO测验、角色认知等，减少做员工职业生涯规划时，由于技术工具缺乏，只能凭借经验和交流对人才的特质和倾向作感性的判断而出现的误差，保证其科学性和可行性，并根据实际情况，不断更新自己在员工职业生涯规划方面的理论知识和方法，壮大自己的队伍，采取更适合公司发展的措施，来对员工的职业生涯进行规划，提高公司的效率，为公司发展作出更大的贡献。

附录1：PPDF法的实施细则

1. PPDF的主要目的

PPDF是对员工工作经历的一种连续性的参考。它的设计使员工和他的主管领导对该员工所取得的成就，以及员工将来想做些什么有一个系统的了解。它既指出员工现时的目标，也指出员工将来的目标及可能达到的目标。它标示出，你如果要达到这些目标，在某一阶段你应具有什么样的能力、技术及其他条件等。同时，它还帮助你在实施行动时进行认真的思考，看你是否非常明确这些目标，以及你是否具备能力和条件。

2. 怎样使用PPDF

PPDF是两本完整的手册。当你希望去达到某一个目标时，它为你提供了一个非常灵活的档案。将PPDF的所有项目都填好后，交给你的直接领导一本，员工自己留下一本。领导会找你，你要告诉他你想在什么时间内，以什么方式来达到你的目标。他会同你一起研究，分析其中的每一项，给你指出哪一个目标你设计得太远，应该再近一点儿；哪一个目标设计得太近，可以将它往远处推一推。他也可能告诉你，在什么时候应该和电大、夜大等业余培训单位联系，他也可能会亲自为你设计一个更适合于你的方案。总之，不管怎样，你将单独地和你信任的领导一同探讨你该如何发展、奋斗。

3. PPDF的主要内容

（1）个人情况：① 个人简历，包括个人的生日、出生地、部门、职务、现住址等；② 文化教育，初中以上的校名、地点、入学时间、主修专题、课题等，以及所修课程是否拿到学历，在学校负责过何种社会活动等；③ 学历情况，填入所有的学历、取得的时间、考试时间、课题以及分数等；④ 曾接受过的培训，即曾受过何种与工作有关的培训（如在校、业余还是在职培训）、课题、形式、开始时间等；⑤ 工作经历，按顺序填写你以前工作过的单位名称、工种、工作地点等；⑥ 有成果的工作经历，写上你认为以前有成绩的工作是哪些，不要写现在的；⑦ 以前的行为管理论述，写你对工作进行的评价，以及关于行为管理的事情；⑧ 评估小结，对档案里所列的情况进行自我评估。

（2）现在的行为：① 现时工作情况，应填写你现在的工作岗位、岗位职责等；② 现时行为管理文档，写上你现在的行为管理文档记录，可以在这里加一些注释；③ 现时目标行为计划，设计一个目标，同时列出和此目标有关的专业、经历等。这个目标是有时限的，要考虑到成本、时间、质量和数量的记录。如果有什么问题，可以立刻同你的上司探讨解决；④ 如果你有了现时目标，它是什么？⑤ 怎样为每一个目标设定具体的期限？此处写出你和上司谈话的主要内容。

（3）未来的发展：① 职业目标，在今后的3～5年里，你准备在单位里做到什么位置；② 所需要的能力、知识，即为了达到你的目标，你认为应该拥有哪些新的技术、技巧、能力和经验等；③ 发展行动计划，即为了获得这些能力、知识等，你准备采用哪些方法和实际行动。其中，哪一种是最好、最有效的，谁对执行这些行动负责，什么时间能完成；④ 发展行动日志，此处填写发展行动计划的具体活动安排，以及所选用的培训方法，如听课、自学、所需日期、开始的时间、取得的成果等。

资料来源：刘永安. 企业人力资源管理经典案例[M]. 北京：清华大学出版社，2007.

思考题：

1．结合本案例，谈谈职业生涯管理在人力资源管理工作中的重要性。

2．你认为 Job88 八方人才公司成功实施职业生涯管理的关键点是什么？

3．谈谈你自己的职业生涯规划。

讨论题

1．员工在职业生涯管理中扮演什么角色？管理者扮演什么角色？如何将组织的目标与员工个人职业生涯规划协调？

2．一个企业可以对员工实施哪些具体的职业开发活动？

3．举出一些组织利用职业生涯开发活动降低员工离职率的例子。

4．你对职业生涯管理的哪一种理论印象最深？为什么？该理论对你有何启示？

复习思考题

1．职业生涯、职业生涯管理和职业锚的含义是什么？

2．职业生涯发展有哪些理论？

3．职业生涯规划的流程是怎样的？

4．职业生涯规划的环境分析如何进行？

5．组织的职业生涯管理的流程和内容是什么？

6．职业发展通道有哪些？其具体内涵是什么？

7．组织进行职业生涯管理的途径是什么？

8．请运用所学知识为自己制定一份职业生涯规划书。

外延学习目录

一、书籍

1．杜映梅．职业生涯管理[M]．北京：中国发展出版社，2011．

2．姚裕群，曹大有．职业生涯管理[M]．大连：东北财经大学出版社，2012．

3．[美]罗伯特·C.里尔登，珍妮特·G.伦兹，等．职业生涯发展与规划[M]．第 3 版．侯志瑾，等，译．北京：中国人民大学出版社，2010．

二、杂志

1.《职业》，中国劳动社会保障出版社，北京

2.《中国大学生就业》，全国高等学校学生信息咨询与就业指导中心，北京

三、参考网站目录

1．中国职业规划师协会网站：http://www.ccdma.org
2．中国职业生涯网：http://www.zhiyeguihua.com
3．SDS 职业兴趣测试：http://www.apesk.com/holland2（适用于高中生或大一、大二学生）
4．霍兰德的原书版测试：http://www.apesk.com/holland/index_online.asp（适用面更广泛）
5．职业锚测试：http://www.apesk.com/careeranchor
6．生涯设计网站：http://www.16175.com
7．新职业网：http://www.ncss.org.cn
8．应届生求职网：http://www.yingjiesheng.com
9．研究生招聘网：http://www.100zp.com
10．这一步网：http://www.zheyibu.com

本章主要参考文献

1．赵曙明．人力资源管理与开发[M]．北京：高等教育出版社，2009．
2．杜映梅．职业生涯管理[M]．北京：中国发展出版社，2011．
3．姚裕群，曹大友．职业生涯管理[M]．大连：东北财经大学出版社，2012．
4．[美]罗伯特 · C.里尔登，珍妮特 · G.伦兹，等．职业生涯发展与规划[M]．第 3 版．侯志瑾，等，译．北京：中国人民大学出版社，2010．
5．董克用．人力资源管理概论[M]．第 4 版．北京：中国人民大学出版社，2015．
6．刘永安．企业人力资源管理经典案例[M]．北京：清华大学出版社，2007．

第七章 绩效管理

引导案例

NY印刷有限公司，是成立于1992年的一间民营企业。公司属下设有多个分厂，每个分厂均具备不同的职能和部门架构。公司实行印刷行业一体化经营，从事各种各样的纸品制作、设计、印刷、版面输出的服务工作。成立十多年来，公司立足本地市场，积极进行技术和产品的改革及更新换代工作，创建“在工作中相互学习，在相互学习中促进工作”“以优质服务让顾客满意，带动公司腾飞”的企业文化。

随着企业之间的竞争越来越激烈，公司如何吸引和留住人才成为摆在人力资源管理部门面前的一项重要的挑战。2002年以前，NY公司从高层到基层还未形成绩效管理理念，没有一套完善的绩效管理制度，导致公司的人力资源管理存在一些问题。因此，NY公司高层决定来一次大刀阔斧般的改革，把改革的重点放在绩效管理制度的落实上。

NY印刷公司包括彩印厂、印材分公司、胶皮纸品厂、商标表格厂、制版分公司多个分公司，而每个分公司都有其独立的业务、财务、生产管理制度。考虑到公司结构及人员关系相当复杂，要在NY推行一套完善的人员绩效管理制度具有一定的难度，公司经过讨论决定以分阶段的方式在公司里推行绩效管理制度。

阶段A：宣传

用宣传使绩效管理理念深入领导层和员工。为了让全体员工更快、更好地接受公司的绩效管理制度，公司决定在2002年6月中旬举行一次全体员工大会，会议主题是“公司薪新纪元到来”。为了让全体员工更好地接受大会的主题，在会议之前，公司出乎意料地提前发放本月的薪金。NY公司董事长刘先生在会议上对公司绩效管理进行了详细的介绍和宣传，这无疑给员工们的思想带来了震动。

阶段B：集体评议

职工代表参与民意调查工作。会议结束两天后，公司立即召开职工代表大会，并在会上宣布即将实施的绩效管理民意调查方案，积极听取代表们的意见和建议。NY公司认为，绩效管理制度的实施首先一定要得到员工的支持与理解。

阶段 C：实施公司绩效管理制度

NY 公司在实施绩效管理上有其独特的方法。第一步，公司要求各分公司、各部门完成其工作分析及职位说明书的撰写。公司认为工作分析及职位说明书是绩效管理的基础，工作说明书的具体内容要明确如制版员、印刷员的岗位工作要点以及相关任职资格要求。工作说明书为绩效管理中绩效计划和绩效标准的制定提供了有效的依据，也为公司绩效评价表中的工作态度、工作业绩、工作能力等的评估打下坚实的基础，更为重要的是对公司内部所有员工来说，通过撰写这些文件使他们进一步认识到岗位工作标准和职业道德。

第二步是进一步设计绩效评估指标体系，根据一系列的职位说明书的内容，公司对其内部人员的绩效评估进行分层、分类设计，从各分公司经理到业务主管，到一系列的职能管理人员，再到设计员、印刷员、运输人员等，列出各类员工的绩效指标和绩效标准。例如，设计员的评价指标就是：努力完成任务、做到和顾客的预期效果相一致、工作热情饱满、富有创新精神、敬业爱岗等。公司给指标体系中的每一个指标都赋予一定的权重，通过反复测评求平均值，这样就能比较客观地反映员工的绩效情况。通过绩效指标体系的设计，公司进一步明确了绩效评估的方向。

第三步就是出台多层绩效评价制度。绩效管理制度以书面材料、表格等形式出台后，接下来的工作就是实施。进行具体评估工作，首先要选择好评价者。NY 印刷公司在绩效管理中采用个人、部门、公司、社会四位一体的评价模式，所以评价涉及了下级评价、同级评价、上级评价、自我评价等，以及顾客对公司、部门及员工的评价。这样 NY 就能避免主观、人际关系等方面的影响，全方位地对员工进行绩效评估。

可以说，公司绩效管理制度的实施不但弥补了公司管理制度上的空缺，更重要的是让员工更加明确了作为公司一分子的职责和提升与发展自身的方向，从而提高了员工工作积极性、敬业精神和创新的动力。

资料来源：刘永安. 企业人力资源管理经典案例[M]. 北京：清华大学出版社，2007.

【本章学习目标】

1. 理解绩效与绩效管理的概念，了解影响员工绩效的因素；
2. 明白绩效管理与其他人力资源管理环节的关系；
3. 了解并掌握绩效管理流程；
4. 了解并掌握绩效管理总流程设计的五个阶段；
5. 了解并掌握绩效管理制度的基本结构；
6. 了解并掌握绩效管理系统设计的方法；
7. 了解并掌握绩效目标的制定方法；
8. 了解并熟悉行为导向性的评估方法和结果导向性的评估方法。

【本章导学图】

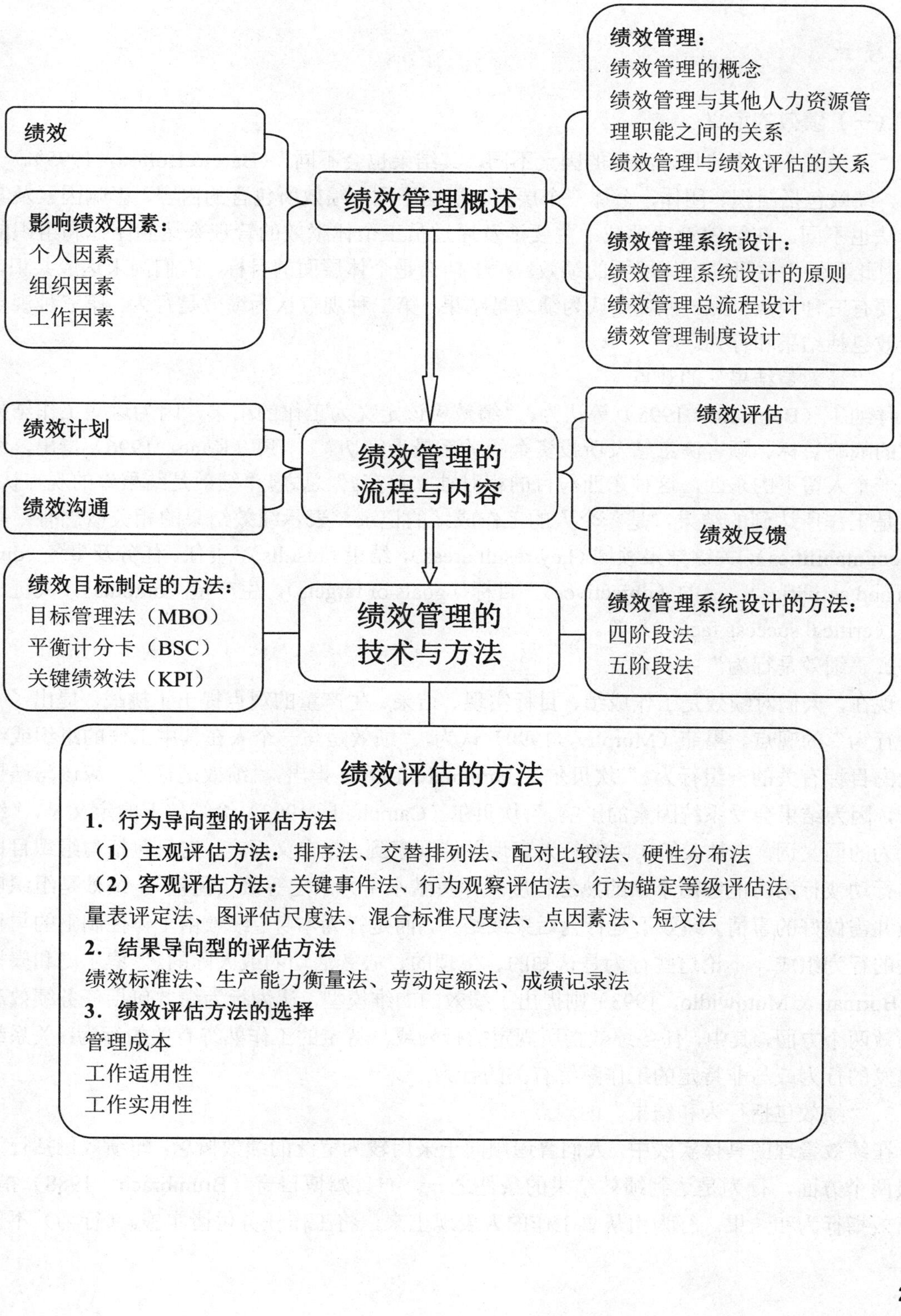
绩效
影响绩效因素：
个人因素
组织因素
工作因素
绩效管理概述
绩效管理：
绩效管理的概念
绩效管理与其他人力资源管理职能之间的关系
绩效管理与绩效评估的关系
绩效管理系统设计：
绩效管理系统设计的原则
绩效管理总流程设计
绩效管理制度设计
绩效计划
绩效沟通
绩效管理的流程与内容
绩效评估
绩效反馈
绩效目标制定的方法：
目标管理法（MBO）
平衡计分卡（BSC）
关键绩效法（KPI）
绩效管理的技术与方法
绩效管理系统设计的方法：
四阶段法
五阶段法
绩效评估的方法
1．行为导向型的评估方法
（1）主观评估方法：排序法、交替排列法、配对比较法、硬性分布法
（2）客观评估方法：关键事件法、行为观察评估法、行为锚定等级评估法、量表评定法、图评估尺度法、混合标准尺度法、点因素法、短文法
2．结果导向型的评估方法
绩效标准法、生产能力衡量法、劳动定额法、成绩记录法
3．绩效评估方法的选择
管理成本
工作适用性
工作实用性

第一节　绩效管理概述

一、绩效

（一）绩效的定义

“绩效是一多维建构，测量的因素不同，其结果也会不同”（Bates&Holton，1995）。一般而言，绩效包括组织、团体、个体三个层面，层面不同，绩效所包含的内容、影响因素及其测量方法也不同。在绩效管理领域中主要涉及通过员工个体绩效的管理来达到团体和组织的目标，因此我们主要研究个体层面的绩效。对于什么是个体层面的目标，人们尚未达成共识。目前主要有三种观点：第一种观点认为绩效是结果；第二种观点认为绩效是行为；第三种观点认为绩效包括结果和行为。

1.“绩效是结果”的观点

拜纳丁（Bernadin，1995）等认为，“绩效应该定义为工作的结果，因为这些工作结果与组织的战略目标、顾客满意感及所投资金的关系最为密切。”卡恩（Kane，1996）指出，绩效是“一个人留下的东西，这种东西与目的相对独立存在。”总之，“绩效是结果”的观点认为，绩效是工作所达到的结果，是一个人的工作成绩的记录。表示绩效结果的相关概念有：职责（accountabilities），关键结果领域（key result areas），结果（results），责任、任务及事务（duties, tasks and activities），目的（objectives），目标（goals or targets），生产量（outputs），关键成功因素（critical success factors）等。

2.“绩效是行为”的观点

现在，人们对绩效是工作成绩、目标实现、结果、生产量的观点提出了挑战，提出了“绩效是行为”的观点。墨菲（Murphy，1990）认为，“绩效是与一个人在其中工作的组织或组织单元的目标有关的一组行为。”坎贝尔（Campbell，1990）指出，“绩效是行为，应该与结果区分开，因为结果会受系统因素的影响。”坎贝尔（Campbell，1993）给绩效下的定义是，“绩效是行为的同义词。它是人们实际的行为表现并能观察到。就定义而言，它只包括与组织目标有关的行动或行为，能够用个人的熟练程度（即贡献水平）来定等级（测量）。绩效是组织雇人来做并需做好的事情。绩效不是行为后果或结果，而是行为本身。绩效由个体控制下的与目标相关的行为组成，不论这些行为是认知的、生理的、心智活动的或人际的。”博尔门和墨托外多（Borman & Motowidlo，1993）则提出了绩效的二维模型，认为行为绩效包括任务绩效和关系绩效两个方面，其中，任务绩效指所规定的行为或与特定的工作熟练有关的行为；关系绩效指自发的行为或与非特定的工作熟练有关的行为。

3.“绩效包括行为和结果”的观点

在绩效管理的具体实践中，人们普遍倾向于采用较为宽泛的绩效概念，即绩效包括行为和结果两个方面，行为是达到绩效结果的条件之一。布鲁姆博日奇（Brumbrach，1988）指出，“绩效指行为和结果。行为由从事工作的人表现出来，将工作任务付诸实施。（行为）不仅仅是结果的工具，行为本身也是结果，是为完成工作任务所付出的脑力和体力的结果，并且能与结果分开进行判断。”也就是说，当对个体的绩效进行管理时，既要考虑投入（行为），也要考虑产出（结果）。绩效包括应该做什么和如何做两个方面。

综合上述观点，我们认为在实际的绩效管理过程中，绩效应该包括行为和结果两个方面，绩效是组织中的个体在一定时间与条件下的可描述的工作行为和可测量的工作结果，结果是通过行为取得的。绩效包括绩效指标和绩效标准。所谓绩效指标是指对员工绩效产出进行衡量或评估的方面，可以分为量化指标和非量化指标，是绩效计划的重要组成部分。而绩效标准则是指按照各个岗位的工作性质和工作内容制定的衡量绩效指标的水平基准，可以分为绝对标准和相对标准。

（二）绩效的性质

（1）绩效的多因性。指决定个体绩效优劣的并非是单一因素，而是受主客观多种因素的影响。具体包括员工的激励、技能、环境与机会，其中前两项是员工自身的主观因素，后两者是客观因素。

（2）绩效的多维性。指绩效需要沿多个维度或方面去分析和考评。其既包括员工的工作行为，也包括工作结果。例如，考评一名员工的绩效除了考虑产量指标完成情况外，质量、原材料消耗率、能耗、出勤、团队精神、组织纪律等各方面的表现都需要综合考虑、逐一评估，只是考核权重和考核重点会不同。

（3）绩效的动态性。员工的绩效会随着内、外部环境及自身情况的变化而发生变化。因此，有效的绩效管理可把差绩效的员工转化为好绩效的员工，而无效的绩效管理会把员工的高绩效转变成低绩效。

二、影响绩效的因素

员工绩效受很多因素的影响。最早对绩效影响因素进行研究的是弗鲁姆（Vroom，1964），他认为绩效是由能力和激励这两个因素决定的，即绩效=*f*(能力,激励)。其中，能力=技能×知识；激励=需求×激励。布鲁姆博格和普林格尔（Blumberg&Pringle，1982）在弗鲁姆绩效公式的基础上增加了“机会”这个变量。“机会”变量包含的范围很广，主要包括获得工具和信息等资源、工作条件、领导者行为、工作规则和工作流程。美国管理学家戴维·麦克利兰（1973）论证了行为品质和特征比潜能更能有效地决定人们工作绩效的高低，其研究表明绩效出众者具有较强的判断能力，能够更有效地发现问题，并采取适当的行动加以解决，而且会设定富有挑战性的目标，而这样一些行为相对独立于知识、个人技能水平和工作经验等。因豪伦和豪佳斯（Einhorn&Hogarth，1983）提出了绩效公式 $p=f(s,m,o,e)$，即绩效（performance）是技能（skill）、激励（motivation）、机会（occasion）、环境（environment）等因素变量的函数。也就是说，影响员工工作绩效的因素主要有四种：技能、激励、机会与环境，其中前两项属于员工自身的、主观性影响因素，后两项则是客观性的影响因素。还有学者指出，工作绩效取决于目标、标准、反馈、机会、条件、能力和动机等七个因素。

现代管理学和心理学的研究表明，影响员工工作绩效的因素主要有三个方面：个人（individual）、组织（organization）和工作（task），如图 7-1 所示。

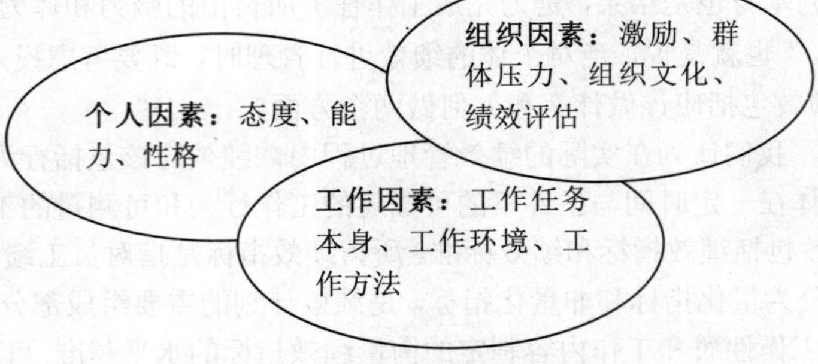

图 7-1　影响员工绩效的因素

(一) 个人因素

员工个人方面的因素主要包括员工的工作态度、能力及性格。

1．态度因素

工作态度是指员工对工作所持有的评价与行为倾向，包括工作的认真度、责任度、努力程度等。态度决定一切，员工的工作态度直接关系到工作绩效的大小。一般而言，积极的工作态度对工作的知觉、判断、学习、忍耐等都能发挥积极的影响，因而能提高工作效率，取得良好的工作绩效。学者们认为与出色的工作绩效有关的三种态度分别是工作满意度、组织承诺和工作参与。

（1）工作满意度与工作绩效的关系。很多研究者认为，职工的工作态度积极必然会表现出较高的工作效率，反之亦然。对于工作满意度与工作绩效的关系也有两种观点，即因果关系论和非因果关系论。因果关系论认为工作满意度与工作绩效间存在着因果关系：一是认为工作满意度导致绩效；二是认为工作绩效导致工作满意度；三是认为工作满意度与工作绩效交互作用。非因果关系论分为两类：一是无关系论，即直接否定了工作态度与工作绩效之间的关系；二是影响变量论，即认为工作态度与工作绩效之间没有直接的关系。

（2）工作投入与工作绩效的关系。普遍观点认为工作投入与工作绩效是密切联系的。研究发现，高工作投入的员工较易获得高的工作绩效。

（3）组织承诺与工作绩效的关系。国内外学者对组织承诺与绩效关系的研究目前还没有一致的定论，主要有两种代表性的观点，即因果关系论和非因果关系论。

2．能力因素

能力是指人们顺利完成某一活动所必需的个性心理特征。能力通常可分为一般能力和特殊能力。一般能力又称智力，是在很多基本活动中表现出来的能力，它适用于广泛的活动范围，如观察力、记忆力、注意力、语言能力、操作能力、想象力、抽象思维能力等。特殊能力是指表现在某些专业活动中的能力，它只适用于某种狭窄的活动范围，如管理能力、社交能力、色彩鉴别能力、表演能力、飞行能力等。员工的能力与工作业绩呈密切的正相关关系。一般而言，能力较强的员工也具有较高的工作业绩。

3．性格因素

《辞海》对性格的解释是人对现实的态度和行为方式中较稳定的个性心理特征。性格是个性的核心部分，最能表现个别差异。性格具有以下特征：① 态度特征，即表现个人对现实的态度的倾向性特点，如对社会、集体、他人的态度，对劳动、工作、学习的态度以及对自己的态度等；② 意志特征，即表现个人自觉控制自己的行为及行为努力程度方面的特征，如勇敢或怯懦、果断或优柔寡断等；③ 情绪特征，即表现个人受情绪影响或控制情绪程度状态的特点，如热情或冷漠、开朗或抑郁等；④ 理智特征，即表现心理活动过程方面的个体差异的特点，如思维敏捷、深刻、逻辑性强或思维迟缓、浅薄、没有逻辑性等。

心理学认为性格是一个人在对现实的稳定的态度和习惯了的行为方式中表现出来的人格特征，它表现一个人的品德，受人的价值观、人生观、世界观的影响。性格是后天所形成的。心理学家以个人对社会的适应性为主要参考系把人的性格分为五类：① 摩擦型，个体表现为性格外露，人际关系紧张，处理问题欠妥，容易造成摩擦；② 平常型，个体的态度、情感、意志、理智等表现一般，平平常常，没有特殊的表现；③ 平稳型，个体对环境有较好的适应性，但往往是被动地适应，善结人缘，人际关系好；④ 领导型，个体对社会的适应性好，而且能主动适应社会环境；⑤ 逃避型，个体表现为性格内向，不善交际，与世无争。

性格决定着职业的长远发展，员工事业的成功与否，与性格与职业的匹配程度密切相关。如果一个人从事的职业与他的性格相适应并有能力相支撑，工作起来就会得心应手，容易取得较高工作绩效；如果性格与职业不适应，性格就会阻碍工作的顺利进行，从而影响到工作绩效。个人的性格与职业之间的适配和对应是职业满意度、职业稳定性与职业成就的基础。

（二）组织因素

1．激励因素

激励是指激发人的行为的心理过程。管理中的激励是指激发员工的工作动机，即运用各种有效的方法去调动员工的积极性和创造性，使员工努力去完成组织的任务，实现组织的目标的过程。激励是“需要→行为→满意”的一个连续过程。激励可分为物质激励与精神激励，正激励与负激励，内在激励与外在激励等类型。美国哈佛大学的威廉·詹姆斯（W.James）教授在对员工激励的研究中发现，按时计酬的分配制度仅能让员工发挥 20%～30%的能力，如果受到充分激励的话，员工的能力可以发挥出 80%～90%，两种情况之间 60%的差距就是有效激励的结果。

2．群体压力

群体压力是指群体对其成员的一种影响力。当群体成员的思想或行为与群体意见或规范发生冲突时，成员为了保持与群体的关系而需要遵守群体意见或规范时所感受到的一种无形的心理压力，它使成员倾向于作出为群体所接受的或认可的反应。从众行为就是群体压力的一种表现。所谓从众行为是指个人在群体中，因受到群体的影响和压力，而在知觉、判断及行为上倾向于与群体中多数人一致的现象。

群体压力对员工的工作绩效会产生正、负两方面的影响。关于工作群体压力对企业员工绩效的影响，梅奥的霍桑实验就是一个很好的例证。个体由于对人际关系的需要，会屈从于群体的压力，遵从工作小群体的约定，在工作表现上与其他成员保持一致。当一个员工的工作绩效远远高于或低于群体中大多数员工的绩效时，他就会感到群体的压力，其会通过降低工作绩效或提高工作绩效来消除群体压力。

3．组织文化

组织文化是组织在长期的生存和发展中所形成的为组织所特有的且为组织多数成员共同遵循的最高目标价值标准、基本信念和行为规范等的总和及其在组织中的反映。其主要包括组织的价值观、行为、习惯、团队意识、群体意识、思维方式、工作作风、心理预期、组织归属感等。组织文化可划分为物质层、行为层、制度层和精神层等四个层次。对组织而言组织文化具有正、负两方面的功能。正功能主要表现在以下几个方面。

（1）导向功能。组织文化能对组织整体和组织每个成员的价值取向及行为取向起引导作用，使之符合组织所确定的目标。

（2）约束功能。组织文化对每个组织员工的思想、心理和行为具有约束和规范的作用。组织文化是一种软约束。

（3）凝聚功能。当一种价值观被该组织员工共同认可之后，它就会成为一种黏合剂，从各个方面把其成员团结起来，从而产生一种巨大的向心力和凝聚力。

（4）激励功能。组织文化具有使组织成员从内心产生一种高昂情绪和发奋进取精神的效应，它能够最大限度地激发员工的积极性和首创精神，提升组织成员的工作绩效。

（5）辐射功能。组织文化一旦形成较为固定的模式，它不仅会在组织内发挥作用，对本组织员工产生影响，而且也会通过各种渠道对社会产生影响。

（6）调适功能。组织文化可以帮助新进成员尽快适应组织，使自己的价值观和组织相匹配。

负功能主要表现在以下三个方面。

（1）变革的障碍。如果组织的共同价值观与进一步提高组织效率的要求不相符合，它就成了组织的束缚。如果组织想改变这种状况，组织文化可能成为组织变革的巨大阻力。

（2）多样化的障碍。现在的组织由于种族、性别、道德观等方面的差异，可能会导致员工价值观的多样性。当组织要求成员和组织的价值观一致时，组织文化就会成为组织多样化的障碍。

（3）兼并和收购的障碍。当组织在考虑兼并或收购时，要考虑兼并或收购各方文化的兼容性。如果各方组织文化无法成功地融合，那么组织兼并或收购的风险就很大，可能会导致失败。

4．绩效评估

绩效评估是组织根据自身的战略目标，制定一定的指标和标准，对组织成员的个性、能力、态度、工作行为及工作业绩进行考评的过程。美国著名组织行为专家约翰·伊凡斯维奇认为，绩效考评可达到以下八个目的：① 晋升、离职及调职的决定；② 组织对员工的绩效评估的反馈；③ 个人以及整个组织在达到较高层组织目标方面相对贡献的评估；④ 报酬的决定，包括绩效加薪以及其他报酬；⑤ 评估甄选以及工作分配，决定效能的标准，包括在其决定上所用信息的关联性在内；⑥ 了解并判断组织中个别成员以及整个组织的培训与发展的需要；⑦ 评估培训与发展决定成效的标准；⑧ 工作计划、预算编制以及人力资源规划可依据的信息。

（三）工作因素

1．任务本身因素

任务是指完成某一工作所从事的活动。任务对员工绩效具有一定的影响。任务的目标明确性、任务的艰巨性、任务的时效性、任务的生熟性等因素都会影响员工的工作绩效。

2．工作环境因素

工作环境是指能够影响组织成员心理、行为、态度及工作效率的各种因素的总称。其包括工作的硬环境和软环境。硬环境通常包括工作场所的物质条件、设施、室内空气、阳光、噪声、办公室布置等外在物质条件。软环境包括工作气氛、人际关系、工作人员的个人素养、团队凝聚力、领导风格等社会环境。这里主要指工作硬环境。组织能够为成员提供较好的工作硬环境，员工在较舒适的环境条件下工作就能提高工作积极性，减轻工作疲劳，减少工作事故，提高劳动生产率。工作硬环境是员工高绩效实现的物质前提条件。

3．工作方法因素

工作方法是指员工在工作过程中为达到工作目的和效果所采取的办法与手段。其主要包括设计工作流程、使用工作工具、工作协调等内容。工作方法对员工的工作绩效具有直接和广泛的影响。员工在工作过程中使用正确的方法会取得事半功倍的效果。

三、绩效管理

（一）绩效管理的概念

绩效管理是组织赢得竞争优势的中心环节。学术界对绩效管理的概念还未能达成一致的意见。安德烈・A.德瓦尔认为，绩效管理是一套为公司能够持续创造价值作出可见的贡献的程序。绩效管理程序包括战略开发、研制预算、确定目标、绩效计测、绩效评价和绩效性报酬等子程序。英国特许公认会计师公会（ACCA）认为，绩效管理涉及利用绩效评估信息确定新的计划或采取控制措施来改进企业未来业绩等内容。蕾蒙德・A.诺伊等人认为，绩效管理是管理者确保雇员的工作活动以及工作产出能够与组织的目标保持一致的过程。赵曙明认为，绩效管理就是为了更有效地实现组织目标，由专门的绩效管理人员运用人力资源管理知识、技术和方法与员工一道进行绩效计划制订、绩效沟通、绩效评价、绩效诊断与提高的持续改进组织绩效的过程。

我们认为，所谓绩效管理就是指组织为了有效地达到组织目标，由专门的绩效管理人员运用人力资源管理的理论、技术和方法与员工共同制订绩效计划，通过绩效辅导沟通实施绩效计划，依据绩效评估来检测绩效计划实施的效果，根据绩效评估结果提出绩效改进计划，以使个人、部门和组织的绩效不断提升和改善的持续循环过程。

一般而言，绩效管理可划分为个人绩效管理、部门绩效管理和组织绩效管理，但是由于部门绩效、组织绩效都与组织成员个人绩效密切关系，所以绩效管理的直接目的是提升个人绩效水平，间接目的和最终目的是提高组织绩效。因此，通常情况下，绩效管理主要是指个人绩效管理，即员工绩效管理。

（二）绩效管理与其他人力资源管理职能之间的关系

绩效管理是人力资源管理的核心职能，其重要性已越来越突出。各组织都想方设法提高员工绩效进而提高组织绩效。绩效管理与其他人力资源管理职能之间的关系如何？

1．绩效管理与岗位分析

岗位分析是绩效管理的基本依据和重要基础。通过岗位分析，组织确定了每一个岗位的工作任务、内容、职责、任职资格及工作业绩标准，组织可以此为依据制定每个岗位的关键绩效指标和标准，并以此评估该岗位任职者的绩效。

2．绩效管理与员工招聘

绩效管理可不断提升组织员工招聘水平。组织可根据绩效管理的目标制定人员甄选的标准，以招到符合组织绩效管理要求的员工。另外，通过绩效管理，组织可全面了解新聘人员在岗位工作的情况。通过分析新聘人员的人岗匹配情况，可以重新评估新聘人员的任职资格，为未来制定招聘标准，招聘更合适的人员提供参考。

3．绩效管理与培训开发

绩效管理的目的就是要提高员工的绩效水平，而对员工进行培训与开发则是提高员工绩效水平的重要途径。绩效管理是组织进行员工培训开发需求分析的重要途径。通过绩效管理，可以了解每个岗位任职人员绩效中的优势和不足，从而分析和归纳出任职者需要改进和提高的方面，这为组织制订员工培训与开发计划提供了依据。

4．绩效管理与薪酬管理

制定薪酬体系 3P 模型认为，员工的薪酬是以职位价值决定薪酬（Pay for Position）、以绩效决定薪酬（Pay for Performance）和以任职者的胜任力决定薪酬（Pay for Person）的有机结合。员工绩效是决定员工薪酬的一个重要因素。职位价值决定了薪酬中比较稳定的部分如基本工资，绩效则决定了薪酬中变化的部分，如绩效工资、奖金等。

5．绩效管理与员工关系管理

员工关系管理就是组织采用柔性的、激励性的、非强制的手段与员工进行沟通，从而提高员工满意度，支持组织其他管理目标的实现。其主要职责是：协调员工与组织、员工与员工之间的关系，引导建立积极向上的工作环境。有效的绩效管理可以为员工关系管理打下良好的基础。组织中的很多冲突都与工作有关。绩效管理中的绩效沟通有助于冲突的化解。

（三）绩效管理与绩效评估的关系

绩效管理与绩效评估是相互联系又相互区别的，它们之间的关系如表 7-1 所示。

表 7-1　绩效管理与绩效评估的关系

绩 效 管 理	绩 效 评 估
一个完整的绩效管理过程	管理过程中的局部环节和手段
具有前瞻性，能有效规划组织和员工的未来发展	回顾和评估过去的一个阶段的成果
贯穿于日常工作之中，循环往复进行	只出现在特定时期
注重双向的交流、沟通、监督和评估，全程控制	注重事后的评估和控制
侧重日常绩效的提高和改善	专注对绩效结果的评估
注重个人素质能力的全面提升及绩效提高	注重员工的评估成绩及绩效结果的应用
绩效管理人员与员工之间的合作伙伴关系	绩效管理人员与员工站到了对立的两面

四、绩效管理系统设计

绩效管理是人力资源这个大系统中的一个子系统。绩效管理系统的设计，由于涉及的工作对象和内容不同，可分为总流程设计和具体程序设计两种。总流程设计是从组织宏观的角度对绩效管理程序进行的设计。具体程序设计是从微观的角度对部门或科室员工绩效评估活动过程所作的设计。在设计绩效管理系统时，设计者必须认真考虑和回答如下问题：① 为什么要对员工或组织进行绩效管理？它与组织发展战略规划及组织经营目标是什么关系？② 在绩效管理的过程中，评估员工和组织绩效的指标和标准是什么？③ 绩效管理的全过程应当如何组织实施？绩效管理各阶段是何种关系？每个阶段的具体程序、步骤和实施方法是什么？④ 在绩效管理的活动中，谁是评估者和被评估者？谁是决策者和管理者？由哪一个具体部门全权负责？其具体责任、权限和职责范围是什么？⑤ 在绩效管理的过程中，绩效评估应当在何时何地进行？评估的间隔期有多长？⑥ 绩效管理的信息、绩效评估的结果在何时何地通过何种方式及时反馈给评估者和被评估者？具体反馈时应当按照何种程序，采用何种具体方法，保证信息沟通渠道畅通？⑦ 绩效管理中发现的问题，由谁具体负责作出分析研究报告？如何加以解决？如何改进绩效？怎样落到实处？⑧ 本次绩效管理的循环期结束之后，如何总结经验与教训？如何更有效地组织下一个新的绩效管理循环期？

（一）绩效管理系统设计的原则

组织在绩效管理系统设计以及实施过程中，必须遵循以下基本原则。

1．开放与公开的原则

绩效管理系统必须是个开放的系统。开放的绩效管理系统主要表现为绩效计划的制订、绩效考核指标和标准的选择、绩效反馈等方面都应公开、公正、公平，管理者和员工进行充分的沟通，达到认同。

2．制度化与定期化的原则

绩效管理既是对员工能力、工作绩效、工作态度的评价，也是对未来行为表现的一种预测，是一种连续性的管理过程，因而必须制度化、定期化。只有制度化、程序化地进行绩效管理，才能真正了解员工的潜能，才能发现组织的问题，从而有助于组织进行有效的绩效管理。

3．有效性与可靠性的原则

有效性与可靠性是绩效管理的保证，一个绩效管理系统要想获得成功，就必须具备良好的信度和效度。信度主要是指测量结果的可靠性、一致性和稳定性，即测验结果是否反映了被测者的稳定的、一贯性的真实特征。绩效管理的信度是指在绩效管理过程中，管理者收集到的有关员工能力、工作态度、工作行为、工作业绩等信息的稳定性和一致性，不同评价者之间对同一个人或同一组人评价的结果的一致性。如果绩效管理因素和绩效管理尺度是明确的，那么考评者就能够在同样的基础上评价员工，从而有助于改善绩效管理的可靠性。效度是指测量工具确能测出其所要测量特质的程度，也就是指一个测验的准确性、有用性。绩效管理的效度是指评估员工的工作能力、态度、行为与成果的准确性程度。对员工进行的评估越准确，越能调动员工的积极性。

4．可行性与实用性的原则

可行性是指绩效管理系统方案的制定与实施必须建立在充分分析组织内外部环境条件的基础上，在组织人力、物力、财力、技术、时间等资源及外部条件许可的情况下。在制定绩效管理方案时，必须对方案的限制因素、潜在问题、目标效益进行分析。

实用性是指绩效管理系统必须适应组织的特点，在组织内能够有效运行，为提升员工和组织的绩效服务。绩效管理系统的实用性主要包括：根据不同绩效管理的目的和要求，采用简便可行的绩效评估方式、方法；绩效管理考评方案应适合组织内不同部门和岗位的人员的素质、特点和要求。

5．反馈与修改的原则

绩效管理系统必须具有反馈与修改的功能，通过这一功能使自身不断完善与优化。组织提供反馈，保留绩效管理过程中好的东西，修正错误、改进缺点、弥补漏洞，使绩效管理系统不断完善和提高。

（二）绩效管理总流程设计

绩效管理总流程的设计可包括五个阶段，即准备阶段、实施阶段、评估阶段、总结阶段和应用开发阶段。

1．准备阶段

本阶段是绩效管理活动的前提和基础，主要解决以下问题。

（1）为什么要进行绩效管理？即绩效管理的目的、目标和意义。

（2）绩效管理管什么？即绩效管理的内容，也就是绩效计划、绩效沟通、绩效评估、绩效反馈包括哪些工作。

（3）谁来进行绩效管理？管理谁？即绩效管理的主体和客体。绩效管理的主体一般认为是管理者、是上级，实际上是管理者和员工，员工既是绩效管理的主体，也是绩效管理的客体。

（4）怎样进行绩效管理？即绩效管理的方法、途径、技术、所需资源等。

（5）何时进行绩效管理？即绩效管理的时效性，也就是组织在什么时间内实行绩效管理。

2．实施阶段

组织在完成绩效管理系统设计后，需要全体员工贯彻执行绩效管理制度。在绩效管理实施过程中，无论是管理者还是员工、上级还是下级都必须严格地执行绩效管理制度，遵守相关规定，按照要求认真地完成各项工作任务。

在组织实施绩效管理的过程中，管理者应该通过提升员工的工作绩效来增强组织的核心竞争力。一个有效的绩效管理系统可以通过以下几个环节提高员工工作绩效，从而保持和增强企业的竞争优势。

（1）明确目标。在绩效管理过程的初期，上级主管必须和下级员工进行必要的沟通，明确工作绩效的目标和要求，并得到员工的理解与支持，全心投入工作。

（2）科学规划。上级主管应根据组织现有的资源和条件，广泛听取员工的意见和建议，根据轻重缓急，选择实现绩效目标的具体步骤、措施和方法。

（3）加强监督。有效的绩效管理系统为各级主管提供了一个系统、全面地监督下级员工的程序和方法，主管可以知道员工应当在何时、何地、如何完成工作任务。各级主管通过监控可以了解和掌握下属的行为、工作态度、工作进度和工作质量，激励下属达到或超越绩效评估标准。对未达到要求和标准的员工，帮助员工分析原因，共同制订工作改善计划。

（4）悉心指导。在绩效管理的过程中，员工可能会对上级的命令和工作安排不理解，也可能在实际工作中遇到各种各样的困难等情况。当上述情况出现的时候，上级主管一定要与员工充分交换意见，给予适当的解释，加以悉心的指导，给予必要的支援和帮助，主动为下属排忧解难；也可根据实际情况对员工的绩效计划进行必要的调整，帮助员工完成工作绩效；还可集思广益，合作攻关，共同克服工作中的障碍与困难。

（5）有效评估。上级主管应定期对员工的实际工作绩效进行检查，根据绩效目标对员工的实际工作绩效作出评估，找出存在的问题与差距，分析原因，及时、准确地将评估信息反馈给员工，提升员工的绩效水平。组织在实施绩效管理过程中还应注意收集和保存真实、及时、全面的信息。这是有效绩效管理的基础工作。

3．评估阶段

绩效评估阶段是绩效管理的重点也是难点，绩效评估不仅关系到整个绩效管理系统运行的质量和效果，也涉及员工的当前和长远的利益。如何科学地对员工绩效进行评估，通过评估调动员工的工作积极性，提升员工的绩效水平，这是摆在所有组织面前的难题。科学的绩效评估需要注意如下问题。

（1）评估的准确性。绩效评估的结果能否准确反映员工的工作绩效实际水平，这是绩效管理过程中的一个关键的问题。正确的绩效评估结果有利于人事决策的科学性，能有效地激励员工、鼓舞士气；否则会造成决策失误，严重挫伤员工的积极性。一般情况下，绩效评估失误的主要原因有：评估标准缺乏客观性和准确性；评估者主观臆断；评估程序不合理、不完善；信息不对称，观察不全面，绩效资料数据记录不准确等。

（2）评估的公正性。在绩效评估过程中，组织应该保证公正公平，防止主观臆断、带有个人偏见的现象发生。组织可采用以下方式来保障绩效评估的公正性：① 建立以监督、评审绩效评估结果为目的的组织员工绩效评审系统。组织可由人力资源部门牵头，建立一个由高层领导和专家、专业人员组成的非常任的工作小组，定期开展活动。通过该系统完成以下工作：监督各个部门的领导者有效地实施员工绩效评估工作；对员工评估结果进行必要的复审复查，对存在严重争议的考评结果进行调查甄别，确保评估结果的公平和公正性；针对绩效评估中存在的主要问题，进行专题研究，提出解决问题的有针对性的对策。② 建立以沟通、调解为目的的员工申诉系统。组织应该在人力资源部建立一个工作小组，全面负责员工的申诉接待和调解，以尽可能达成共识。通过该系统完成以下工作：让员工对绩效评估结果提出异议，并对自己关心的事件发表意见和看法；使评估者以事实为依据，重视绩效信息和证据的获取，给评估者一定的约束和压力；防患于未然，减少绩效管理过程中的矛盾与冲突。

（3）评估结果的反馈方式。绩效反馈的主要目的是使员工了解组织对自己的评价，主要包括自己工作取得的成绩、进步，存在的不足及需要改进与提高的地方等。绩效反馈可为员工提升绩效水平打下基础。选择有理、有利、有节的绩效反馈策略，采用灵活多变的因人而异的绩效反馈方式，对每个评估者来说都是一门学问和艺术。一个成功的主管应当学会并掌握绩效反馈的技术和技巧。

（4）评估使用表格的再检验。在绩效评估的过程中，应当注意对考评使用的各种表格进行必要的检验。一个良好的评估表格的设计，有利于提高考评者的评分速度和评估质量。一般来说，要进行考评指标相关性检验、考评标准准确性检验、考评表格的复杂简易程度检验。

（5）评估方法的再审核。组织应该根据成本、适用性和实用性等三个方面来选择符合组织实际与要求的评估方法，以保障绩效评估的有效性和可靠性。

4. 总结阶段

总结阶段是绩效管理的一个重要阶段。绩效管理的最终目标是促进组织与员工的绩效共同提高，因此，在每一轮绩效管理活动结束之前，各级主管都要将绩效评估的结果反馈给每个被评估者，上下级之间也应该根据绩效计划的要求对本期绩效管理各项活动进行全面的回顾，总结经验，发扬成绩，纠正错误，做好下一个循环期绩效管理的准备工作。

在总结阶段，从组织层面来看，负责绩效管理的领导或部门应当将各个部门的评估结果回馈给各个业务和职能部门的负责人，使他们对本次评估的结果有更加全面、深入的了解和认识。从个体层面来看，评估者和被评估者在每个绩效管理的单元都必须进行一次绩效评估的面谈，通过面谈回顾和总结过去的绩效活动，肯定成绩与优点，分析和找出工作中的薄弱环节和存在的主要问题，提出今后的绩效改进计划。

绩效管理的总结阶段，不仅要在各个层面上下级之间进行绩效面谈，也要对组织整体绩效管理体系乃至组织总体绩效管理状况和水平进行必要的检测、评估和诊断。

（1）对组织绩效管理系统的全面诊断。绩效管理系统的诊断既是对组织绩效管理中各个环节和工作要素进行全面检测与分析的过程，也是对组织整体管理现状和管理水平进行深入检测与分析的过程。绩效管理系统诊断主要包括组织绩效管理制度的诊断，组织绩效管理体系的诊断，绩效考评指标和标准体系的诊断，评估者全面、全过程诊断，被考评者全面、全过程诊断，以及组织的诊断等内容。

（2）各单位主管应承担的责任。在绩效管理的总结阶段，各单位主管应当负责以下两项重要工作：第一，召开月度或季度绩效管理总结会。各单位主管应当定期召开有全体员工参加的绩效管理总结会议，与下属一起讨论和回顾他们在本期内所取得的绩效。第二，召开年度绩效管理总结会。召开年度绩效总结会的目的是把年度绩效评估的结果以及该结果将被使用的情况（如晋升、加薪）告知员工，进行绩效反馈。

（3）各级评估者应当掌握绩效面谈的技巧。绩效面谈是整个绩效管理中非常重要的一环，是总结绩效管理工作的重要手段，每个评估者都应该学会并有效地运用这一工具。在将评估结果反馈给下属的过程中，评估者应使员工明白其工作中的优、缺点，鼓励自己发现和分析问题，提出改进绩效的意见和建议，制订绩效提高计划。通过总结阶段组织要完成以下任务：① 各个评估者完成绩效评估工作，形成评估结果的分析报告；② 形成具体详尽的绩效诊断分析报告；③ 制订出下一期组织全员培训与开发计划，薪酬、奖励、员工升迁与补充调整计划；④ 汇总各方面的意见，在反复论证的基础上，对企业绩效管理体系、管理制度、绩效考评指标和标准、考评表格等相关内容提出调整和修改的具体计划。

5．应用开发阶段

应用开发阶段是绩效管理的终点，又是一个新的绩效管理工作循环的始点。组织进行管理系统的应用开发主要包括以下几个方面。

（1）评估者绩效管理能力的开发。评估者在绩效管理的全过程中担负着极为重要的角色。评估者应该熟练地掌握评估的方法与技术，认真贯彻执行绩效管理制度。组织应该采取各种有效的措施和方法，不断增强各级主管绩效管理的意识和管理技能，定期组织专题培训或研讨会议，组织考评者围绕绩效管理中遇到的各种问题进行讨论，分析问题存在的原因，寻找解决问题的方法。

（2）被评估者的绩效的开发。组织绩效管理可以为组织重要的人事决策如员工薪酬福利、升迁调动等提供依据，也可调动员工工作的积极性和创造性，开发组织员工的潜能。绩效管理的主体是被评估者，绩效管理顺利进行需要得到被评估者的接受与支持。被评估者对绩效管理的目的、过程、方法理解得越深入，组织绩效管理越有效。在绩效管理各个环节中，组织应该创造一种宽松的环境，始终关注被评估者，以提高被评估者的绩效水平。

（3）绩效管理体系的系统开发。企业绩效管理体系是保证考评者和被考评者正常活动的前提和条件。绩效管理的准备阶段是为绩效管理系统的运行提供各种前期的保证；实施和考评阶段是为了检测和验证绩效管理系统的可行性和有效性；总结阶段是为了发现绩效管理系统所存在的问题，查明原因，提出改进对策；应用开发阶段是将系统改进的计划变为现实，对绩效管理系统进行深层开发，进行必要的修改调整。一个绩效管理系统需要经过多次实践验证、多次修改和反复调整，才能成为一个具有可靠性、准确性和实用性的系统。

（4）组织绩效的开发。在绩效管理应用开发阶段，各个部门主管应当根据本期绩效评估的结果，制订绩效改进计划，从本部门的目标出发，针对现存的各种问题，分清主次逐一解决。为了提高组织的绩效，部门主管首先应当转变观念，优化组织的环境，改善各种不合理的规章制度，简化作业程序，提高工作的计划性和指导性。针对员工存在的共性问题，组织必要的培训和专题研讨，使员工找到克服目前困难和问题的途径与办法。对上级和同级部门存在的问题，应当提请上一级领导协助解决。

（三）绩效管理制度设计

1．绩效管理制度

绩效管理制度是组织实施绩效管理活动的准则和行为的规范，它是以组织规章规则的形式，对绩效管理的目的、意义、性质和特点，以及组织实施绩效管理的程序、步骤、方法、原则和要求所作的统一规定。绩效管理制度设计应当充分体现组织的价值观和经营理念，以及人力资源管理发展战略和策略的要求。

2．绩效管理制度的基本结构

绩效管理制度作为组织人力资源管理制度的重要组成部分，一般应由总则、主文和附则等章节组成。在起草和编写企业员工绩效管理制度时，主要包括以下基本内容。

（1）概括阐述建立绩效管理制度的原因，绩效管理的地位和作用，组织中加强绩效管理的重要性和必要性。

（2）明确绩效管理的组织机构设置、职责范围、业务分工，具体规定各级参与绩效管理活动的人员的责任、权限、义务。

（3）明确规定绩效管理的目标、程序和步骤，以及具体实施过程中应当遵守的基本原则和具体要求。

（4）简要解释和说明各类人员绩效评估的指标和标准体系、评估方法、设计依据、基本原理。

（5）详细规定绩效评估的类别、层次和考评期限。

（6）对绩效管理中所使用的报表格式、评估量表、统计口径、填写方法、评述撰写和上报期限，以及对评估结果偏差的控制和剔除提出具体要求。

（7）明确规定绩效评估结果的应用原则和要求，以及与之配套的薪酬奖励、人事调整、晋升培训等规章制度的贯彻落实和相关政策的兑现办法。

（8）对各个职能和业务部门年度绩效管理总结、表彰活动和要求作出原则性规定。

（9）详细、明确地规定绩效评估中员工申诉的权利、具体程序和管理办法。

（10）对组织绩效管理制度的解释、实施和修改等其他有关问题作出必要的说明。

绩效管理制度作为绩效管理活动的指导性文件，在拟定起草时，一定要从组织实际情况出发，不能脱离实际，要注重科学性、系统性、严密性和可行性。绩效管理制度草案提出后，应由专家和有关人员组成工作小组，在广泛征询各级主管和员工意见的基础上，进行深入的讨论和研究，经反复调整和修改，上报组织审核批准。绩效管理制度一旦获得批准，人力资源部门应规定一个试行过渡期，使各级主管有一个逐步理解、适应和掌握的过程。在试行过程中如遇有特殊情况或发现重大问题，亦可以采取一些补救措施。

第二节　绩效管理的流程与内容

绩效管理是一个完整的系统，这个系统包括 P—D—C—A 的循环体系，即计划（Plan）、实施（Do）、检查（Check）、调整（Adjust）。具体到绩效管理就是绩效计划、绩效沟通、绩效评估、绩效反馈。图 7-2 表示这个系统中不同环节之间的关联。

一、绩效计划

绩效计划是绩效管理流程中的第一个环节，其是绩效管理的起点。绩效计划就是管理者与员工在组织目标的基础上，根据岗位的要求，就员工在绩效期内应该完成的工作目标、履行的工作职责、工作任务重要性、责任大小、绩效评估指标和标准、可能遇到的问题、需要组织提供的帮助等问题进行充分讨论、协商最终达成共识且员工对自己完成工作目标作出承诺的过程。在制订绩效计划时，管理者要与员工重点对评价指标、标准、权重、考核方式等问题进行充分沟通，制定一个上下级都认同的绩效管理计划。绩效计划具有一定的稳定性，但也需要根据实际情况的变化进行一定的调整。

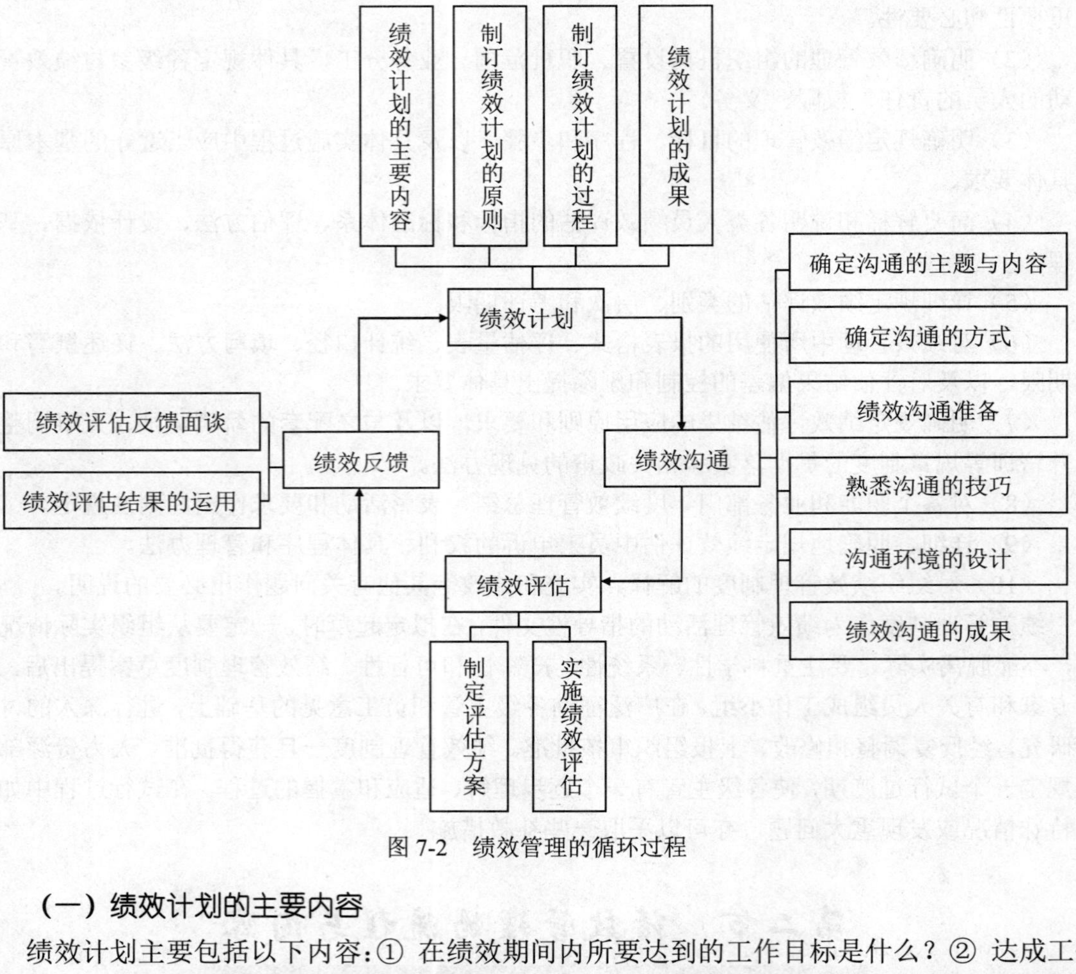

图 7-2　绩效管理的循环过程

（一）绩效计划的主要内容

绩效计划主要包括以下内容：① 在绩效期间内所要达到的工作目标是什么？② 达成工作目标的结果是怎样的？这些结果评估指标、评估标准是什么？③ 如何获得员工工作结果的信息？员工的各项工作目标完成得如何？

（二）制订绩效计划的原则

制订绩效计划需要遵循如下三个原则：① 导向原则，即根据组织总体目标及上级目标设立部门或个人目标；② SMART 原则，即目标要符合具体的（specific）、可衡量的（measurable）、可达到的（attainable）、相关的（relevant）、基于时间的（time-based）五项标准；③ 承诺原则，即上下级共同制定目标，并形成承诺。

（三）制订绩效计划的过程

1．传达组织目标和规划

绩效计划是组织计划体系中的一部分，是组织目标与规划的分解。制订绩效计划的前提条件有两个：一是要制订组织目标和规划，并且在这个过程中要充分发挥员工的聪明才智，广泛听取和吸收员工的意见与建议；二是要及时传达组织的目标和规划。通过简报、板报、广播、正式文件、内部计算机网络等各种途径或管理人员与下属的直接沟通，让全体员工了解组织目标和规划。

2．制订和完善部门及员工个人的计划

管理者需要和员工一起根据组织目标和规划共同讨论并明确在计划期内员工应该做什么，为什么要做，何时做完，做到什么程度，权力的大小，以及需要的资源等。通常绩效计划都是做一年期的，但在年中可以修订。

3．制定与选择方案

制定与选择方案时需要员工和上级主管协商，其遵循如下三个原则：① 以目标为导向；② 灵活性，要有备选方案；③ 可操作性，即制定的方案应在计划期限内可以完成，且符合现实主、客观条件的要求。

（四）绩效计划的成果

绩效计划过程结束时，往往需要达成一些基本的目标或结果，主要体现为：① 员工明确自己的工作任务和目标与组织的总目标之间的关系；② 员工的工作目标和工作职责已根据工作环境的变化进行了全面的、具体的修改；③ 管理者和员工就员工的主要工作任务、成功的标准、工作任务的重要性次序、被授权程度、工作责任等问题都达成了共识；④ 管理者和员工都明确了在达到目标过程中管理者能提供什么帮助、员工可能会遇到的障碍及克服方法；⑤ 最终形成一个经讨论和协商的汇总文件，该文件上应有管理者和员工双方的签字。

二、绩效沟通

绩效管理是在管理者与被管理者互动中实现的。在实施绩效计划的过程中，管理者与员工要定期进行绩效面谈，进行动态、持续的绩效沟通。通过上下级持续不断的真诚、及时、具体、定期、建设性的绩效沟通，上级了解员工的工作进展情况，并给予指导和帮助，对员工偏离目标的行为及时进行纠偏，帮助员工排除遇到的障碍，根据实际情况对绩效计划进行必要的修订，以确保绩效目标的实现。绩效沟通是绩效管理体系中的灵魂与核心。绩效沟通是指管理者和员工一起讨论有关工作进展情况、潜在障碍问题、解决问题的可能措施、绩效计划的调整以及管理者如何才能帮助员工等信息的过程。绩效沟通对于企业改进绩效管理具有重要的意义：① 制定绩效目标要沟通；② 帮助员工实现目标要沟通；③ 年终评估要沟通；④ 分析原因寻求改善、进步要沟通。总之，绩效管理的过程就是员工和管理者持续不断沟通的过程，离开了沟通，企业的绩效管理将流于形式。许多绩效问题都是因为没有开展良好的绩效沟通，或者没有将绩效考评结语反馈给员工造成的。

（一）绩效沟通应注意的问题

为了做好绩效沟通，管理者必须考虑到以下问题。

（1）确定绩效沟通的主题与内容。主要是明确与员工讨论些什么，哪些应该重点讨论，哪些应该涉及，哪些可以忽略等。

（2）确定沟通的方式。即以什么方式进行绩效沟通。一般可分为正式沟通与非正式沟通。正式沟通方法都是事先计划和安排的，主要有定期的书面报告、定期的员工和管理者会谈、定期召开的有管理者参加的小组会或团队会三种。非正式的方法即未经事先计划和安排的沟通，如非正式会议、闲聊、间歇时的交谈，或者是"走动式管理"等。

（3）绩效沟通准备。主要包括沟通涉及的背景资料，沟通评估结果所需要的依据或材料，判断员工接受评估结果的可能性，员工了解评估结果后的反应模式及解决方案等。

（4）熟悉沟通的技巧。主要包括了解和学习绩效沟通的代表性情景、沟通语言、身体语言及常见解决方案等。

（5）沟通环境的设计。沟通环境对于绩效沟通的效果是非常重要的。通常情况下，绩效讨论应尽量选择在中性的场所，而不在直线领导办公室，或人多嘈杂的地方，或隔音效果不好的房间中展开。进行绩效讨论时直线主管与员工最好同处于桌子的一边，以强化合作的伙伴气氛。

（二）绩效沟通的成果

绩效沟通后，管理者和员工应该明确：① 工作职责完成得怎样？② 哪些方面做得好，哪些方面做得不好？③ 在帮助和支持员工提高工作绩效方面，管理者能做哪些工作？④ 员工是否按照实现目标和达到绩效标准的计划实施了？如果偏离了计划，需要进行哪些改变才能回到预定计划上来？⑤ 是否发生了影响员工任务或其重要性秩序的变化？如果发生了，应该如何改变工作目标或工作任务？

三、绩效评估

绩效评估是绩效管理活动的中心环节，是管理者与被管理者双方对绩效期内的工作绩效进行全面回顾、总结与评价的过程。在绩效期结束的时候，管理者根据绩效期间开始时双方达成一致意见的关键绩效指标，对下属的绩效目标完成情况进行评估。同时，在绩效实施过程中，收集到的能够说明被评估者绩效表现的数据和事实，也可以作为判断被评估者是否达到关键绩效指标要求的证据。绩效评估需要在定义绩效的基础上制定出一个健全合理的评估方案并实施绩效评估。评估方案主要包括评估的内容、评估的方法、评估的程序、评估的组织者、评估人与被评估人以及评估结果的统计处理等。其中，选择合适的评估方法、设计出可行的评估表格是最关键也是最困难的工作。

在组织进行绩效评估的过程中，应注意使员工对衡量工作绩效的标准有清晰、明确的认识，尽量减少歧义；以自我评估评价为主，主管和其他人考核评价为辅。在绩效评估的过程中，尽量要以数据、事实、结果为依据，防止主观臆断、推测。绩效评估应在融洽、和谐的气氛中进行。

四、绩效反馈

绩效反馈是指员工和上级管理者共同回顾员工在绩效期间的表现，通过诊断发现绩效中存在的问题，并在此基础上共同制订员工的绩效改进计划和个人发展计划，从而帮助员工提高工作绩效的过程。员工绩效不好的原因通常分为两类：一类是个体因素，如态度不端正、能力与努力不够等；另一类是组织或系统因素，如激励不够、工作流程不科学、官僚主义严重等。绩效诊断应当先找出组织或系统因素，再考虑个体因素。

绩效评估反馈主要包括绩效评估反馈面谈和绩效评估结果的运用。绩效评估反馈面谈可以实现以下目的：① 使管理者与员工对员工的考核结果看法一致，为制订下一步的绩效改进计划打下良好的基础；② 使员工认识到自己的成就和优点，明确需要改进的地方；③ 管理者与员工双方可制订改进绩效计划的方法和具体的计划；④ 管理者与员工双方协商并制定下一个绩效周期的目标与绩效标准。

绩效管理成功与否，很关键的一点在于绩效评估的结果如何应用。绩效评估结果具有多种用途，主要用于报酬的分配和调整、职位的变动、员工培训和个人发展计划、员工晋升、员工奖惩等方面。

第三节　绩效管理的技术与方法

一、绩效管理系统的设计方法

（一）绩效管理系统设计的四阶段法

该绩效管理系统的设计方法认为，作为人力资源子系统的绩效管理系统，其由定义绩效、评估绩效、反馈绩效和改善绩效四个阶段所组成。

1．定义绩效

定义绩效即界定绩效的具体维度及各维度的内容和权重，也就是使各层次的员工都明确自己努力的目标。其是评估绩效的基础，也是绩效管理的关键。定义绩效的依据是工作（岗位）说明书、组织文化、团队和人力资源管理政策等。

2．评估绩效

评估绩效是绩效管理系统的主体部分，其是在定义绩效的基础上制订出一个全面、系统、合理的绩效评估方案并实施绩效评估。评估方案主要包括评估的内容、程序、方法、评估组织者、评估人与被评估人以及评估结果的统计处理等。其中，评估指标的选择及标准的确定、评估方法的选择是重点也是难点。

3．反馈绩效

通过绩效评估结果反馈，可以让员工本人正确认识自我、评估自我，也可让上级更全面、更深入地认识下属的特性和优缺点。根据绩效评估的信息，管理者与员工进行面谈，共同分析绩效中存在的问题及其原因，制订绩效改进计划，使员工的个人发展与实现组织目标结合起来，从而达到提高绩效水平的目的。

4．改善绩效

绩效管理的目的是通过提高员工绩效水平，促进组织绩效水平的提高。在绩效管理系统中，改善绩效是关键阶段。通过持续的绩效改善和提高，让组织绩效管理上升到一个新的水平。这种从定义绩效到改善绩效阶段的循环往复，将使绩效管理进入一个良性循环发展的轨道。

（二）绩效管理系统设计的五阶段法

此系统设计方法认为，绩效管理是一个包括绩效计划、绩效沟通、绩效评估、绩效诊断和绩效总结五个阶段的完整系统。

1．绩效计划

绩效计划是整个绩效管理系统中非常重要的环节，它具有前瞻性，其作用在于帮助员工认清方向，明确目标。绩效计划的制订是主管与员工对员工绩效期间应该履行的工作职责、权限、各项任务的重要性、绩效衡量标准、可能遇到的困难、培训需求、上级可能提供的帮助及解决问题的途径和方法等一系列问题，进行探讨并达成共识的过程。

2．绩效沟通

绩效沟通是绩效管理体系的灵魂。绩效沟通是建立在科学、合理、现实可行的基础上，主管与员工共同实施绩效计划的过程，是双方保持不断联系，全程进行指导、交流、沟通并达成共识的过程，也是根据组织生存环境变化，对计划进行必要的调整修订、不断完善的过程。

3．绩效评估

绩效评估是绩效管理活动的中心环节，是主管与员工双方对评估期内的工作绩效进行全面回顾和总结的过程。组织在绩效计划和绩效沟通的阶段能否严格贯彻执行相关标准和要求，直接影响绩效评估的效果。在绩效评估的过程中，组织应使被评估者详细了解绩效评估的指标和标准，以绩效数据、事实、结果为依据，以自我评估为主，主管和其他人评估为辅，营造和谐、融洽的氛围，公平、公正、客观地评估员工的绩效。

4．绩效诊断

绩效诊断是组织对绩效管理中各个环节和工作要素进行全面监测、分析、评价并发现员工绩效低下的原因的过程。绩效诊断主要包括：对管理制度的诊断、对企业绩效管理体系的诊断、对绩效评估指标体系的诊断、对评估者的诊断、对被评估者的诊断。通过绩效诊断分析，可以找出员工绩效不佳的原因，寻找提高员工绩效水平的方法。

5．绩效总结

绩效管理的直接目的是提升个人绩效水平，间接和最终目的是提高组织绩效。在每一轮绩效管理活动结束时，组织都要对绩效计划、绩效沟通、绩效评估、绩效诊断等各项活动过程进行深入、全面的总结，找出经验和教训，为新一轮的绩效管理打下良好的基础。

二、绩效目标制定的方法

企业制定绩效计划中的绩效目标的方法目前比较常用的有目标管理法（MBO）、平衡计分卡（BSC）和关键绩效法（KPI）。

（一）目标管理法

目标管理法是绩效目标制定的重要方法之一，其以实际产出为基础，评估的重点是员工工作的成效和劳动的结果。所谓目标管理法（Management by Objective，MBO）就是以目标为导向，以人为中心，以成果为标准，在组织员工积极参与下，自上而下地确定工作目标，并在工作中实行“自我控制”，而使组织和个人取得最佳业绩的现代管理方法。目标管理也可称为“成果管理”，其实质就是用可观察、可测量的工作结果作为衡量员工工作绩效的标准，以制订的目标作为对员工评估的依据，从而使员工个人的努力目标与组织目标保持一致，减少管理者将精力放到与组织目标无关的工作上的情况发生。目标管理以 Y 理论为指导思想，即认为在目标明确的条件下，人们能够对自己负责。“目标管理”的概念是管理学家彼得·德鲁克（Peter Drucker）1954 年最先在其名著《管理实践》中提出的，其后他又提出“目标管理和自我控制”的主张。德鲁克认为，并不是有了工作才有目标，而是有了目标才能确定每个人的工作。因此，“企业的使命和任务，必须转化为目标”，如果一个领域没有目标，这个领域的工作必然被忽视。管理者应该通过目标对下级进行管理，当组织最高层管理者确定了组织目标后，必须对其进行有效的分解，转变成各个部门及各个人的分目标，由管理者根据分目标的完成情况对下级进行考核、评价和奖惩。绩效管理中利用目标管理法制定绩效目标和绩效评估的程序如图 7-3 所示。

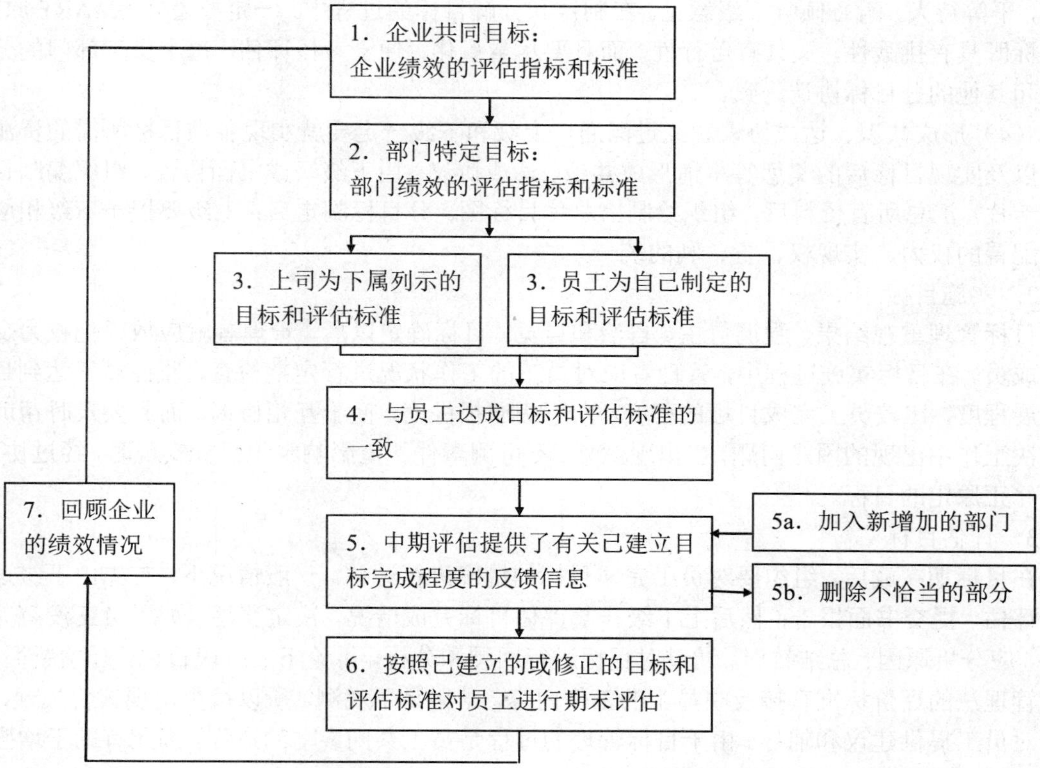

图 7-3　绩效管理中的目标管理程序

目标管理法的基本步骤可分为设置目标、实施目标、评估目标。

1．设置目标

设置目标是目标管理最重要的阶段，其首先是由组织的最高层领导开始的，由他们制订总体的战略规划，明确总体的发展方向，提出组织发展的中长期战略目标、短期的工作计划。在总方向和总目标确定的情况下，分解目标，逐级传递，制定员工应该达到的目标，这些目标通常成为对员工进行评价的依据和标准。上下级的目标之间通常是一种“目的—手段”的关系，即某一级的目标需要用一定的手段来实现，而这些手段会成为下一级的次目标，按级顺推下去，直到作业层的作业目标，从而构成一种索链式的目标体系。该阶段可细分为四个步骤。

（1）高层管理预定目标。预定目标的确定既可先由上级提出，再与下级讨论，也可先由下级提出，上级批准。无论哪种方式，必须共同商量决定。另外，领导必须根据组织的使命和长远战略，运用 SWOT 方法对组织的机会和挑战、优势和劣势有清醒的认识，对组织应该和能够完成的目标做到心中有数。

（2）明确责任。目标体系应与组织结构相吻合，从而使每个部门都有明确的目标，每个目标都有人明确负责。然而，组织结构往往不是按组织在一定时期的目标而建立的，因此，在按逻辑展开目标和按组织结构展开目标之间时常会存在差异。因此，在预定目标之后，需要重新审查现有组织结构，根据新的目标分解要求进行调整，明确目标责任者和协调关系。

（3）逐级分解目标。在组织总目标确定以后，要逐级分解目标，最终把目标分解到每一位员工并确立。在目标分解的过程中，上下级要充分讨论、协商，在讨论与协商中上级要尊重下级，平等待人，耐心倾听下级意见。在制定和分解目标的过程中，一定要遵守 SMART 原则，使目标既具有挑战性，又具有可行性，而且要尽量量化，便于考核评估。每个员工部门的分目标要和其他的分目标协调一致。

（4）形成共识、达成协议。经过沟通，上级和下级一定要就实现各项目标所需的资源、条件以及实现目标后的奖惩等事情形成共识、达成协议。由下级写成书面协议，组织编制目标记录卡片，汇总所有资料后，组织绘制出总体目标图。分目标制定后，上级要授予下级相应的资源配置的权力，实现权、责、利的统一。

2．实施目标

目标管理重视结果，强调自主、自治和自觉。目标确定以后，管理者就应放手把权力交给下级成员。在目标实施过程中，管理者应对员工的工作状况进行定期检查，监控员工达到目标的进展程度，比较员工完成目标的程度，向下级通报进度，便于互相协调，而且要及时帮助下级解决工作中出现的困难问题，当出现意外、不可测事件严重影响组织目标实现时，经过协商，适当修正原定的目标。

3．评估目标

在目标期完成后，组织要对员工完成目标的情况进行评估。一般情况下，首先由下级进行自我评估，提交书面报告；然后上下级一起评估目标完成情况，决定奖惩；如果员工没有完成目标，应分析原因、总结教训。通过对目标进行回顾和分析，讨论下一阶段目标，开始新循环。目标管理法的评价标准直接反映员工的工作内容，结果易于观测，所以很少出现评价失误，也适合对员工提供建议和辅导。由于目标管理的过程是员工共同参与的过程，因此有助于增强员工的责任心和事业心，提高员工工作积极性。但是，由于目标管理法没有在不同部门、不同员工之间设立统一目标，不太适合对不同部门和不同员工的工作绩效作横向比较，以及为以后的晋升决策提供依据。

（二）平衡计分卡

平衡计分卡（Balanced Score Card，BSC），是以公司战略为导向，从财务、客户、内部运营、学习与成长四个方面，寻找能够驱动战略成功的关键成功因素，并建立与关键成功因素具有密切联系的关键绩效指标体系（KPI），通过关键绩效指标的跟踪监测，衡量战略实施过程的状态，并采取必要的修正，以实现战略的成功实施及绩效的持续增长的方法。

BSC是哈佛大学教授罗伯特·卡普兰与诺朗顿研究院的执行长戴维·诺顿在对美国12家优秀企业进行了为期一年的研究后创建的一套企业业绩评价体系。当时该计划的目的在于找出超越传统以财务量度为主的绩效评价模式，也即"实现战略制导"的绩效管理系统，以使组织的策略能够转变为行动，因此，其是战略绩效管理的有力工具。

平衡计分卡包括财务、客户、内部运营、学习与成长等四个方面（见图7-4）。这四个方面分别代表公司三个主要的利益相关者：股东、客户、员工。平衡计分卡能使公司经营者系统、全面地做好公司各方面的管理工作。

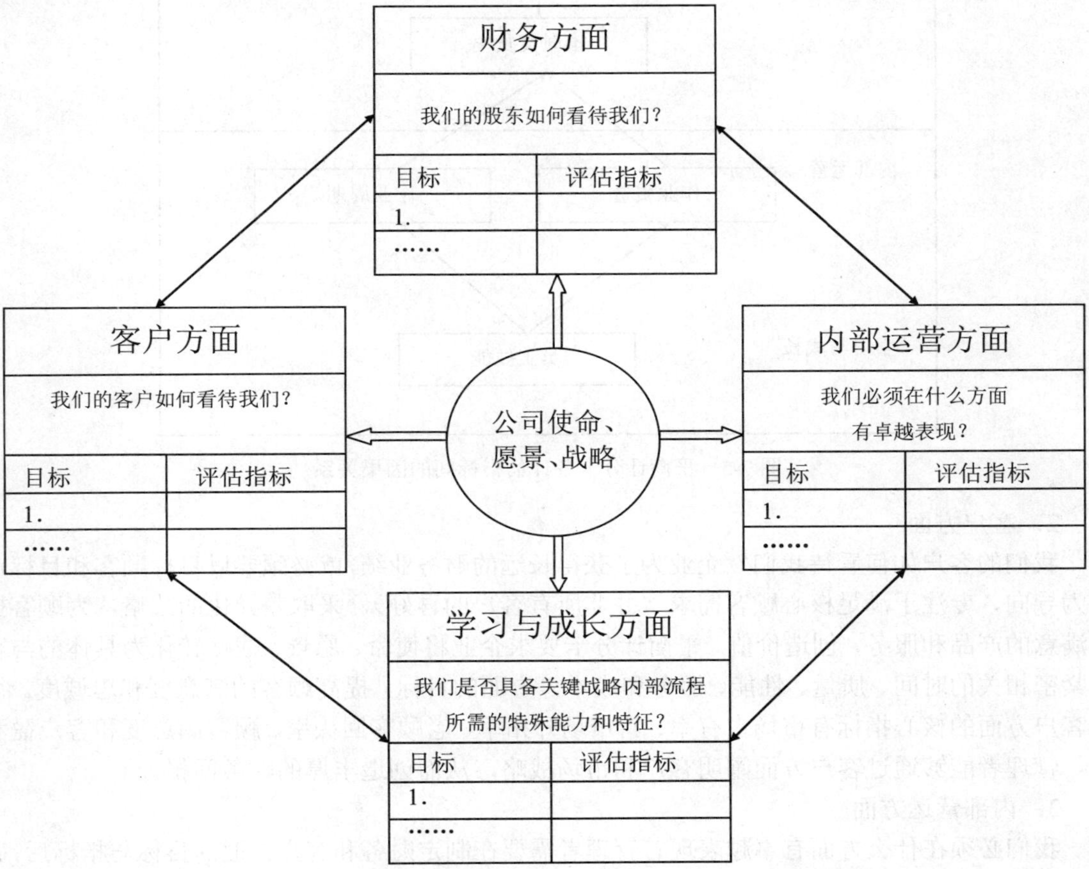

图7-4 平衡计分卡的基本框架

1. 财务方面

我们的股东如何看待我们？盈利是企业生存和发展的基础，也是股东十分关心的问题。财务性指标是一般企业常用于绩效评估的传统指标。财务性绩效指标通常与获利能力有关，可显示出企业的战略及其实施和执行是否正在为最终经营结果（如利润）的改善作出贡献。主要指标有营业收入、收入的结构、资本报酬率、降低成本、经济增加值、资产的利用和投资战略等，也可能是销售额的迅速提高或创造现金流量。但是，不是所有的长期策略都能很快产生短期的财务盈利。非财务性绩效指标（如质量、生产时间、生产率和新产品等）的改善和提高是实现目的的手段，而不是目的本身。平衡计分卡各评估指标间的因果关系（见图7-5）可表明提高财务绩效是企业所有目标评估的核心。

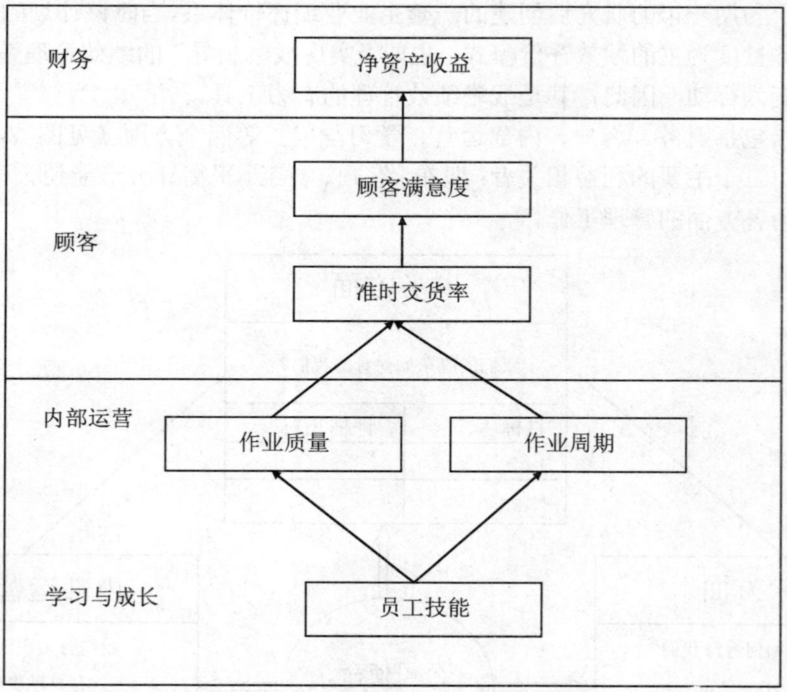

图 7-5　平衡计分卡各评估指标间的因果关系

2．客户方面

我们的客户如何看待我们？企业为了获得长远的财务业绩，就必须要以目标顾客和目标市场为导向，专注于满足核心顾客需求（并非所有客户的喜好），采取差异化的战略，为顾客提供满意的产品和服务，创造价值。平衡计分卡要求企业将使命、愿景、战略转化为具体的与客户紧密相关的时间、质量、性能、服务和成本等方面的目标，提高顾客的满意度和忠诚度。衡量客户方面的核心指标有市场占有率、新市场开拓率、老顾客回头率、顾客满意度和客户盈利率。管理者能够通过客户方面阐明客户和市场战略，从而创造丰厚的财务回报。

3．内部营运方面

我们必须在什么方面有卓越表现？管理者需要在制定财务和客户方面的目标与指标后，确认企业最擅长的内部流程，专注于与股东和客户目标密切相关的关键流程，制定内部流程的目标与指标，使各种业务流程满足顾客和股东的需求，通过内部流程帮助业务单位提供价值主张，以吸引和留住目标细分市场的客户，并满足股东对财务回报的期望。平衡计分卡从满足投资者和客户需要的角度出发，根据价值链对企业内部的业务流程的要求，通过分析提出了四种绩效评估的维度：质量导向的评估、基于时间的评估、柔性导向的评估、成本指标评估。内部运营绩效指标包括现有业务的改善、产品和服务的改良和创新、经营过程和售后服务过程等。内部运营绩效评估以对客户满意度和实现财务目标影响最大的业务流程为核心。

4．学习与成长方面

我们是否具备关键战略内部流程所需的特殊能力和特征？学习与成长关注创造一种支持公司变化、革新和成长的气氛，是驱使财务、顾客、内部经营等方面获得卓越成果的动力，也是企业未来可持续发展的关键因素。

平衡计分卡的前三个方面能够反映企业的实际能力与实现突破性业绩所必需的能力之间的差距，而弥补差距的方法就是企业必须投资于组织的学习与成长。学习与成长评估指标包括员工满意度、员工培训与素质提升、员工保持率、员工提建议比例、合理化建议率、研发能力、技术改造、组织程序和日常工作是否理顺、信息系统的能力与激励、授权与相互配合等。建立平衡计分卡可根据图 7-6 所示的步骤来进行。应该先根据企业战略制定企业的平衡计分卡，再根据企业的平衡计分卡来制订战略实施计划，而非相反，否则平衡计分卡就会变成对企业战略实施计划的监测工具而不是战略的管理工具。

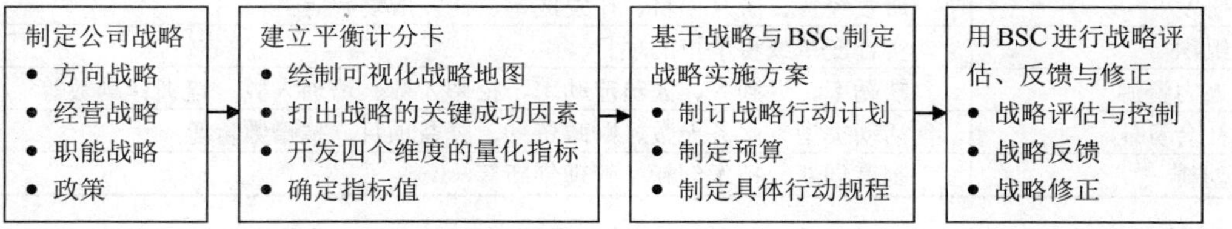

图 7-6　建立基于 BSC 的战略管理系统的通用流程

（三）关键绩效指标法

关键绩效指标（Key Performance Indicators，KPI）是指企业宏观战略目标决策经过层层分解产生的可操作性的战术目标，是把企业的战略目标分解为可操作的部门绩效目标，然后将部门绩效目标分解为员工的绩效评估指标。它是企业宏观战略决策执行效果的监测指针，对组织战略目标有增值作用。通过在关键绩效指标上达成的承诺，员工与管理人员可以进行工作期望、工作表现和未来发展等方面的沟通。关键绩效指标是用于衡量员工绩效表现的量化指标，是绩效计划的重要组成部分。

建立 KPI 体系有两种方法：一是按照组织结构分解，即“目标—手段”法，也即从目标到手段的方法；二是按照主要流程分解，即连带责任法，也即从目标到责任的方法。所谓“目标—手段”法是指根据总目标制定分目标，用分目标保证总目标，从而形成一个“目标—手段”链。组织首先确定出总目标，然后对总目标进行分解，逐级展开，通过上下协商，制定出各部门甚至单个员工的目标。上下级的目标之间通常是一种“目标—手段”的关系，上级目标需要通过下级一定的手段来实现。因为组织中的上下级共同制定目标，所以目标的实现者也是目标的制定者。

鉴于建立 KPI 体系有两种方法，可依据部门承担责任的不同建立企业 KPI 指标体系，也可依据职类职种工作性质不同建立企业 KPI 指标体系，还可依据平衡计分卡建立企业 KPI 指标体系。

1．依据部门承担责任的不同建立企业 KPI 指标体系

建立 KPI 指标体系的要点在于流程性、计划性和系统性。该方法主要强调部门从本身承担责任的角度，对企业的目标进行分解，进而形成绩效评估指标。此方法的优势在于突出了部门的参与，但是正因为 KPI 指标可能更多的是体现了部门管理责任，而忽视了流程责任，所以有可能发生战略稀释现象。

（1）明确企业的战略目标，并在企业会议上利用头脑风暴法和鱼骨分析法找出企业的业务重点，也就是企业价值评估的重点。然后，再用头脑风暴法找出这些关键业务领域的关键业

绩指标（KPI），即企业级 KPI，如表 7-2 所示。

表 7-2　企业级 KPI

企业战略目标	企业级 KPI
盈利能力	利润、投资收益率、每股平均收益、销售利润等
市场	市场占有率、销售额、销售量、销售成本、广告、营业推广等
生产、生产率	生产面积、固定费用、生产量、投入产出比率、单位产品成本等
产品	产品组合、产品线、产品的销售额和盈利能力、开发新产品的完成期等
资金	资本构成、新增普通股、现金流量、流动资本、回收期等
研发	研发经费、研发项目、研发成本、研发成功率等
组织	实行变革或将承担的项目
人力资源	缺勤率、迟到率、人员流动率、招聘人数、培训人数、培训计划数等
社会责任	活动类型、服务天数、财政资助、公益项目、捐赠数量等
创新	制度创新、技术创新、管理创新等

（2）各部门的主管需要依据企业级 KPI 建立部门级 KPI，并对相应部门的 KPI 进行分解，确定相关的要素目标，分析绩效驱动因素（如技术、组织、人），确定实现目标的工作流程，分解出各部门级的 KPI（见表 7-3），以便确定评价指标体系。

表 7-3　各部门的 KPI（部分）

部门	KPI	KPI 含义	选 择 原 因
销售部	销售额增长率	分别按订货口径计算和按销售回款口径计算的销售额增长率	反映公司整体组织增幅和市场占有率提高的主要指标
	出口收入占销售收入比率增长率	出口收入占销售收入比率的增长率	强调增加出口收入的战略意义，促进出口收入增长
	人均销售毛利增长率	产品销售收入减去产品销售成本后的毛利与营销系统平均员工人数之比	反映营销系统货款回收责任的履行情况和效率，增加公司收入，改善现金流量
	销售费用率降低率	销售费用支出占销售收入比率的降低率	反映销售费用投入产生销售收入的效果，促使营销系统更有效地分配和使用销售费用
	合同错误率降低率	发生错误的合同数占全部合同数的比率的降低率	促进营销系统减少合同错误，合理承诺交货期，从而提高整个公司的计划水平和经济效益
生产部	及时、齐套发货率增长率	生产系统按照订货合同及时、齐套、正确发货的产值占计划产值的比率	反映生产系统和公司整体的合同履约能力
	人均产值增长率	生产系统总产值与平均员工人数之比	反映生产系统的劳动生产率，促使其减人增效
	制造费用率降低率	产品制造成本中制造费用所占比率的降低率	促使生产系统降低制造费用
	产品制造直通率提高率	产品（含元器件）一次性通过生产过程各阶段检验的批次占全部生产批次的比率的提高率	提高制造质量，降低制造质量成本

续表

部门	KPI	KPI 含义	选择原因
采购部	合格物料及时供应率提高率	经 IQC 检验合格的采购物料及时供应的项次各占生产需求的物料采购项次的比率的提高率	反映采购系统管理供应商的能力，以及对均衡生产的保障能力和响应能力
	人均物料采购额增长率	到货的物料采购总额与采购系统平均员工人数之比	反映采购系统的生产率，促使其减人增效
	可比采购成本降低率	按代表性物料品种（重点是 A 类物品）计算的与上年同期比较或与业界最佳水平比较的采购成本降低率，在采购成本中包含采购系统的费用分摊额	降低物料采购综合成本
研发部	新产品销售额比率增长率和老产品市场增长率	年度新产品订货额占全部销售订货额比率的增长率，老产品的净增幅	反映产品研发的效果，体现公司后劲的增长，坚持产品的市场检验标准
	人均新产品毛利增长率	新产品销售收入减去新产品销售成本后的毛利与研发系统员工平均人数之比的增长率	反映研发系统人员的平均效率，控制研发系统的人员结构和改善研发管理
	老产品技术优化及物料成本降低额	销售的老产品扣除可变采购成本升（降）后的物料成本降低额	促使研发部门不断完善和改进老产品，降低老产品物料成本，提高老产品的竞争力
	运行产品故障数下降率	网上运行产品故障总数的下降率	促使研发系统提高新、老产品的质量和稳定性，降低产品维护费用
财务部	净利润增长率	净利润增长率	旨在促进财经管理系统通过全面预算的有效控制和对货款回收的有效监控，促使公司最终成果的增长
	财经管理人员比例降低率	财经管理系统人员平均数占公司员工平均数的比例的降低率	旨在促进财经管理系统减人增效
	管理费用率降低率	公司管理费用支出（不含研发费用）占销售收入的比率的降低率	促使财经管理系统通过全面的预算管理，有效地提高管理费用支出的效果和降低管理费用率

（3）各部门的主管和部门的 KPI 人员一起再将 KPI 进一步细分，分解为更细的 KPI 及各岗位的业绩衡量指标，如表 7-4 所示。这些业绩衡量指标就是员工考核的要素和依据。这种对 KPI 体系的建立和测评过程本身就是统一全体员工朝着企业战略目标努力的过程，也必将对各部门管理者的绩效管理工作起到很大的促进作用。

表 7-4 部门内部岗位的 KPI

市场部部门职责		市场部内部岗位职责			
		岗位一		岗位二	
产出	KPI	产出	KPI	产出	KPI
市场分析与客户调研，制订市场策略	市场占有率	市场与客户研究成果	“市场占有率”增长率	制定市场策略，指导市场运作	“市场占有率”增长率
	销售预测准确率		销售预测准确率		销售预测准确率
	“市场开拓投入率”降低率		“客户接受成功率”提高率		“销售毛利率”增长率
	公司市场领先周期		领先对手提前期		销售收入月底增长幅度

2．依据职类职种工作性质不同建立企业 KPI 指标体系

该方法突出了对组织具体策略目标的响应。各专业职种按照组织制定的每一项目标，提出专业的相应措施。但是，这种设置指标的方式增加了部门的管理难度，有可能出现忽视部门管理责任的现象，而且依据职种工作性质确定的 KPI 体系更多的是结果性指标，缺乏驱动性指标对过程的描述。依据职种分解战略目标的过程如图 7-7 所示。

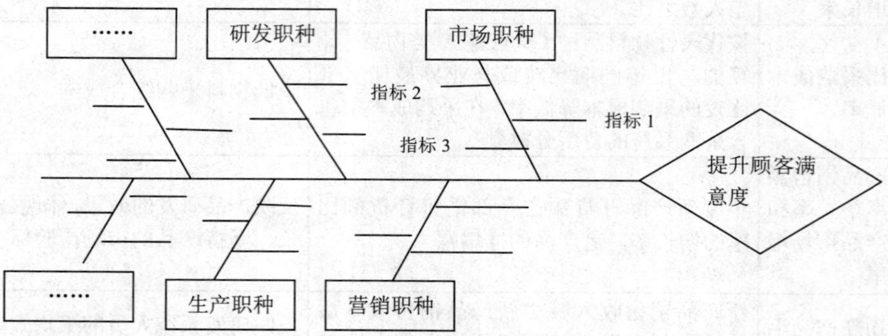

图 7-7　依据职种分解战略目标

每一个职位都影响某项业务流程的一个过程，或影响过程中的某个点。在订立目标及进行绩效评估时，应考虑职位的任职者是否能控制该指标的结果，如果任职者不能控制，则该项指标就不能作为任职者的绩效评估指标。比如，跨部门的指标就不能作为基层员工的评估指标，而应作为部门主管或更高层主管的评估指标。依据职类职能分解的 KPI 如表 7-5 所示。

表 7-5　依据职类职能分解的 KPI

职类	职种	职种定义	指标名称
管理服务类	财经	负责资产的计划、管理、使用与评估工作，对企业财经系统的安全与效益承担责任	预算费用控制、支出审核失误率、奖金调度达成率
	人力资源	依据战略要求，保障人才供给，优化人才结构，提高员工整体素质，对人力资源管理与开发系统的有效运营承担责任	员工自然流动率、人员需求率、培训计划达成率、招聘成功率
市场类	营销支持	及时、有效地为营销活动提供支持与服务，对企业的产品与服务品牌的认知度、忠诚度、美誉度承担责任	市场占有率、品牌认知度、投诉处理率、客户档案完整率
	营销	从事产品市场拓展与商务处理工作，及时满足客户需求，对企业产品的市场占有率与覆盖面承担责任	销售目标达成率、销售增长率、销售费用投入产出比、货款回收及时完成率
	采购	保障原辅料的有效供应，对原辅料的质量以及供应的及时、有效承担责任	采购任务达成率、采购价格指数、供应商一次交货合格率
技术类	工艺技术	从事原料仓储、生产工艺的技术支持工作，保障生产工艺准确实施，预防保养生产线，对生产环节的高效实现承担责任	设计及时完成率、技术服务满意度、生产设备技术故障停台时数
	研发	从事产品及相关技术等的研发与创新工作，对确立产品及技术在行业中的优势地位承担责任	设计损失率、第一次设计完成到投产修改次数、单项目及时完成率

3．依据平衡计分卡建构企业 KPI 指标体系

平衡计分卡是战略管理工具，而并非只是单纯的绩效管理工具，其核心思想是通过财务、客户、内部经营过程以及学习与成长四个方面指标之间相互驱动的因果关系实现绩效评估、绩效改进以及战略实施和战略修正的目标。

（1）用平衡计分卡将公司的战略形成战略地图，包括若干战略主题，这些战略主题之间存在着紧密的因果关系，层层递进，以最终实现企业的发展目标和战略（见图 7-8）。

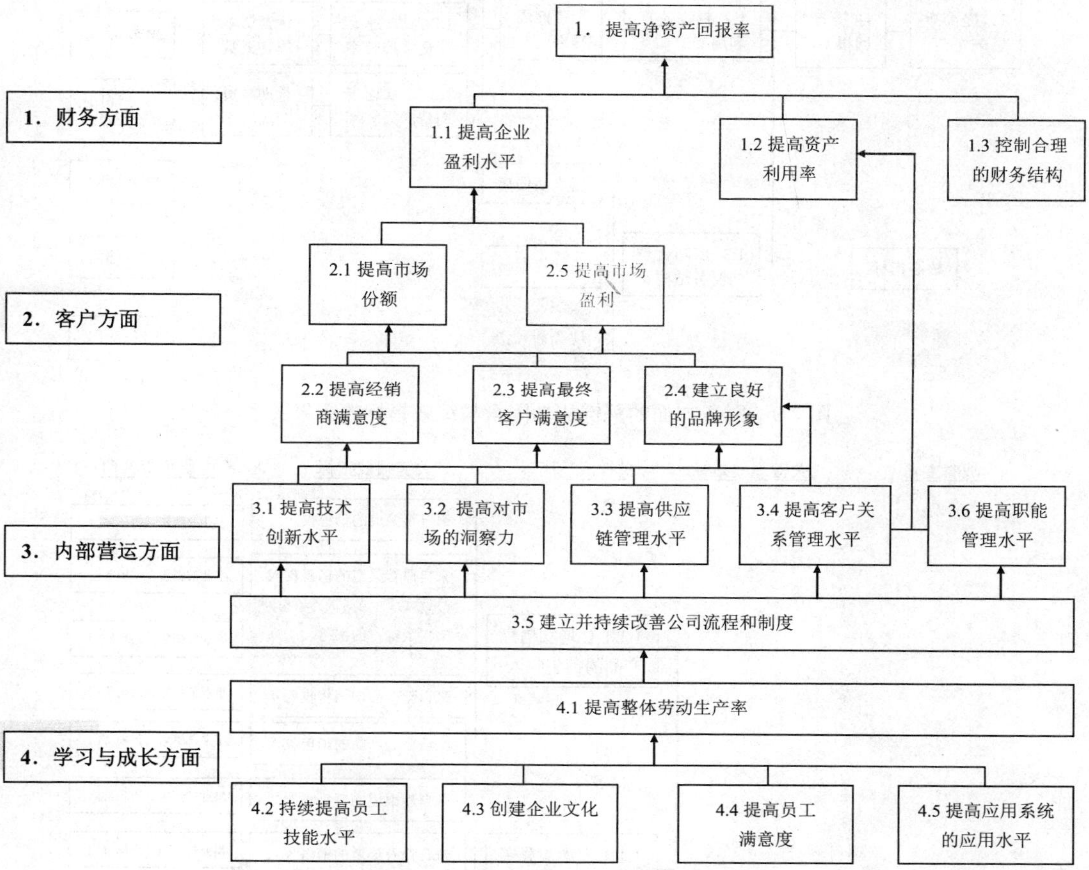

图 7-8 公司战略形成的战略地图

一方面通过财务指标保持对组织短期业绩的关注；另一方面通过员工学习，信息技术的运用与产品，服务的创新提高客户的满意度，共同驱动组织未来的财务绩效。依据平衡计分卡建立的企业 KPI 体系兼顾了对结果和过程的关注，但是基于战略分解产生的全面的 KPI 体系还要同本年度指标的精细筛选相结合。战略分解产生的是全面的体系，某一年度指标的还需要针对年度的具体目标和发展规划及年度经营规划来确定。

（2）根据这些不同层面的战略主题，选择与之相适应的关键绩效指标（财务方面的关键成功因素与绩效指标的因果关系见图 7-9），并将关键的绩效指标与相关部门对应。

（3）细化各个部门指标，并将部门指标细分到每个职位。如图 7-10 所示为“增加销售收入”这项指标细分到每个职位。

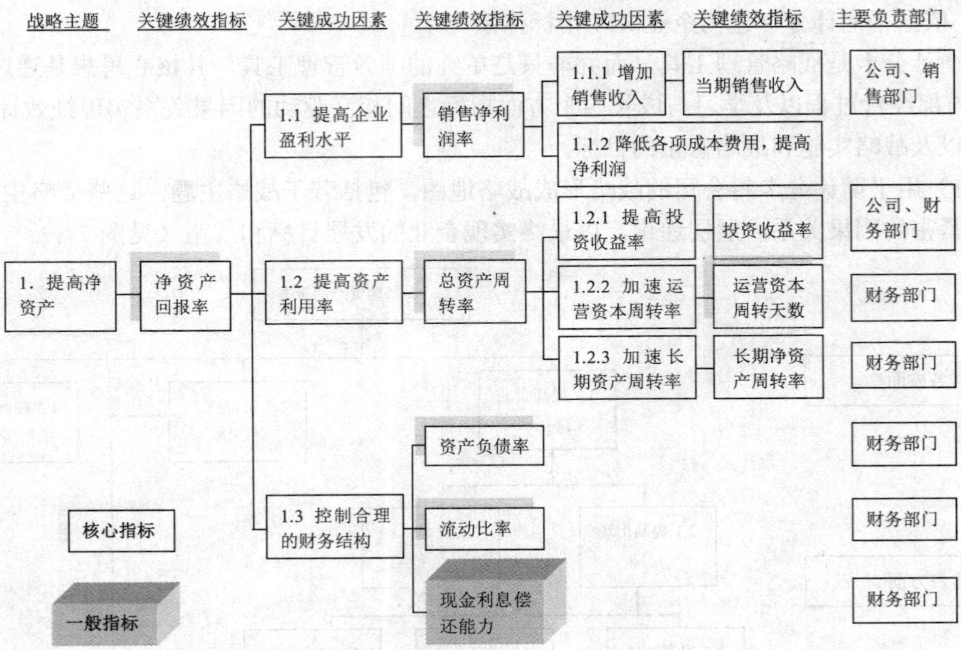

图 7-9 财务方面的关键成功因素与绩效指标的因果关系

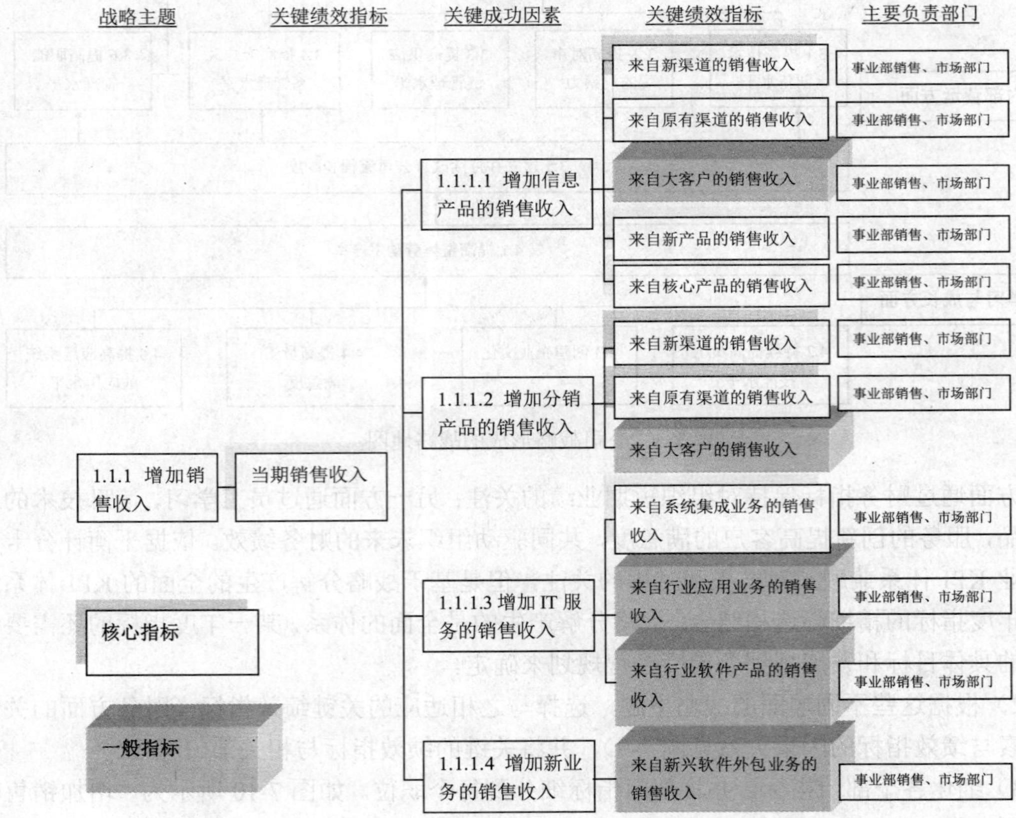

图 7-10 细化各个部门指标到每个职位

（四）直接指标法

组织可采用可监测、可核算的指标构成若干评估要素，作为对下属的工作表现进行评估的主要依据。例如，对非管理人员可以衡量其生产率、工作质量、工作数量等。工作质量的衡量指标有顾客满意度、顾客投诉率、产品包装缺损率、废品率、不合格品返修率等。工作数量的衡量指标有产量、月度营业额、销售量、工时利用率等。对管理人员的评估可通过流动率、缺勤率等来衡量。

直接指标法简单易行，能节省人力、物力和管理成本。运用此方法时，需要加强企业基础管理，建立健全各种原始记录，特别是一线人员的统计工作。

三、绩效评估的方法

绩效评估（Performance Appraisal），又称绩效考评、绩效考核、绩效评价、员工考核，旨在通过科学的原理、方法、技术来评定和测量员工在岗位（职务）上的工作行为和工作效果。其是人力资源开发与管理中一项重要的基础性工作。

常用的绩效评估方法，可分为行为导向型的评估方法和结果导向型的评估方法两类。

（一）行为导向型的评估方法

1．行为导向型的主观评估方法

（1）排序法。又称排队法、简单排列法，是绩效评估中比较简单易行的一种综合比较方法。它通常是由上级主管根据员工工作行为或工作业绩的好坏，把员工从最好到最坏进行排队，并将排队结果作为人事决策及诊断不良工作行为的依据。

这种方法的优点是简单易行，能使评估者在预定的范围内组织考评并将下属进行排序，从而减少考评结果过宽和趋中的误差，在所属人员不多的情况下，省时迅速。此种方法常被用于进行月度考绩，评估结果可作为确定奖金分配的依据。由于排序法是对比性的方法，评估是在员工间进行主观比较，不是用员工工作的表现和结果与客观标准相比较，因此具有一定的局限性，不能用于比较不同部门的员工；当员工个人取得的业绩相近时很难进行排列，也不能使员工得到关于自己优点或缺点的反馈。

（2）交替排列法。也称选择排列法，是简单排列法的进一步推广。一般情况下，绩效最好和最差的两个极端人选比较容易识别，因此，在所有员工中，挑出最好的员工，然后挑出最差的员工，将他们作为第一名和最后一名，接着在剩下的员工中再选择出最好的和最差的，分别将其排列在第二名和倒数第二名，依此类推，最终将所有员工按照优劣的先后顺序全部排列完毕，如表 7-6 所示。选择排列法是较为有效的一种排列方法，采用本法时，不仅上级可以直接完成排序工作，还可将其扩展到自我评估、同级评估和下级评估等其他评估方式之中。

表 7-6　交替排列评估表

部　门	评 估 内 容	
	工作绩效最好的员工排序	工作绩效最差的员工排序
生产部	1.	1.
	2.	2.
	3.	3.
	…	…
	n.	n.

（3）配对比较法。配对比较法亦称成对比较法、两两比较法等，是让每一位员工都与其他员工相比较，不论是主管还是较弱的员工都要比较。当所有员工配对比较之后，员工依据主管给予分数的多少，得到一个概要的评价级别。其基本程序是：首先，根据某种考评要素（如工作质量、工作数量等），将所有参加评估的人员逐一比较，按照从最好到最差的顺序对被评估者进行排序；然后，根据下一个考评要素进行两两比较，得出本要素被评估者的排列次序；依此类推，经过汇总整理，最后求出被评估者所有考评要素的平均排序数值，得到最终评估的排序结果（示例见表 7-7）。应用配对比较法时，能够发现每个员工在哪些方面比较出色，哪些方面存在明显的不足和差距，在涉及的人员范围不大、数目不多的情况下宜采用本方法。如果员工的数目过多，不但费时费力，其评估质量也将受到制约和影响。

表 7-7　配对比较法绩效评估表

被比较对象	小王	小刘	小李	小习	小高	被比较对象得分	名　次
小王		1	1	0	1	3	第二名
小刘	0		1	0	1	2	第三名
小李	0	0		0	1	1	第四名
小习	1	1	1		1	4	第一名
小高	0	0	0	0		0	第五名

（4）硬性分布法。硬性分布法亦称强迫分配法、强制分布法。硬性分配法假设员工的工作行为和工作绩效整体呈正态分布，那么按照正态分布的规律，员工的工作行为和工作绩效好、中、差的分布存在一定的比例关系，处于“中”的员工应该最多，好的、差的极少。硬性分布法中员工绩效结果的类别一般可分为五类，从最优到最差的具体百分比可根据需要确定，既可以是10%、20%、40%、20%、10%，也可以是5%、20%、50%、20%、5%等。示例如表 7-8 所示。

表 7-8　员工工作绩效分布表

评 估 内 容	员工工作绩效				
绩效等级	最好	较好	一般	较差	最差
百分比	10%	20%	40%	20%	10%
员工姓名	马六	李五	王二	张三	赵四
	…	…	…	…	…
	…	…	…	…	…

硬性分布法可以避免过分严厉或过分宽容的情况发生，克服平均主义，克服趋中倾向、过宽倾向、晕圈效应或其他的通常的考核误差。当然，如果员工的能力分布呈偏态，该方法就不适合了。硬性分布法只能把员工分为有限的几种类别，难以具体比较员工的差别，也不能在诊断工作问题时提供准确、可靠的信息。

2．行为导向型的客观评估方法

（1）关键事件法。关键事件法（Critical Incident Approach），是客观评价体系中最简单的一种形式，由美国学者弗拉赖根和贝勒斯在 1954 年提出，通用汽车公司在 1955 年运用这种方法获得成功。关键事件法是指在某些工作领域内，员工在完成工作任务过程中最好或最差的工作行为导致了不同的结果：成功或失败。这些最好或最差的工作行为被称为“关键事件”。关键事件法是通过对工作中最好或最差的事件进行分析，对造成这一事件的工作行为进行认定，从而作出工作绩效评估的一种方法。评估者要记录和观察这些关键事件，因为它们通常描述了员工的工作行为以及工作行为发生的具体情境，这样在评定一个员工的工作行为时，就可以利用关键事件作为衡量的尺度。如表 7-9 所示是运用关键事件法分析工厂生产助理的关键绩效指标的例子。

表 7-9 工厂生产助理的关键绩效指标（绩效考核部分）

工作职责	绩效目标	关键事件（加分、减分项目）
安排工厂的生产计划	充分利用工厂中的人员和机器；及时发布各种指令	为工厂建立了新的生产计划系统；上个月的指令延误率降低了 10%；上个月提高机器利用率 20%
监督原材料采购和库存控制	在保证充足的原材料供应前提下，使原材料的库存成本降低到最小	上个月使原材料库存成本上升了 15%，“A”部件和“B”部件的订购富余了 20%；而“C”部件的订购却短缺了 30%
监督机器的维修保养	不出现因机器故障而造成的停产	为工厂建立了一套新的机器维护和保养系统；由于及时发现机器故障而阻止了机器的损坏

又如，客户经理的一项关键绩效指标是获得客户的满意。针对这项指标，客户经理小王的主管对其记录的关键事件如下。

① 好的关键事件：小王耐心地倾听客户的抱怨，回答客户的问题，认真地检查顾客退货的产品，有礼貌地向客户作出解释和道歉，并立即给客户签署了退货单。

② 坏的关键事件：在业务繁忙的季节里，小王在休息时间过后迟到了 30 分钟回到办公室。他未接 5 个客户电话，并且与 3 位客户失约，使客户在会客室等待。

关键事件对事不对人，让事实说话，评估者不仅要注重对行为本身的评价，还要考虑行为的情境。关键事件法的优点在于通过把记录下来的关键事件的评估结果向员工进行明确的反馈，让员工清楚地知道自己哪些方面做得好、哪些方面做得不好，有助于员工改善自己的行为。另外，关键事件法针对性强，结论不易受主观因素的影响，并且还可以通过重点强调那些能够很好地支持组织战略的关键事件而与组织战略紧密联系起来。关键事件法对事件的记录本身不是评语，只是素材的积累；但有了这些具体事实作依据，经归纳、整理之后便可得出可信的考评结论，而且从这些素材中不难得出有关被评估者的长处与不足，有利于其以后的改进。关键事件法的缺点是：① 关键事件需要管理者每天或每周对其下属的行为进行记录和观察，很费时、费力，许多管理者都不愿意；② 只能作定性分析，不能作定量分析；③ 不能区分工作行为的重要性程度；④ 由于每一件事对每一位员工而言都是特定的，因此，很难使用该方法比较员工。

（2）行为观察评估法。行为观察评估法（Behavioral Observation Scale）是在关键事件法的基础上发展起来的，它要求评估者根据某一工作行为发生频率或次数的多少来对被评估者打分。例如，从不（1 分）、偶尔（2 分）、有时（3 分）、经常（4 分）、总是（5 分）。对不同工作行为的评定分数可以相加得到一个总分数，也可以按照工作行为对工作绩效的重要性程度赋予不同的权重，经加权后再相加得到总分。总分可以作为不同员工之间进行比较的依据。发生频率过高或过低的工作行为不能选取作为评定项目。表 7-10 所示为利用行为观察评估法来评估管理者行为时所编制的行为观察量表。

行为观察评估法克服了关键事件法不能量化、不可比以及不能区分工作行为重要性的缺点，其主要优点有：① 能够区分高绩效者与低绩效者；② 具有客观性；③ 便于向员工提供绩效反馈；④ 便于确定员工培训需求；⑤ 容易在管理者和下属之间使用。其主要缺点在于：① 由于在使用过程中它所需要的信息可能会超出大多数评估者能够加工或记忆的信息量，因此对评估者要求较高；② 编制一份行为观察量表也费时、费力，而且完全从行为发生的频率来评估会使评估者和员工双方都忽略工作的意义和本质内容。

表 7-10　行为观察评估法示例

评估指标：克服变革的阻力	程　度				
评估内容	从不	偶尔	有时	经常	总是
1. 向下属描述变革的细节	1	2	3	4	5
2. 解释为什么必须进行变革					
3. 与员工讨论变革会给员工带来何种影响					
4. 倾听员工心声					
5. 在使变革成功的过程中请求员工的帮助					
6. 如果有必要，会就应该关心的问题定一个具体的日期来进行变革后的跟踪会谈					
总分：很差（6～10 分）；尚可（11～15 分）；良好（16～20 分）；优秀（21～25 分）；出色（26～30 分）					

（3）行为锚定等级评估法。行为锚定等级评估法（Behaviorally Anchored Rating Scale）和关键事件法一样，也需要由主管事先为每一个工作维度搜集可以描述有效、平均和无效的工作行为，每一组行为可以用来评定一种工作或绩效的维度，如管理能力、人际交往能力等。选择确实可以区分员工的关键工作行为，并为每种行为赋值，就可以将有用的行为项目按照维度和赋值量的顺序整理排列，形成实用的评定量表，称为行为锚定等级评估量表。例如，评估教师课堂教学技巧的行为锚定等级评估量表，如表 7-11 所示。

表 7-11　行为锚定等级评估量表示例

评估指标：课堂教学技巧（教师在课堂上有效地向学生传授教学内容的技巧）	
等　级	描　述
9	使用多样化教学方法，提高学生的自我学习能力
8	鼓励学生提出不同的见解，引导学生进行创造性思考
7	能将具有关联性的问题前后联系起来讲解，使学生形成完整的知识体系
6	讲解某些问题时，使用恰当的例子
5	讲解问题时重点突出
4	使用清楚、容易理解的语言讲课
3	对稍有难度的问题讲不清楚，并且对学生的意见不接纳
2	讲课乏味、枯燥，照本宣科
1	经常讲错一些基本概念

开发行为锚定等级评估量表的过程相当复杂，主要包括以下几个步骤：① 收集大量的代表工作中优秀的和无绩效的关键事件；② 将收集的关键事件划分为不同的绩效指标，确定评估员工绩效的重要指标，列出指标表并对每一指标进行定义；③ 把那些被专家认为能够清楚代表某一特定绩效水平的关键事件作为指导评估者评估员工绩效的行为事例的标准；④ 为每一绩效指标开发出一个评估量表，将这些行为作为“锚”来定义量表上的评分。

行为锚定等级评估法的优点有：① 可以提供一种精确、完整的绩效指标定义来提高评估者信度；② 绩效评估的反馈有助于员工明确自己的工作中存在的问题，从而加以改进。但是，由于那些与行为锚定最为近似的行为最容易回忆，因此管理者在信息回忆方面存在偏见。

（4）量表评定法。使用量表评定法，要求评估者就量表中列出的各项指标对被评估者进行评定，评定一般分为 5 个等级。例如，评价员工与人相处的能力是好、较好、平均、较差、差，也可以让评估者在 0～9 分的连续分值上为员工打分。使用描绘性量表评定法，事先要规定好指标评定等级的意义及指标的定义。量表评定法的内容如表 7-12 所示。

表 7-12　量表评定法的内容

姓　名		职　务	
考评项目	评定等级		得　分
工作质量	5 太粗糙 10 不精确 15 基本精确 20 很精确 25 最精确		
工作数量	5 完成任务极差 10 完成任务较差 15 完成任务 20 较好完成 25 超额完成		
工作知识	5 缺乏 10 不足 15 一般 20 较好 25 很好		
工作协调	5 差 10 较差 15 一般 20 较好 25 很好		

该方法的优点是简便实用；缺点是很容易受考评者主观因素的影响。该方法需要对评价标准和尺度进行精确定义。当尺度（等级）和标准被精确定义后，主观偏见产生的可能性就会大大降低。

（5）图评估尺度法。图评估尺度法（Graphic Rating Scale）是最常见的一种绩效评估的方法。表 7-13 和表 7-14 是两种不同的图评估尺度等级的范例。

表 7-13　图评估尺度法范例一

下列绩效指标对大多数岗位都很重要，请您对这些绩效指标进行评估，并将相应的分数圈起来					
指标	评估尺度				
绩效维度	优秀	良好	中等	需要改进	不令人满意
知识	5	4	3	2	1
沟通能力	5	4	3	2	1
判断力	5	4	3	2	1
管理技能	5	4	3	2	1
质量绩效	5	4	3	2	1
团队合作	5	4	3	2	1
人际关系能力	5	4	3	2	1
主动性	5	4	3	2	1
创造性	5	4	3	2	1
解决问题能力	5	4	3	2	1

表 7-14　图评估尺度法范例二

姓名：			岗位：			
评估项目	评估尺度					得分
工作质量	太粗糙 5	不精确 10	基本精确 15	很精确 20	最精确 25	
工作数量	完成任务极差 5	完成任务较差 10	完成任务 15	超额完成 20	超额完成一倍 25	
工作知识	缺乏 5	不足 10	一般 15	较好 20	很好 25	
工作协调	差 5	较差 10	一般 15	较好 20	很好 25	
总分						

运用此方法必须事先确定：① 评估项目，也就是运用哪些指标来评估员工绩效；② 评估标准，也即每个评估指标分为几个等级。在使用过程中评估者只要考虑一位员工，然后从中选择一个与被评指标具备的某一特性的程度最相符合的分数即可。

图评估尺度法既可为评估者提供大量的不同点数，也可为评估者提供一种具有连续性的点数，评估者只要将选择的点数标识出来即可。

（6）混合标准尺度法。由于衡量特征的尺度具有多样性，评估者可以从多个方面描述员工态度、行为的各种特征和表现。混合标准尺度法（Mixed Standard Scales）是对员工各个行为特征进行三个层面（优、一般、差）的描述后，随机排列这些描述，从而形成多重标准尺度，然后以员工的行为是否高于、等于或低于标准来评估每一个员工的方法。具体做法如表 7-15 所示。

表 7-15　混合标准尺度法范例

被评估的三个特征： 主动性 智力 与他人的关系			绩效等级说明： 高 中 低
说明：请在每一项评估指标的描述后面标明被评估员工的绩效与描述水平的关系： 高于（填“+”）、相当于（填“0”）、低于（填“-”）			
评估指标	指标描述水平		实际绩效与描述水平关系
主动性	高	1. 该员工确实是个工作主动的人。此人一贯都积极主动地做事，从来不需要上级来督促	+
智力	中	2. 尽管此员工可能不是一个天才，但他/她确实比我认识的许多人都更聪明	+
与他人的关系	低	3. 此员工具有与别人发生不必要冲突的倾向	0
主动性	高	4. 虽然通常来说此员工工作还是积极主动，但有时候也需要由上级监督其完成工作	+
智力	中	5. 尽管此员工理解问题的速度与某些人相比要慢一些，在学习新东西也比别人要花更长的时间，但他/她还是具有一般的智力水平	+

续表

与他人的关系	低	6. 该员工与每一个人的关系都不错，即使与别人意见不同，但他/她也能够与其他人友好相处	–
主动性	高	7. 此员工有点坐等指挥的倾向	+
智力	中	8. 此员工非常聪明，他/她学东西速度非常快	–
与他人的关系	低	9. 此员工与大多数人相处较好。只有在少数情况下偶尔会与他人在工作上产生冲突，但都是很小的冲突	–

赋分标准表：

	描述			得分
	高	中	低	
评估等级	+	+	+	7
	0	+	+	6
	–	+	+	5
	–	0	+	4
	–	–	+	3
	–	–	0	2
	–	–	–	1

根据上述确定的评估等级和赋分标准计算得分

评估指标	描述			得分
	高	中	低	
主动性	+	+	+	7
智力	0	+	+	6
与他人的关系	–	–	0	2

如表 7-15 所示，评估者要先判断被评估员工的实际绩效状况与指标描述水平的关系并加以标注，包括高于（填“+”）、相当于（填“0”）、低于（填“–”），然后填写评估表格，再根据一个特定的评分标准来确定每一位员工在每一种绩效指标上的得分。例如，如果一位员工在某个绩效指标上所获得的评价都高于表格中描述的标准，那么员工得 7 分；如果一位员工在某个绩效指标上所获得的评价与表格中描述的标准相比，分别是低于“高”、相当于“中”、高于“低”，则其得 4 分；如果一位员工在某个绩效指标上所获得的评价与表格中描述的标准相比是低于所有描述标准，则其得 1 分。

该考评方法使用的量表是为了降低光环效应和过宽偏见而特别设计的，它是行为量表与评级量表相结合的产物。

（7）点因素法。“点因素”中，“因素”为评估的内容即评估指标，“点”为各项内容的计算分数即标准。“点因素”评估是从对每个员工的工作岗位情况（工作评定）和表现情况（表现评定）两个方面进行的综合评估。每个工作岗位和每种工作表现都有一套预先制定好的“点因素”评估标准和与各种点数相对照的报酬等级。根据每个员工岗位工作职责和实际成绩，按评价标准进行评定，获得总点数，决定相应的等级。点数越多，等级越高，所得的报酬也就越多。“点因素”考绩的基本步骤是：① 根据员工担任的工作繁简、责任大小，把人员分为三类，其中“类别一”为一般员工，“类别二”为一般职员和助理工程师以下的技术人员，“类别三”为科室组长以上的管理人员和工程师；② 对每类人根据其工作岗位情况和表现情况设有不同的评价因素与计算标准。

（8）短文法。主要用来对员工开发的绩效评价方法是书面短文法。评估者书写一篇短文以描述员工绩效，并特别举出表现其优点、缺点的例子。由于这种方法迫使评价讨论绩效的特别事例，因此也能减少评价者的偏见和晕圈效应。由于评估者得列举员工表现的特别事例，而且不使用评级量表，因此也能减少趋中和过宽误差。

这种评价方法的缺点在于：① 评估者必须对每位员工写出一篇独立的短文，所花费的时间比较长；② 短文法不适用于估价目标，因为没有通用的标准，短文法描述的不同员工的成绩无法与增长和提升相联系。这种方法最适用于小企业或小的工作单位，而且主要目的是开发员工的技能，激发其表现。

（二）结果导向型的评估方法

结果导向型的评估方法是指评估者以员工的工作结果而不是行为表现或特征来评估员工。这种方法比较客观，容易为员工接受，能够减少产生偏见的可能性，促使员工对其行为负责。

主要有以下几种具体的考评方法：绩效标准法、生产能力衡量法、劳动定额法、成绩记录法、直接指标法。

1．绩效标准法

该方法与目标管理法基本接近，它采用更直接的工作绩效衡量的指标，通常适用于非管理岗位的员工。

绩效标准法比目标管理法具有更多的考评标准，而且标准更加详细、具体。依照标准逐一评估，然后按照各标准的重要性及所确定的权数进行考评分数汇总。

该方法的优点在于能够对员工进行全面的评估，为下属提供了清晰、准确的努力方向，对员工具有更加明确的导向和激励作用。其局限性是需要占用较多的人力、物力和财力，需要较高的管理成本。

2．生产能力衡量法

生产能力衡量法采用的每一个衡量标准都直接与员工的工作结果是否对企业有利相联系。例如，对销售人员的考评以销售量为基础（含销售数量和销售收入）；对经理的考评以企业利润增长量为基础；对生产工人的考评以生产数量、废品率或次品率为基础。这种方法可以直接将员工个人目标与企业目标相连接。

该方法的缺点是：由于注重结果，有时候员工所不能控制的某些外部原因导致的结果往往也要由员工承担责任，在无意中会引起员工的短期行为而忽视长期结果。

3．劳动定额法

劳动定额法也可称为工作标准法，就是组织为员工制定劳动定额或工作标准，然后把员工的工作与劳动定额或工作标准相比较以评估员工绩效。劳动定额确定了员工在某一工作的岗位上正常的或平均的生产产出。劳动定额一般是确定每小时生产多少或生产单位产品所需时间。这种劳动定额使企业可以支付员工计件工资，但是制定劳动定额不是一项简单的工作。时间研究可以用来制定特定的岗位上员工的产出标准。在随机抽样基础上的工作抽样统计数据也可用来制定劳动定额。

4．成绩记录法

此方法是由被考评者把自己与工作职责有关的成绩写在一张成绩记录表上，然后由其上级主管验证成绩的真实准确性，最后由外部专家评估这些资料，决定个人绩效的大小的方法。

这种方法是新开发出来的一种方法，比较适合于每天工作内容不同，无法用固化的衡量指标进行评估的员工，如科研人员、教师、工程技术人员等。因为该方法需要从外部请来专家参与评估，因此，人力、物力耗费较高，耗费时间也比较长。

5．直接指标法

直接指标法是采用可监测、可核算的指标作为对员工的绩效进行评估的主要依据。评估员工绩效的主要指标有生产率、工作数量（工时利用率、月度营业额、销售量等）、工作质量（顾客不满意率、废品率、产品包装缺损率、顾客投诉率、不合格品返修率等）、缺勤率、流动率等。

（三）绩效评估方法的选择

每种绩效评估的方法各有优缺点，组织应根据组织的环境和条件，以及各类岗位和人员的特点，选择合适的进行评估的方法。

一般情况下，在选择确定具体的绩效评估方法时，应当充分考虑以下三个重要的因素。

1．管理成本

在选择评估方法时，需要进行管理成本的分析，包括：评估方法的研制开发的成本；执行前的预付成本，如绩效管理的培训成本、各种书面说明指导书的编写和印制的成本等；实施应用成本，如评估者定时观察的费用以及进行评估回馈考评结果、改进绩效的成本。在管理成本之外，还存在着隐性成本的问题，如方法不得当，可能会引起员工的厌烦感和抵触情绪，乃至影响员工的士气，甚至可能诱发某种冲突或劳动争议，严重影响组织工作的正常进行。

2．工作适用性

评估方法的适用性是指评估方法、工具与岗位人员的工作性质之间的对应性和一致性，切实保证评估方法能够体现工作的性质和特点。例如，行为观察量表法和行为定点量表法都要求评估者对员工的工作行为进行必要的观察，然后作出判断评估和打分。但实际上有很多岗位的工作，不可能给评估者这种机会和条件，使评估者无法完成评估的全过程。一个典型的实例就是销售部经理，不可能天天观察并评估销售人员的工作行为。目标管理法更适合于实际产出能够有效地进行测量的工作，销售人员、一线生产员工比较适合，而售后人员则不适合使用。一般来说，在生产企业中，一线人员宜采用以实际产出结果为对象的评估方法，而从事管理性或服务性工作的人员宜采用以行为导向为对象的评估方法。

3．工作实用性

组织在选择绩效评估方法时，必须注重方法的实用性，即评估方法能够满足组织绩效管理的需要，切实可行，便于贯彻实施、推广应用。一种评估方法虽然设计得“有理有据”，其评估的指标、标准体系也十分完整，但是在实际应用时却发现有很多指标、标准根本无法进行测量和评定，不得不进行修改，其实用性就不强。如果一种方法需要耗费几年的时间才能研制出来，那么再好的评估工具也失去了实际的使用价值和意义。

本章小结

1．一般而言，绩效包括组织、团体、个体三个层面，层面不同，绩效所包含的内容、影响因素及其测量方法也不同。对于何为绩效，目前主要有三种观点：第一种观点认为绩效是结果，第二种观点认为绩效是行为，第三种观点认为绩效包括结果和行为。我们认为在实际的绩效管理过程中，绩效应该包括行为和结果两方面，绩效是组织中个体在一定时间与条件下的可描述的工作行为和可测量的工作结果，而结果是通过行为取得的。在绩效管理领域中主要涉及通过员工个体绩效的管理来达到团体和组织的目标，因此我们主要研究个体层面的绩效。对于什么是个体层面的目标，人们尚未达成共识。影响员工绩效的因素主要包括个人因素、组织因素、工作因素。

2．绩效管理，就是指组织为了有效达到组织目标，组织管理者与成员共同制订绩效计划，通过绩效辅导沟通实施绩效计划，依据绩效评估来检测绩效计划实施的效果，根据绩效评估结果提出绩效改进计划，以使个人、部门和组织的绩效不断提升的持续循环过程。绩效管理与其他人力资源管理职能之间有着密切的关系。绩效管理是个完整的系统，具体包括绩效计划、绩效沟通、绩效评估、绩效反馈等四个过程。

3．绩效管理系统的设计，由于涉及的工作对象和内容不同，可分为总流程设计和具体程序设计两种。总流程设计是从组织宏观的角度对绩效管理程序进行的设计。具体程序设计是从微观的角度对部门或科室员工绩效评估活动过程所作的设计。组织在绩效管理系统设计与实施过程中，必须遵循开放与公开、制度化与定期化、有效性与可靠性、可行性与实用性、反馈与修改等基本原则。绩效管理总流程的设计包括五个阶段，即准备阶段、实施阶段、考评阶段、总结阶段和应用开发阶段。绩效管理制度是组织实施绩效管理活动的准则和行为的规范，它是以组织规章规则的形式，对绩效管理的目的、意义、性质和特点，以及组织实施绩效管理的程序、步骤、方法、原则和要求所作的统一规定。

4．绩效管理系统的设计四阶段法认为，作为人力资源子系统的绩效管理系统，其由定义绩效、评估绩效、反馈绩效和改善绩效四个阶段所组成。绩效管理系统设计五阶段法认为，绩效管理是一个具体包括绩效计划、绩效沟通、绩效评估、绩效诊断和绩效总结五个阶段的完整系统。

5．企业制定绩效计划中的绩效目标的方法，目前比较常用的有：目标管理法（MBO）、平衡计分卡（BSC）、关键绩效法（KPI）。

6．绩效评估，又称绩效考评、绩效考核、绩效评价、员工考核，旨在通过科学的原理、方法、技术来评定和测量员工在岗位（职务）上的工作行为和工作效果。常用的绩效评估方法，可分为行为导向型的评估方法和结果导向型的评估方法两大类。行为导向型的评估方法又可分为行为导向型的主观评估方法和行为导向型的客观评估方法，行为导向型的主观评估方法主要包括排序法、交替排列法、配对比较法、硬性分布法；行为导向型的客观评估方法主要包括关键事件法、行为观察量表法、行为定点量表法、量表评定法、点因素法、短文法。结果导向型的评估方法主要包括绩效标准法、生产能力衡量法、劳动定额法、成绩记录法等。每种绩效评估的方法各有优缺点，组织应根据管理成本、工作适用性、工作实用性等来选择合适的评估方法。

案例分析

TS家具有限公司绩效管理

TS家具集团，是亚太地区最具规模的家具制造业集团。该公司在东莞投资1.5亿元，占地400多亩，厂房面积20万平方米，现有员工近6 000人，年家具销售额近两亿美元，2001年6月成功购并了美国第二大家具零售连锁店（年营业额三亿五千万美元的环美家具），居美国家具市场销售第三位。董事长是东莞市台商投资企业协会常务副会长。公司本着“以人为本”的理念，视人才为最宝贵的财富和资源，并为公司员工提供了良好的发展空间。

人事部总经理说过，他们公司之所以有今天的成果，可以总结为“成在管理，赢在研发，争在品牌”。他还说，公司的成功也离不开公司卓有成效的人力资源管理方法，特别是公司注重目标管理和绩效管理。

一、公司的目标管理

现在公司从形式上有一个很正规的“三联单”式的MBO计划书，每个员工每月都要与其直接经理沟通，共同确定自己下个月的工作目标（逐项量化），并对上个月的完成情况进行打分，最后形成的这套一式三份的计划书，由员工本人、其直接经理和人力资源部各执一份。MBO的评估结果与当月奖金直接挂钩。如果MBO所列的各项目标全部完成，该员工即可得到相当于其基本工资40%的奖金。

该公司实施MBO考核制度已经四年了，一直在不断完善。1999年度的MBO计划书只反映每一项任务完成情况的打分，在打分过程中，员工肯定要和直接经理沟通，他的直接经理知道他的具体情况，但是其他员工和人力资源部就不清楚了。从2000年开始，公司要求员工对他当月MBO表中所列每个项目的完成情况都做一个小结，附在其MBO计划书之后。这样，就能更具体地了解他做了什么，完成情况怎样，而不只是得到一个抽象的得分数字；也有利于高层经理和人事部横向地比较各部门的人员业绩。原先，在人事部，全体员工的MBO计划书是按月存放在一起的；现在人事部给每个员工都建了一个MBO档案，存放其每月的MBO计划书，这样更便于了解一个人的成长和对公司的贡献。

人事部经理林先生说：“考核制度应适应公司的业务定位；考核是为了公司整体目标的完成；考核制度应架构于整个公司的价值观之上。”

这样的考核方式从理论上来说固然很好,但是实际操作起来是不是太繁琐呢？员工有没有意见？公司的一位老员工说过，目标管理不只对公司有利，它也是个人规划的一部分。它让你学会从眼前的琐事中放眼出去，着眼于大的目标，再把它逐项分解，落实到每天每月的工作中去。过去我认为工作就是领导让干什么就干什么，自己没有目标和方向，更谈不上主动性；而现在，我对自己每月做什么心中有数，充分地调动了个人的能动性。在这个过程中，我们每达成一个目标都很有成就感，个人的能力在不知不觉中也有了很大的提高。

公司刚开始实行MBO考核的时候，确实还是有一些阻力的，那么为什么能够一直贯彻下来呢？

第一，有充分的沟通。公司把全年的总目标、季度目标都向全体员工宣讲。每个部门也会把部门目标告诉员工。这样，每个员工都会有自己的理解，会对自己应该做些什么有一些大致的考虑。MBO实际上是确定了一个时间，让员工和直接经理坐下来，大概谈一谈上月完成得怎么样，为什么，本月又要做什么。这就给了员工们参与整个部门决策的机会，或者说有关自身工作安排的一个机会。只有员工的认可度强了，整个目标才会得到很好的执行。如果仅仅是自上而下地压任务，而不跟员工商量，员工的积极性、认可度就会比较差。多年来，公司的MBO之所以能够顺利地推行下去，也因为有时候员工觉得“经理是为我着想”，不是说员工定了 10 条目标，经理就顺水推舟默认了。如果经理觉得你完成不了这么多工作，恐怕会影响到你的绩效，反而会给你减一些。因此，经理不仅仅要与下属沟通，还有一个责任，就是给下属一个正确的工作量，共同完成团体目标，使员工保持长期动力。

第二，TS 公司的 MBO 考核指标有三个特点：一是可以持续的；二是通过努力可以达到的，不是一伸手就能够到；三是可以量化。MBO 有两种性质的指标：质量与超越。例如，你每个月都做财务报表，那么 MBO 就卡你的质量。你这个月完成了整个年度目标的 10%，那么下个月你要争取做到 15%，这就是超越。虽然每个人的工作不雷同，但是每做一件事都要有助于整个目标的达成。

如果某个员工尽了最大的努力，但这样那样的原因导致最后的 MBO 值不理想，他肯定不那么开心。但是因为有充分的沟通，有前面的展望，有中间的跟踪，有每月一次的 REVIEW，给了员工很多参与的机会，而且公司还组织一些培训帮助员工达成 MBO，在这样的前提下，如果员工没有做好，他往往会恳切地承认是自己的问题。

TS 能够不间断地推行 MBO 系统，除了所说的具体方法之外，主要是还有一个价值体系去支持它。这个价值体系包括三点：① 客户满意度，公司不仅仅谈外部客户满意度，也谈内部客户满意度，如支持部门对业务部门的服务也是一种客户关系；② 团队精神，部门经理对部门目标负责，他在确定下属的 MBO 时，就会根据部门目标加以协调，因此 MBO 与团队精神并不矛盾。③ 结果导向。只有所有人认可这个价值的基石，才会认可 MBO 系统。因此，MBO 系统不是一个单独的东西，它是构建在一个价值基石上的。

二、公司的绩效管理

公司除了建立严格的目标管理外，还注重员工的绩效管理，人事部经理说过："有效的激励和管理手段，是企业战略性目标实现的重要保障，绩效的根本目的是不断提高员工的职业能力和改进工作绩效，提高员工在工作执行中的主动性和有效性。"

TS 家具有限公司的绩效管理可分为四部分：绩效计划、绩效监控、绩效考核、绩效反馈。

（一）绩效计划

TS 很重视计划，除了绩效计划还有很多其他大大小小的计划。在计划绩效时，他们各级管理者会同员工一起就员工在该绩效期间做什么、为什么做、需要做到什么程度、何时应做完等问题进行讨论，促进相互理解并达成协议。

（二）绩效监控

在制订了绩效计划后，管理者应该在整个绩效管理循环的实施过程中，通过各种手段了解员工的工作状况，与员工进行持续的绩效沟通，预防或解决绩效期间可能发生的各种问题，帮助员工更好地完成绩效计划。TS 的绩效监控可分为三种方式：① 工作报告。有些部门主管为了了解员工的工作情况和遇到的各种问题，会要求员工上交工作报告。② 面谈。管理者注意到员工绩效降低后，就会与员工进行面谈，共同分析问题的所在。通过面谈，员工知道自己在哪方面做得不够，这样绩效通常会有所提高。③ 有些部门会不定期地召开绩效评审会议，讨论员工的绩效，以充分掌握员工的工作情况。

（三）绩效考核

员工的考核主要是从业绩贡献、工作态度、业务能力等几个方面进行。公司对不同的人员进行侧重点不同的考核。TS 采用的是量表法，即将一定的分数或比重分配到各个绩效评价指标上，使每项指标都有一个权重，然后由评价者根据评价对象在各个评价指标上的表现情况进行评价、打分。

下面以TS的主管人员的绩效考核表为例，简单说明一下具体操作过程。出勤情况在平时记录，综合考核的时候再加入该指标，至于如何区分优劣，还有另外的一套方法。TS设置了六个指标考核主管人员，这些是由人事部与各级主管经过探讨而确定的。该套考核系统总分是100分，每个评价指标占15分，剩下的10分是根据考核期间的表现，由各级主管讨论给出。考核首先由员工自评，再由员工的直接上级初核，然后由再上一级人员进行复核，最后由副经理或者经理进行核决。在考核过程中，评价者可参照指标后面的参考说明进行打分。

林先生认为，绩效考核是企业管理的“重头戏”，但它同时也是一柄“双刃剑”，用得好，能最大限度地激发员工的热情，挖掘员工的潜力；反之，则会挫伤员工，给企业发展带来消极影响。因此，TS公司在绩效考核中非常认真，尽量避免光环效应、近因误导、感情用事、自我比较的干扰因素。绩效考核后，它们公司还注重绩效面谈和反馈。

（四）绩效反馈

在评价结果出来以后，如果员工不满意评价结果的话，可以向特定部门投诉，如工会。

他们公司把绩效考核作为薪资或绩效奖金调整的依据，作为员工晋升和培训的需求的依据。员工绩效评价的结果主要用在员工调薪、晋升方面，在员工调动、奖惩、培训、解雇等方面也会产生影响。人事部林生先说，绩效考核可以确认员工以往的工作为什么是有效或无效的，可以确认员工的执行能力和行为中存在哪些不足，以便改善。

经过该评价系统，如果管理者发现某员工成绩较差，通常会与员工进行面谈，分析存在的问题。如果面谈后，员工绩效还很差，屡教不改，就会被解雇。

公司通过严格的目标管理和有效的绩效管理体系，使员工的工作效率大大提高，从而降低生产成本，使TS在近几年实力大增，成为家具行业的龙头。

资料来源：刘永安. 企业人力资源管理经典案例[M]. 北京：清华大学出版社，2007.

思考题：

1. TS公司的MBO有何特点？
2. 分析该绩效考核方式存在哪些问题，并提出改进意见。
3. 该绩效评价方式能否对TS家具有限公司的员工起到有效的督促和激励作用？

讨论题

1. 何谓绩效？何谓绩效管理？
2. 绩效管理包括哪些过程？绩效管理与其他人力资源管理职能之间有何关系？
3. 绩效管理系统设计的原则有哪些？
4. 绩效管理制度的基本结构包括哪些？
5. 何谓绩效管理系统设计的四阶段法？何谓绩效管理系统设计的五阶段法？
6. 制定绩效目标的方法有哪些？
7. 员工绩效评估的方法有哪些？

复习思考题

1．试述影响员工绩效的因素。

2．试述绩效管理总流程设计的五个阶段。

3．请运用所学知识设计一套对×××超市员工进行绩效评估的指标体系。

外延学习目录

一、书籍

1．[美]雷蒙德·A.诺伊，约翰·霍伦拜克，拜雷·格哈特，帕特雷克·莱特，人力资源管理：获取竞争优势[M]．刘昕，译．北京：中国人民大学出版社，2001.

2．赵曙明，张正堂，程德俊．人力资源管理与开发[M]．北京：高等教育出版社，2009.

3．[美]科普兰，多戈夫．基于预期的绩效管理（EBM）[M]．于胜道，译．大连：东北财经大学出版社，2007.

4．[美]赫尔曼·阿吉斯．绩效管理（英文版）[M]．北京：中国人民大学出版社，2008.

5．[美]保罗·法尔科罗．绩效对话101个范例[M]．第2版．郑大奇，译．北京：经济科学出版社，2012.

6．方振邦．战略性绩效管理[M]．第4版．北京：中国人民大学出版社，2014.

7．[美]沃纳．双面神绩效管理系统（完全版）[M]．徐联仓，等，译．北京：电子工业出版社，2005.

8．孙海法．绩效管理[M]．北京：高等教育出版社，2010.

二、杂志

1．《中国人力资源开发》，中国人力资源开发研究会，北京

2．《哈佛商业评论》，哈佛商业评论杂志出版社，北京

3．《中国人才》，中国人事报刊社中央人才工作协调小组办公室，北京

4．《中外管理》，中国科协管理科学研究中心，北京

5．《人力资源开发与管理》，中国人民大学书报资料中心，北京

6．《企业管理》，中国企业联合会，中国企业家协会，北京

7．《才智》，吉林省人事厅，长春

三、参考网站目录

1．中国人力资源开发网：http://www.chinahrd.net

2．世界经理人网：http://www.ceconline.com

3．中国人力资源管理网：http://www.rlzygl.com

4．中国人力资源网：http://www.hr.com.cn

5．中训网：http://www.trainingmag.com.cn

6．人力资源总监网：http://cho.icxo.com/hrweb

7．HR 世界：http://www.hroot.com

8．麦肯锡季刊，外文网址：http://www.mckinseyquarterly.com/；
中文网址：http://china.mckinseyquarterly.com/

本章主要参考文献

1．赵曙明，张正堂，程德俊．人力资源管理与开发[M]．北京：高等教育出版社，2009．

2．赵曙明．绩效管理与评估[M]．北京：高等教育出版社，2004．

3．[美]雷蒙德·A.诺伊，约翰·霍伦拜克，拜雷·格哈特，帕特雷克·莱特．人力资源管理：获取竞争优势[M]．刘昕，译．北京：中国人民大学出版社，2001．

4．刘永安．企业人力资源管理经典案例[M]．北京：清华大学出版社，2007．

5．[美]加里·德斯勒，[新]陈水华．人力资源管理（亚洲版）[M]．第 2 版．赵曙明，高素英，译．北京：机械工业出版社，2013．

6．孙海法．绩效管理[M]．北京：高等教育出版社，2010．

7．方振邦．战略性绩效管理[M]．第 4 版．北京：中国人民大学出版社，2014．

8．赵中利，曹嘉晖．人力资源管理——理论·务实·工具[M]．南京：南京大学出版社，2013．

9．李长江．人力资源管理：理论、实务与艺术[M]．北京：北京大学出版社，2011．

10．王丽娟，何妍．绩效管理[M]．北京：清华大学出版社，北京交通大学出版社，2009．

11．李文静．绩效管理[M]．大连：东北财经大学出版社，2008．

第八章 薪酬管理

引导案例

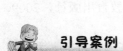

华民有限公司是一家外商（香港）独资企业，创建于1998年。该公司当初筹建时，采取边建设边生产的方式。经过七年的努力，现在已发展为投资额2 200多万港元，占地100亩，厂房六座，拥有员工约1 200人的大公司。公司业务主要是生产和销售五金塑饰品、玩具、木制品等。产品全部外销，主要是面向欧美国家。华民公司在同行中享有较好的声誉，它的产品订单通过内行人介绍，然后依据订单来生产的，产品款式多样，质量可靠。

华民有限公司付给员工的报酬主要是经济性报酬，包括基本工资、奖金、津贴和补贴、福利。

（1）工资。根据劳动者所提供的劳动数量和质量，按照事先规定的标准付给劳动者报酬。从事管理工作和负责经营等的人员按月领取的固定薪金（不论出勤率），从事生产操作的人员按月领取的工资主要按出勤率。华民公司的工资制度采取结构工资，即由职位工资、奖励工资、出勤工资所构成。这种工资制度因素较全面，有利于实行工资的分级管理，从而克服“一刀切”的弊病，为改革工资分配制度开辟了道路。

（2）奖金。华民公司是按照员工所处的岗位和通过绩效考核评分得出等级来计算的月奖金。每年终有年终奖，于农历新年之前发放，目的是使员工过一个富足的新年。

（3）津贴和补贴。即对员工在特殊劳动条件、工作环境中的额外劳动消耗和生活费用的额外支出的补偿。例如，华民公司的加班费，员工报销休假期间的费用，对员工生活方面基本需要的现金支持。

（4）福利。华民公司对员工的福利主要是伙食费减半、各种文化娱乐和安全保护。

华民公司大概是一年加一次工资，每次大概增加原来工资的5%，调整的幅度是全公司的员工。

员工工资的大概等级有四个：普通工人500～600元；普通技术员、线上领导、部门人员1 000～2 000元；高级技术员和主管人员2 000～3 000元；高级主管以上的3 000元以上。

小张刚大专毕业就进入华民公司开发部的设计组，开始一年中他觉得自己做得一般般。过了一年后，他渐渐熟识了工作，并且由于他设计的样品新颖，公司得到了很好的销售业绩，因此，他很快得到了晋升，被调到了开发部当科员。这以后他更加努力工作，干得特别出色，他觉得自己应该是全年最棒的，可公司没公布，经理好像也没对他的工作成就有所表示。但小张还是认真地工作，希望得到重视与认可。

过了三年，他终于向主管提出了辞职。主管不理解，因为他觉得自己蛮重视小张的，工资也不算低。他不解地找了小张谈话。他叫小张坐下，然后问："小张，你做得好好的，怎么要走啊？什么原因，说说看。"小张回答："因为我在这儿已经三年了，工作环境已经熟识了，觉得公司好像没什么改变，特别是公司的薪酬管理制度没什么变化，没有什么激励因素，只有一个全勤奖，相对其他公司搞什么本月优秀员工、最有创意奖、设计图比赛啊，我们公司就欠缺了。因为我们的工作没有得到及时的肯定，好像做好做坏都一样。我总觉得没有多少积极性，所以我想转换一下环境，去其他公司试试。"主管听了也觉得有道理，可这是公司定的，只有上面改才行啊，所以主管承诺将向上级反映一下情况。小张听后，点了点头出去了。主管找到经理谈了这件事，可是经理没有作任何的表示，只是觉得可以对公司的薪酬管理进行一下修改，不过对于小张的辞职，他表示尊重小张的意愿。后来小张真的离开了。

资源来源：刘永安. 企业人力资源管理经典案例[M]. 北京：清华大学出版社，2007.

【本章学习目标】

1. 理解薪酬与薪酬管理的概念，了解影响薪酬的因素；
2. 理解薪酬管理与其他人力资源管理环节的关系；
3. 了解并掌握福利的概念和类型；
4. 了解并掌握薪酬管理的流程和内容；
5. 了解并掌握岗位价值评价方法，尤其是因素比较法和因素计点法；
6. 了解并掌握薪酬管理制度设计的原则及程序；
7. 了解和掌握薪酬设计的理念和方法；
8. 了解并掌握福利设计的流程和内容。

【本章导学图】

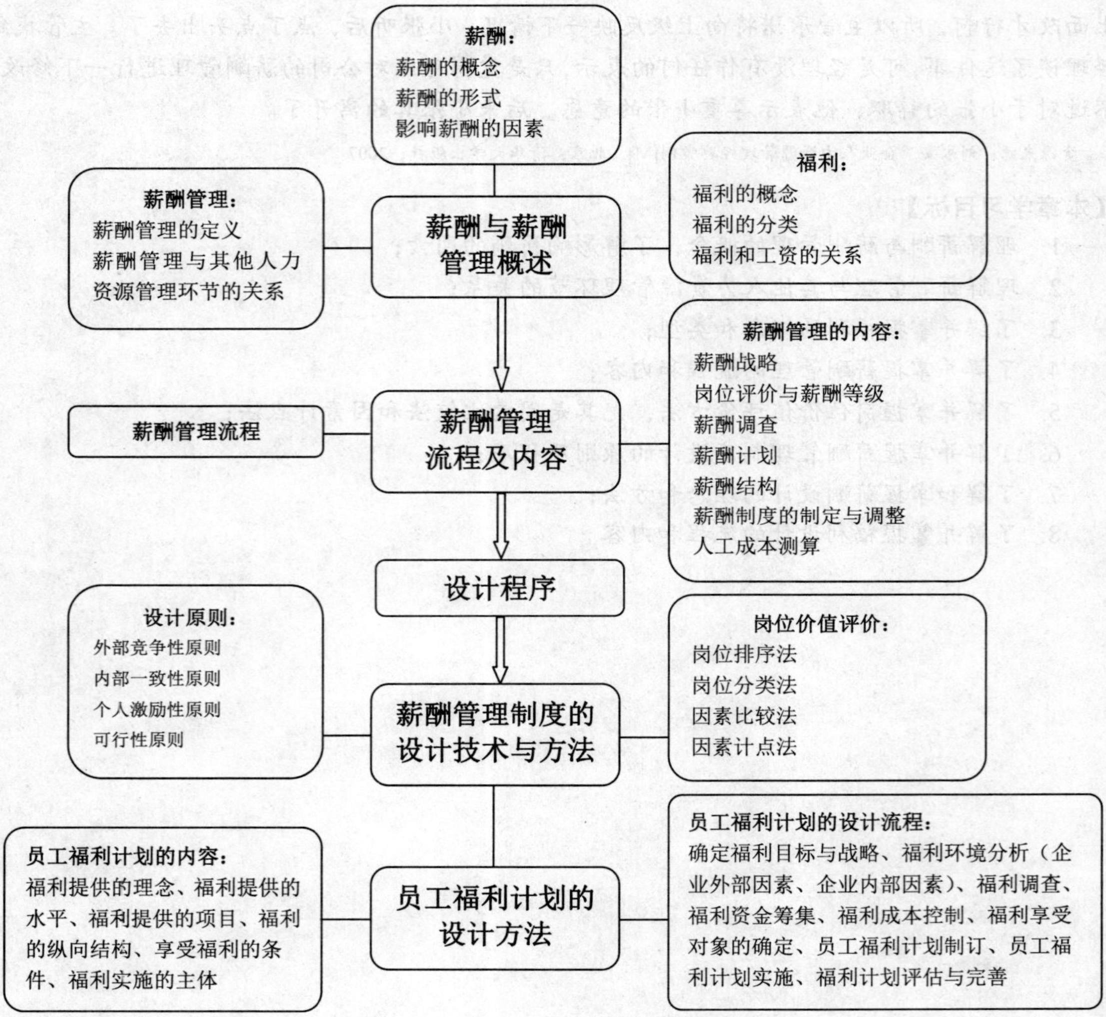
薪酬：
薪酬的概念
薪酬的形式
影响薪酬的因素
薪酬管理：
薪酬管理的定义
薪酬管理与其他人力资源管理环节的关系
薪酬与薪酬管理概述
福利：
福利的概念
福利的分类
福利和工资的关系
薪酬管理流程
薪酬管理流程及内容
薪酬管理的内容：
薪酬战略
岗位评价与薪酬等级
薪酬调查
薪酬计划
薪酬结构
薪酬制度的制定与调整
人工成本测算
设计程序
设计原则：
外部竞争性原则
内部一致性原则
个人激励性原则
可行性原则
薪酬管理制度的设计技术与方法
岗位价值评价：
岗位排序法
岗位分类法
因素比较法
因素计点法
员工福利计划的内容：
福利提供的理念、福利提供的水平、福利提供的项目、福利的纵向结构、享受福利的条件、福利实施的主体
员工福利计划的设计方法
员工福利计划的设计流程：
确定福利目标与战略、福利环境分析（企业外部因素、企业内部因素）、福利调查、福利资金筹集、福利成本控制、福利享受对象的确定、员工福利计划制订、员工福利计划实施、福利计划评估与完善

第一节　薪酬与薪酬管理概述

一、薪酬

（一）薪酬的概念

薪是指薪水（薪金、薪资），是所有可以用现金、物质来衡量的个人报酬。酬是指报酬（报答、酬谢），是一种精神层面的报酬。据韦氏和牛津词典注录，salary 和 compensation 两词都有薪水、薪资的意思，但是 compensation 一般被用来指雇员的一揽子整体性薪资，即除了薪水外，还包括各种奖励、红利、福利以及其他收入等。salary 一般被译为薪水，compensation 被译为薪酬。薪酬的概念可分为广义薪酬和狭义薪酬，所谓广义薪酬就是指员工为组织提供劳动而获得的物质报酬和精神报酬总和。所谓狭义薪酬就是指员工因为雇佣关系，而从组织获得的各种经济性回报和有形的服务及福利。薪酬可分为经济性薪酬和非经济性薪酬，经济性薪酬又可分为直接经济薪酬和间接经济薪酬（见表 8-1）。根据货币支付的形式，可以把经济性薪酬分为两大部分：一部分是以直接货币报酬形式支付的工资，包括基本工资、奖金、绩效工资、激励工资、津贴、加班费、佣金、利润分享、股票认购等；另一部分则体现为间接货币报酬的形式，即间接地通过福利（如养老金、医疗保险）以及服务（带薪休假等）支付的薪酬。本章的薪酬主要指狭义薪酬。

表 8-1　薪酬构成表

薪酬	经济性薪酬	直接经济性薪酬	基本薪酬	基本工资
			可变薪酬	绩效工资
				激励工资
				加班工资及津贴
				奖金
				利润分享
				股票认购
				……
		间接经济性薪酬	带薪休假	
			保险/保健计划	
			住房资助	
			员工服务与特权	
			其他福利	
	非经济性薪酬	参与决策		
		提供挑战性的工作		
		提供感兴趣的工作		
		认可与地位		
		多元化活动		
		提供学习的机会		
		就业保障		
		……		

（二）薪酬的形式

1．固定薪酬

固定薪酬也称基本工资，是不随业绩或工作结果变动而变化的，是一种不随意变动的薪酬。它反映的是工作或员工技能的价值，而往往忽视了员工之间的个体差异。固定薪酬的调整一般依据以下几个方面：整个生活水平发生变化或通货膨胀；市场上同类岗位的薪酬有所改变；员工技能、经验的改变等。

2．浮动薪酬

浮动薪酬也称绩效工资，它是根据员工绩效水平或工作结果变动的实现程度而变化的薪酬项目。其依据员工业绩的变化而变化。

3．激励薪酬

激励薪酬也和员工业绩直接挂钩，其包括短期奖励薪酬和长期奖励薪酬。短期奖励薪酬是针对一年或者一年以内的特定的绩效奖励提供的一种薪酬计划。长期奖励薪酬是针对一年或者一年以上的特定的绩效提供奖励的一种薪酬计划。

4．福利

福利通常不与员工的劳动能力和提供的劳动量相关，而是一种源自员工组织成员身份的福利性报酬。福利包括休假、假期和保障（如医疗保险、人寿保险、住房补贴、养老金）以及各种服务如医药咨询、财务计划、员工餐厅等。福利已日益成为薪酬的重要形式，它对于吸引、留住员工具有重要的作用。

（三）影响薪酬的因素

一般而言，影响薪酬的因素可以分为个人因素、组织因素、岗位因素和社会因素。

1．个人因素

个人因素主要指与员工个人的基本素质、劳动量、工龄等相关的因素。

（1）基本素质。员工要完成岗位的工作需要具备一定的素质。有些员工可能各方面都达到或超过岗位的要求，有些则可能在某些方面超过，有些方面未达到。同一岗位上的不同任职者可能会因为素质上的差异而影响工作业绩，因此其获得的薪酬也不相同。

（2）劳动量。员工薪酬水平一定程度上还受到劳动量大小的影响，多劳多得，少劳少得，不劳不得。

（3）工龄。工龄虽然并不一定能反映员工的基本素质和熟练水平，但在设计薪酬时考虑工龄因素可肯定员工过去为组织所作的贡献并留住员工。

除以上原因外，员工的性别、身体状况及与岗位工作相关的一些特长都可能影响员工的薪酬。

2．组织因素

（1）组织的管理哲学和组织文化。组织文化是组织分配思想、价值观、目标追求、价值取向和制度的基础。企业文化不同，必然会导致薪酬观念和制度的不同，这些不同决定了组织的薪酬体系和薪酬水平。

（2）组织的经济效益。一般来说，组织的经济效益将直接决定组织的薪酬水平，经济效益好的组织，薪酬水平就较高；反之，薪酬水平则较低。在设计薪酬时，组织必须考虑自身的经济效益。

（3）组织的发展阶段。组织对员工分别在其开创阶段、成长阶段、成熟阶段、稳定阶段、衰退阶段采取不同的薪酬策略（见表 8-2）。

表 8-2 薪酬策略与企业成长阶段的关系

企业成长阶段	薪 酬 策 略	薪 酬 组 合	经 营 战 略
开创阶段	刺激创业	高额基本薪资，中高等奖金与津贴，中等福利	以投资促发展
成长阶段至成熟阶段	奖励管理技巧	平均的基本薪资，较高比例的奖金和津贴，中等的福利水平	保持利润 保护市场
稳定和衰退阶段	着重于成本控制	较低的基本薪资，与成本控制相结合的奖金，标准的福利水平	收获利润 并向别处投资

（4）组织类型。劳动力密集型与资本密集型的组织，由于劳动力成本在总成本中的比重不同，因此，其薪酬政策也会不一样。

3．岗位因素

职位的高低和类别都会影响薪酬水平。职位越高，责任越大，重要性程度越高，薪酬水平越高。职位类别不同，如同一级别的销售类岗位与技术类岗位、生产类岗位的薪酬水平可能有差异。岗位工作的复杂程度、对员工要求的程度对薪酬水平也有影响。一般而言，工作越复杂，对员工要求越高，薪酬水平也越高。

4．社会因素

（1）劳动力市场状况。劳动力价格受供求关系影响，一般而言，当供大于求时，劳动力价格会下降；当供小于求时，劳动力价格会上升。

（2）地区及行业的特点与惯例。每一个行业和地区都有自己的规矩与惯例，这是某一行业或某一地区组织的道德观与价值观及行为习惯。例如，如果受传统的“平均主义”和“稳定至上”观点的影响，则薪酬上就不容易拉开差距。

（3）组织所在地的生活水平。组织在确定薪酬水平时应该考虑组织所在地的生活水平的高低。在生活水平高的地区，应该提高薪酬水平。一般而言，组织的薪酬水平应该随物价指数的上涨而不定期适当向上调整。

（4）国家、地方的有关法令和法规。国家、地方的法律、法规和相关政策是组织进行薪酬管理的依据，其可直接和间接调节与约束组织的薪酬政策和薪酬水平，如最低工资制度、个人所得税制度等。

（5）社会经济状况。一般而言，员工的薪酬水平是随社会生产力水平的提高而提高的。但实际的薪酬水平会受到当时的经济状况和物价水平的影响。例如经济萧条时，员工的薪酬普遍下降。

二、薪酬管理

（一）薪酬管理的定义

薪酬管理，是指根据组织发展战略与目标，组织针对员工所付出的劳动和服务而提供回报的动态过程，也即对组织薪酬战略、岗位评价与薪酬等级、薪酬调查、薪酬计划、薪酬水平、薪酬结构、薪酬构成、薪酬制度、人工成本测算等进行确定和调整的过程。在此过程中，组织必须就薪酬战略、薪酬体系、薪酬结构、薪酬水平、薪酬构成及特殊群体的薪酬等作出决策，同时还要持续不断地与员工就薪酬问题进行深入沟通、制订薪酬计划、拟定薪酬预算、评价薪酬管理的有效性，不断完善薪酬管理体系。薪酬管理作为人力资源管理部门的重要职能，其为激发员工的工作主动性、积极性和创造性，实现组织的战略目标发挥了重要的作用。

（二）薪酬管理与其他人力资源管理环节的关系

薪酬管理与其他人力资源管理环节具有密切的联系（见图 8-1）。

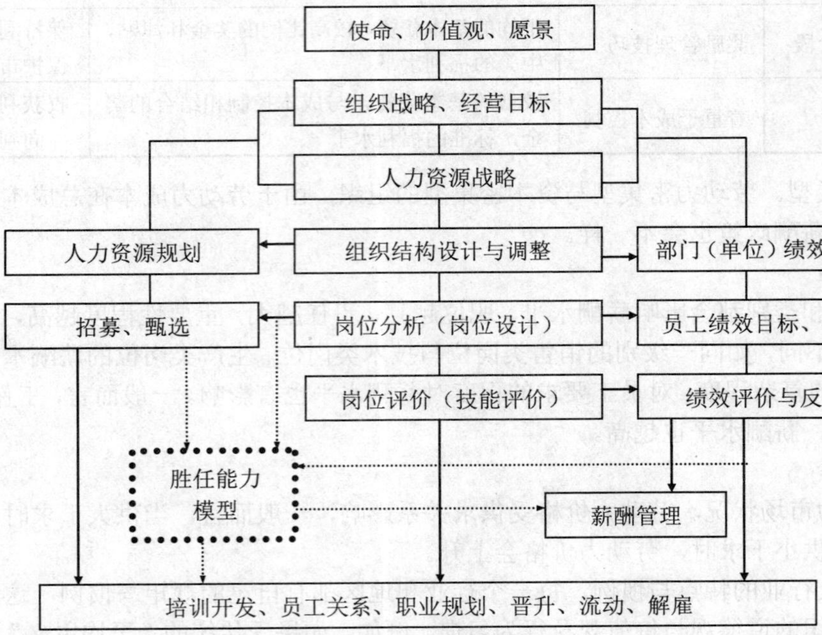

图 8-1　薪酬管理与人力资源管理体系

1．薪酬管理与岗位分析

岗位分析是薪酬设计的基础，其是建立内部公平薪酬体系的必备前提。岗位分析所形成的岗位说明书是进行岗位评价确定薪酬等级的依据，岗位评价信息大都来自岗位说明书的内容。在技能工资体系中，需要以岗位分析为基础来评价员工所具备的技能，因此，岗位评价仍然具有重要的意义。

2．薪酬管理与人力资源规划

薪酬管理与人力资源规划的关系主要体现在人力资源供需平衡方面。薪酬政策的变动是改变人力资源供给的重要手段，如提高加班工资，可激励员工增加加班时间，从而增加人力资源的劳动量的供给。

3．薪酬管理与招聘管理

薪酬管理对招聘录用工作有着重要的影响。薪酬是员工选择工作时考虑的重要因素之一，较高的薪酬水平有利于吸引大批合格的应聘者，也可使组织提高人员甄选的标准，从而提高招聘的效果。组织的薪酬制度如薪酬等级、薪酬水平、薪酬结构等会成为有效的筛选机制，帮助组织吸引与组织文化相匹配的员工。如果组织薪酬结构中变动薪酬较大而固定薪酬较少，则容易吸引敢于承担风险的员工。此外，招聘录用人员的数量多少和素质高低也会对组织的薪酬水平和结构产生影响。录用人员的数量和结构是决定组织薪酬总额增加的主要因素。

4．薪酬管理与培训开发

薪酬管理对组织的培训开发具有很好的支持与引导作用。例如，以技能为基础的薪酬体系就是一种激励员工不断学习、不断提升自身素质的薪酬制度。另外，通过培训开发，员工的素质得到改善、绩效水平有了提高，组织薪酬管理也需要进行相应的变化以留住素质提升后的员工。

5．薪酬管理与绩效管理

绩效管理是薪酬管理的基础之一，对于许多组织而言，绩效薪酬是薪酬结构中的主要部分。实践证明，薪酬与绩效挂钩能够充分调动员工工作的积极性与创造性。薪酬管理和绩效管理之间是一种互动的关系。绩效薪酬的实施需要对员工的绩效作出准确的评价；另外，针对员工不同的绩效表现及时地给予不同的激励薪酬，有助于增强激励的效果，确保绩效管理的实施。

6．薪酬管理与员工关系管理

薪酬问题是组织员工关系中的主要问题之一。薪酬问题也是引起劳动争议的主要原因之一。有效的薪酬管理能够减少劳动纠纷，建立和谐的劳动关系，形成稳定的员工队伍。

三、福利

（一）福利的概念

什么是福利？西方主要从福利计划的角度给员工福利下定义，具有代表性的定义是美国商会（The Chamber of the United States）和美国社会保障署（The Social Security Administration）对员工福利下的定义。美国商会认为，员工福利计划（Employee Benefit Plan，EBP）是相对于直接津贴（Direct Wages）以外的任何形态津贴而言的，其包括五大类：① 对于员工经济安全所需的法定给付；② 养老金和其他承诺的给付；③ 上班中非生产时间的给付；④ 未工作时间的给付；⑤ 其他福利。此定义是广义的概念。美国社会保障署认为，员工福利计划是由雇主和员工单方面或共同赞助创立的任何形态的给付措施，必须基于雇佣关系，并且不是政府直接承保和给付。一般而言，其目的在于使用一个有秩序和预定模式的措施，以提供因死亡、意外、疾病、退休或失业等正常所得中止期间收入之持续和由于生病和伤害通常面临的特殊费用之补偿。美国社会保障署对于员工福利计划的内容只限于企业对个人遭遇死亡、意外、疾病、退休或失业等风险时所提供的经济安全保障，而带薪假日、员工折扣优惠、工作期间的休息、免费进餐等项目则不属于此，同时也不包括国家的老年、遗嘱保险、工作能力丧失的收入（工伤保险）、健康保险（OASDHI）和失业保险等。此为狭义概念。在我国，赵曙明认为福利是企业为了实现自己的目的，在改善直接劳动条件之外，从生活诸多侧面，以提高职工及其家属生活水平和质量而开展的活动和采取的措施的总称。郑功成认为，员工福利是以企业或社会团体为责任主体，并专门面向内部员工的一种福利待遇，它本质上属于职工激励范畴，是职工薪酬制度的重要补充。刘昕认为，员工福利是在相对稳定的货币工资以外，企业为改善企业员工及其家庭生活水平，增强员工对于企业的忠诚感、激发工作积极性等为目的而支付的辅助性货币、实物或服务等分配形式。

一般而言，福利已经制度化，有些项目要受到国家法律的强制性约束，无论企业的规模、性质如何，都会为员工提供一些福利。员工福利的给付形式多样，包括现金、实物、带薪假期以及各种服务，而且可以采用多种组合方式，要比其他形式的报酬更为复杂、更加难以计算和衡量。在我国，福利通常可划分为三个层次：① 由国家和地方政府主管，以国民为对象的福利；② 由工会劳动者组织主管，以会员为对象的部分劳动者福利；③ 由企业主管，以公司全体员工为对象的公司福利。

（二）福利的分类

1．按照国家法律强制执行划分

依据是不是由国家立法强制执行的，可以将福利分为法定福利和自愿福利。法定福利是国家通过立法强制实施的对员工的福利保护政策，包括社会保险、法定假期和住房公积金。非法定福利是指企业自主建立的，为满足职工的生活和工作需要，在工资收入之外，向雇员本人及其家属提供的一系列福利项目，包括货币津贴、实物和服务等形式。自愿福利比法定福利种类更多，也更加灵活。具体情况如表 8-3 所示。

表 8-3　法定福利和自愿福利

类　型	内　容	主要形式
法定福利	社会保险	养老保险、医疗保险、失业保险、工伤保险、生育保险
	法定假期（休假）	1．劳动者每日休息时间； 2．每个工作日内的劳动者的工间、用膳、休息时间； 3．每周休息时间； 4．法定节假日放假时间； 5．带薪年休假休息； 6．特殊情况下的休息，如探亲假、病假休息等
	住房公积金	住房公积金是指国家机关、国有企业、城镇集体企业、外商投资企业、城镇私营企业及其他城镇企业、事业单位、民办非企业单位、社会团体及其在职职工缴存的长期住房储金。资金由用人单位和职工共同缴费，双方缴费全部记入个人账户，归职工个人所有，可以携带和继承。职工在购买、建造、翻建、大修自住住房，偿还购房贷款本息，房租超出家庭工资收入的规定比例，以及离休、退休，完全丧失劳动能力并与单位终止劳动关系或出境定居的情况下可以提取职工住房公积金账户内的存储余额
自愿福利	非工作时间工资	1．支付工资的假期； 2．病假
	健康及保健福利	1．健康护理； 2．牙科及视力保健； 3．残疾人保护； 4．退休计划； 5．附加失业救济； 6．团体寿险
	员工服务	1．公司补助的食品服务； 2．财政帮助； 3．法定税和个人所得税补助； 4．运动和娱乐活动； 5．公司产品、服务折扣； 6．搬迁费用； 7．停车位； 8．学费折扣等
	额外报酬	1．危险工作工资； 2．值班津贴

2．按福利的功能划分

按福利所具有的功能，可将福利划分为安全和健康福利、设施性福利、文娱性福利、培训性福利、服务性福利，具体情况如表 8-4 所示。

表 8-4　按福利的功能划分

类　型	含　义	主要形式
安全和健康福利	防范员工安全和健康风险的福利，具有风险分散的保障性功能	企业年金、人寿保险、健康保险、住房补助计划以及各种补贴（如交通补贴、出差补贴、就餐补贴、教育补贴）等
设施性福利	满足员工的日常需要的福利	员工餐厅、浴室、阅览室、交通车（班车）、交通费补贴、托儿所等
文娱性福利	促进员工的身心健康，丰富员工的精神和文化生活的福利	健身房、健身器械、健康教育讲座、季节性出外旅游、旅游假期、运动会、联欢晚会、文化活动、观看文体表演等
培训性福利	通过一定的教育或培训手段提高员工素质和能力的福利，分为内部培训和外部培训	企业内部 MBA 课程、内部培训、外派培训，学历教育等
服务性福利	帮助员工解决后顾之忧、提供生活保障的福利	雇员援助计划（Employee Assistance Programs，EAP）、雇员咨询计划、家庭援助计划、家庭生活安排计划等

3．按员工福利的给付形式划分

按福利的给付形式，可将福利划分为现金型、非现金型。具体情况如表 8-5 所示。

表 8-5　按福利的给付形式划分

类　型	含　义	主要形式
现金型	以货币的形式给付的福利	企业年金、人寿保险、企业健康保险、住房援助计划、交通补贴、出差补贴、就餐补贴、教育补贴等
非现金型	以实物、活动和服务等形式提供的福利	1．企业设施性福利，如员工餐厅、浴室、阅览室、交通车（班车）、托儿所等； 2．企业文娱性福利，如各种文化、体育活动； 3．企业培训性福利，包括企业内部和外部培训计划； 4．企业服务性福利，如雇员援助计划、雇员咨询计划、家庭援助计划、家庭生活安排计划等

（三）福利和工资的关系

员工的福利和工资既相互联系，又存在差异，它们之间的关系如表 8-6 所示。

表 8-6　福利和工资的关系

联　系	区　别
1．均为员工的劳动所得，属于劳动报酬的范畴，在劳动报酬总量一定的情况下，二者存在一定程度的此消彼长或替代关系； 2．均具有经济保障功能； 3．都要在一定程度上受到政策和法律法规的约束； 4．均具有一些弹性项目，可以依据经济条件的变化作出调整，以满足不同的员工需求	1．产生的效用不同； 2．支付依据不同； 3．支付形式不同； 4．费用来源不同 5．影响其总量发生变化的主要因素不同； 6．列支渠道不同

第二节 薪酬管理流程及内容

一、薪酬管理的流程

薪酬管理，是在组织发展战略指导下，对员工薪酬支付原则、薪酬策略、薪酬水平、薪酬结构、薪酬构成进行确定、分配和调整的动态管理过程。薪酬管理的流程如图 8-2 所示。

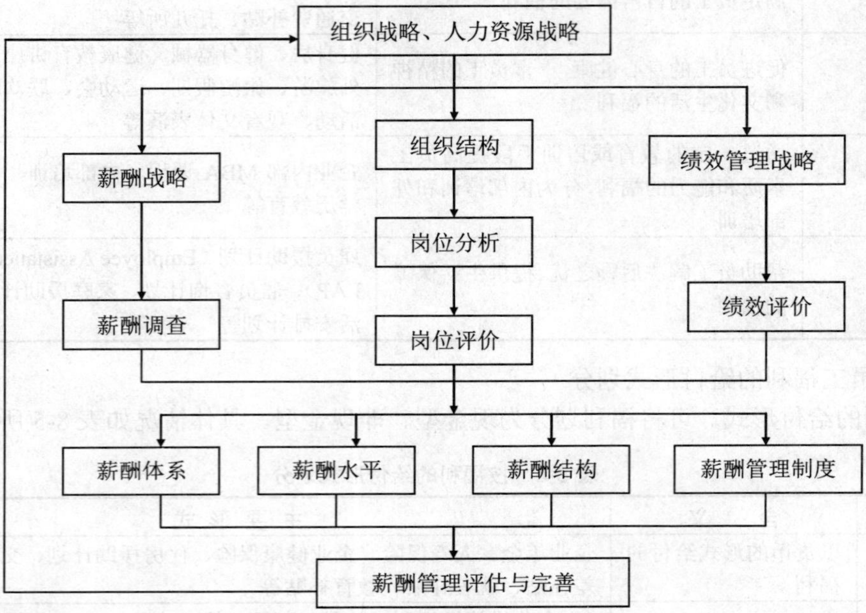

图 8-2 薪酬管理的流程

组织的薪酬管理是个市场化和个性化的过程，组织的薪酬管理立足于组织的经营战略和人力资源战略，在充分考虑劳动力市场及员工任职岗位的价值和员工的任职资格的基础上，根据组织对团队和个人的绩效考核与评价，最终形成组织薪酬管理系统。组织的薪酬管理系统必须达到外部竞争性、内部一致性、个人激励性、可行性的要求。

二、薪酬管理的内容

组织薪酬管理的内容主要包括薪酬战略、岗位评价、薪酬等级、薪酬调查、薪酬计划、薪酬结构、薪酬制度的制定与调整、人工成本测算等。

（一）薪酬战略

薪酬战略是指组织将发展战略和目标、文化、外部环境、人力资源战略等有机地结合，从而制定薪酬管理的指导原则，通过选择薪酬决定标准，设计薪酬支付结构、薪酬制度管理等来获取竞争优势的一系列综合的、协调的薪酬管理行动。薪酬战略是组织薪酬系统设计及管理工作的行动指南，是实现组织人力资源发展战略的保证。通过制定和实施适合组织的薪酬战略，组织可以充分利用薪酬这一激励杠杆，向员工传递组织的战略意图，调动员工的积极性。

1．薪酬决定标准

薪酬决定标准是指决定薪酬水平高低的依据，一般而言，岗位、技能、资历、绩效和市场状况等都可能是制定薪酬的依据。

（1）基于岗位或技能。传统薪酬理论认为岗位分析能够科学地衡量一个岗位对组织的价值。其优点是可以避免薪酬的决定受人为因素的影响。缺点是：① 由于岗位是流动和变化的，组织无法用过去的岗位分析结果来衡量现在的岗位对组织的贡献；相同岗位的不同人员的绩效不同，按岗位支付薪酬难以保证薪酬激励的公正性。技能薪酬观认为，组织应该根据员工的技能水平来决定员工的薪酬。但是，技能薪酬往往依据员工的潜在能力，而不是依据员工对组织的实际贡献来决定员工的薪酬，这容易导致员工薪酬与组织绩效相脱节。

（2）基于绩效或资历。许多研究者认为，应该依据组织目标和组织衡量绩效的能力来决定是根据绩效还是资历来确定薪酬。如果组织确实能够精确地衡量员工绩效，并且相应地支付薪酬，那么基于绩效的薪酬制度就是公平的，并且也是有作用的。根据资历支付薪酬的一个假设前提就是员工的资历越丰富，为组织创造价值的能力就越大。同时，员工的资历比较直观，容易确定，实施起来也比较容易。

（3）基于个人绩效或团队绩效。研究者们一直认为，把个人绩效作为决定个人薪酬的依据具有很大的激励性。但是，由于管理者难以精确地衡量个人绩效，经常导致绩效和薪酬不一致。采用团队绩效薪酬的前提，一是组织目标或工作本身要求员工之间的合作；二是团队内每一个成员的贡献难以精确衡量。采用团队绩效可增加团队成员的合作意愿，但容易导致个人机会主义行为的产生。

（4）基于组织绩效或部门绩效。重视部门绩效有助于提高各部门员工为本部门工作的积极性及团队精神，但不利于部门间的合作及上级对部门间的协调。如果仅使用组织绩效标准，对能力不是很强的员工不太公平，会挫伤员工的工作积极性。

（5）定性或定量测度绩效。如果组织部门之间的业绩界限清晰，数据容易获得，组织则倾向于采用定量绩效；反之，则倾向于采用定性绩效。定量测度能够比较精确地反映部门或者个人的绩效水平，从而能够比较公平地确定薪酬。

（6）基本薪酬高于或低于市场标准。一般而言，组织的基本薪酬高于市场标准，能够吸引和留住员工。另外，基本薪酬低于市场标准的组织也可以具有很强的激励性，如新成立的具有高成长性、未来发展空间大的公司。

2．薪酬结构

薪酬结构是指薪酬的各个构成项目及各自所占的比重。一个合理的薪酬结构通常包括固定薪酬和变动薪酬、短期薪酬和长期薪酬、非经济薪酬和经济薪酬两两之间的比重。

（1）固定薪酬和变动薪酬。组织是否采取高变动薪酬，除了要考虑员工特征外，还要考虑组织的外部环境、组织特征等因素，组织在竞争激烈、支付能力较强时，应该支付高比例的固定薪酬。固定薪酬比例高，意味着风险低，但预期总收入也低；而变动薪酬比例高，则意味着风险高，但预期总收入也高。

（2）短期薪酬和长期薪酬。一般而言，短期薪酬可使员工更多地关注自己的短期行为而可能忽视组织的长期效益。组织应该根据自身的特点达到短期薪酬和长期薪酬的平衡。

（3）非经济薪酬和经济薪酬。Lawler 和约翰·E.特鲁普曼等认为，公司要获取更有竞争力的地位，应该重视非经济薪酬，如成就、认可、培训机会、工作环境、职业发展前景等，以满足员工的精神需要。但是，就需求层次而言，员工只有在对经济薪酬基本满意的基础上，才会重视非经济薪酬。

3．薪酬制度管理

薪酬制度管理是指组织制定和调整薪酬制度的行为方式和决策标准，包括授权程度、员工参与方式、薪酬内外导向性、薪酬等级状况、薪酬支付方式以及薪酬制度的调整频率等。

（1）集权管理与分权管理。薪酬制度由总部还是部门来制定，是集权与分权管理的区分标准。一般而言，部门独立性小的组织，其薪酬制度倾向于由总部统一制定。

（2）员工参与度。员工低参与度意味着薪酬制度主要反映组织高管人员的意志；高参与度意味着员工可以根据自己的需要来影响或决定薪酬制度的内容。

（3）内部公平与外部公平。部门的自治程度决定了薪酬制度关注内部公平还是外部公平。如果组织各个部门倾向于自治，那么就要追求外部公平；相反，如果组织部门之间依赖性很强，则要追求内部公平。

（4）分层式薪酬与宽泛式薪酬。分层式薪酬制度的薪酬等级多，每一个等级档次少，员工往往只能通过职位的提升来增加薪酬。宽泛式薪酬制度的薪酬等级少，每一个等级的档次多，员工可以通过多种渠道（如职位渠道、技能渠道和专业渠道等）来增加薪酬。

（5）公开或秘密支付。秘密支付容易导致员工之间互相猜疑，降低信任水平。公开支付则能增加薪酬管理的透明度，有效发挥薪酬的激励作用，但公开支付薪酬也可能会导致优秀员工遭受排斥、非优秀员工不合作和相互攀比等问题。

（6）薪酬制度偏刚性或偏弹性。一般而言，薪酬制度应该兼具刚性和弹性两种特征。偏刚性的薪酬制度有助于员工较好地预测未来的薪酬状况，有助于稳定人心，但难以适应环境的变化。偏弹性的薪酬制度则相反，比较容易根据环境的变化而进行调整，但薪酬政策延续性较差，员工无法预测未来的薪酬状况，不利于稳定人心。

（二）岗位评价与薪酬等级

岗位评价又称工作评价或职务评价，其是组织采用一定的方法系统地测定每一岗位在组织中的重要程度及相对价值，并以此确定岗位等级和岗位薪酬等级的过程。岗位评价是组织在岗位分析的最终结果——岗位描述和岗位规范——的基础上，依据岗位需承担的责任大小、工作强度、难易程度、所需资格条件等进行评价，可以为组织确定薪酬结构、等级，实现薪酬内部公平性提供依据。岗位评价的中心是“事”不是“人”。岗位评价的方法主要有四种，即岗位排列法、岗位分类法、因素比较法、因素计点法。

薪酬等级是在岗位价值评估结果的基础上，将岗位价值相近的岗位归入同一个管理等级，并采取一致的管理方法管理该等级内的薪酬问题。薪酬等级的划分主要依据组织文化、组织架构、组织所属行业、组织员工数量、组织发展阶段等因素。一般而言，跨国公司一般分为 25 级左右，1 000 名左右的生产型企业分为 15～16 级，100 人的组织分为 9～10 级比较合适。薪酬等级可分为分层式薪酬等级和宽泛式薪酬等级两种类型。分层式薪酬等级类型的特点是组织的薪酬等级比较多，呈金字塔形排列，员工的薪酬水平是依据员工岗位级别向上发展而提高。这种等级类型在成熟的、等级型组织中常见。分层式薪酬等级，由于等级较多，所以每等级的薪酬浮动幅度一般小一些。宽泛式薪酬等级类型的特点是组织包括的薪酬等级少，呈平行状态，员工的薪酬水平可以根据员工岗位级别向上发展或岗位的横向调整而提高。这种薪酬等级类型在不成熟的、业务灵活性强的组织中常见。

（三）薪酬调查

组织要使各岗位保持一个合理的薪酬水平，既不能因为过高而增加人力成本，也不能因为过低而丧失组织薪酬的对外竞争性。因此，需要进行薪酬调查。

所谓薪酬调查，就是组织采用一系列标准、规范和专业的方法，通过收集市场上各种薪酬信息来了解和评判劳动力市场薪酬状况的过程。其是组织薪酬设计中体现外部竞争性的重要依据。一般而言，薪酬调查包括薪酬市场调查和员工薪酬满意度调查两个方面。薪酬市场调查的过程如图 8-3 所示。通过薪酬市场调查，组织可了解市场薪酬水平及动态，尤其是同行业其他组织的薪酬水平，对比、评估本组织各岗位薪酬水平的合理性，使员工的薪酬水平与市场水平相当，以保持组织薪酬外部竞争性与公平性。通过对员工薪酬满意度的调查，组织可了解员工对薪酬分配公平性的评价，了解员工对组织外部公平性（员工薪酬与市场水平基本相当）、内部公平性（员工的薪酬与其岗位工作价值基本相当）、个人公平性（员工的薪酬与个人及所在部门的绩效相当）的评价。

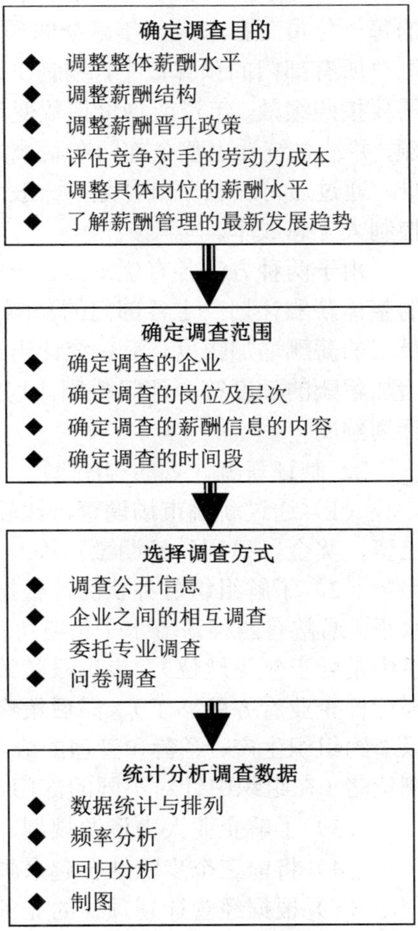

图 8-3 薪酬市场调查过程

（四）薪酬计划

薪酬计划是指组织制定在未来一定时期内预计要实施的员工薪酬支付水平、支付结构及薪酬管理重点等目标及设计实现目标的方案和途径的过程，是组织薪酬政策的具体化。

在制订薪酬计划前需要收集相关资料，主要包括组织人力资源规划资料、物价、市场薪酬水平、国家薪酬与税收政策变动资料、组织薪酬支付能力资料等，并对所有信息资料进行绩效分析、检查与评估。

1．制订薪酬计划的方法

制订薪酬计划有两种方法，一种是从上而下法；另一种是从下而上法。

（1）从上而下法。“上”指各级部门，以至企业整体；“下”指员工。从上而下法的工作程序是，先由组织的高层主管根据人力资源规划等决定组织整体的薪酬计划额和增薪的数额，然后再将整个计划数目分配到每一个部门，各部门按照所分配的计划数额，根据本部门内部的实际情况，将数额分配到每一位员工。由此可见，从上而下法中的计划是每一个部门所能分配到的薪酬总额，也是该部门所有员工薪酬总额的极限。部门经理可以根据组织所规定的增长额或依据员工不同的绩效或采用单一增长率来决定员工薪酬的增加数额。从上而下法虽然可以控制组织总体的薪酬成本，但缺乏灵活性，而且确定薪酬总额时主观因素过多，降低了计划的准确性，不利于调动员工的积极性。

（2）从下而上法。与从上而下法相对照，从下而上法是根据部门的人力资源规划和组织的每一位员工在未来一年薪酬的预算估计数字，计算出整个部门所需要的薪酬支出，然后组织汇总所有部门的预算数字，编制出组织整体的薪酬计划。在编制薪酬计划的过程中，部门主管需要按照绩效、年资或物价指数变动等组织加薪规则，分别计算每个员工的增加幅度及应得金额，并汇总统计出整个部门在薪酬方面的预算支出，然后呈交给组织高层的管理人员审核与批准，通过后可编制薪酬计划。一般而言，从下而上法比较实际、灵活、可行性高，但不太容易控制人工总成本。

由于两种方法各有优缺点，一般情况下，组织会两种方法交替使用。第一，根据组织制订的整体薪酬计划决定各部门的薪酬计划额度；第二，根据组织规定的增加薪酬的准则预测每个员工的薪酬增加幅度，汇总统计出部门的增加额度；第三，比较前两步得出的结果，确保员工增加薪酬的额度符合部门薪酬计划的额度；第四，如果两者之间差异比较大，适当调整部门的计划额度。

2．制订薪酬计划的程序

（1）通过薪酬市场调查，比较组织各岗位与市场上相对应岗位的薪酬总水平（主要包括工资、奖金、福利、长期激励等）。

（2）了解组织财务状况，根据企业人力资源策略，确定企业薪酬水平采用何种市场薪酬水平。通常有四种薪酬水平策略可供组织选择，即市场领先策略（薪酬水平在同行业的竞争对手中是处于领先地位）、市场跟随策略（组织一般都建立或找准了自己的标杆组织，薪酬水平与标杆企业看齐就够了）、滞后策略（又称成本导向策略，即组织在制定薪酬水平时尽可能地以节约组织生产、经营和管理的成本为标准，而不考虑市场和竞争对手的薪酬水平）和混合薪酬策略（在组织中针对不同的部门、不同的岗位、不同的人才，采用不同的薪酬策略和水平）。

（3）了解企业人力资源规划。

（4）将前三个步骤结合起来画出一张薪酬计划表。

（5）根据经营计划预计的业务收入和前几个步骤预计的薪酬总额，计算薪酬总额与销售收入的比值，将计算出的比值与同行业的该比值或企业往年的该比值进行比较，如果计算的比值小于或等于同业或企业往年的水平，则该薪酬计划可行；如果大于同业或企业往年水平，可以根据组织对薪酬计划的要求将各岗位的薪酬水平适当降低。

（6）各部门根据企业整体的薪酬计划和企业薪酬分配制度规定，考虑本部门人员变化情况、各员工的基本情况（如工龄、业绩考核结果、能力提高情况等）作出部门的薪酬计划，并上报到人力资源部，由人力资源部进行所有部门薪酬计划的汇总。

（7）如果汇总的各部门薪酬计划与整体计划不一致，需要再进行调整。

（8）将确定的薪酬计划上报组织高层领导审查、批准。

（五）薪酬结构

薪酬结构是指在同一组织内不同职位或不同技能员工薪酬水平的构成形式，其主要包括组织内部的薪酬等级的数量、不同等级的薪酬构成项目、不同薪酬等级的薪酬构成项目的比例、同一薪酬等级内部的薪酬变动范围（或薪酬变动比率）、相邻两个薪酬等级之间的交叉与重叠关系、不同薪酬水平之间级差的大小以及决定薪酬级差的标准，它反映了组织对不同职务和能力的重要性及其价值的看法。薪酬结构的决策要平衡内部一致性和外部竞争性之间的关系。确定薪酬结构的流程如图 8-4 所示。

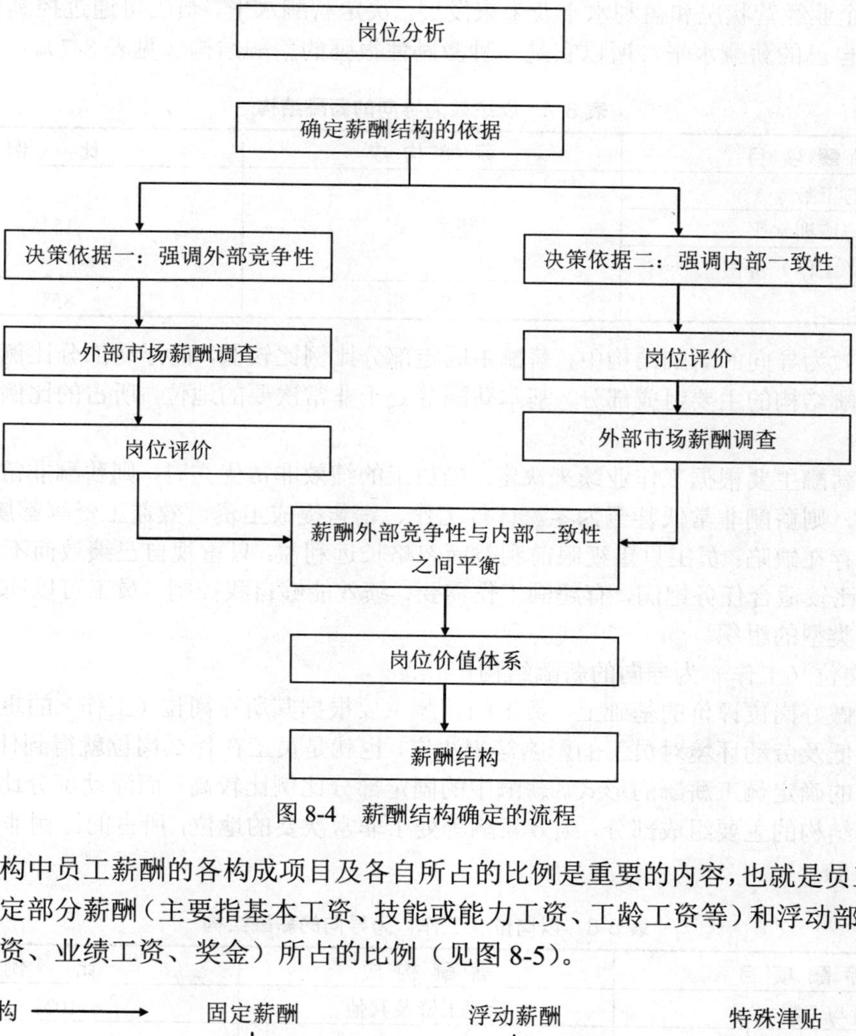

图 8-4 薪酬结构确定的流程

薪酬结构中员工薪酬的各构成项目及各自所占的比例是重要的内容，也就是员工总体薪酬所包含的固定部分薪酬（主要指基本工资、技能或能力工资、工龄工资等）和浮动部分薪酬（主要指效益工资、业绩工资、奖金）所占的比例（见图 8-5）。

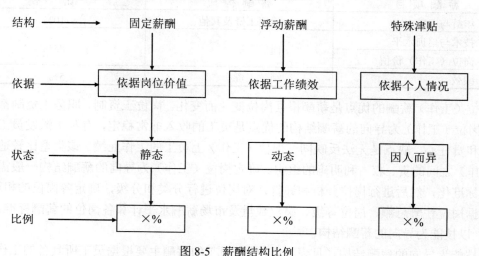

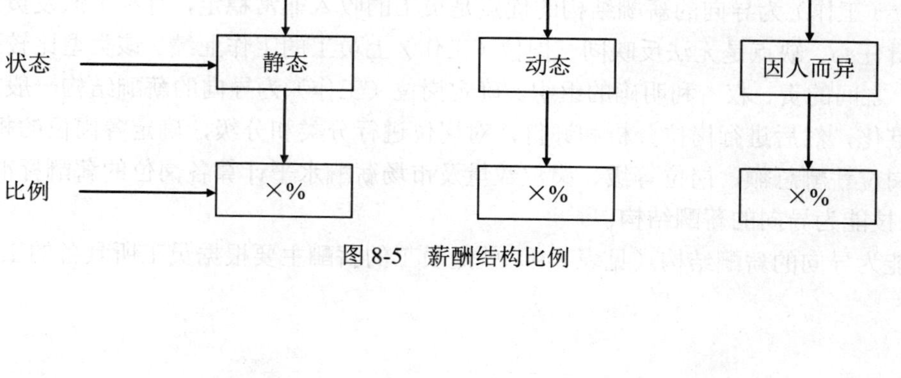

图 8-5 薪酬结构比例

1．以绩效为导向的薪酬结构

以绩效为导向的薪酬结构，也称高弹性薪酬结构，其是根据员工的贡献、能力、责任、水平，并结合企业经营状况和盈利水平及未来发展，决定薪酬水平。员工可通过控制自己的绩效水平来决定自己的薪酬水平，所以它是一种激励性很强的薪酬结构（见表 8-7）。

表 8-7　以绩效为导向的薪酬结构

薪酬项目	薪酬构成	比例
年龄与工龄	基本工资	15%
技术与培训水平		
岗位（工作）价值		
绩效	绩效工资	85%

在以绩效为导向的薪酬结构中，薪酬中固定部分比例比较低，而浮动部分比例比较高。绩效薪酬是薪酬结构的主要组成部分，基本薪酬等处于非常次要的地位，所占的比例非常低（甚至为零）。

员工的薪酬主要根据工作业绩来决定。当员工的绩效非常优秀时，则薪酬非常高，而当绩效非常差时，则薪酬非常低甚至为零。计件工作、销售提成工资、效益工资等都属于此类型。这种结构也存在缺陷：员工只重视眼前利益而忽略长远利益；只重视自己绩效而不重视与人合作。此结构比较适合任务饱满，有超额工作需要，绩效能够自我控制，员工可以通过自我努力改变绩效等类型的组织。

2．以岗位（工作）为导向的薪酬结构

组织在做好岗位评价的基础上，员工的薪酬主要根据其所在岗位（工作）的重要程度、任职要求的高低及劳动环境对员工的影响等来决定，也就是员工在什么岗位就得到什么报酬，其是一种传统的确定员工薪酬的形式。薪酬中的固定部分比例比较高，而浮动部分比较少。基本薪酬是薪酬结构的主要组成部分，绩效薪酬等处于非常次要的地位，所占的比例非常低甚至为零（见表 8-8）。

表 8-8　以岗位（工作）为导向的薪酬结构

薪酬项目	薪酬构成	比例
年龄与工龄	管理工资及其他	10%
技术与培训水平	岗位工资	85%
岗位（工作）价值		
绩效	绩效工资	5%

岗位（工作）薪酬的优点是薪酬根据岗位变化而变化。岗位工资制、职务工资制都属于此类。以岗位（工作）为导向的薪酬结构的优点是员工的收入非常稳定，有利于激发员工的工作积极性和责任心。缺点是无法反映同一岗位（工作）上员工的工作业绩。该类型比较适合各岗位（工作）之间的责、权、利明确的组织。确定岗位（工作）为导向的薪酬结构一般需要先进行岗位标准化，然后进行岗位分析和评价，对岗位进行分类和分级，确定各岗位的相对价值，最后根据岗位薪酬总额、岗位等级、岗位数量及市场薪酬水平计算各岗位的薪酬标准。

3．以技能为导向的薪酬结构

以技能为导向的薪酬结构（见表 8-9）就是员工的薪酬主要根据员工所具备的工作能力、

潜力和技术水平来决定。以技能为导向的薪酬结构的优点是有利于激励员工技术、能力的提高，提升自己的素质；其缺点是容易忽视工作绩效及能力的实际发挥。该类型比较适合技术复杂程度高、劳动熟练程度差别大的组织，或处于艰难期、急需提高组织核心技术能力的组织，或知识含量大的工作领域，或者个人的能力能为产品和服务带来更多附加价值的工作。实践中技能薪酬主要应用在对专业技术人员（如微软）、生产人员（如宝洁公司、通用汽车公司）工资的制定上，其他人员也会将技能工资作为工资结构的一个部分，但是占的比例较小。从企业规模来看，技能薪酬更适用于一些规模较大的公司，因为他们在提供培训机会和支付高额培训费用中更有优势。《财富》杂志上的500家大型企业有50%以上的公司至少对一部分员工采用了技能薪酬制度，并且实行技能薪酬方案的公司中有 60%的人认为方案在提升组织绩效方面是成功或非常成功的；只有6%的人认为是不成功的或非常不成功的。

表 8-9　以技能为导向的薪酬结构

薪酬项目	薪酬构成	比　例
年龄与工龄	技术等级工资	85%
技术与培训水平		
岗位（工作）价值	岗位津贴	5%
绩效	生产津贴	10%

4．组合薪酬结构

组合薪酬结构（见表 8-10）就是将薪酬分解成几个部分，分别依据年龄和工龄、技术和培训水平、岗位（工作）、绩效等因素来确定薪酬额。组合薪酬结构可使反映员工素质和绩效等各方面的因素在薪酬中得到体现。岗位技能工资、薪点工资、岗位效益工资等的薪酬结构都属于此类。

表 8-10　组合薪酬结构

薪酬项目	薪酬构成	比　例
年龄与工龄	工龄工资	15%
技术与培训水平	基础工资	35%
岗位（工作）价值	岗位工资	23%
绩效	奖金	27%

组合薪酬结构能够全面体现员工对组织的投入与贡献。在实际工作中，单一的以绩效为导向、以岗位（工作）为导向、以能力为导向的薪酬结构比较少，基本上都是把几种类型综合起来应用，充分发挥各自的优势，因此，组合薪酬结构适合各种类型的组织。

除上述四种常见的薪酬结构类型外，现在越来越多的组织为了更好地激励和保留组织的核心员工，建立了将短期激励与长期激励相结合的薪酬结构，即在薪酬结构中，除固定薪酬部分和效益工资、绩效工资、奖金等短期激励薪酬部分外，还有股票增值权、股票期权、虚拟股票等长期激励薪酬部分。一般而言，高级管理人员的薪酬结构中长期激励部分比重较大。

（六）薪酬制度的制定与调整

薪酬制度是组织以员工劳动的熟练程度、复杂程度、责任及劳动强度、能力要求、劳动条件、劳动时间为基准，将各类岗位划分为若干等级，然后按等级确定薪酬标准的制定。薪酬制度是组织标准报酬的制度。

1．薪酬制度的主要内容

薪酬制度的内容应包括薪酬分配政策、原则、薪酬支付方式、薪酬标准、薪酬结构、薪酬等级及级差、奖金、津贴、过渡办法、其他规定等。下面介绍薪酬制度的主要内容。

（1）薪酬水平与薪酬结构。组织的薪酬水平必须与组织的薪酬策略相一致。组织的薪酬结构一般可分为四种类型，即以绩效为导向的薪酬结构、以岗位（工作）为导向的薪酬结构、以能力为导向的薪酬结构、组合薪酬结构等。

（2）薪酬等级。薪酬等级是在岗位价值评估结果基础上，将岗位价值相近的岗位归入同一个管理等级，并采取一致的管理方法处理该等级内的薪酬管理问题。薪酬等级是薪酬的一个基本框架，是薪酬结构的基础。

薪酬等级一般有两种类型：分层式薪酬等级类型、宽泛式薪酬等级类型。分层式薪酬等级类型与传统宽泛式薪酬等级类型相比的差异（见图 8-6）。为了反映在同一级别岗位上员工能力的差别，组织在薪酬管理实践中一般会在同一薪酬等级中划分若干档次，以便根据员工的工作能力的差异将其薪酬定位于该薪酬等级的不同档次，并可依据员工的工作业绩进行调整。

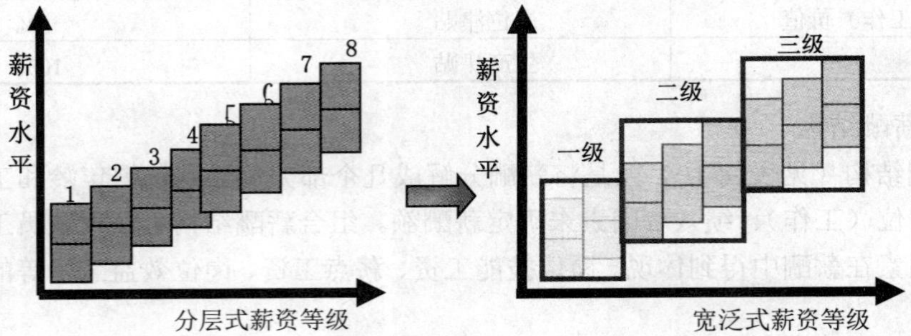

图 8-6　分层式薪资等级与宽泛式薪资

由于组织中岗位等级一般呈金字塔形，岗位级别越高，岗位数量越少，员工升迁机会就越少。为了弥补一些优秀员工由于岗位少而不能提升，从而影响薪酬提高，一般组织薪酬等级之间的薪酬标准可以重叠。

（3）薪酬级差。薪酬级差是指组织薪酬等级中最高等级薪酬标准与最低等级薪酬标准之间和相邻两等级薪酬标准之间薪酬相差的数额及比例关系。确定最高等级薪酬标准与最低等级薪酬标准之间的比例关系需要考虑最高与最低等级劳动复杂程度上的差别，政府规定的最低工资标准，最高等级薪酬现实达到的收入水平，组织的薪酬支付能力和工资结构等因素。最高等级薪酬标准与最低等级薪酬标准之间比例的大小决定了组织内员工薪酬差距的大小，差距太小不能很好地体现按劳分配的原则以调动员工的工作积极性；差距太大可能会影响团结，还会增加组织的成本。在确定相邻两等级薪酬标准之间的比例关系时必须考虑等级之间的劳动强度、复杂程度、责任大小等因素。确定薪酬等级之间的级差百分比有四种方式：等比级差（各等级薪酬之间以相同的级差百分比逐级递增）、累进级差（各等级薪酬之间以累进的百分比逐级递增）、累退级差（各薪酬等级之间以累退的比例逐级递增）和不规则级差（各等级薪酬之间按照“分段式”来确定级差百分比和级差绝对额的变化）。

薪酬级差反映了岗位之间价值的差别。一般而言，高级别岗位之间薪酬级差要大，低级别岗位之间的薪酬级差要小。在同一薪酬等级中，高档次之间的薪酬级差要大，低档次之间的级差要小。薪酬级差的大小与薪酬等级的划分有关系。一般而言，分层式薪酬等级类型，由于等级多，因此，薪酬级差就较少；宽泛式薪酬等级类型由于等级比较少，因此薪酬级差就比较大。

（4）薪酬浮动幅度。所谓薪酬浮动幅度是指在组织同一薪酬等级中，最高档次的薪酬水平与最低档次的薪酬水平之间的薪酬差距，也可以指中点档次的薪酬水平与最低档次或最高档次之间的薪酬差距。一般而言，分层式薪酬等级类型，由于等级多，每等级的薪酬浮动较少。宽泛式薪酬等级类型，由于等级比较少，每等级的薪酬浮动较大。另外，组织内部高薪酬等级的薪酬浮动幅度要大于低薪酬等级的薪酬浮动幅度。

（5）浮动薪酬。所谓浮动薪酬，是指相对固定薪酬来讲具有风险性的报酬，它具有非固定性和不可预知性的特点，它与员工的工作绩效正相关。员工的浮动薪酬还与组织的经济效益和部门业绩考核有紧密联系。组织浮动薪酬分配的合理性取决于组织绩效考核系统的科学性及绩效考核结果与员工薪酬的关联程度。员工的浮动薪酬一般以员工的薪酬等级对应的固定薪酬水平为基数计算。浮动薪酬的设计一般是先确定浮动薪酬总额，然后再确定个人浮动薪酬份额。

2．薪酬制度的调整

组织的薪酬制度不是一成不变的，而要根据环境的变化不断调整。薪酬制度调整是指组织的薪酬管理制度在运行一段时间后，随着组织发展环境及战略、人力资源战略的变化，不再适应组织发展的需要，而对组织薪酬管理作出系统的诊断，确定最新的薪酬策略，同时对薪酬体系作出调整的措施。薪酬调整主要根据市场薪酬水平的变化趋势、物价水平、组织的经营效益、经营管理模式的调整以及战略重心的转移对现行薪酬管理进行调整。另外，也可根据职位变动、个人业绩、个人资历和经验、个人能力等对员工个人的薪酬水平进行调整。

（七）人工成本测算

国际上通用的人工成本概念是 1966 年日内瓦第十一届国际劳动经济会议人工成本会议决议案通过的。该概念认为人工成本是指雇主在雇佣劳动力时产生的全部费用，其主要包括：① 已完成工作的工资；② 未工作而有报酬时间的工资；③ 奖金与小费；④ 食品饮料及此类支出；⑤ 雇主负担的工作的住房费用；⑥ 雇主支付雇员的社会保险支出；⑦ 雇工对职业培训、福利服务和杂项费用的支出，如工人的交通费、工作服、健康恢复及视为人工成本的税收等。我国的人工成本是指组织在一定时期内，在生产、经营和提供劳务活动中因使用劳动力而支付的所有直接费用和间接费用的总和。人工成本的范围包括职工工资总额、社会保险费用、职工福利费用、职工教育经费、劳动保护费用、职工住房费用和其他人工成本支出。其中，职工工资总额是人工成本的主要组成部分。

1．职工工资总额

职工工资总额指各单位在一定时期内，以货币形式直接支付给本单位全部职工的劳动报酬总额，包括计时工资、计件工资、奖金、津贴和补贴、加班加点工资、特殊情况下支付的工资。

2．社会保险费用

社会保险费用指国家通过立法，由企业承担的各项社会保险费用，包括基本养老保险、基本医疗保险、失业保险、工伤保险、生育保险等强制性保险费用支出和企业建立的补充养老保险、补充医疗保险等费用。此项人工成本费用只计算用人单位缴纳的部分，不会计算个人缴纳的部分，因为个人缴费已计算在工资总额以内。

3．职工福利费用

职工福利费用是在工资以外按照国家规定开支的职工福利费用。主要用于职工的医疗卫生费、职工因工负伤赴外地就医路费、职工生活困难补助、文体宣传费、集体福利事业补贴（包括集体、生活福利设施，如职工食堂、托儿所、幼儿园、浴室、理发室、妇女卫生室等，以及文化福利设施，如文化宫、俱乐部、青少年宫、图书室、体育场、游泳池、职工之家、老年人活动中心等）、物业管理费和上下班交通补贴。

4．职工教育费

职工教育费指企业为职工学习先进技术和提高文化水平而支付的费用，包括就业前培训、在职提高培训、转岗培训、派外培训、职业道德等方面的培训费用和企业自办大中专、职业技术院校等培训场所所发生的费用以及职业技能鉴定费用。

5．劳动保护费用

劳动保护费用主要指企业购买或负担的劳动保护设备及其他能在工作现场使用的特殊用品的购置、维修等项费用，如工作服、保健用品、清凉用品等。

6．职工住房费用

职工住房费用指企业为改善职工居住条件而支付的费用。包括职工宿舍的折旧费（或为职工租用房屋的租金）、企业交纳的住房公积金、实际支付给职工的住房补贴和住房困难补助以及企业住房的维修费和管理费等。

7．其他成本费用

其他人工成本费用包括工会经费、企业因招聘职工而实际花费的职工招聘费、咨询费、外聘人员劳务费、对职工的特殊奖励（如创造发明奖、科技进步奖等）、支付实行租赁与承租经营企业的承租人和承包人的风险补偿费等，以及解除劳动合同或终止劳动合同的补偿费用。

通过对组织人工成本进行核算，组织可了解使用劳动力的代价，可以了解产品成本和人工成本的主要支出方向，可以及时、有效地监督、控制生产经营过程中的费用支出。通过人工成本核算还可使组织根据自身的情况，寻找适合的人工成本的投入产出点，达到以最小的人力成本获得最大的经济效益。核算人工成本的基本指标包括企业从业人员年平均人数、企业从业人员年人均工作时数、企业销售收入（营业收入）、企业增加值（纯收入）、企业利润总额、企业成本（费用）总额和企业人工成本总额等。

第三节　薪酬管理的技术与方法

一、薪酬管理制度设计的技术与方法

（一）薪酬管理制度设计的原则

制定薪酬管理制度的目的是通过薪酬管理来吸引、留住和激励员工，从而提高组织的效率、达到组织内外的公平性。设计薪酬管理制度时必须遵循一定的原则，这些原则包括外部竞争性、内部一致性、个人激励性、可行性原则（见图8-7）。

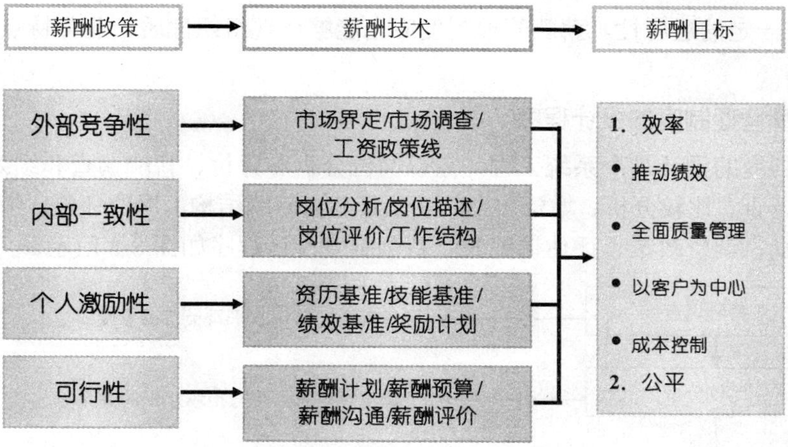

图 8-7 薪酬制度设计原则

1．外部竞争性原则

外部竞争性强调组织在设计薪酬管理制度时必须考虑到同行业薪酬市场的薪酬水平和竞争对手的薪酬水平，保证组织的薪酬水平在市场上具有一定的竞争力，能充分地吸引和留住组织发展所需的高水平、关键性人才。组织应根据组织的战略目标，在对外部劳动力市场进行充分调查的基础上，制定具有外部竞争性的薪酬管理制度。

2．内部一致性原则

内部一致性原则是斯密公平理论在薪酬设计中的运用。内部一致性原则即包括横向公平性和纵向公平性。所谓横向公平性是指组织所有员工之间的薪酬标准、水平应该是一致的；所谓纵向公平性，即组织设计薪酬时必须考虑到历史的延续性，一个员工过去的投入产出比与现在乃至将来相比都应该基本上是一致的，而且还应该是有所增长的。组织应该在岗位分析、岗位描述的基础上，对岗位进行评价，通过评价来确定一系列工作的相对价值，从而确定相应的薪酬结构及薪酬水平等。

3．个人激励性原则

薪酬以增强工资的激励性为导向，通过动态工资和奖金等激励性工资单元的设计激发员工工作积极性。另外，应设计和开放不同的薪酬通道，使不同岗位的员工有同等的晋级机会。

4．可行性原则

可行性原则主要包括以下含义。

（1）组织可承受性。也就是组织设计薪酬时必须充分考虑组织自身发展的特点和实际支付能力。薪酬须与组织的经济效益和承受能力保持一致。人力成本的增长幅度应低于总利润的增长幅度，同时应低于劳动生产率的增长速度。

（2）薪酬的合法性。薪酬制度的设计应当在国家和地区相关劳动法律法规允许的范围内进行。

（3）可操作性。薪酬管理制度应当尽量浅显易懂，使得员工能够理解设计的初衷，从而按照组织的要求规范自己的行为，达成更好的工作效果。

（4）具有一定的弹性。组织应该根据所处的不同发展阶段及外界环境的变化及时对薪酬管理制度进行调整，以适应环境的变化和组织发展的需求。

（5）具有一定的适应性。薪酬管理制度应当能够体现组织性质、业务特点及所处的行业和区域的要求。

（二）薪酬管理制度的设计程序

薪酬管理制度的设计是个系统工程，它以岗位分析和评价、薪酬调查和绩效考核为基础，主要包括薪酬调查、比较分析、增资实力、薪酬策略、薪酬结构、岗位评价、绩效考核、特殊津贴、长期激励、调资政策、评估调整等。薪酬制度设计程序如图 8-8 所示。

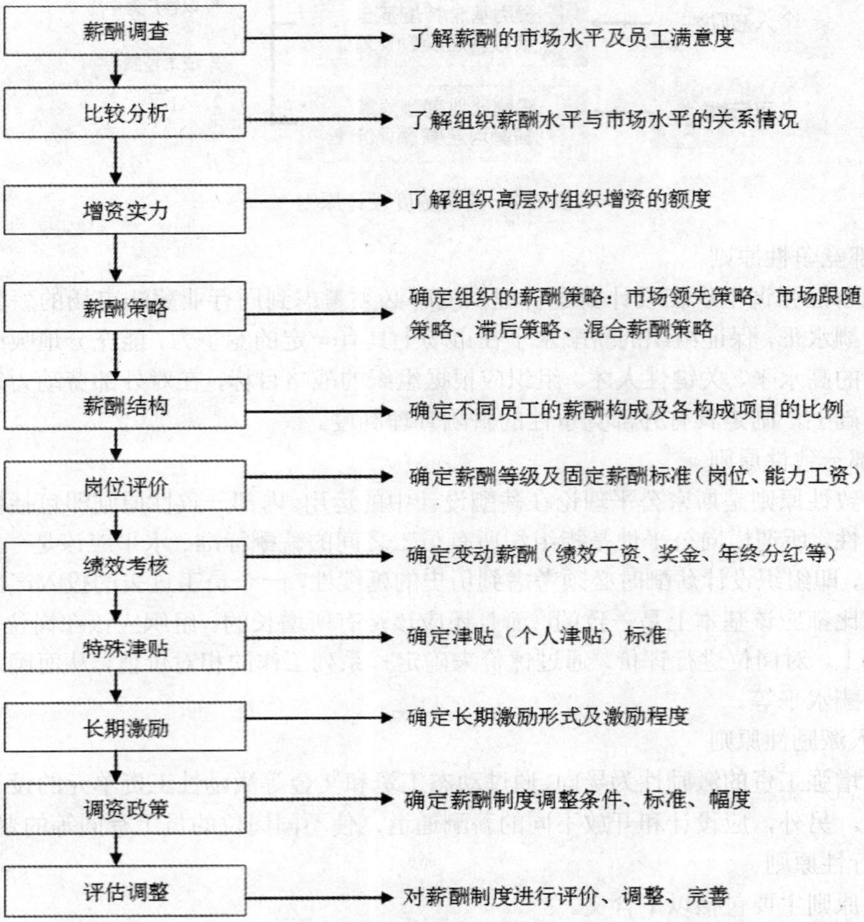

图 8-8　薪酬管理制度设计程序

二、岗位价值评价方法

（一）岗位排序法

排序法是组织在不对工作内容进行分解的情况下，由评定人员凭着自己的经验和判断，将各工作岗位的相对价值由高到低进行排序，从而确定某个工作岗位与其他工作岗位的相对价值。这种方法比较简单，比较适合工作岗位不多的小型组织。排序法可分为三种类型：直接排序法、交替排序法和配对比较排序法。

1．直接排序法

直接排序法是一种相对比较的方法，是指简单地根据岗位的价值大小从高到低或从低到高对岗位进行总体上的排队，如表 8-11 所示。

表 8-11　岗位直接排序

排列顺序	岗位名称
1	总裁
2	首席设计师
3	设计师
4	高级技师
5	技师
6	接待员

2．交替排序法

首先在需要评价的岗位中找出价值最高的一个岗位，再找出价值最低的岗位进行排序，然后在剩余的岗位中挑选出最高价值的岗位和最低价值的岗位，依此类推，直到将所有的岗位排序完为止，如表 8-12 所示。

表 8-12　岗位交替排序

排列顺序	职位价值高低	岗位名称
1	最高	市场部部长
2	高	人力资源部部长
3	较高	财务部审计主管
…	…	……
3	较低	安全生产主管
2	低	行政采购主管
1	最低	总经办行政秘书

3．配对比较排序法

配对比较法，也称相互比较法、两两比较法、成对比较法或相对比较法，就是将所有要进行价值评价的岗位列在一起，两两配对比较，然后依据在所有比较中的最终得分来将岗位进行等级排序。其做法是两两配对比较中，价值较高者可得 1 分，价值较低者为零分，价值相同者也为零分，最后将各岗位所得分数相加，其中分数最高者即等级最高者，再按分数高低顺序将岗位进行排序，确定岗位等级。由于两种岗位的对比不是十分容易，所以在评价时要特别注意。具体示例如表 8-13 所示。

表 8-13　配对比较排序

岗位	岗位 A	岗位 B	岗位 C	岗位 D	岗位 E	岗位 F	岗位 G	总计
岗位 A	—	1	1	1	1	1	1	6
岗位 B	0	—	1	1	1	1	1	5
岗位 C	0	0	—	1	1	1	0	3
岗位 D	0	0	0	—	1	0	0	1
岗位 E	0	0	0	0	—	0	0	0
岗位 F	0	0	0	0	1	—	0	1
岗位 G	0	0	1	1	1	1	—	4

（二）岗位分类法

岗位分类法又称岗位规级法、岗位归类法，是对排列法的改进。岗位分类法是依据岗位工作内容、工作职责、任职资格、工作条件等岗位要素界定岗位类别和等级的岗位评价法。它是在岗位分析的基础上，把工作岗位分成几个类别，每一类别制定一套岗位级别标准，然后依据岗位评判的整体价值，将岗位与标准进行比较，将岗位归到不同级别中去。一般可分为管理工作类、事务工作类、技术工作类及营销工作类等。

如果岗位职责、技能、工作条件等岗位要素相同或类似，那么这些岗位就被划为同一类岗位，称为××岗位族。只要岗位的工作难度相同或相近，无论其是否在同一岗位族内，都具有相同的薪酬，具有相同的薪酬等级。具体示例如表 8-14 所示。

表 8-14　岗位分类

<table>
<tr><th>岗 位 等 级</th><th>岗 位 类 型</th><th rowspan="13">等级分类举例：
1 级：办公室的一般支持性职位。一般情况下，办公室一般支持职位向主管或者部门管理人员汇报工作。这些职位通过完成以下任务对其他职位提供综合支持服务：
• 操纵办公室中的一些常规设备
• 文件存档以及邮件的归类和传递
这些职位日常要遵守标准的办事程序，同时处理一些日常的事务。一些非常规性的事件以及问题往往交给主管人员或者相关人员来处理，要求从事这些工作的人具备基本的办公设备知识，并且了解一般性的办事程序</th></tr>
<tr><td>8</td><td>首席执行官</td></tr>
<tr><td>7</td><td>副总裁、高级经理</td></tr>
<tr><td>6</td><td>中层经理</td></tr>
<tr><td rowspan="2">5</td><td>技术 4 级</td></tr>
<tr><td>主管级职位</td></tr>
<tr><td rowspan="2">4</td><td>技术 3 级</td></tr>
<tr><td>职员 3 级、行政事务</td></tr>
<tr><td rowspan="2">3</td><td>技术 2 级</td></tr>
<tr><td>职员 2 级</td></tr>
<tr><td rowspan="2">2</td><td>技术 1 级</td></tr>
<tr><td>职员 1 级</td></tr>
<tr><td>1</td><td>办公室一般支持职位</td></tr>
</table>

（三）因素比较法

因素比较法是一种量化的岗位评价方法，是在确定标杆岗位和付酬因素的基础上，运用标杆岗位和付酬因素制成的因素比较尺度表，将待评岗位付酬因素与标杆岗位进行比较，从而确定待评岗位的付酬标准。因素比较法不关心具体岗位的岗位职责和任职资格，而是将所有的岗位评价的内容分为智力、技能、体力、责任、工作条件等若干个要素，再分别选择这些要素进行比较，然后对岗位进行多次排序，如第一次将智力进行比较排序，第二次将技能进行比较排序，依此类推，最后将各因素区分成多个不同的等级，然后再根据岗位评价的内容将不同因素和不同的等级对应起来，等级数值的总和就为该岗位的岗位价值。

1．因素比较法的操作流程

（1）获取岗位信息，确定薪酬因素。因素比较法需要细致和完备的岗位分析，最好要制定标准、规范的岗位说明书，同时还要对进行评估的各因素进行描述和说明。因素可以称之为因素指标，通常包括智力要求、体力要求、技能要求、责任和工作条件等方面。

（2）选择标准岗位。岗位价值评定委员会选择 15～25 个关键的、有代表性的基准岗位作为岗位评价的对象，其他岗位的价值通过与这些典型岗位之间的薪酬要素比较得出。这些岗位代表需要研究岗位的大多数而且要员工熟知。在确定基准岗位以后，组织还需根据外部市场状况和组织实际情况确定给基准岗位支付薪酬的额度。

（3）将岗位因素指标进行排序。例如，将选择出来的5个要素指标进行排序。排列的依据是对岗位的工作描述和工作种类。实施中，每个评委单独对岗位因素进行评分和排序，然后将所有评委的结果综合起来（见表8-15）。

表8-15 岗位因素评价

岗位种类	智力要求	体力要求	技能要求	工作条件	责任
焊工	1	4	1	2	1
冲床工	2	3	2	3	2
起重工	3	1	3	4	4
保安员	4	2	4	1	3

注：表中数字代表指标排序的名次。

不同岗位对各因素指标的要求不同，权数也不同。例如，一般操作工的体力要求较高，但智力要求较低；而有些工作岗位的责任重大，但对员工体力要求相对较低。

（4）确定每一因素的配置工资率。工资率是依据因素值确定的。一般来讲，一些关键性工作，其因素值高，工资率相对也高。表8-16是西方国家一般性劳动者（以体力劳动为主）的要素的小时工资率。

表8-16 岗位要素与小时工资率

岗位因素	小时工资率（美元）
智力要求	0.72
体力要求	2.40
技能要求	0.84
责任	0.56
工作条件	2.50
总计	9.02

（5）按照配置给每个因素的工资值进行岗位分级。上例的焊工、冲床工等的工资率及因素构成如表8-17所示。

表8-17 不同岗位工资率及其因素构成

单位：美元

岗位种类	工资率	智力要求	体力要求	技能要求	责任	工作条件
焊工	19.6	0.80	8.00	6.00	4.00	0.80
冲床工	12.00	2.60	3.20	4.00	1.60	0.60
起重工	11.20	4.00	2.80	3.60	0.40	0.40
保安员	8.00	2.80	2.40	0.80	0.80	1.20

（6）将以上步骤综合在一起，构建工资因素级别比较表。该表显示不同种类的岗位，因为工作因素的地位不同，而工资率不同，或者不同种类的岗位由于因素值和价格相同，而有同样的工资率，如表8-18所示。

表 8-18　工资因素级别比较表

因素价格（美元）	智力要求	体力要求	技能要求	责任	工作条件
0.40				起重工	起重工
0.60					冲床工
0.80	焊工		保安员		焊工
1.00					
1.20					保安员
1.40					
1.60				冲床工	
1.80					
2.00					
2.20				质检员	
2.40		保安员			
2.60	冲床工				
2.80	保安员	起重工	质检员	板钳工	
3.00		质检员			质检员
3.20		冲床工			
3.40	板钳工				
3.60		板钳工	起重工		
3.80					
4.00	起重工		冲床工	焊工	
4.40			板钳工		
4.80	质检员				板钳工
5.20					
5.60					
6.00			焊工		
7.00					
8.00		焊工			
9.60					

2．因素比较法的优缺点

（1）因素比较法的优点有以下几个：① 评价结果较为公正。因素比较法把各种不同工作中的相同因素相互比较，然后再将各种因素的工资累计起来，主观性减少了。② 耗费时间少。进行评定时，所选定的影响因素较少，从而避免了重复，简化了评价工作的内容，缩短了评价时间。③ 减少了工作量。由于因素比较法是先确定标准岗位的系列等级，然后以此为基础，分别对其他各类岗位进行评定，大大减少了工作量。

（2）因素比较法的缺点有以下几个：① 各影响因素的相对价值在总价值中所占的百分比完全是考评人员的直接判断，这就必然会影响评定的精确度；② 操作起来相对比较复杂，而且很难对员工作出解释，尤其是对不同因素给予不同的工资率的标准很难说明其理由。

（四）因素计点法

因素计点法，也称为因素评分法，是目前国内外最流行的岗位评价方法。因素计点法就是选取影响岗位薪酬的若干主要因素，并对每个因素的不同水平进行界定，同时给各个水平赋予一定的点数（分值），然后按照这些关键的薪酬因素对岗位进行评价，经过加权求和，最后得到各个职位的总点数，以此决定岗位的薪酬水平。

1．因素计点法实施的步骤

（1）选取合适的薪酬因素，并划分每个薪酬因素的等级。首先选择影响岗位薪酬的主要因素，一般包括岗位工作责任、智力要求、技能要求、体力要求、工作条件等（见表 8-19），然后对每个主要因素进行细分，并划分每个细分因素的等级（见表 8-20）。

表 8-19 岗位评价因素表

评价因素		等级数量
因素类别	因素名称	
工作责任	实现战略责任	5
	控制风险责任	5
	监督指导责任	5
智力要求	学历要求	6
	知识多样性	4
	语文知识	4
	数学知识	5
技能要求	工作经验	5
	工作复杂性	5
	综合能力	4
	工作熟练程度	4
体力要求	工作压力	5
	体力要求	4
	创新与开拓	5
	工作紧张程度	4
工作条件	工作时间特征	5
	工作危险性	4
	职业病	5
	环境舒适性	5

注：表中数字代表评价因素的等级。

表 8-20 工作责任中的指导监督责任分级

因素编号	A03	因素名称	监督指导责任	因素类别	工作责任
因素定义	任职者在正常的权力范围内所承担的正式指导、监督、评价等方面的责任。责任的大小根据任职者直接指导和监督的人数及层次来划分				
等级	等级说明				
1	不监督任何人，只对自己的工作负责				
2	指导、监督 4 名以下第一级别人员				
3	指导、监督 5～10 名第 1 级别人员或 1～3 名第 2 级别人员				
4	指导、监督 4～6 名第 2 级别人员或 1～3 名第 3 级别人员				
5	指导、监督 4～6 名第 3 级别人员或 1～3 名第 4 级别人员				

（2）确定每个薪酬因素在岗位评价体系中所占的权重。由于每一个薪酬因素在岗位评价体系中所产生的影响不一样，因此，我们需要对薪酬因素设定相应的权重。权重既包括主要因素的权重（见表 8-21），也包括每一个主要因素细分后各因素的权重（见表 8-22）。

表 8-21　岗位评价因素的权重

评价因素			等级数量
因素类别	百分比（权重）	因素名称	
工作责任	30%	实现战略责任	5
		控制风险责任	5
		监督指导责任	5
智力要求	25%	学历要求	6
		知识多样性	4
		语文知识	4
		数学知识	5
技能要求	20%	工作经验	5
		工作复杂性	5
		综合能力	4
		工作熟练程度	4
体力要求	15%	工作压力	5
		体力要求	4
		创新与开拓	5
		工作紧张程度	4
工作条件	10%	工作时间特征	5
		工作危险性	4
		职业病	5
		环境舒适性	5
合计	100%		

表 8-22　工作责任细分后因素的权重

因素编号	因素名称	因素类别	因素权重
A01	实现战略责任	工作责任	40%
A02	控制风险责任	工作责任	30%
A03	监督指导责任	工作责任	30%
合计			100%

（3）确定每一种薪酬因素在内部不同等级或水平上的点值。在工作薪酬因素的权重确定后，组织还需要为即将使用的岗位评价体系确定一个比较合理的总点值（总分，见表 8-23），然后确定每一种薪酬因素在内部不同等级上的点数（见表 8-24）。

表 8-23 薪酬因素总点值及在内部不同等级上的点值

评价因素			等级数量	分值	合计分值
因素类别	百分比（权重）	因素名称			
工作责任	30%	实现战略责任	5	160	300
		控制风险责任	5	120	
		监督指导责任	5	120	
智力要求	25%	学历要求	6	90	250
		知识多样性	4	60	
		语文知识	4	50	
		数学知识	5	50	
技能要求	20%	工作经验	5	50	200
		工作复杂性	5	50	
		综合能力	4	50	
		工作熟练程度	4	50	
体力要求	15%	工作压力	5	50	150
		体力要求	4	40	
		创新与开拓	5	30	
		工作紧张程度	4	30	
工作条件	10%	工作时间特征	5	25	100
		工作危险性	4	20	
		职业病	5	25	
		环境舒适性	5	30	
合计			—	1 000	1 000

表 8-24 工作责任在不同等级上的点值

因素编号	因素名称	因素类别	权重	最高点数	等级划分	等级点数
A01	实现战略责任	工作责任	40%	140	1	28
					2	56
					3	84
					4	112
					5	140
A02	控制风险责任	工作责任	30%	80	1	16
					2	32
					3	48
					4	64
					5	80
A03	监督指导责任	工作责任	30%	80	1	16
					2	32
					3	48
					4	64
					5	80
合计			100%	300		300

（4）运用薪酬因素计算组织内每一岗位的总点值。组织根据以上岗位评价体系，确定每一岗位在每一个薪酬因素上所处的等级，然后根据所处等级所代表的点数确定被评价岗位在该薪酬因素上的点数，在获取被评价岗位在所有薪酬因素上的应得点数后，将此岗位在所有薪酬因素上的点数相加即可得到该岗位的总点数（见表 8-25）。

表 8-25　岗位评价总点数值

薪酬要素			岗位评价计点值			
			岗位 A		岗位 B	
因素编号	因素名称	因素大类	所处等级	对应点数	所处等级	对应点数
A01	实现战略责任	工作责任	5	140	3	48
A02	控制风险责任	工作责任	4	64	3	48
A03	监督指导责任	工作责任	3	48	3	48
工作责任点数				252		144
智力要求点数				200		180
技能要求点数				150		130
体力要求点数				120		130
工作条件点数				80		70
合计点数				802		654

（5）将所有评价岗位根据总点数值进行排序，建立岗位等级结构。组织在所有岗位总点数计算完后，按照由高到低的顺序排序，然后按照等差的方式对岗位进行等级划分，制成岗位等级表。

2．因素计点法的优缺点

因素计点法是一种易于解释和评价的量化评价技术，评价更为精确，评价结果更容易被员工接受，而且容易对不相似的职位进行比较。其主要缺点是方案设计与应用的时间比较长，需要组织有详细的岗位分析为基础，而且薪酬因素、等级、点数权重的确定等方面存在一定的主观性。

三、员工福利计划的设计方法

员工福利计划（Employees Benefits Plan，EBP）是指企业为员工提供非工资收入福利所作的规划和安排，其内容主要包括福利提供的理念、福利提供的水平、福利提供的项目、福利的纵向结构、享受福利的条件、福利实施的主体等。由于福利支出在企业中已成为一项重要的开支，而且员工福利的激励作用逐渐受到重视，因此，各企业应根据其自身实际情况和员工的特点加以选择和实施。

（一）员工福利计划的内容

1．福利提供的理念

企业在制订员工福利计划时首先要明确为何要向员工提供福利，希望通过员工福利达到什么目的。目的不同，福利计划也会不同。所要达到的目的是制定福利制度的基石。一般而言，企业通过福利可达到以下目的：① 弥补企业人力资源管理的不足，吸引和留住优秀员工，降低离职成本；② 传递企业文化，践行企业核心价值观，形成核心竞争力，获取竞争优势，实现企业战略目标；③ 激励员工，提高员工工作满意度、工作积极性和工作效率，促进企业绩效的提升；④ 树立企业良好的社会形象，提高企业美誉度；⑤ 满足员工多层次的需求，促进员工的全面发展，提高员工素质；⑥ 减少劳资冲突，建立和谐劳资关系。

2．福利提供的水平

企业要向员工提供多少福利？企业提供的福利应当是什么水平的？福利水平体现为企业的福利开支，这关系到企业的福利成本。在选择企业福利水平时，企业应着重考虑国家的政策法规、内外部福利调查信息、企业的财务状况以及工会的影响。确定福利水平主要包括两个方面的内容：一是企业整体的福利水平；二是员工个人的福利水平。

通过企业所提供的员工福利水平与外部市场福利水平的比较，可以将员工福利水平分为市场领先型、市场追随型、市场滞后型和混合型四种模式。所谓市场领先型是指企业向员工提供的福利在整体水平上高于本地区或者本行业大多数企业的市场平均水平。市场追随型是指企业向员工提供的福利在整体水平上与本地区或者本行业大多数企业的水平大致相当，企业按照市场的平均水平来确定本企业的福利水平。市场滞后型是指企业向员工提供的福利在整体水平上低于本地区或者本行业大多数企业的水平，是以低于市场平均水平的标准来确定本企业的福利水平。以上所述的三种福利水平都是根据企业整体的福利水平而言的，混合型则考虑了员工类型的变量，是针对员工个人的福利水平而言的，它是指企业基于职位对企业的价值不同，综合考虑不同的员工的市场供求关系来确定福利的结构水平，即在同一个企业中各种水平的福利是同时存在的，即存在员工的福利水平高于、低于、等同于市场的平均水平等各种状况。

3．福利提供的项目

企业向员工提供福利的项目包括福利项目的内容和福利项目发放的形式。企业必须合理地确定福利的内容，其直接决定着员工需求的满足程度。福利项目发放的形式应该具有灵活性，不必福利货币化，还可以借助于其他形式。现在福利项目的模式主要有实物型模式和货币型模式两种。所谓实物型模式是指企业主要以直接发放实物的形式或者以直接提供服务的方式来向员工提供福利，这是比较传统的一种方式。货币型模式是指企业向员工提供的福利主要是以货币或者准货币的形式出现。目前大多数企业比较喜欢采取这种模式。另外，有些企业还向员工提供各种准货币形式的福利，如给员工办理健康保险、建立补充养老保险制度、实施员工持股计划、推行股票期权制度等。

4．福利提供的纵向结构

企业提供福利的纵向结构指的是对于不同类别的人员采用不同的福利水平、福利内容和形式。其主要包括：① 确定不同类别的人员应该享有的福利水平，制定分类的标准。一般而言，企业可根据企业的战略意图进行划分，通常结合劳动力市场的供求状况和企业内部人员的价值性大小把人员分成四类，进而选择不同的福利水平策略。② 确定不同层级人员福利项目的内容和形式。企业可在福利水平一定的情况下，基于员工福利需求的差异进行综合确定。

纵向结构可以采用全员型和差异型两种模式。所谓全员型模式是指企业向员工提供的福利在内容上是一致的，即所有的员工享受到的福利项目都是一样的。差异型模式是指企业向员工提供不同内容的福利，以满足员工不同的需求。最具代表性的是弹性福利计划。

弹性福利计划是企业根据员工的工资、工作年限等因素来设定每一个员工所拥有的福利限额，再在福利清单所列出的福利项目后面附一个金额，让员工依照自己的需求，从公司所提供的福利项目中选择或组合属于自己喜欢的一份福利套餐，也就是说它是由员工自行选择福利项目的福利计划模式。弹性福利计划包括附加型弹性福利（Add-on Plan）、核心加选择型弹性福利（Core-Plus Option Plans）、弹性支用账户式福利（Flexible Spending Accounts）、套餐式弹性福利计划（Modular Plans）、选高择低型弹性福利计划（Opt-up Opt-down Plans）等几种类型。

5．享受福利的条件

员工应该如何做才能享受到福利计划？为了增强福利的激励作用，企业需要对员工享受福利的资格条件作出规定。一般而言，企业选择员工享受福利的条件有以下几种类型。

（1）无条件型。即免费型，是指不论员工的工作绩效如何或员工现在是否在岗（或者退休），只要是企业的正式员工，都可以无条件获得企业设置的福利计划。

（2）按照员工绩效。即绩效型，是指员工要想获得一定的福利水平或者福利项目，就必须达到一定的工作绩效标准。该类型可极大地调动员工的工作积极性，有助于企业绩效的整体提升。

（3）按照资历。即资历型，是以员工在企业的工作时间为享受或晋升标准。该类型比较适用于那些强调终身雇佣的企业，也适用于想挽留核心人才的企业。

6．福利实施的主体

员工福利的实施主体是谁？员工福利的责任主体和实施主体是两个不同的概念，员工福利的最终责任主体是企业，企业可以将具体的实施责任委托给外部的组织或机构。福利的实施有两种模式，即自主型模式和外包型模式。自主型模式是指由企业作为员工福利的实施主体直接向员工提供各种福利，这种模式的员工福利的责任主体和实施主体都是员工所在的企业。外包型模式是指企业将员工福利的实施责任全部或者部分委托给外部的组织或机构，由这些机构或组织作为员工福利的实施主体或者部分的实施主体进行具体的实施。这种模式的员工福利的责任主体和实施主体是分离的，责任主体仍然是企业，但是实施主体不再是或者不完全是企业，而是外部的组织或机构。

（二）员工福利计划的设计流程（见图 8-9）

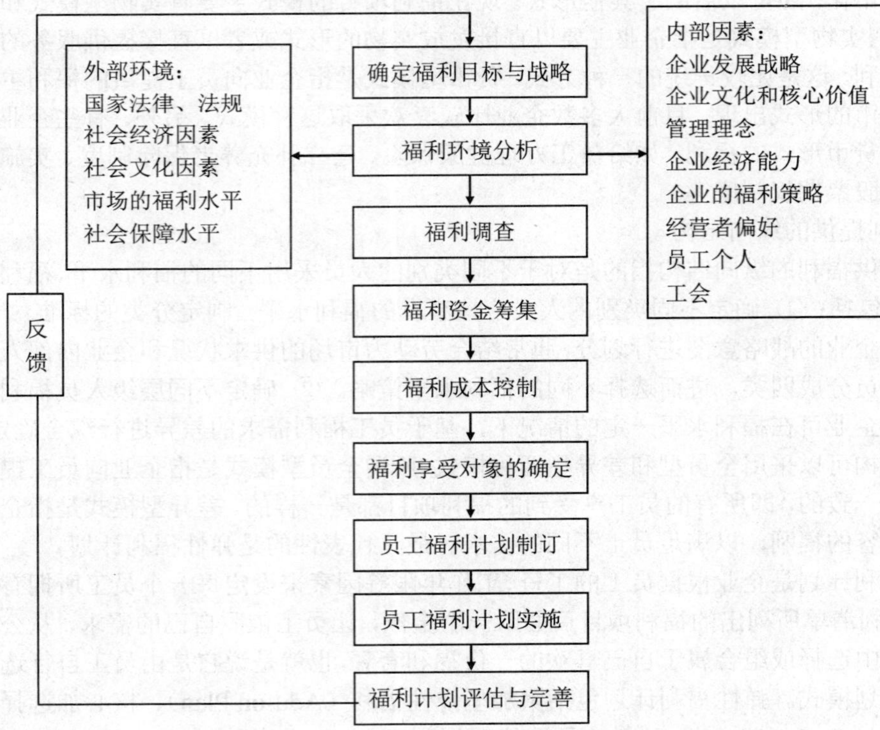

图 8-9　员工福利计划的设计流程

1．确定福利目标与战略

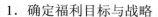

企业在制订福利计划时，首先应该明确福利目标和福利战略。福利目标就是企业想通过福利达到何种目的。企业福利战略一般可分为市场领先型、市场追随型、市场滞后型和混合型四种模式。企业一定要确定明确的福利目标，作出明智的福利战略选择。

2．福利环境分析

企业在制订福利计划时应对企业所生存的内外部环境对企业福利的影响进行深入分析。

（1）企业外部环境因素。企业在制订福利计划时一定要遵守国家的法律、法规，执行国家法定福利。企业在制订福利计划时还需考虑社会经济因素，在经济发展的不同时期，由于经济状况好坏的差异，福利对员工收入的调节作用不同。社会文化的不同也会影响企业福利计划的制订，有的国家具有高福利的传统，有的国家则比较重视现金奖励而忽视福利。市场的福利水平也是企业制订福利计划时应考虑的一个重要因素。社会保障水平也是影响企业福利计划的因素。国家社会保障水平如养老、失业、工伤、医疗风险等的不断提升，有助于减轻企业福利成本，提高劳动者对各种社会风险的抵御能力。

（2）企业内部环境因素。企业发展战略是制订员工福利计划的主要依据，员工福利计划是实现企业发展战略的重要途径，在制订员工福利计划时既要考虑企业长期和短期的发展目标，又要分析企业所处的特定的发展阶段。员工福利计划应该与企业发展战略相匹配，并且应根据企业的发展状况进行动态调整。企业文化价值和管理理念决定了员工福利政策制定的理念和原则，进而影响到员工福利的水平和项目的设计等，因此对福利计划和政策产生了重要的影响。

企业的管理理念直接影响到员工福利计划的制订。不同的管理理念会产生不同的员工福利政策。如果企业具有以人为本的管理理念，那么企业就会注重人的价值、理解员工、善待员工，这一理念落实到员工福利中就会有“花钱为员工买身心健康”“福利跟随经营战略”“创建员工之家”等计划。

企业自身经济能力是员工福利计划的基础。福利作为企业的一项成本，在制订福利计划时应该根据企业自身的财力，在员工高激励效果与成本控制之间进行平衡。一般企业的福利策略有市场领先型、市场追随型、市场滞后型和混合型四种模式，企业选择哪种类型对企业制订福利计划有很大的影响。

经营者的个人偏好对福利计划的决策具有很大的影响。若经营者只注重企业的短期利益，并希望规避风险，则其可能更偏好基本工资和福利而非高风险的奖金。对于福利偏好不明显的经营者，可能更喜欢现金支付。同样是喜欢福利的经营者，其选择的福利类型和支付方式也不同，有的现金支付、延期支付，有的实物支付。

员工的需求、绩效、工作年限等个人因素在制订员工福利计划时越来越受到企业的重视。员工的福利需求包括福利水平和福利项目两个方面。企业在制订福利计划时越来越注重员工的福利需求，在福利支付水平一定的情况下，其会成为影响企业选择福利项目种类的最重要的因素。福利能否有效地满足员工的需求也是衡量员工福利计划优劣的重要指标。员工的工作绩效会影响员工在当期的福利水平高低或项目多少，以及福利计划的提升等。工作年限主要影响员工个人福利水平的确定，一般来说，员工在企业任职的时间越长，员工获得的福利水平也越高。

在西方国家，工会是员工福利发展的重要推动因素，工会对员工福利的态度和自身的力量决定了它对企业政策和福利计划的影响力，其一定程度上决定了企业愿意支付员工福利的水平。在我国，工会扮演着员工福利的具体实施者和法定福利的具体监督者的角色，而没有完全发挥集体谈判功能。

3．福利调查

福利调查是为了获取市场上本行业和其他企业的福利信息，通过分析，了解它们的福利水平、福利项目、福利内容、福利类型、享受福利的条件等，为制定具有竞争性的福利计划提供依据。

4．福利资金筹集

企业制订福利计划时的一项最重要的工作就是确定福利资金的来源及比重，要搞清楚每一个福利项目的资金是完全由企业承担，还是完全由员工承担，或者企业、员工共同承担，或者国家、企业、员工共同承担。如果是各方共同承担，要清楚各方应承担的比例。

5．福利成本控制

员工福利成本可以分为企业为福利直接缴纳的费用、企业直接支付给员工的福利开支、企业为员工举办福利活动和购买福利设施的开支、员工享受福利而对企业生产工作有影响的损失、员工福利管理的开支。企业可采用如下方法在提高福利效率的同时降低福利成本。

（1）控制享受福利的对象。确定哪些员工可以享受哪些福利是福利成本控制的第一步。员工福利的对象是企业的所有员工，包括在职员工、退休员工、伤残员工、全日制员工、兼职员工、分时制员工、员工家属等，但并不是所有的福利项目必须覆盖所有的员工。为员工享受某些福利设置条件，控制享受福利的对象，可有效地控制福利成本。

（2）实施员工健康修炼计划（EWPs）。员工健康修炼计划是一种预防性计划，其通过改变员工在工作及工作之外的生活中可能发生的最终导致员工在未来发生健康问题的那些行为，来降低员工对健康服务的需求，以达到医疗保健成本的支出。

（3）员工分担部分福利费用。采取员工和企业共同负担福利开支的办法不仅可以避免对福利的过度使用、减少浪费现象、降低企业福利成本，而且还可提高员工对福利的评价。

（4）实行弹性福利计划。员工的福利偏好有差异，实际需要也有差异，弹性福利计划给员工以选择福利项目的权利，达到企业和员工双赢的目的。对企业而言，可在福利投入一定的情况下，最大限度地满足不同员工的不同需求，提高员工福利满意度。对员工来说，在规定的货币额度内，自己选择福利组合，实现了个人享有的福利价值最大化。

（5）规定福利支付上限。企业应该设置一些福利项目的支付上限，也就是对某些项目的支付封顶，超出部分由员工自己支付，使员工了解企业的福利是有限度的，从而达到有效控制福利成本的目的。

（6）控制管理成本。企业对福利的管理有自行管理和外包管理两种方法。对企业自行管理的福利项目，要尽可能在福利手册中详细介绍，让员工了解企业的福利计划，有助于加强沟通，提高福利管理效率。对外包管理的福利项目，可以实行竞争性投标，选择质量价格比最优者。

6．福利享受对象的确定

企业实施员工福利计划可增加员工福利满意度、降低员工离职率、提高员工工作效率。但由于员工个体的需求不同，并且某一福利项目并非适合所有员工，企业无须要求全体员工都必须参加某一福利项目。企业可针对员工的需求，选择某些员工加入某些项目，员工也可选择是否参与某一福利项目及自主选择企业可提供的福利项目。对企业而言，在制订员工福利计划时需要确定某一福利项目的员工覆盖范围，也就是哪些员工可以参加。同时，企业还需确定能给员工多大的自主选择福利的权利（全部自选、部分自选、小范围自选），否则员工福利不但不能激励员工，相反可能会挫伤员工的积极性。

7．员工福利计划制订

在上述各项工作完成以后，企业可根据自己的福利目标与战略，在了解员工的福利需求、企业福利环境的基础上，制订员工福利计划。在制订员工福利计划时要遵循：① 合理性原则，即要考虑企业经济能力、适度提取福利经费比例，使福利能够增强企业竞争力，并且对福利要进行动态调整；② 统筹性原则，企业在制订福利计划时要立足企业长远利益，讲求福利的经济效益，避免重复浪费；③ 公平性原则，要以全体员工为对象，但可有一定差别来体现员工绩效；④ 合法性原则，遵守国家的法律法规，合法、合理避税，降低福利成本。员工福利计划的内容主要包括福利提供的理念、福利提供的水平、福利提供的项目、福利的纵向结构、享受福利的条件、福利实施的主体等。

8．员工福利计划实施

员工福利计划制订后，企业应当采取恰当的传播渠道与员工进行深入的沟通，将福利计划告诉所有员工，使员工了解福利计划的内容、福利成本及各项福利价值的高低，不同的福利对自己的要求是什么，明确自己应该朝什么方向去努力。企业可通过编写福利手册和建立信息化管理平台来加强与员工的福利沟通。企业在实施员工福利计划的过程中要及时发现和解决遇到的问题。

9．福利计划评估与完善

为了更好地调整和完善员工福利计划，企业需要对实施后的员工福利计划进行评估。一般可以从员工的福利满意程度、福利成本、福利资源利用效率和效果、福利目标实现度、员工工作积极性的提升、劳资关系和谐程度等方面进行评估。企业可设立福利计划评估小组，评估结果要及时反馈。

本章小结

1．薪酬的概念有广义和狭义之分。所谓广义的薪酬就是指员工为组织提供劳动而获得的物质报酬和精神报酬总和。所谓狭义的薪酬就是员工因为雇佣关系，而从组织获得的各种经济性回报和有形的服务及福利。薪酬可分为经济性薪酬和非经济性薪酬，经济薪酬又可分为直接经济薪酬和间接经济薪酬。本章的薪酬主要指狭义薪酬。薪酬包括固定薪酬、浮动薪酬、激励薪酬、福利等几种形式。一般而言，影响薪酬的因素可以分为个人因素、组织因素、岗位因素、社会因素。

2．薪酬管理是指根据组织发展战略与目标，组织针对员工所付出的劳动和服务而提供回报的动态过程，也即对组织薪酬战略、岗位评价与薪酬等级、薪酬调查、薪酬计划、薪酬水平、薪酬结构、薪酬构成、薪酬制度、人工成本测算等进行确定和调整的过程。薪酬管理与其他人力资源管理环节具有密切的联系。

3．福利概念可分为广义福利和狭义福利，中外有不同的看法。本书只研究狭义福利即企业福利。依据是不是由国家立法强制执行，福利可分为法定福利和自愿福利。按福利所具有的功能，可将福利划分为安全和健康福利、设施性福利、文娱性福利、培训性福利、服务性福利。按福利的给付形式，可将福利划分为现金型、非现金型。员工的福利和工资既相互联系，又存在差异。

4. 薪酬管理的流程主要包括薪酬战略、岗位评价与薪酬等级、薪酬调查、薪酬计划、薪酬结构、薪酬制度的制定与调整、人工成本测算等。薪酬管理是一个市场化和个性化的过程，组织的薪酬管理立足于组织的经营战略和人力资源战略，在充分考虑劳动力市场及员工任职岗位的价值及员工的任职资格的基础上，根据组织对团队和个人的绩效考核与评价，最终形成组织薪酬管理系统。

5. 制定薪酬管理制度的目的是通过薪酬管理来吸引、留住和激励员工，从而提高组织的效率、达到组织内外的公平性。设计薪酬管理制度时必须遵循一定的原则，这些原则包括外部竞争性、内部一致性、个人激励性、可行性原则。薪酬管理制度的设计是个系统工程，它以岗位分析和评价、薪酬调查和绩效考核为基础，主要包括薪酬调查、分析比较、增资实力、薪酬策略、薪酬结构、岗位评价、绩效考核、特殊津贴、长期激励、调资政策、评估调整等。

6. 岗位价值评价方法包括岗位排序法（直接排序法、交替排序法、配对比较排序法）、岗位分类法、因素比较法、因素计点法。

7. 员工福利计划是指企业为员工提供的非工资收入福利所作的规划和安排，其内容主要包括福利提供的理念、福利提供的水平、福利提供的项目、福利的纵向结构、享受福利的条件、福利实施的主体等。员工福利计划的设计流程包括确定福利目标与战略、福利环境分析（企业外部因素、企业内部因素）、福利调查、福利资金筹集、福利成本控制、福利享受对象的确定、员工福利计划制订、员工福利计划实施、福利计划评估与完善等。

案例分析

东莞伟易达集团的薪酬管理

伟易达集团于1976年在香港成立，并于1987年成立东莞伟易达集团。集团主要从事设计、制造及销售电子教育游戏机、电子学习产品、无绳电话、通信卫星接收器等高科技电子产品，业务遍布全球，在美国、加拿大、英国、西班牙、法国、荷兰、德国、新加坡、深圳、香港、东莞等国家和地区均设有产品研究及开发中心，近两万名员工分布在世界各地。伟易达集团是全香港最大的电子制造商，在全国最大电子企业中名列前五位，位于广东省第一位，并于香港及英、美上市。其电子教育玩具占世界电子教育玩具市场第一位；九百兆赫无绳电话占美国市场达70%，集团年销售额超过100亿元人民币。集团生产的i5801型号5800兆赫无绳电话荣获2003年度香港电子业商会创新科技奖全场大奖。集团公司已通过和获得ISO14000、ISO9001:2000、TL9000、TS16949、英国BABT（合格制造商）证书，具有国际水准的生产队伍及品质保证体系。成立于1987年的东莞厚街伟易达电子厂总面积占300 000平方米，随着业务的扩展，集团于1996年在东莞寮步设立新厂，寮步新厂面积达230 000平方米，员工超过7 000人。

东莞伟易达寮步电子厂是一家大型的“三来一补”制造企业，它因管理科学、规范，效益好而得到公司内部员工的满意评价，并在社会上享有良好的声誉，成为许多企业学习的榜样。公司之所以能取得如此大的发展，是与它先进、科学的人力资源管理密不可分的，其薪酬制度很好地支持了企业的战略发展。公司在总部公司的薪酬管理的基础上，学习了其他公司的先进经验，在泰和顾问等公司的帮助下，建立了科学的薪酬管理制度，实行了“全面薪酬战略”，具体是：向员工提供各种形式的外在薪酬和内在薪酬，外在薪酬包括基本工资、可变工资、福利、股票期权，分红等；内在薪酬主要是对完成某个项目或达到某些绩效目标后的表扬、嘉奖，如公开表彰、颁发奖金、证书、奖励旅游、奖励培训机会、升职等。员工的报酬与其绩效相匹配，充分调动员工的积极性，使员工获得个人提升的同时，为公司作出更大的贡献。

公司薪酬战略指导思想是：薪酬对内具有公平性，对外具有竞争力。

一、稳定而灵活的基本工资

公司的基本工资主要根据是以岗定薪，同时参考工作绩效，有不同的浮动性，稳定但不乏灵活。基本工资共分十一级，每级之间再根据工作能力和绩效加以细分为不同的几个薪酬点，这样职务、职称相同的员工拿的基本工资大体上差不多，体现了内部公平性，但又把岗位的难度、责任、能力、绩效的细微不同也反映在基本工资上。以岗定薪，考核指标确定，并且可量化，所以操作性比较强，是目前大多数企业采取的方法，但其缺点也比较明显，比较古板，缺乏弹性。公司的基本工资以以岗定薪为基础，再将基本工资与绩效挂钩，这样就使得相同岗位、同一级别职务的员工因绩效的不同所得到的基本工资也不同，从而充分地调动了员工的积极性。大家都花心思在想，怎样才能不断提高工作效率，怎样才能做出比别人更高的绩效，争取比同级别的同事拿到更高的工资，然后再争取进入上一个级别。

二、基本工资级别

东莞伟易达寮步电子厂的基本工资级别如表 8-26 所示（总经理及以上级别的职务的员工在香港总部，故没有列示）。

表 8-26 基本工资级别

0 级	处于试用期的初级工人等
1 级	普通文员、初级技术员等
2 级	高级文员、高级技术员
3 级	助理
4 级	工程师、助理主管
5 级	工程师、办公室主任
6 级	高级工程师
7 级	高级工程师、主管
8 级	副经理
9 级	经理
10 级	高级经理

公司曾经发生过这样一件事：由于产品市场表现良好，为了扩大生产，公司需要大量扩招普通工人。为了及时组织生产，公司要在短时间内招到足够的员工，于是决定调高 0 级的工资。由于公司原先的工资就已经在东莞同行中处于上游水平，调高了入厂工资后，很快就招到了员

工，生产顺利进行。但一段时间后，管理人员发觉部分员工上班不是无精打采，就是背着管理人员偷偷聚在一起聊天，还有不少员工经常借故请假，甚至旷工。管理层经过仔细调查，终于找到了“祸源”。原来，由于调高了0级的工资，使得1、2级的工资相对降低，他们认为受到了不公平的对待，所以就表现出了种种不满。在掌握了情况后，管理层迅速反应，多次召集有关部门及员工代表开会，并与这两个级别的员工进行了充分的沟通，经过探讨研究，最后决定相应地提高这两个级别的工资。虽然公司相对成本提高了，但却保证了工资的对内公平性，及时调整了员工的心态，消除了员工的心理抵触和消极怠工（0、1、2级的基本工资差幅不是很大，而3级与2级有较大差距，所以对3级以上员工的利益影响不大）。

三、内外薪酬相结合激励员工

东莞伟易达寮步电子厂还向绩效优秀或在某方面有突出贡献的员工提供各种内在薪酬。例如，由经理等高级管理人员主持召开会议，向绩效优秀、长期以来节省原料显著、对某工艺有卓越创新等的各种优秀员工公开表彰，颁发奖金和证书等，还会为他们提供外出旅游、参加各种培训的机会。公司为了表彰、激励员工，派送符合条件的优秀员工到广东工业大学、英国威尔士大学等知名大学进修，至今已培养200多名大专及本科毕业生，100多名硕士研究生、MBA，并在华南理工大学设立“伟易达研究生站”（200多名大专及本科毕业生，100多名硕士研究生是整个伟易达集团在这些高校培养的人才，不全部是由东莞伟易达寮步电子厂派送）。高层次的优秀员工还有机会到香港、海外去培训、考察和工作。各种富有激励作用的内在薪酬，不但激励、留住了原有的员工，还使得公司在人才市场大受欢迎。另一方面，为了答谢高级技术人员、高级管理人员等各种核心人才、稀缺人才，同时为了激励他们在日后的工作中更加积极主动，公司向他们提供股票期权等各种奖励，让高级人才享受公司分红。优秀的员工能得到公司的肯定，获得如培训机会等各种形式的内在报酬，高层人才还可获得股票期权，所以公司的员工工作都很努力，并注意提高自己各方面的能力，希望获得更多的内在报酬，从而可以更好地提升自己。

四、劳资双方公平、公正、公开

公司的薪酬不但确保员工之间公平，而且做到劳资双方公平。公司基本工资的计算方法是：

$$实得合同工资=合同工资\div20.92\times(工作日+请假天数)+574元\div20.92\times停工待料天数$$

其中，

$$工作日=当月实际上班天数\div当月应上班天数\times20.92$$

20.92是以往大量员工一个月上班平均天数的统计值。

从中可知，如果是公司的原因，造成员工停工待料，员工也能得到补偿（由公式可知，即使公司整个月份都没有原料生产，那么员工还是可以拿到574元的基本工资，当然，实际上公司停工待料的天数是非常少的）。在用工环境还不是很完善的东莞，能够做到这样，不能不说是一个大胆的举措，也足以看出公司是设身处地地为员工着想，切实保障员工的利益。同时，公司的工资查询制度非常透明。每栋宿舍楼下都装有工资查询系统，只要输入员工姓名和编号，就可以立即显示该员工的当月实际上班天数、当月应上班天数、停工待料天数、请假天数、合同工资、实得合同工资等资料。

五、具有竞争力薪酬的魅力

由于公司的薪酬在东莞同行中处于上游水平，对外具有很大的竞争力，吸引了市场上大量的优秀人才。另一方面，由于公司的薪酬高、发展空间大、实行人性化管理等，原有员工的满意度和主人翁意识大大增加，他们经常介绍亲戚、朋友、同学等熟人到公司应聘。

六、紧跟市场，及时调薪

为了使员工的报酬与他们的贡献相匹配，同时也是为了保证公司的薪酬对外具有竞争力，公司的薪酬战略设立了一个调整机制。除了试用期满加薪外，公司还于每年的一月、四月、七月和十月进行普调。普调是基于绩效的，如果员工的绩效在过去一段时间内有较大的提高，并达到标准，就可以享受更高一级的基本工资。公司还有一种应急调薪措施，即如果当地劳动力市场的薪金有较大的出乎意料的波动，或者竞争对手突然较大幅度地调整薪酬，公司就会召集有关部门紧急开会研讨对策，进行相应的薪酬调整，以保证薪酬的对外竞争力。

东莞伟易达寮步电子厂运用了薪酬的双因素作用，将货币报酬与心理报酬相互结合、相互补充，向员工提供全面的薪酬，并保证薪酬对内具有公平性、对外具有竞争力，从而吸引并留住了大量优秀人才，培养了员工的主人翁精神，提高了员工对公司的满意度，调动了员工的积极性和创造性，使员工的潜能得到了最大的释放，有力地促进了公司的发展。

资料来源：刘永安. 企业人力资源管理经典案例[M]. 北京：清华大学出版社，2007.

思考题：

1. 如何理解东莞伟易达寮步电子厂的“全面薪酬战略”？
2. 薪酬管理的“公平性”目标是如何在东莞伟易达寮步电子厂得到体现的？
3. 你认为东莞伟易达寮步电子厂的薪酬管理制度有哪些地方存在不足？

讨 论 题

1. 试述薪酬管理的体系。
2. 试述薪酬管理制度设计原则与程序。
3. 如何设计员工福利计划？
4. 请阅读以下材料，回答以下问题：

（1）您认为朗讯的薪酬管理具有何种特点？

（2）在朗讯员工的薪酬和职业发展跟学历、工龄的关系越来越淡化，基本上跟员工的职位和业绩挂钩，你对此有什么评价？

（3）“薪酬留人本身是一个悖论”，你对此有何看法？

朗讯的薪酬结构由两部分构成，一部分是保障性薪酬，与员工的业绩关系不大，只与其岗位有关；另一部分薪酬和业绩紧密挂钩。在朗讯非常特别的一点是，朗讯中国所有员工的薪酬都与朗讯全球的业绩有关，这是朗讯在全球执行 GROWS 行为文化的一种体现。朗讯专门有一项奖——LUCENTAWARD，也称全球业绩奖。朗讯的销售人员的待遇中有一部分专门属于销售业绩的奖金，业务部门根据个人的销售业绩每一季度发放一次。在同行业中，朗讯的薪酬中浮动部分比较大，这样做是为了将公司每个员工的薪酬与公司的业绩挂钩。

朗讯公司在执行薪酬制度时，不仅仅看公司内部的情况，而是将薪酬放到一个系统中考虑。朗讯的薪酬政策有两个考虑，一个方面是保持自己的薪酬在市场上有很大的竞争力。为此，朗讯每年委托一个专业的薪酬调查公司进行市场调查，以此来了解人才市场的宏观情形。这是大公司在制定薪酬标准时的通常做法。另一个考虑是人力成本因素。综合这些考虑之后，人力资源部会根据市场情况给公司提出一个薪酬的原则性建议，指导所有的劳资工作。人力资源部将各种调查汇总后会告诉业务部门总体的市场情况，在这个情况下每个部门有一个预算，主管在预算允许的情况下对员工的待遇作出调整决定。人力资源部必须对公司在6个月内的业务发展需要的人力情况非常了解。朗讯在加薪时做到对员工尽可能透明，让每个人知道他加薪的原因。加薪时员工的主管会找员工谈活，告诉他根据今年的业绩，他可以加多少薪酬。每年的12月1日是加薪日，公司加薪的总体方案出台后，人力总监会和各地做薪酬管理的经理进行交流，告诉员工当年薪酬的总体情况，包括市场调查的结果、今年的变化以及加薪的时间进度。公司每年加薪的最主要目的是：保证朗讯在人才市场增加一些竞争力。

朗讯在招聘人才时比较重视学历，贝尔实验室1999年招了200人，大部分是研究生以上学历，“对于从大学刚刚毕业的学生，学历是我们的基本要求。”对其他的市场销售工作，基本的学历是要的，但是经验就更重要了。学历到了公司之后在比较短的时间就淡化了，无论做市场还是做研发，待遇、晋升和学历的关系慢慢消失。在薪酬方面，朗讯是MERITPAY，即根据工作表现决定薪酬。进了朗讯以后薪酬和职业发展跟学历工龄的关系越来越淡化，基本上跟员工的职位和业绩挂钩。

一方面，高薪酬能够留住人才，所以每年的加薪必然也能够留住人才；另一方面薪酬不能任意上涨，必须和人才市场的情况挂钩，如果有人因为薪酬问题提出辞职，很多情况下是让他走或者用别的办法留人，所以薪酬留人本身是一个悖论。朗讯的薪酬结构中浮动的部分根据不同岗位会不一样。浮动部分的考核绝大部分和一些硬指标联系在一起，如朗讯公司今年给股东的回报率如果超额完成，就会根据超额完成多少给每个人一个具体的奖励数额。又如，销售人员的薪酬则看每个季度的销售任务完成情况如何。对待加薪必须非常谨慎，朗讯每年在评估完成后给员工加薪一次，中途加薪的情况很少，除非有特殊贡献或升职。

也有员工因薪酬达不到期望值而辞职，这时朗讯一定会找辞职的员工谈话，他的主管经理和人事部会参与进去，希望离职的员工能够谈谈自己真实的想法，给管理提出一个建议。朗讯注重随时随地的评估，对于能力不强的员工，给他一个业绩提高的计划，改进他的工作。如果还达不到要求，朗讯会认为他没有效率，只好另请人来做。

资料来源：http://sinanews.zhongsou.com/sinanews.exe?word=%C0%CA%D1%B6+%D0%BD%B3%EA.

5．如果A公司聘请你对公司的薪酬体系进行系统设计，你会如何做？

A公司是一家合资公司，成立于1995年，是中国目前最重要的中央空调和机房空调产品生产销售厂商之一。目前有员工300余人，在全国有17个办事处。随着销售额的不断上升和人员规模的不断扩大，企业整体管理水平也需要提升。

公司在人力资源管理方面起步较晚，原有的基础比较薄弱，尚未形成科学的体系，尤其是薪酬福利方面的问题比较突出。在早期，人员较少，单凭领导一双眼、一支笔倒还可以分清楚给谁多少工资。后来，由于人员激增，只靠过去的老办法已然不灵，更谈不上公平性、公正性和对外的竞争性了。

复习思考题

1．影响薪酬的因素有哪些？
2．薪酬管理与其他人力资源管理环节的联系是怎样的？
3．何谓福利？如何对福利进行分类？
4．决定薪酬水平高低的依据有哪些？
5．何谓薪酬结构？其包括哪些内容？
6．何谓薪酬等级？其划分的依据是什么？
7．简述薪酬调查的过程。
8．制定薪酬计划的方法有哪些？
9．何谓薪酬结构？薪酬结构主要有哪几种形式？
10．薪酬制度包括哪些主要内容？
11．简述因素比较法的操作流程及其优缺点。
12．简述因素计点法的操作流程及其优缺点。
13．简述薪酬管理制度设计原则及程序。
14．简述员工福利计划设计的流程。

外延学习目录

一、书籍

1．[美]乔治·T.米尔科维奇，杰里·M.纽曼．薪酬管理[M]．董克用，等，译．北京：中国人民大学出版社，2002．

2．刘昕．薪酬管理[M]．北京：中国人民大学出版社，2011．

3．[美]雷蒙德·A.诺伊，约翰·霍伦拜克，拜雷·格哈特，帕特雷克·莱特．人力资源管理：获取竞争优势[M]．刘昕，译．北京：中国人民大学出版社，2001．

4．[美]理查德·亨德森．薪酬管理[M]．第10版．刘洪，韦慧民，译．北京：北京师范大学出版社，2013．

5．[美]乔治·米尔科维奇，杰里·纽曼，巴里·格哈特．薪酬管理[M]．第11版．成得礼，译．北京：中国人民大学出版社，2014．

6．于彬彬，蒋建军．薪酬设计实战[M]．北京：机械工业出版社，2015．

二、杂志

1．《中国人力资源开发》，中国人力资源开发研究会，北京
2．《哈佛商业评论》，哈佛商业评论杂志出版社，北京
3．《中国人才》，中国人事报刊社，中央人才工作协调小组办公室，北京

4.《中外管理》，中国科协管理科学研究中心，北京

5.《人力资源开发与管理》，中国人民大学书报资料中心，北京

6.《企业管理》，中国企业联合会，中国企业家协会，北京

7.《才智》，吉林省人事厅，长春

8.《中国企业家》，中国企业家杂志社，北京

9.《财经》，中国证券市场研究设计中心，北京

三、参考网站

1. 中国人力资源开发网：http://www.chinahrd.net

2. 中国薪酬调查网：http://www.xinchou114.com

3. 世界经理人网：http://www.ceconline.com

4. 中国人力资源管理网：http://www.rlzygl.com

5. 中国人力资源网：http://www.hr.com.cn

6. 中训网：http://www.trainingmag.com.cn

7. 人力资源总监网：http://cho.icxo.com/hrweb

8. HR 世界：http://www.hroot.com

9. 麦肯锡季刊，外文网址：http://www.mckinseyquarterly.com/;
中文网址：http://china.mckinseyquarterly.com/

10. MBA 中国，http://www.mbachina.com

本章主要参考文献

1. 赵曙明，张正堂，程德俊. 人力资源管理与开发[M]. 北京：高等教育出版社，2009.

2. 中国就业培训技术指导中心. 企业人力资源管理师（三级、二级）[M]. 第 2 版. 北京：中国劳动社会保障出版社，2007.

3. [美]乔治・T.米尔科维奇，杰里・M.纽曼. 薪酬管理[M]. 董克用，等，译. 北京：中国人民大学出版社，2002.

4. 刘昕. 薪酬管理[M]. 北京：中国人民大学出版社，2011.

5. [美]雷蒙德・A.诺伊，约翰・霍伦拜克，拜雷・格哈特，帕特雷克・莱特. 人力资源管理：获取竞争优势[M]. 刘昕，译. 北京：中国人民大学出版社，2001.

6. 刘永安. 企业人力资源管理经典案例[M]. 北京：清华大学出版社，2007.

第九章

员工关系管理

引导案例

是煽动罢工，还是正当维权

有一间规模为 4 000 人左右的电子公司。2014 年 10 月 29 日，由于公司存在按低于所在市最低工资标准的金额支付工资、只按基本工资支付加班工资、因订单问题停工不发工作餐补助等问题，员工均表示强烈不满。以生产部门为主的 1 500 多名员工同时不上班，在公司公共区域内静坐维权，要求公司尽快解决问题。停工静坐对公司起到了震慑作用。

当天，在当地劳动监察部门的协调下，公司就工资标准和加班费等问题与王某、赵某、钱某等员工代表进行谈判，最终双方达成协议：公司补发低于最低工资标准部分的工资；按法律规定支付加班费；停工期间向员工支付生活费。此后，全体员工恢复上班。

2014 年 11 月 12 日上午，公司王某接到公司人力资源部的一份书面通知：因王某煽动罢工，破坏了公司的生产，给公司造成巨大的经济损失和恶劣的社会影响，经公司研究，决定给予解除劳动合同的处分，并不予结算工资以赔偿部分损失。随后接到通知的还有公司的赵某、钱某。

王某：静坐是为了维护合法权益。在谈判过程中，王某就担心谈判结束后公司会对员工代表和罢工人员打击报复。停工风波过去大约 10 天后，公司陆续解雇员工 300 多人，并以“煽动罢工”或“参与煽动罢工”为由开除了王某等三人。对“煽动罢工”一说，王某等人认为这是“欲加之罪，何患无辞”：罢工是公司侵害员工权益之后员工努力争取合法权利的结果，停工静坐是为了维护自己的合法权益。

电子公司：开除他们没有错。人力资源部负责人说：“他们煽动这次罢工造成了近 2 000 万元的巨大经济损失，公司正在请律师，我们还将追究他们的法律责任。”公司认为这次罢工是“有组织、有预谋”地策划的，造成了恶劣的社会影响和巨大的经济损失。公司通过厂区监控、公司邮件系统等掌握了大量的证据，包括证人证言、录音录像等，证明王某等人煽动或参与煽动了罢工。

当被问及员工反映的问题是否属实时，公司也承认，低于最低工资标准支付工资和没按规定支付加班工资的问题确实存在，但这些问题的解决需要过程。对开除职工是否履行职代会或职工大会讨论程序一事，公司答复煽动罢工已构成了刑事犯罪，公司不需要履行这些程序。

【本章学习目标】

1. 理解和掌握员工关系、员工关系管理的基本概念和特征；
2. 了解和掌握员工关系管理的理论；
3. 了解员工关系管理的流程；
4. 了解和掌握员工关系管理每一阶段的内容；
5. 掌握和运用员工关系管理的基本技术和方法；
6. 树立员工关系管理的风险理念。

【本章导学图】

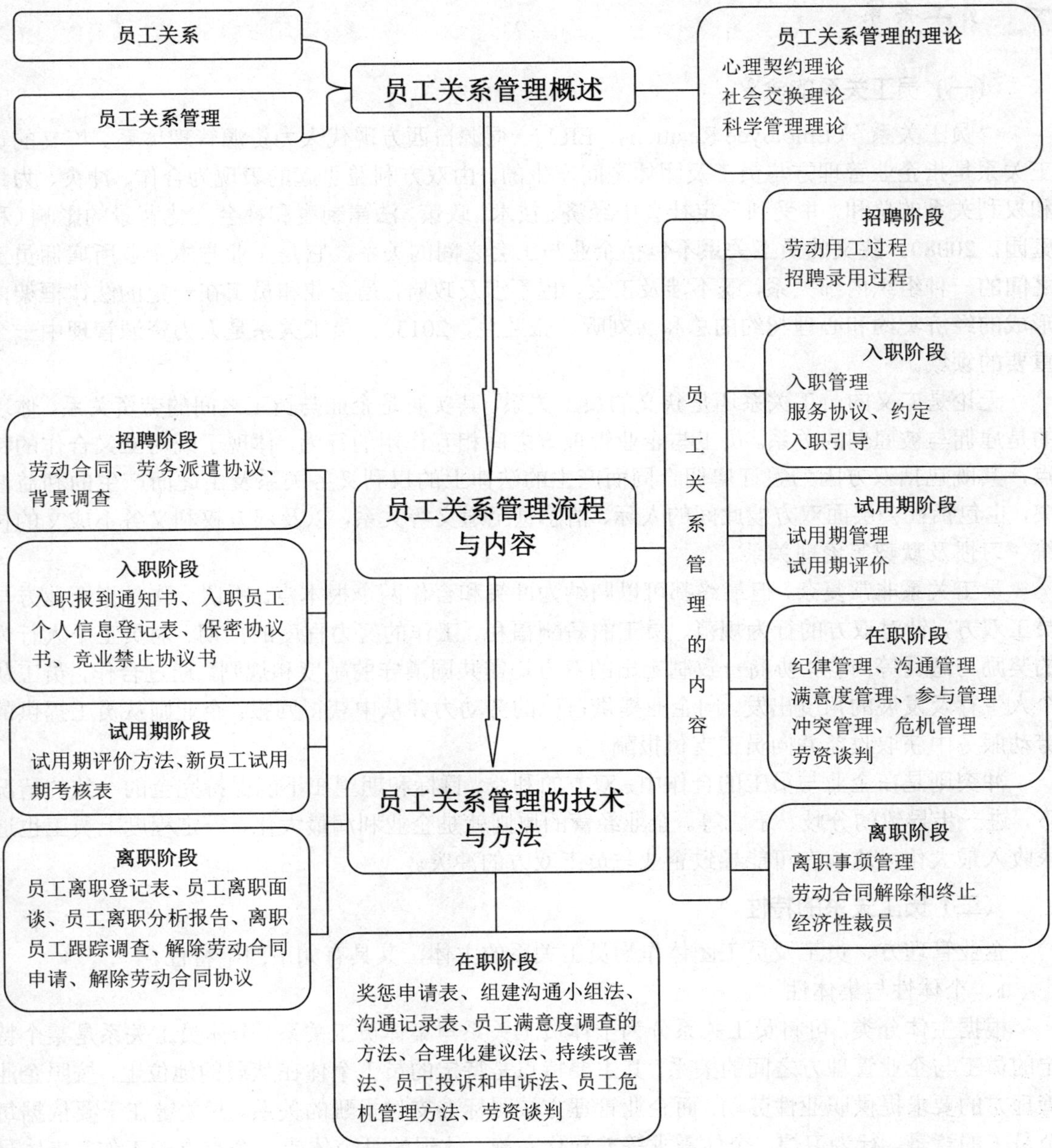
员工关系
员工关系管理
员工关系管理概述
员工关系管理的理论
心理契约理论
社会交换理论
科学管理理论
员工关系管理流程与内容
员工关系管理的内容
招聘阶段
劳动用工过程
招聘录用过程
入职阶段
入职管理
服务协议、约定
入职引导
试用期阶段
试用期管理
试用期评价
在职阶段
纪律管理、沟通管理
满意度管理、参与管理
冲突管理、危机管理
劳资谈判
离职阶段
离职事项管理
劳动合同解除和终止
经济性裁员
招聘阶段
劳动合同、劳务派遣协议、背景调查
入职阶段
入职报到通知书、入职员工个人信息登记表、保密协议书、竞业禁止协议书
试用期阶段
试用期评价方法、新员工试用期考核表
离职阶段
员工离职登记表、员工离职面谈、员工离职分析报告、离职员工跟踪调查、解除劳动合同申请、解除劳动合同协议
员工关系管理的技术与方法
在职阶段
奖惩申请表、组建沟通小组法、沟通记录表、员工满意度调查的方法、合理化建议法、持续改善法、员工投诉和申诉法、员工危机管理方法、劳资谈判

第一节　员工关系管理概述

一、员工关系

（一）员工关系的含义

“员工关系”（Employee Relations，ER）一词源自西方现代人力资源管理体系。广义的员工关系是指企业管理方与员工及团体之间产生的，由双方利益引起的表现为合作、冲突、力量和权利关系的总和，并受到一定社会中经济、技术、政策、法律制度和社会文化背景的影响（程庭园，2008）。狭义的员工关系不包括企业与工会之间的关系，它是企业与本企业所雇佣员工之间的一种组织内部关系，既不涉及工会，也不涉及政府，是企业和员工在一定的法律框架内形成的经济契约和心理契约的总和（刘昕、张兰兰，2013）。员工关系是人力资源管理中一个重要的领域。

无论是广义的员工关系还是狭义的员工关系，其实质是企业与员工之间的劳资关系，体现的是雇佣与被雇佣的关系。员工与企业管理方之间相互作用的行为，体现了既对立又合作的特点，其既包括双方因为签订雇佣合同而产生的法律上的权利义务关系及由此而产生的利益冲突，也包括社会层面双方彼此间的人际、情感甚至道义等关系，以及双方权利义务不成文的传统、习惯及默契等伦理关系。

员工关系非常复杂，但最终都可以归纳为冲突和合作两个根本点。所谓合作是指企业方与员工双方，针对双方的行为规范、员工的薪酬福利、工作的努力程度的预期、对员工个人行为的奖励与惩罚等内容，协商一致制定出的双方均需共同遵守的制度和规则。通过合作，员工从个人生存及发展的角度出发，向企业提供自己的劳动力并从中获得回报；企业则从员工提供的劳动服务中获取收益并向员工支付报酬。

冲突则是在企业与员工的合作中，双方的利益、目标和期望在不能保持完全的一致的情况下，进一步导致的分歧、矛盾等。企业经营的原则就是企业利润最大化，一定程度上员工也追求收入最大化，这就有可能导致企业与员工双方的冲突。

（二）员工关系的特性

企业管理方、员工及员工团体作为员工关系的主体，其具有如下四个特性。

1．个体性与集体性

根据主体分类，可将员工关系分为个体员工关系与集体员工关系。个体员工关系是某个特定的员工与企业管理方之间的关系，其主要特点是特定的员工个体在从属的地位上，按照企业管理方的要求提供职业性劳动，而企业管理方按照标准支付报酬的关系。其关键在于要依据每个员工的背景、行为习惯、个体需求等差异化实施，体现的是个体或一个点上的工作。集体员工关系是指由全体员工组成的团体，如工会、职工代表大会等，为维持或提高劳动条件与企业管理方之间的互动关系。其需要从群体的角度实施，体现的是共性或一个面上的工作。

2．平等性与不平等性

员工关系也存在着不平等，主要表现在员工是被雇佣者，其主要义务是以劳动换取报酬，处于从属地位并向企业提供职业性劳动。员工在劳动过程中需要遵守企业方的规章制度，服从管理并按要求完成劳动任务。员工关系具有平等性主要体现在：① 在企业雇佣员工时，企业方会就劳动条件、工作情况以及报酬等事项与员工进行协商，如双方达成一致则签订正式的劳动合同，并需要按约定履行各自的权利和义务；② 劳动合同签订前的协商过程，员工与企业方并不存在从属地位关系；③ 在劳动关系存续期间，在与企业方就提高劳动条件进行协商时，也不存在必须服从的义务。

3．对等性与非对等性

所谓对等性义务，是指在劳动合同中，如其中一方未按照约定履行某一义务，他方可自动免除履行另一相对义务，双方之间进行的是相互的利益交换。所谓非对等性义务，是指在劳动合同中其中一方即使没有按约定履行某一相对义务，他方仍不能自动免除另一义务，这时双方的义务属于伦理或单方面意愿上的要求。例如，员工提供劳动与企业管理方提供劳动报酬之间具有对等性；但员工提供劳动与企业管理方的照顾义务，员工的忠诚义务与雇主的报酬支付，以及员工忠诚义务与雇主的照顾义务之间则均无对等性。

4．经济性、社会性与法律性

经济性是指员工在提供劳动时，其劳动付出程度、劳动创造的价值等往往会有所差异，从企业管理方获取的报酬和福利也并不一致。社会性是指在获取经济回报的同时，依据马斯洛“需求层次理论”，人们还需要通过工作获得作为社会人所需要的尊严、认可、成就感即归属感等更高的精神层面的满足，这是员工关系的主要部分。法律性是指员工与企业管理方之间还存在劳动契约关系，而这种契约关系都建立在合乎法律的基础上，双方的权利和义务都受到法律的保护与约束。

二、员工关系管理

（一）员工关系管理的含义

员工关系管理（Employee Relations Management，ERM）从广义上讲是在企业人力资源体系中，各级管理人员和人力资源职能管理人员通过拟订和实施各项人力资源政策和管理行为，以及其他的管理沟通手段调节企业和员工、员工与员工之间的相互联系和影响，从而实现组织的目标并确保为员工、社会增值。从狭义上讲，员工关系管理就是企业和员工的沟通管理，这种沟通更多采用柔性的、激励性的、非强制的手段，从而提高员工满意度，支持组织其他管理目标的实现。其主要职责是协调员工与管理者、员工与员工之间的关系，引导建立积极向上的工作环境。

员工关系管理的内容主要包括劳动关系管理（劳动争议处理，员工上岗、离岗面谈及手续办理，处理员工申诉、人事纠纷和意外事件）、员工纪律管理、员工人际关系管理、沟通管理、员工情况管理（组织员工心态、满意度调查，谣言、怠工的预防、检测及处理，解决员工关心的问题）、员工绩效管理（制定科学的考评标准和体系，执行合理的考评程序）、企业文化建设、服务与支持（包括为员工提供有关国家法律、公司政策、个人身心等方面的咨询服务，协助员工平衡工作与生活）、员工关系管理培训（包括组织员工进行人际交往、沟通技巧等方面的培训），具体内容如表 9-1 所示。

表 9-1 员工关系管理主要内容一览表

员工关系管理主要内容	
1．劳动关系管理	10．法律问题及投诉
2．员工的活动和协调	11．心理咨询服务
3．员工的冲突管理	12．员工的内部沟通管理
4．工作丰富化与扩大化	13．问题员工的关系管理
5．员工的信息管理	14．晋升
6．岗位轮换	15．员工的纪律管理
7．员工的奖惩管理	16．辞退
8．裁员及临时解聘	17．合并及收购
9．员工绩效考核	18．员工满意度调查

(二) 员工关系管理与劳资管理的关系

员工关系管理与劳资关系管理相比，两者既有联系，又有差别，具体如表 9-2 所示。

表 9-2 员工关系与劳资关系的比较

关系类型	关系主体	解决方法	推行目标	研究内容
员工关系管理	企业管理方与员工个体	企业内部规章制度，企业文化、心理契约	企业氛围和谐，企业与员工双赢	协调、解决企业与员工之间的内部关系
劳资关系管理	企业或雇主个人，员工个人	国家法律法规，工会谈判	缓和劳资矛盾	劳资冲突及对应解决办法

三、员工关系管理的理论

员工关系管理理论研究最早源于西方，现有一百多年的历史，经历了由原则到具体、由重物质激励到重精神激励、由强调制度的作用到强调文化的价值的过程。在从劳资关系到员工关系的演变过程中，逐渐形成了相对成熟的理论体系。

(一) 心理契约理论

1．心理契约的含义

“心理契约”（Psychological Contract）是由美国著名管理心理学家施恩（E.H.Schein）正式提出的。他认为，心理契约是“个人将有所奉献与组织欲望有所获取之间，以及组织将针对个人期望收获而有所提供的一种配合。”

“心理契约”虽然不是一种有形的契约，但确能发挥有形契约的作用。心理契约表现为企业的成长与员工的发展的满足条件虽然没有通过一纸契约载明，且由于其具有动态变动性也不可能加以载明，但企业与员工却依然能找到各自决策的“焦点”，如同一纸契约加以规范。

2．心理契约的内容

心理契约是存在于员工与企业之间的隐性契约，其核心是员工满意度。一般而言，心理契约包含以下七个方面的期望：① 良好的工作环境；② 任务与职业取向的吻合；③ 安全与归属感；④ 报酬；⑤ 价值认同；⑥ 培训与发展的机会；⑦ 晋升。

企业要想实现对人力资源的最有效配置，就必须全面介入心理契约的 EAR 循环，通过影响 EAR 循环来实现对员工的期望。

所谓 EAR 循环，是指心理契约建立（Establishing，E 阶段）、调整（Adjusting，A 阶段）和实现（Realization，R 阶段）的过程。

3．心理契约的实施过程

心理契约的发展过程，实际上就是心理契约建立、调整和违背的过程。

（1）心理契约的建立。心理契约的产生和维持主要受三个因素的影响。① 雇佣前谈判。协议的具体程度一定程度上取决于劳动力稀缺和富裕程度。② 在工作过程中，心理契约的再定义。员工与主管在工作中的沟通可以使心理契约进一步澄清，既可以引发矛盾，又可以缓和矛盾。沟通是契约清晰化的重要方式。③ 保持契约的公平和动态平衡。当组织或者个体的任何一方主观感觉到契约不公平时，往往就会单方面做出某些行为以促使契约的收支平衡，从而出现一个契约的“纠正环路”来保持自己的公平感。当不能调整或者调整过速时，就会有一方拒绝契约。

Rousseau（2001）进一步提出了一个比较完整的心理契约形成阶段模型：心理契约的形成并不是一蹴而就的，而是经历了四个阶段，即雇佣前阶段、招聘阶段、早期社会化阶段和后期经历阶段，如表 9-3 所示。

表 9-3　心理契约的形成阶段

阶　段	内　容
雇佣前阶段	① 职业化标准；② 社会化信念
招聘阶段	① 积极的承诺交换；② 雇佣双方对“信号”的评价
早期社会化阶段	① 继续承诺交换；② 雇佣双方积极的信息搜索；③ 组织内多资源的信息搜索
后期经历阶段	① 继续的承诺交换；② 雇佣双方不太积极的信息搜索；③ 组织简化社会化过程；④ 对现存心理契约的更改

（2）心理契约的变化。心理契约是动态变化的，正常情境中员工对于组织为他们提供的内容的认知与员工认为自己为组织提供的内容是平衡的，有一些波动但能被双方接受，不需要修改心理契约的内容。当员工感觉到组织（或员工）提供的内容超出了被认可的范畴（正向或负向）时，就会出现两种可能性：一是重新修订心理契约，形成内容与过去有所不同的新契约；二是终止已有的心理契约。

（3）心理契约的违背。为了适应当前激烈竞争和不断变化的外界环境，大多数组织不得不改变已有的管理模式、人员结构以及雇佣关系，这些变化增加了原有心理契约被违背的可能性。另外，变动的环境也增加了员工对组织产生误解的可能性，即使客观上没有出现心理契约的违背，也可能主观上认为这种情况出现了。心理契约违背可进一步区分为违背和破裂两个方面：违背是指伴随强烈情绪和情感体验的对组织没有充分履行心理契约的信念，而破裂则是指个体对组织没有履行心理契约中包含的、对应于其贡献的某些义务的感知。

（二）社会交换理论

1．社会交换理论的含义

社会交换理论是 20 世纪 60 年代由霍曼斯（George Casper Homans）提出，并由布劳（Peter Michael Blau）进一步深化的关于企业与员工之间关系的理论。由于它强调人类行为中的心理因素，也被称为一种行为主义社会心理学理论。该理论主张人类的一切行为都受到某种能够带来奖励和报酬的交换活动的支配，因此，人类一切社会活动都可以归结为一种交换，人们在社会交换中所结成的社会关系也是一种交换关系。

社会交换理论通过交换概念发现社会资源分布的不平等和由此产生的权力地位的分化，并从各个权力层次之间的对立和冲突中找到社会系统发展、变迁的动力。

2．社会交换理论的内容

企业与员工的交换行为有两种。

（1）经济性交换。企业利用雇佣合同和企业规章制度对员工进行行为约束与激励，而员工希望能从劳动中获得企业给予物质报酬、晋升等外在性报酬。

（2）社会性交换。企业与员工之间因为未来双方的义务、期待、社会认同、感激等内在性报酬而进行相互激励，以维持企业与员工之间和谐、信任、互惠互利的关系。

社会交换有四个要素：① 目标，即行动者预定的对象与事先的计算；② 支付，即行动者向交换对象提供某种行动或通过行动传递某种实物或其他东西；③ 回报，即接受支付的一方所作出的酬谢，这种酬谢可能是一种行动，也可能是某种实物或其他东西；④ 交换，即目标与汇报的一致程度。

3．社会交换理论的实施过程

布劳以社会吸引、竞争、分化、整合和反抗等概念为核心，形成了分析社会交换过程的基本框架。社会交换具有回报性、自愿性等特征，社会交换遵循互惠、公平等基本规范。

（1）吸引。社会交换的过程始于社会吸引。在交换中，各交换主体都会尽力展示自己的报酬能力，以吸引其他人同自己交换。

（2）竞争。在社会交换中必然发生竞争。由于人们拥有的资源在数量、质量、种类、稀缺程度等方面是不均等的，那些拥有丰富资源或稀缺资源的人在群体中会获得较高的交换地位。他们作为为数不多的资源提供者，可以自由地选择交换对象。相反，那些没有多少资源的其他成员，只能处于较低的交换地位，没有或很少有自由选择其他交换对象的余地。

（3）分化。当社会地位差距较大的双方进行社会交换时，处于弱势的一方会选择尊敬、服从等作为回报，这就使另一方获得了权力，群体中就出现了权力分化。权力的分化会产生两个结果。① 为了获得利益，处于弱势地位的人会甘居臣属地位，这就等于认可了权力。他们能够在多大程度上沟通并表达这种认可，权力就在多大程度上得到了合法化。权力的合法化使每个成员都有了固定的位置，只要按照自己的角色办事，就可以得到相应的回报，从而减少了交换中的竞争和摩擦，有助于促进群体的整合。② 如果权力的实施没有带来所期望的报酬，人们会产生被剥夺感。这种被剥夺感会逐渐瓦解合法权威赖以存在的基础，并导致对权力的反抗。

（4）整合和反抗。人们为了有效地表达他们的反抗，会形成对抗性组织，如社会运动、政党和工会等。解决问题的办法是对原有权力结构进行调整，或者推翻现存权力结构并代之以新的权力结构。

（三）科学管理理论

1．科学管理理论的含义

科学管理的代表人物是泰勒（Frederick Winslow Taylor）。泰勒把科学管理的内涵概括为：科学而不是单凭经验办事；和谐而不是合作；合作而不是个人主义；以最大限度的产出取代有限的产出，每个人都发挥最大的工作效率，获得最大的成功，就是用高效率的生产方式代替低成本的生产方式，以加强劳动力成本控制。

2．科学管理理论的内容

科学管理理论的核心是管理要科学化、标准化，同时要倡导精神革命，即劳资双方利益一致。实施科学管理的结果是提高了生产效率，而高效率是雇员和雇主实现共同富裕的基础。因此，泰勒认为只有用科学化、标准化的管理替代传统的经验管理，才是实现最高工作效率的手段。

在科学管理的生产实践中，企业用制定合理的工作定额、标准化的工作方式及流程、计件计酬的方式来确定科学的工作标准，并且优化设计组织架构，特别是专门的计划机构，明确在组织中各机构的管理权责及例外原则，依据岗位要求选择员工、培训技能，以此建立科学的管理体系。

第二节　员工关系管理的流程与内容

员工关系管理始于员工的招聘，会经历入职阶段、试用期阶段、在职阶段、离职阶段等过程，员工关系管理的整个过程都应依法进行，避免或降低人力资源管理的风险。员工关系管理的流程如图 9-1 所示。

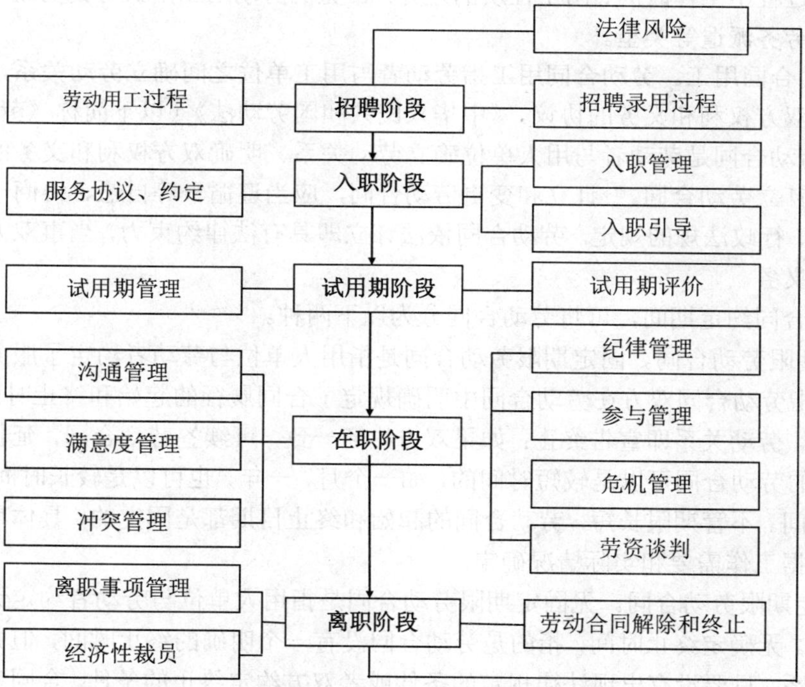

图 9-1　员工关系管理流程

一、招聘阶段的员工关系管理

（一）劳动用工过程

1．劳动用工

广义上的劳动用工是指国家机关、事业单位、社会团体和与其建立劳动关系的劳动者，通过签订劳动合同/协议，由劳动者向用人单位提供有偿劳动。其本质上是以劳动者提供劳动和用人单位提供劳动报酬给付为主要内容的劳动关系。依据用工性质来区分，劳动用工又分为狭义上的劳动用工及劳务用工两种。

（1）狭义上的劳动用工是指用人单位和劳动者个人签订劳动合同，劳动者运用劳动能力实现劳动过程，并在用人单位的管理下提供有偿劳动。劳动用工体现了劳动者与用人单位（劳动使用者）之间的社会劳动关系。在我国劳动用工关系中，除了适用一般民法保护外，还适用《中华人民共和国合同法》（以下简称《合同法》）及其他相关规定、解释。

（2）劳务用工则是用人单位与劳务人员或者劳务输出单位签订以完成特定工作为目的的劳务合同，由劳务人员或者劳务输出单位自行管理、自行组织生产劳动，完成合同约定工作，获取劳务报酬。劳务用工关系的建立可以采取书面形式，也可以采取口头或者其他形式，劳务关系是一种传统的经济社会关系。在我国，劳务关系基于民事法律规范成立，受民事法律规范的调整和保护。劳务关系可能产生的责任一般是违约和侵权等民事责任。劳务用工适用《中华人民共和国民法通则》《中华人民共和国合同法》等法律法规。

2．劳动用工的形式

根据用工过程中工作时间、用工性质的差异，常见的劳动用工形式分为劳动合同用工、非全日制用工及劳务派遣等类型。

（1）劳动合同用工。劳动合同用工指劳动者与用工单位之间确立劳动关系，并以书面合同的方式明确双方权利和义务的协议。《中华人民共和国劳动法》（以下简称《劳动法》）第十六条规定："劳动合同是劳动者与用人单位确立劳动关系、明确双方权利和义务的协议。建立劳动关系应当订立劳动合同。"订立和变更劳动合同，应当遵循平等自愿、协商一致的原则，不得违反法律、行政法规的规定。劳动合同依法订立即具有法律约束力，当事双方必须履行劳动合同规定的义务。

根据劳动合同约定期间，可将劳动合同分为以下两种。

① 固定期限劳动合同。固定期限劳动合同是指用人单位与劳动者约定了服务期限的劳动合同，具体是指劳动合同双方在劳动合同中明确规定了合同履行的起始和终止时间。在劳动合同期限届满时，劳动关系即宣告终止；如果双方协商一致，可续签劳动合同，延长合同约定期限。固定期限的劳动合同可以是较短时间的，如一个月、一年，也可以是较长时间的，如五年、十年及更长时间。不管期限长短，劳动合同的起始和终止日期都是固定的，具体期限由劳动合同签订双方根据工作需要和实际情况确定。

② 无固定期限劳动合同。无固定期限劳动合同是指用人单位与劳动者约定无确定终止时间的劳动合同。无确定终止时间，指的是劳动合同没有一个明确的终止时间，但并不意味着不能终止劳动关系。只要没有出现法律规定的条件或者双方约定终止的条件，合同签订双方就要继续履行劳动合同约定的义务，但一旦出现法律规定可以解除的情形，无固定期限劳动合同也同样能够解除。

③ 以完成一定工作任务为期限的劳动合同。以完成一定工作任务为期限的劳动合同是指用人单位与劳动者约定以某项具体工作的完成为合同期限的劳动合同。某一项工作或工程开始之日，即为合同开始之时，此项工作或工作完毕，合同即告终止。例如，以完成某个研究项目，以及其他临时性、季节性的劳动合同都属于此类合同。在这些情况下用人单位与劳动者协商一致，可以订立以完成一定工作任务为期限的劳动合同。合同双方在合同存续期间建立的是劳动

关系，需要加入用人单位集体，接受用人单位的管理及遵守相关的规章制度，并且享受社会保险等福利待遇。其实际上也属于固定期限的劳动合同，只不过表现形式不同。

（2）劳动合同的主要内容。劳动合同应当以书面形式订立，并包括必备条款和协商条款。必备条款也称法定条款，不具备必备条款的合同不成立。

《中华人民共和国劳动合同法》（以下简称《劳动合同法》）第十七条规定，劳动合同必备条款主要包括：① 用人单位的名称、住所和法定代表人或者主要负责人；② 劳动者的姓名、住址和居民身份证或者其他有效身份证件号码；③ 劳动合同期限；④ 工作内容和工作地点；⑤ 工作时间和休息休假；⑥ 劳动报酬；⑦ 社会保险；⑧ 劳动保护、劳动条件和职业危害防护；⑨ 法律、法规规定应当纳入劳动合同的其他事项。

除此必备条款以外，双方还可加入协商条款。没有协商条款不影响合同的成立。协商条款指双方根据具体情况协商约定的权利、义务条款。协商条款包括试用期、培训、商业保密、第二职业或兼职、住房等内容。

企业劳动合同的禁止性条款有：① 抵押金；② 赔偿金；③ 限制劳动者参加工会组织；④ 限制劳动者工资权的要求；⑤ 群体歧视。

（3）集体合同。集体合同是指用人单位与企业职工一方就相关的劳动约定达成一致的书面协议。其实质是一种特殊的劳动合同用工形式，又称为团体协约、集体协议等。我国《劳动合同法》第五十一条规定："企业职工一方与用人单位通过平等协商，可以就劳动报酬、工作时间、休息休假、劳动安全卫生、保险福利等事项订立集体合同。"集体合同在签订实施过程中，多为工会或职工推举的职工代表全体职工与用人单位进行协商谈判，签订之后全体职工及企业均需按照合同履行约定的义务。

① 集体合同订立程序。在我国订立集体合同需要一定的程序。

第一，协商集体合同草案。在集体合同签订开始，需由工会或职工代表与用人单位就劳动双方相关的劳动报酬、工作时间、休息休假、劳动安全卫生、保险福利等事项一起协商，并根据协商的结果拟制集体合同草案。一般情况下，需成立有双方授权代表人参与的集体合同拟制委员会，在充分征求各方面意见和要求的基础上，协商起草初步的集体合同草案。

第二，集体合同审议。将初步拟制的集体合同草案提交工会或职工代表大会进行审议。职工大会或职工代表大会审议时，由企业经营者和工会主席分别就协议草案的产生过程、依据及涉及的主要内容作说明，然后由职工大会或职工代表大会对协议草案文本进行讨论，作出审议决定。

第三，签字确认。集体合同草案经工会或职工代表大会审议、表决通过后，由用人单位及职工方的首席代表签字或盖章确认。

第四，登记备案。经双方签字确认通过的集体合同签订后，还应将合同的详细内容及各部分附件提请劳动行政主管部门登记备案。劳动行政主管部门需审查集体合同所涉及的所有内容是否符合法律法规，如发现已经签字确认的集体合同的内容与法律有冲突、失实或明显有失公平等情况，可不予登记或暂缓登记，并发回企业作进一步修正。如提交劳动行政部门15日内，未收到相关修正意见，则集体合同发生法律效力，企业、工会及职工个人均应按合同约定内容切实履行。

第五，公示。在通过劳动行政部门审查之后，集体合同一经生效，则企业应及时向全体职工公示。

② 集体合同的法律效力。我国《劳动法》第三十五条规定："依法签订的集体合同对企业和企业全体职工具有约束力。职工个人与企业订立的劳动合同中劳动条件和劳动报酬等标准不得低于集体合同的规定。"我国《劳动合同法》第五十四条第二款规定："依法订立的集体合同对用人单位和劳动者具有约束力。行业性、区域性集体合同对当地本行业、本区域的用人单位和劳动者具有约束力。"因此，凡符合法律规定的集体合同，一经签订就具有法律效力。

2. 非全日制用工

非全日制用工是指以小时计酬为主，劳动者在同一用人单位一般平均每日工作时间不超过四小时，每周工作时间累计不超过二十四小时的用工形式。在非全日制用工中，用人单位和劳动者之间形成的是劳动关系，而不是民事雇佣关系。非全日制用工情况下，工资给付标准是按照非全日制用工的工资支付，可以按小时、日、周或月为单位结算，并且不得低于当地政府颁布的小时最低工资标准。最低小时工资标准中已包含用人单位为其缴纳的基本养老保险费和基本医疗保险费，且工资支付周期最长不得超过十五日。我国《劳动合同法》及《关于非全日制用工若干问题的意见》中对非全日制用工也作了特别的规范，如非全日制用工双方当事人可以订立口头协议；非全日制用工双方当事人不得约定试用期；非全日制用工双方当事人任何一方都可以随时通知对方终止用工，用人单位无须向劳动者支付经济补偿；从事非全日制工作的劳动者应当参加基本养老保险，劳动者可以以个人身份参加基本医疗保险，用人单位应当按照国家有关规定为建立劳动关系的非全日制劳动者缴纳工伤保险费；从事非全日制工作的劳动者与用人单位因履行劳动合同引发的劳动争议，按照国家劳动争议处理规定执行。

3. 劳务派遣

劳务派遣又称劳动派遣、劳动力租赁，是指劳务派遣单位与用工单位签订劳务派遣服务合同，由劳务派遣单位招用雇员并派向用工单位工作，用人单位支付劳务服务费给派遣单位，派遣单位向劳动者支付劳动报酬的一种用工形式。劳务派遣是一种典型的非正规就业方式。其中用工单位、派遣机构及劳动者三者的关系如图 9-2 所示。

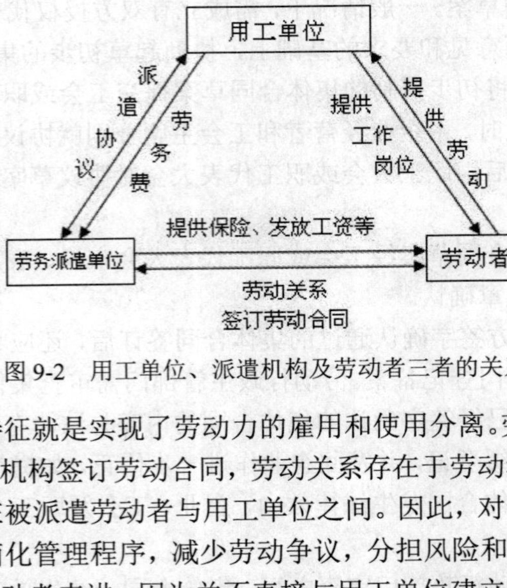

图 9-2　用工单位、派遣机构及劳动者三者的关系

劳务派遣最显著的特征就是实现了劳动力的雇用和使用分离。劳动者不与用工单位直接签订劳动合同，而是与派遣机构签订劳动合同，劳动关系存在于劳动者与派遣机构之间，但劳动力给付的事实则是发生在被派遣劳动者与用工单位之间。因此，对于用工单位来讲，使用劳务派遣用工形式能够实现简化管理程序，减少劳动争议，分担风险和责任，降低成本费用，自主灵活用工等。但是对于劳动者来讲，因为并不直接与用工单位建立劳动合同，自身的合法权益难以得到维护。

劳务派遣的实施要遵守同工同酬、劳动标准平等、权利平等、受益归责等原则。

（二）招聘录用过程

1．用人单位告知义务和知情权

我国《劳动合同法》第八条规定：“用人单位招用劳动者时，应当如实告知劳动者工作内容、工作条件、工作地点、职业危害、安全生产状况、劳动报酬，以及劳动者要求了解的其他情况；用人单位有权了解劳动者与劳动合同直接相关的基本情况，劳动者应当如实说明。”

（1）用人单位的告知义务。用人单位的告知义务即为劳动者的知情权。除了法律规定的“工作内容、工作条件、工作地点、职业危害、安全生产状况、劳动报酬”之外，用人单位还可根据自身的情况，将内部的规章制度如劳动纪律规定、奖惩制度等加以说明。

（2）用人单位的知情权。用人单位的知情权即为劳动者的告知义务。用人单位在向劳动者履行告知义务的同时，也享有对劳动者与劳动合同直接相关的基本情况的知情权。与劳动合同直接相关的情况，如劳动者的年龄、学历、工作经历、身体状况及知识技能状况等。与劳动合同无关的内容，如家庭情况、血型、婚姻状况、女性是否怀孕等，用人单位则无权了解。

2．录用审查

用人单位在录用劳动者之前，为了规避后续用工过程的风险，对于劳动者提供的基本信息、证件及工作经历等进行审查。

（1）基本信息核查。一般而言，劳动者的年龄、学历、健康状况、职业状态等基本信息是招聘环节最基本的要求。但在实际招聘过程中，劳动者为了能够更容易地获得自己所期望的工作，对个人资料有意夸大，甚至提供虚假信息的现象时有发生。因此，用人单位在决定录用劳动者之前，需要对其所提供的资料及经历进行核查。

（2）背景调查。对于求职者过往的工作经历，在面试过程中很难对其提供的材料的真伪进行判别，这就需要通过背景调查来核实求职者提供的信息。背景调查是指通过从外部求职者提供的证明人或以前工作的单位那里搜集资料，来核实求职者的个人资料、工作表现及就业限制条件的行为，是一种能直接证明求职者信息真伪、工作状况及职业道德的有效方法。背景调查在实际运用过程中，从成本投入及岗位重要性角度出发，多用于核心、关键岗位（如财务、技术、研发及中高层管理类岗位）的人才招聘过程中，调查可以由用人单位自己进行，也可委托外部机构进行。

二、入职阶段的员工关系管理

（一）入职管理

新员工入职手续流程主要分为入职准备、入职手续办理及入职培训三大部分。从确定录用开始，员工关系管理即进入入职管理环节。

新员工入职手续流程及内容如表 9-4 所示。

入职准备阶段，由人力资源部负责与用人部门及后勤支持部门提前进行沟通协调，并共同做好相应的准备工作。入职手续办理环节，首先应该向待入职的新员工发送规范的入职通知，并将手续办理过程中所需要的各类材料、相关安排以及注意事项清楚告知；之后在手续办理过程中，则需对新员工的各类材料进行收集、建立个人档案、进行入职体检、签订劳动合同等。最后还需要结合工作岗位的特点，对新员工进行入职培训，以帮助他们快速熟悉公司的管理要求，熟悉岗位的工作内容，熟悉生活的周边环境。

表 9-4　新员工入职手续流程及内容

步　　骤	项　　目	相关内容
入职准备	入职沟通	与录用人员、用人部门沟通入职安排事项，并将结果知会总务、行政等相关部门
	入职通知	正式通知录用人员入职安排事宜、报到所需物品及其他注意事项
	物品准备	安排宿舍，准备办公电脑及文具，申请邮箱、账户、办公电话等
入职手续办理	材料收集、审核	安排入职体检，审核、验证新员工入职材料，包括各类证件原件、与原单位解除劳动合同证明（离职证明）、各类技能及获奖证书等
	员工个人档案	组织填写《入职登记表》，签订劳动合同、保密协议；建立员工书面及电子档案；制作工卡、设定各类权限等
	工作物品	岗位工作内容说明（职务说明书），发放工作相关物品（工卡、规章制度书册、工作鞋、工作服），分配宿舍及发放钥匙等
入职培训	公司概况	公司发展里程、企业文化、组织架构、产品及行业状况等
	规章制度	公司各类规章制度，如考勤、奖惩等
	工作相关	岗位工作情况，办公软件使用，公文写作，岗位安全消防知识等
	生活相关	周边生活指引等
	职业素养	团队精神，商务礼仪，沟通训练，时间管理，目标制定等

（二）服务协议、约定

1．保密协议

保密协议是指协议当事人之间就一方告知另一方的书面或口头信息，约定不得向任何第三方披露该信息的协议。负有保密义务的当事人违反协议约定，将保密信息披露给第三方的，将要承担民事责任甚至刑事责任。

保密协议应包含保密的内容和范围、保密协议双方的权利和义务、保密协议的期限、违约责任以及脱密期的使用对象，具体如表 9-5 所示。

表 9-5　保密协议的内容

项　　目	相关内容及注意事项
保密的内容和范围	1．企业在约定保密内容时，必须将保密的对象、范围、内容、期限及其他特别事项明确下来； 2．当商业秘密具有企业无形资产和职工个人劳动成果双重性质时，应当特别将此类商业秘密的性质进行界定，如属于个人著作权还是公司商业秘密，以及是否需要承担保密义务等
双方的权利和义务	1．保密协议中所规定的权利和义务必须遵循基本的对等原则； 2．企业在约定劳动者保密义务的同时，给予劳动者相对应的权利； 3．明确协议义务与权利的终止条件
保密期限	法律规定，保守企业商业秘密的义务不因劳动合同的解除、终止而免除，由于商业秘密存在过期、被公开或被淘汰的情况，因此双方最好还是约定保密义务的起止时间
违约责任	1．对于违约的情形及法律责任需明确，违约金一般不超过该商业秘密的许可使用价格； 2．保密主体在用人单位授权、司法调查或用于个人学习研究等特殊情况下使用商业秘密的，均可不视为违约

2．竞业禁止

竞业禁止也称为竞业限制，是用人单位对员工（特别是关键岗位人员，如技术、业务岗位的人员）采取的以保护其商业秘密为目的的一种法律措施。根据法律的规定或双方约定同意，在双方劳动关系存续期间或劳动关系终止后的一定时期内，限制或禁止员工兼职于竞争企业或兼营竞争性业务，包括不得在生产同类产品、经营同类业务且有竞争或其他利害关系的单位兼职或任职，也不得自己生产与原单位有竞争关系的同类产品或经营同类业务。因此，根据劳动关系的存续状态，竞业禁止可分为在职竞业禁止和离职竞业禁止。

竞业禁止协议的内容需要包括限制范围、期限、地域、经济补偿等，而且协议的内容要合理，以确保双方在协议中约定的义务能够如实履行。

（三）入职引导

入职引导是员工进入公司后的员工关系管理工作的起点。做好新员工的入职管理，将有助于员工更加快速地融入企业以及工作的团队，能够促进员工与企业间形成良性的互动，同时能够增进新员工对企业的认同感，对于后续员工流失率的降低、个人绩效/团队绩效的提高都有着积极的意义，也将为今后员工关系管理打下良好的基础。

入职引导主要由人力资源部的人员及用人部门的岗位引导人共同进行，并由人力资源部管理人员主导。入职引导包括以下几个部分。

1．企业管理制度介绍

企业管理制度是企业为了规范自身建设，加强企业成本控制、维护工作秩序、提高工作效率、增加公司利润、增强企业品牌影响力，通过一定的程序所制定出的管理公司的依据和准则。

对于新员工来讲，在正式进入工作岗位之前，企业必须要将相关的各项管理规章制度进行讲解，主要包含工作岗位及行政管理制度两个方面的内容。其中，工作岗位部分包含工作内容、范围和工作程序、工作注意事项、岗位安全等；行政管理制度包含考勤规定、休假规定、奖惩制度等与员工切身利益相关的管理规定。

2．工作与生活指引

工作与生活指引是为了使员工能够更快地适应工作和生活，更顺畅、快速地融入到公司及工作团队当中。工作指引主要从员工胜任岗位工作要求出发，对公司各项业务开展流程中所涉及的事项及员工的个人绩效目标进行岗前说明，如公司的组织架构、各部门的权责、日常办事流程、工作绩效要求等。生活指引则是为了让员工在日常生活中能够快捷、便利地获取所需的物品、信息等，如工作生活区域周边的生活环境、交通路线，购物、餐饮场所，业余活动场所设施及公司通讯地址等。

3．入职心态引导

入职心态引导在帮助新入职员工快速认知企业与职业的同时，也向其灌输了企业文化及价值观，增进了员工的归属感，同时使其树立良好的职业态度、职业意识、职业道德、职业行为，全身心地投入到工作中去。例如，对新招聘学生需要进行思想、企业内正确解决问题的渠道及方式、正确面临及克服困难、疏导疑惑等引导工作。入职心态引导是贯穿在整个新员工试用期之内的，其开展形式也多种多样，如新员工座谈会、宿舍回访等。

三、试用期阶段的员工关系管理

（一）试用期管理

1．试用期员工管理流程

试用期是指包括在劳动合同期限内，劳动关系还处于非正式状态，用人单位对劳动者是否合格进行考核，劳动者对用人单位是否符合自己要求也进行考核的期限。

从员工与企业劳动合同签署生效之日起，即开始进入试用期。试用期管理是对试用期内员工的工作内容、工作态度、工作能力、个人素质、薪酬定位等进行系统的设计、规划和控制的一系列管理，其目的是引导新员工尽快融入公司的企业文化，使公司能够更多地掌握每个员工的工作能力、个人素质等，促使员工的发展与公司的目标有效结合、员工和公司的需求能匹配。试用期员工管理流程如图 9-3 所示。

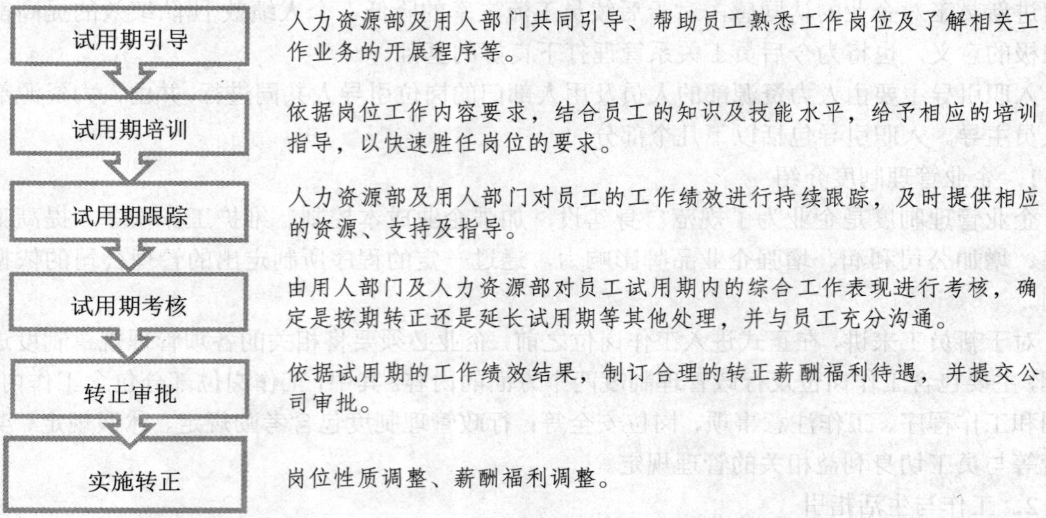
试用期引导
人力资源部及用人部门共同引导、帮助员工熟悉工作岗位及了解相关工作业务的开展程序等。
试用期培训
依据岗位工作内容要求，结合员工的知识及技能水平，给予相应的培训指导，以快速胜任岗位的要求。
试用期跟踪
人力资源部及用人部门对员工的工作绩效进行持续跟踪，及时提供相应的资源、支持及指导。
试用期考核
由用人部门及人力资源部对员工试用期内的综合工作表现进行考核，确定是按期转正还是延长试用期等其他处理，并与员工充分沟通。
转正审批
依据试用期的工作绩效结果，制订合理的转正薪酬福利待遇，并提交公司审批。
实施转正
岗位性质调整、薪酬福利调整。

图 9-3　试用期员工管理流程

2．解雇试用期新员工

我国《劳动合同法》对试用期解雇加以限制性规定，即用人单位只能依据《劳动合同法》第三十九条、第四十条规定的八种情形解除试用期员工，但这并不意味着用人单位在管理上丝毫没有自主权。用人单位要利用法律赋予的权利，用法律手段保护自己的合法权益，降低解雇试用期员工的风险和成本。

（二）试用期评价

新员工试用期评价是岗位转正的重要依据。企业应该在试用期内分阶段对新员工进行评价，而不是在一个月或三个月试用期结束后才进行评价。新人在试用期内的评价一般包括工作态度表现、工作行为表现、工作业绩表现、岗位适应性与匹配度等几个方面，评估的主体一般是师傅、部门直接领导、与岗位相关联的平行部门、人力资源部门等，对不同阶段的评价结果要告知新员工，同时有必要与新员工进行有效沟通，达成共识，帮助新员工对绩效结果进行恰当认知，并作出工作改进和调整。

四、在职阶段的员工关系管理

(一) 纪律管理

1．纪律管理的含义

纪律管理是指维持组织内部良好秩序的过程，也即凭借奖励和惩罚措施来纠正、塑造以及强化员工行为的过程；也可理解为是将组织成员的行为纳入法律的环境，对守法者给予保障，对违法者予以适当惩罚的过程。

纪律管理强调“改变员工行为”。根据纪律管理的功能和作用，可以将其分为预防性和矫正性纪律管理两类。预防性纪律管理强调采用积极有效的纪律方法，鼓励员工遵守劳动标准和规则，以预防违规行为的发生，其目的是鼓励员工自律，积极向上。矫正性纪律管理是指当出现违规行为时，为了阻止违规行为继续发生，使员工未来的行为符合标准规范而采取的管理措施，矫正性纪律管理较偏重惩戒方面，其目的是改造违规者，防止类似行为的发生。

2．奖惩

（1）奖惩的含义。奖励和惩罚是纪律管理不可缺少的方法。奖惩是管理者对工作努力或严重违反劳动纪律的劳动者所采取的激励或惩罚措施。奖励属于积极性的激励诱因，是对员工某项工作成果的肯定，旨在利用员工的向上心、荣誉感，促使其守法守纪，负责尽职，并发挥最高的潜能。奖励可以给员工带来高度的自尊、积极的情绪和满足感。惩罚则是消极的诱因，其目的是利用人的畏惧感，促使其循规蹈矩，不敢实施违法行为。

（2）奖惩管理的流程。① 明确组织目标、理解企业文化。包括企业认可什么样的员工行为、什么样的表现、倡导什么样的文化等具体目标，以及企业鼓励往什么方向发展。② 建立并完善规章制度。制定奖惩管理规定、员工手册、员工行为规范等明确的管理制度，形成奖惩依据，引导员工努力的方向。企业制定规章制度必须要经过民主程序并且内容合法。③ 向员工说明或告知制度。规章制度的具体要求和内容要不断地通过各种沟通平台告知新老员工，让员工明确什么样的情况会被处罚，什么样的情况会得到奖励。只有在员工知情并被潜移默化影响的情况下，企业的奖惩制度执行起来才会有效。④ 观察员工的表现。观察员工的表现并给予经常的反馈，尤其是现场或直接上级，他们对员工的各种表现最为清楚。但需注意的是需要对员工进行客观、公正、属实的评价，并且需要保留完整的证据。⑤ 将员工的表现与规章制度作对比，找出奖惩点。对待犯错误的员工，首先应当批评教育。如果员工的行为不符合规章制度的要求，应当按照制度对员工进行恰当的处分。处分结束后要进行再次说明、反馈、对比，引导员工改正。处罚不是目的，员工行为得到改善才是最终需要的结果。

（3）奖惩的种类。除了非正式的口头赞许与责备之外，正式的奖惩措施主要有以下几种：① 奖励，如嘉奖、记功、记大功、奖金、奖状、奖牌、奖章、培训深造、表扬、晋级加薪、调升职务；② 惩罚，如批评、记过、记大过、降级、降调职务、留职察看、停职、免职、追究刑事责任。

3．申诉

（1）申诉的含义。申诉是指组织成员以口头或书面等正式方式，表达对组织或企业有关事项的不满。组织建立申诉制度，可以使员工从正常途径宣泄其不满情绪，化解内部紧张关系，进而消除劳资争议。

（2）申诉的种类。申诉可分为个人申诉和集体申诉两种。个人申诉主要是由管理方对工人进行惩罚引起的纠纷，通常由个人或工会的代表提出。争议的焦点是违反了集体协议中规定的个人和团体的权利，如有关资历的规定、工作规则的违反、不合理的工作分类或工资水平等。集体申诉主要是为了集体利益而提起的政策性申诉，通常是工会针对管理方（在某些情况下，也可能是管理方针对工会）违反协议条款的行为提出的质疑。

（3）申诉的范围。申诉一般限于与工作有关的问题。凡是与工作无关的问题，通常应排除在外。一般可以通过申诉制度处理的事项主要有薪资福利、劳动条件、安全卫生、管理规章与措施、工作分配及调动、奖惩与考核、群体间的互动关系以及其他与工作相关的不满。

（二）沟通管理

沟通就是“彼此交换信息。即指一个人与另一个人之间用视觉、符号、电话、电报、收音机、电视或其他工具为媒介，所从事之交换消息的方法”（《大英百科全书》）。员工沟通无处不在，员工沟通渠道建设是管理者进行员工关系管理的重点。组织在与员工进行沟通的时候，要遵循以下原则：① 尊重原则；② 坦诚原则；③ 平等原则；④ 开放原则；⑤ 真实原则；⑥ 合作原则。

1．沟通的工具

员工沟通工具可分为语言类与非语言类。语言类沟通可分为口头沟通、书面沟通。

口头沟通是借助语言进行沟通，是沟通形式中最为直接的方式，包括访谈、会议、培训、演讲、面谈等。优点是比较灵活，传递速度快，反馈快等。缺点是信息保留时间短，有一定的局限性。

书面沟通是借助书面的文字进行沟通，包括文件、报告、方案、手册、报表、书信、备忘录、公告、通知、企业内刊、传真、邮件、即时通信、短信、微信、QQ等方式，几种重要的书面沟通形式如表9-6所示。书面记录具有正式、可长期保存、反复研究、法律保护等优点。

表9-6　几种重要的书面沟通形式

书面沟通的类型	适 用 环 境	不适用环境
电子邮件/工作联络书	简短消息和快速反应	把多种消息、复杂消息放在一起
函件	保存正式记录	快速回答
传真	图形文件，不具备电子格式的文件	能表现细节的图形
公告	容易多人同时在场的沟通	分散团队，单向沟通
建议书、方案、企划案	正式提出建议、方案	需要当面沟通、快速回答的内容
报告	总结一些信息和论点	非正式的交流内容

2．沟通管理的内容

（1）入职前沟通。重点对企业基本情况、企业文化、企业目标、企业经营理念、所聘岗位工作性质、工作职责、工作内容、入职企业后可能遇到的工作困难等情况进行客观、如实的介绍。一般是在招聘选拔面试时进行。

（2）岗前培训沟通。对员工上岗前必须掌握的基本信息进行沟通培训，主要包括企业的基本情况、企业文化、企业管理制度、员工的行为规范、岗位职责和业绩考核标准、基本工作方法等。

（3）试用期间沟通。沟通由人力资源部、新员工所属直接和间接上级进行。人力资源部重点需关注与非操作工人之间的沟通；操作工人原则上由其所属上级、间接上级负责沟通。沟通形式除采取面谈、电话等方式外，人力资源部还应不定期组织新员工座谈会进行沟通，可与新员工岗前集中培训结合进行。试用期间沟通主要是帮助新员工快速地融入企业、工作团队，度过“磨合适应期”，给新员工创造一个合适、愉快的工作环境。

（4）转正沟通。转正沟通一般安排在转正前。根据新员工试用期的表现，给出是否转正的建议与意见。对同意转正的新员工，企业应指出工作中存在的不足、今后的改进建议和希望；对不同意转正而辞退或延长试用期的新员工，企业应中肯地分析原因并提出今后的改进建议。

（5）工作异动沟通。工作异动沟通包括：① 异动决定前由原部门直接上级和间接上级与员工就工作异动的原因和目的进行沟通；② 异动员工到新部门报到上岗后，由新到部门直接上级和间接上级与异动员工就新岗位的工作内容、责任、挑战及希望进行沟通，相当于新员工的入职引导和岗前培训沟通。

（6）离职面谈。对于主动离职员工，通过离职面谈了解员工离职的真实原因以便组织改进管理；对于被动离职员工，通过离职面谈提供职业发展建议。组织最好能够获取离职员工的联系方式，以便跟踪管理。

（7）离职后沟通管理。组织一般需要对非因道德品质、违法乱纪、工作失职等原因主动离职的中高级管理人员、关键技术人员或具有发展潜力的科室员工、生产与营销一线骨干岗位等员工进行离职后沟通。主要目的是企业能与主动离职者建立良好的关系，宣传企业文化、企业形象。

（三）满意度管理

工作满意的概念最早是霍伯格（Hoppock）在 1935 年提出的。霍伯格指出工作满足是员工在心理和生理两个方面对环境因素的满足感受，感受就是员工对工作环境的一种主观的反映，测量工作满足就是征询员工对工作的满足程度。心理学家洛克（E.A.Locke）认为工作满意感是“对一个人的工作或工作经验的评价所产生的一种愉快的或有益的情绪状态”。员工满意度是指员工接受企业的实际感受与他预期值比较的程度，是员工对其工作、工作经历或工作环境评估的一种态度的反映。员工满意度的影响因素主要包括薪酬、工作场所环境、管理氛围、工作压力、个人期望、企业形象等。员工满意度的提升是企业要实现利润最大化的前提条件之一。

员工是否满意可以通过直接和间接方式表现出来，直接表现有：① 有很强的敬业精神，愿意承担责任；② 团队协作能力较强，员工之间交流频繁，企业内部气氛融洽；③ 缺勤率较低，离职率保持在某一水平或降低；④ 员工爱护公共设施；⑤ 工作效率提高；⑥ 积极参与公司的各项管理并发表个人意见。间接表现有：① 客户满意度提升；② 组织业绩高、成本低、收益高，竞争力加强。

为了了解员工满意度，企业一般会采用员工满意度调查的方法。

（四）参与管理

参与管理（Management by Participation）就是指在不同程度上让员工参加组织的决策过程及各级管理工作。参与管理可使员工感到上级主管的信任，从而感知自身的利益与组织发展密切相关而产生强烈的责任感；也可使员工体现自己的价值，形成成就感。参与管理既能对个人产生激励，又能为组织目标的实现提供保证。参与管理的理论基础是人性假设的理论。

1. 影响参与管理的因素

参与管理的方式试图通过增加组织成员对决策过程的投入进而影响组织的绩效和员工的工作满意度。影响员工参与管理的因素有以下几个。

（1）权力，即提供给人们足够的用以作决策的权力。权力是多种多样的，如工作方法选择、任务分派、客户服务、员工选拔等。授予员工的权力大小可以有很大的变化：从简单地让他们为管理者要作出的决策输入一定的信息，到员工们集体联合起来作决策，最后到员工自己作决策。

（2）信息。信息对决策至关重要。组织应该保证必要的信息能顺利地流向参与管理的员工处。这些信息包括运作过程和结果中的数据、业务计划、竞争状况、工作方法、组织发展的观念等。

（3）知识和技能。员工参与管理必须具有作出好的决策所要求的知识和技能。组织应提供训练和发展计划以培养和提高员工的知识与技能。

（4）报酬。报酬能有力地吸引员工参与管理。要员工参与管理，一方面需要提供给员工内在的报酬，如自我价值与自我实现的情感；另一方面还需提供给员工外在的报酬，如工资、晋升等。

2. 参与管理的主要形式

员工参与管理有多种形式，最主要的几种形式是分享决策权、代表参与、质量圈和员工股份所有制方案。

（1）分享决策权。分享决策权是指下级在很大程度上分享其直接监管者的决策权，共同参与决策。管理者与下级分享决策权的原因主要有：① 当工作变得越来越复杂时，他们常常无法了解员工所做的一切，所以选择了最了解工作的人来参与决策，其结果可能是使决策更完善；② 各个部门的员工在工作过程中的相互依赖性增强，也促使员工需要与其他部门的人共同商议；③ 共同参与决策还可以增加对决策的承诺，如果员工参与了决策的过程，那么在决策的实施过程中他们就更不容易反对这项决策。

（2）代表参与。代表参与是指员工不直接参与决策，而是一部分员工的代表参与其中。代表参与的目的是在组织内重新分配权力，把劳工放在同资方、股东的利益更为平等的地位上。代表参与常用的两种形式是工作委员会和董事会代表。工作委员会是通过把员工和管理层联系起来，任命或选举出的一些员工，当管理部门作出重大决策时必须与之商讨。董事会代表是指进入董事会并代表员工利益的员工代表。

（3）质量圈。质量圈是由一组员工和监管者组成的共同承担责任的一个工作群体。工作群体定期会面，通常一周一次，讨论技术问题，探讨问题的原因，提出解决建议以及实施解决措施。质量圈还包含了为参与的员工进行质量测定与分析的策略和技巧、群体沟通的技巧等方面的培训。

（4）员工股份所有制方案。员工股份所有制方案是指让员工拥有所在企业的一定数额的股份，使员工一方面将自己的利益与企业的利益联系在一起，另一方面在心理上体验做主人翁的感受。员工股份所有制方案能够提高员工工作的满意度，提高工作激励水平。员工除了持有企业的股份，还需要定期被告知企业的经营状况并拥有对企业的经营施加影响的机会。

3．参与管理的途径

员工参与管理的途径是多种多样的，各个国家都有一些适合本国国情和地方特色的途径。欧洲国家企业员工参与公司治理的主要形式是参与共决制，例如德国的职工参与采取了监督型模式，即选举职工代表参与公司监事会；瑞典的职工采取经营管理型模式，即选举职工代表参与公司董事会。日本企业员工参与公司治理的形式有企业内工会、终身雇佣制和年功序列制。英美企业员工参与公司治理的形式有：① 依靠工会，通过集体谈判，以及车间班组自主管理、合理化建议；② 职工代表制度，即让员工代表直接进入公司的决策层；③ 劳资协商制度，即平等协商集体合同制度；④ 职工持股制度；⑤ 职工董事监事制度。

我国员工参与企业管理的主要形式有：① 国有企业的职工代表大会制度、企业管理委员会；② 公司制企业的职工董事、监事制度；③ 员工持股制度。

（五）冲突管理

冲突是个人或群体在实现目标的过程中，受到挫折时的社会心理现象，即是一方感到另一方损害了或打算损害自己的利益时所开始的一个过程。我们可以从以下几个方面来理解冲突的含义：① 冲突是不同主体对待客体的意见分歧，而产生的心理、行为相互矛盾和对立的状态；② 冲突的主体可以是个人、群体或组织，而冲突的客体包括利益、权力、资源、目标、方法、意见等；③ 冲突是一个过程，它是在不同主体之间相互交往、相互作用的过程中发展起来的，反映了不同主体的背景和需求。

1．冲突形成的原因

冲突形成的原因主要有以下几个方面。

（1）个性差异的因素。个性是指个体对于现实中客观事物的经常、稳定的态度以及表现出来的行为方式，包括性格和气质两个方面。组织内部成员个性特征的差异是导致冲突的重要原因。

（2）组织内部资源的有限性。组织内部职位、资金等资源是十分有限的，组织内部成员为了维护各自利益、满足自身需要，势必会对有限的资源展开激烈的争夺，从而形成冲突。

（3）价值观的差异。价值观是指一个人对周围的客观事物（包括人、事、物）的意义、重要性的总评价和总看法。价值观的差异是普遍存在的，价值观的冲突通常不容易协调。

（4）角色的不同。组织中的个体，由于承担的角色不同，各有其特殊的任务和职责，从而产生不同的需要和利益。冲突常会因为角色的压力和对彼此的期望不同而产生。

（5）职责划分不清。组织内部职责划分不清容易使不同岗位员工之间产生工作推诿或随意插手，为组织内部冲突埋下隐患。

（6）沟通不畅导致信息不完全。部门与部门、部门与员工、员工与员工之间常常会因为信息沟通的不畅或误解，造成员工或部门之间的隔阂，引发组织冲突。

（7）组织文化因素。组织文化是组织内成员共同认可的，被组织内部成员广泛遵守的价值判断和行为方式的总和。

2．冲突管理的措施

（1）提高管理人员的素质和技能。组织内部的冲突很多都与管理者自身的素质有关，管理人员的素质和管理水平不仅影响冲突发生的频率，而且对冲突的解决效果具有重要影响。管理者自身要能够包容冲突，正视冲突并积极运用冲突，同时也要善于与员工进行沟通，及时化解分歧。

（2）对员工的岗位职责进行清晰的定位，建立完善的组织制度，促进组织内部员工公平竞争。组织要明确内部分工，形成完善的制度流程体系，做到人人有事做、事事有人管，营造良好的竞争环境，提倡公平竞争。

（3）建立顺畅的组织内部沟通渠道，形成员工冲突的处理、反馈机制。建设一个全方位的信息传递交流的关系渠道，每个成员都应成为该渠道中的一个结点；减少信息传递的间接层次，弱化等级观念，增强沟通双方的心理接受程度。在冲突的处理过程中，管理者应该注意收集员工对于冲突处理的反馈意见，以求彻底解决冲突。

（4）建立职工抱怨制和工作轮换制。员工抱怨制度是将企业员工在生产和经营一线环境中所产生的不满和围绕劳动合同、就业条例等产生的劳资纠纷，交由二者共同组成的自主协调组织来处理，以求将冲突迅速合理地解决的制度。建立员工抱怨制度是一种处理劳资关系的常用做法。工作轮换制是指在工作流程不受较大影响的前提下，组织允许员工从一个工作岗位换到另一个工作岗位。该制度有利于不同部门的不同岗位的人员之间增加了解，促进双方坦诚交流，减少冲突。

（5）防患于未然，制定冲突预警和应急机制。进行冲突形成机制的分析，预防冲突的发生，把冲突消灭在萌芽状态，是冲突管理的上策。组织应该制定冲突的预警和应急机制。

（6）适时、适度激发冲突，保持组织活力。组织要对可能发生的破坏性冲突进行及时的处理并尽可能淡化；管理者应积极引导冲突向有利于组织发展的方向转变，并激发建设性的组织冲突，增加组织活力和创造性。

（7）塑造良好的组织文化。通过塑造组织文化，培育组织内在的共同价值观，减少破坏性组织冲突的发生。

（六）危机管理

员工危机管理是指企业为避免或者减轻员工危机所带来的严重损害和威胁，从而有组织、有计划地学习、制定和实施一系列管理措施和应对策略的动态过程。企业的员工危机主要是指人才频繁流失所造成的危机。尤其是企业核心员工离职，会因为岗位没有合适的人选而给企业带来巨大的损失。

员工危机管理可分为三个阶段：危机预防、危机处理和危机事后管理。危机预防是员工危机管理的关键，危机管理要求企业在员工流失危机爆发前事先建立危机处理组织，制订相应的危机处理计划，实施危机预警分析和调控，努力将危机消灭在萌芽状态。如果人才流失危机爆发，企业要迅速进入危机处理阶段，启动危机处理程序，实施各种危机控制方案。人才流失危机平息后，企业还必须对员工流失危机进行评估和总结，进行危机事后管理。

（七）劳资谈判

劳资谈判是针对工作报酬、工作时间及其他雇用条件，雇主和员工代表在适当时间以坦诚态度进行的谈判。劳资谈判所生成的文件被称作“劳动协议”或“合同”，主要包括认可资方权利、工会保障、报酬和福利、处理申诉的程序、员工保障和与工作有关的因素，它规定了一定时期内员工和雇主的关系。通过劳资谈判，基本上可以确定劳资双方的关系。劳资谈判一般要经历分析内外部环境、准备谈判、谈判问题、克服困难/谈判破裂/达成协议、签署/批准协议、执行协议等的流程。

1．劳资谈判中的资方的权利

一般而言，在劳资谈判中，资方的权利包括以下几个方面。

（1）决定何时、何地、做何工作及如何去做。

（2）当员工的工作操作或工作行为达不到合格标准时，帮助他们改正，包括执行管理纪律。

（3）决定做此项工作的工人数目。

（4）监督和指导工人工作。

（5）对员工的雇用、辞退、提升或降职提供建议。

（6）推荐员工成为管理人员。

2．劳资谈判中的员工的主张

劳资谈判中员工一方提出的主张一般可分为三类问题，即约束性的、非约束性的和禁止性的。

（1）约束性的谈判问题主要用于规定工资、工作时间和其他就业条件。此类问题对工人的工作有直接的影响，拒绝就这一类问题举行谈判会导致劳动报酬不公平。

（2）非约束性的谈判问题有可能被提出，但任何一方都可拒绝对此类问题进行讨论。例如，工会也许想对退休工人的健康福利或工会参与价格政策的制定等问题进行谈判，但资方可以拒绝这一要求。

（3）禁止性的谈判问题，如“只能雇用工会会员的制度”是没有法律保障的。

3．劳资关系管理

在劳资谈判后，劳资双方达成协议，由企业的人力资源管理部门负责劳资关系管理。在劳资关系管理中，人力资源管理部门的主要工作包括以下几部分。

（1）人员管理。录用（招工、调转、安置分配、聘用、接受实习人员）、劳动合同管理（签、续、变、解、终）、聘用协议管理、实习协议书管理、劳动纪律制定和管理、人员培训、定岗、定员和定编。

（2）工资管理。定额、工资方案、工资核定计算、审核汇总。

（3）社保管理。“五险一金”（养老、失业、工伤、生育、医疗、住房公积金）统筹管理、养老金计算报批、在职退离休死亡办理等。

（4）福利待遇管理。带薪年休假、探亲假、婚丧假、家属医疗费、采暖费、降温费等。

五、离职阶段的员工关系管理

（一）离职事项管理

我国《劳动法》第三十一条规定，“劳动者解除劳动合同，应当提前30日以书面形式通知用人单位”，明确赋予了职工辞职的权利，即劳动者单方面解除劳动合同无须任何实质条件，只需要履行提前通知的义务（即提前30日书面通知用人单位）即可。

1．离职档案管理

企业应建立员工离职的电子档案管理系统，管理的信息要全面、真实、及时。电子档案信息主要包括员工的家庭背景、教育背景、职业生涯、重要培训经历、晋升记录、奖惩记录、资格及证书、重要总结、离职去向、离职原因、联系方式、后续追踪管理记录等内容。

2．离职面谈

离职面谈是指在员工准备离职或已经离职后即将离开公司时，企业与员工进行的一种面对面的谈话聊天方式。其目的在于从离职员工那里获得相关信息，以便企业改进工作和维系与离职员工的良好关系。离职面谈通常由人力资源管理部门负责实施。

3. 离职员工管理

（1）保持与离职员工的定期联系。通过面谈，组织可以向离职员工发出友善信号，与离职员工保持良好的关系，这有可能给组织带来很多长远的利益，如新的客户和市场机会、人才推荐机会，甚至是优秀的离职员工重新回到公司继续效力等。企业应当运用离职档案在员工尤其是核心员工离职后定期对其进行访谈、问候，定期为离职员工寄发有企业近况和经营业务的企业内刊等。

（2）给予离职员工重返企业的优先权。如果员工有意愿重新回到企业继续效力，企业应从制度上鼓励。一般情况下，员工重返企业是其经过比较后作出的选择，其有助于吸引和留住员工。给予离职员工重返企业的优先权只适合正常办理离职手续的员工，而不适合因为违规违纪、擅自离职、解除劳动合同等原因离职的员工。

4. 离职分析

企业应该根据员工离职面谈的记录资料进行数据加工，建立员工离职关键要素分析、流失成本分析，并基于该分析报告着手改善公司的内部管理和组织文化建设。离职员工仍然是公司的人力资源，企业有必要对离职员工的离职原因、离职去向等信息进行详细分析，定期出具报告供管理层参考。

（二）劳动合同解除和终止

劳动合同的解除是合同当事人依法提前终止劳动合同关系的法律行为。它既可以是当事人单方面的合法行为，又可以是当事人双方的合法行为。其与劳动合同的订立和变革不同。劳动合同的订立和变更必须经当事人双方协商一致才能成立，即必须是双方当事人意思表示一致的行为。劳动合同的解除则不同，它可以由当事人一方的行为导致，也可以由双方当事人协商一致后作出。由当事人一方的行为导致劳动合同解除的，必须符合法律、法规规定的条件和程序。

1. 劳动合同的解除的情形

（1）用人单位的解除权。

第一，即时辞退的许可性条件。在这种条件下，用人单位无须向对方预告就可随时通知其解除劳动合同。根据我国《劳动法》的规定，主要包括以下几种情形：① 在试用期间被证明不符合录用条件时；② 严重违反劳动纪律或者用人单位规章制度的；③ 严重失职，营私舞弊，对用人单位的利益造成重大损害的；④ 被依法追究刑事责任的；⑤ 被劳动教养的。

第二，预告辞退的许可性条件。在这种条件下，用人单位须向对方预告后才可解除劳动合同。根据我国《劳动法》第二十六条的规定，有下列情形之一的，用人单位可以解除劳动合同，但是应当提前30日以书面形式通知劳动者本人：① 劳动者患病或者非因工负伤，医疗期满后，不能从事原工作也不能从事由用人单位另行安排的工作的；② 劳动者不能胜任工作，经过培训或者调整工作岗位，仍不能胜任工作的；③ 劳动合同订立时所依据的客观情况发生重大变化，致使原劳动合同无法履行，经当事人协商就不能变更劳动合同达成协议的。

第三，裁员的许可性条件。根据我国《劳动法》的规定，用人单位濒临破产进行法定整顿的或者生产经营状况发生了严重困难，确需裁减人员的，应当提前30日向工会或者全体职工说明情况，听取工会或者职工的意见，经向劳动行政部门报告后，可以裁减人员。用人单位依据本条规定裁减人员，在6个月内录用人员的，应当优先录用被裁减的人员。

（2）劳动者的解除权。根据《劳动法》，劳动者要求解除劳动合同的，应当提前30日以书面形式通知用人单位。有下列情形之一的，劳动者可以随时通知用人单位解除劳动合同：①在试用期内的；② 用人单位以暴力、威胁或者非法限制人身自由的手段强迫劳动的；③ 用人单位未按照劳动合同约定支付劳动报酬或者提供劳动条件的。

（三）经济性裁员

裁员是指由于用人单位的原因解除劳动合同的情形，即用人单位在法定的特定期限依法进行的集中辞退员工的行为。实施裁员，可以使企业裁减因为生产经营状况发生变化而产生的富余人员。

1．经济性裁员的含义

经济性裁员是指用人单位一次性辞退部分劳动者，以改善生产经营状况的一种手段。我国《劳动法》规定，“用人单位濒临破产进行法定整顿期间或者生产经营状况发生严重困难，确需裁减人员的，应当提前30日向工会或者全体职工说明情况，听取工会或者职工的意见，经向劳动行政部门报告后，可以裁减人员。”

2．经济性裁员的范围

（1）用人单位濒临破产进行法定整顿期间，需要裁减人员的。依照《中华人民共和国企业破产法（试行）》，企业因经营管理不善造成严重亏损，不能清偿到期债务的，可以依法宣告破产。对濒临破产企业，允许一定阶段（不超过两年）的整顿期。这些企业裁减的人员，可以解除劳动合同。

（2）用人单位因生产经营状况发生严重困难，确需裁减人员的。用人单位生产经营发生严重困难是随时都会出现的，用人单位裁减人员是克服困难的重要途径。

（3）企业转产、重大技术革新或者经营方式调整，经变更劳动合同后，仍需裁减人员的。

（4）其他因劳动合同订立时所依据的客观经济情况发生重大变化，致使劳动合同无法履行的。

3．经济性裁员的程序

根据我国法律，经济性裁员除符合上述条件外，还需经过以下程序。

（1）提前30日向工会或者全体职工说明情况，并提供有关生产经营状况的资料。由于经济性裁员不是职工的过错或职工本身的原因导致的，而且它会在某种程度上给职工造成生活等方面的负作用，为此，裁员前应听取工会或职工的意见。

（2）提出裁减人员方案，内容包括被裁减人员名单、裁减时间及实施步骤，符合法律、行政法规规定和集体合同约定的被裁减人员的经济补偿办法。用人单位不得裁减下列人员：患职业病或者因工负伤并被确认丧失或者部分丧失劳动能力的；女职工在孕期、产期、哺乳期内的；法律、行政法规规定的其他情形。

（3）针对裁减人员方案征求工会或者全体职工的意见，并对方案进行修改和完善。

（4）向当地劳动保障行政部门报告裁减人员方案以及工会或者全体职工的意见，并听取劳动保障行政部门的意见。

（5）由用人单位正式公布裁减人员方案，与被裁减人员办理解除劳动合同手续，按照有关规定向被裁减人员本人支付经济补偿金，并出具裁减人员证明书。

六、员工关系管理中的法律风险

(一) 员工关系管理中的法律风险控制

员工关系管理上的风险已越来越成为组织管理中的最大的风险。如何根据法律规定，调整管理思路和模式，提升管理水平，进一步建立更加专业、合理、规范、精细的员工关系管理体系，控制用人风险，正成为组织迫切需要解决的问题。

1. 员工关系管理中的风险控制内容

员工关系管理中的风险控制主要包括以下内容。

（1）入职管理的风险控制。主要包括招聘过程的风险控制、应签未签劳动合同的法律风险控制、“被不签”劳动合同的风险控制、试用期管理风险控制。

（2）在职管理的风险控制。主要包括对工时、加班管理风险、计件制、综合计算工时制、不定时工时制、劳动法下的加班费追索时效、特殊岗位（高管、销售、研发等）加班费、工资/工时/休假和加班管理制度、假期管理风险、社会保险风险、保密与竞业限制等风险的控制。

（3）离职管理的风险控制。离职管理的风险包括员工跳槽管理风险、员工裁减/辞退管理风险、合同终止风险。

2. 员工关系管理涉及的法律法规

员工关系管理涉及的主要法律法规如表 9-7 所示。

表 9-7 员工关系管理涉及的法律法规

法　律	行 政 法 规
《劳动法》	《全国年节及纪念日放假办法》
《劳动合同法》	《禁止使用童工的规定》
《未成年人保护法》	《劳动保障监察条例》
《劳动争议调解仲裁法》	《职工带薪年休假条例》
《妇女权益保障法》	《劳动合同法实施条例》
《社会保险法》	《关于工作时间的规定》
《职业病防治法》	《企业职工带薪年休假实施办法》
《就业促进法》	《工伤保险条例》
《行政诉讼、复议、处罚法》	《社会保险费征缴暂行条例》

(二) 工会的组建

1. 工会的含义

工会是由员工自愿结合的工人阶级的群众运动组织，是能抵消或抗衡雇主讨价还价力量的联合产物。工会代表劳动者的利益，其核心作用是联合起来与资方进行集体谈判，维护职工合法权益是工会的基本职能。任何体力劳动者和脑力劳动者都有参加工会的权利，而不受民族、种族、性别、职业、宗教信仰、教育程度等影响。企业工会基本职能的核心内容在于代表劳动者开展企业集体谈判，签订企业集体合同，维护劳动者的劳动权益。

2. 工会组建的流程

在我国，企业工会的组建一般需要经历如下流程。

（1）建立工会筹建小组。由企业行政部门向上级总工会提出筹建工会的申请并上报筹建小组成员名单，经上级总工会批复同意后，即按《中国工会章程》进行各项筹备工作。筹建小组一般由 3～5 人组成，宜与正式成立工会时的委员会人选相衔接。

（2）宣传发动。筹建小组成员应向职工宣传《中华人民共和国工会法》《中国工会章程》等，宣传工会的性质、作用、任务，明确会员的权利与义务，使职工对工会有初步的了解和认识。

（3）发展会员。调查核实老会员情况，请老会员出示相关证明材料，经筹备组同意后恢复会籍并公布。发展新会员需由职工向筹备组提出申请，填写入会申请登记表，经筹备组审查同意后公布名单。

（4）建立工会小组。一般按部门设立，设工会小组长 1 人。工会小组长在小组全体会议上，以无记名投票方式由会员直接选举产生。

（5）选好会员代表。一般会员人数在 200 人以上的召开会员代表大会，200 人以下的召开会员大会。代表名额由基层工会根据实际情况确定，其分配要有广泛性和代表性。会员代表一般以工会小组为单位，由会员直接选举产生，并由筹建小组负责资格审查。

（6）工会委员会、工会经费审查委员会和女职工委员会委员候选人，在充分协商的基础上，由筹备小组提出建议名单，经会员（代表）大会通过后确定。

（7）各委员会选举结果报上级总工会批准同意。

第三节 员工关系管理的技术与方法

员工关系管理可分为招聘阶段、入职阶段、试用期阶段、在职阶段、离职阶段等几个阶段，不同的阶段可运用不同的员工关系管理的技术与方法，下面分别加以介绍。

一、招聘阶段的管理技术与方法

（一）劳动用工管理

1．劳动合同

劳动合同是指劳动者与用工单位之间确立劳动关系，明确双方权利和义务的协议。订立和变更劳动合同，应当遵循平等自愿、协商一致的原则，不得违反法律、行政法规的规定。劳动合同依法订立即具有法律约束力，当事人必须履行劳动合同规定的义务。表 9-8 是我国劳动合同书的参考范本。

表 9-8 劳动合同书范本

劳动合同
使用说明
一、双方在签订本合同前，应认真阅读本合同书。本合同一经签订，即具有法律效力，双方必须严格履行。 二、本合同必须由用人单位（甲方）的法定代表人（或者委托代理人）和职工（乙方）亲自签章，并加盖用人单位公章（或者劳动合同专用章）方为有效。

续表

三、本合同中的空栏，由双方协商确定后填写，并不得违反法律、法规和相关规定；不需填写的空栏，划上“/”。

四、工时制度分为标准工时、不定时、综合计算工时三种。实行不定时、综合计算工时工作制的，应经劳动保障部门批准。

五、本合同的未尽事宜，可另行签订补充协议，作为本合同的附件，与本合同一并履行。

六、本合同必须认真填写，字迹清楚、文字简练、准确，并不得擅自涂改。

七、本合同（含附件）签订后，甲乙双方各保管一份备查。

甲方（用人单位）：　　　　乙方（劳动者）：

名称：　　　　姓名：

法定代表人：　　　　身份证号码：

地址：　　　　现住址：

联系电话：　　　　联系电话：

根据《中华人民共和国劳动法》和国家及省的有关规定，甲乙双方按照平等自愿、协商一致的原则订立本合同。

一、合同期限

（一）合同期限

双方同意按以下第______种方式确定本合同期限：

1．有固定期限：从______年______月______日起至______年______月______日止。

2．无固定期限：从______年______月______日起至本合同约定的终止条件出现时止（不得将法定解除条件约定为终止条件）。

3．以完成一定的工作为期限：从______年______月______日起至______________工作任务完成时止。

（二）试用期限

双方同意按以下第______种方式确定试用期期限（试用期包括在合同期内）：

1．无试用期。

2．试用期从______年______月______日起至______年______月______日止。

（试用期最长不超过六个月。其中合同期限在六个月以下的，试用期不得超过十五日；合同期限在六个月以上一年以下的。试用期不得超过三十日；合同期限在一年以上两年以下的，试用期不得超过六十日。）

二、工作内容

（一）乙方的工作岗位（工作地点、部门、工种或职务）为______________________________。

（二）乙方的工作任务或职责是______________________________。

（三）甲方因生产经营需要调整乙方的工作岗位，按变更本合同办理，双方签章确认的协议或通知书作为本合同的附件。

（四）如甲方派乙方到外单位工作，应签订补充协议。

三、工作时间

（一）甲乙双方同意按以下第_____种方式确定乙方的工作时间：

1．标准工时制，即每日工作_____小时，每周工作_____天，每周至少休息一天。

2．不定时工作制，即经劳动保障部门审批，乙方所在岗位实行不定时工作制。

3．综合计算工时工作制，即经劳动保障部门审批，乙方所在岗位实行以_____为周期，总工时_____小时的综合计算工时工作制。

（二）甲方因生产（工作）需要，经与工会和乙方协商后可以延长工作时间。除《劳动法》第四十二条规定的情形外，一般每日不得超过一小时，因特殊原因最长每日不得超过三小时，每月不得超过三十六小时。

续表

四、工资待遇 （一）乙方试用期工资_____元/月；试用期满工资_____元/月。 （二）工资必须以法定货币支付，不得以实物及有价证券替代货币支付。 （三）甲方根据企业的经营状况和依法制定的工资分配办法调整乙方工资，乙方在六十日内未提出异议的视为同意。 （四）甲方每月_____日发放工资。如遇节假日或休息日，则提前到最近的工作日支付。 （五）甲方依法安排乙方延长工作时间的，应按《劳动法》第四十四条的规定支付延长工作时间的工资报酬。 五、劳动保护和劳动条件 （一）甲方按国家和省有关劳动保护规定提供符合国家劳动卫生标准的劳动作业场所，切实保护乙方在生产工作中的安全和健康。如乙方工作过程中可能产生职业病危害，甲方应按《职业病防治法》的规定保护乙方的健康及其相关权益。 （二）甲方根据乙方从事的工作岗位，按国家有关规定，发给乙方必要的劳动保护用品，并按劳动保护规定每_____（年/季/月）免费安排乙方进行体检。 （三）乙方有权拒绝甲方的违章指挥、强令冒险作业，对甲方及其管理人员漠视乙方安全和健康的行为，有权要求改正并向有关部门检举、控告。 六、社会保险和福利待遇 （一）合同期内，甲方应依法为乙方办理参加养老、医疗、失业、工伤、生育等社会保险的手续，社会保险费按规定的比例，由甲、乙双方负责。 （二）乙方患病或非因工负伤，甲方应按国家和地方的规定给予医疗期和医疗待遇，按医疗保险及其他相关规定报销医疗费用，并在规定的医疗期内支付病假工资或疾病救济费。 （三）乙方患职业病、因工负伤或者因工死亡的，甲方应按（工伤保险条例）的规定办理。 （四）甲方按规定给予乙方享受节日假、年休假、婚假、丧假、探亲假、产假、看护假等带薪假期，并按本合同约定的工资标准支付工资。 七、劳动纪律 （一）甲方根据国家和省的有关法律、法规通过民主程序制定的各项规章制度，应向乙方公示；乙方应自觉遵守国家和省规定的有关劳动纪律、法规和企业依法制定的各项规章制度，严格遵守安全操作规程，服从管理，按时完成工作任务。 （二）甲方有权对乙方履行制度的情况进行检查、督促、考核和奖惩。 （三）如乙方掌握甲方的商业秘密，乙方有义务为甲方保守商业秘密，并作如下约定：__________。 八、本合同的变更 （一）任何一方要求变更本合同的有关内容，都应以书面形式通知对方。 （二）甲乙双方经协商一致，可以变更本合同，并办理变更本合同的手续。 九、本合同的解除 （一）经甲乙双方协商一致，本合同可以解除。由甲方解除本合同的，应按规定支付经济补偿金。 （二）属下列情形之一的，甲方可以单方解除本合同： 1．试用期内证明乙方不符合录用条件的； 2．乙方严重违反劳动纪律或甲方规章制度的； 3．严重失职、营私舞弊，对甲方利益造成重大损害的； 4．乙方被依法追究刑事责任的； 5．甲方歇业、停业、濒临破产处于法定整顿期间或者生产经营状况发生严重困难的； 6．乙方患病或非因工负伤，医疗期满后不能从事本合同约定的工作，也不能从事由甲方另行安排的工作的；

续表

7．乙方不能胜任工作，经过培训或者调整工作岗位，仍不能胜任工作的； 8．本合同订立时所依据的客观情况发生重大变化，致使本合同无法履行，经当事人协商不能就变更本合同达成协议的； 9．本合同约定的解除条件出现的。 甲方按照第5、6、7、8、9项规定解除本合同的，需提前三十日书面通知乙方，并按规定向乙方支付经济补偿金，其中按第6项解除本合同并符合有关规定的还需支付乙方医疗补助费。 （三）乙方解除本合同，应当提前三十日以书面形式通知甲方。但属下列情形之一的，乙方可以随时解除本合同： 1．在试用期内的； 2．甲方以暴力、威胁或者非法限制人身自由的手段强迫劳动的； 3．甲方不按本合同规定支付劳动报酬，克扣或无故拖欠工资的； 4．经国家有关部门确认，甲方劳动安全卫生条件恶劣，严重危害乙方身体健康的。 （四）有下列情形之一的，甲方不得解除本合同： 1．乙方患病或非因工负伤，在规定的医疗期内的； 2．乙方患有职业病或因工负伤，并经劳动能力鉴定委员会确认，丧失或部分丧失劳动能力的； 3．女职工在孕期、产期、哺乳期内的； 4．法律、法规规定的其他情形。 （五）解除本合同后，甲乙双方在七日内办理解除劳动合同有关手续。 **十、本合同的终止** 本合同期满或甲乙双方约定的本合同终止条件出现，本合同即行终止。 本合同期满前一个月，甲方应向乙方提出终止或续订劳动合同的书面意向，并及时办理有关手续。 **十一、违约情形及责任** （一）甲方的违约情形及违约责任： ____________________ （二）乙方的违约情形及违约责任： ____________________ **十二、调解及仲裁** 双方履行本合同如发生争议，可先协商解决；不愿协商或协商不成的，可以向本单位劳动争议调解委员会申请调解；调解无效，可在争论发生之日起六十日内向当地劳动争议仲裁委员会申请仲裁；也可以直接向劳动争议仲裁委员会申请仲裁。对仲裁不服的，可在十一日内向人民法院提起诉讼。 **十三、其他** （一）本合同未尽事宜，按国家和地方有关政策规定办理。在合同期内，如本合同条款与国家、省有关劳动管理新规定相抵触的，按新规定执行。 （二）下列文件规定为本合同附件，与本合同具有同等效力： 1．____________________ 2．____________________ （三）双方约定（内容不得违反法律及相关规定，可另加双方签名或盖章的附页）： ____________________ 甲方：（盖章）　　　　　　　　乙方：（签名或盖章） 法定代表人： （或委托代理人） 　　　　　　年　月　日　　　　　　　　年　月　日

2．劳务派遣协议

根据我国《劳动合同法》第五十九条的规定，劳务派遣协议应当包含以下必备条款：① 派遣岗位和人员数量；② 派遣期限；③ 劳务报酬的数额与支付方式；④ 社会保险费的数额与支付方式；⑤ 违反劳务派遣协议的责任。表 9-9 是劳务派遣协议书的参考范本。

表 9-9　劳务派遣协议书

劳务派遣协议
甲方（用工单位）： 法定代表人： 地址： 电话：　　　　　　　　　　　　传真： 乙方（派遣单位）： 法定代表人： 地址： 电话：　　　　　　　　　　　　传真： 甲、乙双方根据《劳动合同法》相关法规，本着平等互利的原则，经过友好协商，就乙方向甲方派遣人员事宜达成如下协议： **第一章　派遣与费用** 第一条　派遣系指乙方按照本协议约定，将与乙方建立劳动关系的人员（下称派遣人员）派往甲方从事劳务的行为。 第二条　乙方根据甲方需求，派遣_____人到甲方从事____工作。 第三条　派遣人员的工作地点、工作内容、工作岗位等由甲方根据工作需要确定。 第四条　甲方支付给乙方的劳务费包括： （一）派遣人员的劳动报酬。 （二）派遣人员的养老、失业、医疗、工伤社会保险。（自派遣之日起由乙方办理养老保险、失业保险、医疗保险、工伤保险等社会保险。） （三）劳务管理费。 第五条　根据派遣人员的数量，甲方每月支付乙方劳务费___元。（其中派遣人员的劳务报酬、各项社会保险费、劳务管理费每人___元/月标准支付。） **第二章　甲方的责任、义务与权利** 第六条　甲方承担以下责任与义务： （一）尊重派遣人员的民族习惯，维护派遣人员合法权益。 （二）为乙方派往现场的工作人员提供必要的办公场所，并协助乙方工作人员做好各项服务工作。 （三）严格贯彻执行《劳动合同法》的相关规定及甲方制订（执行）的安全生产、行为规范、考核办法等管理规章制度应向派遣人员公开，并送乙方备案，以便共同监督执行。 （四）派遣人员在甲方工作期间由于工伤事故造成伤、残、亡等，甲方应积极采取抢救措施，并及时将事故情况通报乙方，甲、乙双方共同对派遣人员的工伤事故进行处理。所发生费用由保险公司承担，工伤保险以外的所有费用由甲方承担。 （五）甲方应于乙方派遣人员试用期满前 5 个工作日，以书面形式将派遣人员试工情况通知乙方（逾期视为合格），以便乙方办理相关手续。 （六）及时将派遣人员的工作、培训、考核等情况以书面形式反馈乙方，协助乙方做好派遣人员的管理工作。

续表

（七）对试用期满后，经实践证明不能胜任甲方工作的派遣人员，甲方可安排其进行必要的技能培训；若经培训仍不能胜任工作，甲方可将派遣人员退回乙方，但应提前 5 天以书面形式通知乙方及派遣人员，并按照规定支付工作期间的劳务报酬、保险及乙方与派遣人员解除劳动合同依法支付的补偿金等费用。 （八）在向乙方按时支付劳务费的前提下，对因乙方原因造成的派遣人员劳务报酬、社会保险延误等问题不承担任何责任。 （九）甲方按时支付足额加班费、绩效奖金，提供与工作岗位相关的福利待遇，代扣个人所得税。 （十）甲方不得将派遣人员再派到其他用工单位，连续用工的甲方单位应实行正常的工资调整机制。 （十一）甲方应保证派遣人员依法参加或者组织工会的权利。 （十二）甲方对劳务派遣人员实行每天八小时工作制度，甲方因生产需要劳务人员加班的应按有关国家规定给予调休。 第七条　甲方享有如下权利 （一）甲方可对派遣人员规定试用期____天，并有权终止不符合条件人员的试用，但应按照规定支付试用期间的劳动报酬。 （二）甲方拥有对派遣人员进行批评、教育、处罚及奖励的权利。乙方派遣人员有下列情况之一的，甲方有权直接退返乙方，但应提前 5 天以书面形式通知乙方。涉及经济处罚或经济赔偿等问题时，按照甲、乙双方的相关规定进行处理。 具体情况如下： （1）严重违反劳动纪律和规章制度的； （2）严重失职，给甲方利益造成_____元以上的损失的； （3）被依法追究刑事责任的； （4）试用期内不符合甲方录用条件的； （5）不能胜任工作或连续___次考核为不合格的。 **第三章　乙方的责任、义务与权利** 第八条　乙方承担以下责任与义务： （一）根据甲方的要求推荐人选，并与甲方审核合格人员签订劳动合同。 劳动合同：三个月以上不满一年的劳动合同，试用期不超过 30 天；一年以上不满三年的劳动合同，试用期不超过 60 天；三年以上的劳动合同（试用期不超过半年）。 （二）负责对派遣人员的基础培训，主要包括：① 劳动法规和职业道德培训；② 安全防护、遵章守纪；③ 职业技能培训等。 （三）乙方应当与派遣人员订立 2 年以上的固定期限劳动合同，同时规定乙方在派遣人员无工作期间，即在劳动合同期限之内，派遣期限未满，没有新的用工单位时，应按照乙方所在地人民政府规定的最低工资标准向派遣人员按月支付报酬。 （四）按月按时足额支付派遣人员的劳动报酬。 （五）严格贯彻执行《劳动合同法》及用工单位有关安全管理的法规和规定，加强派遣人员安全教育管理。 （六）依法为派遣人员办理养老、失业、医疗和工伤等社会保险手续并按时缴纳保险费用；为新签及终止、解除劳动合同的派遣人员及时办理社会保险关系转移等事宜。 （七）定期安排派遣人员到指定医院体检，项目包括：肝功能、心电图、内、外科及耳、鼻、喉、眼科检查（招工体检费用由派遣人员自行负担）。 （八）根据甲方工作需要，安排管理人员到甲方进行现场办公，做好服务工作。 （九）教育派遣人员严格遵守甲方管理规章制度，优质、高效地完成工作任务。 （十）为派遣人员提供良好的工作环境和工作条件。

续表

（十一）按照《劳动合同法》有关工伤事故处理的规定，负责组织派遣人员进行工伤事故的处理工作。由乙方依照人员管理权限及事故处理程序进行事故申报及处理，所发生费用由甲方负责。

（十二）由于派遣人员违反服务期的约定（保守商业秘密）故意或无意造成重大损失的，经甲、乙双方认定或相关机构认定后，由责任人员负责赔偿，乙方应配合甲方进行追偿。

（十三）乙方根据甲方需要，可对劳务人员进行岗前培训，取得岗前培训合格证者方可到甲方工作。

第九条　乙方享有如下权利：

（一）乙方有权对甲方违反本协议有关条款或侵害乙方和派遣人员合法权益的行为提出书面意见及索赔要求。甲方应在收到乙方意见后的 10 个工作日之内，以书面形式回复乙方。

（二）乙方有权提出对甲方因违反《劳动合同法》及本协议的约定擅自解除本协议进行经济赔偿的要求，甲方应按照《劳动合同法》的相关规定及标准向乙方支付补偿金。

第四章　费用及结算

第十条　甲方须于每月____日前向乙方提供派遣人员上月出勤考核情况，于每月____日前以支票形式将上月劳务费支付给乙方（如遇到休息日或者法定节假日可以适当顺延但最长不能超过 5 日）。

第十一条　乙方收到甲方支付的费用后，须向甲方开具正式发票，并按时支付派遣人员的劳动报酬，按时缴纳派遣人员的各项社会保险。

第十二条　如遇有特殊情况，甲方不能按时支付劳务费用，应提前以书面形式通知乙方，并向乙方说明原因。

第十三条　甲方不按协议规定的付款方式拨付劳务费用时，乙方可向甲方发出付款要求通知；甲方在收到乙方通知 30 天内仍不能按要求支付时，甲方应承担从拖欠之日起的违约责任；如超过 60 日仍未能支付，乙方可单方面解除本协议，并向甲方追索所欠费用。

第十四条　加班费的计算及发放按照《劳动合同法》及甲方现行规定执行。

第五章　协议终止

第十五条　本协议在以下情况下终止：

（一）本协议期满；

（二）发生不可抗力（自然伤害，经济危机等）致使本协议无法履行；

（三）协议任何一方宣布破产、依法解散、关闭或撤销；

（四）协议任何一方严重违反本协议条款；

（五）协议任何一方发生本章上述第（二）、第（三）、第（四）条的情况时，应向另一方发出书面通知，经对方书面确认后 30 日内解除本协议；

（六）法律、行政法规规定的其他情形；

（七）因违约致协议终止的赔偿问题，按照《劳动合同法》的规定及本协议有关的约定执行。

第六章　争议处理

第十六条　甲、乙双方在本协议执行过程中发生争议的，应本着协商的原则解决，协商不成时，采取诉讼的方式解决。

第七章　其他条款

第十七条　本协议未尽事宜，国家有规定的按国家规定执行，国家无规定的由甲、乙双方协商解决，或另行约定。

第十八条　本协议在履行过程中，如因颁布新的《劳动合同法》造成本协议条款必须进行修订时，均应以新的法规为准，并由甲、乙双方协商修订。

第十九条　甲、乙双方不认真履行协议，造成损失的，应由责任方承担全部赔偿责任。

第二十条　本协议的有效期自____年____月____日起至____年____月____日止。如协议任何一方意欲延长本协议书的期限，则应在本协议书期满前 30 日前，以书面形式通知另一方，并经甲、乙双方协商一致后，重新签订书面协议约定。

续表

第二十一条　本协议书一式六份。甲乙双方各持正本一份、副本两份，副本分送甲乙双方财务部门、合同管理部门一份备案。 第二十二条　双方约定的其他事项：______________________ ______________________________________ 甲方：　　　　　　　　　　　　　　乙方： 代表签章：　　　　　　　　　　　　代表签章： 年　　月　　日　　　　　　　　　　年　　月　　日

（二）招聘录用管理

背景调查主要考察候选人以往的经历，包括工作时间、岗位名称、工作职责，以及他人的评价等。进行背景调查通用的原则是：① 向合适的人问合适的问题；② 多问数字，少问感觉；③ 多问事例，少问评价；④ 作判断时以封闭式提问去求证；⑤ 记录要引用证明人原话而非自己的总结。表 9-10 是拟聘人员背景调查表的参考范本。

表 9-10　拟聘人员背景调查表

拟聘人员姓名：　　　　　　　　　　　　　　拟聘岗位：

调查人			调查时间	年　　月　　日
调查方式	□电话询问	□实地拜访	□发放问卷	
工作单位	单位名称		联系电话	
	受访人员		职务/岗位	
	调查项目（与应聘材料是否符合）			
	单位情况	□符合　□不符合　□部分符合	工作时间	□符合　□不符合　□部分符合
	担任职务	□符合　□不符合　□部分符合	离职手续	□办理　□未办理　□正在办理
	奖惩情况	□符合　□不符合　□部分符合　□补充说明：		
	离职原因	□合同到期 □员工提出离职，原因：	□公司解雇/辞退，原因： □其他：	
	同事关系	□优□良□好□一般□差	他在公司的人际关系如何？有没有与其他同事发生过严重的矛盾而影响了工作的正常开展？	
	工作表现	□优□良□好□一般□差	他的整体工作表现如何？您如果去评价他，您会给他打多少分？没有打满分的原因是什么？	
	职业道德	□优□良□好□一般□差	他有没有做过有损于公司利益的事情？您认为他更适合做哪项工作？	
	综合评述	□优□良□好□一般□差	如果您公司现在有一个适合岗位或者再回到原来岗位，您还会雇佣他吗？您是否推荐他应聘我们公司？	
调查结论	□背景无问题，可以录用。 □背景部分内容不确定，建议有条件录用，说明： □背景有问题，建议不录用，说明：			

说明：一般配合调查的对口部门及人员应是人力资源部负责人（提供一些基本信息）及应聘人员之前的直接上级（提供工作业绩情况）。

二、入职阶段的管理技术与方法

（一）入职管理

1．入职报到通知书

对录用人员发出入职通知，告知其入职安排事宜、报到所需物品及其他注意事项等，可以有效提醒报到人员做好入职准备。一份简洁、完整的入职通知能有效地提升录用人员的入职体验。表 9-11 是入职报到通知书的参考范本。

表 9-11 入职报到通知书

<table>
<tr><td>

入职报到通知书

尊敬的＿＿＿＿＿先生/女士：

恭喜您通过＿＿＿＿＿＿＿职位的面试，欢迎您加入到××××公司的大家庭中！请于＿＿年＿＿月＿＿日＿＿时至公司办理报到入职手续，恭候您的到来！

报到所需物品：

（1）本人 1 寸免冠彩色近照 2 张；

（2）身份证、学历证、专业资格证等证件原件；

（3）原单位的离职证明；

（4）若住公司宿舍，请携带生活必需品。

公司地址：

联系电话：

××××公司人力资源部

年　　月　　日

</td></tr>
</table>

2．入职员工个人信息登记表

入职员工个人信息应包括员工基本信息、教育背景、工作经历、家庭成员及紧急联络人的通信地址信息、健康信息、前工作单位信息以及员工声明信息。入职员工个人信息登记表要详尽。表 9-12 是入职员工个人信息登记表的参考范本。

表 9-12 入职员工个人信息登记表

<table>
<tr><th colspan="8">员工信息登记表</th></tr>
<tr><td colspan="8">工号：　　　　　　姓名：　　　　　　部门：</td></tr>
<tr><td rowspan="9">个人基本信息</td><td>姓名</td><td></td><td>性别</td><td></td><td>民族</td><td></td><td rowspan="5">近期一寸正面半身免冠彩色红底相片</td></tr>
<tr><td>身份证号码</td><td></td><td>户口登记机关</td><td colspan="3"></td></tr>
<tr><td>籍贯</td><td colspan="5">省　　　　市　　　　县/区</td></tr>
<tr><td>出生地</td><td colspan="5">省　　　　市　　　　县/区</td></tr>
<tr><td>户口所在地</td><td colspan="5">省　　　　市　　　　县/区</td></tr>
<tr><td>户口性质</td><td colspan="2">□ 农业户口　□ 非农业户口</td><td colspan="3">户口类型</td><td>□ 集体户口
□ 非集体户口</td></tr>
<tr><td>政治面貌</td><td colspan="2">□ 中共党员　□ 共青团员
□ 民主党派　□ 群众</td><td colspan="3">入党/团日期</td><td>年　月　日</td></tr>
<tr><td>工会信息</td><td colspan="2">□ 工会会员　□ 非工会会员</td><td colspan="3">入会日期</td><td>年　月　日</td></tr>
<tr><td>兵役情况</td><td>□ 未服兵役
□ 退伍　□ 转业</td><td>服役时间</td><td colspan="4">年　月—　年　月</td></tr>
</table>

续表

<table>
<tr><td rowspan="2">婚姻信息</td><td colspan="3">婚姻状况</td><td colspan="4">婚姻状况始于</td><td>子女数</td></tr>
<tr><td colspan="3">□ 未婚 □ 已婚 □ 离异</td><td colspan="4">年 月 日</td><td>个</td></tr>
<tr><td rowspan="2">健康信息</td><td>身高（cm）</td><td colspan="2">体重（kg）</td><td colspan="4">血型</td><td>既往病史</td></tr>
<tr><td></td><td colspan="2"></td><td colspan="4">□A □B □AB □O □未知</td><td></td></tr>
<tr><td rowspan="5">教育信息
（最高学历）</td><td colspan="3">教育起止时间</td><td colspan="4">毕业学校（全称）</td><td>学历</td></tr>
<tr><td colspan="3">年 月— 年 月</td><td colspan="4"></td><td></td></tr>
<tr><td colspan="3">所学专业（全称）</td><td>教育类型</td><td colspan="3">学位</td><td>英语能力
（已获证书）</td></tr>
<tr><td colspan="3">主修：</td><td></td><td colspan="3">第一学位：</td><td></td></tr>
<tr><td colspan="3">辅修：</td><td></td><td colspan="3">第二学位：</td><td></td></tr>
<tr><td rowspan="3">职称信息</td><td colspan="3">技术职称/职业资格/从业资格</td><td>级别</td><td colspan="4">证书有效日期</td></tr>
<tr><td colspan="3"></td><td></td><td colspan="4">年 月 日— 年 月 日</td></tr>
<tr><td colspan="3"></td><td></td><td colspan="4">年 月 日— 年 月 日</td></tr>
<tr><td rowspan="3">家庭地址</td><td colspan="4">家庭地址（有效邮递送达地址）</td><td colspan="3">家庭联系电话</td><td>个人联系电话</td></tr>
<tr><td colspan="4"></td><td colspan="3">固话：</td><td>固话：</td></tr>
<tr><td colspan="4">邮编：</td><td colspan="3">手机：</td><td>手机：</td></tr>
<tr><td rowspan="3">紧急联系方式</td><td colspan="2">联系人
（监护人/直系亲属/配偶）</td><td colspan="2">联系电话</td><td colspan="4">紧急联系人地址
（有效邮递送达地址）</td></tr>
<tr><td colspan="2"></td><td colspan="2">固话：</td><td colspan="4"></td></tr>
<tr><td colspan="2"></td><td colspan="2">手机：</td><td colspan="4">邮编：</td></tr>
<tr><td rowspan="3">家庭主要成员信息</td><td colspan="2">姓名</td><td colspan="3">工作单位及职务</td><td colspan="3">工作单位的地址</td></tr>
<tr><td colspan="2"></td><td colspan="3"></td><td colspan="3"></td></tr>
<tr><td colspan="2"></td><td colspan="3"></td><td colspan="3"></td></tr>
<tr><td rowspan="4">最近社会工作经历</td><td colspan="2">起止时间</td><td colspan="3">工作单位及地址</td><td colspan="2">职务</td><td>联系人及电话
（人事管理部门）</td></tr>
<tr><td colspan="2">年 月— 年 月</td><td colspan="3"></td><td colspan="2"></td><td></td></tr>
<tr><td colspan="2">年 月— 年 月</td><td colspan="3"></td><td colspan="2"></td><td></td></tr>
<tr><td colspan="2">年 月— 年 月</td><td colspan="3"></td><td colspan="2"></td><td></td></tr>
<tr><td>雇佣日期</td><td colspan="2">年 月 日</td><td>招聘方式</td><td colspan="5"></td></tr>
<tr><td colspan="8">填表员工声明：
本人保证以上内容、工作经历及提供的学历证明、资格证明等入职材料完整、真实，本人保证已在本表中就本人及家属成员公司内工作的信息如实进行填写，如有虚假，公司可进行解除劳动合同等处理并不给予经济补偿，全部后果由本人负责。
如本人未及时、准确地将本人的姓名、身份证号码、家庭地址（有效送达）或各类证书资历等主要变更信息知会人力资源部，由此造成的一切损失由本人承担。</td><td>员工确认签名

年 月 日</td></tr>
<tr><td colspan="3">用人部门意见</td><td colspan="4">人力资源部审核</td><td colspan="2">公司审批</td></tr>
<tr><td colspan="3">
签名：
年 月 日</td><td colspan="4">
签名：
年 月 日</td><td colspan="2">
签名：
年 月 日</td></tr>
</table>

（二）服务协议约定书

1．保密协议书

保密协议一般应包括保密内容、责任主体、保密期限、保密义务及违约责任等条款。表 9-13 是保密协议书的参考范本。

表 9-13　保密协议书

保密协议书
甲方（用人单位）：　　　　乙方（劳动者）： 名称：　　　　姓名： 法定代表人：　　　　身份证号码： 地址：　　　　现住址： 联系电话：　　　　联系电话： 因乙方现正在为甲方提供服务和履行职务，已经（或将要）知悉甲方的商业秘密。为了明确乙方的保密义务，有效保护甲方的商业秘密，防止该商业秘密被公开披露或以任何形式泄露，根据《中华人民共和国合同法》《中华人民共和国劳动法》《中华人民共和国反不正当竞争法》及国务院有关部委和江苏省的规定，甲、乙双方本着平等、自愿、公平和诚实信用的原则签订本保密协议。 **第一条：商业秘密** 1. 本协议所称商业秘密包括技术信息、专有技术、经营信息和甲方公司《文件管理办法》中列为绝密、机密级的各项文件。乙方对此商业秘密承担保密义务。 本协议之签订可认为甲方已对公司的商业秘密采取了合理的保密措施。 2. 技术信息指甲方拥有或获得的有关生产和产品销售的技术方案、制造方法、工艺流程、计算机软件、数据库、实验结果、技术数据、图纸、样品、样机、模型、模具、说明书、操作手册、技术文档、涉及商业秘密的业务函电等的一切信息。 3. 专有技术指甲方拥有的有关生产和产品销售的技术知识、信息、技术资料、制作工艺、制作方法、经验、方法或其组合，并且未在任何地方公开过其完整形式的、未作为工业产权来保护的技术。 4. 经营信息指有关商业活动的市场行销策略、货源情报、定价政策、不公开的财务资料、合同、交易相对人资料、客户名单等销售和经营信息。 5. 甲方依照法律规定（如在缔约过程中知悉其他相对人的商业秘密）和在有关协议的约定（如技术合同）中对外承担保密义务的事项，也属本保密协议所称的商业秘密。 **第二条：保密义务人** 乙方为本协议所称的保密义务人。保密义务人是指为甲方提供相关服务而知悉甲方商业秘密，并且在甲方领取报酬或工资的人员。 甲方向保密义务人支付的报酬或工资中已包含保密费，此处不再重复支付。 保密义务人同意为甲方公司利益尽最佳努力，在履行职务期间不组织、参加或计划组织、参加任何竞争企业，或从事任何不正当使用公司商业秘密的行为。 **第三条：保密义务人的保密义务** 1. 保密义务人对其因身份、职务、职业或技术关系而知悉的公司商业秘密应严格保守，保证不披露或使用，包括意外或过失。即使这些信息甚至可能是全部地由保密义务人本人因工作而构思或取得的。 2. 在服务关系存续期间，保密义务人未经授权，不得以竞争为目的，或出于私利，或为第三人谋利，或为故意加害于公司，擅自披露、使用商业秘密、制造再现商业秘密的器材、取走与商业秘密有关的物件；不得刺探与本职工作或本身业务无关的商业秘密；不得直接或间接地向公司内部、外部的无关人员泄露；不得向不承担保密义务的任何第三人披露甲方的商业秘密；不得允许（出借、赠与、出租、转让等处分甲方商业秘密的行为皆属于“允许”）或协助不承担保密义务的任何第三人使用甲方的商业秘密；不得复制或公开包含公司商业秘密的文件或文件副本；对因工作所保管、接触的有关本公司或公司客户的文件应妥善对待，未经许可不得超出工作范围使用。

续表

3．如果发现商业秘密被泄露或者自己过失泄露商业秘密，应当采取有效措施防止泄密进一步扩大，并及时向甲方报告。

4．服务关系结束后，公司保密义务人应将与工作有关的技术资料、试验设备、试验材料、客户名单等交还公司。

5．鉴于保密义务人在职期间获得或制作的商业秘密（包括技术秘密和经营秘密）对公司在竞争中的巨大价值，在劳动合同关系存续期间和终止之后，保密义务人均承认公司因投资、支付劳动报酬而对这些商业秘密的所有权，因此保密义务人同意甲方按下列第__种方式执行：

（1）保密义务人因各种原因离开公司，自离开公司之日起一年内不得自营或为公司的竞争者提供服务，不得从事与其在公司生产、研究、开发、经营、销售有关的相关工作（包括受雇他人或自行从事），并对其所获取的商业秘密严加保守，不得以任何理由或借口予以泄露。甲方按《江苏省劳动合同条例》的规定向乙方支付补偿金。

（2）乙方应提前六个月向甲方提出解除劳动合同的申请。在此期间，甲方有权调动乙方的劳动岗位。乙方违反本项规定的，应承担本协议第五条规定的违约责任。

第四条：保密义务的终止

1．公司授权同意披露或使用商业秘密。

2．有关的信息、技术等已进入公共领域。

3．乙方是否在职、劳动合同是否履行完毕，均不影响其保密义务的承担。

第五条：违约责任

1．保密义务人违反协议中的保密义务，应承担违约责任，并支付至少相当于其工作报酬或一年工资的违约金。

2．乙方将商业秘密泄露给第三人或使用商业秘密使公司遭受损失的，乙方应对公司进行赔偿，其赔偿数额不少于由于其违反义务所给甲方带来的损失。

3．因乙方恶意泄露商业秘密给公司造成严重后果的，公司将通过法律手段追究其侵权责任，直至追究其刑事责任。

第六条：争议的解决方法

因执行本协议而发生纠纷的，可以由双方协商解决或共同委托双方信任的第三方调解。协商、调解不成，或者一方不愿意协商、调解的，争议将提交________仲裁委员会，按该委员会的规则进行仲裁。仲裁结果是终局性的，对双方均有约束力。

第七条：双方确认

在签署本协议前，双方已经详细审阅了协议的内容，并完全了解协议各条款的法律含义。

第八条：协议的效力和变更

1．本协议自双方签字或盖章后生效。

2．本协议的任何修改必须经过双方的书面同意。

第九条：其他条款

本协议一式二份，甲乙双方各执一份。

甲方：（盖章）　　　　乙方：（签名或盖章）

法定代表人：
（或委托代理人）

年　月　日　　　　年　月　日

2．竞业禁止协议书

竞业禁止协议主要包括限制范围、期限、地域、经济补偿等内容。表 9-14 是竞业禁止协议书的参考范本。

表 9-14　竞业禁止协议书

竞业禁止协议书

甲方（用人单位）：	乙方（劳动者）：
名称：	姓名：
法定代表人：	身份证号码：
地址：	现住址：
联系电话：	联系电话：

乙方已同甲方签订劳动合同，且为甲方员工，因工作需要，接触到甲方的商业秘密，为保护甲方的商业秘密及其合法权益，确保乙方在职期间和离职后不与甲方竞业，甲、乙双方根据《中华人民共和国劳动合同法》等法律法规，在遵循平等自愿、协商一致、诚实信用的原则下，就乙方对甲方承担的竞业限制义务及甲方因乙方承担竞业限制义务而对乙方的补偿等相关事项达成如下协议：

一、未经甲方同意，乙方在任职期间不得从事以下行为：

1．自己开业生产或经营与甲方生产或经营产品同类的产品；

2．自营与甲方同类的业务；

3．为他人经营与甲方生产或经营的产品同类的产品；

4．为他人经营与甲方同类的业务。

二、乙方离职后的竞业禁止义务

1．不论因何种原因从甲方离职，乙方应立即向甲方移交所有自己掌握的，包含有职务开发中商业秘密的所有文件、记录、信息、资料、器具、数据、笔记、报告、计划、目标、来往信函、说明、图样、蓝图及纲要（包括但不限于上述内容之任何形式之复制品），并办妥有关手续，所有资料均为甲方绝对的财产，乙方将保证有关信息不外泄，不得以任何形式留存甲方有关商业秘密信息，也不得以任何方式再现、复制或传递给任何人，更不得利用前述信息谋取利益。

2．不论因何种原因从甲方离职，离职后 2 年内不得在与甲方从事的行业相同或相近的企业，及与甲方有竞争关系的企业内工作。

3．不论因何种原因从甲方离职，离职后 2 年内不得自办与甲方有竞争关系的企业或者从事与甲方商业秘密有关的产品的生产。

4．在于甲方离职后 2 年内，不能直接或间接地通过任何手段为自己、他人或任何实体的利益或与他人或实体联合，以拉拢、引诱、招用或鼓动之手段使甲方其他成员离职或挖走甲方其他成员。

5．从乙方离职后开始计算竞业禁止期时起，甲方应按竞业禁止期限向乙方支付一定数额的竞业禁止补偿费。补偿费的标准为每月人民币________元。补偿费从________年________月开始，按月支付，由甲方于每月的________日通过银行支付至乙方。如乙方拒绝领取，甲方可以将补偿费向有关方面提存。

6．竞业禁止期满，甲方即停止补偿费的支付。

7．乙方应于每月 20 日前告知甲方其现在的住所地址、联系方法及工作情况，甲方可以随时去乙方的住所处核实情况（包括查看乙方的住所地的房屋租赁合同或房产证和向乙方邻居了解乙方的工作情况），乙方应当予以积极配合。

三、违约责任

1．乙方不履行规定义务的，应当承担违约责任，违约金需一次性向甲方支付，违约金额为乙方离开甲方上年度的薪酬总额的 3 倍。同时，乙方的违约行为给甲方造成损失的，乙方应当赔偿甲方的损失，并且乙方所获得的收益应当全部归还甲方。

续表

2．甲方不履行规定义务的，应当依照法律规定承担违约责任。 **四、争议解决** 因履行本协议发生的劳动争议，双方应以协商为主，如果无法协商解决，争议一方或双方有权向甲方所在地的劳动争议仲裁委员会申请仲裁。 **五、其他** 1．本协议提及的技术秘密，包括但不限于技术方案、工程设计、产品设计、制造方法、产品材料构成、工艺流程、技术指标、计算机软件、数据库、研究开发记录、技术报告、检测报告、实验数据、试验结果、图纸、样品、样机、模型、模具、操作手册、技术文档、相关的函电等。 2．本协议提及的商业秘密，包括但不限于客户名单、行销计划、采购资料、定价政策、财务资料、进货渠道等。 3．本协议未尽事宜，或与今后国家有关规定相悖的，按有关规定执行。 4．本协议及甲、乙双方所签订的《保密协议》作为劳动合同附件，经甲、乙双方签字盖章后，具有同等法律效力。 5．一式两份，甲、乙双方各持一份，具有同等法律效力。 甲方：（盖章）　　　　乙方：（签名或盖章） 法定代表人： （或委托代理人） 年　月　日　　　　年　月　日

三、试用期阶段的管理技术与方法

（一）试用期评价方法

试用期评价可通过试卷考试、面谈、考核表的方式进行。具体可根据岗位性质采取一种或多种方式相结合的方法对员工试用期的表现进行评价。

试用期考核指标一般包括工作能力、工作态度及工作结果三个方面。主考人员包括新员工的指导员、所在部门的负责人以及人力资源部相关负责人。

（二）新员工试用期考核表

组织通过试用期评估新员工在岗表现，除了对其作出转正与否的决定外，还能及时了解员工与岗位的匹配度，从而更好地对新员工进行培训以及作出调岗或解雇的决定。表 9-15 是员工试用期考核表的参考范本。

四、在职阶段的管理技术与方法

（一）奖惩申请表

组织奖惩制度的设立和施行有助于鼓励员工工作的积极性和创造性，并通过惩处员工的过错对其他员工起到警醒的作用。一般来说，奖惩申请应包括受奖励或处罚事件的详细经过、员工所在部门负责人的意见、人力资源部意见以及总经理意见。另外，若处罚为与员工解除劳动合同，需工会签署相关意见。表 9-16 是员工奖惩申请表的参考范本。

表 9-15 员工试用期考核表

姓名：	部门：	职位：		
入职日期：		评估日期：		
考核标准		分数（1～10分）		
		指导员初评	直接主管复评	部门经理审定
专业技能	熟悉掌握专业知识与技能，对岗位工作有自己的认识			
	有效利用工具和资源，合理分配时间			
	能独立地解决工作中的问题			
	能与他人进行良好的沟通			
工作态度	服务精神：工作认真、负责，积极主动，团队协作能力佳			
	学习精神：善于利用各种学习机会，学以致用			
	创新精神：在掌握岗位工作的基础上，有新的想法，追求创新			
岗位胜任度	工作有计划、有重点，能很好地履行岗位职责			
	工作质量出色，效率高			
	能有效地控制工作进度并达成岗位要求			
综合考核得分：				
表现评价：□优秀 □良好 □合格 □需延长考察 □建议退回				
OJT 指导员评价与建议：				
部门经理评价与建议：				
□通过试用期 □延长试用期（延长 个月） □调岗 □试用期不通过				
人力资源部意见：				
□同意 □退回 原因：________________				

表 9-16 员工奖惩申请表

申请部门		申请类型	□奖励 □惩罚	申请日期	
姓名		工号		岗位	
申请事由					
部门经理意见	□口头表扬 □通报表扬 □现金奖励			其他：	
	□警告 □通报批评 □降职降级 □辞退				
	签名： 日期：				
人力资源部意见	签名： 日期：				
公司审批	签名： 日期：				
工会意见	签名： 日期： （备注：解除劳动合同需工会签署相关意见）				

（二）员工沟通的方法

1．组建沟通小组法

为促进内部合作、创新，营造员工积极参与管理的组织文化氛围，企业可设立多种跨部门职能小组和员工自发组织的各类工作改善小组，以促进横向沟通和部门合作。表 9-17 是常见的企业沟通小组的类型与作用。

表 9-17　沟通小组范例类型与作用

小组/组织名称	作　用
重大项目和创新项目组	以公司名义下令成立的重大项目和创新项目
QCC 改善小组 精益生产小组	1．针对跨班、跨部门成立的工作团队； 2．精益生产小组，即利用精益的工具，如价值流分析、快速换型、JIT、TPM、七大浪费等，以消除流程上的浪费为目的的攻关小组
其他职能工作小组	1．固定资产小组：协助职能部门对分散在全公司各部门的固定资产进行管理（申报、报废、盘点等）工作。 2．IT 管理员小组：协助职能部门的 IT 软、硬件管理（维护、处理等）工作。 3．6S 小组：推行和宣传 6S 文化，负责检查、监督和评比各部门 6S 实施情况。 4．安全生产小组：推行和宣传安全生产文化，负责检查和监督安全生产情况。 5．文体活动小组：组织各类文体活动 ……

2．沟通记录表

组织为实现领导和员工之间的双向沟通，应根据需要对沟通内容进行记录，正式的沟通还需要双方认可签名，如绩效沟通。表 9-18 是员工沟通记录表的参考范例。

表 9-18　员工沟通记录表

被沟通人		沟通人		沟通时间	
沟通主题					
主要反馈信息	被沟通人签名： 沟通人签名：				
后续跟进结果	被沟通人签名： 沟通人签名：				

（三）员工满意度调查的方法

1．员工满意度调查的方法种类

企业对员工满意度进行调查，可以了解企业员工对企业管理的评价状况及员工的需求状况。一般在企业组织有变动、发展情况有变化、员工工作状态有起伏、近期面临或已发生的重要突发事件、人事变动、竞争环境变化、人力资源政策调整等情况下，企业需要进行员工满意度调查。企业也可定期地进行员工满意度调查。为了达到员工满意度调查的目的，应选择恰当的方法来开展满意度调查，常用方法如表 9-19 所示。

表 9-19　员工满意度调查法

方　法	访 谈 法	问卷调查法	观 察 法
含义	包括面对面的交流、收集口头资料和记录访谈观察，是一种开放度很高的双向信息交流方法	设计出问卷后，发放给员工或特定群体，通过回收问卷达到信息收集目的	单项的，有针对性的获取信息的方法
特点	直接、灵活、信息量大、准确度高、效度高、回答率高；但费用大、耗时多、标准化程度低，对访谈人员要求高	实施范围广，能够在较短时间内获取大量员工对满意度的调查信息；但难以深入，无法了解是不是真实信息	便捷、高效；但信息的表象化含量高，受调查人员的主观意识影响大，时间长，费用高，对观察人员要求高，可能引起被观察者的紧张或反感等情绪
类型	结构性访谈和非结构性访谈	可分为开放性问卷和封闭性问答，也可分为结构式问卷和非结构式问卷，一般都采用两者相结合的方式	自然观察和有干预性观察
适用范围	规模小的企业和针对性调查	规模大的企业和大范围收集	小范围重点调查
时间要求	一次性或跟踪性访谈	一次性或阶段性	某一阶段持续

一般来说，企业在调查员工满意度时会经常采用问卷法和访谈法相结合的方法，而不单独采用一种方法。利用访谈法收集定性数据；利用问卷法，设计调查表，收集大量的定量数据。问卷调查可使用互联网电子问卷和纸张问卷两种，组织选择哪种方法取决于受调查对象。如果大多数员工在工作场所都能够使用互联网，那么选择互联网会比较好。

2．员工满意度调查的步骤

一般而言，员工满意度调查要经过图 9-4 所示的步骤。

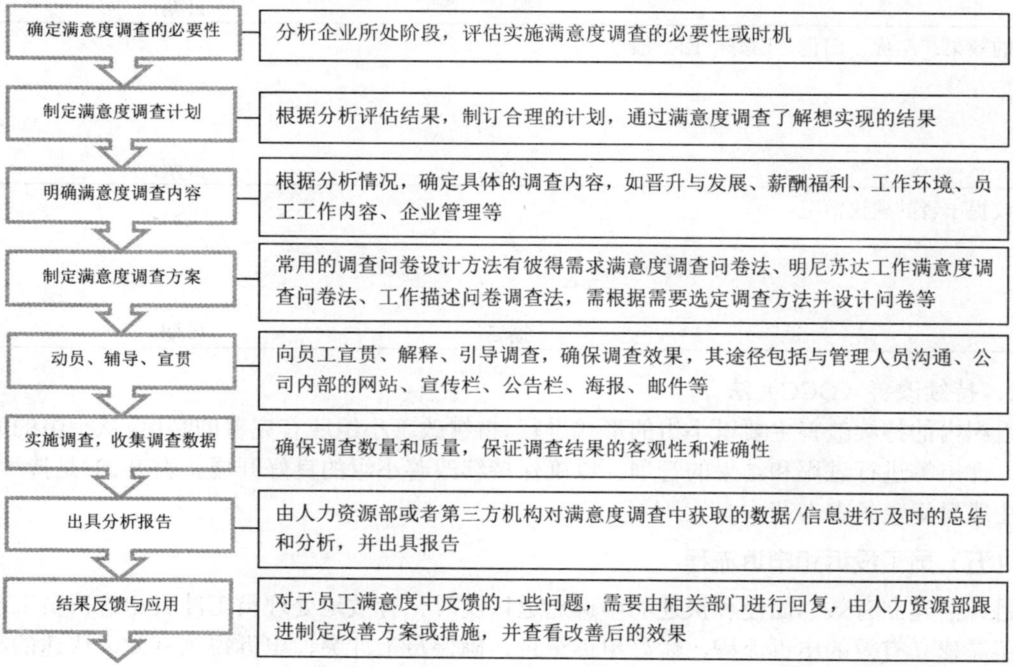

图 9-4　员工满意度调查步骤

（四）员工参与活动的方法

员工参与活动需以战略目标为导向，借助先进的信息平台和管理系统，以 PDCA 循环为基础，以合理化建议、持续改善（QCC）、精益管理等活动方式实施。下面主要介绍合理化建议法和持续改善法。

1．合理化建议法

合理化建议是指组织内员工针对现行办事手续、工作方法、工具、设备以及有改善的地方而提出建设性的改善意见或构思。对于员工的合理化建议，组织应该通过评估选择优良且有效的提案在系统内适时推广，并给予提案者适当的奖励。合理化建议是员工参与组织管理的一个重要途径，也是员工与组织管理者保持良好沟通的重要渠道。为了加强与员工的沟通，组织应该建立合理化建议制度。表 9-20 是合理化建议表的参考范本。

表 9-20　合理化建议表

部门：____________　　　　合理化建议的编号：____________

<table>
<tr><td>建议名称</td><td></td><td>提出人员</td><td></td></tr>
<tr><td>提出部门</td><td></td><td>完成日期</td><td>年　月　日</td></tr>
<tr><td colspan="4">建议的内容：</td></tr>
<tr><td colspan="4">采纳结果：□采纳　□部分采纳　□不予采纳
实施效果：

签名（章）：　　　　日期：</td></tr>
<tr><td colspan="4">建议的效果：□优　□良　□好　□一般

签名：　　　　日期：</td></tr>
<tr><td colspan="4">对建议提出者的建议情况：

签名：　　　　日期：</td></tr>
</table>

2．持续改善（QCC）法

组织内的持续改善主要以小组的形式进行。持续改善小组应有完善的制度，从小组的成立、运作、评审等进行过程和结果的管理，以确保持续改善小组的良好开展。表 9-21 是持续改善小组注册登记表的参考范本。

（五）员工投诉和申诉流程

组织需建立有效、简便和快速的申诉通道以及时、有效地处理员工冲突和解决员工投诉。组织还需建立有效的申诉流程，做好申诉记录，确保员工冲突、申诉得到有效、快速的解决。表 9-22 是员工申诉常见的流程。表 9-23 是员工申诉书的参考范本。

表 9-21 持续改善小组成立登记表

小组名称		所属部门		组长	
成立时间		预计完成时间		人数	
小组课题					
小组目标					
成员					
	姓名	性别	小组职务	岗位	
小组成立的审核					

表 9-22 员工申诉流程

步 骤	流 程 描 述	步 骤 要 点
第一步	受理投诉	1．认真倾听员工的投诉，仔细地了解投诉要点； 2．分析员工的投诉态度； 3．了解员工的可接受方式； 4．做好投诉记录，以使负责部门获悉投诉内容，着手处理，建立适宜的沟通渠道，避免因无人受理，导致投诉方扩大投诉范围
第二步	投诉调查	1．应对事不对人，不能有先入为主的想法，在事情没有调查清楚前，不要发表评判性语句； 2．调查过程的关键是要找出问题发生的原因； 3．调查中注意保密，避免在公共场合或向第三方发表投诉方与被调查者的评判性言辞或个人感悟言辞
第三步	投诉处理	1．告知产生问题的原因而不是告知谁对谁错； 2．告知处理的结果； 3．告知改进的内容与方式

表 9-23 员工申诉书

员工申诉书			
申诉人姓名		岗位	
所在部门		申诉事件发生日期	
申诉事实经过及理由（可附页）： 申诉日期：			
申诉人直属主管处理经过及结论： 受理人： 受理日期：			
申诉人部门经理处理经过及结论： 受理人： 受理日期：			
公司审批： 受理人： 受理日期：			

（六）员工危机管理方法

通过制度、流程来规范员工危机的处理是有效解决员工危机的关键。组织应根据制度、流程建立预案或应急演练，以便发生危机时能从容、正确处理。员工危机处理流程如图 9-5 所示。

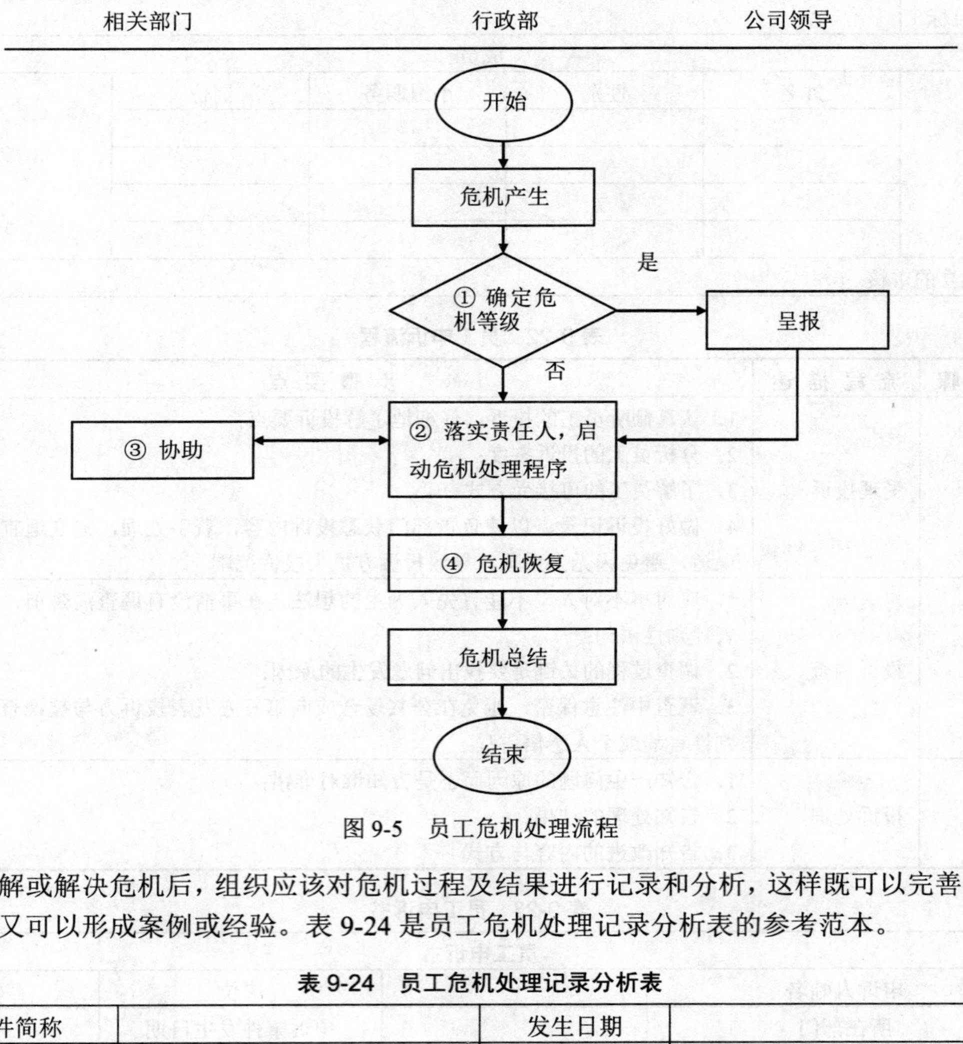

图 9-5　员工危机处理流程

化解或解决危机后，组织应该对危机过程及结果进行记录和分析，这样既可以完善制度和流程，又可以形成案例或经验。表 9-24 是员工危机处理记录分析表的参考范本。

表 9-24　员工危机处理记录分析表

案件简称		发生日期	
重要程度		填表日期	
危机表象分析			
对策处理意见			
危机处理结果			
直接处理人记录： 签字：			
相关部门意见： 签字：			
公司意见： 签字：			

（七）劳资谈判

劳资谈判是一项必要但又复杂的任务，因为每个谈判协议都是独一无二的，没有一种标准或普遍的形式。尽管有许多不同之处，但实际上所有劳动协议都有相同的问题。这些问题包括认可、资方权利、工会保障、报酬和福利、处理申诉的程序、员工保障和与工作有关的因素。

劳资谈判流程有如下两种。

（1）外部环境——准备谈判——谈判问题——克服困难导致谈判破裂。

（2）外部环境——准备谈判——谈判问题——克服困难成功，达成协议/批准协议/外执行协议。

五、离职阶段的管理技术与方法

（一）员工离职管理的方法

1．员工离职登记表

组织要对离职的员工进行详细登记。一份完善的员工离职登记表包括员工离职相关责任人的意见，离职手续各流程的办理情况。表 9-25 是员工离职审批表的参考范本。

表 9-25　员工离职审批表

姓名		工号		入厂日期	
部门		岗位		离职日期	
离职申请	员工签名： 年　月　日				
部门审批	经理签名： 年　月　日				
人力资源部审批	经理签名： 年　月　日				
离职手续办理	第一步：提前写离职申请报告并获部门批准。 第二步：到本部门进行工作和物品交接；到人力资源部门、后勤部门等办理相关手续。经部门经理批准后到部门行政助理开具《离职人员上班情况》。 第三步：到财务部进行结算。				

2．员工离职面谈

员工离职面谈是在员工提出离职后或办理离职手续时进行的面谈。离职面谈的主要目的是了解员工离职的具体原因、离职后去向等内容，一般由部门负责人和人力资源管理部门分别进行。

组织需要对员工离职面谈过程进行记录，以便后续的整理和分析，并针对离职员工提出的问题，根据需要制定改善建议，从而避免不必要的员工流失。表 9-26 是员工离职面谈记录表的参考范本。

表 9-26　员工离职面谈记录表

姓名		部门		岗位	
学历		入职日期		离职日期	
面谈日期			面谈人		
你离职最主要的原因（可多选）	□薪资　□工作性质　□工作环境　□工作时间 □健康因素　□福利　□晋升机会　□工作量 □加班　□与公司关系或人际关系　□其他：＿＿＿				
你认为公司在以下哪些方面需要加以改善（可多选）	□公司政策及工作程序　□部门之间沟通　□上层管理能力 □工作环境及设施　□员工发展机会　□工资与福利 □教育培训及发展机会　□团队合作精神　□其他：＿＿＿				
你觉得公司各部门之间的沟通如何？					
你觉得自己在公司的角色和定位适当吗？					
公司本可以采取什么措施让你打消离职的念头？					
若能挽留，需解决什么问题？	□增加薪酬　□调整工作部门　□调整工作岗位 □解决其他问题（可以描述）：＿＿＿＿＿＿				
给公司发展的意见					

3．员工离职分析报告

组织应定期按月度、季度、半年度、年度等方式对离职情况进行详细分析，以发现相关问题，提出解决方案以降低离职率。通过对离职的分析，可以一定程度上预判未来的离职趋势。

员工离职分析可从离职人员的学历、工龄、地域、年龄、岗位、离职原因等方面进行，表 9-27 是员工离职分析报告的参考范本。

表 9-27　员工离职分析报告

××电子有限公司员工离职分析报告

本报告将从离职员工流失率与专业、在公司服务年限与年龄、学历、离职原因等几个方面进行分析。

1．员工流失率结构与职种（专业）结构分析

根据本年度公司全体员工的离职情况统计显示，公司员工离职人数为（　　）名，其中员工主动离职（主动流失）的（　　）名，因员工本人工作态度或工作能力未达到公司用人部门的认可或其他个人原因而由公司辞退（被动流失）的（　　）名，主动流失与被动流失比例约为（　　）。

表 1　各部门员工流失率统计表

部　　门	离 职 人 数	平均员工人数	流失率（%）
A 部			
B 部			
C 部			
D 部			
E 部			
*部			
人员平均流失率			

续表

表 2　离职（职种/职类）结构表

职　种	人　数	离职（职种/专业）结构比例	同等职种/专业的平均人数	整体结构比例（%）
营销管理类				
生产技术类				
研发类				
采购类				
财务类				
**类				
合计				

对上述数据进行分析说明：略

2．离职员工在公司服务年限

表 3　离职员工服务年限分析表

服务年限	1 年以下	1～2 年	2～3 年	3～4 年	4 年以上
人数					
结构比例（%）					

表 4　员工离职年龄结构分析表

年龄	25 岁以下	25～35 岁	35～45 岁	45 岁以上
人数				
结构比例（%）				

对上述数据进行分析说明：略

3．离职员工学历结构分析

表 5　离职员工学历结构分析表

学　历	离 职 人 数	离职（学历）结构比例（%）	同等学力平均人数	整体结构比例（%）
博士				
硕士				
本科				
大专				
高中及以下				
合计				

对上述数据进行分析说明：略

续表

4．离职原因分析

表 5　离职原因分析表

离职主要原因	离 职 人 数	离职比例（%）	同比增长（%）
家庭原因			
对现岗位不满意			
个人职业发展原因			
公司辞退			
身体原因			
薪酬/福利不满意			
略			
合计			

对上述数据进行分析：略

5．降低流失率建议：略

4．离职员工跟踪调查

为了更好地与离职员工保持定期联系，建立良好关系，组织需要对离职员工尤其是离职的核心员工进行管理。其中重要的一项工作就是对离职员工进行跟踪调查。员工离职跟踪调查包括对其工作现状及离开原公司后的感受调查。表 9-28 是离职员工跟踪调查表的参考范本。

表 9-28　离职员工跟踪调查表

离职员工跟踪调查表

亲爱的同事和朋友：

感谢您曾经对公司的努力、付出与贡献，为了更全面地了解外部企业状况，同时进一步了解您的关注点，我们设计了这份问卷，期盼获得您真实和宝贵的信息，从而找出差距与不足，提高我们的管理及运营水平。一切有关您所反馈的信息，仅作 HR 内部调查使用，我们将做好保密工作。

谢谢您的积极配合，同时也祝愿您有更好的发展！

姓名：　　　　　　　　　　　　填表日期：

一、工作经历

1．在您离开公司后，先后就职或换过几家公司：________。

2．离开公司后，您是否有过再回公司工作的想法？　□有　　□无

二、工作现状

1．职业现状：

现服务公司（全称）：________________；现从事职位（职业）：________________；

加入现公司时间：________________。

2．薪酬福利现状

① 与在本公司的时期相比，您目前的月薪较以往：________。

A．增加（请选择百分比：10%～20%，21%～40%，41%～60%，61%～80%，81%～99%，100%及以上）

B．基本持平

C．比目前薪酬低，但提升空间大

D．其他____________（填写具体原因）

续表

② 与在本公司的时期相比，您目前的年薪较以往：_________。 A．增加（请选择百分比：10%～20%，21%～40%，41%～60%，61%～80%，81%～99%，100%及以上） B．基本持平 C．比目前薪酬低，但提升空间大 D．其他______________（填写具体原因） ③ 除了国家规定的四险一金外，您所在的企业还有哪些特有（与公司相比）的福利项目对您有非常大的吸引力：_____________。 A．灵活的工作时间　B．法定假期之外的带薪休假　C．交通补贴 D．食宿补贴　E．差旅补贴　F．企业年金 G．商业保险　H．股权、期权激励　I．可自由选择的教育培训项目 J．子女教育补助费　K．其他______________ 3．相比公司而言，是什么原因促使您选择目前所服务的公司？ 三、离职和就业的影响因素 你离开公司的主要原因是什么？（最多选四项，并按重要性从高到低排列） ____ 您在找新工作时，最为关注哪些因素？（最多选四项，并按重要性从高到低排列） ____ A．薪酬　B．福利 C．晋升与发展机会　D．公平公正的工作氛围 E．企业性质（外资、国企、民营等）　F．公司的企业文化 G．培训机会（学习更多的知识和技能）　H．完善的考评与激励机制 I．工作符合自己的兴趣、爱好和理想　J．完善的职业生涯发展通道 K．工作环境与工作舒适度　L．离家近，可以照顾家庭 M．公司所在的城市大环境 N．其他，请说明______________________________ 四、意见和建议 1．与外部公司相比，您觉得公司在留人方面目前最需要改善的是什么？（如薪酬福利、晋升与发展、考评与激励、培训与指导、工作舒适性、工作氛围、领导的视野与能力等各个方面） 2．面对外部环境的剧烈变化，您对公司是否还有其他建议？如果有，请您写下来。

（二）解除劳动合同的管理方法

劳动合同的解除是指当事人双方提前终止劳动合同的法律效力，解除双方的权利义务关系。劳动合同的解除，既可以是双方协商解除，也可以是劳动者或用人单位单方解除。

1．解除劳动合同申请（示例见表 9-29）

表 9-29　解除劳动合同申请表

<table>
<tr><td>申请部门</td><td colspan="3"></td><td colspan="2">申请日期</td><td></td></tr>
<tr><td rowspan="3">解除劳动合同人员信息</td><td>姓名</td><td></td><td>性别</td><td></td><td>学历</td><td></td></tr>
<tr><td>工号</td><td></td><td>岗位</td><td></td><td>入职日期</td><td></td></tr>
<tr><td colspan="2">员工合同期限</td><td colspan="4">年　　月　　日至　　年　　月　　日</td></tr>
<tr><td colspan="7">解除劳动合同原因：</td></tr>
<tr><td colspan="7">建议其他解决方法及相关说明：
□无其他解决办法；□建议其他解决办法：</td></tr>
<tr><td colspan="7">部门意见：
部门经理签名：
（注明：解除员工劳动合同应由部门提出解除意见，工会签署审核意见，工会同意后由人力资源部审核及总经理审批。）</td></tr>
<tr><td>工会意见</td><td>签名：</td><td>人力资源部意见</td><td>签名：</td><td>总经理意见</td><td colspan="2">签名：</td></tr>
</table>

2．解除劳动合同协议

公司或员工双方均可提出协商解除劳动合同，协商一致的情况下签订书面协议，以确定合同的解除合法合规。解除劳动合同协议可参考表 9-30。

表 9-30　解除劳动合同协议书

解除劳动合同协议书
甲方（用人单位）　　　　　　　乙方（劳动者） 名称：　　　　　　　　　　　　姓名： 　　　　　　　　　　　　　　　身份证号码： 甲、乙双方于____年____月____日签订（自____年____月____日起至____年____月____日止共____年）的劳动合同，现经双方沟通，甲、乙双方均同意提前解除劳动合同。经双方充分协商，就解除劳动合同的有关事项达成如下协议。 一、双方一致同意于____年____月____日解除劳动合同，双方的劳动权利义务终止。 二、按照《劳动合同法》第三十六条的规定，甲、乙双方协商一致，甲方不向乙方支付解除劳动合同的经济补偿金、赔偿金等。乙方知悉《劳动合同法》的规定，不要求甲方支付经济补偿金、赔偿金等费用。

续表

三、甲、乙双方在此确认：劳动合同履行期间，双方已依法签订了书面的劳动合同，甲方依法履行了义务，包括乙方应享有的社会保险、劳动保护等。双方无违反劳动法律、法规的行为。解除劳动合同之日前的劳动报酬（含加班工资、奖金、补贴等）已结清。乙方不再因为原劳动合同的履行、解除，向甲方要求支付其他任何费用、补偿或赔偿。 四、本协议经甲方盖章，乙方签字后生效。本协议一式两份，甲、乙双方各执一份。 甲方（盖章）：　　　　　　　　　　乙方（签字）： 年　　月　　日　　　　　　　　　年　　月　　日

本章小结

1．广义的员工关系是指企业管理方与员工及团体之间产生的，由双方利益引起的表现为合作、冲突、力量和权利关系的总和，并受到一定社会中经济、技术、政策、法律制度和社会文化背景的影响。狭义的员工关系不包括企业与工会之间的关系，它是企业与本企业所雇佣员工之间的一种组织内部关系，既不涉及工会，也不涉及政府，是企业和员工在一定的法律框架内形成的经济契约和心理契约的总和。员工关系非常复杂，但最终都可以归纳为冲突和合作两个根本点。员工关系具有个体性与集体性、平等性与不平等性、对等性与非对等性、经济性、社会性与法律性等特征。

2．员工关系管理可从广义和狭义两个方面理解，广义的员工关系管理是在企业人力资源体系中，各级管理人员和人力资源职能管理人员通过拟订和实施各项人力资源政策和管理行为，以及其他的管理沟通手段调节企业和员工、员工与员工之间的相互联系和影响，从而实现组织的目标并确保为员工、社会增值。狭义的员工关系管理就是企业和员工的沟通管理，这种沟通更多采用柔性的、激励性的、非强制的手段，从而提高员工满意度，支持组织其他管理目标的实现。其主要职责是：协调员工与管理者、员工与员工之间的关系，引导建立积极向上的工作环境。员工关系管理的内容主要包括劳动关系管理、员工纪律管理、员工人际关系管理、沟通管理、员工情况管理、员工绩效管理、企业文化建设、服务与支持、员工关系管理培训等。员工关系管理与劳资关系管理既有联系，又有差别。员工关系管理的理论基础主要包括心理契约理论、社会交换理论、科学管理理论。

3．员工关系管理始于员工的招聘（劳动用工过程、招聘录用过程），经历了入职阶段（入职管理、服务协议/约定、入职引导）、试用期阶段（试用期管理、试用期评价）、在职阶段（纪律管理、员工参与管理、沟通管理、满意度管理、冲突管理、危机管理、劳资谈判）、离职阶段等过程（离职事项管理、劳动合同解除和终止、经济性裁员）。员工关系管理的整个过程都应依法进行，避免或降低人力资源管理的风险。

4．员工关系管理的不同阶段可运用不同的员工关系管理的技术与方法。在招聘阶段主要使用劳动合同、劳务派遣协议、背景调查等技术与方法；入职阶段主要采用入职报到通知书、入职员工个人信息登记表、保密协议书、竞业禁止协议书等技术与方法；试用期阶段主要采用试用期评价方法、新员工试用期考核表等技术与方法；在职阶段主要采取奖惩申请表、组建沟通小组法、沟通记录表、员工满意度调查法、合理化建议法、持续改善法、员工投诉和申诉法、员工危机管理方法、劳资谈判等技术与方法；离职阶段主要采用员工离职登记表、员工离职面谈、员工离职分析报告、离职员工跟踪调查、解除劳动合同申请、解除劳动合同协议等技术与方法。

案例分析

我的利益谁来保护

顾言任职的福星化妆品公司规模不大，不过公司产品口碑好，因此在东莞这座珠三角发达城市的经营情况还算得上马马虎虎。不过，后来生意越来越难做，还是走到了撤店这一步。门店里的导购员大部分都不是正式员工，而是通过与劳务派遣公司签订劳务派遣合同的派遣工。顾言拿着被撤销柜台的名单，拨通了人力资源部的电话。被撤名单上的三个门店和八个专柜，涉及三十几名销售导购，自己只是销售主管，解约的事情还需交给专业人员。

下午的会议，人事主管李军也来参加了。会议上宣布了撤柜名单和涉及的遣散员工名单，李军也向大家讲解了派遣合同的性质以及公司解约合同的政策。

员工们似乎事前有所了解，顾言没有看到太多吃惊的表情。宏福百货专柜的宋大姐举手并站了起来。宋大姐问道："李主管，我是 2009 年 4 月来公司的，2010 年 2 月签的合同，到现在 2014 年 9 月，为公司服务也有四五年时间了，听说解除劳动合同是有补偿的，像我这种情况能补多少钱呢？"

李军耐心解释道："可能大家还没理解派遣合同的意思，虽然大家在公司工作，而且有些员工工作时间也不短了，但是 2010 年大家是和致力劳务派遣公司签的劳动合同，和咱们公司只是劳务关系，所以补偿的问题不由公司负责，大家可联系致力劳务派遣公司了解。"

散会后的员工议论着，"宋大姐，解除劳动合同真的有钱拿吗？"宋大姐若有所思地点点头，"我是听说解除劳动合同有补偿的，我明天去致力了解一下吧。"大家活跃了起来，"那也得问工资的事情，都是柜台导购，为什么我们每个月都比老陈她们少 500 块钱。李军说是因为岗位性质不一样，可实际上是一样的啊，这也是因为咱们是派遣工吗？"小燕也开口了，"宋大姐，我也想去问问工伤的事情，去年 8 月我去门店上班的时候发生交通事故。左手臂骨折，这也应该算是工伤吧，工伤待遇致力能给我吗？"

带着员工们的疑问，宋大姐找到了致力劳务派遣公司，不过致力的回答让大家更疑惑了。2010 年 2 月，福星化妆品公司与致力签订了劳务派遣合同，致力便与福星化妆品公司原来招聘的十几名职工签订了期限为三年的劳动合同。合同签订后，宋大姐他们并没有感觉到明显的差别，工资还是每月由福星化妆品公司发放，也要服从福星化妆品公司的日常管理。2013 年 2 月，两家公司之间的劳务派遣合同到期，福星化妆品公司没有再和他们合作，所以致力也没有和这些员工续签劳动合同。至于宋大姐问到的经济补偿、工伤待遇等，致力否认并拒绝了，其实从 2013 年 2 月开始，这些员工已经和致力没有关系了，一直以来致力其实就是负责签了合同，其他的各项管理都是福星化妆品公司在负责。

宋大姐带回来的消息让大家泄了气，当时签劳动合同并没有写明具体时间，而且签订的两份合同，一份在派遣公司，另外一份在福星化妆品公司，大家手里全都没有，连时间都无法确定。福星和致力看来都有充足的理由不负责，大家面面相觑，这该怎么办？宋大姐缓缓说道，“咱们大伙都干了四五年了，却什么都没有得到，我想，与其和福星与致力纠缠，还不如找劳动争议仲裁解决。如果相信我，明天咱们一起去吧！”

思考题：

1. 你认为福星化妆品公司和致力劳务派遣公司分别应该承担哪些责任？为什么？
2. 你认为宋大姐他们在签订劳务派遣合同时存在哪些问题？
3. 你认为劳动争议仲裁能够解决问题吗？为什么？

讨 论 题

1. 什么是员工关系？员工关系具有哪些特征？
2. 什么是员工关系管理？员工关系管理具有什么作用？
3. 员工关系管理包括哪些内容？
4. 员工关系管理的理论基础是什么？
5. 简述员工关系管理的流程。
6. 招聘阶段的员工关系管理包括哪些内容？如何管理？
7. 入职阶段的员工关系管理包括哪些内容？如何管理？
8. 试用期阶段的员工关系管理包括哪些内容？如何管理？
9. 在职阶段的员工关系管理包括哪些内容？如何管理？
10. 离职阶段的员工关系管理包括哪些内容？如何管理？

复习思考题

1. 曹某是 2012 年某大学的毕业生，在人才市场双向选择中，被 TPS 公司录用，双方协商签订劳动合同。在协商过程中，企业一方表示：由于本企业最近一年不太景气，经济效益不稳定，因此工资可以确定发放日期，但无法确定数额。曹某认为企业有困难职工应当分担，因此对企业的说法并无异议。于是，双方签订劳动合同，并在合同中约定：曹某工资根据企业效益而定。合同签订后，2012 年 7 月，曹某开始上班，工作相当努力。但连续两个月，企业以效益不好为由每月只发其 1 000 元工资。曹某找企业理论，企业认为工资的具体数额无法约定，这事先已经讲明，而且合同中已经约定工资根据企业效益而定，所以企业并无违法之处。曹某对当初未与公司在劳动合同中确定工资定额感到万分后悔。您认为 TPS 公司可以这样做吗？为什么？

2. 2010 年 9 月，齐某经企业招聘为 T 公司仓库保管员，但 T 公司人力资源管理较为混乱，一直未同齐某签订书面劳动合同。齐某心里一直感觉不是滋味，几次欲向部门经理提出异议，但经理几番推脱责任，人力资源有关部门也未给出明确答复。在用人单位眼中，劳动合同可能只是一张纸而已，签与不签对他们企业自身的利益关系不大。但是齐某认为，劳动合同是企业对他们的认同，是他们维权的保障。齐某维权无门，终日想着是否该辞职离开公司。您认为齐某该如何办？

3．2013 年 8 月 13 日，小杨进 M 公司签订劳动合同，约定每月基本工资为 3 000 元，但是工作几个月后，小杨每月领到的基本工资却是 2 000 元。小杨向公司询问，给出的答复是本行业人员流动性大，为保证公司运作稳定，对每个进入公司不满一年的员工都会每月扣除一千元钱作为保证金，一年后再返还。小杨认为这是对自己权益的侵害，但是又觉得这家公司其他方面还不错，想继续做下去，所以对要不要提起劳动仲裁维护自己的权益非常纠结。如果你是小杨，你会如何做？

4．P 公司的员工申诉系统很不完善，员工对绩效考核结果以及工资的争议问题都没有公正的申诉渠道。职工周某因周末加班但公司未支付加班工资而与人事部发生口角，周某到企业内部设立的劳动争议调解委员会申请调解，但公司劳动争议调解委员会调解员对此事迟迟不给答复，使周某和该公司对周末加班能不能支付加班工资未达成协议，最后周某也迫于部门经理的压力放弃了对此事的申诉，但之后的几次加班周某都敷衍了事，提前下班。如果你是 P 公司人力资源部经理，你会怎么办？

外延学习目录

一、书籍

1．程延园．员工关系管理[M]．上海：复旦大学出版社，2012．

2．李新建，孙美佳等．员工关系管理[M]．北京：中国人民大学出版社，2015．

3．宋君丽．员工关系管理方法与工具[M]．北京：中国劳动社会保障出版社，2013．

4．杨良，王晓云．老 HRD 手把手教你做员工管理[M]．北京：中国法制出版社，2015．

5．陈维政，李贵卿，毛晓燕．劳动关系管理[M]．北京：科学出版社，2010．

二、杂志

1．《劳动经济与劳动关系》，中国人民大学书报资料中心主办，北京

2．《中国劳动》，人力资源和社会保障部劳动科学研究所，中国劳动学会主办，北京

3．《劳动保障世界》，吉林省社会保险事业管理局主办，长春

4．《劳动保护》，中国安全生产科学研究院主办，北京

三、参考网站

1．中国劳动与社会保障法律网：http://www.cnlsslaw.com

2．劳动法律网：http://www.laodong66.com

3．劳动法天下：http://www.labourcn.com

4．中华人民共和国人力资源和社会保障部：http://www.mohrss.gov.cn

本章主要参考文献

1．程延园．员工关系管理[M]．上海：复旦大学出版社，2012．

2．[美]彼得·德鲁克．管理的实践[M]．齐若兰，译．北京：机械工业出版社，2009．

3．冯常生．浅析企业员工关系管理[J]．企业活力，2012（4）．

4．孙大勇．SD 集团员工关系管理研究[D]．南京：南京理工大学，2013．

5．牛慧，江山，李坤刚．劳务派遣协议的条款内容及其设置[J]．中国劳动，2010（1）．

6．胡薇薇．员工满意度与员工敬业度之比较[J]．企业家天地，2010（2）．

7．王长城，关培兰．员工关系管理[M]．武汉：武汉大学出版社，2010．

8．徐恒熹．员工关系管理[M]．北京：中国劳动社会保障出版社，2008．

9．敬嵩，王向前，何叶荣．员工关系管理[M]．北京：中国电力出版社，2014．

10．张德．人力资源开发与管理[M]．北京：清华大学出版社，2012．

11．集体合同．http://baike.baidu.com/link?url=SlDPmZ1lNV7zRviL3fJBeWKfYZgp4n5XhPEDBsTufhaDfWTibP04FmLBBWqgk5QTfvWh7CgT6fVLd_CSxpzb2K#reference-[2]-15371-wrap.

12．劳动用工．http://baike.baidu.com/link?url=Th96rq3OZ99gRMYEOup-59Mz2gkR6eByZ2FhPAMjkBMswR RoiXz-GEpjF4-1VBhzq-LeiihGKIrzVksxfwEEPa.

13．劳动合同．http://baike.baidu.com/link?url=I9tu-_eLBDV5_P7cP3WKp2PwcLd54mBBKFWd0CMwg09Yf2N5D0uxJL_gh83bSTgXx7b2FU_RNXKx3xJjaeuoE4l7dvCF1amYpON3-TILCp3.

后　记

我们在长期从事人力资源管理教学、科研、咨询的基础上，经过几年的努力，编著了这本以培养高水平应用型人才为目的的教科书。本书由刘永安、王芳设计整体框架结构并进行撰写、定稿和统稿。罗礼玉撰写了第5章和第9章的初稿并对第2章和第4章初稿进行了部分补充；谷云燕撰写了第6章的初稿。感谢他们付出的辛勤劳动！

我们要衷心感谢我国著名人力资源管理学家、南京大学商学院名誉院长、特聘教授、博士生导师赵曙明博士为本书作序！感谢导师赵曙明教授多年来对学生永安的精心指导和培养！感谢我们的良师益友、著名教育专家邹晓平博士、研究员一直以来对我们的支持和鼓励！感谢刘浩俍博士、经理，陶勇军经理、涂台良经理以及企业界其他朋友的建议和帮助！感谢学术界的老师和朋友、专家和学者的分享和启发！感谢清华大学出版社的赵琳编辑，她从选题到出版都付出了大量的辛苦劳动！本书在写作的过程中直接或间接地参阅和借鉴了国内外许多专家、学者的学术成果，因数量较大，无法一一列举，在此一并感谢！

感谢可爱的女儿给我们带来的无尽欢乐！

由于作者水平有限，本教材还存在一定的不足，难免会出现疏漏和不完善之处，欢迎读者对本书提出批评和改进建议。

我们知道您有许多书可以选择，感谢您选择了本教科书！

刘永安、王芳

2016年9月9日

于美国加州硅谷